A QUIMERA DA MODERNIZAÇÃO

Do terceiro distrito de engenhos centrais ao complexo agroindustrial sucroalcooleiro paulista, mineiro e fluminense (1875-1926)

CONSELHO EDITORIAL
Ana Paula Torres Megiani
Eunice Ostrensky
Haroldo Ceravolo Sereza
Joana Monteleone
Maria Luiza Ferreira de Oliveira
Ruy Braga

Roberta Barros Meira

A QUIMERA
DA
MODERNIZAÇÃO

Do terceiro distrito de engenhos centrais ao complexo agroindustrial sucroalcooleiro paulista, mineiro e fluminense (1875-1926)

Copyright © 2016 Roberta Barros Meira

Grafia atualizada segundo o Acordo Ortográfico da Língua Portuguesa de 1990, que entrou em vigor no Brasil em 2009.

Edição: Haroldo Ceravolo Sereza
Editor assistente: João Paulo Putini
Projeto gráfico e diagramação: Gabriel Patez Silva
Capa: João Paulo Putini
Assistente acadêmica: Danuza Vallim
Assistente de produção: Camila Hama
Revisão: Clésio Francisco Costa

Imagens
CAPA – MITCHEL, Jean. *Irrigação dos canaviais: Campos de demonstração de Piracicaba*. São Paulo: Diretória de Publicidade, 1929.
CONTRACAPA – TOOVEY, Edwin. Etablissements Derosne et Cail. Société J. F. Cail, A. Halot et Cie. Bruxelles. Ateliers de construction de machines à vapeur et appareils pour fabriques à raffineries de sucre (1850-55). Musee Royal de Mariemont; Europeana.

Este livro foi publicado com o apoio da Fapesp.

CIP-BRASIL. CATALOGAÇÃO NA PUBLICAÇÃO
SINDICATO NACIONAL DOS EDITORES DE LIVROS, RJ

M699a

Meira, Roberta Barros
A QUIMERA DA MODERNIZAÇÃO: DO TERCEIRO DISTRITO DE ENGENHOS CENTRAIS AO COMPLEXO AGROINDUSTRIAL SUCRO-ALCOOLEIRO PAULISTA, MINEIRO E FLUMINENSE (1875-1926) Roberta Barros Meira. - 1. ed.
São Paulo: Alameda, 2016
490 p.; il.; 23 cm

Inclui bibliografia
ISBN 978-85-7939-286-3

1. Brasil - História (sécs. XIX e XX). 2. Açúcar - sécs. XIX e XX.
3. Engenhos - SP/MG/RJ. 4. Mercado interno - Brasil.

| 14-13901 | CDD: 641.300981 |
| | CDU: 641.300981 |

ALAMEDA CASA EDITORIAL
Rua Treze de Maio, 353 – Bela Vista
CEP: 01327-000 – São Paulo, SP
Tel.: (11) 3012-2403
www.alamedaeditorial.com.br

À minha vó Zelia, pelas histórias que alegraram a minha infância e ao meu irmão Paulo, pela coragem e por tudo, sempre

Quase

Um pouco mais de sol - eu era brasa,
Um pouco mais de azul - eu era além.
Para atingir, faltou-me um golpe de asa...
Se ao menos eu permanecesse aquém...
Assombro ou paz? Em vão... Tudo esvaído
Num grande mar enganador de espuma;
E o grande sonho despertado em bruma,
O grande sonho - ó dor! - quase vivido...
Quase o amor, quase o triunfo e a chama,
Quase o princípio e o fim - quase a expan-
são...
Mas na minh'alma tudo se derrama...
Entanto nada foi só ilusão!
De tudo houve um começo ... e tudo errou...
- Ai a dor de ser - quase, dor sem fim...
Eu falhei-me entre os mais, falhei em mim,
Asa que se enlaçou mas não voou...
Momentos de alma que, desbaratei...
Templos aonde nunca pus um altar...
Rios que perdi sem os levar ao mar...
Ânsias que foram mas que não fixei...
Se me vagueio, encontro só indícios...
Ogivas para o sol - vejo-as cerradas;
E mãos de herói, sem fé, acobardadas,
Puseram grades sobre os precipícios...
Num ímpeto difuso de quebranto,
Tudo encetei e nada possuí...
Hoje, de mim, só resta o desencanto
Das coisas que beijei mas não vivi...
Um pouco mais de sol - e fora brasa,
Um pouco mais de azul - e fora além.
Para atingir faltou-me um golpe de asa...
Se ao menos eu permanecesse aquém...

Mario de Sá-Carneiro

SUMÁRIO

INTRODUÇÃO 13

CAPÍTULO 1 - SÃO OS ENGENHOS QUE DISTINGUEM O 21
AÇÚCAR: A MODERNIZAÇÃO DA INDÚSTRIA SACARINA E O
TERCEIRO DISTRITO DE ENGENHOS CENTRAIS

O encantamento: os engenhos centrais como a solução 21
brasileira para a crise do açúcar

A resposta do Governo Imperial: a legislação dos engenhos centrais 41

A prática: os engenhos centrais do terceiro distrito 68

O drama do mercado: o consumo interno na ordem do dia 100

A desilusão: a necessidade de remodelação 134

CAPÍTULO 2 - A CRISTALIZAÇÃO: A PRODUÇÃO DE AÇÚCAR 167
DEPOIS DOS ENGENHOS CENTRAIS

O renovo dos engenhos centrais: as usinas 167

O clamor pelo consumo interno soa mais alto do que nunca 209

A consolidação de um novo rumo: as usinas paulistas, 246
mineiras e fluminenses

A solução alternativa: o álcool e a crise açucareira 283

CAPÍTULO 3 - A ROTINA CAMPEIA POR TODAS AS PARTES: 325
A ÂNSIA DE REMODELAÇÃO DA LAVOURA AÇUCAREIRA

A suprema ameaça ao açúcar brasileiro: a rotina *versus* o progresso 326

Em prol da lavoura: a parte agrícola como fator importante na 350
remodelação da indústria açucareira

As novas vias em que deverá andar a agricultura: 381
a lavoura guiada pela ciência

O modelar do destino da lavoura de cana: o caminho escolhido por 407
São Paulo, Minas Gerais e Rio de Janeiro

CONCLUSÃO 435

BIBLIOGRAFIA 441

AGRADECIMENTOS 487

Abreviaturas adotadas neste trabalho

CICA – Centro da Indústria e Comércio do Açúcar

ESALQ – Escola Superior de Agricultura Luiz de Queiroz

ESAMV – Escola Superior de Agricultura e Medicina Veterinária

IAA - Instituto do Açúcar e do Álcool

IIFA- Instituto Imperial Fluminense de Agricultura

MACOP – Ministério da Agricultura, Comércio e Obras Públicas

MAIC – Ministério da Agricultura, Indústria e Comércio

MIVOP- Ministério da Indústria, Viação e Obras Públicas

SAAP – Sociedade Auxiliadora da Agricultura de Pernambuco

SAIN – Sociedade Auxiliadora da Indústria Nacional

SNA - Sociedade Nacional da Agricultura

Introdução

> *As moendas de Quincas de Barros moíam de verdade. Esbagaçavam por dia a comida de cem engenhos. O pessoal das taxas que aguentasse o monstro de ferro, aquela invenção de polias e rodas espremedeiras.*
>
> José Cândido Carvalho

Se atualmente os sucessivos progressos são constantes e o Brasil voltou a ser o maior exportador de açúcar mundial,[1] o período em análise foi marcado pela progressiva perda do mercado externo. Os embaraços que a produção açucareira do país sofria no mercado mundial eram consideráveis desde muito. Como já previa o Governador D. Diogo de Menezes no início do século XVII, *"será então um mal, q'o perdido não se poderá recuperar (...)".*[2] Felizmente o mal foi remediado, embora se deva admitir que a insignificância do açúcar brasileiro no mercado externo foi um fato por um longo período. A verdade é que o atraso técnico desta produção – detentora por muito tempo da hegemonia do comércio mundial de açúcar –, o surgimento de novos países produtores e a vertiginosa ascensão do açúcar de beterraba explicam perfeitamente o porquê de um grupo de senhores de engenho, viajados e influentes, possuírem o desejo de equiparar os métodos de cultivo da cana e o fabrico do açúcar que se empregavam no Brasil ao dos seus países rivais, mesmo que para isto fosse necessário despender até mesmo cem vezes mais do que até então se havia pago na montagem dos antigos engenhos.

---

1   Informações retiradas do site do Ministério da Agricultura, Pecuária e Abastecimento. In: http://www.agricultura.gov.br/

2   Correspondência do Governador D. Diogo de Menezes 1608-1612. Anais da Biblioteca Nacional, Rio de Janeiro, v. 57, 1939, p. 52 – 54.

É de recordar que embora o açúcar já não mais detivesse o privilégio de exclusividade do mercado internacional e passasse a ser comercializado em boa parte nos próprios mercados do país, manteve como um dos seus principais trunfos a disposição oficial em ampará-la, vista por alguns até mesmo como excessiva. Pode-se perceber mais facilmente que a partir da segunda metade do século XIX, a tentativa de superar a fraca tecnologia dos engenhos brasileiros mereceu os favores do Estado. Há indícios evidentes destas políticas de auxílio. Este era o caso, por exemplo, da lei nº 2687, promulgada em 6 de novembro de 1875. Esta lei tinha o propósito de transformar a indústria sacarina brasileira pelos incentivos dados à construção dos tão aclamados engenhos centrais. Valeria a pena comentar ainda sobre o projeto de criação do Instituto de Defesa do Açúcar em 1926. Ainda que o projeto tenha partido dos usineiros pernambucanos, ele se criou e teve continuidade em nível nacional com o Instituto do Açúcar e do Álcool. Nesse sentido, não é surpreendente a postura de amparo do setor desempenhada pelo IAA, posto que não raro simplesmente se levou a efeito medidas já preconizadas desde o primeiro período da República ou até mesmo do Império.

Não se pode negar que o preço do açúcar oscilou muito durante este período, principalmente para baixo, não obstante a produção nunca parou de crescer. O fato do mercado externo só ser recuperado em momentos pontuais, como durante a Primeira Guerra, demonstra que os avanços técnicos almejados para esta produção não rumavam sem obstáculos. Deve-se considerar que essa situação criou uma possibilidade inédita do açúcar brasileiro ter que se restringir ao mercado interno, fato este que deveria ser evitado por todos os meios. A experiência bem sucedida da produção de açúcar de beterraba e de alguns países produtores de açúcar de cana não passou despercebida e tornou-se um exemplo a ser seguido. Ocorre que houve no período em questão uma verdadeira mudança dos padrões técnicos da produção do açúcar. A planta tradicional dos engenhos brasileiros permaneceu até o século XIX. A partir de então, o Brasil passou a importar desde máquinas até mão de obra especializada.[3] Assim, grande parte dos produtores brasileiros começou a olhar com bons olhos o maquinismo oferecido pelas firmas estrangeiras.

Como se vê, a construção deste processo de modernização foi complicada, uma vez que se criou uma idealização de retomada do mercado externo quando o país alcançasse níveis técnicos iguais a de seus concorrentes. Os produtores esperavam

---

3   GAMA, Ruy. Engenho e tecnologia. São Paulo: Livraria Duas Cidades, 1979.

pertencer a um seleto grupo formado por Cuba, Alemanha etc. O que também estava em jogo era o próprio mercado interno e o escoamento de uma boa parte da produção da principal região produtora de açúcar do país, o Norte. Foi bem descrita pela pena dos contemporâneos a preocupação existente à época com o crescimento da produção açucareira da região Sul e a sua progressiva transformação em uma área produtora e não mais apenas consumidora como até então tinha se caracterizado.[4]

Embora os primeiros anos já apresentassem um significativo processo de introdução de inovações técnicas de considerável porte para a época, a região Sul ainda não podia produzir açúcar em larga escala como a região Norte. Mas, seria difícil não notar até mesmo para os seus contemporâneos o grau de transformação com a adoção de engenhos centrais e usinas no lugar das antigas unidades de produção. Naturalmente, não se pode considerar este processo como fácil ou tranquilo. As implicações econômicas, políticas e sociais foram muitas, pois a maior região produtora do país não se podia permitir perder a hegemonia nas suas duas frentes de comercialização do seu principal produto.

Em que pese a aspiração da retomada do mercado externo não ter sido abandonada e ser reavivada a cada aumento pontual das exportações, o consumo interno tornou-se gradativamente a bem dizer o principal baluarte da crescente produção açucareira do país. Como não poderia deixar de ser, orientada desde o início para o comércio externo, a produção de açúcar teve que enfrentar vários conflitos quando redirecionada para o mercado interno. A superprodução, a oscilação dos preços, a falta de capitais e a luta que se travava em várias frentes entre os diferentes tipos de açúcar e nas duas regiões do país, os produtores versus os fornecedores, comissários, comerciantes, são fatores que demonstram que esta

---

4   A composição das regiões adotadas nesta tese segue a adotada no período em análise, ou seja, Norte e Sul. Evaldo Cabral de Mello se refere no seu livro *"O Norte Agrário e o Império"* ao fato de que os homens públicos do Império e ainda durante uma boa parte da Primeira República utilizaram uma geografia regional bem simples. O Norte abarcaria as províncias do Amazonas à Bahia; o Sul, as províncias do Espírito Santo ao Rio Grande. Maria Helena Palmer Lima afirma que a primeira divisão regional do Brasil foi feita por Delgado de Carvalho em 1913, tendo por base os elementos do meio físico e a posição geográfica ao dividir o país em 5 regiões. No entanto, Gadiel Perruci aponta que o uso do vocábulo Nordeste seria raramente encontrado na bibliografia até 1930. MELLO, Evaldo Cabral. O Norte Agrário e o Império (1871-1889). Rio de Janeiro: Topbooks, 1999, p. 12-14; LIMA, Maria Helena Palmer (org.). Divisão Territorial Brasileira. IBGE, 2002; PERRUCI, Gadiel. A República das Usinas. Rio de Janeiro: Editora Paz e Terra, 1978.

mudança de mercado seria sim um ponto de inflexão que compreensivelmente acarretou em um desenvolvimento diverso do que se esperava para a indústria açucareira brasileira.

Assim sendo, inicialmente dá-se ênfase neste trabalho às especificidades do desenvolvimento da produção açucareira na região Sul, deixando claro as suas diferenças com relação à maior região produtora do país. A percepção destes volteios torna-se extremamente significativa quando se constata a profunda imbricação da cana com a produção cafeeira. Isso assentado, não há como relevar as vantagens que se restringiram aos estados de São Paulo, Minas Gerais e Rio de Janeiro. Embora este gênero de produção não tenha se voltado para a exportação nestes estados, não deixou de ser lucrativo revitalizar os engenhos, mesmo que se produzisse para o seu próprio consumo. Demais, parte da explicação encontra-se no maior volume de capital disponível, na expansão da força de trabalho e dos consumidores, - impulsionada pelo aumento demográfico gerado pela imigração europeia -, e pela introdução de uma infraestrutura essencial, como as ferrovias etc.

Por outro lado, também se procura considerar a importância da produção açucareira na sua totalidade. Por mais importante que seja destacar justamente os seus meandros, não há como não perceber que muitas destas mudanças, longe de ser resultado de especificidades, pertencem na verdade a um movimento mais amplo. Até porque ela por muitas vezes é impulsionada não só por tudo isso que se construía no que se poderia chamar de Brasil açucareiro, mas principalmente pelos novos encaminhamentos dados tanto na produção de açúcar de cana quanto no de beterraba no contexto internacional. Eis, portanto, a configuração da ação modificadora, iniciada no último quartel do século XIX, que conseguiu paulatinamente mudar os rumos da produção açucareira, adequá-la ao mercado interno e transformar uma região secundária na principal área sucroalcooleira do país.

Assim, o evolver da indústria sacarina paulista, fluminense e mineira por volta dos últimos anos do Império e durante a Primeira República é o ponto de chegada deste trabalho. Tentou-se simplificar a organização deste estudo através da sua divisão em três capítulos.

O primeiro capítulo analisa o desenvolvimento da produção açucareira nas províncias do Rio de Janeiro, São Paulo e Minas Gerais no que se refere ao último quartel do século XIX. Chama-se a atenção para o fortalecimento das ideias que defendiam não só a divisão da parte fabril da parte agrícola como também do associativismo. Discute-se, assim, os projetos de introdução dos chamados engenhos centrais na região Sul, o desenrolar desta experiência e a forma como os seus proprietários reagiram a uma realidade nem sempre alentadora, enfrentada com a introdução de um novo sistema de produção que era considerado como o máximo da melhoria técnica na indústria do açúcar naquele momento. Como não poderia deixar de ser, teve-se neste capítulo uma forte preocupação em se fazer uma leitura particular da atuação estatal no setor açucareiro neste período, mais especificamente sobre a legislação açucareira, encabeçada pela lei 2687, de 6 de novembro de 1875. Nesse sentido, busca-se compreender em que medida tal política de auxílio veio de encontro às aspirações dos produtores de açúcar e as suas reações a ela.

Além disso, procura-se justamente explorar a relação entre o café e a cana nestas províncias e todos os benefícios que foram acarretados por ela. Também se tenta fazer nas partes seguintes do capítulo uma discussão mais abrangente sobre a importância do crescimento do mercado interno, como o fator do salto da expansão canavieira em uma região secundária da produção do açúcar. Nesse caso, não seria possível relevar a forte demanda também pelos outros subprodutos da cana, como a aguardente, - explorada tanto por pequenos como por grandes produtores. Não se deixa de avaliar a influência estrangeira, dimensionando-se o avanço do açúcar de beterraba e de cana na exacerbação da preocupação em se modernizar a produção açucareira desta região. Demais, não há como não analisar a importantíssima relação sempre reveladora das tensões geradas pela disputa por um mercado interno que se expandia muito mais na área cafeeira, ou seja, como repercutiu a expansão da cana naquele que se transformara no principal mercado absorvedor do açúcar da principal região produtora, o Norte. Por outro lado, também merece pela importância que terá nos anos seguintes ao Império, uma referência à disputa travada entre o açúcar cristal e o mascavo, ou melhor, entre os grandes e os pequenos produtores. Por fim, na última parte do capítulo é que se compõe mais propriamente a última etapa da existência destes engenhos centrais nas províncias do Rio de Janeiro, São Paulo e Minas Gerais.

O segundo capítulo é um pouco mais amplo, enfocando a produção açucareira durante a Primeira República. Procura-se realizar na primeira parte a análise da transformação dos engenhos centrais e de alguns engenhos em usinas. Volta-se a discutir aqui a defesa do associativismo, liderada principalmente pela Sociedade Nacional da Agricultura. Os objetivos neste caso eram outros, ou seja, ligavam-se muito mais a disputa pelo mercado interno entre as duas regiões produtoras.

Desse modo, esse capítulo é em grande parte uma tentativa de entender os aspectos de algumas situações específicas que giravam em torno das praças comerciais do Sul, sem perder de vista o enquadramento geral do fraco desempenho do Brasil no mercado mundial, problema este que não se aplica apenas em alguns anos, como durante a Primeira Guerra.

Em que pese o interesse predominante pelas usinas, seria um erro imperdoável atribuir somente a elas o aumento da produção nos estados do Rio de Janeiro, São Paulo e Minas Gerais. Procura-se dar conta da disputa do açúcar cristal frente o açúcar bruto e a tentativa dos grandes produtores e técnicos em caracterizar os engenhos banguês como um dos grandes males da indústria sacarina brasileira. Além disso, não se olvida das disputas entre os chamados especuladores e os produtores de açúcar.[5] Não se pode esquecer que a sua atuação foi vista como um dos principais fatores para as oscilações dos preços, - assim como a eles foi imputada a necessidade de organização dos convênios açucareiros que marcaram esses anos. Em um eixo também central de investigação procura-se entender a relação complexa, embora nem sempre harmoniosa entre o Estado e os produtores de açúcar. Por último, perscrutando indícios em fontes produzidas neste dado período, aborda-se a organização de uma indústria alcooleira no Brasil, como uma forma de redirecionar os excessos da produção açucareira e minimizar os efeitos negativos da oscilação dos preços no mercado interno.

No terceiro e último capítulo que constitui esta tese, procura-se realizar em um primeiro momento a análise do ideário do progresso que foi apropriado por uma fração de agricultores brasileiros, e que se contrapôs a um sentimento de atraso em relação aos outros países produtores de açúcar. Busca-se fazer um apanhado geral das causas desse atraso, restringindo em um segundo momento o âmbito da análise as questões relacionadas especificamente à parte agrícola. Nesse sentido, buscou-se fazer uma reflexão sobre os discursos que criticavam a rotina dos sistemas de cultivo dos canaviais, pois já se utilizava até mesmo de epítetos

---

5   A opção pelo emprego da palavra "especulador" no seu sentido negativo de " *aquele que negocia de má-fé, enganando os outros ou se aproveitando da necessidade alheia, para obter lucros acima do aceitável*" assim como era feita pelos produtores de açúcar durante os dois períodos em análise tanto em relação aos comerciantes que adquiriram concessão de garantia de juros para a montagem de engenhos centrais, quanto em relação aos próprios comerciantes de açúcar das praças do Norte e do Sul, foi feita no sentido de ilustrar o pensamento dos produtores de açúcar em relação a estes atores. Dicionário Eletrônico Houaiss da Língua Portuguesa. Instituto Houaiss. Editora Objetiva Ltda., novembro de 2009.

como *"lavoura vampira"*. Na incursão por este território, procurou-se perceber as nuances entre o pensamento dos técnicos e o dos produtores de açúcar. Refere-se, assim, ao embate entre a defesa de uma agricultura intensiva *versus* extensiva, e a linha intermediária que se caracterizaria como por vezes seria chamada, uma *"cultura de transição"*. Desse modo, focaliza-se o estudo sobre um aspecto particular desse processo de mudanças que se deu com a progressiva adoção de instrumentos agrícolas na lavoura, como os arados e os tratores.

Procura-se ressaltar também a questão do ensino agrícola nos seus diversos níveis, não só porque de certa forma resume a necessidade de qualificar a mão de obra do país, mas também porque representa a síntese da ideia de progresso e modernidade que configuraram um movimento, que uma vez iniciado foi irreversível. Enfim, na última parte do trabalho levantam-se algumas questões que não podem e nem devem ser desdenhadas quando se pensa no desenvolvimento da indústria açucareira de Minas Gerais, São Paulo e Rio de Janeiro. Espera-se dar conta, então, da influência da atuação das secretarias da agricultura republicanas e das sociedades agrícolas nacionais ou regionais. Por fim, faz-se uma rápida análise da importância das políticas de incentivo a policultura, como um suporte a produção cafeeira além da renovação da parte agrícola com o combate à doença do Mosaico.

O resultado dessa análise foi a concepção deste trabalho: *A quimera da modernização: Do Terceiro Distrito de Engenhos Centrais ao complexo agroindustrial sucroalcooleiro paulista, mineiro e fluminense: 1875-1926*. A acepção usada aqui para a palavra quimera é a de sonho, fantasia, esperança ou utopia. É nesse sentido que se busca pensar a construção dessa agroindústria. Ao nascer vinculada à tentativa de recuperação do mercado externo, o processo de modernização gerou não mais que um sonho de se igualar rapidamente aos seus rivais, que não se concretizou por muitos anos. Esta visão era mais fácil de ser idealizada do que o resultado ulterior construído em cima de erros e acertos. Tendo em conta todas as dificuldades enfrentadas para a reestruturação dessa produção para o mercado interno e o papel assumido nos tempos hodiernos, busca-se reconstituir alguns passos essenciais desse caminhar.

CAPÍTULO 1

SÃO OS ENGENHOS QUE DISTINGUEM O AÇÚCAR:
A MODERNIZAÇÃO DA INDÚSTRIA SACARINA E O TERCEIRO
DISTRITO DE ENGENHOS CENTRAIS

O encantamento: os engenhos centrais como a solução brasileira para a crise do açúcar

O progresso é persuasivo; convence ao mesmo tempo que arrasta

Rodrigues Peixoto

Se os senhores de engenho brasileiros procurassem os lugares onde a indústria açucareira era mais lucrativa, onde a iriam encontrar e quais seriam as diferenças em relação aos seus engenhos e canaviais? Dispersos muitas vezes pela distância e por interesses locais divergentes, estes homens começaram a se sentir unidos pelos contrastes que os diferenciavam dos outros países e a querer associar esta percepção a uma imperiosa necessidade de mudanças. Mudanças estas ainda mais prementes quando perceberam que as suas aspirações encontravam-se presentes nos países concorrentes do açúcar brasileiro.

A questão que se impõe relaciona-se ao ponto em que os senhores de engenho do Brasil, despojados dos meios para fortalecer a sua produção agrícola - fruto de um processo de longa duração gerado pela perda do mercado externo e baixa nos preços do açúcar -, optaram por enxergar nos engenhos centrais a materialização dos seus mais caros desejos. O empenho dos produtores de açúcar do Brasil era perfeitamente explicável quando estes atores apresentam um conjunto de indagações que tinham a Europa, os Estados Unidos e os grandes produtores de açúcar de cana como a sua principal referência de progresso. O ponto de apoio no qual se baseavam estas ideias de reforma era no princípio da divisão do trabalho, defendido com o mesmo espírito com que o faria Henrique Milet[1] durante o Congresso

---

1 Henrique Augusto Milet era engenheiro civil, cavaleiro das imperiais ordens de Cristo e Rosa, membro honorário da associação comercial beneficente de Pernambuco etc.

Agrícola do Recife. Em 1878, o mais apoiado orador do Congresso elogiava os plantadores de beterraba da Alemanha, França, Bélgica e Áustria-Hungria, e o fato de não serem por eles fabricados as 12.000.000 toneladas de açúcar. Deve-se estar ciente de que o açúcar de beterraba já se colocava como o grande concorrente do açúcar de cana.[2]

Sabe-se que o açúcar produzido no Norte ainda dependia do mercado externo, para isto basta verificar os minuciosos relatórios e trabalhos que viam na diminuição das exportações um sério problema, principalmente quando se tratava da Inglaterra e dos Estados Unidos. Não seria uma surpresa – sendo este o seu principal produto – que se aludisse aos engenhos centrais como uma maneira de reabilitar o Brasil para concorrer no mercado mundial. *O Auxiliador da Indústria Nacional* chegaria a dispor os engenhos centrais como uma revolução econômica.[3]

O que chama mais atenção, todavia, é que esta preocupação e empenho em dividir em duas partes a fabricação de açúcar no Brasil, - ou como ficaria mais conhecida este sistema produtivo *"pela simples expressão engenhos centrais"*[4] -, encontrou importantes expoentes no Sul do país. Nomes como Frederico Burlamaque,[5]

---

2   SAAP. *Trabalhos do Congresso Agrícola do Recife em outubro de 1878*. Recife: Tip. de Manoel Figueiroa de Faria & Filhos, 1879.

3   O Auxiliador defendia que a lavoura açucareira seria futuramente tão remuneradora quanto as qualidades de muitas zonas do nosso solo prometiam. *O Auxiliador da Indústria Nacional*. Rio de Janeiro: Tip. Eduardo & Henrique Laemment, v. XLVII, 1879.

4   *Retrospecto Comercial de 1874*. Rio de Janeiro: Tipografia Imperial e Constitucional de J. Villeneuve & C., 1874.

5   Frederico Leopoldo Cezar Burlamaque era engenheiro, professor jubilado da Escola Central, Brigadeiro reformado, Diretor do Museu Nacional, Secretário Honorário Perpetuo e Presidente da Secção de Agricultura e secretário do IIFA. FIGUEIRÔA, Silvia Fernandes de Mendonça. Ciência e Tecnologia no Brasil Imperial. In: Vária História. Belo Horizonte, n°. 34, v. 21, jul. 2005, p. 437-455.

André Rebouças,[6] Pedro Pereira de Andrade,[7] o Barão de Monte Cedro[8] e periódicos importantes como o *Auxiliador da Indústria Nacional*, o *Jornal do Commercio do Rio de Janeiro*, a *Revista Agrícola do Real Instituto Fluminense de Agricultura*, dentre outros, defenderam exaustivamente os engenhos centrais.

Vê-se assim, claramente, a estreita relação que se formou entre as duas regiões produtoras, apesar de o Sul ainda possuir uma posição secundária na produção sacarina brasileira. Isto não significa a inexistência de diferenças, mas talvez que as ideias em comum fossem maiores do que se supõe. O posicionamento recorrente no país era de que os métodos de beneficiamento do açúcar e cultivo da cana eram "rotineiros" e que as inovações técnicas aumentariam em muito os ganhos. Nesse sentido, Rebouças defendia que os engenhos centrais entregariam o produto nas melhores condições de venda e lucro, dado que os agrônomos *"denominam engenhos centrais ou fábricas centrais, estabelecimentos destinados a preparar pelos processos técnicos e econômicos mais aperfeiçoados os produtos agrícolas de uma*

---

6   André Rebouças completou sua formação intelectual nos quadros da burocracia militar, na condição de tenente-engenheiro, absorvendo da Escola Militar a crítica fomentada pelo oficialato às instituições imperiais. Durante as décadas de 1860 e 1870 participou, na qualidade de engenheiro civil, ativamente do processo de modernização material do Segundo Reinado, inserido na burocracia de Estado, tendo uma atuação ativa na praça comercial do Rio de Janeiro e na alfândega. Nesse caso, destacam-se os projetos para melhorar o abastecimento de água na cidade do Rio de Janeiro e a construção das docas do Mercado e da Alfândega do Rio de Janeiro para facilitar o embarque de produtos agrícolas. Importa ressaltar que Rebouças faria parte do círculo social do Imperador e de alguns proeminentes estadistas do período, como o Visconde de Itaboraí. Ademais, seu pai, Antônio Pereira Rebouças tinha grande prestígio na corte, chegando a ser conselheiro do Império. Na década de 1880, projetou-se enquanto reformista social, visando articular o movimento abolicionista a projetos de reforma do estatuto territorial. Ele participou da fundação da Sociedade Brasileira contra a Escravidão, depois denominada Associação Central Emancipadora e da criação do Clube de Engenharia. Enfim, Rebouças deixou uma vasta bibliografia publicada sobre os mais diversos assuntos, técnicos, sociais, políticos etc. TRINDADE, Alexandre Dantas. *André Rebouças: da engenharia civil a engenharia social*. Tese de Doutorado – IFCH-UNICAMP, Campinas, 2004.

7   Pedro Pereira de Andrade montaria em 1856 uma fábrica de açúcar e destilação de aguardente em Niterói, contando com aparelhos novos vindos da Europa e operários franceses. In: RIO DE JANEIRO. *Relatório apresentado à Assembleia Legislativa da província do Rio de Janeiro na 2ª sessão da 12ª legislatura pelo vice-presidente João Manoel Pereira da Silva*. Rio de Janeiro: Tip. Universal de Laemmert, 1857, p. 62-63.

8   O Barão de Monte Cedro era membro da tradicional família açucareira Carneiro da Silva e fundador juntamente com o seu irmão, o segundo Visconde de Araruama, do Engenho Central de Quissamã.

certa zona territorial". [9] Rebouças chamava ainda a atenção para o fato de o nome provir de a fábrica ocupar um lugar central na zona territorial e que cada agente encarregar-se-ia de realizar o menor número de operações, sendo que na primeira parte estariam os responsáveis por todas *"as operações em contato imediato com o solo ou com a terra"* e a segunda seria composta por estabelecimentos especiais, *"dotados com as melhores condições técnicas e econômicas e de todas as operações necessárias para preparar o produto"*. [10]

Naturalmente, a má qualidade do açúcar brasileiro e a exportação em grande parte de açúcar bruto a preços não compensatórios, - sendo que uma parte considerável do lucro concentrava-se nas mãos dos refinadores estrangeiros -, influenciaram nas decisões tomadas. Assim, seria razoável esperar que muitos dos produtores de açúcar, técnicos e estadistas passassem a pensar a agricultura através de uma visão que estabelecia relações com o conhecimento propagado em sua época, influenciados pela relação cada vez mais forte entre a ciência e a agricultura e com os autores mais em voga no período, geralmente engenheiros, químicos ou agrônomos.

A centralização industrial e a descentralização agrícola desempenharia no imaginário destes atores um importante papel ligado em grande parte às ideias de prosperidade e progresso. Burlamaque ponderava que sem ela a indústria açucareira nunca poderia chegar ao seu *"apogeu de prosperidade"*. [11] Assim como Pedro Pereira de Andrade defendia que *"a divisão do trabalho é uma verdade econômica que não se pode negar sem ruína"*. [12] O *Jornal do Commercio* citaria o sucesso da iniciativa de Derosne & Cail, que se devia à divisão das operações do fabrico do açúcar em duas partes distintas: a cultura e a fabricação do açúcar em si e que deu *"os mais belos resultados, foi mais além do que se esperava"*. [13]

---

9   REBOUÇAS, André. *Agricultura Nacional: Estudos econômicos: propaganda abolicionista e democrática*. Rio de Janeiro: A. J. Lamoureux & co, 1883.

10   *Ibidem*, p. 1-12.

11   BURLAMAQUE, F. L. C. *Monografia da cana de açúcar*. Rio de Janeiro: Tip. de N. L. Vianna e Filhos, 1862, p. 67.

12   ANDRADE, Pedro Pereira. *Pequeno tratado da fabricação do açúcar*. Rio de Janeiro: Tip. do Diário de A & L. Navarro, 1854.

13   O mesmo posicionamento foi defendido pelos senhores de engenho no Congresso Agrícola do Recife, em 1878. Um exemplo seria a fala de um dos congressistas que defendeu que *"é da divisão do trabalho que se deve cuidar; e esta há de se estabelecer infalivelmente; dentre em pouco creio que não teremos proprietários que possam planta, colher, fabricar e transportar os produtos da*

De modo geral, este pensamento teve que colocar em pauta questões econômicas como a escassez de capitais. A falta de crédito rural adequado agravava e prolongava as crises já consideradas cíclicas.[14] Como a construção das fábricas centrais com o mais moderno maquinismo significaria um investimento de um vulto nunca visto antes, criava-se um empecilho. Era um investimento com despesas não pequenas, uma vez que reunia gastos com maquinário, matéria-prima, combustível, insumos, mão de obra especializada etc., em um país cuja probabilidade de conseguir um empréstimo para um empreendimento agrícola era reduzida.[15] A inexistência de organizações de crédito agrícola levou a defesa de organismos próprios de financiamento, como os bancos territoriais. Ocorre que a criação de novos bancos contrariava os interesses dos grandes comerciantes que já possuíam ligações com os bancos comercias existentes. Soma-se a este fato, o crescimento das dificuldades do tesouro com as crises financeiras recorrentes no período do Império, ou seja, os proprietários de terra continuaram a reclamar da falta de capital no país.[16]

---

sua indústria. Mas, como disse, a divisão do trabalho há de se estabelecer". Uma defesa parecida seria apresentada por José Bezerra de Barros Cavalcanti, membro da Sociedade Auxiliadora da Agricultura de Pernambuco: *"a divisão do trabalho fabril, oferece benefícios de tamanha intuição, que não admite observações nem comentários que ponham em dúvida a sua admissão entre nós, como um dos maiores reclamos da indústria açucareira".* SAAP, *op. cit.*

14 LOBO, Eulália Maria Lahmeyer. *História Político- Administrativa da agricultura brasileira: 1808-1889.* Brasília: Ministério da Agricultura, s.d.

15 Sobre esta questão, Evaldo Cabral de Melo defende que a manutenção de um câmbio alto era uma *"faca de dois gumes, já que, se por um lado, remunerava melhor o agricultor, por outro inicia a modernização do sistema produtivo devido ao encarecimento dos bens de equipamentos importados".* Por outro lado, Barbosa Lima Sobrinho apontava que *"tudo era difícil, porque tudo representava despesas, e despesas não pequenas, num país, que não tinha capitais e também não aprendera ainda a criar os seus próprios capitais. Um país agarrado a uma organização bancária que não ia adiante da assistência e, não raro, da espoliação corporificada na figura do comissário. Sem dispor de nenhuma organização de crédito agrícola. Com um sistema de empréstimos que tomava por base quase exclusiva o número de braços acumulados nas senzalas. Sem poder contar ainda com um trabalho livre, que nem a proibição do tráfico de escravos, nem a lei do ventre livre, conseguiam de fato despertar"* LIMA SOBRINHO, Barbosa. *Dos engenhos centrais às usinas de açúcar de Pernambuco / Rio de Janeiro:* Separata de Jurídica, 1971; Mello, *op. cit.*, p. 108.

16 PIÑEIRO, Théo L. Estado e Mercado Financeiro: O Banco do Brasil no Segundo Reinado. In: *Anais do II Congresso Brasileiro de História Econômica e 3ª Conferência Internacional de História de Empresas.* Niterói: Associação Brasileira de Pesquisadores em História Econômica/UFF, v. III, 1997, p. 171-184.

Já em 1854, o engenheiro fluminense Pedro Pereira de Andrade defendia que a fabricação do açúcar e a cultura de cana *"devem ser duas coisas inteiramente separadas"*, ponderando que a maior parte dos senhores de engenho *"não podem dispor de capitais suficientes para comprar as melhores máquinas e aparelhos".*[17] Era exatamente isso que emanava das comissões de deputados, estudos e pareceres de técnicos de diretores de institutos agrícolas e engenheiros, requisições dos senhores de engenho e nos anais dos dois congressos agrícolas realizados em 1878. Nesse sentido, a maioria daqueles que contribuíram para o embate sobre os males da indústria açucareira brasileira anuíam frente ao explícito problema da falta de crédito. Milet teve a capacidade de sintetizar os augúrios pela qual se debatia uma agricultura sem capitais frente às necessidades crescentes de melhorar os métodos de cultivo, fabricação, transporte, dentre outros.

> Carece de capitais, para os diversos misteres da plantação e colheita, para compra dos aparelhos aperfeiçoados (...) precisa de capitais para realizar a criação dos engenhos centrais, para tomar parte na rede de vias férreas, sem a qual os seus produtos, onerados por exageradas despesas de transporte, não podem competir com os similares no estrangeiro.[18]

A defesa por parte de alguns agricultores do princípio da associação é tanto mais compreensível quando se pensa no preço do maquinário comprado na sua maioria das fábricas europeias,[19] na falta de capitais, na perda do mercado externo, na má qualidade do açúcar brasileiro, dentre outros fatores. Ricardo de Carvalho apoiava a sua fala na existência de um *"espírito de associação"* nas grandes empresas inglesas, americanas e cubanas e que levou aos mais notáveis progressos.[20] João José Carneiro da Silva, o Barão de Monte Cedro, destacava que o espírito da associação desenvolveu-se na Europa e foi rapidamente aplicada na fabricação do açúcar de beterraba. Segundo ele, esses países montaram engenhos centrais

---

17 Andrade, *op. cit.*

18 SAAP, *op. cit.*, p. 317.

19 O Brasil, a partir do século XIX, começa a importar tanto a arquitetura das suas fábricas, quanto o maquinário necessário. GAMA, Ruy. *Engenho e tecnologia*. São Paulo: Livraria Duas Cidades, 1979.

20 CARVALHO, Ricardo de. *Cana e fabrico do açúcar*, s/e, 1879, p. 65.

nos lugares mais apropriados com poderosos aparelhos a vácuo, fabricados pela Derosne Cail, Rellieux, Ross Beanes e Bernson.[21]

Dito isso, vale também destacar o fato de que alguns senhores de engenho tanto do Norte quanto do Sul já apresentavam um avanço técnico considerável com a importação de maquinário estrangeiro aperfeiçoado. Assim, os chamados agricultores progressistas pensaram num plano de ação que possibilitasse continuar a melhorar cada vez mais as suas fábricas até alcançarem o grau de desenvolvimento técnico dos seus principais concorrentes. Já existia uma diferenciação entre os produtores que utilizavam tachas circulares e força motora animal e engenhos com aparelhos aperfeiçoados: turbinas, cozedura a vapor etc. Para muitos, as fábricas centrais representavam apenas a aplicação do princípio da divisão do trabalho, *"que permite os grandes desenvolvimentos das forças produtivas, estabelece a cooperação e faz aumentar a riqueza das nações".*[22]

A concepção desta defesa aproveitava-se da necessidade de melhorar o fabrico do açúcar através da compra de um maquinário mais moderno e da dificuldade de obtenção do capital necessário, - oneroso e de difícil custeio para os senhores de engenho do período. O próprio Rebouças alegaria em prol dos engenhos centrais que a *"União faz a força"* e que o espírito de associação era um importante fator em todas as reformas agrícolas, industriais e econômicas, ou melhor, um dos mais *"poderosos agentes do progresso no século atual".*[23] Ademais, encontram-se referências nos escritos técnicos ou não do período que relacionavam o isolamento dos agricultores com a rotina tanto na lavoura quanto no fabrico e viam no associativismo uma forma de divulgar as novas técnicas de produção e cultivo, identificadas cada vez mais com atividades cientificas e técnicas. Para o engenheiro Frederico Mauricio Draennert,[24]

> As forças do capital concentrado, aliados em mútua cooperação, têm o ímpeto do vapor e a rapidez da eletricidade: os óbices seculares da rotina desvanecem-se como um sonho à

---

21 CARNEIRO DA SILVA, João José (Barão de Monte Cedro). *Estudos agrícolas*. Rio de Janeiro: Tip. Acadêmica, 1872, p. 76

22 Fala do Barão de Barcellos In: *O Auxiliador da Indústria Nacional*. Rio de Janeiro: Tip. Eduardo & Henrique Laemment, v. XLIII, 1875.

23 Rebouças, *op. cit.*

24 Draennert era agrônomo e foi diretor da Imperial Escola Agrícola da Bahia, do Instituto Zootécnico de Uberaba, e diretor substituto do Instituto Agronômico de Campinas.

luz do entendimento, e as utopias de um dia convertem-se, no dia seguinte em palpáveis realidades.[25]

Nesse contexto, nada seria mais indicado para cobrar uma atuação mais ativa do Estado Imperial frente à chamada *"crise da lavoura"* do que a defesa da vocação agrícola do país. A fala de José João Carneiro da Silva glorificava as características naturais do Brasil. Com isso, justificavam-se os investimentos em um maquinário mais moderno, - única mácula para alguns desses homens que impedia o progresso do açúcar brasileiro.

> Nós, entretanto, com todas as condições naturais de prosperidade a nosso favor, com um solo ubérrimo e com um clima dos mais adaptados à cultura da cana, temos desprezados as conquistas industriais dos outros povos e nos conservamos aferrados aos rotineiros banguês, e quase tais como os recebemos de nossos antepassados. Urge, porém, que encetemos o caminho do progresso, que procuremos, conservando o que for aproveitável do nosso processo, introduzir aqueles melhoramentos compatíveis com as nossas circunstâncias econômicas. Deste modo obteremos melhores vantagens de nossos capitais e não deveremos recear a concorrência estrangeira.[26]

Se a *"vocação agrícola do país"* transformou-se na principal bandeira desses atores devido à própria influência externa, ela estaria imbricada com a defesa da modernização da agricultura brasileira. Na verdade, a ideia de modernizar a indústria açucareira era compartilhada pelos segmentos que compunham essa elite como uma forma de recuperar os tempos áureos e solucionar os seus principais males.[27] Nesse sentido, a produção açucareira difere em grande parte do restan-

---

25 Fala Frederico Mauricio Draennert. In: *Jornal do Agricultor*. Rio de Janeiro: Dias da Silva Júnior, 1880, p. 177.

26 Carneiro da Silva, *op. cit.*, p. 73.

27 Assumindo esta desvantagem produtiva, em 15 de abril de 1875, o deputado Cardoso de Meneses pediu que se nomeasse a Assembleia Legislativa uma comissão de seis membros para estudar os principais problemas da lavoura. O "parecer" dessa comissão, dirigida pelo próprio deputado, defendeu a instalação de escolas profissionais, estradas, redução de impostos, braços, capitais e a instalação de engenhos centrais. BRASIL. Congresso, Câmara dos deputados,

A QUIMERA DA MODERNIZAÇÃO 29

te da chamada grande lavoura, uma vez que o seu processo de beneficiamento tornou-se cada vez mais complexo e mecanizado durante o século XIX. O atraso brasileiro em relação aos outros produtores, como Cuba, colocaria dentro do universo das questões vitais a qualidade do maquinário, que necessariamente teria que ser adquirido de companhias estrangeiras.

Vale lembrar que a "crise do açúcar" estava em grande parte ligada à perda do mercado externo e ao atrasado maquinário utilizado na maioria dos engenhos brasileiros.[28] Como o século XIX foi marcado por mudanças radicais nos métodos de produção açucareira, é possível afirmar que o Brasil buscava transferir estes avanços tecnológicos como uma importante reforma para solucionar este quadro de crise. Perruci já havia ponderado que a saída encontrada pelos senhores de engenho brasileiros nos engenhos centrais não era original, não era propriamente uma novidade.[29] Em um artigo no Jornal do Agricultor, um senhor de engenho defendia que era natural admitir a necessidade de se utilizar a experiência dos outros países. O passo que se esperava dar, torna-se mais fácil de entender quando se observa que segundo os seus argumentos: *"Nada temos a inventar, basta copiar. Pelo o amor do nosso próprio procuremos pelo menos fazer boas cópias"*.[30] Os produtores de açúcar tinham aguda percepção de que estavam trazendo um modelo de sistema produtivo já adotado em outros países e que obtivera sucesso e, consequentemente, que deixara o Brasil numa categoria que classificavam como de "atraso". Havia uma grande preocupação em deixar claro que os engenhos centrais existiam por quase toda parte.

Comissões de fazenda e especial. *Parecer e projeto sobre a criação de bancos de crédito territorial e fábricas centrais de açúcar apresentados a Câmara dos Srs. Deputados na sessão de 20 de julho de 1875 pelas comissões de fazenda e especial nomeada em 16 de abril de 1875.* Rio de Janeiro: Tip. Nacional, 1875.

28 O termo crise foi incessantemente repetido em grande parte dos documentos produzidos tanto por estadistas, técnicos, como produtores. Milet comentaria que a utilização deste vocábulo estava ligada à medicina, isto é, ao período em que os elementos nosológicos e a reação das forças vitais combatem e cujo desfecho pode ser tanto a morte quanto a convalescência. A palavra foi transportada para a esfera dos fenômenos econômicos e utilizada para as situações anormais, onde se tornava necessário eliminar os elementos perturbadores e estabelecer um novo equilíbrio. MILET, Henrique Augusto. Miscelânea econômica. Recife: Tip. do Jornal do Recife, 1879.

29 Perruci, *op. cit.*

30 Palavratório do roceiro contra a introdução de maquinário aos poucos ou os pequenos engenhos centrais. In: Jornal do Agricultor. Rio de Janeiro: Tip. Carioca, 1889.

> Os antigos e melhores engenhos da ilha de Cuba raras vezes produziam uma renda líquida de 4%. Dos engenhos centrais, porém, logo nos primeiros anos de existência se tirou renda líquida de 18% e alguns têm dado prodigiosos dividendos de 48%, em presença de tão belos resultados os engenhos centrais propagaram-se por todo mundo com a rapidez da centelha elétrica. Nascidos na Martinica propagaram-se em poucos anos por todas as Antilhas e pelos estados do sul da grande república americana. Fizeram e ainda estão fazendo maravilhas no Egito, desceram a África, as ilhas Bourbon, de França, foram a Ásia até Singapura, a Oceania até Java, até Sumatra, até Borneú, foram enfim a todo o país produtor de açúcar, menos ao Brasil.[31]

É importante perceber de antemão que a opinião esposada por estes agricultores chamados "progressistas" acerca da necessidade da separação entre a lavoura e a fábrica, - como condição de alcançar uma posição mais vantajosa no mercado -, não desconsiderou em nenhum momento questões como: a diminuição dos impostos gerais e provinciais, os tratados de comércio, a introdução de novos instrumentos e métodos de cultivo, os bancos de crédito real e empresarial, a instrução profissional, os institutos agrícolas, dentre outros.[32]

Nesse processo de mudança, impressiona particularmente que a defesa da introdução de inovações técnicas, métodos mais racionais de cultura e a divisão do trabalho na indústria açucareira, fossem também defendidos com tanto ímpeto pelos senhores de engenho do Sul de modo idêntico aos reclamos do Norte. Acredita-se que este é um fator inextricável a influência do aumento crescente da produção de açúcar de beterraba, tanto no que se refere aos avanços técnicos quanto na ampliação da produção e suas consequências econômicas. Parece claro o motivo que teria forçado a essa posição quando se observa o destaque que a produção de alguns países produtores de açúcar de beterraba, como a Alemanha, passam a ter no mercado mundial.

---

31 Retrospecto comercial do Jornal do Commercio, *op. cit.*

32 BRASIL. *Informações sobre o estado da lavoura.* Rio de Janeiro: s.n., 1874.

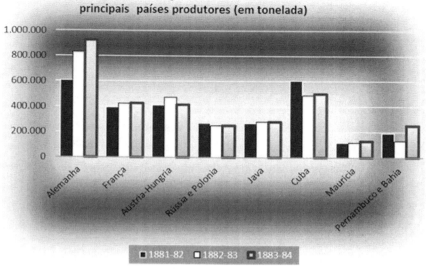

Fonte: O Auxiliador da Indústria Nacional. Rio de Janeiro: Tipografia Universal de Laemmert & C, 1884, v. LII, p. 262.

De fato, a beterraba desempenhou desde o início do século XIX um importante papel no processo de modernização da indústria açucareira. Com o tempo, as inovações técnicas desenvolvidas para o açúcar de beterraba foram adaptadas para o açúcar de cana. Certamente, os avanços da produção beterrabeira passaram a ser uma preocupação para os países como o Brasil. Na sua monografia da cana-de-açúcar, Burlamaque já caracterizava esta produção como *"esse terrível rival de uma das nossas mais importantes indústrias e fontes de riqueza"* e apontava a necessidade dos produtores brasileiros de adotar rapidamente os métodos mais racionais de cultura e os aparelhos e processos aperfeiçoados da produção de açúcar de beterraba. O engenheiro elegeu como um fator preocupante a rapidez das inovações técnicas e, consequentemente, o enorme crescimento da produção desse novo tipo de açúcar.

Em 1829, operaram-se grandes mudanças nos diversos métodos de fabricação; o modo de cristalização lenta e regular foi quase geralmente abandonado pelo processo da

> cristalização confusa e rápida, e o uso do vapor foi adotado
> para a evaporação e o cozimento. Os filtros Taylor e Dumont
> foram inventados, assim, como o emprego do carvão animal.
> Desde então o desenvolvimento foi tão rápido, que em 1836,
> já se contavam em França 361 fábricas. Em 1837, existiam
> 600 fábricas em atividade, que extraíam mais de 90 milhões
> de libras de açúcar.[33]

Os estudos que apontavam a maior riqueza sacarina da cana entre 18 a 20% em relação à beterraba que alcançava somente de 8 a 10% tornam particularmente significativa a defesa de que era o atraso da indústria sacarina brasileira que inviabilizava a concorrência. Era a má cultura da cana, a perda do suco pela adoção de moendas imperfeitas e pelos defeituosos processos e aparelhos ainda utilizados na produção de açúcar, ou seja, o sucesso do açúcar de beterraba estava diretamente relacionado à *"economia, que resultou dos aperfeiçoamentos, tanto do processo quanto dos aparelhos de produção"*.[34]

A adaptação das novas tecnologias adotadas na produção do açúcar de beterraba para o açúcar de cana daria um novo alento a esta produção. Anteriormente, as condições materiais e técnicas geradas pela Revolução Industrial propiciaram um incremento muito maior ao desenvolvimento de novas máquinas,[35] o que se somou a um consumo cada vez maior de açúcar pela Europa e pelos Estados Unidos. Nesse caso, releva notar a formação de um mercado para a venda de maquinários, primeiramente controlado por países como a França e a Inglaterra. A introdução de aparelhos cada vez mais aperfeiçoados seria constantemente apontada pelos técnicos, como o primeiro diretor da ESALQ e sócio da SAIN, Ricardo de Carvalho.

> Das mais empíricas e elementares manipulações passou ela a
> usar sucessivamente dos mais perfeitos processos de fabrica-
> ção. Aos primitivos utensílios fabris sucederam-se dos mais
> perfeitos processos de fabricação. Aos primitivos utensílios
> fabris sucederam-se os mais bem combinados conjuntos de

---

33 Burlamaque, *op. cit.*, p. 18.

34 *Ibidem*, p. 59.

35 Não se deve esquecer que a utilização de máquinas a vapor a partir da década de 20 do século XIX, gerou uma grande mudança na produção de açúcar.

aparelhos. O simples taxo aquecido a fogo direto foi substituído pelo maravilhoso aparelho de evaporar no vazio! As toscas formas de purgar cederam o lugar as vertiginosas centrífugas ou turbinas; os grosseiros carros puxados por bois arredaram-se para dar passagem à locomotiva, ou à parelha de animais, que, sobre uma via férrea, arrasta uma série imensa de vagões! O animal deixou de ser o único motor, e as forças do engenho centuplicaram pelos motores hidráulicos, e a vapor![36]

As experiências realizadas por Derosne e Cail em algumas colônias, como em Cuba, permitiram um aumento expressivo da produção de açúcar de cana, como citava Dureau, redator do *Jornal des Fabricants de sucre, em* 15 de julho de 1871. Isso propiciaria uma tendência cada vez maior para a superprodução e para a concorrência entre o açúcar de beterraba e o de cana.

Na época em que se começava a agitar a questão dos engenhos centrais, o Sr. Derosne, recentemente regresso da ilha de Cuba, onde havia visto engenhos infeccionados pela decomposição de lamaçais de mel nos arredores da fábrica: o Sr. Derosne demonstrava que a abundância destas porções de mel não era mais do que o resultado da alteração do açúcar contido na cana e tornado incristalizável pelos processos viciosos empregados. Assim de uma forma de 100 kg de melado coalhado podia tirar 70 a 75 kg de açúcar de qualidade superior, em vez de 40 a 42 kg de mau açúcar que se obtinha com os processos ordinários. Podia-se, segundo a demonstração do cálculo dobrar quase os produtos de uma fazenda e fazer 120.000 barricas onde não se fazia senão 60.000. Era uma revolução industrial em toda a acepção da palavra, revolução que pendia a favor dos interesses dos lavradores, da marinha, do consumidor e do tesouro.[37]

---

36 Carvalho, *op. cit.*

37 *Ibidem*, p. 23.

Fonte: TOOVEY, Edwin. Etablissements Derosne et Cail. Société J. F. Cail, A. Halot et Cie. Bruxelles. Ateliers de construction de machines à vapeur et appareils pour fabriques à raffineries de sucre. (1850-55) Musee Royal de Mariemont; Europeana.

Nesse sentido, não seria para menos que fosse um apontamento recorrente a necessidade de adotar o quanto antes os *"métodos mais racionais de cultura, e todos os aparelhos e processos aperfeiçoados usados na fabricação de beterraba"*.[38] O encantamento lançado sobre os produtores de açúcar pela propaganda dos fabricantes de máquinas europeus era tanto que o próprio Barão de Barcellos viajaria para estudar a organização dos engenhos centrais de beterraba na França e *"entender-se com os melhores construtores de máquinas e aparelhos da indústria açucareira e finalmente trazer todo o material e o principal pessoal para a ereção de um engenho central"*.[39]

Além do mais, é preciso que se tenha em conta o aumento extraordinário da produção de açúcar de cana com as recém-adotadas transformações no sistema produtivo. A observação feita por técnicos e outros era de que se devia a isto a posição granjeada por estes países no mercado mundial.[40] *O Auxiliador da Indústria Nacional,*

---

38   Revista Agrícola do Imperial Instituto Fluminense de Agricultura. Rio de Janeiro: Tipografia literária, março de 1879.

39   *Ibidem.*

40   Eisenberg afirma que *"após um curto período de declínio da produção com o fim da escravidão, ingleses e franceses reorganizaram a produção de açúcar dentro de novos padrões técnicos, nas Ilhas do Caribe, criando a grande indústria com a instalação dos engenhos centrais. O resultado foi imediato e*

periódico da Sociedade Auxiliadora da Indústria Nacional,[41] enalteceria os engenhos centrais de alguns grandes produtores de açúcar naquela época, como o Egito, Java, Martinica e Cuba: *"Devo acrescentar que, nesses países, a fundação de engenhos centrais, obtidas por meio da associação de muitos fazendeiros entre si, tem dado incomparável impulso à produção açucareira".*[42]

Este pensamento guarda uma apreciável ligação com os balancetes dos engenhos centrais apresentados em outros países produtores. O *Auxiliador* publicaria alguns dados que demonstravam que na Martinica, os investimentos nas instalações das fábricas orçaram em torno de 1.350:000$000, sendo que o capital necessário variou entre 270:800$000 a 900:000$000 por fábrica. Um engenho central de porte médio custando em torno de 600 contos, proporcionaria dividendos aos seus acionistas entre 20 a 40%. Tanto Rebouças quanto o *Auxiliador* referem-se ao caso do Engenho Central d'Arboussier,[43] em Guadalupe, que custou cerca de 1.944:000$000, mas que chegou a distribuir dividendos de 24% em 1872, - terceiro ano de sua existência.[44]

---

a produção volta a crescer a partir da década de 1860. A Guiana Francesa produziu 32.537t a partir da década de 1860 anualmente, no quinquênio 1841-45. e 110.884, entre 1881-85. Crescimento semelhante ocorreu nas Ilhas Maurícias e nas Queensland. Em Java e no Egito, a expansão canavieira e a grande indústria multiplicavam a produção. A produção javanesa pulou de 61.570t no quinquênio 1841-45 para 321.469, no quinquênio 1881-85. No Egito, existiam 17 centrais construídas pelos ingleses e pelos franceses, em 1873, produzindo cerca de 105.750.000 kg de açúcar. Dois anos depois já eram 22 e a produção alcançava 146.250.000 kg. A produção açucareira do Sul dos EUA foi reorganizada, após a guerra civil e o fim da escravidão, abastecendo parte desse grande mercado consumidor, que completara seu abastecimento com a produção das colônias espanholas sobre sua influência, e depois sob seu domínio: Cuba, Porto Rico e Filipinas". EISENBERG, Peter L. *Modernização sem mudança: A indústria açucareira em Pernambuco (1840-1910).* Rio de Janeiro: Paz e terra; Campinas: UNICAMP, 1977, p. 260-261.

41   A SAIN seria estabelecida no Rio de Janeiro em 1831.

42   O Auxiliador da Indústria Nacional. Rio de Janeiro: tip. Eduardo & Henrique Laemment, v. XLVII, 1879.

43   A grandeza de D'Arboussier também seria citado em um relatório do departamento de agricultura americano. *"The factory is in the suburbs of this sea-port, and is constructed upon the grandest scale, having all the improvements in machinery and the manufacture of sugar devised by modern science. The cost of it was upward of a million of dollars, and its capacity of manufacture is equal to 10,000 tons of sugar during the first six months of the year, which is the manufacturing season".* Monthly Report of the Department of Agriculture for January, 1873. Washington: Government Printing Office, 1873, p. 26

44   Rebouças, *op. cit.*, p. 161; O Auxiliador da Indústria Nacional, Rio de Janeiro: tip. Eduardo & Henrique Laemment, v. XLIII, 1875, p. 194.

A análise destes lucros devia impressionar particularmente os senhores de engenho que alegavam que os dividendos alcançados pela venda do seu produto quase não davam para cobrir os gastos.

Chama a atenção a rápida propagação destas ideias durante o final do Império. No entanto é necessário perceber que este era um grupo restrito de senhores de engenho mais abastados que tinha interesse em propagar algumas mudanças. Três ideias bem marcantes eram por eles fortemente defendidas: a necessidade de aperfeiçoar tanto o engenho quanto a lavoura através da compra do moderno maquinismo europeu e a aplicação de métodos científicos na lavoura, como a adubação etc.; a adoção de um novo sistema produtivo, que dividiria em duas partes estanques a produção açucareira: a parte fabril e a parte agrícola; e a imprescindibilidade do auxílio estatal, principalmente na resolução de questões como a falta de capitais, a diminuição dos impostos, a criação de institutos agrícolas e no processo de transição da mão de obra escrava para a livre.

Estes homens conheciam as inovações técnicas e científicas utilizadas pelos outros países produtores, tinham acesso aos livros e periódicos que tratavam do tema e estavam em contato com os representantes das firmas estrangeiras que fabricavam as máquinas mais avançadas. Compreende-se, assim, que foi justamente na sua ânsia de aplicar estes novos conhecimentos que se engajaram na luta para trazer os engenhos centrais. Isto posto, não há como negar que o pensamento sintético nas duas regiões do Império era parecido, mesmo posteriormente as modificações feitas pelo quadro governamental e que levaram a lei de 1875.

Nesse sentido, as demandas de tais pessoas relacionavam-se ao desempenho das exportações em um mercado mundial que, com efeito, deixara o país em uma categoria de abastecedor secundário. O açúcar brasileiro só parecia encontrar certo alento em alguns momentos pontuais de desestruturação dos principais fornecedores. Esta situação acentuaria ainda mais a defesa dos engenhos centrais, descritos como uma das mais urgentes necessidades do país. Esta convicção pode ser observada na fala de Pedro Dias Gordilho Paes Leme,[45] um dos maiores entusiastas da sua propagação na Província do Rio de Janeiro, pois para ele: *"Vai operar extraordinária mudança nos nocivos sistemas até hoje adotados".*[46]

---

45 Pedro Dias Gordilho Paes Leme foi presidente do Imperial Instituto Fluminense de Agricultura e diretor do Jardim Botânica.

46 LEME, Pedro Dias Gordinho Paes. *Engenhos Centrais na Província do Rio de Janeiro: Observações práticas oferecidas aos Srs. Capitalistas destas praças.* Rio de Janeiro: Tip. G. Leuzinger & Filhos, 1871.

Na verdade, havia uma preocupação em implementar inovações técnicas na agricultura em geral. A própria defesa das fábricas centrais foi feita para a aplicação na produção de vários produtos agrícolas, como o café e o algodão. Mas a sua maior aplicabilidade ligou-se a produção açucareira por diversos fatores, sendo que se pode destacar o próprio posicionamento dos senhores de engenho.[47] Era lícito esperar que o Brasil não ficasse estranho a essas ideias, como realmente não se deu. É justamente quando os senhores de engenho foram subjugados no mercado mundial em face das transformações tecnológicas em outros países que se articularam em defesa de uma agricultura mais racional e passaram a despender maiores somas de capitais para reorganizar a produção de açúcar no país.

É preciso que se tenha em conta que esta luta não ficava apenas no plano ideológico. Parece que toda esta grita, se assim pode-se chamar as discussões do período, estava também ligada aos privilégios que se esperava ganhar do Governo Imperial, a necessidade de aumentar a matéria-prima para os novos maquinismos e diminuir a concorrência dos engenhos menores, - já que o mercado interno sobrepujava os antigos compradores. Ao longo dos anos, com o exacerbamento de uma crise de superprodução no mercado mundial e o início da disputa pelo mercado interno, foi preciso concentrar em efetivas medidas os problemas que se apresentavam: Problemas que não desapareceram de uma hora para a outra e que acompanharam a indústria sacarina por anos a fio.

A preocupação comum entre estes senhores de engenho era adotar o novo maquinismo que criava uma realidade ainda desconhecida. Não se poderia pensar em estabelecer máquinas mais avançadas sem contar com a matéria-prima necessária ou sem estabelecer um sistema de divisão de trabalho que permitisse a alguns senhores organizar grandes fábricas que recebessem canas de fornecedores. O resultado seria que a imagem do engenho de fogo morto passou a assombrar muitos produtores de açúcar desde aquele momento.

Ramos já havia observado que as novas unidades de processamento, ou seja, os engenhos centrais, não deveriam ser de responsabilidade dos proprietários de engenhos banguês.[48] Desse modo, um primeiro passo seria controlar a cana dos arrendatários em regiões como Campos ou, no caso das províncias do Norte,

---

47 Importa destacar que não está se propondo nesta parte do trabalho travar uma discussão sobre o sucesso econômico destes empreendimentos, mas sim sobre a importância que a ideia de implantação dos engenhos centrais teve no momento.

48 RAMOS, Pedro. *Agroindústria canavieira e propriedade fundiária no Brasil*. São Paulo: Hucitec, 1999, p. 54-55.

contar com as canas dos lavradores obrigados. Deve-se ter em conta que a adoção do novo maquinário já excedia à produção de cana própria necessária para compensar os custos. Por isso que a introdução de máquinas mais avançadas seria a base da tendência de concentração, - apontada tantas vezes como uma consequência das usinas. A mudança da relação proprietário-arrendatário e grande produtor de açúcar pequeno e médio produtor/proprietário já estava dada no momento que passou a ocorrer uma maior capitalização da produção. Os contratos até então incomuns passaram a vigorar com mais frequência numa tentativa de controlar a matéria-prima.[49]

Numa época em que todos eram produtores de açúcar, - desde as pequenas engenhocas até os engenhos mais avançados -, e onde a parte responsável pelo beneficiamento começou a se desenvolver além das canas próprias, estes grandes produtores colocaram-se em um estado de alerta dada a incapacidade de tornar viável o projeto destas grandes unidades processadoras. Aliás, nota-se uma certa preocupação em diminuir os pequenos engenhos já antes da lei que concedia garantia de juros aos engenhos centrais. *"No nosso país, todo o plantador de cana entende que deve ser fabricante de açúcar, aguardente e rapadura, quando não tem capitais para montar engenho, ele se provê de um alambique".*[50]

Nesse sentido, crê-se que a defesa dos engenhos centrais se inseria, dentre várias razões, na necessidade de garantir um maior suprimento de cana para as novas máquinas. A recriminação ao *"mal pensado sistema de todos quererem ser fabricantes e agricultores"*[51] só passou a ser uma realidade a partir do momento em que houve uma necessidade sentida. Cabe não esquecer, entretanto, que as dificuldades de transição de um modelo de produção para outro foram visíveis e responderam em parte pelo imaginário negativo que se criou em torno dos engenhos centrais, mesmo que o arcabouço das usinas tenha se estruturado neste momento.

Tratava-se então de convencer os pequenos e médios produtores de açúcar de que seria muito mais lucrativo fornecer a matéria-prima aos engenhos centrais, já que poderiam arcar com as despesas do melhoramento necessário nos canaviais,

---

49 FARIA, Sheila Siqueira de Castro. *Terra e Trabalho em Campos dos Goitacases: 1850-1920.* Dissertação de Mestrado, ICHF, Universidade Federal Fluminense, Niterói, 1986, p. 390-441.

50 BRASIL. *Notas estatísticas sobre a produção agrícola e carestia dos gêneros alimentícios no Império do Brasil.* Rio de Janeiro: Tip. Imp. e Const. de J. Villeneuve e Comp, 1860, p. 102.

51 *Ibidem*, p. 103.

abandonar a rotina e possuir capitais para contratar os trabalhadores necessários. Defendia-se também que o princípio da centralização do trabalho proporcionaria produtos mais aperfeiçoados com menor número de braços.[52] A harmonia de interesses gerada pela separação da parte agrícola e da parte fabril foi apresentada e defendida em muitos artigos publicados nos periódicos, como o *Auxiliador da Indústria Nacional*.

> Divididos os misteres da agricultura, cada um pode ser exercido em escala mais larga e com perfeição maior, daqui resultando vantagens comuns ao lavrador e ao fabricante, cujos interesses, em vez de inconciliáveis, se harmonizarão, e auxiliarão mutuamente.[53]

Além disso, o emprego das novas máquinas dependia de vultosos capitais, o que poucos fazendeiros teriam condição de arcar. João José Carneiro da Silva, em seus *"estudos agrícolas"*, descreveu a onda de animação gerada pelo Engenho Central de Barcellos na zona canavieira de São Fidelis, Campos, São João da Barra e Macaé. Pretendia-se pagar ao fornecedor de cana 6$666 a tonelada de cana ou 10$000 por carro de 100 arrobas.

> Tomando a base de 7% para a produção média do engenho central e o preço de 3$000 líquidos para a arroba do açúcar de boa qualidade, vemos que esse engenho pretende pagar aos plantadores na razão de 3½%. Embora os modernos engenhos paguem em razão de 5 e 6%, já é uma paga vantajosa a de 10$000 por carro de 100 arrobas.[54]

Neste particular, entende-se a ênfase dada em 1878, no Congresso Agrícola do Norte, à situação do plantador de cana e dos pequenos e médios produtores de açúcar. Milet parecia não ter a menor dúvida sobre a importância dos engenhos centrais, já que os descrevia como a *"única tabua de salvação à que se possa agarrar*

---

52   Um dos trabalhos que levanta esta questão é CAMINHOÁ, Luiz Monteiro. *Cana de açúcar e café: Relatório apresentado ao Governo Imperial*. Rio de Janeiro: Tipografia Nacional, 1880.

53   O Auxiliador da Indústria Nacional. Rio de Janeiro. Tip. Eduardo & Henrique Laemment, 1879, v. XLVII, 1882.

54   Carneiro da Silva, *op. cit.*, p. 104.

aos agricultores de pouca força, os que safrejam menos de 1500 pães e, entretanto formam a grande maioria".[55]

Lima Sobrinho se impressionou com a conformidade dos componentes do Congresso do Norte, na exaltação da separação da parte industrial da agrícola e de um código rural que regulasse a relação entre proprietários e lavradores. Conclusões estas que segundo a sua análise não vinham dos lavradores ou dos donos dos engenhos banguês. Tentava-se assim relegar aos fornecedores dos centrais os riscos da produção e convencê-los da vantagem do novo sistema.[56] Não se pense assim que a cultura seria desprezada por estes senhores de engenho. O cultivo feito por colonos, meeiros etc. também seria uma maneira de garantir em parte a matéria-prima. Por outro lado, não seria razoável esperar que estes engenhos centrais fossem construídos em zonas que não dispusessem de matéria-prima. Ora, se esta foi uma realidade para alguns dos engenhos centrais brasileiros se deveu tanto aos casos de especulação como a recusa dos fornecedores em entregar suas canas muitas vezes por preços ínfimos. Não só a influência dos concessionários dos engenhos centrais tendeu a diminuir após consecutivas crises, como eles mesmos ainda não tinham os meios necessários para coibir os pequenos e médios produtores.[57]

Além disso, havia uma concepção integrada por um modelo que valorizava a ciência como uma maneira de baratear os custos da produção e melhorar a qualidade não só do açúcar, mas da própria cultura da cana-de-açúcar. Não estava desconsiderada a adoção de novas formas de cultivo na parte agrícola, posto que não houvesse como se pensar em estabelecer fábricas que demandassem uma grande quantidade de matéria-prima sem aperfeiçoar também a parte agrícola. Em 1885, Luiz Monteiro Caminhoá,[58] engenheiro fiscal do terceiro distrito de engenhos centrais, destacava que o açúcar brasileiro sofria uma grande concorrência, enfatizando que o açúcar de beterraba já fornecia até 13,89% de açúcar cristalizado, *"com o emprego de processos industriais aperfeiçoados".* O engenheiro defendia a fundação de estações agronômicas

---

55 SAAP, *op. cit.*, p. 313.

56 LIMA SOBRINHO, Barbosa. *Problemas econômicos e sociais da lavoura canavieira.* Rio de Janeiro: IAA, 1941, p. 8 – 9

57 A interferência do Estado far-se-ia maior a partir da Primeira República e de forma ainda mais acentuada no período pós-1930.

58 Releva destacar que Luiz Monteiro Caminhoá era irmão do Conselheiro e Ministro do Império Joaquim Monteiro Caminhoá.

pelo Governo, a escolha de sementes e o melhoramento dos aparelhos.[59] Nesse sentido, entende-se porque se tentava demonstrar que uma das principais vantagens dos engenhos centrais seria a possibilidade do lavrador cuidar melhor da sua lavoura. O *Auxiliador* afirmava que os lavradores não teriam que dividir as suas forças, tendo assim lavouras mais extensas e mais cuidadas.[60]

A relação que se formou entre o progresso e a ciência no sentido de adotar frequentemente as inovações técnicas, faz lembrar muitas vezes uma caixa de pandora. Havia uma necessidade premente de abri-la e trazer ao país as tecnologias mais recentes, mas nem sempre os resultados foram os esperados. Enfim, fazem-se aqui estas referências iniciais no sentido de investigar as causas que levaram a uma defesa quase unânime dos engenhos centrais tanto no Sul como no Norte do Império. Em que ponto um sistema de trabalho deixou de valer à pena e passou a valer o seu sucessor? E, principalmente, de que maneira se fez está transição? Estas indagações, que encobrem vários dilemas, apontam na direção de que a solução proposta pelos senhores de engenho e a política adotada pelo Estado Imperial nasceram de um mesmo progenitor, mas nem sempre caminharam de mãos dadas.

A resposta do Governo Imperial: a legislação dos engenhos centrais

> *Mas a verdade é que votam-se as leis mais auspiciosas para o futuro deste país, e passam-se meses, e passam-se anos sem que ao menos se pense seriamente em dar-lhes cumprimento.*
>
> André Rebouças

Como se sabe, muitas manifestações em prol dos engenhos centrais aconteceram nos anos anteriores à lei 2687.[61] A província de Pernambuco já ensaiava os primeiros passos em 1857, autorizando a fundação de uma fábrica central de açúcar. Só anos mais tarde, em 1871, a Assembleia Legislativa do Rio de Janeiro e a de Pernambuco passariam a conceder o auxílio da garantia de juros. Já em

---

59 CAMINHOÁ, Luiz Monteiro. *Engenhos Centrais: Relatório publicado por ordem do Exm. Sr. Conselheiro João Ferreira de Moura.* Rio de Janeiro: Imprensa Nacional, 1885, p. 3.

60 Revista Agrícola do Imperial Instituto Fluminense de Agricultura. Rio de Janeiro: Tipografia Literária, v. 10, 1879.

61 BRASIL. Coleção das leis do Império do Brasil de 1875. Rio de Janeiro: Tipografia Nacional, v.1, 1876.

1874, estas províncias seriam seguidas por Bahia, Sergipe e Rio Grande do Norte.[62] Alguns meses antes da lei que concedeu garantia de juros aos engenhos centrais, o Governo Imperial se anteciparia através da lei 2658, de 29 de setembro de 1875, que concedia:

> Isenções de direitos de importação para todos os materiais destinados à construção e exploração dos engenhos centrais ou fábricas centrais, que tiverem sido ou forem contratadas pelos governos provinciais ou pelo geral, fixada previamente a quantidade e a qualidade dos materiais favorecidos com a isenção.[63]

Assim, seria razoável esperar que nos anos anteriores e mesmo posteriores à lei 2687, os senhores de engenho elegessem como objeto de suas preocupações a forma como esses engenhos centrais deveriam ser montados e, principalmente, qual seria o papel do Estado frente os problemas enfrentados pela indústria sacarina. Realmente a lei aprovada em 6 de novembro de 1875 foi seguida de muitas queixas.[64] Sabe-se que vários senhores de engenho rebelaram-se tanto contra o desvirtuamento das propostas originais, - apresentadas tanto pelos representantes da indústria açucareira do Sul como do Norte e por alguns técnicos -, como contra o substitutivo senatorial proposto pelo Visconde de Inhomerim à resolução elaborada pela comissão da Câmara temporária, dirigida pelo Visconde do Rio Branco.

Releva notar que a ação do Estado na agricultura se fez sentir de forma mais visível a partir da década de 60 do século XIX. A criação do Ministério da Agricultura, Comércio e Obras Públicas[65] reforçou a oportunidade de intervenção em relação aos problemas agrícolas levantados pelas comissões organizadas no período para debater os problemas da lavoura.[66] Também na Europa, a ação do Estado se intensi-

---

62 CANABRAVA, Alice P. "A grande lavoura" in: HOLANDA, Sérgio Buarque de (Ed.) *História Geral da Civilização Brasileira. O Brasil Monárquico – Declínio e queda do Império*. Rio de Janeiro: Bertrand Brasil, v. 6, 1997, p. 108.

63 BRASIL. Coleção das leis do Império do Brasil de 1875. *op. cit.*

64 Mello, *op. cit.*

65 O MACOP foi criado pelo Decreto n° 1067 de 28 de julho de 1860.

66 No primeiro Relatório apresentado pelo Ministro da Agricultura, Comércio e Obras Públicas, já se colocava a necessidade de facilitar o crédito para os agricultores, melhorar o sistema de transporte e providenciar um sistema de instrução teórica e prática para os agricultores que os

A QUIMERA DA MODERNIZAÇÃO   43

ficaria no último quartel do século XIX de forma a contornar a Grande Depressão de 1870-90. O estímulo variou entre o protecionismo, o cooperativismo e a modernização agrícola.[67] No Brasil, as requisições dos agricultores não se distanciariam muito das medidas adotadas na Europa. Como não seria de estranhar, percebe-se que as políticas agrícolas buscariam incentivar a grande lavoura de exportação, como o café e o açúcar.[68] Em sua maioria, as medidas do Estado buscavam aperfeiçoar a agricultura no país, incentivando os agricultores a adotarem os métodos de cultivo e produção baseados na Europa e nos Estados Unidos.[69] Muitas destas iniciativas privadas ou públicas se tornaram cada vez mais comuns à medida que se transformava o regime de mão de obra com as leis abolicionistas.

É justamente quando o Estado passa a tentar atender alguns dos reclamos da lavoura que se percebe o descompasso entre os seus principais atores. Para tanto, há que analisar mais a fundo a legislação agrícola e, principalmente, a reação causada por estas leis. O mal, evidentemente, estava na desproporção causada pelo volume de demanda dos agricultores e as "insuficientes" políticas agrícolas adotadas pelo Governo Imperial, mesmo que este procurasse uma solução para contornar a tão clamada "crise da lavoura". Neste particular, se admitirem-se posições extremas entre os agricultores e o Estado,[70] deve-se também admitir que esse distanciamento torna-se significativo quando se separa a lei 2687 do ideário que se formou em torno dos engenhos centrais, ou seja, a defesa do associativismo e da centralização industrial e da descentralização agrícola.

Isto posto, percebe-se a existência de uma dinâmica própria nas linhas de pensamento dos chamados "agricultores progressistas" e a linha adotada pelo Estado

---

habilitaria para *"empregar os processos, instrumentos, e máquinas agrícolas, de que a lavoura dos países mais adiantados tem tirado tão grande resultado"*. BRASIL. Relatório da Repartição dos Negócios da Agricultura, Comércio e Obras Públicas apresentado à assembleia geral legislativa pelo respectivo ministro e secretário de estado, Manoel Felizardo de Souza e Mello. Rio de Janeiro: Tip. Universal de Laemmert, 1861, p. 5-8.

67 MENDONÇA, Sonia Regina. *Ruralismo: Agricultura, Poder e Estado na Primeira República*. Tese de Doutorado, FFLCH/USP, São Paulo, 1990, p. 3.

68 LOBO, E. M. L. *História Político-Administrativa da Agricultura no Brasil: 1808-1889*. Brasília: Ministério da Agricultura, 1980.

69 O Governo criaria vários institutos de pesquisa, como o Imperial Instituto Fluminense de Agricultura, o Imperial Instituto Baiano de Agricultura (1859), a Imperial Estação Agronômica de Campinas (1887).

70 Vide Mello *op. cit.*

Imperial. Os fracos resultados alcançados no período pela política de auxílio à lavoura açucareira ampliariam mais e mais os reclamos. Não se pode deixar de aludir que o projeto de garantir juros aos engenhos centrais não era tão descabido, posto que já houvesse sido implementado em vários outros países. Em verdade, vale dizer que a lei 2687 buscou canalizar as principais queixas e imprimiu novos rumos a legislatura seguinte. Enfim, mais do que a análise desta lei em si, busca-se perceber a forma como os senhores de engenho reagiram e desenvolveram suas ações e demandas diante das alterações experimentadas pela atividade açucareira após a experiência das fábricas centrais.

Sendo um dos primeiros cuidados do Governo aplacar a demanda dos agricultores por crédito, o decreto de 6 de novembro concedia garantia de juros[71] de até 5% ao ano ao banco de crédito real que se fundasse no Império.[72] Neste mesmo decreto, o Governo Imperial garantia 7% de juros aos engenhos centrais *"às companhias que se propuserem a estabelecer engenhos centrais para fabricar açúcar de cana".* O montante seria de trinta mil contos de réis e a distribuição seria feita pelas províncias *"em que se cultiva a cana, segundo a importância relativa de cada uma neste gênero, demonstrada pela quantidade de açúcar exportado".*[73]

Vale ressaltar que em um contexto de grande demanda de capitais para o investimento nos modernos maquinismos não soa estranho os incessantes reclamos dos senhores de engenho com o pouco crédito oferecido para a agricultura em condições facilitadas, ou seja, juros baixos e empréstimos de longo prazo. Todavia, tais conflitos não se restringiram a maneira como as concessões foram distribuídas, mesmo que em um período de estagnação econômica da indústria açucareira o

---

71 O sistema de garantia de juros foi adotado primeiramente na Rússia, sendo imitado logo por outros países e pela própria Inglaterra para a construção das primeiras ferrovias na Índia. Em 1834, Thomas Cockane apontaria a necessidade de o governo brasileiro auxiliar as concessões outorgadas para a criação ferrovias com a garantia de juros. No entanto, isso só mudaria depois da lei nº 641, de 26 de junho de 1852, que garantiria os privilégios de zona e a garantia de juros. Esse sistema funcionaria como um incentivo à formação de empresas fundamentais à economia que não tinham o capital necessário para se estabelecer. Nesse caso, o Governo verificaria o capital necessário para a montagem dessas sociedades anônimas e garantiria uma taxa regular e fixa de juros. Caso o empreendimento fosse deficitário, a garantia de juros assegurava o rendimento do capital empregado. Se fosse lucrativo, a garantia podia ser dispensada. MATOS, Odilon Ferreira. "Vias de Comunicação" in: HOLANDA, Sérgio Buarque de (org) *História Geral da Civilização Brasileira*. Rio de Janeiro: Bertrand Brasil, v. 6, 1997.

72 Esse banco deveria emprestar a taxa de juros limite de 7% e a prazo de 5 a 30 anos.

73 Brasil. Coleção de leis do Império do Brasil de 1875, *op. cit.*

seu peso tenha sido muito maior do que em épocas de prosperidade. Os senhores de engenho e técnicos, também apoiaram as suas críticas à política agrícola do Governo no descaso com os outros pontos apresentados pela Comissão da Câmara,[74] mas que vinham sendo levantados desde muito pelos agricultores. Em verdade, há uma defesa explícita nos textos e relatórios de vários estadistas da necessidade da ação governamental para solucionar os cinco males[75] apresentados pela comissão e que obstavam o desenvolvimento da lavoura.

Os defensores da concessão de garantias de juros no país, - vista como uma forma de fomentar o desenvolvimento econômico -, alegavam que essa seria uma maneira de incentivar a reunião de volumosos capitais em empreendimentos custosos, como no caso das ferrovias e engenhos centrais. André Rebouças foi um dos seus inúmeros apoiadores e defendia que a garantia de juros seria *"o mais forte, o mais adequado e o mais conveniente estímulo para o desenvolvimento da iniciativa individual e do espírito de associação para as empresas de utilidade pública deste país"*.[76] Não obstante, para ele, as experiências de outros países deveriam ser analisadas e algumas medidas adotadas. Neste particular, o posicionamento de Rebouças parece bem sustentável, e quando se observa a realidade criada pela lei 2687, compreende-se o porquê da legislação adotada posteriormente inclinar-se acentuadamente para as medidas cautelares defendidas por ele.[77]

---

74 Milet, engenheiro e produtor de açúcar do Norte, defendia que o Governo deveria ser responsável por um plano geral de viação e preparar o país para a implantação de colonos-proprietários. Também para ele, as fábricas centrais seriam o único meio de transformar a lavoura de cana, habilitando-a para o trabalho livre. MILET, Henrique Augusto. *Auxílio à lavoura e crédito rural*. Recife: Tipografia do Jornal do Recife, 1876.

75 Os cinco males eram carência de mão de obra, de capital financeiro, meios de transportes, instrução agrícola e altos impostos.

76 Em seu trabalhado intitulado *"Garantia de juros: estudo para sua aplicação às empresas de utilidade pública no Brasil"*, publicado em 1874, Rebouças tratava justamente da proficuidade que o sistema de garantia de juros teria no Brasil. REBOUÇAS, André. *Garantia de juros: Estudo para sua aplicação às empresas de utilidade pública no Brasil*. Rio de Janeiro: Tipografia Nacional, 1874.

77 Rebouças apoiava-se na experiência de François Bartholony, banqueiro e pioneiro na implantação das estradas de ferro francesas, e que publicou um trabalho sobre o tema em 1838: *"Du meilleur système à adopter pour l'exécution des Travaux publics, et notamment des grandes lignes de chemin de fer"*. Seguindo essa linha de pensamento, Rebouças insistia que em primeiro lugar, a garantia de juros deveria ser vista apenas como uma animação, um auxílio moral quando a empresa dava bons resultados desde o início. Assim, a empresa deveria demonstrar ao Governo que se funda em cálculos baseados sobre dados estatísticos oficiais e em orçamento de obras cuidadosamente executados. Aliás, ela só poderia ser concedida quando as empresas de primeira categoria demonstrassem a

Eul -Soo Pang demonstra que não havia uma unanimidade em relação a garantia de 7% de juros sobre o capital realizado nem entre os estadistas, embora houvesse precedentes importantes na construção de estradas de ferro. Na Câmara, muitos deputados, especialmente os da zona do café, opuseram-se vigorosamente a concessão de garantia de juros aos engenhos centrais. Naturalmente, os interesses dos cafeicultores fortalecer-se-iam cada vez mais a partir da década de 40 do século XIX. O pensamento do Barão Homem de Mello nesse momento era particularmente expressivo quando ele punha em dúvida a eficácia da lei de 6 de novembro de 1875. Para ele, a lei não era exequível, uma vez que os apontamentos sobre a lavoura indicavam um lucro que não chegava muitas vezes a 5 ou 6%, ou seja, neste caso o *"Estado teria que forçosamente de suprir o que faltasse dos juros e da amortização que a lavoura não pudesse pagar"*. Ademais, Homem de Mello salientava que nem toda a lavoura era devedora, neste caso, *"não se pode de modo algum exigir que a parte mais laboriosa da lavoura trabalhe em favor daquele que não for"*.[78]

Por outro lado, os defensores dos engenhos centrais alegavam que qualquer tentativa de organizar este novo sistema produtivo no Brasil dependeria da concessão de auxílios por parte do Estado. Cobrava-se frequentemente do Governo Imperial bancos onde hipotecando os seus bens, o agricultor pudesse introduzir os melhoramentos nas suas fábricas e lavouras. Para muitos, como Moraes Pinheiro, estas hipotecas desenvolveriam o espírito de associação, pois o sucesso dos primeiros concessionários multiplicariam os engenhos centrais.[79] Miguel Antônio da Silva[80] punha em dúvida a capacidade do país de recuperar-

---

impossibilidade de realizá-la sem o apoio do Estado. Ademais, nas empresas menos prósperas, ela só se tornaria efetiva depois da obra terminada ou em todo ou por partes, conforme o contrato e só se realizaria tão somente em relação às somas efetivamente empregadas nas obras. Acrescentava-se a tudo isso a necessidade do Governo fiscalizar as empresas garantidas através de engenheiros fiscais e de funcionários que conhecessem o plano de execução da obra. Se houver a impossibilidade de orçá-la minuciosamente, deve ser feito o orçamento de um máximo de capital, prevenindo-se assim a atuação de diretores menos cuidadosos. *Ibidem*, p. 11-30.

78 Discurso do Barão Homem de Mello na sessão da Câmara dos Senhores Deputados de 22 de agosto de 1879. *Discurso do projeto apresentado pelo orador sobre auxílio à lavoura.* Rio de Janeiro: Tip. de G. Leusinger & Filhos, 1879; PANG, Eul Soo. *O Engenho Central de Bom Jardim na economia baiana: alguns aspectos de sua história: 1875-1891.* Rio de Janeiro: Ministério da Justiça, Arquivo Nacional, IHGB, 1979.

79 SAIN, *op. cit.*

80 Miguel Antonio da Silva era bacharel em ciências físicas e matemáticas, professor do Instituto Politécnico do Brasil, representou o Brasil em várias exposições internacionais e era membro de

-se da "crise da lavoura" sem possuir três sortes de necessidades urgentes: crédito agrícola, operários rurais e estradas. O crédito agrícola foi posto em destaque, uma vez que: *"Sem capitais nem um gênero de trabalho pode ser iniciado pelo homem; seria o mesmo que exigir do organismo atrofiado a prolongação da vida sem ministrar-lhe sangue"*.[81]

Não obstante o Estado atuar com certo empenho para proporcionar aos agricultores instrumentos de financiamento de longo prazo, até mesmo a quantia estabelecida, - os trinta mil contos de réis -, e a forma como eles foram distribuídos não agradaram os produtores. Em 1875, o *Auxiliador da Indústria Nacional* já defendia que a ideia dos engenhos centrais estava no espírito de todos. No entanto, esses produtores precisavam de facilidade para levantar esses capitais, já que só a província do Rio de Janeiro precisava *"Não de três engenhos centrais, porém de 10 ou mais"*.[82] Henrique Milet, ligado diretamente à indústria açucareira pernambucana, frisava que só o Norte precisaria de mais de cem mil contos de réis. Ao se defrontar com o mesmo problema, Rebouças esmerou-se em produzir uma nova distribuição, orçada em duzentos mil contos de réis. A sua proposta diferia do plano original do Governo ao priorizar áreas que não tinham uma tradição exportadora açucareira voltada para o mercado externo, como Minas Gerais, Rio de Janeiro e São Paulo. A diversificação da produção seria um dos pontos levantados. Por outro lado, as províncias já produtoras, como Pernambuco e Bahia, deveriam modernizar a sua produção e, ao invés de engenhos de má qualidade montar engenhos centrais.[83]

---

várias associações científicas, dentre elas o Imperial Instituto Fluminense de Agricultura, chegando a dirigir a sua principal publicação, juntamente com Nicolau Joaquim Moreira, a Revista Agrícola do Imperial Instituto Fluminense de Agricultura.

81 Revista Agrícola do Imperial Instituto Fluminense de Agricultura. Rio de Janeiro: Tipografia do Imperial Instituto Artístico, v. 5, 1877.

82 O Auxiliador da Indústria Nacional. Rio de Janeiro: Tip. Universal de Laemmert, v. VLIII, 1875, p. 81.

83 Para ele, o caso dos vinte e dois engenhos centrais do Egito era um exemplo a ser seguido pelo Brasil, pois produziam 146.250.000 kg, quase o triplo dos 893 engenhos da Bahia, dos quais apenas 282 eram a vapor. Nesse sentido, Rebouças defendia que seria necessário realizar uma reforma radical, reduzindo todos esses engenhos obsoletos a umas vinte fábricas centrais, que contassem com mão de obra especializada, como engenheiros industriais e aparelhos aperfeiçoados. Rebouças, 1883, *op. cit.*

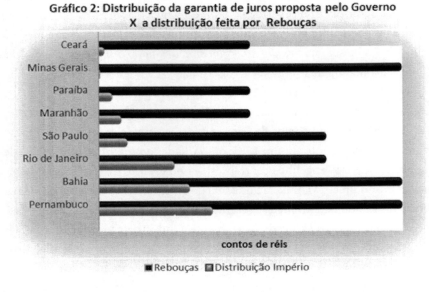

Fonte: decreto nº 10.100, de 1 de dezembro de 1888. Coleção das leis do Império. 1889. Rio de Janeiro, Imprensa Nacional, v.2, 1889 e REBOUÇAS, André. *Agricultura Nacional; Estudos Econômicos; Propaganda abolicionista e democrática*. Recife: FUNDAJ; Editora Massa gana, 1988.

Sobre tudo isso ainda se soma a preocupação explícita dos senhores de engenho de se apresentarem a si próprios como os fundadores das fábricas centrais. Sem dúvida, depois da falta de resultado da lei de 1875, fortaleceu-se ainda mais a ideia de que os engenhos centrais deveriam ser custeados pela associação dos próprios agricultores que lhe mandariam as suas próprias canas, ou por um senhor de engenho da região abastecido pelas canas produzidas localmente pelos fornecedores.[84] André Rebouças seria um dos autores destas propostas que tinham os senhores de engenho no papel principal.

---

84 Ver: PAES LEME, Pedro Dias Gordilho. *Relatório sobre a cultura da cana e fabricação do açúcar na Louisiana*. Rio de Janeiro: Tipografia Nacional, 1878; RAFFARD, Henri. *Relatório do Júri de Secção de Açucares da Primeira Exposição Brasileira de Açucares e Vinhos*, organizada pelo Centro de Indústria e Comercio de Açúcar. Rio de Janeiro: Imprensa Nacional, 1890; Carneiro da Silva. João José. Barão de Monte Cedro. *Estudos agrícolas*. Rio de Janeiro: Tip. Acadêmica, 1872, dentre outros.

Os senhores de engenho ou os agricultores de cana de açúcar A, B, C, desejando melhorar o seu sistema de produção e auferir maiores lucros, associam-se e entregam a gerência de seus estabelecimentos a uma só pessoa; reúnem todas as suas máquinas na situação mais conveniente para receber a cana de açúcar das plantações, e enviar o açúcar aos produtores conexos ao mercado; formam assim um estabelecimento único, o qual concentra todas as variadas operações, necessárias para tirar da cana de açúcar o máximo proveito (...).

O senhor de engenho A, assaz rico, filantropo e previdente, divide as suas vastas terras em lotes, que vende, afora ou arrenda aos seus emancipados e colonos nacionais ou estrangeiros; confia-lhes todo o trabalho da produção da cana-de-açúcar, concenta toda a sua atenção na fabricação do açúcar e dos produtos conexos; compra as máquinas e os aparelhos necessários para exercer nas melhores condições econômicas a indústria sacarina, e consegue, assim, por seu simples esforço individual, fundar um engenho central. (...)

O Governo provincial ou geral, ou ambos, desejando estimular a iniciativa individual e o espírito de associação dos agricultores, funda, direta ou indiretamente, subvencionando ou garantindo juros, um estabelecimento, com as melhores condições técnicas e econômicas para a produção de açúcar ou café, e determina que este estabelecimento só se ocupe da preparação, e compre aos agricultores circunvizinhos a cana de açúcar ou o café em cereja. Esse estabelecimento que será um centro e um exemplo, um foco de atração e um estímulo, merecerá o nome de engenho central.[85]

As manifestações contrárias à política açucareira do Governo Imperial, - frisa-se aqui que tanto nas províncias do Norte quanto do Sul -, foram dando paulatinamente o tom na ação dos representantes da indústria açucareira e deixaram transparecer quem eram os intérpretes de um grupo de homens que não se opunham na sua grande maioria a construção dos engenhos centrais. Considera-se possível assim que os engenhos centrais eram o modelo vivo do progresso para

---

85 Rebouças foi um dos mais representativos entusiastas deste novo sistema produtivo, chegando a fazer um estudo detalhado das benesses da centralização agrícola e industrial. Rebouças, 1883, *op. cit.*, p. 2.

estes homens que viviam direta ou indiretamente do açúcar.[86] Contrastando com a situação precedente dos pedidos de auxílios para a indústria açucareira, a execução da lei 2687 constituiu um aporte que sedimentou a reação dos senhores de engenho diante da impossibilidade deles próprios aplicarem os princípios do associativismo agrícola. Barbosa Lima Sobrinho salientou esta postura ao afirmar que *"parecia que não se acredita em outras soluções e que se considerava acima do debate a separação entre a parte agrícola e a parte industrial".*[87]

Por outro lado, muitos dos senhores de engenho não esconderam sua hostilidade quando as concessões foram dadas a firmas estrangeiras ou a pessoas ligadas a outros ramos de atividade que não a lavoura, defendendo que a garantia de juros deveria ser prestada diretamente aos fazendeiros. Alguns representantes da indústria açucareira do Norte, como Antônio Gomes de Mattos[88] e Milet, fizeram verdadeiros libelos contra a política de concessões adotadas pelo Governo Imperial. Mattos não deixou margem para ambiguidades. Neste particular, ele defendia o estabelecimento de *"engenhos centrais legítimos"*, ou seja, fábricas organizadas pela associação entre si de senhores de engenhos e lavradores de canas vizinhos.[89] Milet seguiria na mesma linha de pensamento de Mattos. Para ele, o Estado deveria incentivar os senhores de engenho a serem os proprietários e administradores dos engenhos centrais. Mais enfático ainda foi o artigo publicado por Milet no Jornal do Recife, em 5 de agosto de 1875. Para ele, o sentido real da lei de 1875 tornava particularmente forte a nefasta ação do Governo Imperial. Esta lei teria contribuído para o fim da esperança de recuperação da indústria açucareira criada em torno da imagem dos engenhos centrais, ao direcionar as concessões para companhias estrangeiras ou pessoas estranhas à lavoura.

> Naquele sistema, que é, sem dúvida alguma, o que o projeto de lei quer naturalizar entre nós, os lucros fabulosos que devem proporcionar as fábricas centrais, e que, segundo dizem,

---

86 Atualmente, parte da historiografia recupera os queixumes feitos contra a lei 2687 como uma crítica contundente aos engenhos centrais, feita principalmente pelos senhores de engenho do Norte e encabeçada pela SAAP.

87 Lima Sobrinho, *op. cit.*, p. 12.

88 Antônio Gomes de Mattos foi um importante comerciante da praça do Recife.

89 A existência de grandes plantações de cana de diversos cultivadores vizinhos justificava perfeitamente a fundação de engenhos centrais. MATTOS, Antonio Gomes. *Esboço de um manual para os fazendeiros de açúcar no Brasil*. Rio de Janeiro: Tip. Perseverança, 1882.

> chegam a 20 e 30%, não serão para o agricultor, e sim para
> os capitalistas fundadores e acionistas, classe de indivíduos
> inteiramente estranhos à lavoura e que destarte realizarão
> todo o lucro proveniente da transformação de nossa indús-
> tria agrícola, com mais um inconveniente, no caso de serem
> os capitais estrangeiros, o de serem ditos lucros exportados
> com grande prejuízo do país.[90]

Um artigo publicado no *Auxiliador da Indústria Nacional* chegou a defender que a fecunda ideia de garantir juros às fábricas centrais foi completamente desvirtuada pelo Governo.[91] Alguns anos antes à lei 2687, João José Carneiro da Silva, o Barão de Monte Cedro,[92] incentivava os grandes fazendeiros de Campos a organizarem uma fábrica central, desenvolvendo o espírito de associação. Por mais que se queira minimizar a influência da divulgação dos dividendos dos engenhos centrais localizados na Martinica, Guadalupe, dentre outros, com seus maquinismos modernos e eficientes, não há como ignorar o sentimento desses senhores de engenho, pois esta questão figurou sempre como um dos temas principais do período.[93] Não seria possível admitir que não fossem eles a receber tais proventos depois de tantos anos de agonia. Um artigo publicado no Jornal do Commercio revelaria com uma percepção bastante acurada, o que ocorreria se as concessões não fossem dadas aos agricultores.

> Os lucros da indústria ficariam na algibeira dos próprios
> plantadores, e não na do interventor. (...) Os agricultores
> não querem animar empresas estrangeiras administradas
> por pessoas estranhas à lavoura, afinal empresas industriais

---

90   MILET, Henrique Augusto. *Auxilio a lavoura e crédito real*. Recife: Tipografia do Jornal do Recife, 1876, p. 5

91   O Auxiliador da Indústria Nacional. Rio de Janeiro: Tip. Universal de Laemmert, & C, v. LVI, 1888, p. 83.

92   Carneiro da Silva, *op. cit.*

93   Burton relatava que a usina François apresentou um lucro entre 36 e 48% sobre o capital avaliado, La Renty produziu 27% e Point Simon 33 ½%. Segundo ele, *"algumas têm sido mais felizes do que outras, porém todas têm pago grandes dividendos"*. BURTON, Richard. *"Os engenhos centrais da Martinica: Relatório feito pelo Sr. Ricardo Burton, comissionado por Porto Rico para visitar as usinas ou engenhos centrais da Martinica, 1872. In: O Auxiliador da Indústria Nacional"*. Rio de Janeiro: Tip. Universal de Laemmert & C., v. XLIV, 1876, p. 64.

que não poderiam lucrar, no final das contas, senão à custa do plantador, quando estes reunindo-se poderiam chegar a idêntico sem repartir senão entre si os lucros da indústria.[94]

Por tudo o que foi visto até aqui, percebe-se que há nitidamente a existência de pelo menos três vias que levaram a constantes críticas da política dos engenhos centrais: primeira: a lei 2687 não atender os principais reclamos da lavoura e se ater a incentivar em parte a construção de engenhos centrais; a outra: a forma como a garantia de juros foi distribuída, privilegiando as companhias estrangeiras ou pessoas estranhas à lavoura; e, a terceira: a centralização excessiva nas mãos do Estado que impedia o desenvolvimento do associativismo no país desde 1860, com a decretação da lei dos entraves. O último ponto não provocaria só o desagrado dos senhores de engenho. O fato é que ainda em 1875 se reclamava da lei de 1860.[95] Embora houvesse certa preocupação do Governo em recuperar a indústria açucareira,[96] os produtores de açúcar apontavam que a legislação financeira de 1860 inviabilizava a liberdade de associação e, por conseguinte, a divisão da cultura e do fabrico, ou melhor, os engenhos centrais. A inibição das iniciativas de associação que constava na lei de 22 de agosto de 1860 era resultado da determinação de que a constituição das sociedades

---

94 Artigo do Jornal do Commércio reproduzido no Jornal do Agricultor. Rio de Janeiro: Tip. Carioca, fevereiro de 1887.

95 A lei dos entraves representou o auge da política empreendida por Silva Ferraz em relação aos bancos, casas bancárias e sociedades anônimas. No ano anterior, o governo estabelecera a obrigação dos estabelecimentos bancários e as sociedades anônimas remeterem semanalmente, à secretária de Estado dos negócios da Fazenda, quando localizadas na corte, e aos presidentes de província, um demonstrativo das operações realizadas na semana anterior informando sobre a natureza e o valor dos seus ativos, sobre o seu capital, suas reservas e seu fundo disponível, inclusive sua composição; a movimentação da emissão, especificando suas letras, notas, valores e séries e, finalmente, a movimentação de suas contas correntes e as operações especiais. PIÑEIRO, Théo Lobarinhas. "A carteira hipotecária do banco do Brasil: Os conflitos em torno do crédito agrícola no II Reinado". In: GUIMARÃES, Elione Silva e MOTTA, Márcia Maria Menendes (org). *Campos em Disputa: História agrária e companhia*. São Paulo: Annablume/ Núcleo de Referências Agrárias, 2007, p. 41-62.

96 Apesar das crescentes baixas do preço e da exportação, o açúcar ainda constava entre os principais produtos exportados, mesmo que não desse os mesmos lucros auferidos com o café, e era o principal produto da região Norte, além de ser uma alternativa para as crises de preço do café na região Sul.

anônimas, além de depender da autorização do Governo, deveria ser submetida também ao Conselho de Estado.[97]

Para alguns destes senhores de engenho o nexo entre a lei 2687 e a lei dos Entraves era evidente. Para eles, se os engenhos centrais não estavam consolidados no Brasil, isso era culpa dos impedimentos impostos pela legislação em vigor. A posição de Milet quando defendia que a liberdade de associação era radicalmente impotente e inexistente no Brasil – já que estava peada pela legislação de 1860 – punha em dúvida a capacidade da iniciativa individual no sentido de promover os engenhos centrais como defendiam alguns estadistas, uma vez que os agricultores *"não podem, entretanto, dispensar o auxílio do Governo, já que a nossa legislação econômica lhe há tirado os dois instrumentos indispensáveis à iniciativa individual, a liberdade de associação e a liberdade de crédito"*.[98]

Em 1874, em um inquérito sobre o estado da lavoura admitia-se que havia males que estavam restritos à ação dos agricultores; outros que somente dependiam da ação do Estado; e alguns que deveriam ser deslindados por estes dois atores conjuntamente. Não seria de estranhar que um conjunto de leis e decretos que mais diziam respeito a um forte controle pelo Estado Imperial na criação de bancos e sociedades anônimas, - tema caro aos agricultores nesse contexto -, originou acalorados debates.[99] Assim, segundo os seus críticos, o espírito de associação, - salvatério de muitos dos problemas enfrentados pela lavoura, dentre eles a falta de capitais -, revelar-se-ia altamente concentrado nas mãos de uns poucos concessionários agraciados pelo Estado Imperial.[100] Para o presidente do Banco da Bahia,

---

97 Levy defende que se os senhores de engenhos brasileiros levassem em conta o modelo francês, como geralmente faziam, mencionariam que a partir de 1863, a França liberaria de todo o controle estatal as suas sociedades anônimas. Ver: LEVY, Maria Bárbara. *A indústria do Rio de Janeiro através de suas sociedades anônimas*. Rio de Janeiro: Editora da UFRJ, 1994, p. 75-87; BOUVIER, Jean. *Histoire Économique et Histoire Sociale*. Geneve: Librairie Droz, 1968 e GUIMARÃES, C. G. O Banco Mauá & Cia. (1854-1875): um banco no Brasil do século XIX. In: Tamás Szmrecsányi; Ricardo Maranhão. (Org.). *História de Empresas e Desenvolvimento Econômico*. São Paulo: HUCITEC, 1996, p. 297-307.

98 Milet, *op. cit.*, p. 5.

99 A análise de muitos destes debates encontram-se em SCHULZ, John. *A crise financeira da abolição*. São Paulo: Edusp, 1996.

100 Alguns autores defendem que mesmo em meio a uma atuação política nem sempre favorável, criaram-se um número significativo de sociedades anônimas, principalmente nas províncias do Rio de Janeiro e de São Paulo. Levy afirma que esse impulso seria fruto de uma necessidade improrrogável, que acabou por gerar um desabrochar associativo a partir de meados do XIX. Ao

Gonçalves Alves Guimarães, nada seria mais profícuo do que a revogação da lei de 22 de agosto de 1860, pois ela:

> Dificulta o estabelecimento franco da associação, pondo-o debaixo da tutela do Governo Central, de sorte que não dependendo de concessão do Governo a fundação de qualquer sociedade anônima, a qual às mais das vezes demorada e dispendiosa, sejam facilitadas as empresas aos particulares que nela quiserem aventurar seus capitais.[101]

O *Auxiliador da Indústria Nacional* manifestava-se em favor de que o Governo atenderia melhor as necessidades da lavoura adotando o princípio da garantia de juros, mas *"tirasse desse princípio da escola protecionista o que ele tem de odioso quando aplicado com ares patente de monopólio"*, sendo possível criar engenhos centrais com garantia de juros em zonas que reunissem algumas condições indispensáveis, como Campos ou em outras regiões que apresentassem:

> 1º- Um centro que num raio de duas léguas tenha ao menos uma produção de 40.000 arrobas de açúcar atestada com as contas de vendas dos dois últimos ou três anos; 2º - um centro que tenha capacidade para dobrar pelo menos aquela produção; 3º- um centro que tenha facilidade de exportação e que tenha condições adequadas para o estabelecimento de trilhos de ferro econômicos; 4º - um centro cujos proprietários formados em sociedade se obriguem a: adotar os aparelhos mais aperfeiçoados; a fazer o serviço do engenho com braços livres; a montar uma fábrica capaz de preparar pelo menos 100.000 arrobas de açúcar por safra; a empregar uma certa quota do produto líquido à fundação de estabelecimentos de utilidade pública; a introduzir cada ano nos terrenos dependentes do engenho um certo

---

permitir a associação de capitais em diferentes montantes, o Estado Imperial possibilitava aos acionistas controlar um volume de capitais muito superiores aos de um único senhor de engenho. Levy, *op. cit.*

101 BRASIL. *Informações sobre o estado da lavoura*. Rio de Janeiro: Tipografia Nacional,1874, p. 17.

número de imigrantes por contratos de arrendamento, e outras condições semelhantes.[102]

Não se pode deixar de notar que a preocupação dos agricultores aumentava à medida que se percebia a progressiva decadência do trabalho escravo.[103] Como pondera Sheila Faria, os anos 70 do século XIX revelam a destruição da *"antiga ordem e a estruturação de uma nova"* marcada pela *"latência na reprodução das bases escravistas, no crédito, nos negócios com imóveis"*, dentre outros. A reorganização da indústria açucareira apontaria na direção à qual se manteve neste e em outros momentos, - maiores investimentos na modernização do seu sistema produtivo.[104] Tal inquietação torna-se clara pela maneira como os agricultores reagiram à lei 2.040 de 28 de setembro de 1871 e, consequentemente, a certeza de que a abolição já estava na ordem do dia.

Como se sabe, os preços dos novos maquinários não eram acessíveis à maioria dos senhores de engenho. Este aspecto é relevante, pois muito se falou sobre as inovações técnicas tanto da parte fabril como da lavoura diminuírem a quantidade de mão de obra. Nesse momento, já se tem bem delineado no pensamento dos agricultores que o Estado Imperial deveria auxiliar na transição do trabalho escravo para o trabalho livre. Milet advogava a causa de que depois da lei do Ventre Livre, o Estado deveria adotar medidas complementares de auxílio à lavoura, como incentivar a colonização, a liberdade de crédito, a facilidade de transporte e, principalmente, a liberdade de associação. Para ele, a lei de 28 de setembro de 1871 tornou necessária a divisão do serviço agrícola e do fabrico do açúcar, posto que com a *"fundação de fábricas centrais, o colono poderá substituir o escravo na fabricação do açúcar"*.[105]

---

102 O Auxiliador da Indústria Nacional,. Rio de Janeiro: Tip de Eduardo & Henrique Laemmert, v. XLVII, 1879, p. 81.

103 Rebecca Scott afirma que em Cuba a década de 1870 pode ser caracterizada por um período de conflitos sociais e políticos. Um exemplo seria a fala do Cônsul Geral Dunlop: *"Os plantadores cubanos reconhecem agora inteiramente a probabilidade, quase certa, de uma abolição da escravidão. Já não fazem aqui objeção pública organizada à sua chegada inevitável, mas pedem tempo e imigração de mão de obra com a sanção e ajuda do governo, e também um certo número de anos de preparação de um encaminhamento bem gradual. 'Como não fazer isso!' é seu mot d'ordre (...)"* Cônsul Geral Dunlop para Earl Granville. Havana 16 de janeiro de 1871, citado por: SCOTT, Rebecca J. *Emancipação escrava em Cuba: a transição para o trabalho livre: 1860-1899*. Rio de Janeiro: Paz e Terra; Campinas: Editora da Universidade Estadual de Campinas, 1991, p. 99.

104 Faria, *op. cit.*, p. 344.

105 Milet, *op. cit.*, 36.

Assim, a expectativa criada em torno deste novo sistema produtivo seria alta. A reação se daria na mesma proporção quando as concessões de garantia de juros às empresas geridas por pessoas ligadas ao mundo dos negócios ou companhias estrangeiras apresentaram um péssimo desempenho. Naturalmente, culpava-se o Estado sobre o qual pesava a responsabilidade de cuidar da distribuição. E mais uma vez esses agricultores apontavam a fragilidade da lei 2687, vendo no Estado um obstáculo ao desenvolvimento almejado seja ele qual fosse, - pequenos ou grandes engenhos centrais. Como destacava o *Auxiliador*, como fruto desta política apenas se colheram fábricas desalentadas que não representavam o resultado tão esperado.[106]

Não foram poucas as concessões distribuídas. Gil Magalhães chegou a contar 50, afora 18 concessões já caducas, isso somente no período entre 1876 a 1881. A relativa falta de controle por parte do Estado[107] transformaria as concessões em um negócio extremamente proveitoso para alguns especuladores que enriqueceram com a venda dessas concessões para pessoas que tinham interesse em realmente montar engenhos centrais.[108] Referindo-se de forma bastante crítica e trocista à estratégia do Governo Imperial, Antônio Gomes de Mattos contrapunha o que ele chamava de engenhos centrais legítimos contra o estabelecimento de engenhos centrais especulativos. Para ele, *"Garantir, porém, juros, sobre capitais excessivos para o estabelecimento de engenhos centrais especulativos, à pretexto de pretender curar a anemia da lavoura com sangria, é, relevar-se-nos a expressão: por o carro adiante dos bois".*[109]

Alguns periódicos do período foram incansáveis na denúncia da má fé de muitos dos concessionários. O *Auxiliador da Indústria Nacional* publicou vários artigos em que sustentava que uma desenfreada agiotagem tinha se apoderado destas garantias. Defendia que o sistema adotado de garantia de juro deveria ser

---

106 O Auxiliador da Indústria Nacional. Rio de Janeiro: Tip. Universal de Laemmert & C. v. XVI, 1888.

107 Emilia Viotti da Costa aponta que como o Governo facilitava a concessão de garantia de juros houve muita especulação. Alguns concessionários venderam na praça de Londres os privilégios obtidos por alguns contos de réis. A debilidade do capitalismo nacional fez com que houvesse neste setor uma verdadeira invasão de capitais estrangeiros, principalmente ingleses. O resultado seria que algumas companhias mais poderosas monopolizaram a construção de engenhos centrais no Nordeste. COSTA, Emília Viotti. *Da senzala à colônia*. São Paulo: Editora da Unesp, 1997, p. 323.

108 Lima Sobrinho, *op. cit.*, p. 9.

109 Mattos, *op. cit.*

substituído por outro que alijasse a figura dos *"concessionários-intermediários"*, suprimindo assim a especulação a que se tem prestado as concessões.[110] Barbosa Lima Sobrinho aponta que conseguir uma concessão de engenhos centrais com garantia de juros dependia acima de tudo do prestígio político do candidato e de seu livre trânsito nas esferas administrativas. Na avaliação do *Jornal do Comércio*, o caráter contraditório da política dos engenhos centrais estava dado pela corrupção na distribuição das concessões. Além disso, Dias da Silva Júnior,[111] editor do *Jornal do Agricultor*, questionaria a representatividade de alguns engenheiros fiscais, uma vez que o Estado Imperial permitia o *"abuso e a imoralidade"* de serem estes funcionários pagos pelas empresas fiscalizadas:

> Os capangas eleitorais, os genros, os afilhados, os sobrinhos, os filhos e os advogados administrativos, conseguiram a torto e a direita concessões de engenhos centrais com garantia de juros, sem o escrúpulo e detido exame que convinha e devia ter-se realizado antes de fazerem-se tais concessões (...). Conseguindo a concessão, estas mesmas individualidades premindo os ministros da agricultura obtinham a nomeação de engenheiro fiscal, que além desta qualidade tinha mais virtude de ser pago pelos cofres da empresa, cujos atos incumbiam fiscalizar, dando isto lugar a que fossem aceitos aparelhos e fábricas deficientemente montadas e que entraram logo no gozo da garantia de juros, conseguindo destarte os cessionários, magníficos prebendas por haverem realizado tais arranjos.[112]

A segunda questão que cabe discutir em relação ao problema da especulação foi a incapacidade de muitos concessionários de gerir estas empresas. Muitos desses homens se preocupavam em conseguir lucros rápidos ou almejavam outras vantagens econômicas.[113] Pedro Dias Gordilho Paes Leme, - que assumiu o cargo

---

110 O Auxiliador da Indústria Nacional. Rio de Janeiro: Tip. Universal de Laemmert & C, v. XVI, 1888.

111 Dias da Silva Júnior era Vice-Presidente da Associação Industrial da Corte, sócio da Sain etc.

112 Jornal do Agricultor. Rio de Janeiro: Tip. Carioca, janeiro a junho de 1883, p. 138.

113 Gnaccarini demonstra que a corrida para as bolsas de valores em Londres e em Paris, por parte dos capitalistas ingleses e franceses, parece estar ligada diretamente a essa competição comercial entre fabricantes de máquinas destinadas ao fabrico de açúcar. Várias fontes históricas são concordantes quanto à feição aparentemente "aventureira e especuladora" que cercou

de presidente do Instituto Fluminense de Agricultura em 1888 -, também participou dos debates travados no *Jornal do Agricultor*. Para ele, aos vários problemas enfrentados na montagem dos engenhos centrais somavam-se exploradores ineptos, acobertados pela garantia de juros.[114] Anteriormente, Dias da Silva Júnior destacava que a fraca atuação destas empresas era oriunda de exageras despesas de administração, desperdício de dinheiro, dentre outros. Assim, indagava aos seus leitores *"O que significa engenhos centrais com o capital inferior a mil contos, terem diretorias cujos vencimentos anuais são superiores a trinta e a quarenta contos?"*[115] Segundo Frédéric Sawyer, a falta de idoneidade ou de experiência dos formadores dessas sociedades anônimas era visto principalmente no capital exagerado desde a sua formação. Segundo ele,

> Algumas vezes este preço é por tal modo exagerado, que os lucros da indústria podem ser considerados absorvidos por muitos anos, e quase sempre a quantia reservada como capital de giro é ridiculamente insuficiente. No entanto isto tudo é bem conhecido pelas pessoas de negócios, nós não podemos mudar esse sistema e nos limitamos a dizer caveat emptor.[116]

Alguns fragmentos de textos são ilustrativos dos interesses desses produtores de açúcar, pois demonstram como se percebeu a política dos engenhos centrais em um momento em que seria impossível aos senhores de engenho admitir, como colocaria Gileno Dé Carli de uma forma singela: possuidores absenteístas que não

---

tais empreendimentos. Tatiana Araújo aponta que a Companhia Five-Lille além de explorar diretamente os engenhos centrais, vendia equipamentos e aparelhagens para outras. Esta era uma manobra externa para a obtenção de vantagens econômicas, uma vez que a modernização da indústria açucareira se processaria através da importação de maquinário e outros artigos. ARAÚJO, Tatiana Brito de. *Os engenhos centrais e a produção açucareira no Recôncavo Baiano: 1875-1909*. Salvador: FIEB, 2002, p. 33. GNACCARINI, J.C. *Estado, ideologia e ação empresarial na agroindústria açucareira do Estado de São Paulo*. Tese de doutorado. FFLCH, USP, São Paulo, 1972, p. 110-11

114 Jornal do Agricultor. Rio de Janeiro: Tip. Carioca, julho de 1885.

115 *Ibidem*.

116 SAWYER, Frederic. Estudo sobre a indústria açucareira no Estado de São Paulo, comparada com a dos demais países. Apresentada ao Dr. Carlos Botelho M. D. da Secretária da Agricultura pelo engenheiro Frederic Sawyer. São Paulo: Tipografia Brasil de Carlos Gerke & Rothschild, 1905, p. 109.

amavam a terra, *"que jamais a viram, e que não se enquadram na sua paisagem"*.[117] Deve-se levar em conta que se estava em um tempo em que a agricultura era tudo e a cana era indispensável à vida econômica de algumas regiões, como o Norte.

Com relação aos engenhos centrais no Norte é preciso lembrar que algumas concessões inglesas quase monopolizaram as concessões dadas pelo Governo Imperial, como no caso da The Central Sugar Factories of Brazil, The North Brasilian Sugar Factories, General Sugar Factories Limites e a Fives Lille.[118] Maria Emília Prado pondera que a especulação com as concessões não foi o resultado apenas da atuação de companhias estrangeiras, posto que companhias nacionais também praticassem especulação.[119] No entanto, por mais que se queira minimizar alguns dados, acredita-se que tiveram influência o fato que dos cinco engenhos centrais que tiveram êxito em Pernambuco podem ser atribuídos em parte à condição dos que o receberam. Como foi dito por Eisenberg: *"agricultores brasileiros interessados em fabricar açúcar, não em especulações"*.[120]

No Sul, por outro lado, pesou mais a especulação feita por nacionais. No entanto, estas duas regiões tiveram em comum as críticas feitas ao Governo Imperial, - que concedeu garantias a quem não deveria ter recebido. Ora, fato este admitido pelo próprio Ministro da Agricultura. Em 1882, José Antônio Saraiva já deixava transparecer a sua insatisfação com a falta de resultados da lei 2687, pois nenhuma das concessões feitas em virtude da mesma lei tinham tido êxito, elencando como um dos principais motivos:

> (...) a falta de idoneidade de alguns concessionários esterilizou as concessões de que se haviam premunido para especulação puramente mercantil, contando transferi-las a terceiros, que aptos a inspirar confiança e habilitados pelas

---

117 Dé Carlí citaria o caso cubano. Para ele, o problema não foi aceitar os engenhos centrais, mas o seu controle pelos americanos. Dé Carli, Gileno. *O drama do açúcar*. Rio de Janeiro: Irmãos Pongetti Editores, s/d, p. 97.

118 Costa, *op. cit.*, p. 323.

119 PRADO, Maria Emilia. *Em busca do progresso: os engenhos centrais e a modernização das unidades açucareiras no Brasil*. Rio de Janeiro: Papel Virtual, 2000, p. 32 -33.

120 Eisenberg, *op. cit.*, p. 122.

suas relações comerciais, conseguissem levantar os capitais necessários.[121]

Se por um lado se acusou alguns engenheiros fiscais de serem coniventes com as fraudes e a má administração de algumas companhias, outros representantes destes fiscais se somariam ao coro das vozes dos descontentes com a legislatura em vigor. Em um dos seus relatórios mais famosos, Luiz Monteiro Caminhoá defendia que os engenhos centrais traziam a realização dos preceitos econômicos mais reclamados, no entanto, *"infelizmente estas que deveriam ser organizadas por fazendeiros ou pessoas idôneas, passaram na maioria, a mãos menos competentes, tornando-se um novo ramo de especulação da bolsa"*.[122] E não seria de estranhar que mais de uma vez um engenheiro fiscal apontasse a fragilidade da política Imperial em detrimento do que se esperava desse novo sistema produtivo:

> Considero este fato muito grave e muito importante, sobretudo atendendo a que engenhos centrais bem construídos e economicamente administrados devem dar excelentes resultados. Toda a questão dos engenhos centrais está na zona escolhida, nos mecanismos de força motora: desde que essas três condições forem estudadas com critérios os resultados não podem ser maus. Infelizmente para esta província a má instalação de alguns, os maquinismos empregados e a falta de cuidados na construção e a má administração, desacreditam completamente a ideia. Também concorreu muito para isto, o modo com que foram dadas as concessões (13 concessões: 6 Central Sugar factories of Brasil Limited e 7 North Brasilian Sugar Factories Limited) e os próprios concessionários. O Governo Imperial não teve um fiscal desde o início das obras, de modo que a Central Sugar assentou seus

---

121 BRASIL. Relatório apresentado à Assembleia Geral na Primeira Sessão da Décima Oitava legislatura pelo Ministro e Secretário de Estado interino dos Negócios da Agricultura, Comércio e Obras Públicas José Antônio Saraiva. Rio de Janeiro: Tip. Nacional, 1882.

122 Relatório do Terceiro Distrito de Engenhos Centrais apresentado por Luis Monteiro Caminhoá, engenheiro fiscal. In: Relatório apresentado na 1ª sessão da 19ª legislatura pelo Ministro e Secretário dos Negócios da Agricultura, Comércio e Obras Públicas João Ferreira de Moura. Rio de Janeiro: Imprensa Nacional, 1885, p. 83.

engenhos onde quis, sem ter o menor escrúpulo em empregar material de inferior qualidade e antigo (...).[123]

Com estes aspectos em mente, pode-se compreender as constantes mudanças feitas na legislação dos engenhos centrais. A realidade negativa que se formou em torno da lei 2687 obrigou o Governo a ser mais exigente na distribuição de tais concessões. O próprio Ministro da Agricultura em 1888, João Ferreira de Moura, fundamentado nos maus resultados, desqualificaria a legislação adotada:

> Temos feito contratos onerosos ao Estado, e até aos concessionários, e por falta de conhecimento do serviço, legislado inconvenientemente. Caro temos pago a experiência de conceder engenhos centrais de alto valor a pessoas estranhas à lavoura que só procuram lucro, sem preocupação de outra espécie. De tudo isso convém que nós emendemos.[124]

Naturalmente, ao tratar do problema da especulação levantava-se a questão da fiscalização. É possível que novamente o Estado Imperial se espelhasse nos resultados obtidos pelas ferrovias e decidisse adotar o mesmo *modus operandi* de contratar engenheiros fiscais.[125] A fiscalização buscava resolver não só os problemas ligados à especulação, mas também questões que foram se colocando com a construção desses fábricas centrais: falta de matéria-prima, má instalação dos maquinismos, falta de mão de obra qualificada, dentro outros. Tratava-se, antes de tudo, de remediar os males mais sérios e abafar as manifestações dos descontentes. André Rebouças tinha uma percepção clara dos percalços enfrentados para

---

123 Relatório do Primeiro Distrito de Engenhos Centrais apresentado por Francisco de Rego Barros, engenheiro fiscal. In: Relatório apresentado na 2ª sessão da 20ª legislatura pelo Ministro e Secretário dos Negócios da Agricultura, Comércio e Obras Públicas Rodrigo Augusto da Silva. Rio de Janeiro: Imprensa Nacional, 1887, p. 213.

124 BRASIL. Relatório apresentado à Assembleia Geral na 1ª sessão da 19ª legislatura pelo Ministro do estado dos Negócios da Agricultura, Comércio e Obras Públicas João Ferreira de Moura. Rio de Janeiro: Imprensa Nacional, 1889.

125 Eulália Lobo afirma que a legislação do Império visando promover a construção de ferrovias foi abundante: concessão de privilégios por vários anos, direito de desapropriação de terrenos de particulares no percurso da ferrovia, cessão de terras devolutas, isenção de direitos sobre a importação de trilhos, máquinas e instrumentos, privilegio de zona nas margens, garantia de juros do capital empregado. Lobo, *op. cit.*, p. 61.

a instalação dessas novas empresas e, para ele, a fiscalização tornava-se essencial neste momento.

> Deve, pois, o Governo prevenir-se de todos os meios para exercer a mais direta, imediata e incessante fiscalização nas empresas garantidas. Deve prescrever que esteja constante patente aos seus agentes toda a escrituração da companhia. Além do engenheiro fiscal deverá ter praticantes, que se iniciem no sistema de construir e administrar as obras, e ao mesmo tempo, fiquem senhores de todos os segredos da sua execução.[126]

Diante disso, deve-se considerar que se está lidando com homens que acreditavam que era quase uma obrigação do Estado reerguer a indústria sacarina, já que ela concorria com desigualdade no mercado externo. Acreditava-se ser possível, com uma ação mais direta do Governo, criar no Brasil uma indústria aperfeiçoada que se aproximasse da indústria açucareira das colônias inglesas, francesas e da própria indústria açucareira europeia. Esta cobrança seria feita até por importantes membros do Governo, como o Ministro do Império, Luiz Pedreira de Couto Ferraz. Já em 1854, o Ministro chamava a atenção para a necessidade de o Estado auxiliar de forma mais direta a indústria açucareira, colocando tal necessidade como quase uma questão de honra por toda a história da cana no país.[127] Este argumento fincaria raízes em quase todos os discursos posteriores que cobravam uma ação mais efetiva do Estado. Dizia que: *"Os enormes capitais empregados na produção de açúcar, o mais antigo ramo da agricultura brasileira,*

---

126 Segundo Rebouças, os primeiros caminhos de ferro não tinham engenheiros para fiscalização. Esta fiscalização posteriormente adotada no país seria essencial para não se construir mais caminhos de ferro pelas praias e incapazes de pagar o seu custeio. Para ele, não se deveria pagar mais de 1.000:000$000 por légua de caminho de ferro em planície, construir mais caminhos de ferro de via larga, não deixar correr à revelia a construção das vias férreas, mas sim acompanhar dia a dia, com escrupulosa fiscalização a marcha dos trabalhadores e as operações financeiras das empresas. Rebouças, *op. cit.*, p. 115.

127 Alice Canabrava destaca que as iniciativas por parte do Governo Geral foram na maior parte do período simplesmente de natureza informativa, como os inquéritos de 1874 por meio da comissão especial e da fazenda junto às autoridades provinciais os congressos agrícolas de 1878, no Rio de Janeiro e em Recife. Canabrava, *op. cit.*

e a que o Império deveu seus primeiros elementos de prosperidade, persuadem ser este um dos objetos que mais deve merecer a atenção do corpo legislativo".[128]

Como não poderia deixar de ser, a intervenção do Estado na indústria açucareira deveria ir até o ponto que os senhores de engenho concordavam. Para além de questões como capitais, prêmios, estradas e impostos, tornava-se o reverso da medalha, isto é, era visto como arbitrário. O problema era que a lei 2687 ligava fortemente os engenhos centrais ao Governo Imperial, pois qualquer tentativa de organizar fábricas centrais no Brasil dependeria evidentemente da sua aprovação. Alguns agricultores chegaram a condenar a concentração das decisões e os ares de monopólio da política adotada. Segundo a legislação aprovada, a concessão da garantia de juros[129] estava subordinada a apresentação dos planos e o orçamento de todas as obras projetadas, os desenhos de aparelhos, a descrição dos processos empregados no fabrico do açúcar, os contratos celebrados com os fornecedores de cana, além da proibição de utilizar mão de obra escrava na fábrica.[130]

Ao fim e ao cabo, devido à falta de resultados da lei 2687 só restou mesmo ao Governo Imperial mudar a sua política. Mas, ao contrário do esperado, os novos decretos teriam uma postura ainda mais rígida. A aprovação do decreto nº 8357, de 24 de dezembro de 1881, traria novas regras para os pedidos de concessão. É justamente neste momento que o Estado realmente procuraria instituir importantes formas de controle, como o fato do valor da garantia passar a ser delimitado pela capacidade do engenho.[131] Além disso, buscaria evitar a concorrência de fá-

---

128 BRASIL. Relatório apresentado à Assembleia Geral Legislativa da Terceira sessão da nona legislatura pelo Ministro e Secretário de Estado dos negócios do Império Luiz Pedreira do Coutto Ferraz. Rio de Janeiro: Tipografia Universal de Laemmert, 1855.

129 Além da garantia de juros, os concessionários tinham direito a outros favores. Neste caso, destacam-se as isenções de direitos de importação sobre as máquinas, instrumentos, trilhos e mais objetos destinados ao serviço da fábrica; preferência para aquisição de terrenos devolutos existentes no município, efetuando-se pelos preços mínimos da lei nº 601 de 18 de setembro de 1850, se a companhia distribuísse por imigrantes que importar e estabelecer, não podendo, porém vendê-los a estes devidamente medidos e demarcados, por preço excedente ao que fosse autorizado pelo Governo. DÉ CARLI, Gileno. *Gênese e evolução da indústria açucareira em São Paulo.* Rio de Janeiro: Irmãos Pongetti Editores, 1943, p. 33-34.

130 A concessão para o estabelecimento de um engenho central normalmente acompanhada da garantia de juros sobre o capital a investir, se fazia por meio de decreto, através do Ministério da Agricultura. Prado, *op. cit.*

131 Decreto nº 8357, de 24 de dezembro de 1881: *"Artigo 2 - garantia de 500:000$000, se o engenho tiver capacidade para moer diariamente até 200.000 quilos de cana e fabricar, durante a safra,*

bricas dentro de uma mesma zona, fazer a distribuição de forma mais equitativa do montante dos trinta mil contos entre as províncias e, principalmente, criar uma fiscalização mais efetiva destas companhias.[132]

Alguns registros, particularmente após as inúmeras concessões dadas a especuladores, fundamentavam a necessidade de o Estado estabelecer uma fiscalização mais severa. Em 18 de setembro de 1882, o engenheiro Manoel Pinto dos Santos Barreto assinalava a importância de se tornar efetivo o artigo 23 do decreto nº 8357, que nomeava um agente que assistisse a organização e gerenciasse a prestação de contas das empresas, pois o Estado arriscava a sua garantia.[133] Não obstante, o engenheiro chamar a atenção para essa necessidade em 1882, o Governo Imperial só colocaria efetivamente em prática a fiscalização por engenheiros fiscais em 1884, quando institui as instruções a serem observadas pelos engenheiros fiscais dos engenhos centrais no exercício de suas funções; e logo após, com o decreto nº9307, de 14 de outubro de 1884, que distribuía em três distritos as províncias do Império onde haviam estabelecido engenhos centrais. No entanto, cada um destes distritos deveria contar com apenas um engenheiro fiscal, - o que deve ter criado algumas dificuldades devido ao tamanho da área demarcada.[134]

De qualquer forma, mesmo com a delonga para estabelecer uma fiscalização mais segura, havia outros óbices para que os concessionários mantivessem a garantia de juros. O descumprimento de algumas das cláusulas do contrato poderia levar a caducidade da concessão e muitas foram as companhias que perderam a garantia de juros. É de destacar que essa foi uma ação comum do Governo, já

---

calculada em 100 dias, até 1.000.000 de quilos de açúcar; 750:000$000, se a capacidade se elevar até o duplo; e 1.000:000$000, se a capacidade se elevar até o quádruplo". Brasil. Coleção das leis do império do Brasil de 1881. Rio de Janeiro: Tipografia Nacional, 1882.

132 "Art. 23. O Governo nomeará pessoa idônea para fiscalizar as operações da companhia, a execução do contrato com ela celebrado e o cumprimento dos ajustes feitos com os proprietários agrícolas, plantadores e fornecedores de cana, correndo as despesas da fiscalização, durante o prazo da garantia, por conta do Estado". Ibidem.

133 Fundo: Engenhos Centrais, IA84, Arquivo Nacional, Pasta 155.

134 Compreendia o 1º distrito as províncias do Pará, Maranhão, Ceará, Rio Grande do Norte, Paraíba e Pernambuco; o segundo os de Sergipe, Alagoas, Espírito Santo e Bahia; e o terceiro as do Rio de Janeiro, São Paulo, Minas Gerais e ainda o Município Neutro.

que em 1880 ainda nada tinha sido pago.[135] Em 1880, o Ministro da Agricultura, Manuel Buarque de Macedo afirmava que,

> Nenhuma das concessões até agora feitas chegou ainda a bom êxito, e a maior parte tem caducado por inobservância das cláusulas estipuladas. Do crédito especial que vós dignastes de consignar para o pagamento de garantia e fiança de juros, um réis não foi despendido. Tão somente uma empresa concessionária, a companhia açucareira de Porto Feliz, estabelecida com engenho central no município do mesmo nome, província de São Paulo, pretendeu o pagamento da garantia a que se julgava com direito: o que lhe foi recusado por não haver sido cumprida uma das cláusulas do contrato.[136]

O já citado engenheiro Manoel Pinto dos Santos Barreto juntava as suas exações ao Estado pelos atrasos em implementar a fiscalização, questionamentos sobre as declarações de caducidade, em especial ao Engenho Central mencionado acima pelo Ministro, por não cumprir cláusulas do contrato. Ao tratar desta questão chega a fazer um gracejo com a fama de mau pagador do Estado.

> Se o Estado não pagou garantia de juros a engenhos centrais, a razão foi unicamente porque ele não dispunha de verba para isso, senão Porto Feliz teria recebido a garantia prometida. Não havendo verba para aquele serviço foi preciso recorrer-se a caducidade. São sutilezas para não passar por mau pagador.[137]

O caso do Engenho Central de Porto Feliz talvez se explique,[138] mas a explicação torna-se mais difícil com o aumento dos casos. Em 1888, o Ministro

---

135 Importa destacar que no caso de empresas já montadas não se perdia os outros direitos, como a importação de maquinário nem o da concessão da construção do engenho central.

136 BRASIL. Relatório apresentado à Assembleia Geral da 17ª legislatura pelo Ministro e Secretário do Estado dos Negócios da Agricultura, Comércio e Obras Públicas Manuel Buarque de Macedo. Rio de Janeiro: Tip. Nacional, 1880, p. 132.

137 Fundo: Engenhos Centrais, IA84, Arquivo Nacional, Pasta 155.

138 Ver: SOUZA, Jonas Soares de. *Uma empresa pioneira em São Paulo: O Engenho Central de Porto Feliz*. Edição comemorativa do centenário do engenho central de Porto Feliz (1878-1978). Coleção Museus paulistas. v. 7, 1978.

da Agricultura Rodrigo Augusto da Silva destacava a falta de sucesso das concessões dadas através do decreto 2687. Ao tratar do problema das caducidades, apresentaria informações do Tesouro Nacional que demonstravam que o Estado Imperial despendeu com a fiscalização da garantia de juros somente a importância de 2.011:908$379.[139] As frequentes declarações de caducidade levavam a uma constante fluidez do capital garantido ou afiançado: de 19.700:000$000 em 1881 se reduziu a 8.300:000$000 em 1888. Assim, a distribuição de garantia ou fiança por se fazer elevou-se de 10.300:000$000 em 1881 para 21.700:000$000 em 1888.[140] Com tantas declarações de caducidade após a lei de 1881, o clamor dos concessionários centrou-se principalmente na severidade de algumas disposições do regulamento e que se considerava como sendo o fator da causa de esterilidade de numerosas concessões.

A cada ano que se passava, a falta de resultados da lei 2687 chamava mais atenção. Em 1888, o Jornal do Commercio anunciava aos seus leitores que os resultados da política dos engenhos centrais eram relativamente mesquinhos nos seus 13 anos de execução.[141] Um ano depois, Amaro Cavalcanti[142] retomava o tema ao mostrar na sua *"Resenha financeira do Ex-Império do Brasil"* que raras concessões tinham vingado até 1889, uma vez que das 31 concessões ainda vigentes, somente 8 fábricas estavam em funcionamento. Segundo ele, o desânimo agravou-se ainda mais pela dureza do regulamento de 1º de dezembro de 1888, que instituía um prazo de garantia estreitíssimo e exigências vexatórias.[143] Uma autoridade estadual de Pernambuco chegaria a afirmar que estas leis eram contraproducentes de tão severas, *"se alguém pudesse oferecer garantias iguais, subsídios ou complementar a construção, não procuraria o auxílio do Estado com tantas obrigações e exigências"*.[144]

---

139 BRASIL. Relatório apresentado na 4ª sessão da 20ª legislatura pelo Ministro e Secretário dos Negócios da Agricultura, Comércio e Obras Públicas Rodrigo Augusto da Silva. Rio de Janeiro: Imprensa Nacional, 1889.

140 SOARES, Alcides Ribeiro. *Um século de economia açucareira: Evolução da moderna agroindústria do açúcar em São Paulo, de 1877 a 1970.* São Paulo, Cliper, 2000, p. 44.

141 Artigo publicado no Jornal do Commercio e reproduzido no Auxiliador da Indústria Nacional. Rio de Janeiro: Tip. Universal de Laemmert & C, V. LVII, 1889.

142 Amaro Cavalcanti era estadista e assumiu vários ministérios durante este período.

143 CAVALCANTI, Amaro. *Resenha Financeira do Ex-Império do Brasil.* Rio de Janeiro: Imprensa Nacional, 1890.

144 *Apud.* Eisenberg, p. 123.

Significativamente e não por causalidade, os decretos se sobrepunham uns aos outros procurando uma forma de dinamizar a implementação dos engenhos centrais. Os primeiros anos da República ainda trariam a continuidade desta política. As estratégias passavam desde a obrigatoriedade da adoção do processo da difusão em detrimento das moendas; a desobrigação do engenho central não possuir canas próprias, o estabelecimento de zonas restritas para cada concessão, - na tentativa de impedir a concorrência entre as fábricas e minimizar a falta de matéria-prima -, o aumento do capital garantido para 60 mil contos de réis, dentre outros. No entanto, com a continuidade das caducidades, o Governo Republicano mudaria a política de auxílio apagando aos poucos o rastro deixado pela legislação Imperial, como no caso da fiscalização feita pelos engenheiros fiscais e que seria suprimida em 1897. Assim, a usina despontaria aos poucos, deixando para trás ideias como o associativismo e a centralização industrial e a descentralização agrícola, mas resguardando as inovações técnicas introduzidas tanto na parte fabril como na agrícola.

Não resta dúvida, como colocava Diamanti, que o primeiro impulso fora dado e fora suficiente.[145] Alguns importantes engenhos centrais foram construídos mesmo sem contar com a garantia de juros. Nesse contexto, os outros auxílios dados pelo Governo Imperial ficaram obscurecidos pelas falhas que se associaram a lei 2687 com a febre especulativa. Em meio aos debates disseminados neste momento, percebe-se a dificuldade de aplicar soluções bem sucedidas em um lugar e muitas vezes inaplicáveis em outros, gerando muitas vezes medidas incoerentes ou incompatíveis com a realidade. Isso não quer dizer que não houve uma transformação da realidade da indústria açucareira neste instante e, consequentemente, o aprimoramento desta legislação açucareira tantas vezes criticada. Entretanto, como pontua José Gnnacarini, os atrasos e as delongas para que muitas destas políticas fossem colocadas em prática, aprofundariam ainda mais a sensação de abandono e de "crise da lavoura".[146]

---

145 DIAMANTI, Henri. "Nota sobre a indústria açucareira no Brasil". In: PERRUCI, Gadiel. *A República das Usinas*. Rio de Janeiro: Paz e Terra, 1978.

146 As estradas de ferro foram trazidas para o Brasil com um atraso de mais ou menos vinte anos. Já o surto de modernização industrial no setor açucareiro ocorreu com um atraso de trinta anos em relação aos principais concorrentes do Brasil. GNACCARINI, J.C. A. "A economia do açúcar: processo de trabalho e processo de acumulação" in: FAUSTO Boris. (org) *História Geral da Civilização Brasileira*. Rio de Janeiro: Bertrand Brasil, v. 8, 1997, p. 107.

A tentativa de retomada do mercado externo através de técnicas mais modernas justificou muitas destas ideias e medidas, mesmo que por vezes aparentassem ser injustificáveis para os seus próprios contemporâneos. Os discursos dos senhores de engenho não pareceriam tão dissonantes se for considerado que não se fala aqui dos donos de engenhos banguês, mas de importantes senhores de engenhos e famílias há muito ligadas à produção de açúcar. Para estes homens, ações efetivas deveriam ter lugar o mais rápido possível, pois como refletia Milet: na Europa a agricultura era à base do edifício, *"cá constitui a bem dizer, o Edifício todo; e a sorte da sociedade brasileira está identificada com a da sua lavoura.".*[147]

A prática: os engenhos centrais do terceiro distrito

> *Não enunciamos uma utopia e as pessoas bem informadas nos farão justiça de dizer que não avançamos senão fatos já exuberantemente demonstrados.*

Barão de Monte Cedro

Acompanhar a trajetória dos engenhos centrais que foram fundados no Sul do Império não é uma tarefa fácil. Curiosamente, um regionalismo açucareiro da região Norte define tarefa como a porção de cana que se mói em um dia de trabalho. Ainda que não seja esta a pretensão desse estudo, reproduzem-se em parte as suas memórias. Se não se criaram as 200 fábricas centrais almejadas por Milet, montou-se um relevante número delas e que presumivelmente trabalharam um bom par de dias, mesmo que sem a regularidade esperada.[148] Nesse sentido, busca-se perceber as semelhanças que propiciaram o surgimento de um grupo de senhores de engenho que conseguiu juntar forças suficientes para colocar em prática um plano de recuperação da indústria açucareira, ou melhor, a construção de um conjunto de engenhos centrais fundados sobre a égide da mesma ideia, na mesma região, com vantagens ou desvantagens parecidas.

---

147 SAAP, *op. cit.*

148 A trajetória individual de alguns destes engenhos centrais do Sul podem ser encontradas nos trabalhos de: MELO, Jose Evandro Vieira de. *O Engenho Central de Lorena:* modernização açucareira e colonização (1881-1901). Dissertação de Mestrado, FFLCH-USP, São Paulo, 2003; VIANA, Sônia Bayão Rodrigues. *O Engenho Central de Quissaman (1877/78-1904).* Tese de Doutorado, USP, São Paulo, 1981; Souza, *op. cit.*

Contrastando com as províncias do Norte, a indústria sacarina do Sul foi solidamente articulada em torno do fato de se tratar de uma região secundária da produção açucareira e de estar voltada para o mercado interno. Ocorre que a cana já estava presente antes do café, mesmo que os engenhos centrais fossem implantados no momento em que se sedimentava a importância da produção cafeeira para a economia desta região e do país. Na verdade, estes dois marcos temporais parecem interligados: uma tradição açucareira e o nascimento de uma nova cultura. O café rebaixaria a importância econômica da indústria canavieira ao mesmo tempo em que lhe proporcionava importantes alicerces.

Gileno de Carlí quando se refere à província de São Paulo argumenta que não existia uma tradição açucareira, pois os canaviais se diluíam por vários municípios e grandes áreas distantes. Conquanto não possuíssem uma herança como a do Norte mereceria reparos afirmar que São Paulo, - e neste caso, incluem-se as províncias do Rio de Janeiro e de Minas Gerais -, não dispunham de um legado açucareiro. Esta cultura era sim feita em muito menor escala e voltada em grande parte para o mercado interno, mas este fato não tira a sua importância. Como se sabe, o crescimento desta produção local teria repercussões nos embates travados posteriormente no mercado do açúcar do país. Releva notar que muitos foram os pedidos de concessões, mas sobretudo foram numerosas as defesas do novo sistema produtivo.

A indústria açucareira parecia próspera nestas províncias e isto explica, em parte, o surto de criação dos engenhos centrais após os incentivos dados pelo Governo Imperial. Ainda que em um primeiro momento, tanto São Paulo como o Rio de Janeiro e Minas Gerais passassem por um desvio de capitais e trabalho para a cultura do café, não ocorreu uma redução do açúcar produzido localmente. Neste caso, a diminuição das exportações nem sempre é um bom indicativo para se afirmar que ocorreu uma redução da produção. No Rio de Janeiro, o relator do inquérito de 1853 afirmava que o *"desfalque que tem sofrido a exportação de seus produtos fica mais que compensado pelo aumento do consumo, o qual somente no município da corte exige uma enorme quantidade que vai sempre aumentando"*.[149] O mercado interno mineiro também assumiria importância cada vez mais considerável pelo que se desprende das parcas informações encontradas. Em 1862,

---

149 BRASIL: Relatorio da Commissão encarregada da Revisão da Tarifa em vigor: que acompanhou o projecto de tarifa, apresentado pela mesma Commissão ao Governo Imperial. Rio de Janeiro: Impressor da Casa Imperial, 1853.

Burlamaque assinalava a grande quantidade de engenhos e engenhocas existentes na Província, *"cujo consumo interno é muito considerável em açúcar, rapadura e aguardente".*[150]

Em princípio, em um país ligado à atividade agroexportadora, o consumo interno pode parecer de pouca relevância mesmo para os homens da época. Com a expansão cafeeira, esse sentimento parece se acentuar. Como não poderia deixar de ser, mesmo os produtos anteriormente identificados com o mercado externo, - mas que com o passar do tempo tendessem a ter um movimento econômico diferente, como o açúcar que se voltaria aos poucos para o mercado interno -, são relegados a um segundo plano. O Congresso Agrícola organizado na Corte em 1878 ilustra bem essa questão, sendo a causa de muitos queixumes dos produtores do Norte. Não que houvesse, antes disso ou depois, uma ruptura e um distanciamento entre o Estado e a indústria açucareira. Mas, naturalmente a maior força econômica do café geraria uma maior quantidade de políticas de cunho protecionistas, o que, como bem se sabe, ensejou uma intensa diferenciação entre o Norte e o Sul.

É certo, no entanto, que a produção de açúcar ainda era um domínio do Norte, sendo justificável ela ter recebido a maior parte das concessões. Este quadro não mudaria com as seguintes leis, embora o Governo confessasse a desigualdade na distribuição e a razoabilidade das reclamações das províncias que não possuíssem grandes exportações de açúcar.[151] Mesmo assim, algumas concessões foram dadas para o Sul, principalmente para a Província do Rio de Janeiro, mesmo que muitas delas não contassem com a garantia de juros ou a perdessem depois.

---

150 Burlamaque, *op. cit.*

151 Decreto nº 8357, de 24 de dezembro de 1881. BRASIL Coleção de Leis do Império do Brasil de 1881. Rio de Janeiro: Tipografia Nacional, 1882.

A QUIMERA DA MODERNIZAÇÃO   71

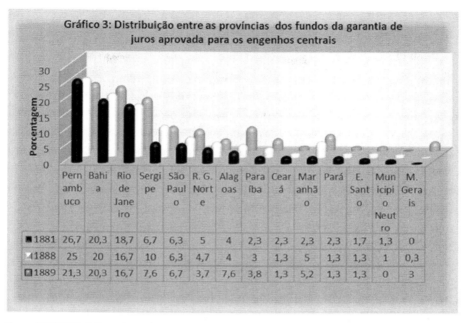

Fonte: EISENBERG, Peter L. *Modernização sem mudança*: a indústria açucareira em Pernambuco (1840-1910). Rio de Janeiro: Paz e Terra; Campinas: 1977, p. 50.

Aliás, alguns dos mais importantes engenhos centrais montados na região seriam notícias nos vários periódicos, livretos, estudos e relatórios técnicos do período. Estes escritos não se furtavam a dar os mais minuciosos detalhes do maquinário, o volume das canas moídas, a produção de açúcar e até de aguardente. Naturalmente, os interesses regionais tornariam predominantes as informações sobre estas três províncias. Todavia, a forma que estes engenhos centrais foram montados e quem eram os seus concessionários devem ser considerados.

A grande quantidade de notícias sobre o Engenho Central de Quissamã[152] revela a influência que a construção deste Engenho teve no ânimo dos produtores de açúcar da região. Mais de uma vez, o *Auxiliador da Indústria Nacional* o proclamaria como a empresa mais colossal desse gênero, que existe no país e que foi o ponto de partida da transformação da indústria açucareira do Brasil. Segundo o periódico, o nobre exemplo dado por "Quissamã" produziu salutares

---

152 O decreto de concessão data de 6 de novembro de 1875.

frutos e as fábricas de açúcar multiplicavam-se rapidamente.[153] Não é nenhum fato desconhecido que apesar de não contar com a presença do imperador na sua inauguração em 1877, como foi o caso do Engenho Central de Barcellos, "Quissamã" receberia o Imperador e a Imperatriz dois meses depois.[154] Mas o que importa aqui é deixar claro a importância destes engenhos centrais, e talvez mais ainda, dos seus fundadores. Ora, este Engenho Central construído em Macaé era de propriedade dos Araruama, - uma das mais tradicionais famílias fluminense -, ou por pessoas ligadas a ela por afinidade.[155] No mal-afamado Congresso de 1878, o Ministro da Agricultura João Lins Vieira Cansansão de Sinimbú buscaria amenizar a reação dos produtores de açúcar afirmando que existiam no Rio de Janeiro muitos legítimos representantes da indústria açucareira, mas, numa dada altura, refere-se especificamente à Família Araruama.

> Com efeito, há na Província do Rio de Janeiro uma família que, pelo seu caráter respeitável, pela inteligência de muitos dos seus membros, tem dado um exemplo digno de ser imitado: rompendo com essa tradição de inércia, que, peço licença para dizê-lo é quase natural do caráter brasileiro, tentou um grande cometimento, montando um estabelecimento agrícola destinado à plantação da cana e fabrico do açúcar.[156]

---

153 O Auxiliador da Indústria Nacional. Rio de Janeiro: Tip. de Eduardo e Henrique Laemmert, v. XLX, 1881.

154 OSCAR, João. *Escravidão e engenho: Campos, São João da Barra, Macaé e São Fidelis*. Rio de Janeiro: Achiamé, 1985.

155 A Companhia Engenho Central de Quissamã era uma empresa tipicamente familiar, em que preponderavam os Carneiros da Silva, junto com as famílias Ribeiro de Castro e Mattoso Ribeiro. Estas famílias estavam unidas por laços de parentesco. Das 3000 ações iniciais, 550 pertenciam ao Visconde de Araruama. Viana, *op. cit.*, p. 34.

156 SAAP, *op. cit.*, p. 278.

A QUIMERA DA MODERNIZAÇÃO   73

Fonte: Fachada do Engenho Central de Quissamã. In: *A Lavoura: Boletim da Sociedade Nacional da Agricultura*. Rio de Janeiro: Tip. do Jornal do Commercio, janeiro a março de 1918.

Como se viu no tópico anterior, apesar da crítica à política dos engenhos centrais ter sido incisiva, o certo é que o balanço não foi de todo negativo. Contrastando com a situação precedente da escassa adoção de inovações técnicas no setor açucareiro,[157] ocorreu um impulso que possibilitou a construção de importantes engenhos centrais na região Sul.[158] Para que se tenha uma ideia da influência dos engenhos centrais, muitos concessionários requereram as concessões sem a garantia de juros. Em um elogio velado, Caminhoá citaria o nome de vários destes homens no seu primeiro relatório como engenheiro fiscal:

> (...) o Dr. Peixoto, comendador Julião Ribeiro de Castro, Barão de Miranda, Visconde de Santa Rita, João José Nunes de Carvalho, comendador Antônio Manuel da Costa e outros, que montaram os engenhos centrais de Cupim,

---

157 Canabrava, *op. cit.*
158 Em São Paulo destacam-se os engenhos centrais de: Porto Feliz, Capivari, Lorena e Piracicaba; no Rio de Janeiro: Bracuí, Barcelos, Paraíso; em Minas Gerais: Rio Branco, Piranga e Anna Florência.

Queimados, Santa Cruz, Sapucaia, São Simão, Becco e o de São José.[159]

É importante ressaltar que poucos foram os que conseguiram construir totalmente os seus engenhos centrais com os mais modernos maquinismos. Tal era o custo destas fábricas trazidas principalmente da Europa que alguns engenhos centrais foram montados de forma incompleta ou com peças já usadas. Demais, o tamanho e a capacidade destes engenhos variavam bastante. Entendem-se, assim, as expectativas que se criaram em torno dos estabelecimentos de primeira ordem, como os engenhos centrais de Piracicaba ou Barcellos. Em 1874, o *Auxiliador* já publicava uma nota de felicitação pelo regresso do Barão de Barcellos ao município de São João da Barra, enviado como comissário para a compra do maquinário da Fábrica Central.[160]

Mas nem todos os engenhos centrais da região Sul seriam construídos com os *"melhoramentos mais apropriados"* ou maquinário novo e moderno. Segundo um cálculo da casa Cail & Cª de Paris feito para uma fábrica na Bahia, o capital necessário para erigir um deles com forças de fabricar 700 arrobas de açúcar por dia era de 500:000$000.[161] Cálculo que muitas vezes ficava aquém do montante do capital necessário. O Engenho de Lorena seria um caso ilustrativo. Com a edificação, maquinário, via férrea e alguns outros gastos iniciais, foram despendidos 690:292$792. Pois bem, devido à dificuldade encontrada para levantar um capital elevado no período do Império,[162] o êxito destes empreendimentos acabou sen-

---

159 Caminhoá, *op. cit.*, 1885, p. 83.

160 O Auxiliador da Indústria Nacional. Rio de Janeiro: Tip. Universal de Laemmert, v. XLII, 1874.

161 Congresso. Câmara dos Deputados. Comissão de Fazenda. Parecer e projeto sobre a criação de bancos de crédito territorial e fabricas centrais de açúcar apresentados a Câmara dos srs. deputados na sessão de 20 de julho de 1875 pelas Comissões de Fazenda e especial nomeada em 16 de abril de 1875. Rio de Janeiro, Tip. Nacional, 1875.

162 Para Canabrava, *"o problema de base é que as instituições bancárias não dispunham de recursos monetários adequados para atender à lavoura. De 1866 a 88, ano em que se retornou ao sistema de pluralidade bancária, tivemos cinco emissões como medidas de emergência para atender a situações financeiras prementes. Entre 1880 e 89, a quantidade de papel em circulação decresceu de 216 para 197 mil contos, enquanto o valor do comércio exterior aumentava de 411 para 477 mil contos. Assim, enquanto a generalidade dos lavradores do país reclamava a expansão das emissões como único recurso para atender às necessidades prementes da lavoura, as altas autoridades do país apegavam-se às regras do padrão ouro e tolhiam a expansão dos meios de pagamento requerida pelo desenvolvimento do país. Em novembro de 1888 aprovou-se a lei de retorno à pluralidade bancária com o objetivo de dar apoio financeiro aos lavradores duramente atingidos pela abolição*

do obstado pelas deficiências presentes em engenhos centrais montados de forma precária. O Engenho Central de Aracati, em Minas Gerais, - com um capital de 300:000$000 e maquinário já utilizado em outros estabelecimentos -, demonstrava bem esta realidade. Em 1885, Luís Monteiro Caminhoá, engenheiro fiscal do Terceiro Distrito de Engenhos Centrais, relatava com um certo pesar que *"as construções, conquanto novas e boas, são acanhadas, pouco regulares, despidas de elegância; por isso que não tendo sido precedidas de um plano geral, vão sendo aumentadas com as necessidades exigidas"*.[163]

A consequência disso seria um debate travado por importantes membros da indústria açucareira do Sul e por alguns técnicos. Esta peleja tomou corpo dentro da ala dos defensores dos engenhos centrais. Mas em nenhum momento, parece ter-se apresentado críticas à centralização industrial em si. O primeiro aspecto desta contenda a ser ressaltado é que as referências vinham de fora. Não foram pensadas por estes senhores de engenho, mas sim adaptadas de um modelo estrangeiro. O segundo aspecto surgiu mais tarde e relaciona-se com a trajetória das grandes fábricas centrais brasileiras e seus sérios problemas.

Naturalmente, seria de esperar que a bem sucedida campanha dos engenhos centrais em alguns importantes países produtores de açúcar não levassem os brasileiros a terem muitos traços de originalidade quando propunham solução para a crise açucareira. As maiores divergências giraram em torno do tamanho destas fábricas. Como em outros países, os pequenos engenhos centrais assumiriam o seu lugar como mais uma alternativa para a modernização desta indústria. Se tal questão aparenta ter uma relevância menor neste contexto, ela possui aspecto de particular interesse, pois estes engenhos contribuíram para imprimir um ritmo próprio à indústria açucareira da região Sul.

Até mesmo importantes produtores de açúcar, como Cuba e Martinica, que ostentavam um impressionante desenvolvimento da sua indústria açucareira e que se tornaram uma referência para os produtores brasileiros também contaram com fábricas centrais pequenas. Em uma das poucas falas voltadas para o açúcar no Congresso Agrícola de 1878, o na Corte, Pedro Dias Gordilho Paes Leme defendeu os engenhos

---

e assim combater também a propaganda republicana. Por meio de acordos realizados com dezessete instituições bancárias nacionais, o governo imperial, em 1889, visava a proporcionar amplos recursos à grande lavoura com empréstimos hipotecários orçados na importância global de 172 mil contos. Tais medidas, contudo, chegavam demasiadamente tarde." Canabrava, *op. cit.*, p. 135.

163 Caminhoá, *op. cit.*

centrais construídos em escala menor. A intenção era destacar a permanência da lucratividade apresentada pelas pequenas fábricas centrais. Segundo os dados apresentados, estes engenhos menores na Martinica davam um resultado prático de 30 a 40%.[164]

Defensor da mesma ideia, Rodrigues Peixoto situava o que ele considerava ser a melhor opção para a indústria açucareira na construção de vários pequenos engenhos centrais na região de Campos. A explicação novamente valia-se da experiência dos rivais brasileiros, como Reunião, Martinica e Guadalupe. Nas suas palavras: *"Nas colônias francesas e holandesas a experiência tem mostrado que convém antes um pequeno engenho do que um de proporções colossais".*[165]

O receio pelos grandes engenhos centrais não marcaram somente as formulações dos representantes da indústria açucareira fluminense. A ideia da harmonia entre um menor custo dos maquinários da fábrica e das vias férreas, a maior facilidade de suprir a fábrica da matéria-prima e levantar o capital necessário, encontraria adeptos também nas províncias de São Paulo e Minas Gerais.

Fonte: Engenho Central do Piranga. Arquivo Público Mineiro. Acervo iconográfico, referência MM231.

---

164 BRASIL. *op. cit.*
165 PEIXOTO, Rodrigues. *A crise do açúcar: os pequenos engenhos centrais, a colonização e o problema servil.* Rio de Janeiro: Imprensa Nacional, 1885, p. 72-73.

O engenheiro Domingo Correa de Morais elogiaria o Engenho Central de Porto Feliz, o primeiro deste tipo fundado em São Paulo. A instalação deste Engenho custara apenas 460:000$000. Deste valor, 400 contos de réis deveriam ter sido afiançados pelo Governo Imperial se a concessão de garantia de juros não tivesse sido declarada caduca.[166] Longe de considerar um pequeno capital como empecilho para a evolução da indústria açucareira da Província, Domingo Correa também acreditava que a montagem de menores engenhos era o passo mais acertado.

> Os engenhos centrais que melhores resultados produzem são os organizados em condições modestas, que não requerem um capital superior a trezentos contos de réis. Uma das melhores combinações que podem almejar nossos fazendeiros o sistema misto, que constitui um degrau suave e natural na marcha dos nossos melhoramentos industriais.[167]

Vê-se com abundância muitos planos alternativos elaborados neste período tendo como base a ideia inicial dos engenhos centrais, mas que aos poucos foram adaptando-se à realidade brasileira de uma forma ou de outra. Anulando qualquer expectativa da construção imediata de fábricas colossais como a Central D'Arboussier, o sistema misto serviria como guia norteador na montagem de vários engenhos centrais. Em 1872, o Barão de Monte Cedro defendia que a adoção dos novos maquinários de forma progressiva seria o melhor sistema. Ao se referir as primeiras tentativas de introduzir o maquinário produzido pela Casa Cail & Cia em Campos, o autor ainda argumentava que:

> O enorme custo desses aparelhos, a exigência de um pessoal mais habilitado do que o temos, o emprego custoso de carvão animal, o processo incomodo dos filtros e outras coisas fizeram malograr essa primeira tentativa.[168]

---

166 O Engenho Central de Porto Feliz foi inaugurado no dia 28 de outubro de 1878. Souza, *op. cit.* p. XXVI.

167 Domingo Correa era engenheiro, fazendeiro e político. Artigo publicado no Jornal do Agricultor. Rio de Janeiro: Tip. Carioca, jun./dez. 1881, p. 202.

168 Carneiro da Silva, *op. cit.*

Curiosamente, o mesmo homem que se expressava de forma tão enfática nos *"Estudos agrícolas"* em defesa do sistema misto seria um dos fundadores do tão famoso Engenho Central de Quissamã, inaugurado cinco anos depois da publicação do seu livreto. Antônio Parada acredita que o impulso necessário para que o Barão de Monte Cedro colocasse a ideia de reunir em uma só fábrica central alguns engenhos de Macaé[169] foi o relatório de Richard Burton, publicado originalmente em 1872.[170] De forma que não teria sido casual de modo algum a grande preocupação do Barão com a localização da Central, pois Burton defendia a importância de um lugar onde houvesse facilidades, quer para a importação de matéria-prima que havia de alimentar a fábrica, quer para a exportação dos produtos da mesma, - como seria realmente o caso da região próxima à estação da estrada de ferro Campos - Macaé. No entanto, este relatório não parece ser o ponto inicial das ideias de João José Carneiro da Silva. Segundo o próprio Barão, a ideia de montar a fábrica central era mais antiga.

> A ideia do engenho central que ora trata-se de elevar em Quissamã foi pela primeira vez trazida à tela da discussão por nós, no Monitor Campista, há cerca de oito anos e de então para cá temos procurado, em vários escritos, vulgarizar essas ideias, estabelecer as suas condições de prosperidade e a influência que essa inovação virá a exercer sobre a lavoura.[171]

Reportando-se também ao relatório de Burton, Rodrigues Peixoto enfatizaria o outro lado da instalação de grandes engenhos centrais: uma maior demanda de capital, mais matéria-prima e uma melhor administração. Fatores que poderiam fazer estas grandes fábricas soçobrarem com mais facilidade.[172] Mas, muito além

---

169 Os engenhos eram Quissamã, Mantiqueira, Machadinha, Monte de Cedro, Santa Francisca e Melo, pertencentes às famílias Carneiro da Silva, Ribeiro de Castro, Almeida Pereira e Queirós Matoso. Dos 32 acionistas, poucos não pertencem à família ou não estão ligados a ela por parentesco. PARADA, Antonio Alvarez. O Barão de Monte de Cedro. In: Revista do Instituto Histórico e Geográfico Brasileiro. IHGB. Rio de Janeiro, nº 337, out./dez., 1982, p. 83–103.

170 Os engenhos centrais da Martinica: Relatório feito pelo Sr. Ricardo Burton, comissionado por Porto Rico para visitar as usinas ou engenhos centrais da Martinica, 1872. In: O Auxiliador da Indústria Nacional. Rio de Janeiro: Tip. Universal de Laemmert. V. XLIV, 1876.

171 Manuscrito de 29 de dezembro de 1875. *Apud*. Parada, *op. cit.*

172 *Ibidem.*

dos inconvenientes que esse sistema poderia ter, estava a tão desejada recuperação da indústria açucareira facilmente demonstrável em outros países:

> Os efeitos produzidos na ilha são geralmente benéficos. Desde o estabelecimento desses engenhos, a exportação de açúcar duplicou, sendo de qualidade superior, não dando perdas, por escoamento, aos carregadores ou compradores, aumentando proporcionalmente o seu valor no mercado (...).[173]

Para se ter uma ideia da variação dos preços na montagem de um pequeno ou de um grande engenho central, em 1876 as cifras poderiam variar entre trezentos até dois mil contos, - o máximo no caso da montagem de uma fábrica central como D'Arboussier.[174] Como idealizador do projeto, João José Carneiro da Silva teve que se opor aos demais acionistas que defendiam que o Engenho Central de Quissamã não deveria ultrapassar o valor de 650 contos de réis. Mesmo que o Barão tenha saído vitorioso desta querela e houvesse o aumento do capital inicial da Companhia para 700:000$000, este valor não seria suficiente. Em uma excursão com o objetivo de vistoriar os engenhos centrais da Província do Rio de Janeiro, o Ministro da Agricultura Sinimbú relatava que somente as despesas de acessórios destinados à linha férrea, - que deveriam ligar a fábrica à estrada de ferro Macaé – Campos e as diversas fazendas fornecedores -, custaram 500 contos.[175]

A notícia é importante porque revela o alto custo deste maquinário. Por mais que se queira atenuar os efeitos da vinda das máquinas e outros suplementos necessários à sua manutenção do estrangeiro, eles acabaram tendo uma grande influência na organização destes empreendimentos, não importando aqui se estas fábricas centrais estavam voltadas para o mercado interno ou não, se estavam localizadas no Norte ou no Sul. Para Sonia Viana, tal fato evidenciava uma dependência arraigada e estrutural dos engenhos centrais à tecnologia estrangeira.[176]

Como não poderia deixar de ser, a tentativa de remodelação da indústria açucareira brasileira atrairia a atenção das fábricas de maquinário europeias.

---

173 O Auxiliador da Indústria Nacional. Rio de Janeiro: Tip. Universal de Laemmert, v. XLIV, 1876, p. 93.

174 *Ibidem*, p. 181.

175 O Auxiliador da Indústria Nacional. Rio de Janeiro: Tip. de Eduardo e Henrique Laemmert. v. XLVII, 1879.

176 Viana, *op. cit.*, p. 67-68.

Não foi um fator de destaque para estas empresas a queda progressiva do Brasil no mercado mundial, mas sim a eliminação das barreiras alfandegárias para estes maquinários e a política de incentivo aos engenhos centrais, como a garantia de juros que propiciaria maiores gastos pelos senhores de engenho. No Sul, em sua esmagadora maioria, o maquinário comprado por estas fábricas era fabricado por oficinas europeias, sobressaindo-se as empresas francesas. Na província do Rio de Janeiro, os dois principais engenhos centrais foram montados pela Companhia Fives-Lille[177] e alguns outros por empresas inglesas, francesas e americanas. Em São Paulo, três dos principais engenhos foram construídos pela Brissonneau Frères, e somente o São Paulo Central Sugar Factory of Brazil Limited seria o único a dispor de maquinário inglês. A província de Minas não seria muito diferente das suas congêneres. As cinco fábricas centrais que se têm notícia apresentavam maquinário francês ou inglês.[178]

Nota-se que essa predominância inglesa e francesa não excluiriam do mercado brasileiro fábricas de outras nacionalidades. Há que se ter em conta que essa era uma atividade bem lucrativa, o que naturalmente geraria concorrência.[179] As formulações desenvolvidas por Sonia Viana enfatizam a alta rentabilidade das empresas estrangeiras que dominavam o mercado da tecnologia açucareira. Mais um indício da relação complexa e de dependência que se formou entre estas empresas e os concessionários dos engenhos centrais seria o fato de que mesmo não alcançando os 7%

---

177 Anteriormente mais conhecida como sociedade Derosne & Cail. A sociedade Derosne et Cail se manteve até 1850, altura em que passou a chamar-se J. F. Cail et Cie, que em 1861 passou a cooperar com a nova Cie Fives-Lille, especializada no fabrico de equipamentos para fábricas de açúcar e estradas de ferro. Os equipamentos, saídos da empresa Cail, chegaram às colônias holandesas, espanholas, inglesas e francesas, México, Rússia, Áustria, Holanda, Bélgica e Egito. VIEIRA, Alberto. As Ilhas e a expansão da cultura e tecnologia da cana-de-açúcar no Atlântico nos séculos XV a XIX. In: Revista Labor & Engenho, v. 1, n. 1, 2007.

178 O Engenho Central Piranga comprou os seus aparelhos na casa Mc. Onie, de Glasgow; a Usina Anna Florência na Thompson Black & Cia ; o Engenho Central de Vau-Açu teve seus aparelhos importados da França, sendo que não se conseguiu especificar a empresa; O Engenho Central de Aracaty foi montado com maquinismo usado, o que dificultou obter informações.

179 Alberto Vieira esclarece que à indústria francesa juntaram-se outros complexos industriais na Europa: Inglaterra (Glasgow, Birmingham, Nottingham, London, Manchester, Derby), Holanda (Breda, Roterdão, Schiedam, Ultrecht, Delft, Hengelo, Amsterdam), Estados Unidos da América (Oil City, Ohio, Denver, New Jersey), Alemanha (Magdeburgo, Zweibruecken, Halle, Dusseldorf, Sangerhausen, Ratingen, Halle), Bélgica (Bruxelas, Tirlemont). Vieira. op. cit.

de rendimento industrial previsto no contrato,[180] o Engenho Central de Quissamã cumpriu todos os compromissos financeiros assumidos.[181] Do mesmo modo, em 1878, o Engenho Central de Barcellos já havia realizado o pagamento da última parcela da compra do maquinário, no valor de 42:400$000.

Feitas estas indicações, uma questão polêmica vem à tona. Gnnacarini ressalta em seu trabalho a complexa relação estabelecida entre o Estado Imperial e estas empresas estrangeiras. Mais ainda: enfatiza que a campanha de incentivo aos engenhos centrais criada com as leis de 1875 poderia relacionar-se com a atuação destas firmas, uma vez que *"representantes dessas fábricas, americanas, inglesas e francesas, visitavam frequentemente o país, entendiam-se com autoridades provinciais e da corte, e apresentavam planos para a melhoria dos engenhos existentes"*.[182]

Maria Emília Prado reforça esta tese ao defender que os engenhos centrais eram mais um artigo adquirido na Europa, isto é, integravam o pacote do progresso. Para ela, esta propaganda era feita de forma incisiva na imprensa especializada, respectivamente representada no caso francês e inglês pelo *Jounal des Fabricants de Sucre* e o *The Cane Sugar*. Os senhores de engenho brasileiros teriam acesso a esses artigos pela tradução feita por periódicos nacionais como o *Jornal do Agricultor*, a *Revista de Engenharia* e *a Revista Industrial*. Neste caso, toma-se a liberdade de citar aqui uma nota da Sociedade Central de Agricultura Francesa publicada na

---

180 O contrato estipulava que a Fives-Lille obrigava-se a fundar e assentar um engenho normal com os últimos aperfeiçoamentos consagrados pela experiência e nas condições de força e qualidade especificadas nos orçamentos. Segundo Viana, a *"Fives-Lille obrigava-se a fornecer gratuitamente, no prazo fixo de três meses contando da data do primeiro pagamento, os planos de fundação e instalação dos edifícios, máquinas e aparelhos do Engenho Central; executar e remeter para o porto do Rio de Janeiro as máquinas, aparelhos e acessórios nas condições especificadas no orçamento fornecido e rubricado pelas partes contratantes; assentar máquinas e aparelhos; fornecer o material fixo, rodante e motor para o estabelecimento da ferrovia agrícola. (...) No orçamento estavam incluídas as despesas do transporte desde a fábrica na França até o porto de embarque, do seguro e encaixotamento do material ao seu destino, bem como as despesas de viagem para que viessem até o Rio de Janeiro um diretor, um chefe de fábrica e um mecânico. Estes funcionários seriam escolhidos e contratados pela firma francesa por conta da Cia de Quissaman, que seria também responsável pelas demais despesas que surgissem não incluídas nas especificações acima. O Engenho deveria moer 500.000kg de cana em 24 horas, com um rendimento mínimo de 7%. Caso o Engenho não funcionasse corretamente, a 3ª e 4ª parte do pagamento, total de 700.000francos deveriam ser restituídas à Cia."* Viana, *op. cit.*, p. 64-65.

181 Isto só se deu em 1883, 1884 e 1886. *Ibidem*, p. 396.

182 GNACCARINI, J.C. A. Estado, ideologia e ação empresarial na agroindústria açucareira do Estado de São Paulo. Tese de doutorado. FFLCH, USP, São Paulo, 1972, p. 110.

Revista Industrial em 1877 e já analisada no trabalho de Maria Emília Prado, pela sua representatividade.

> A Sociedade Central de Agricultura saberá indubitavelmente com interesse que a produção e o fabrico de açúcar já vão tendo e terão em breve importante desenvolvimento no Império do Brasil (...) vários de nossos principais construtores do aparelho de fabricar açúcar tem se ocupado nesses últimos tempos com a introdução nesse país dos nossos processos aperfeiçoados já usados em nossas colônias, e até a Companhia Fives-Lille resolveu enviar ao país um engenheiro encarregado de estudar os meios de introdução dos processos aperfeiçoados da indústria açucareira.[183]

O engenheiro citado na nota chamava-se J. Moureau e permaneceria um longo período no Brasil. A presença de Moureau no país por mais de 10 anos seria posteriormente lembrada até mesmo por Henrique Raffard.[184] O discurso de Moureau como vendedor de máquinas trazia a chancela da vocação agrícola do Brasil e a superioridade da cana de açúcar em relação à beterraba. Logo em 1877, o engenheiro publicaria um livreto sobre a indústria açucareira no Brasil. Como seria de se esperar, o engenheiro glorificava a lavoura açucareira do país, afirmando que não existia lugar mais favorável para a cultura da cana. Era significativo o papel de propaganda quando ele alegava que os sucos extraídos da cana brasileira eram os mais puros e mais fáceis de trabalhar, o que explicaria em grande parte o pequeno aperfeiçoamento que havia sido introduzido até então nesses processos de fabrico. Ora, como a beterraba tornou-se a principal rival do açúcar de cana, o texto apoiava-se na crise dos preços enfrentada no mercado mundial de açúcar e o papel que o Brasil poderia ter neste contexto se modernizasse a sua produção. Segundo ele, as dificuldades criadas pelo aumento da produção de

---

183 "Progresso da Indústria açucareira no Brasil". Revista Industrial. New York, 1877, *Apud*. Prado, p. 36-37.

184 Henrique Raffard nasceu aos 26 de dezembro de 1851, no Rio de Janeiro, onde seu pai, Eugênio Raffard, era cônsul suíço. Cursou humanidades e ciências matemáticas na Europa. Sócio do Instituto Histórico e Geográfico Brasileiro, de 1885 a 1906, ano em que faleceu, tendo desempenhado durante 15 anos a função de primeiro secretário daquele instituto. Foi Diretor do Centro de Indústria e Comércio do Açúcar no Rio de Janeiro e autor de várias resenhas históricas e trabalhos técnicos sobre a produção açucareira no Brasil.

açúcar incentivariam ainda mais um país como o Brasil, uma vez que a crise do açúcar de beterraba seria prolongada e se contava aqui com o mercado interno.

> O Brasil deveria tirar proveito, como as suas concorrentes, de todas as circunstâncias que lhe são apresentadas para sair da rotina em que se debate há longos anos (...). A ocasião, portanto não pode ser mais favorável para inovar aqui a centralização que tão brilhantes resultados apresentam em toda a parte onde é aplicada, e o emprego dos aparelhos aperfeiçoados em todas as propriedades cuja situação topográfica impede que concorram para a alimentação dos engenhos centrais.[185]

Naturalmente, as medidas adotadas pelos governos provincial e geral no último quartel do século XIX concorreram para uma disputa entre os países fornecedores de maquinário. É de destacar que o preço por vezes era um empecilho. Não obstante ser bastante adotado, o maquinário francês era considerado o mais caro. Neste caso, talvez a sua boa saída estivesse relacionada à fama de terem excelente qualidade, como asseverava o engenheiro João Caetano da Silva Lara nos seus apontamentos sobre o Engenho Central de Lorena, em 1878.

> Os maquinismos são, quase em sua totalidade, fabricados na casa Brissoneau Frères & Comp., importante fábrica de Nantes, dos sistemas mais aperfeiçoados e feitos com metais de boa qualidade e bem trabalhados. Aquela casa já tem fornecido iguais para outros engenhos centrais estabelecidos no Brasil.[186]

Não seria de estranhar que outros países buscassem uma boa aceitação de suas máquinas neste mercado por outras características. Como apontava o Ministro Sinimbú, graças à solidez e a economia dos seus aparelhos os americanos começaram a ser bem avaliados por aqueles que almejavam montar um pequeno engenho central. O Ministro faria uma descrição detalhada do Engenho Central Figueira, pertencente ao engenheiro Jeronymo Baptista Pereira, construído com

---

185 MOUREAU, J. *A indústria sacarina do Brasil*. Rio de Janeiro: Tip. do Globo, 1877.

186 Revista Agrícola do Real Instituto Fluminense de Agricultura. Rio de Janeiro: Tip. Literária, dezembro de 1878.

maquinismos americanos. Não se pense aqui que se está acusando o ministro de fazer propaganda das fábricas americanas, porque até onde se sabe este não seria o caso. No entanto, é preciso que se considere a diversidade de tipos de equipamento, de preços, de nacionalidade do maquinário e, principalmente, dos consumidores deste dispendioso novo modo de produzir açúcar.

> Consideravelmente mais barato que os ingleses e franceses adotados nos outros engenhos. De fato, não se observa nestas máquinas nada que se possa considerar supérfluo ou de luxo. (...) A aparelhagem do Engenho Figueira está atraindo a atenção dos fazendeiros mais timoratos que nele vêm posta em prática à apuração por muitos pequenos proprietários afagada a de conseguir com um capital relativamente pequeno uma aparelhagem perfeita, dado o resultado dos modernos inventos.[187]

Como não poderia deixar de ser, o impacto da entrada de todas estas fábricas de maquinário estrangeiras no mercado brasileiro trouxe várias mudanças na paisagem açucareira. Além disso, estas companhias estrangeiras tiveram um importante papel no atrofiamento das oficinas nacionais voltadas para o reparo e construção de peças para engenhos. Na região de Campos, Sonia Viana percebeu uma redução das fábricas de fundição e oficinas voltadas para a construção de engenho a partir de 1860. Como já se viu, era marcante na legislação a importação livre de direitos dos maquinários e materiais necessários para a fábrica e suas dependências, o que favorecia a venda de máquinas e, consequentemente, aumentava o lucro destas empresas. Novamente preocupado com a falta de ética de algumas empresas concessionárias estrangeiras, o engenheiro Manoel Pinto dos Santos Barreto defendia que o Governo deveria fiscalizar com maior severidade a entrada destas máquinas. Estas compras feitas sem cuidado representavam perda de dividendos para o país, além de prejudicar as fábricas nacionais.

> Convém, outrossim, que o Governo Imperial não permita que entrem no país livres de direitos, com grande prejuízo da Fazenda Nacional e dos fabricantes e construtores mecânicos do Império. Aparelhos inteiramente dispensáveis aos

---

187 O Auxiliador da Indústria Nacional. Rio de Janeiro: Tip. de Eduardo e Henrique Laemmert, 1879.

engenhos centrais de açúcar e café, e que podem ser fornecidos por baixo preço pelos fabricantes do Império. Abusos
não faltam para que se tenha de sobreaviso o espírito do economista, quando do interesse aduaneiro do país. Lembrei
de passagem, que algumas companhias de estradas de ferro,
como ultimamente provado pelos jornais, têm montado numerosos carros de ferragem com material que foram introduzidos para as vias férreas garantidas pelo Governo e organizadas, sobretudo por estrangeiros.[188]

O modo de pensar dos fazendeiros, - deslumbrados com os avanços obtidos
no fabrico do açúcar de beterraba ou mesmo da cana -, acelerou a defesa e a aquisição destes novos equipamentos, voltados para ampliar cada vez mais a escala
de produção dos engenhos. Assim, os engenhos brasileiros passaram a importar
diretamente todo o material da Europa, que iam desde as mais avançadas moendas
e caldeiras, até os equipamentos de estradas de ferro que ligavam o engenho às
fazendas dos fornecedores de cana.[189]

No caso do sistema dos engenhos centrais, ganha ainda mais ênfase a dependência da tecnologia estrangeira. Não se comprava apenas uma peça ou outra
mais moderna para ser adaptado no velho engenho. Com o avanço deste modelo,
muitos senhores de engenho não tiveram outra alternativa senão arcar com gastos
cada vez maiores. No seu conhecido trabalho "Engenho e Tecnologia", Ruy Gama
identifica as características desta mudança, como o fato dos projetos serem fornecidos juntamente com as máquinas, *"acompanhando as instruções de instalação e
montagem das mesmas. A importação dos projetos acompanha a das máquinas e a
de mão de obra de alto nível".*[190]

---

188 Memorial enviada ao Imperador pelo Engenheiro Agrícola e Ministerial Manoel Pinto dos Santos
Barreto. Arquivo Nacional, série agricultura - engenhos centrais, IA84, pasta 155.

189 Viana, *op. cit.*, p. 67-68.

190 Ruy Gama demonstra que *"O projeto passa a ser entendido como lay-out. O projeto entra no rol da
tecnologia, importado em pacotes. A substituição do trabalho do artesão carpinteiro e construtor
segue-se a substituição também do trabalho profissional do risco, do desenho. E com a perda da
oportunidade de desenhar perde-se a autoridade do desígnio, da decisão. Ela é engolida nas novas
formas de divisão do trabalho.".* GAMA, Ruy. *Engenho e tecnologia.* São Paulo: Livraria Duas
Cidades, 1979, p. 255-256.

Contrastando com a situação precedente de mestres de açúcar por vezes escravos,[191] a instalação e a administração na parte técnica essencial destes engenhos passaram na grande maioria dos casos para as mãos de profissionais estrangeiros. Em 1895, o engenheiro fiscal Eurico Jacy Monteiro[192] defendia a necessidade de criação de escolas para formar profissionais nacionais, estações agronômicas e campos de ensaio. Seu discurso apresentava alguns exemplos da majoração destes profissionais estrangeiros no país.

> Em Quissaman, o engenheiro que montou a fábrica e ficou como diretor foi Miguel Mano, vindo mais tarde substituindo-o Thenot, posteriormente encarregado dos Engenhos Centrais de Barcellos, São João da Barra e de Bom Jardim na Bahia. Era chefe da fabricação Bassères, vigilantes Guillaume e Machères, empregados nos aparelhos de vácuo Hazerd e Lemmane, na oficina Pine e seu ajudante Linon (que ainda está a serviço da Companhia). O sr. Gilles aí também trabalhou; e atualmente é diretor técnico da fábrica, o engenheiro Alfredo Eÿe. (...) Em Lorena, André Paturau, Ferdinand Dumouline, Ferdinand Paturau, Frederico Welles, Emilio Hummel; e presentemente o engenheiro José Fernandes Lohn. Aí já esteve como diretor técnico o engenheiro Miguel Detsi. Além desses: Louis Fortin em "Aracaty", (Minas Gerais); e na "Pureza" (São Fidélis, estado do Rio), Louis Lemaine em "Piracicaba" (São Paulo), Hans Nitzsch em Barcellos (...)[193]

---

191 DIÉGUES JÚNIOR, Manuel. *O engenho de açúcar no Nordeste*. Maceió: DUFAL, 2006; SCHWARTZ, Stuart B. *Segredos internos: engenhos e escravos na sociedade colonial*. São Paulo: Companhia das Letras, 1988; COSTA FILHO, Miguel. *A cana-de-açúcar em Minas Gerais*. Rio de Janeiro: IAA, 1963.

192 Eurico Jacy Monteiro formou-se em engenharia e trabalhou na repartição de Obras Públicas. Demais, foi antigo colega de Euclides da Cunha no Colégio Aquino, de influência positivista. Ambos ainda colaborariam no jornal O Democrata, a exemplo de outros militares.

193 Relatório da Fiscalização dos engenhos centrais do Terceiro Distrito apresentado ao Ministro da Indústria, Viação e Obras Públicas, sendo Ministro o exm. Sr. Antônio Olyntho dos Santos Pires pelo Engenheiro Eurico Jacy Monteiro em 1895. Arquivo Nacional, Fundo engenhos centrais, IA84, pasta 142.

A QUIMERA DA MODERNIZAÇÃO   87

Ademais, impressiona particularmente a construção de grandes edifícios industriais que por sua natureza reveladora do país de origem, passam a ser padronizados por fatores externos, *"independentes da região ou do país em que deva ser implantado. (...) É uma nova lógica do programa dos projetos – lógica cosmopolita, supranacional"*.[194] Apesar da arquitetura da fábrica possuir uma função de impressionar aos olhos dos homens ao seu redor, o custo extremamente alto destas máquinas supera em muito o preço do edifício destinado a abrigá-las. Este edifício deveria ser suficientemente espaçoso, mas compacto. Cada vez mais bem digno era o princípio da racionalidade que subordinava normalmente edifícios e trabalhadores num quadro de busca incansável do aumento da produção e melhora da qualidade do produto.

Em 1885, o engenheiro Luís Caminhoá descreveria com animação o Engenho Central de Capivari e a sua vila operária organizada segundo as *"cites ouvrières"*. Além disso, afirmava que o Engenho lembrava as grandes fábricas da Europa e dos Estados Unidos.[195] Este Engenho Central também seria descrito na *Revista de Engenharia*. Em um primeiro momento, a *Revista* o apresentaria como um edifício grandioso ao qual se somava uma vila operária com risonha povoação, onde há armazéns, fábricas, habitações de operários, padaria etc. Ademais, lembrou-se até mesmo de reportar a visita feita pelo Imperador, situação que apesar de descrita com muita pompa, parece ter sido relativamente comum no caso dos engenhos centrais e das ferrovias.[196] Mas, é pelo caráter quase corriqueiro destas cerimônias que se percebe a importância dada por D. Pedro II ao projeto modernizador do país. Por outro lado, não há como negar que às vezes esta paisagem apresentada aos brasileiros era de certo modo uma visão idealizada destas fábricas centrais. Resta saber se a pouca familiaridade com a realidade açucareira não impressionou o enviado do jornal *A Semana* quando ele descreveu o Engenho Central do Rio Branco, visitado pela comitiva do Imperador que iria participar da inauguração da Estrada de Ferro Leopoldina.

> À proporção que o trem se aproximava, aquela grande massa ígnea e informe ia se desmanchando em linhas simétricas,

---

194 Gama, *op. cit.*, 259.

195 Caminhoá, *op. cit.*, 1885, p. 9.

196 Artigo publicado na Revista de Engenharia e reproduzido no Jornal do Agricultor. Rio de Janeiro: Tip. Carioca, janeiro de 1885.

> o fumo descondensando-se e acentuando-se o perfil de um grande estabelecimento. Era o Engenho Central do Rio Branco, propriedade de uma sociedade anônima que é presidente o Sr. Dr. Mello Barreto, que também o é da Companhia Leopoldina. É curioso e digno de ver-se este importantíssimo estabelecimento. Há nele um sistema complexo dos mais complicados e modernos maquinismos destinados ao fabrico rápido do açúcar e um interessantíssimo tríplice aparelho de destilação. A cana é conduzida à moenda sobre um longo estrado mecânico de rotação contínua, e sob o cilindro compressor jorra uma verdadeira cachoeira de caldo.[197]

Gileno de Carlí, mas representante da indústria açucareira como historiador, apresenta uma análise diferenciada do habitual. Segundo ele, em um país fraco de capitais não se poderia esperar a montagem de engenhos centrais *do porte dos que apareciam nas Antilhas e na Martinica*.[198] Embora não fosse possível construir centrais monumentais ou *"ingenios monstruos"*,[199] como em Cuba, ou houvesse um aumento expressivo da produção como era almejado, os engenhos centrais da região Sul apresentaram realmente uma melhora na qualidade do açúcar. Ora, o mínimo que se esperava destas custosas fábricas era que produzissem um açúcar de melhor qualidade do que os produzidos pelos banguês. E assim o foi, ainda que o sentimento de perplexidade diante dos tantos problemas apresentados fortalecesse a imagem de grandes engenhos alquebrados ao peso de tão poucos anos. Nos artigos que escreveu para a *Revista de Engenharia*, Henri Raffard referia-se à qualidade dos açúcares do Sul, mas enfaticamente aos de São Paulo. Segundo ele, o estado apresentava um produto que competiria facilmente nos mercados mundiais de açúcar.

---

197 A comitiva do Imperador na inauguração da estrada de Ferro Leopoldina, jornalista Filinto d'Almeida A semana. Rio de Janeiro, v. II, 10 de julho de 1886, p. 222-223.

198 Dé Carlí, *op. cit.*, 1943, p. 43.

199 Cantero aponta que *"Con el aumento de la escala de producción em la industria azucarera cubana a mediados del siglo XIX surgió la denominación aplicada a algunas fábricas de ingenios monstruos. Com tal calificativo se designaban, según um trabajo de José J. de Frías y Jacott, publicado em 1851, a las unidades capaces de elaborar en uma sola zafra lo mismo que otras tres grandes instalaciones de antaño"*. CANTERO, Justo Germán. Los ingenios de la islã de Cuba. Ministerio de Fomento, Centro de Publicaciones, 2005.

> Os cristalinos do Rio de Janeiro são açúcares bonitos, ligeira-
> mente colorados e de um sabor agradável (…). Seja-nos per-
> mitido consignar que os cristalinos das usinas de São Paulo
> suportariam o seu confronto com os congêneres de Cuba,
> sendo mais alvos e mais puros que os similares do Rio.[200]

Outros relatos corroboraram a melhora na qualidade do produto. João José Carneiro da Silva dedicou elogios ao Engenho Central de Capivary, afirmando ser este um dos melhores estabelecimentos desse gênero, produzindo um açúcar de excelente qualidade e *"de pureza igual à dos melhores obtidos da beterraba na Alemanha"*.[201] Comparação esta que envaideceria qualquer proprietário de engenho, visto que a Alemanha tornar-se-ia o maior produtor de açúcar de beterraba neste período. Em 1889, o Júri da Secção de Açúcares da Primeira Exposição Brasileira de Açúcares e Vinhos, organizada pelo Centro de Indústria e Comércio de Açúcar, ressaltava que nas amostras expostas pelos produtores do Sul, o progresso era real. A exposição conseguiu trazer amostras de açúcar estrangeiro para que fossem comparados com os nacionais. O primeiro aspecto a ser ressaltado é que segundo os jurados, os engenhos centrais paulistas, mineiros e fluminenses produziam um açúcar de boa qualidade, que não eram inferiores aos estrangeiros. O tipo de açúcar nacional que apresentava traços de inferioridade era o refinado, mas este, como dizia o júri, não eram da competência atual dos agricultores e senhores de engenho. Dentre os engenhos centrais que receberam premiação estão os de Lorena em São Paulo; Piranga e Rio Branco em Minas Gerais; Quissamã, Rio Negro, São João, Pureza e Cupim no Rio de Janeiro.[202] Importa notar que a melhora da qualidade do açúcar foi relacionada aos novos aparelhos utilizados nestas fábricas centrais.

Deve-se relembrar aqui que a demora com que alguns melhoramentos técnicos passaram a ser utilizados no Brasil foi uma das inquietações que perseguiram os senhores de engenho durante mais ou menos trinta anos.[203] Dado o desenvolvi-

---

200 RAFFARD, Henri. *Crise do açúcar no Brasil: artigos publicados na Revista de Engenharia e transcritos no Jornal do Agricultor*. Rio de Janeiro: Tip. Carioca, 1888, p. 64.

201 Jornal do Agricultor. Rio de Janeiro: Tip. Carioca, janeiro a julho de 1882.

202 CICA. Relatório do Júri de Secção de Açúcares da Primeira Exposição Brasileira de Açúcares e Vinhos: organizada pelo Centro de Indústria e Comércio de Açúcar. Rio de Janeiro: Imprensa Nacional, 1890, p. 48-58.

203 Gnaccarini, *op. cit.*

mento tecnológico alcançado nas fábricas europeias de açúcar de beterraba e em alguns países produtores de açúcar de cana, a dramaticidade dos relatos e reclamos dos senhores de engenho parecem justificáveis. Ademais, estes foram anos caracterizados por avanços técnicos impressionaveis e, consequentemente, de um grande crescimento da produção de açúcar.[204] O engenheiro Jacy Monteiro refere-se em um dos seus relatórios à demora das melhorias nos engenhos campistas.

> Os engenhos de madeira foram substituídos na primeira metade deste século, primeiramente pelas moendas de ferro, depois pelas máquinas a vapor; as turbinas foram introduzidas em 1861, os mais novos e modernos aparelhos vieram com o Engenho Central de Quissamã, em 1877.[205]

Deve-se levar em conta que se estas melhoras eram feitas, não o eram em todos os engenhos, mas sim nos maiores. Em contrapartida, os engenhos que adotavam estes novos maquinários diferenciavam-se dos menores, criando uma fissura cada vez maior entre os produtores de açúcar. Alguns anos antes da fundação dos engenhos centrais, Burlamaque fazia menções elogiosas aos aparelhos de força centrífuga, descrevendo-os como os mais modernos e um dos mais importantes tanto na fabricação como no refino do açúcar. A vantagem principal era que *"com esse aparelho o açúcar cozinhado e granulado fica completamente separado do seu melaço em um período de 5 a 10 minutos; de modo que esse açúcar pode desde logo ser posto à venda"*. Numa tentativa de convencer os agricultores dos benefícios destes maquinários, ele citaria o engenho montado pelo Barão de Jeremoabo, um dos futuros fundadores do Engenho Central de Bom Jardim,[206] na Bahia.

> Em menos de 24 horas obtêm-se açúcar da melhor qualidade, pronto a ser enviado para o mercado, entretanto que, com os aparelhos ordinários seriam necessárias 3 semanas,

---

204 Um exemplo seria a adoção das centrífugas a partir de 1850-60. Essas máquinas permitiram a fabricação em grandes cristais secos e livres de mel, podendo-se obter nesses aparelhos em açúcar cuja polarização chegou a 96. HERMES JÚNIOR, João Severino. *O açúcar como fator importante da riqueza pública no Brasil.* Rio de Janeiro: Tip. do Jornal do Commercio, 1922, p. 123.

205 Relatório do engenheiro fiscal Jacy Monteiro In: Arquivo Nacional, série engenhos centrais, *op. cit.*

206 Alguns anos mais tarde, o Engenho Central de Bom Jardim seria descrito nos relatórios do Ministério da Agricultura como um dos mais importantes engenhos centrais do Brasil, juntamente com Quissamã.

pelo menos, para fabricar açúcar de inferior qualidade; 2-
Em 12 horas trata-se, com os novos aparelhos 2.500 canadas
de caldo, enquanto que, com os antigos, mal se trabalhariam
1.800 canadas; 3- Gasta-se menos combustível com os novos
do que com os antigos. A economia chega a quase 12%; 4- O
aumento do rendimento é de 34 a 38%.[207]

Mas mesmo no momento em que a diferença entre os velhos e os novos aparelhos
era apreciável não se pode concluir conscienciosamente que estes maquinários por si
só levaram ao início da reforma da indústria açucareira no Sul do Império. Apesar
da produção não ser tão representativa economicamente como no Norte, a lavoura
sacarina era vista como importante não só pelos senhores de engenho, mas por um
conjunto de homens que a defendiam ardorosamente. Reportavam-se nesse momento
a defesa da policultura como solução para as crises do café, a existência de uma infraestrutura que podia atender esta produção, um crescente mercado local e a dedicação
antiga de muitas famílias a este produto. A partir do instante em que a ideia dos engenhos centrais se fortaleceu, também se fomentou através de artigos publicados na
imprensa um sentimento de euforia. Em alguns casos se percebe até mesmo certa incompatibilidade com as condições reais encontradas nestas províncias. Em um extrato
do *Monitor Campista*, o município de Campos chegou a ser descrito como a futura
Guadalupe brasileira por possuir vantagens como:

> A facilidade de fornecimento de canas, a facilidade de expor-
> tação pelas vias férreas, a possibilidade de alcançar um grande
> número de fazendas para suprir o engenho central para logo
> no primeiro ano fazer-se uma safra proporcional à importân-
> cia dos maquinismos.[208]

Não se poderia também esquecer a influência das ideias que defendiam a
vocação agrícola do país, que partiam muitas vezes de um objeto comum entre
estas províncias e que uniu homens de vários perfis, fossem eles fazendeiros, técnicos ou estadistas: o apego à fertilidade do solo. Alguns nomes, como o Barão de

---

207 O inglês Penzoldt construiu o primeiro aparelho de centrifugação que em 1843 passou a ser
usada na purga do açúcar. Burlamaque, *op. cit.*

208 Extrato do Monitor Campista reproduzido no Auxiliador da Indústria Nacional. Rio de Janeiro:
tip. Eduardo & Henrique Laemment, V. XLIII 1875, p. 180.

Barcellos, fundador do Engenho Central de Barcellos, foram defensores aguerridos das vantagens naturais do país. O Barão acreditava que devido ao solo de incrível uberdade e o clima favorável, a cana de açúcar do Brasil não teria rival em todo o mundo. Além disso, essa era uma cultura fácil, pois já estava enraizada nos hábitos por ser esta a lavoura mais extensa e geral do país. Nesse aspecto, a sua defesa é incisiva: *"Certamente não é esse o calcanhar de Aquiles onde se possa ferir"*.[209]

Partilhando as mesmas ideias que a província vizinha, os paulistas ufanavam-se da excelente qualidade das suas terras e da sua topografia. Apesar da grande maioria destas terras estarem voltadas para as plantações de café[210] nem por isso a produção canavieira decaiu. Ao contrário, a cana continuaria a ser a segunda lavoura mais cultivada. Dizia um relatório da Comissão Central de Estatística enviado ao presidente da Província, que a cana de açúcar era cultivada com vantagem em todas as localidades *"ainda que sejam preferíveis para o seu cultivo a terra roxa e o massapé preto, contudo ela também se desenvolve até nos terrenos silicosos nos quais se a planta não cresce tanto, em compensação rende caldo de 12 Baumé"*.[211]

Reza a fala do Ministro da Agricultura Sinimbú quando visitava os engenhos centrais do Sul que esta região possuía a reunião de dois grandes elementos de prosperidade: a uberdade incomparável do solo com a ação poderosa das forças mecânicas, representadas no seu ápice pela figura dos engenhos centrais.[212] Esta relação formulada por um homem que vinha de uma família açucareira, embora nortista, recaia na importância que a cana possui nas províncias do Sul. O CICA[213]

---

209 BARCELLOS, Domingues Alves (Barão de). *A crise do açúcar: ligeiras considerações pelo Barão de Barcellos.* Campos: Lit. e Tip. de Carlos Hamberger, 1887, p. 17-18.

210 Em 1896, o café ocupava 234.379 hectares e a cana 5000 hectares. DAFERT, Phil F. W. "A falta de trabalhadores agrícolas em São Paulo" In: Instituto agronômico do Estado de São Paulo em Campinas. Coleção dos trabalhos agrícolas extraídos dos relatórios anuais de 1888-1893 e publicados por ordem do cidadão Dr. Jorge Tibiriçá. Dign. Secretário dos negócios da Agricultura do Estado de São Paulo pelo dirigente Dr. Phil F. W. Dafert. São Paulo: Tip. da Companhia Industrial de São Paulo, 1895.

211 SÃO PAULO. A Província de São Paulo: Relatório apresentado ao Exm. Sr. Presidente da Província de São Paulo pela Comissão Central de Estatística. São Paulo: Leroy King Bookwalter, 1888.

212 O Auxiliador da Indústria Nacional. Rio de Janeiro: Tip. de Eduardo e Henrique Laemmert, v. XLVII, 1879.

213 Nesse período do final do Império foram criadas algumas organizações, como o Centro da Indústria e Comércio do Açúcar (CICA), sediada no Rio de Janeiro. Essa Organização buscava apoio do Governo para resolver os sérios problemas da agroindústria açucareira, como às representações dirigidas às Assembleias Legislativas das Províncias do Império pedindo a diminuição das tarifas das estradas

A QUIMERA DA MODERNIZAÇÃO   93

afirmaria que o açúcar era o gênero de maior importância para 8 ou 9 províncias do Império,[214] sendo que a grande maioria produzia açúcar para o consumo local. Além do mais, não se deve esquecer que a produção açucareira no Brasil foi marcada pelo contraste, ou seja, uma grande quantidade de pequenos e médios engenhos convivendo com grandes fábricas desde o período colonial.

Em 1896, o estadista José Caetano da Silva Gomes afirmava que o café e a cana eram as produções mais importantes de Minas Gerais e que, no geral, eram conjuntamente exploradas. Assim, dizia-se esperançoso sobre o futuro da produção canavieira, pois *"esta preciosa gramínea é a rainha da terra. A sua cultura é antiquíssima e tradicional. Todos os fazendeiros estão afeitos a ela. Grandes e pequenos proprietários rurais, todos a fazem em escala de negócio".*[215] Neste particular, a menção feita por Silva Gomes à convivência entre açúcar e café é ilustrativa não só da realidade mineira, mas das outras duas províncias.

Como em qualquer lugar, a indústria açucareira do Sul teve suas peculiaridades. Seria compreensível ante o avanço dos cafezais que a lavoura canavieira perdesse espaço. Porém, tal fato não se deu em nenhuma das províncias em análise. Bray demonstra que na Província de São Paulo, nos municípios de Porto Feliz, Tietê, Piracicaba, Capivary, Itu, Santa Bárbara do Oeste e Lorena, o número de plantações para a produção de açúcar e aguardente sempre se manteve mesmo com o crescimento da produção cafeeira.[216] José Gnaccarini explica que São Paulo

---

de ferro e a extinção dos impostos gerais e provinciais. Acusava a deficiência da política imperial em relação aos outros países produtores de cana, principalmente quanto aos acordos com os países consumidores. Porém, percebe-se que o seu objetivo máximo, o controle da produção e da comercialização do açúcar do açúcar, tendo em vista à defesa das relações comerciais ligadas à exportação. Nesse caso, a presença de agricultores, como membros do Central funcionaria como uma conciliação de interesses. Em vista do caráter comercial da Instituição, as reais necessidades dos produtores de açúcar seriam relegadas a um segundo plano. ARAÚJO, Tatiana Brito de. *Os engenhos centrais e a produção açucareira no Recôncavo Baiano: 1875-1909.* Salvador: FIEB, 2002.

214 CICA. *O Centro da Indústria e Comércio de açúcar no Rio de Janeiro.* Rio de Janeiro: Companhia Tipográfica do Brasil, 1892.

215 José Caetano de Almeida Gomes exerceu as atividades de médico, deputado e professor e pediu uma concessão para fundar um engenho central no Municipio de Mariana em Minas Gerais. GOMES, José Caetano de Almeida. *Indústria açucareira: Esboço e fundamento de um plano para a sua organização em Barra Longa. Município de Mariana.* Rio de Janeiro: Imprensa Júlio Serpa & C., 1896, p. 15-16

216 BRAY, Silvio Carlos. A formação do capital na agroindústria açucareira de São Paulo: Revisão dos paradigmas tradicionais. Tese de Livre Docência, Instituto de Geociências e Ciência exatas, UNESP, São Paulo, 1989, p. 3.

ROBERTA BARROS MEIRA

passou a produzir açúcar porque havia terras disponíveis, às vezes subaproveitadas por estarem reservadas para futuras ampliações dos cafezais.[217]

À medida que os anos passavam, os lucros do café possibilitariam colocar em prática muitos dos projetos considerados essencias para o desenvolvimento da produção açucareira. Deve-se pensar que os principais pontos elencados no Congresso Agrícola do Norte,[218] como comunicação e capitais, foram progressivamente alcançados devido às próprias necessidades de escoamento do café ou como um reflexo dos dividendos amealhados tanto pelos produtores, comerciantes ou pelo Estado. João Pedro da Veiga Filho, lente da Faculdade de Direito, defendia que a prosperidade da província de São Paulo estava relacionada com a sua expansão agrícola; a facilidade de locomoção, com a construção de estradas de ferro; a transformação do trabalho; a facilidade de operações de crédito, a aptidão e a virilidade do povo.[219] É o que Bray tentou comprovar ao enumerar as várias contribuições do complexo cafeeiro paulista para o desenvolvimento da indústria alcooleira e açucareira a partir das últimas décadas do século XIX:

---

217 Gnaccarini, *op. cit.*

218 O Congresso Agrícola de 1878 foi uma resposta ao Congresso organizado pelo Ministro da Agricultura, Comércio e Obras Públicas, João Lins Vieira Cansansão de Sininbú, em 12 de junho de 1878, realizado na Capital e que teve a participação apenas das províncias de Minas Gerais, Rio de Janeiro, São Paulo e Espírito Santo e que privilegiou as questões relacionadas ao café. O Congresso realizado no Norte utilizou-se do mesmo questionário proposto para o congresso no Sul, que formulava indagações como quais seriam as necessidades mais urgentes e imediatas da grande lavoura; se seriam elas a falta de braços ou de capitais; se na lavoura tinha-se introduzido melhoramentos etc., mas neste caso, estas perguntas foram voltadas para os problemas da indústria açucareira.

219 É possível que este último ponto esteja relacionado à imigração, mas pode-se considerar que o autor tenha exposto um orgulho regionalista. Um viajante estrangeiro relataria que "*Os paulistas ganharam com mérito o epíteto de yankees do Brasil. São, sem dúvida, mais empreendedores, mais decididos e mais cônscios da própria capacidade do que os mineiros ou fluminenses...*" C.F. Van Delden Laïrne. Brazil and Java: report on coffee-culture in América, Asia and África, to H. E. Minister of the colonies. Londres, 1885, p. 308. *Apud.* LOVE, Joseph. "Autonomia e interdependência: São Paulo e a federação brasileira: 1889-1937" in: FAUSTO, Boris (org.) HGCB. Rio de Janeiro: Bertrand Brasil, 1997, p. 57; VEIGA FILHO, João Pedro da. *Estudo econômico e Financeiro sobre o Estado de São Paulo*. São Paulo: Tip. do Diário Oficial, 1896, p. 25.

A ferrovia seria um importante elemento indicativo da influência do café nestas províncias. De nada serviria a expansão da produção açucareira com a implantação de grandes engenhos centrais se não houvesse como escoar a produção ou trazer a matéria-prima.[220] Singer indica que foi devido ao café que se construiu em São Paulo uma representativa rede ferroviária, *"que coloca o capital em íntima conexão com uma região bem ampla que lhe pode servir de mercado potencial"*.[221]

A situação da província de Minas Gerais não seria muito distinta. O crescimento da produção de açúcar na Zona da Mata mineira foi incentivada pela construção da Estrada de Ferro Leopoldina.[222] Foi o surto ferroviário a partir de 1870 que criaria as condições para a expansão da cafeicultura mineira e, consequentemente, para a produção açucareira ao redor dessas áreas. Em 1882, em uma discussão na Assembleia Provincial de Minas Gerais, o Deputado Drummont manifestava-se em favor da concessão de maiores investimentos para a construção de engenhos centrais na Zona da Mata, uma vez que ali se produzia muito café e cana e se tinha meios fáceis de transporte, que seriam melhorados se a Leopoldina levasse seus trilhos à Ponte Nova *"vê a casa que ficará uma região de antemão para nele se fundar um estabelecimento congênere, por isso que naquele município se cultiva a cana em grande quantidade (...)"*.[223]

Minas Gerais parecia manter uma relação muito especial com as províncias limítrofes do Rio de Janeiro e São Paulo, tomando *"o movimento evolutivo"* que aí se dava, como um exemplo a se seguir. Algumas vezes percebe-se na fala dos homens que compunham a elite política e econômica mineira, o receio de que a

---

220 Dé Carlí aclara que *"a empresa concessionária assumia a obrigação de construir linhas de tramway ou de qualquer sistema de trilhos para estabelecer comunicação rápida e fácil entre a fábrica e as propriedades dos fornecedores de canas e fazer o transporte das mesmas canas do ponto em que tiveram de ser depositadas pelos plantadores. Este foi o veículo que proporcionou de maneira assustadora a ampliação do grande domínio rural. Tal como em Cuba, através da estrada de ferro, com a rivalidade e a concorrência para a compra da matéria prima. É de dever ressaltar que contribui bastante para essa irradiação a posse da terra, a necessidade sempre crescente de lenha, sempre pouca para as fornalhas das usinas"*. DÉ CARLI, Gileno. "Geografia econômica e social da cana de açúcar no Brasil". In: Brasil Açucareiro, ano V, v. X, out. 1937, p. 293.

221 Caio Prado afirma que as estradas de ferro construídas no Império atingiram 9.000 km de linha de tráfego e outros 1500 km estavam em construção. PRADO JUNIOR, Caio. *História Econômica do Brasil*. São Paulo: Brasiliense, 1956, p. 186; SINGER, Paul. *Desenvolvimento econômico e evolução urbana*. São Paulo: Edusp, 1968, p. 38.

222 Entroncada com a D. Pedro II em Porto Novo da Cunha, ela alcançaria Volta Grande em 1874, Cataguases e Leopoldina em 1877 e São Geraldo em 1880. Singer, *op. cit.*, p. 210.

223 *Apud.* Costa Filho, *op. cit.*, p. 366-368.

Província não acompanhasse esse progresso. Este sentimento foi muito bem descrito na Gazeta Mineira:

> Não seria lícito à província quedar-se nem ser tardia em seus movimentos reformadores. (...) É tempo de acordar dessa como que letargia em que se tem deixado ficar; é preciso acelerar o passo para acompanhar a marcha evolutiva da província de São Paulo e o que se inicia na Província do Rio de Janeiro, isto para não ser sufocada em seus movimentos econômicos.[224]

Mas, certamente não se propalava tais ideias sem um motivo. As melhorias introduzidas na produção açucareira nestas duas províncias cafeeiras saltavam aos olhos dos observadores mais atentos de outras províncias. Pedro Ramos, assim como Sheila Faria, reforçam essa perspectiva de desenvolvimento da indústria sacarina na região. Na parte do seu trabalho que trata de São Paulo, Ramos defende que esta era uma região em franca ascensão econômica, o que propiciou a construção de grandes unidades de fabricação de açúcar viabilizadas pelos lucros dos fazendeiros de cana e de café, somado ao capital oriundo do auxílio estatal.[225] Para Faria, que estuda a região de Campos, este crescimento foi possível pela diversificação do capital investido nesta produção que passou a contar com firmas agrícolas e comerciais, capitalistas, negociantes e indústrias, além das pessoas ligadas à produção açucareira local. Nesse sentido, estes novos recursos propiciaram a adoção de tecnologias mais sofisticadas na produção açucareira, em novas formas de transporte, na utilização da energia elétrica etc.[226]

---

224 Comentário do Editor Dias da Silva Júnior sobre um artigo publicado na Gazeta Mineira. Jornal do Agricultor. Rio de Janeiro: Tip. Carioca, jun./dez. 1883.

225 Ramos, *op. cit.*, p. 64-65.

226 Soma-se a estes fatos, a localização da região; a construção de estradas de ferro na década de 1870; a fertilidade da terra; o clima; o relevo pouco acidentado na zona de planície, facilitando a utilização de arados, grades, tratores e outros instrumentos agrícolas, minimizando o montante de trabalho humano; a existência de áreas ainda passíveis de cultivo dentro dos limites das unidades; a ampliação do mercado de consumo decorrente da grande imigração para o centro-sul, e várias outras circunstâncias que impediam o abandono desta atividade e estimulava aqueles que possuíam capitais a investir ou reinvestir na produção. Essas vantagens permitiram que se tentasse solucionar os problemas relativos à oferta de mão de obra, ou seja, o colonato e em menor escala, no jornaleiro. Faria, *op. cit.*, p. 249-430.

A QUIMERA DA MODERNIZAÇÃO   97

Seria de se esperar que assim sendo, as crises de preços que passaram a assolar a lavoura cafeeira tivessem uma influência negativa nos investimentos na produção açucareira. Certo é que isso não se deu. Como se sabe, alguns fazendeiros de café diversificavam os seus investimentos como forma de minimizar os prejuízos. A defesa da policultura ganharia uma maior visibilidade neste momento e a cana seria vista como uma das melhores culturas complementares ao café. O próprio Estado investiria em políticas agrícolas voltadas para a diversificação da produção, buscando convencer os produtores. Por certo, a fala do presidente da província de São Paulo explicita os motivos que levaram a esta defesa.

> Hoje que a grande baixa do principal produto de exportação daquela rica província veio mostrar de modo irrefragável que não deve ela confiar o seu futuro econômico de um único gênero de produção e exportação, deve-se registrar que a introdução e desenvolvimento dos engenhos centrais na província promete ser um auxiliar poderoso, mantendo a receita provincial, chamando os pequenos lavradores à participação de lucros certos, e atraindo à lavoura maior número de indivíduos.[227]

Seguindo a mesma ordem de fatores ligados aos problemas cafeeiros, o desgaste do solo em áreas como o do Vale do Paraíba Fluminense, transformaria a lavoura canavieira em uma saída. Não passou despercebida naquele momento, a possibilidade de redirecionar os capitais antes aplicados nos cafezais, o que ensejou a construção de engenhos centrais, como os de Sant'Ana. Defendia-se neste período que a cana era menos exigente em relação à riqueza da terra do que o café. O deputado Rodrigues Silva já visualizava a cana como a solução para este problema também em Minas Gerais,

> Cumpria aproveitar certas zonas de Minas Gerais, preparando-as, a fim de que no futuro terras que naquele tempo não servirem para a indústria do café, pois que se haviam

---

227 SÃO PAULO. Fala dirigida à Assembleia Legislativa Provincial de São Paulo na abertura da 2ª sessão da 24ª legislatura em 10 de janeiro de 1883 pelo presidente, conselheiro Francisco de Carvalho Soares Brandão. S. Paulo: Tip. do Ipiranga, 1883.

estragado um tanto, viessem a proporcionar importantes reditos, sendo aproveitadas pela indústria açucareira (...).[228]

Fato é que a Província do Rio de Janeiro apresentava um agravante sério. No período da construção dos engenhos centrais, os problemas da lavoura cafeeira fluminense já eram facilmente perceptíveis.[229] E por isso mesmo, parecia natural aos homens daquele período buscarem alternativas para esta crise. Em um discurso proferido na Assembleia Provincial do Rio de Janeiro, Pedro Dias Gordilho Paes Leme, eleito deputado em 1886, defendia que devido à diminuição da produção de café, dever-se-ia incentivar novas indústrias, como a açucareira e a aguardenteira.[230] Em um trabalho anterior, o Deputado faz uma revelação interessante em uma discussão sobre informações apresentadas no retrospecto do Jornal do Commercio. Segundo ele, *"nenhum produto agrícola pode competir com o café pelo seu alto preço, diminuto volume, extensão do consumo e nas vantagens do transporte por vias férreas"*. Segundo o parecer de Paes Leme, os cálculos apresentados não condiziam com a realidade. A citação é extensa, mas relente para percebermos os investimentos na produção sacarina, mesmo se considerar as frequentes oscilações dos preços do açúcar e os interesses do autor.

> Diz o retrospecto que cada pessoa pode cuidar de dois hectares de superfície e obter 404$400 réis em terras inferiores; 830$400 em terras de segunda ordem e 1:213$000 em terras de primeira qualidade. Tomemos pois a média de 816$000 réis. Cada pessoa pode à enxada amanhar 6 acres de plantação de canas. Cada acre produz a média de 28tons, que marcando apenas 8 grados de densidade sacarina, deve ser vendida a razão de uma produção de 3 ½% do valor de 2$000 réis os 10 kg. Aqui temos um resultado de réis de 1:176$000. Em vista deste cálculo e considerando que aceitamos a média do produto em café, e que tomamos o mínimo

---

228 *Apud.* Costa Filho, *op. cit.*, p. 366-368.

229 Os cafezais que outrora haviam produzido cem, duzentas e, excepcionalmente, até trezentas arrobas de café beneficiado por mil pés, não rendiam mais do que cinquenta arrobas. Em menos de trinta anos, os cafezais que haviam sucedido à mata virgem eram abandonados. A região de Vassouras, por exemplo, já em 1878, era considerada decadente e, em 1883, exausta. COSTA, Emília Viotti da. *Da senzala à colônia.* São Paulo: Fundação Editora da UNESP, 1998, p. 260.

230 O Auxiliador da Indústria Nacional. Rio de Janeiro: Tip. Universal de Laemmert & C., v. LIV, 1886.

da densidade sacarina, bem como uma produção de 3 ½%
quando a planta contem 18% de açúcar, ninguém dirá que
forçamos o cálculo em nosso favor.[231]

O que é possível conhecer nestes relatos é a importância que a indústria sacarina teria também no Sul do Império. Mesmo que a lucratividade não fosse a mesma do café, - e provavelmente não o era -, não se está descartando aqui de todo a fala do Sr. Paes Leme, aliás, formado em matemática e ciências físicas, uma vez que os gastos com as fábricas centrais foram equivalentes a uma produção em crescente expansão. Na visão particular de um profundo conhecedor da indústria açucareira e dos engenhos centrais do Sul, Luís Monteiro Caminhoá, os bons tempos se avizinhavam. O Engenho Central de Quissamã marcou uma nova era na indústria açucareira, *"outrora tão florescente, quando nos mercados do mundo, o Brasil não tinha quase competidores".*[232] Se porventura não tivesse morrido tão cedo,[233] Caminhoá poderia ter se desiludido com os engenhos centrais do Brasil, embora estivesse certo sobre as mudanças que eles acarretaram. *"Uma nova era"* que floresceu graças ao mercado interno.

O drama do mercado: o consumo interno na ordem do dia

Futuramente, o açúcar brasileiro só será exportado para as Repúblicas do Prata e do Pacífico, para regiões onde é impossível a cultura de cana.

André Rebouças

---

231 PAES LEME, Pedro Gordilho. *Engenhos centrais na Província do Rio de Janeiro. Observações práticas oferecidas aos senhores capitalistas desta praça.* Rio de Janeiro: Tip. G. Leuzinger & Filhos, 1874, p. 9.

232 Caminhoá, *op. cit.*, 1885.

233 Nota de falecimento publicada no Jornal do Agricultor. Rio de Janeiro: Tip. Carioca, jun./dez. 1886.

Para se ter uma impressão do que significou o mercado interno para a produção açucareira brasileira basta pensar na quantidade de açúcar exportado e no consumo do próprio país. A dificuldade de obter dados estatísticos construiu uma imagem nem sempre fiel desta produção. Muito se falou no Império na necessidade de se instituir um serviço de estatística mais eficaz. Estas manifestações tornaram-se correntes nos artigos publicados na imprensa por agricultores progressistas e técnicos. Alguns inquéritos tentavam dar conta dessas lacunas, esbarrando muitas vezes na impossibilidade de obter informações completas das províncias, como fica claro no desabafo feito em 1874 na diligência organizada pelos Ministérios da Fazenda, da Justiça e da Agricultura. Neste caso, buscava-se conhecer o estado da grande e da pequena lavoura e as causas da sua prosperidade e decadência: *"Os gêneros que se consomem nos lugares do interior para onde são conduzidos, ficam inteiramente desconhecidos à estatística, passem ou não por barreiras".*[234]

Ao que se tem notícia, as descrições e os dados existentes sobre a comercialização do açúcar brasileiro não deixam dúvida do fato do consumo doméstico se sobrepor ao açúcar enviado para o mercado estrangeiro. Esta característica da produção brasileira era noticiada até em alguns periódicos estrangeiros. Em 1885, em um artigo publicado na *Die Deutsche Zuckerindustrie* sustentava que o açúcar do Brasil por muito tempo deixaria de ser uma concorrência perigosa. E tratando, inclusive, da produção açucareira do Sul, ressaltava que esta ainda era uma indústria pequena, apenas voltada para o gasto doméstico. Certamente também não passou desapercebida a falta de conhecimento técnicos e os fracos resultados do auxílio do Governo Imperial aos engenhos centrais.[235]

Pode-se notar, acompanhando-se de perto alguns trabalhos técnicos, a crescente importância do mercado interno. Como foi visto anteriormente, o engenheiro J. Moureau já fazia referência ao elevado consumo doméstico brasileiro no seu livreto publicado em 1877. Naturalmente, como os valores da exportação não condiziam com os números conseguidos sobre a produção, o engenheiro era levado a sustentar que o restante do açúcar era absorvido pela demanda interna do Brasil. Usando como base o consumo do Rio de Janeiro, ele calculou o consumo do país em 250.000t de açúcar e 80.000.000l de aguardente. A média do açúcar exportado

---

234 BRASIL. *Informações sobre o estado da lavoura.* Rio de Janeiro: Tip. Nacional, 1874.

235 Vide: Die Deutsche Zuckerindustrie de 31 de julho de 1885, p. 1069. Artigo citado por Draennert no Jornal do Agricultor. Rio de Janeiro: Tip. Carioca, janeiro a julho de 1885.

nos três anos anteriores à publicação do seu trabalho era de 160.000t de açúcar e 4.500.000l de aguardente.

Apesar de que se deva fazer menção novamente ao fato de Moureau ser o representante de uma das mais importantes companhias estrangeiras de maquinário, os valores apresentados não devem ser motivos de descrédito. O seu objetivo ao apontar que o país se resguardava em parte da crise mundial do açúcar devido ao fato da maior parte dos produtos indígenas serem consumidos no país, era defender a importância de se adotar um maquinário mais moderno se o Brasil quisesse recuperar a sua antiga posição no comércio internacional do açúcar. Para ele, tal vantagem somada à crise que feriu o açúcar de beterraba, as riquezas naturais do país e o emprego de aparelhos mais aperfeiçoados significaria uma indústria açucareira completamente transformada, que *"ditaria a lei nos mercados do mundo inteiro"*. Ou seja, a sua abordagem redirecionava-se sempre para a exportação e não para a defesa do melhor aparelhamento destas fábricas para o consumo local, como de fato se deu.[236]

Nunca é demais ressaltar que o aumento da produção tanto do açúcar de beterraba quanto de cana levaria a uma concorrência desenfreada e, consequentemente, a baixa dos preços e a criação de um grande mercado consumidor. O *Journal des Fabricants de Sucre* ressaltava que o açúcar não era mais um gênero de luxo e creditava uma parte da generalização deste produto entre a população ao consumo crescente do chá e do café.[237] Em 1885, Caminhoá apresentava em um anexo do relatório enviado ao Ministério da Agricultura alguns dados sobre o consumo do açúcar nos diversos países. Chama a atenção, nesse caso, o aumento do consumo na Inglaterra.

---

236 Moureau, *op. cit.*

237 Estas informações do Journal des fabricants de sucre foram reproduzidas na Revista de Engenharia, v. 10, 1888.

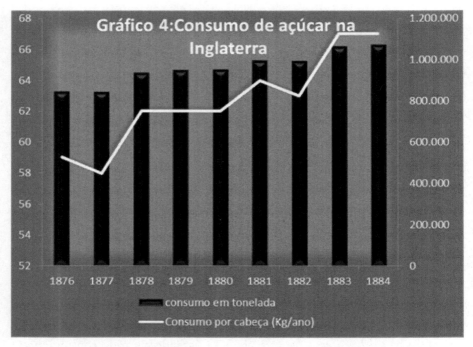

Fonte: Caminhoá, Luiz Monteiro. Relatório apresentado pelo engenheiro fiscal Caminhoá ao Ministro do Estado dos Negócios da Agricultura, Comércio e Obras Públicas, João Ferreira de Moura. Brasil, Imprensa Nacional: Rio de Janeiro, 1885.

Naturalmente, no Brasil, o consumo de açúcar não era tão alto.[238] No entanto, apesar do número menor de consumidores e o fato da população mais pobre constituir uma importante fatia do mercado de consumo brasileiro não se creditavam nestes apontamentos os subprodutos do açúcar, como a aguardente. Henri Raffard calculava que o Brasil exportou somente 250.000t do açúcar produzido em 1883-84. Em contrapartida, não havia como não perceber o elevado consumo interno. O engenheiro usaria como exemplo o gasto de açúcar na hospedaria de imigrantes de São Paulo, onde a ração por indivíduo seria de mais ou menos 30 kg no ano. Ademais, o consumo nas casas das famílias de classe média não ficava muito aquém da média australiana de 50 kg, sendo que o consumo na Inglaterra era de 67 kg per capita. E prosseguia, afirmando que,

---

238 MINTZ, Sidney. *Dulzura Y poder: el lugar del azúcar em la historia moderna*. Madrid: Siglo XXI, 1996.

Contudo, não queremos ser taxados de exagerados e aceitamos a média de 23^{12}, 585, que para a população do Brasil, avaliada em 13.000.000 habitantes, representa um consumo anual de 306.600t, na suposição de que para 1.000.000 de habitantes nas cidades principais do país, a média seja de 43^{12},800 e para o resto da população apenas de 21^{12}, 900; Em abono deste nosso cálculo, lembraremos o engenheiro J. Moreau, representante da Fives-Lille, a mais de dez anos, estimava o nosso consumo em 250.000t, baseando-se na metade do consumo individual do Rio de Janeiro, isto é, 20^{12},833, sendo a população de 12.000.000 habitantes, e, portanto atribui a cada habitante da capital um consumo anual de 41^{12},666. Teremos, pois, 300.000 toneladas para o consumo do país e 250,000 para a exportação, ou 550,000t a produção total do Brasil.[239]

Por essa passagem pode-se notar que o consumo da população brasileira era representativo, já que países como os Estados Unidos consumiam uma média por pessoa de 24,4 kg.[240] Neste caso, a região Sul do Brasil passaria pelo mesmo processo de crescimento com a chegada dos imigrantes europeus. Burlamaque chegou a apresentar os dados de um relatório realizado pelo Governo Imperial em 1853 e que posicionava o Brasil como o segundo maior consumidor mundial, somente perdendo para a Inglaterra. Mesmo que estas cifras não sejam exatas, elas devem ser levadas em conta, pois traduzem a tendência do consumo entre os países.[241]

Para Draennert, esta diferença de consumo estava relacionada ao fato dos países produtores apresentarem uma grande demanda interna dada o excedente da exportação sobre a importação, como seria o caso de Cuba e do Brasil. Em 1892, o contraste das informações trazidas por Draennert com os anos precedentes já era

---

239 Raffard, *op. cit.*, p. 12 – 13.

240 Não se está considerando o mercado americano como pequeno, pois releva notar o seu rápido crescimento demográfico e do consumo de açúcar por pessoa. Deve-se levar em conta o crescimento muito rápido do consumo: em 1866 era de 12 kg per capita; em 1886 de 24,4 kg e em 1896 já era de 35,5 kg. DÉ CARLÍ, Gileno. *O drama do açúcar*. Rio de Janeiro: Irmãos Ponggeti, 1941.

241 O primeiro consumidor era a Inglaterra com 728.000.000 libras; o segundo o Brasil com 364.000.000 libras; o terceiro, os Estados unidos com 320.000.000; o quarto a França com 261.000.000 libras etc. A produção mundial de açúcar era de cana era de 1.914.000.000 libras e o de beterraba de 318.000.000; O Brasil exportava deste valor total de 2.232.000.000 libras, 216.000.000, o que representava 9,7%. Brasil. *op. cit.*, 1853.

perceptível. O Brasil já possui uma população que apresentava em torno de 15 a 16 milhões de habitantes. Na capital do Rio de Janeiro, o consumo era de mais ou menos 60 kg por pessoa, o que segundo os seus cálculos daria por baixo 450.000t somente para suprir o mercado interno. Certo é que para o engenheiro, estes números hipoteticamente calculados devido à falta de estatísticas pareceriam muito inferiores à realidade do consumo brasileiro. Os dados aduaneiros apontavam para uma exportação de duzentas e tantas toneladas. Tal resultado em uma produção nacional calculada em pelo menos 650.000t anualmente comprovava o alto consumo interno e a permanência dos baixos índices de exportação durante os últimos anos do Império, uma vez que a produção do país estava crescendo.[242]

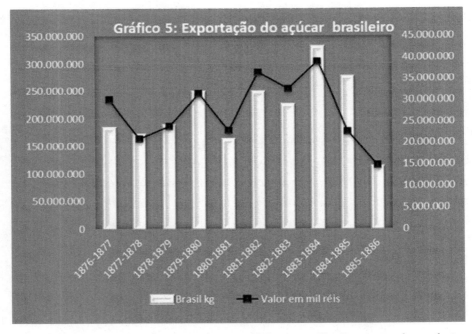

Fonte: RAFFARD, Henri. *Crise do açúcar e o açúcar no Brasil*. Artigos publicados na revista de engenharia e transcritos no jornal do agricultor. Rio de Janeiro: Tip. Carioca, 1888.

A particularidade da indústria açucareira do Brasil neste período não foi a sua expansão, pois a produção mundial cresceria rapidamente como um todo,

---

[242] CICA. *Centro da Indústria e Comércio de Açúcar no Rio de Janeiro*. Rio de Janeiro: Companhia Tipográfica do Brasil, 1892.

A QUIMERA DA MODERNIZAÇÃO   105

- não relevando aqui se se fala dos países produtores de açúcar de cana ou de beterraba. A diferença desta vez seria a perda progressiva de representatividade no ranking dos países que produziam açúcar, não obstante o contínuo aumento da produção em áreas tradicionalmente exportadoras, como Pernambuco.[243] Neste contexto, um relatório da CICA apontava uma dilatação da cultura da cana desde 1820. Esta progressão nas safras de açúcar foi confirmada anos depois pelo *Auxiliador da Indústria Nacional* que chamava a atenção para o fato da produção de Pernambuco ter mais que dobrado depois da instalação de aparelhos mais modernos na década de 70 do século XIX. Segundo o trabalho de Gaspar e Apolônio Peres publicado em 1915, de 737.653 sacos em 1853-54 a produção passaria para 1.726.462 no último ano do Império, - apresentando uma safra recorde no ano anterior de 2.493.365 sacos.[244] Eisenberg acredita que os fatores que levaram a esta expansão em Pernambuco foram a ampliação da área cultivada e da oferta de mão de obra, as inovações técnicas introduzidas no setor de beneficiamento e a construção de novos engenhos, que passariam de 1356 em 1850 para 1654 em 1880.[245]

Mesmo nas regiões que não tinham um desenvolvimento tão grande da indústria canavieira houve um aumento progressivo da quantidade de açúcar. Quando se escolhe centrar-se nesta região, importa perceber que a indústria sacarina do Sul do Império não se apresentava como o Norte onde tudo era cana e os consumidores locais só absorviam uma parte do total do açúcar produzido. Isto não quer dizer que não houve um sensível aumento deste produto agrícola, não obstante a grande distração de capitais e de trabalho para o café nestas províncias, como destacava o relatório de 1853.[246]

Foi o caso, por exemplo, de Minas Gerais. A posição sobre a representatividade do seu consumo nos informes técnicos é a mesma: uma região extremamente populosa com um consumo de açúcar, aguardente e rapadura avultado. No entanto, os números concernentes a sua produção de açúcar e derivados são pouco

---

243 Em 1730, a exportação de açúcar brasileira representou 32 % da produção mundial; em 1776 caiu para 8.9%; em 1836 subiria um pouco para 12,9%, caindo novamente em 1853 para 9,7%. Dé Carlí, *op. cit.*, p. 24.

244 CICA, *op. cit.*, O Auxiliador da Indústria Nacional. Rio de Janeiro: Tip. de Universal de Laemmert & C, v. XLI, 1873; PERES, Gaspar e Peres, Apollonio. *A indústria açucareira em Pernambuco*. Pernambuco: Fundarpe, 1991, p. 109-110.

245 Eisenberg, *op. cit.*, p. 147.

246 BRASIL, *op. cit.*,1853.

referenciados. Poderia ser até considerado pequeno se algumas parcas alusões não desmentissem tal suposição. Os milhares de engenhos e engenhocas descritos por Miguel Costa Filho conjugados com a fundação de algumas fábricas centrais no final do século XIX são demonstrativos de um crescimento silencioso, ignorado muitas vezes até nos escritos dos homens deste período. Nesse sentido, percebe-se a importância da ressalva feita por Fernando Iglésias, *"na medida em que o Império caminhou também caminhou a Província: repercutem aqui as medidas de caráter geral, e a unidade, se não avança, também não se atrasa"*.[247]

Foi com a intenção de trazer à baila algumas informações sobre a Província que Rodolph Jacob apresentou alguns dados sobre a produção açucareira mineira no seu trabalho de estatística publicado em 1911. Segundo estes dados, Minas exportava açúcar, rapadura e aguardente, não obstante importasse ao mesmo tempo do Rio de Janeiro estes produtos. Ademais, chamava a atenção para o consumo elevado destes gêneros, *"de sorte que a cultura da cana já tomaria um bem grande desenvolvimento se tivesse em vista somente o consumo do estado"*. Um eminente lavrador do Rio de Janeiro dava a entender que Minas Gerais realmente recebia açúcar da província vizinha, mesmo que cobrasse excessivos direitos sobre os produtos da cana de açúcar, chegando a aumentar o valor do produto em 30%.[248] Como em outras regiões criava-se uma certa proteção para os produtos locais, embora nem sempre fosse este o objetivo direto dos governantes.[249]

---

247 IGLÉSIAS, Francisco. *Política Econômica do Governo Provincial Mineiro (1835-1889)*. Rio de Janeiro: Instituto Nacional do Livro, 1958, p. 92.

248 CICA, *op. cit.*, 1892.

249 Canabrava defende que *"quanto às tarifas de exportação, ainda que, pelo texto constitucional coubesse apenas ao governo central a atribuição de legislar sobre o assunto, as autoridades provinciais e até as municipais também o faziam. O Congresso Agrícola do Recife considerou "pesados, inconvenientes, injustos e inconstitucionais" os impostos que oneravam os produtores da grande lavoura sob a forma de direitos gerais e provinciais. Contudo é de se considerar que as autoridades não tinham outra alternativa, pois haviam fracassado as tentativas para a criação do imposto territorial e a produção dos países estava concentrada no gênero da grande lavoura, os quais pela incidência dos impostos, deviam contribuir para quase toda a totalidade da receita em todas as esferas da administração. Desde que a lei de 1835 atribuiu às províncias uma parte dos direitos de exportação, tornava-se muito difícil extingui-los, ainda que, gradualmente, adotassem as províncias a estratégia de aumentar esses impostos todas as vezes que a assembleia geral aprovava a sua redução. Tal prática reconhecia-se como ilegal, mas possivelmente se mantinha por razões políticas"*. Canabrava, *op. cit.*

Fonte: JACOB, Rodolpho. *Minas Gerais no XXº século*. Rio de Janeiro: Impressões Gomes irmãos & Co., 1911, p. 60-64.[250]

Miguel Costa Filho credita muitas destas falas defensoras de que o açúcar mineiro estava restrito somente ao seu comércio local, aos discursos dos estadistas. Na análise do autor, as contradições encontradas nestas falas e nos números apresentados por Jacob podiam ter razões políticas ou ser fruto de um desconhecimento das estatísticas por destes estadistas. Um exemplo seria o discurso do deputado Manuel Gomes Tolentino, que afirmou ser representante e morador da zona da Mata Mineira. O deputado manifestava-se em favor da necessidade de investimentos nas estradas de ferro, posto que os senhores de engenho mineiros, devido à falta de meios de comunicação tinham que limitar a sua produção ao consumo dos municípios. Batista Pinto, outro deputado defensor dos melhoramentos nos meios de transporte, afirmaria que Minas Gerais não exportava nem uma arroba de açúcar ou um litro de aguardente, uma vez que a despesa com o transporte era demasiadamente alta. Examinando uma emenda que isentava o

---

250 Miguel Costa Filho destaca que não há uma referência clara na obra de Jacob de por quem estes dados estatísticos foram organizados e quais as fontes utilizadas. Costa Filho aponta como uma das possibilidades a Mesa de Renda das Províncias, embora Jacob cite os vários arquivos de que se valeu para realizar a pesquisa no começo da sua obra, como a Secretária do Interior, o Arquivo Público, a Secretária de Finanças e Agricultura etc. Costa Filho. *op. cit.*, p. 214.

açúcar exportado ou importado de algumas taxas, o deputado Antônio Joaquim Barbosa da Silva entendia ser esta insignificante para o povo mineiro porque a província não exportava açúcar, e a produção de Minas era quase suficiente para o consumo e se havia importação, esta também era desprezível.[251] Mas, certo é que esta era a opinião de políticos que buscavam a aprovação ou não de certas medidas, o que dificulta de certo modo formar uma ideia sobre as suas reais motivações ou as informações apresentadas por eles.

Quando se sai um pouco da documentação oriunda da alçada política, encontram-se algumas informações pontuais sobre as características da produção e do consumo que se desenvolveu nesta província. No livreto publicado por Nicolao Joaquim Moreira, diretor da SAIN, informava-se que o açúcar e a aguardente fabricados em Minas eram consumidos na província. Por outro lado, não se diz nem que sim nem que não em relação às importações de açúcar do Rio de Janeiro.[252] Retomando o já conhecido trabalho de Burlamaque, entende-se que Minas Gerais não recebia açúcar ou nenhum dos seus subprodutos do Rio de Janeiro ou de São Paulo. Ao contrário, ela exportava estes gêneros para as províncias vizinhas, embora o seu próprio consumo interno fosse considerável.[253]

Alguns estudos recentes sobre certos municípios mineiros, como Ponte Nova, buscam comprovar a direção da indústria açucareira mineira. Segundo Antônio Brant, a produção dos engenhos tradicionais de Ponte Nova era exportada para outros municípios de Minas. No entanto, alguns engenhos mais modernos, como o de Vau-Açu, enviavam toda a sua produção para ser comercializada no Rio de Janeiro.[254] Esta informação é confirmada pelo engenheiro fiscal José Gonçalves de Oliveira, que se referia ao envio de uma partida pequena para a corte, *"do mais belo produto"*, proveniente do Engenho Central Aracati.[255]

---

251 *Ibidem*, p. 216-17.

252 MOREIRA, Joaquim Nicolao. *Notícia sobre a agricultura do Brasil*. Rio de Janeiro: Tip. Nacional, 1873, p. 39.

253 Burlamaque, *op. cit.*, p. 355.

254 BRANT, Antônio. *Ponte Nova 1770-1920: 150 anos de história*. Viçosa: Editora Folha de Viçosa, 1993.

255 MACOP. Relatório Apresentado ao Ministro da Agricultura pelo Engenheiro Fiscal José Gonçalves de Oliveira. In: Relatório apresentado à Assembleia Geral na 3ª sessão da 20ª legislatura pelo Ministro e Secretário dos Negócios da Agricultura, Comércio e Obras Públicas Rodrigo Augusto da Silva. Rio de Janeiro: Imprensa Nacional, 1888, p. 15.

Por outro lado, não há controvérsias entre as fontes sobre o fato de que as estatísticas de exportação do açúcar de São Paulo não tem muito sentido porquanto quase toda a sua produção se destinava ao mercado interno.[256] Em 1875, esse fato era endossado por Joaquim Floriano Godoy, que compôs um trabalho contendo dados sobre a Província para a Exposição Industrial da Filadélfia. O açúcar não contava na lista dos produtos exportados.[257] Não obstante São Paulo chegar a sair em algumas listas das províncias exportadoras de açúcar, os valores apresentados sempre eram ínfimos. No período entre 1870 a 1873, Arthur Getúlio das Neves enumerou 12 províncias exportadoras de açúcar. São Paulo constava como a última colocada. Diamanti também citaria a exportação da Província como a mais baixa, com somente 180 kg durante um período de 18 meses, que ia de 1º de julho de 1886 a 1º de dezembro de 1887. Estes números também foram apresentados pelo *Auxiliador da Indústria Nacional*.[258]

Em 1888, um relatório elaborado pela comissão de estatística de São Paulo demonstrou mais claramente qual era a verdadeira característica da produção açucareira paulista, ou seja, o açúcar produzido localmente não chegava para o consumo da província. Poder-se-ia argumentar que este era o mesmo caso das outras províncias em análise. No entanto, o açúcar paulista não apareceu em nenhum envio de saída de remessas significativas para outras regiões. Ao contrário, a importação se fazia em larga escala. Segundo a Comissão, esta importação de açúcar era em 1868 de 1000 a 2000 t, alcançando em 1872 o montante bem mais significativo de 18.000t. Em 1888, esta cifra tinha decrescido um pouco, influência segundo a Comissão do desenvolvimento que teve a produção devido aos engenhos centrais.[259]

---

256 Diamanti, *op. cit.*; SÃO PAULO. A província de São Paulo: Relatório apresentado ao Exm. Sr. Presidente da Província de São Paulo pela Comissão Central de Estatística. São Paulo: Tip. King Leroy King Bookwalter, 1888.

257 GODOY, Joaquim Floriano de. A província de São Paulo: trabalho estatístico, histórico e noticioso destinado a Exposição Industrial da Filadélfia (Estados Unidos) oferecido a S. M. Imperial o Sr. D. Pedro II pelo senador do Império Dr. Joaquim Francisco de Godoy. Rio de Janeiro: Tip. do Diário do Rio de Janeiro, 1875.

258 O Auxiliador da Indústria Nacional. Rio de Janeiro: Tip. Universal de Laemmert & C, v. LV, 1887; Diamanti, *op. cit.*, p. 236; NEVES, Arthur Getúlio das. *Notícia sobre o estado da agricultura e da zootecnia no Brasil*. Rio de Janeiro: Tip. de G. Leuzinger & Filhos,1888.

259 SÃO PAULO, *op. cit.*, 1888, p. 252-253.

Nunca é demais lembrar que o mercado interno já prevalecia neste momento em detrimento das exportações. O relatório de 1853 já fazia esta distinção e seus autores defendiam a impossibilidade de medir a importância do açúcar produzido no Brasil, se levava-se em consideração apenas as estatísticas sobre a exportação. Segundo as estatísticas apresentadas, a província do Rio de Janeiro era um exemplo ilustrativo desta crise aparente, uma vez que houve uma diminuição da quantidade de açúcar exportada,[260] - o que poderia ser encarado como decadência desta lavoura. No entanto, se o cálculo fosse feito sobre a produção local somada as entradas de açúcar provenientes de outras províncias, *"ver-se-á que este aumento é muito superior, mas ainda que esta diminuição é aparente"*.[261]

Ocorre que não era só pelos engenhos concentrados em sua maioria em Campos dos Goitacazes que a Província do Rio de Janeiro chamava a atenção. O aumento da população e, consequentemente do consumo, contribuíram em muito para este status. Mas não foi só por isso que a praça do Rio de Janeiro tornou-se a mais importante do país, *"senão em extensão pelo menos em influência"*, como avaliava Henri Diamanti. Pode-se dizer, no entanto, que isto não se deu somente pelo açúcar produzido localmente. A montagem dos engenhos centrais não transformaria de imediato este quadro, posto que a sua produção se direcionava para o mercado da Corte. O mesmo parece ocorrer com os pequenos engenhos que também enviavam o seu açúcar para o Rio de Janeiro. Um senhor de engenho observava que os direitos interprovinciais não animavam a exportação para as províncias de Minas, Espírito Santo e São Paulo. Em 1899, os impostos interprovinciais estavam na faixa dos 7%, o que realmente devia reduzir a oportunidade de exportação de alguns gêneros pelos pequenos produtores com preços já defasados para outras localidades.[262]

Nesse sentido, a diferença em relação às outras províncias, como São Paulo e Minas Gerais, parece ter como fator principal as relações comerciais com os outros estados vizinhos, assumindo o papel de redistribuir o açúcar proveniente

---

260 Faria afirma que o açúcar de beterraba impedia que regiões como Campos pudessem participar com o mínimo de sucesso da corrida para a manutenção ou conquista de uma fatia do mercado externo. Assim, Campos tornou-se o maior produtor de açúcar para o mercado interno. A exportação só ocorria em pequena escala e quase nunca para a Europa e para os Estados Unidos. Os seus compradores eram principalmente a África, Cabo da Boa Esperança, Mediterrâneo e Rio da Prata. Faria. *op. cit.*, p. 318.

261 Burlamaque, *op. cit.*, p. 336-338.

262 CICA, *op. cit.*; Diamanti, *op. cit.*, 229.

do Norte. O resultado do trabalho do engenheiro de artes e manufaturas, Henri Diamanti, apontava que o Rio de Janeiro enviava açúcar para Minas Gerais, São Paulo, Paraná, Santa Catarina e Rio Grande do Sul. Este fato era decorrente das dificuldades das relações comerciais diretas entre os portos do Norte e algumas regiões do Sul. Também como resultado destas mesmas observações, o engenheiro francês afirmou que a importância desta atuação comercial era de tal monta que a praça comercial do Rio de Janeiro determinava os preços dos diversos açúcares no restante do país.[263] Importância esta que se explica quando a CICA calculava que só esta praça importava cerca de 40.000 t de açúcar, sem falar nos líquidos alcoólicos, - quantidade que representava um consumo igual ao total gasto pelo Chile ou pela Argentina.[264]

De modo geral, o incremento demográfico da província estabeleceria um novo padrão de consumo não só na Corte, embora ela sozinha passasse a consumir mais de 27 milhões de libras de açúcar na década de 60 do século XIX. Não seria razoável esperar que as saídas e entradas de gêneros para o consumo dos municípios fossem contabilizadas integralmente nas estações fiscais, em parte até pelas taxas cobradas. Embora não se saiba muito deste consumo, esta mudança na comercialização do açúcar está muito bem dita por Burlamaque. Segundo ele, em tempos passados, o consumo dos municípios era muito limitado, já que direcionava-se toda a produção para o mercado da Corte e daí procurava-se saída para os portos estrangeiros. No momento que o engenheiro expõe estes dados, este quadro tinha se invertido. *"O consumo destes municípios tem aumentado, e os seus produtos longe de se acumularem sobre a praça do Rio de Janeiro, correm em pequenas porções para outras partes da mesma província, e das circunvizinhanças"*.[265]

Quebrava-se o elo colonial descrito por Mintz, ou seja, produtores e trabalhadores que provavelmente produziam artigos de que não seriam os principais consumidores, e que consumiam artigos que não haviam produzido.[266] A população nacional supriu o papel anteriormente dado à metrópole, possibilitando mais do que a sobrevida desta cultura após a perda do mercado externo, mas sim a redefinição das suas bases econômicas. Produzia-se para o mercado interno e não somente as províncias do Sul, - consideradas secundárias -, mas também a região

---

263 Diamanti, *op. cit.*, p. 239.

264 CICA, *op. cit.*

265 Burlamaque, *op. cit.*, p. 345.

266 Mintz, *op. cit.*

112   ROBERTA BARROS MEIRA

tradicionalmente exportadora. É precisamente em alguns relatos que se observa a mudança na realidade da indústria açucareira brasileira deste tempo:

> Ultimamente faltou açúcar no Brasil para satisfazer pedidos do exterior em consequência do aumento imprevisto das necessidades locais devido ao mui rápido crescimento da população; é notório que a população tende a crescer muito e ao mesmo tempo o coeficiente de açúcar individual e assim breve desaparecia dos quadros dos produtos de exportação um gênero que por muitos anos foi quase exclusivamente produzido pelo Brasil, não sendo a sua produção desenvolvida como tem de ser logo que forem generalizados os aparelhos modernos de fabricação que obtêm o dobro e o triplo do rendimento extrativo dos que ora funcionam neste país.[267]

Naturalmente, isto não quer dizer que a progressiva perda do mercado externo seria vantajosa para o Brasil. Como não poderia deixar de ser, este não era um fator de mais, mas antes um de menos. Deve-se lembrar de que mesmo antes da reorganização da indústria açucareira, a produção sempre excedia o consumo, ou seja, era necessário exportar para estabelecer um equilíbrio entre o volume das safras e a demanda interna estabilizando os preços no mercado nacional. Nos anos de boa safra, os baixos preços do açúcar levavam a uma grita geral entre os senhores de engenho, - temerosos que a crise se acentuasse e os preços não cobrissem os custos do fabrico. Na prática, a solução mais simples, isto é, exportar, nem sempre era uma tarefa fácil. O CICA queixava-se que o açúcar brasileiro já não tinha garantia de colocação nem na América do Sul nem na Europa. O envio do açúcar brasileiro para os Estados Unidos também estava limitado pela concorrência cubana que contava com tarifas aduaneiras mais baixas.[268]

---

267 CICA, *op. cit.*, p. 30.

268 Essa vantagem no mercado americano já se evidenciava nos acordos de reciprocidade para o comércio e navegação assinados ainda no período de colonização espanhola: *"Em virtude da autorização outorgada pelo governo espanhol pelo art. 3º da lei de 10 de junho de 1882, se aplicarão desde já os direitos da terceira coluna das tarifas de alfândega de Cuba e Porto Rico, o que implica a supressão do direito preferencial de bandeira aos produtos e procedência dos Estados Unidos da América do Norte. Em compensação, o Governo dos Estados Unidos suprimirá os adicionais de 10% ad valorem sobre os produtos e procedência de Cuba e Porto Rico com a bandeira espanhola"*. *Ibidem*, p. 30.

Apontava-se no congresso agrícola de 1878 que esta situação não podia ser modificada apesar dos esforços de alguns senhores de engenho, pois a grande maioria dos produtores de açúcar exportava um açúcar de má qualidade, devido à fabricação rotineira[269] e, assim, *"não podem competir com os de outras procedências nos mercados europeus."*[270] Em 1874, o *Jornal do Commercio* também se manifestava a favor de que a permanência no Brasil de métodos de produção rotineiros tornava impossível a luta com os produtores de açúcar estrangeiros, que contavam com os auxílios técnicos da moderna indústria. Percebendo ao mesmo tempo a necessidade de modernização da indústria açucareira e a má qualidade do açúcar brasileiro exportado pelas províncias do Norte, o *Jornal* apontava a existência de poucos *"agricultores esclarecidos"* na região.[271] A capacidade de concorrência relacionava-se então a produzir melhor e mais barato, mas isto não se conseguiria com as técnicas utilizadas no país. Defendia-se, assim, um sistema de cultivo que seguisse os princípios da ciência agrícola moderna e utilizasse os aparelhos mais aperfeiçoados e mais econômicos no fabrico do açúcar.[272]

A denúncia do Barão de Monte Cedro chamava a atenção para o fato de que se o país ficasse estacionário frente os melhoramentos que já ocorrem por toda parte, *"seria um dia excluído do mercado do mundo pelos nossos concorrentes".*[273] Esse argumento levantado pelos produtores do Sul estava, sem dúvida, em consonância com o consumo interno. O que ainda sustentava a produção açucareira do Norte, o que criava os capitais para as aspirações de construção dos engenhos centrais, era o envio de uma parte avultada dos seus açúcares para as províncias do Sul. Muito mais do que uma querela pontual, esta disputa em que a região consumidora buscava salvaguardar o seu mercado para si transformou-se em uma discussão corrente durante um longo período.[274]

---

269 Singer entende que o projeto dos engenhos centrais pressupunha que o açúcar brasileiro só conseguiria concorrer com os grandes produtores no mercado mundial se alcançasse o seu grau de concentração, ou seja, reduzir a quantidade elevada de engenhos e construir um número pequeno de engenhos centrais de grande capacidade que proporcionassem a redução dos custos do açúcar brasileiro ao nível internacional. Singer, *op. cit.*, p. 297.

270 SAAP, *op. cit.*, p. 29.

271 Jornal do Commercio, n. 5, 1874, p. 7.

272 *Ibidem*, p. 13.

273 *Ibidem*, p. 76

274 Um exemplo seria que esta discussão ainda estaria presente na fala do presidente do IAA, Barbosa Lima Sobrinho. LIMA SOBRINHO, Barbosa. *Problemas econômicos e sociais da lavoura*

Algo que acompanhou desde muito cedo as discussões em torno da necessidade das inovações técnicas foi a limitação do consumo local das regiões e o que o aumento da produção poderia ocasionar. Pedro Dias Gordilho Paes Leme acreditava que seria possível vencer a luta contra a beterraba se o país investisse em acordos de reciprocidade. Para ele, seria um erro grave fomentar esta indústria sem cogitar a colocação de seus produtos, sobrecarregando o mercado interno.[275] Nesse sentido, os senhores de engenho do sul seriam torturados por este dilema. A capacidade de absorção destes mercados regionais deveria sempre levar em conta os excessos da produção do Norte.

> Há um ponto cardeal que convêm ter muito em vista das fundações destes engenhos - é a baixa do preço do açúcar que, pelo aumento da produção, tenderá a um nível inferior ao atual. Hoje em dia ainda o mercado do Rio de Janeiro oferece melhores vantagens do que o grande mercado açucareiro do mundo, chamado Londres. Não será assim com o aumento do desenvolvimento da lavoura de cana do país e, sobretudo, na província do Rio de Janeiro. Tempo virá e provavelmente não remoto em que nós fluminenses tenhamos necessidade, como nossos irmãos do Norte, de exportar nosso açúcar para mercados estrangeiros e especialmente para Londres, onde graças à isenção de direitos, entram ali com vantagens os açucares de todas as procedências.[276]

O retorno ao mercado externo, ainda que visto como necessário, soava muito distante. O país não tinha os capitais, os acordos internacionais, os prêmios concedidos ao açúcar de beterraba ou a tecnologia para baratear o custo da produção e melhorar a qualidade do seu açúcar. Isto é, seria quase impossível que o Brasil se lançasse de chofre no mercado mundial e recuperasse parte do seu antigo status como grande exportador de açúcar. No ideal de Caminhoá, o país deveria sair do sono criminoso em que vegetava e adotar as armas de seus inimigos, ou seja,

---

canavieira: exposição dos motivos e texto do Estatuto da Lavoura Canavieira. Rio de Janeiro: IAA, 1941.

275 Jornal do Agricultor. Rio de Janeiro: Tip. Carioca, jul./dez. 1885, p. 152-153.

276 Artigo do Barão de Monte Cedro publicado no Jornal do Agricultor. Rio de Janeiro: Tip. Carioca, jan./jun. 1882, p. 74.

adotar os novos maquinismos de produção, obtendo assim vantagens no comércio na América do Sul e até mesmo na Inglaterra. Num texto também publicado na Revista do IIFA, o CICA concluía que o consumo doméstico do país pelo seu tamanho tinha atenuado muitos dos inconvenientes. Mas, se o país quisesse retomar a posição que detinha no século XVII e XVIII deveria colocar o açúcar em condição de preço e qualidade.[277]

Assim é que os preços externos bastante aviltados e a incapacidade do açúcar brasileiro em manter os seus consumidores estrangeiros refletiram no consumo local das províncias. Esta conjuntura fez com que o pensamento dos representantes açucareiros da região Sul do Império ganhasse substância protecionista, tornando-se o alicerce da expansão da sua indústria sacarina. Os momentos de baixa dos preços no mercado interno acirravam esta tensão, como defendia ardorosamente o CICA.

> Daí resulta as más condições em que são vendidos os açucares de nossas safras, que, em período curto, pela escassez de compradores do estrangeiro e cotações baixas, que estes oferecem, todos os anos refluem das províncias de maior produção aos nossos principais e mais populosos mercados internos, como o Rio de Janeiro, Rio Grande do Sul, Santos, Bahia, Belém e outros, perturbando os preços e impedindo as cotações para consumo se regularizassem e se tornem remuneradoras.[278]

Nesse contexto, não havendo limites nas quantidades oferecidas nas épocas de safras recordes, os preços sofriam decréscimo também no mercado interno. Neste caso, a disputa era de origem doméstica pelos maiores mercados, - as praças comerciais da região Sul. Embora muitas vezes as peleias entre os produtores de açúcar nortistas e sulistas ou a disputa entre os tipos de açúcar consagrada por Dé Carli sejam caracterizadas como fatos oriundo do período das usinas, a sua origem parece estar mais relacionada com os poucos anos de vida dos engenhos centrais, mesmo que com o passar dos anos a tendência deste traço tenha se acentuado.

É justamente neste momento que parece surgir um interesse conjunto entre as duas regiões, da necessidade de aumentar a exportação do açúcar para melhorar

---

277 Artigo escrito por Luiz Monteiro Caminhoá. Revista Agrícola do Imperial Instituto Fluminense de Agricultura. Rio de Janeiro: Tipografia do Imperial Instituto Artístico, dez. 1878.

278 CICA. *op. cit.*

as condições do mercado interno, - método utilizado posteriormente tanto na Primeira República como nas políticas de valorização do Instituto do Açúcar e do Álcool. Ademais, raro foi o senhor de engenho, técnico ou estadista que não defendesse a necessidade de construir fábricas mais modernas ou melhorar as formas de cultivo.

Neste particular, Faria notou que a baixa dos preços do açúcar não representou um decréscimo da produção, da área cultivada ou do número de engenhos da região Norte. Mesmo que os lucros tenham diminuído, não seria possível falar de estagnação.[279] Deve-se levar em consideração que esta produção redirecionaria parte do açúcar vendido no mercado externo para o consumo interno, o que compensava os lucros reduzidos no comércio exterior. Como se vê, não houve danos irreparáveis na produção açucareira do Norte devido a isto. O crescimento da população equilibrou uma possível queda dramática nos preços gerada pela maior oferta do produto.

Demais, o impacto deste redirecionamento não foi sentido de forma tão brutal, pois ainda existia uma divisão dos tipos de açúcar. Faria diz que o açúcar branco era principalmente fabricado pelo Norte,[280] enquanto o açúcar mascavo provinha quase todo de Campos.[281] Esta característica também se aplicava às províncias de São Paulo e de Minas Gerais. O desequilíbrio viria quando as províncias do Sul buscaram investir na sua produção açucareira com a montagem de engenhos centrais e a introduções de técnicas mais avançadas de cultivo nos seus canaviais. Uma manifestação clara desta mudança em relação ao açúcar pelos produtores do Sul se daria quando o equilíbrio entre as regiões produtoras se quebra. Pedro Dias Gordilho Paes Leme[282] faria uma esclarecedora observação sobre uma nova divisão em duas grandes zonas que proporcionaria um grande desenvolvimento à indústria açucareira. As províncias do Norte produziriam açúcar mascavo para exportarem para a Europa e as do Sul, açúcares brancos. A justificativa estava nas

---

279 A autora se opõe a ideia de estagnação da região Norte defendida por Eisenberg. Faria, *op. cit.*, 1986, p. 273.

280 Esta mesma questão é levantada por Eisenberg, que defende que *"Primeiro, o consumidor brasileiro, como o europeu, exigia açúcar branco em sua mesa; segundo, como o Brasil imperial não tinha grandes refinarias, os próprios plantadores, ou os pequenos refinadores do Recife, tinham de transformar o açúcar mascavo em branco. Por último, o Governo Imperial impôs taxas de importação sobre o açúcar estrangeiro refinado e cristalizado"*. Eisenberg, *op. cit.*, p. 50.

281 Faria, *op. cit.*, p. 390.

282 Paes Leme, *op. cit.*, 1878, p. 74.

diferenças particulares de cada região, já que o Norte teria canas de melhor qualidade, exportava mais e consumia mais rapadura, mas não contava com capitais. Já o Sul consumia mais e melhor açúcar e contava com os capitais necessários para a montagem de fábricas mais modernas.[283]

Peter Eisenberg ainda considera que o Norte conseguiu um bom posicionamento no mercado do Sul pela falta de refinarias nestas províncias. A restrição da oferta de açúcar mascavo ou de branco não refinado de boa qualidade propiciava bons preços, compensando assim os gastos com o transporte.[284] Já em 1878, Caminhoá mencionava esta tendência do açúcar do Norte. O engenheiro entendia que a deficiência do açúcar brasileiro estava na sua má qualidade, posto que a sua desvalorização chegava a tal nível que algumas vezes era utilizado como esterco e não para consumo.

> Londres, que é o maior empório desse gênero no mundo, o compra mais barato que o Rio de Janeiro. Esse fato é o que vai alentando a nossa lavoura rotineira. O norte do Brasil está acostumado a mandar a maior parte do seu açúcar para a Inglaterra; porém, como esse produto ali já vai servindo para esterco e no Rio de Janeiro sempre pagam melhor, acontece que a exportação do Norte para o Rio vai sempre crescendo. Além disso, assim como a França e Cuba já mandam uma grande quantidade de açúcar para as republicas espanholas do sul, do atlântico e do pacifico, acharam afinal também vantagem em mandar algum para o Rio. Eis aí, portanto, a beterraba e a cana dos engenhos centrais das colônias espanholas ameaçando-nos bater no nosso próprio mercado.[285]

---

283 Canabrava percebe que este posicionamento, sob nenhum aspecto, se prende às referências geográficas, mas sim a polos desiguais de densidade econômica. Essas áreas sofreriam de forma diferente os impactos das crises internacionais ou os fenômenos da Revolução Industrial: novas técnicas de produção agrícola, meios de transporte, finanças etc., que modificaram primeiramente a agricultura europeia e norte-americana. O próprio Milet, no Congresso Agrícola de 1878, chegou a contrapor o esplendor e o fastígio do Sul com a influência e o poder do café e a mesquinhez do Norte, nada mais restava, para ele, do que fora no passado a grande lavoura do açúcar. Canabrava, *op. cit.*, p. 137 e fala de Augusto Milet no Congresso Agrícola de 1878 no Recife. SAAP, *op. cit.*

284 Eisenberg, *op. cit.*

285 No ideal de Caminhoá, o Brasil deveria sair do sono criminoso em que vegetava e adotar as armas de seus inimigos, ou seja, adotar os novos maquinismos de produção, obtendo, assim, vantagens

E, acercando-se um pouco as preocupações com as condições do mercado interno brasileiro, vislumbram-se os reflexos da conjuntura internacional.[286] O crescimento da produção do açúcar de beterraba redefiniria as regras do mercado mundial de açúcar. Países, como os europeus, que anteriormente eram prioritariamente consumidores, passaram a buscar em um primeiro momento suprir a sua demanda interna. Em um momento posterior, eles passaram a concorrer entre si e contra os produtores de açúcar de cana.[287] Naturalmente, o receio em relação a este novo tipo de açúcar[288] era observado facilmente entre os produtores de açúcar de cana.

> Há outra consideração, relativa à questão do fabrico do açúcar, de natureza muito importante para que se deixe passar em silêncio. Refiro-me a rivalidade que se apresenta agora entre a produção do açúcar de cana e a do de beterraba. Tal têm sido o sucesso desta última, que desde muitos anos a França produz quase a imensa quantidade indispensável para as necessidades de toda a população, na Bélgica, na Alemanha, e em muitos

no comércio na América do Sul e até mesmo no grande mercado de Londres. Revista Agrícola do Real Instituto Fluminense de Agricultura. Rio de Janeiro: Tip. Literária, dez. 1878.

286 É preciso lembrar, no entanto, que tudo isso se dava nos quadros de uma acelerada elevação do consumo de açúcar. Na Grã-Bretanha, por exemplo, subiu de 15,20 libras per capita em 1840 para 24,79 ibs/cap. Em 1850 para 34,14 Ibs/cap. Em 1860 para 47,23 Ibs/cap. Em 1870 para 63,68 Ibs/cap. Singer, *op. cit.*, p. 294-295.

287 Assim, a Europa conseguiu estabelecer uma indústria sacarina extremamente competitiva pautada em um maquinário cada vez mais avançado e nos melhoramentos científicos introduzidos no cultivo deste tubérculo. Por outro, estruturou um mercado de compradores para este maquinário entre os produtores de açúcar de cana, o que resultou em um aumento ainda maior da safra mundial de açúcar.

288 Creio que a fabricação do açúcar de beterraba, por ser uma indústria nova e que teve um crescimento extremamente rápido, por possuir vantagens, - como os subsídios -, e principalmente, pertencer aos antigos compradores do açúcar de cana, tenha sido uma preocupação maior para os produtores brasileiros. Heitor Pinto de Moura Filho demonstra que nas duas últimas décadas do século XIX quando os efeitos dos subsídios se fizeram mais fortes, ocorreu um crescimento das importações inglesas de açúcar de beterraba, seja bruto ou refinado. Essa preferência pelo açúcar de beterraba pode ser vista como uma decorrência dos prêmios à exportação concedidos pelos principais produtores de açúcar europeus em função da origem e do tipo de produto importado. O maior crescimento se concentrou nos açúcares refinados, majoritariamente de beterraba e beneficiários dos subsídios. MOURA FILHO, Heitor Pinto de. "Os países latino americanos e a convenção açucareira de Bruxelas de 1902". In: Anais do Primeiro Congreso Latinoamericano de Historia Econômica. Montevideo, 2007.

> outros países, a cultura e a utilização da beterraba tomam grande incremento, a ponto que o consumo de açúcar de cana diminui rapidamente em toda a Europa (...). Se este desenvolvimento da cultura de beterraba continuar na mesma proporção com que caminha desde muitos anos, sua influência sobre a produção de açúcar será séria.[289]

A caracterização feita por autores clássicos, como Gileno Dé Carli e Barbosa Lima Sobrinho,[290] de uma luta entre os dois tipos de açúcar, ilustra bem a visão que os senhores de engenho tinham neste momento da concorrência exacerbada que se travava no mercado internacional. As medidas protecionistas adotadas por muitos países produtores de açúcar de beterraba, afastavam ainda mais o açúcar brasileiro do mercado mundial.[291] Em 1888, em um relatório encaminhado ao Ministro da Agricultura, o engenheiro fiscal do 3º distrito, José Gonçalves de Oliveira, descrevia como penosa a situação da lavoura, da indústria e do comércio do açúcar no Norte. Entre os motivos citados para o acerbamento da situação do açúcar nortista no mercado externo estavam o crescimento das exportações do açúcar de beterraba russo que adotou as mesmas medidas protecionistas implementadas pela Alemanha e a França e o aumento da produção dos países que cultivam a cana, propiciado pelos incentivos dos seus governos. Certo é que a produção brasileira começou gradativamente a se limitar ao seu próprio consumo por não ter meios de defender uma posição mais fortalecida no mercado mundial, uma vez que *"a exportação do açúcar bruto do Norte,*

---

289 Júlio Constâncio de Villeneuve foi proprietário do Jornal do Commercio. BRASIL. Relatório sobre a exposição Universal de 1867 redigida pelo secretário da comissão brasileira Júlio Constâncio de Villeneuve e apresentado a sua majestade o Imperador pelo presidente da mesma comissão Marcos Antônio de Araújo. Paris: Tip. de Julio Claye, 1869, p. 628-629.

290 Ambos foram presidentes do Instituto do Açúcar e do Álcool.

291 Assim, um excedente muito grande e a queda nos preços deste produto gerariam uma resposta dos países produtores do açúcar de beterraba na forma de prêmios de exportação. Na França, o sistema dos prêmios era aplicado desde meados do século XVII, conforme assinalava Yves Guyot. Já em 1864, a Convenção Internacional colocava na pauta de discussões os prêmios de exportação e os impostos de entrada dos açúcares estrangeiros. Nesse sentido, deve-se levar em conta que a economia brasileira restringia-se a exportação de basicamente oito produtos oriundos da grande lavoura. Em razão deste quadro econômico, o país ficava à mercê de transformações econômicas, como crises de produção ou de consumo que repercutiam no sistema mundial. Canabrava, *op. cit.*, p. 85-86 e MOURA FILHO, Heitor Pinto de. "Regulamentação Açucareira na França: uma longa história de proteção." In: Estudos Infosucro nº 2, Nuca-IE-UFRJ, set. 2001.

constituindo quase que a totalidade dos produtos sacarinos que remetemos ao estrangeiro, achou-se, pois, sob a pressão dos fenômenos econômicos do ultramar, e, tolhido na direção da sua marcha secular, derivou para o Sul".[292]

Numa característica ainda inédita, o Norte passou a depender cada vez mais dos envios de açúcar para a região Sul. Até o final do XIX, as remessas alcançaram 15 a 20%. No início do XX, o consumo doméstico já absorvia 50% da produção.[293] Como não poderia deixar de ser, iniciaram-se reclamos contra esta situação. Alegava-se que a produção do Norte retirava os mercados do açúcar produzido localmente e contribuía para baixar os preços. Entende-se, desse modo, porque a exportação era considerada fundamental mesmo para as regiões secundárias. O mesmo engenheiro citado acima chamava a atenção para algo irrefutável. O problema de difícil solução de acomodar o açúcar do Norte, - que por sinal acabava colocando em uma má situação os engenhos centrais do Rio de Janeiro.

> Assim foi que o Rio de Janeiro, o mercado de exportação mais importante do Sul, tornou-se ultimamente para o açúcar verdadeiro mercado de importação em estado pletórico. As fábricas dos municípios de São Fidelis, Campos, São João da Barra e Macaé, entre elas o Engenho Central de Quissamã, não acham vazão suficiente para seus produtos, porque o açúcar bruto do Norte é encontrado, por assim dizer, em toda a parte no distrito ao meu cargo.[294]

Aliás, a lógica utilizada no período seria resgatada mais tarde pelos convênios açucareiros e pelo IAA, ou seja, quanto mais se exportasse, mais os preços subiriam internamente. Sonia Viana utiliza um artigo publicado no *Auxiliador da Indústria Nacional,* que destacava a incapacidade do Norte mandar para a Europa o seu açúcar pela má qualidade apresentada por este produto e por não conseguir arcar com os altos custos dos fretes deste gênero. Para a autora, o açúcar do Norte foi nocivo para a indústria açucareira fluminense, pois depreciava os preços

---

292 MACOP, *op. cit.*, 1888.

293 Eisenberg, *op. cit.*

294 MACOP. *op. cit.*, 1888.

devido à elevação dos estoques. Este açúcar também servia de base para a especulação realizada pelos atacadistas desta praça comercial.[295]

Ora, pode-se dizer que o contrário também se dava, ou seja, a montagem de engenhos centrais nas províncias do Rio de Janeiro, São Paulo e Minas Gerais piorava o quadro do açúcar nortista. Segundo Faria, as estradas de ferro postas em funcionamento a partir de 1875 facilitavam o transporte para a praça do Rio de Janeiro e com um custo muito inferior com que tinham que arcar os senhores de engenho do Norte. No ano de 1879, várias foram as notícias que o açúcar dos engenhos centrais fluminenses era preferido pelos refinadores por ser vendido a preços mais cômodos e por ser bem preparado e de boa qualidade.[296] Jonas Soares de Souza afirma que esta mesma situação ocorreu em São Paulo, ou seja, o aumento da produção interna forçou uma retração da sua importação. Ademais, o açúcar em São Paulo tinha preços muito superiores ao preço médio do açúcar exportado. Assim, era necessário esvaziar o poder competitivo do açúcar de outras províncias atraído pelos altos preços, criando uma reserva de mercado para os produtores paulistas.[297]

Se a produção das províncias do Sul não representava senão uma pequena parte do seu consumo de açúcar, para as províncias do Norte que produziam basicamente açúcar, este era um importante elemento de riqueza. Em um primeiro momento, a lucratividade deste comércio era maior, pois as províncias do Norte também exportavam uma variedade de açúcar branco refinado. Neste período, o país não possuía grandes refinarias, sendo o processo de transformação era feito pelos próprios produtores ou por pequenas refinarias. Por outro lado, uma parte da população seguia os costumes europeus e exigia açúcar branco em sua mesa. Este tipo de açúcar estava relativamente protegido pelas taxas de importação impostas aos açúcares estrangeiros refinados e cristalizados.[298] Na opinião de Diamanti, este

---

295 A autora demonstra que o período de 1877 até 1904 foi marcado por tendência à baixa do preço do açúcar, pois num total de 27 anos apenas 8 apresentavam preços mais elevados acima de $300. A média dos demais 19 anos foi de $220 réis. Para Viana, as explicações para tais flutuações podem ser buscadas, entre outras, nas próprias condições estruturais da economia açucareira, como seja, a estreita dependência das condições naturais, do clima, aliadas às técnicas de cultivo ainda tradicionais e a bastante sentida carência de força de trabalho, além do caráter oligopólico do comércio de açúcar que agia como verdadeiro sugador do lucro dos produtores. Viana, *op. cit.*, p. 240-249; 371.

296 A autora apreende este fenômeno das páginas do Jornal do Commercio. Faria, *op. cit.*, p. 320-321.

297 Souza, *op. cit.*, p. 62.

298 Para Eisenberg, embora estes impostos fossem usualmente planejados por motivos fiscais visando o aumento da receita do tesouro, tinham efeito protecionista. Assim, no período entre

imposto era proibitivo, atingindo o preço do melhor açúcar do Brasil e ultrapassando o seu preço médio.[299]

À medida que os anos passaram, algumas refinarias seriam construídas no Sul, o que significou uma preferência por parte destes compradores do açúcar mascavo, obstando os ganhos auferidos com a manipulação dos preços até então de exclusividade do Norte.[300] Deve-se notar, porém, as constantes críticas dos técnicos e produtores ao trabalho destas refinarias. Em um relatório de 1886, o engenheiro Caminhoá demonstrava a sua insatisfação com as refinarias que não melhoravam o açúcar, *"transformam-no apenas em outro que, analisados, são menos ricos e mais impuros, de modo que as fábricas produtoras e o público são prejudicados".*[301] Um artigo publicado na *Revista do IIFA* também afirmava que os refinadores não empregavam aparelhos apropriados, praticamente utilizando o trabalho manual que muitas vezes se restringia a moer este açúcar. A situação na Corte e na Bahia era apontada como um pouco melhor, uma vez que alguns refinadores já utilizavam aparelhos a vácuo.[302]

Mesmo que já em 1918, o engenheiro civil Antônio Carlos de Arruda Beltrão apontasse a inexistência de modernas refinarias no Brasil,[303] os atritos pareceram ser muito mais decorrentes da especulação orquestrada por alguns refinadores que *"de mãos dadas com alguns comissários e corretores, estabelecendo a baixa do produto comprado aos engenhos, elevando o seu preço depois de refinado."* Caminhoá polemizaria esta questão ao propor que o governo deveria cobrar um imposto destas refinarias e um imposto interprovincial, como forma de restringir a atuação

---

1874-57, os açúcares refinados de importação pagavam 60% *ad valorem*, de 1874 a 1881 tais açúcares pagavam entre 30 e 50%. Estes impostos acabaram por encorajar os agricultores a comercializarem o seu açúcar branco, sofrivelmente refinado no mercado interno. Eisenberg, *op. cit.*, p. 50.

299 Diamanti, *op. cit.*, p. 229.

300 Faria, *op. cit.*

301 MACOP. Relatório do Terceiro Distrito de Engenhos Centrais apresentado por Luis Monteiro Caminhoá, engenheiro fiscal. In: Anexos do Relatório apresentado na 1ª sessão da 2ª legislatura pelo Ministro e Secretário dos Negócios da Agricultura, Comércio e Obras Públicas Antonio da Silva Prado. Rio de Janeiro: Imprensa Nacional, 1886.

302 Revista Agrícola do Imperial Instituto Fluminense de Agricultura. Rio de Janeiro: Tipografia Literária, mar. 1887.

303 BELTRÃO, Antonio Carlos de Arruda. *A lavoura de cana e a indústria açucareira no Brasil: Conferência realizada na Sociedade Nacional da Agricultura.* Rio de Janeiro: Tip. do Jornal do Commercio, 1918.

destes monopolistas e dificultar a entrada do açúcar do Norte, - principal arma utilizada por estes *"baixistas"*,

> que quando não podem impor o preço do mercado do lugar em que estão; mandam vir de outras províncias açúcar, paralisando assim toda a transação sobre os açucares locais, o que necessariamente faz baixar o seu preço, atingindo deste modo o intuito que tem em vista. Estes e outros fatos são tão conhecidos na praça do Rio de Janeiro, que dispensam comentários. Daí resulta que, apesar da grande quantidade de açúcar produzida na província do Rio e em outras que enviam este produto para a corte, a exportação dos açucares do Norte para aqui tem aumentado sensivelmente de ano para ano. O fim principal da compra de açúcar do Norte, não obstante o considerável excedente da nossa produção sobre o consumo local, é fazer baixar ou oscilar o preço, conforme o interesse da comandita.[304]

Mais uma vez, pode-se observar pelas palavras exaltadas de Raffard o quão a ação destes especuladores desde cedo foi vista como um dos principais obstáculos à expansão do consumo do açúcar cristalizado, pois encareciam sobremaneira o preço do açúcar que chegava à mesa do consumidor mais pobre do país.[305] Diante dos dados que dispunha, defendia que não seria mau que a população se habituasse a fazer uso do açúcar bom, no entanto, *"o bom açúcar, mesmo de segunda sorte é, porém, inacessível as bolsas pequenas que não podem pagá-lo a 360 réis, para deixar aos intermediários um lucro de 200%, pois o têm rendido na razão média de 120 réis".*[306]

---

304 MACOP, *op. cit.*, 1886, p. 2.

305 Gilberto Freire afirma que no século XVIII e através do século XIX, a força do intermediário só fez acentuar-se. *"Sua figura acabou na do correspondente, na do comissário do açúcar ou do café, na do banqueiro. Aristocrata da cidade, de corrente de ouro em volta do pescoço, de cartola inglesa, morando no sobrado de azulejo, andando de vitória de luxo, comendo passa, figo, ameixa, bebendo vinho do porto, as filhas uns encantos quando vestidas pelos figurinos de Paris, por alguma madame Theard para assisti-las".* FREIRE, Gilberto. *Sobrados e Mucambos*. Rio de Janeiro: José Olympio, 1981, p. 14-15.

306 Jornal do Agricultor. Rio de Janeiro: Tip. Carioca, p. 150.

Por outro lado, a introdução de novas formas de fabrico e cultivo na indústria açucareira na região Sul também criaria uma disputa entre dois sistemas de produção opostos entre si: os modernos engenhos centrais e os engenhos tradicionais e os banguês. Estes produtores deveriam ser distintos entre si, principalmente pelo tipo de açúcar que produziam e a clientela a que se dedicavam, além dos pontos já conhecidos como variação do volume e qualidade da produção. No entanto, com o aumento da oferta dos açúcares cristalizados destas novas fábricas, o consumo não poderia ficar restrito a pequena fração da população composta pela elite econômica do país. Tornava-se, assim, necessário redefinir os hábitos alimentares do restante da população já acostumada aos açúcares ditos de baixa qualidade: açúcar bruto, batido, retame, mascavo ou pelas diversas outras denominações como eram chamados nas distintas localidades brasileiras.

Aos donos destes engenhos centrais interessava que este açúcar fosse consumido nacionalmente, pois os dois primeiros jatos, bem como as qualidades superiores não eram exportáveis. Segundo Draennert, a única solução seria este açúcar ser consumido no país, pelo menos até o momento em que a situação do açúcar de cana tenha vantagens sobre o açúcar de beterraba.[307] Jonas Soares de Souza afirma que o produto dos engenhos centrais paulistas era vendido apenas no mercado interno e teve de enfrentar a vantajosa competição do açúcar bruto, os turbinados de São Paulo e os melaços de Pernambuco.[308] Esta mesma situação foi vivenciada pelas fábricas centrais mineiras e fluminenses.

Quando a situação destes engenhos se tornou economicamente má e com a inviabilidade de exportar esta produção, a melhor alternativa foi expandir o número de consumidores. O CICA acreditava que com o tempo e com alguns esforços, o açúcar cristalizado e pulverizado seria consumido habitualmente pela população. Neste caso, o atraso das refinarias seria decorrente da complacência dos consumidores brasileiros que animavam até certo ponto a rotina, e de um quadro comercial em que os produtos fabricados pela difusão não apareciam, os cristalizados eram uma exceção e os provenientes dos antigos sistemas de esmagamento predominavam.[309]

Assim sendo, a sobrevivência passava desta forma pela capacidade ofensiva nos mercados locais pelos defensores das novas tecnologias açucareiras. Donde

---

307 CICA, *op. cit.*

308 Souza, *op. cit.*

309 CICA, *op. cit.*

se pode concluir que a realização desta tarefa seria feita folgadamente, pois está se falando de grandes produtores contra pequenos. Ledo engano. Por motivos diversos, esta mudança só se daria muitos anos depois, após uma acirrada luta que uniria os grandes senhores de engenho e o Estado. Raffard tratou justamente da necessidade de adaptação destes engenhos centrais devido à importância dada à restrição da produção ao abastecimento interno e que se revelaria no seu devido tempo, pois conseguir capitais para comprar o moderno maquinário estrangeiro não era tão complicado quanto minar a concorrência do antigo sistema de fabrico e os seus produtos. Nota-se que nos anos dos engenhos centrais, muitas destas fábricas tiveram que se apoiar na produção de açúcares inferiores e na de aguardente para continuar a subsistir, como demonstrava o CICA.

> Nestas condições do comércio estrangeiro e dos nossos mercados internos, os engenhos centrais tem passado pela mais cruel provação. Procuraram com louvável zelo, aperfeiçoar a cristalização e a nitidez dos seus produtos, procuraram fornecê-los ao consumo diretamente em cristais ou pulverizados, mas essa tentativa não teve êxito. A refinação preferia-lhes os produtos do antigo sistema e não remunerava as qualidades finas e o consumidor estranhava o açúcar natural, como estranha os vinhos puros (...) e contentava-se com as confecções secundárias dos refinadores. Estes não tendo em vista fabricar produtos finos para a exportação, não podiam auxiliar o desembaraço e fortalecimento das usinas, antes as coagiam a descer na qualidade dos produtos. É por isso, talvez, que, depois de engenhos notáveis como Quissamã, Lorena, Rio Negro, Pureza, (...) terem apresentado cristais brancos admiráveis, mas de elevado custo, e, mais tarde, ensaios de amostras de açúcar pulverizado de superior qualidade, estão vendo-se na obrigação de recuar e tendem a produzir tipos de exportação, primitivamente destinados aos refinadores nacionais e estrangeiros.[310]

Não seria uma surpresa que a opção de muitos engenhos centrais fosse produzir também aguardente se for considerado o seu elevado consumo, facilidade de fabrico e preços remuneradores, o que nem sempre se dava com o açúcar de

---

310 *Ibidem*, p. 56.

126 ROBERTA BARROS MEIRA

primeira qualidade. Entretanto, há que se destacar e enobrecer este subproduto na indústria açucareira brasileira. A aguardente assumiu uma relativa importância deste a colônia, suprindo as carências alimentares dos escravos e da população mais pobre, além de se tornar uma peça essencial no tráfico de escravos.[311] Mesmo com o fim do tráfico, a aguardente ainda se manteria como um produto de exportação, além de assumir um destaque cada vez maior no mercado interno do país. A cachaça que se revelaria pródiga também nas províncias do Sul foi associada muitas vezes aos pequenos engenhos e engenhocas estabelecidos por pequenos produtores.[312]

No afã de estabelecer uma indústria açucareira mais parecida com a cubana ou mesmo a alemã, alguns importantes senhores de engenho criticaram o elevado número destas pequenas fabriquetas. Demais, vários homens em distintos momentos meditaram sobre esta característica da produção açucareira brasileira: um grande número de pequenos produtores dispondo de melhores ou piores aparelhos. Neste rol de memorialistas, se assim se pode chamá-los, figuram Saint'Hilaire, Pizarro, Pedro Dias Gordilho Paes Leme e, mais recentemente, Gileno Dé Carlí, que numa perspectiva que privilegiava o lirismo, compararia os banguês com cogumelos.[313] Sebastião Ferreira Soares,[314] um dos pioneiros dos trabalhos estatísticos no país, verificava que a construção de engenhos em suas terras era uma condição almejada por muitos. A figura do fornecedor de cana talvez

---

311 Maria Fernanda Bicalho observa ao analisar o intenso comércio que se formou entre o Rio de Janeiro e Angola, que do porto da Guanabara saíam os elementos primordiais de troca por cativos na África: a farinha e a cachaça. A importância destes produtos chama atenção, uma vez que, "já em 1620, a câmara do Rio de Janeiro determinava que 'nenhum navio pudesse carregar neste porto farinha de mandioca, que com a aguardente era o principal artigo de comércio para a África, sem deixar fiança de que em troca traria certo número de escravos negros." BICALHO, Maria Fernanda. A cidade e o Império: o Rio de Janeiro no século XVIII. Rio de Janeiro: Civilização Brasileira, 2003, p. 177.

312 Constata-se que a banalização da cachaça foi "o segredo-motor de sua sobrevivência. Ficou com o povo". CÂMARA CASCUDO, Luis da. Prelúdio da Cachaça: Etnografia, História e Sociologia da aguardente no Brasil. Rio de Janeiro, IAA, 1968.

313 SAINT-HILAIRE, Augusto. Viagem pelas Províncias do Rio de Janeiro e Minas Gerais. Rio de Janeiro: Companhia Nacional, 1938; PIZARRO E ARAÚJO, José de Souza Azevedo. Memórias históricas do Rio de Janeiro e das províncias anexas. Rio de Janeiro: Imprensa Nacional, 1945; Paes Leme, op. cit.; Dé Carlí, op. cit., 1943.

314 Sebastião Ferreira Soares foi Diretor Geral da Repartição Especial de Estatística do Tesouro Nacional e fundou o Imperial Instituto Fluminense de Agricultura.

tenha nascido mesmo no período dos engenhos centrais, explicando-se, assim, neste primeiro momento, o elevado número de engenhos e a resistência de muitos desses homens que viviam do açúcar e seus subprodutos de se submeter às grandes fábricas. Além disso, Soares relacionava em suas observações estatísticas, a fabricação de aguardente à escassez de capitais e braços para montar um engenho, uma vez que alguns destes pequenos proprietários de terra se provinham de um alambique e exclusivamente se ocupavam da fabricação da cachaça.[315]

Embora nos grandes engenhos e nos engenhos centrais a produção de aguardente fosse secundária, este produto seria muitas vezes uma forma de equilibrar os baixos preços do açúcar. Como prova disso é exemplar a coluna própria que passou a merecer a aguardente a partir de 1860 no *Jornal do Commercio*. Este periódico apresentava o volume, a procedência e os preços deste subproduto da cana.[316] Passados alguns anos, um relatório encomendado pelo Governo Imperial sobre o emprego do processo da difusão na fabricação de açúcar afirmava de maneira categórica a importante posição a que fora alçada a aguardente tanto para os pequenos quanto para os grandes produtores.

> Considerando que a transformação de todo o açúcar no caldo da cana em álcool atualmente ainda deixa lucro ao fabricante, enquanto o preço atual do açúcar não paga as despesas do cultivo e do fabrico tanto nas fábricas centrais estabelecidas com despesas desproporcionais, quanto nos pequenos engenhos, cujo estabelecimento não exige relativamente muito pequena quantia, torna-se evidente que o melhor emprego do mel está na sua transformação em álcool.[317]

---

315 SOARES, Sebastião Ferreira. *Notas estatísticas sobre a produção agrícola e carestia dos gêneros alimentícios no Império do Brasil*. Rio de Janeiro: Tip Imp. e Const. De J. Villeneuve e comp., 1860, p. 103-104.

316 Segundo Sheila Faria, a aguardente foi o único derivado do açúcar que mereceu este tratamento por parte do Jornal. Ademais, para ela, essas modificações espelham a importância que o mercado consumidor do Centro-Sul passou a ter para os comerciantes legais, redimensionando a valorização que estes atribuíam a exportação. Faria, *op. cit.* p. 318.

317 A comissão era composta por Pedro Dias Gordilho Paes Leme, presidente; Frederico Maurício Draenert; Frederico Janotta; Agostinho Netto; Luiz de Castilho; e Alfredo Ferreira dos Santos. Relatório apresentado ao Exm. Sr. Conselheiro Rodrigo Augusto da Silva, Ministro e secretário de Estado dos Negócios da Agricultura, Comércio e Obras Públicas, pela comissão encarregada de estudar a difusão aplicada à cana de açúcar. Rio de Janeiro: Imprensa Nacional, 1887.

Não foi à toa que muitos engenhos centrais montaram modernas destilarias para produzir aguardente e muitos pareciam ganhar uma sobrevida graças a este produto. Assim sendo, este subproduto da cana de açúcar acabou por tomar um bom tempo na vistoria dos engenheiros fiscais. Não foram poucas as páginas em que buscavam esclarecer o motivo deste fato, considerado muitas vezes como uma demonstração da decadência desta lavoura. O relato do engenheiro fiscal Eurico Jacy Monteiro foi particularmente significativo quando ele pôs em dúvida a questão do Estado Imperial pagar garantia de juros a engenhos centrais que fabricavam basicamente aguardente.

Tal era a situação de gravidade de algumas destas fábricas, mesmo recebendo a garantia de juros, como a de "Lorena", que o engenheiro fiscal com toda justiça mostrava-se assombrado da Companhia não tendo matéria-prima para moer, comprar açúcar para desmanchar e produzir aguardente. O assombro era decorrente do fato de uma fábrica bem montada ter que recorrer a estes subterfúgios, uma vez que o negócio em si não era mau. De acordo com os seus cálculos, 11 sacos de açúcar pesando 660 kg, custando entre 132$000 a 176$000 de total, dariam 1 pipa de 480 litros de aguardente, que se poderia vender por 300$000 ou mais, ou 5/11 de pipa de álcool que alcançaria o preço de 228$000, posto que o álcool atingisse preço superior a 500$000 a pipa de 500l.[318]

E esta realidade, assim o era, segundo ele, também para outros engenhos centrais do Terceiro Distrito. A questão principal é que a produção de aguardente nestes engenhos não era pequena como poderia parecer à primeira vista. É possível que o aumento da importância deste subproduto se explique pela má situação econômica destas empresas, que procuravam dessa forma diminuir o seu déficit. Ocorre que segundo os seus apontamentos, a aguardente tornou-se um negócio lucrativo para todos os produtores. Nesta época não só os engenhos centrais de Lorena e Barcellos preferiam produzir aguardente em grande quantidade e pouco açúcar, mas também os pequenos lavradores com as suas engenhocas preferiam moer, eles mesmo, as suas canas e manter seus alambiques.[319]

---

318 MACOP. Relatório da fiscalização dos engenhos centrais do Terceiro Distrito apresentado ao Ministro da Indústria, Viação e Obras Públicas, sendo ministro o Exm. Sr. Antônio Olyntho dos Santos Pires pelo engenheiro Eurico Jacy Monteiro em 1895. Rio de Janeiro: Imprensa Nacional, 1895.

319 MACOP. Relatório do Engenheiro fiscal e parecer do consultor técnico do Ministério da Agricultura, Comércio e Obras Públicas, Phil Dranert. Rio de Janeiro: Imprensa Nacional, 1891.

A condição de subalternidade imposta algumas vezes à aguardente seria revertida nestes momentos de crise do açúcar.[320] A sua importância seria de tal monta que mesmo alguns engenhos centrais, como o de Aracaty, que poderia receber do Governo Imperial o pagamento da primeira parte da garantia de juros no valor de 17:259$271, redirecionaria a sua produção para a aguardente.[321] Segundo o engenheiro fiscal José Gonçalves de Oliveira, a Companhia preferiu não empregar na fabricação do açúcar o auxílio do Governo e desmontou parte de seus maquinismos, introduzindo na fábrica aparelhos novos para a destilação de aguardente.[322] Outro caso citado posteriormente seria o Engenho Central de Barcellos, que segundo o informe de Jacy Monteiro praticamente transformou-se numa fábrica de aguardente.

---

320 O engenheiro J. Moureau apontava que a quantidade de aguardente era enorme em relação à do açúcar, mesmo se forem consideradas os processos de destilação atrasados empregado na época. O que segundo os seus levantamentos significava que apenas ¼ provinha do melaço, todo o resto era proveniente dos sucos das canas destilados, ou seja, este subproduto possui produtores dedicados exclusivamente para ele. Moureau, *op. cit.*

321 Importância de juros garantidos à companhia relativamente ao período de construção da fábrica, excluído todo o tempo excedente ao prazo legal. Aviso nº 919, de 6 de junho de 1888. BRASIL. Coleção de leis do Império do Brasil 1875-1889. Biblioteca do Arquivo Nacional

322 Importa destacar que alguns anos antes, Richard Burton descreveria em seu relatório, publicado em 1869, o que ele chamava de grosseiro sistema em uso na Província de Minas Gerais. Segundo ele, na fabricação de aguardente, o melado era levado das formas por bicas para um coche (grande reservatório de madeira em forma de canoa). Era então misturado com a escuma dos tachos e submetido à cerca de 11 Reaumur, no tanque, para fermentação alcoólica (tanque de azedar). Em seguida, levavam-no para o alambique, um aparelho de tipo antigo, semelhante a uma retorta, e que raramente se limpava, o qual recebia usualmente três alambicadas durante duas horas. Finalmente, o espírito era lançado dentro de um caixão quadrado de madeira com a capacidade de quinhentos barris pequenos; este tanque de restilo era chamado paiol, quando possuía só uma fenda. Costa Filho, *op. cit.*, p. 306; BRASIL. Relatório apresentado ao Ministério dos Negócios da Agricultura, Comércio e Obras Públicas pelo engenheiro fiscal José Gonçalves de Oliveira, in: Relatório apresentado à Assembleia Geral na Quarta Sessão da Vigésima legislatura pelo Ministro e Secretário dos Negócios da Agricultura, Comércio e Obras Públicas Rodrigo Augusto da Silva. Rio de Janeiro: Imprensa Nacional, 1889.

Tabela 1: Quadro demonstrativo da moagem do Engenho Central de Barcellos da Companhia agrícola de Campos de maio a outubro de 1894

Mês da moagem	Canas moídas	Produção açúcar	Produção aguardente
Maio	1.717.223		187.980
Junho	935.479		
Julho	951.431	169.780	49.300
Agosto	1.394.155		
Setembro	530.777		
Outubro	695.721		70.960

Fonte: Arquivo Nacional, Fundo Agricultura, Engenhos Centrais -IA83.

O engenheiro Jacy Monteiro apregoava que este tipo de produção era a desonra da indústria açucareira do país e exclamava inconformadamente *"Para onde vamos ?!"*. Este mesmo pensamento foi constantemente repetido por outros técnicos contratados pelo Governo para analisar a situação das companhias que recebiam a garantia de juros. O consultor técnico Frederico Maurício Draennert reiterava estes dados e esta interpretação ao comentar o excesso da produção de aguardente nos engenhos centrais.

> O excesso obtido pelas outras fábricas, Quissamã, Rio Bonito e Lorena só se explica pela transformação direta em álcool de certa quantidade de caldo de cana ou pelo emprego do mel do 2º jato no fabrico, deixando de tirar o 3º jato de açúcar. Procede-se deste modo quando as conjecturas do mercado prometem lucro maior para o fabrico do álcool, que se consegue também com despesas fabris menores, e nada há que objetar desde que a produção do açúcar não desça abaixo das engenhocas. Entretanto, este recurso da fabricação de açúcar prova a decadência em que se acha a nossa indústria açucareira.[323]

---

323 Draenert chegaria a defender a recusa da concessão de garantia de juros para um engenho central no Município de Parati, pois a fabrica teria a mesma sorte da fábrica de Bracuhy, ou seja, sofreria com a falta de fornecedores de cana já que estes na sua maioria preferiram dedicar-se a produção de aguardente. Ademais, a seu ver, a recusa em estabelecer o sistema de difusão em prol das moendas provavelmente era um indicativo que os concessionários pretendiam dedicar-se ao

Havia diferenças no modo de relatar a natureza da produção de aguardente no Brasil. Não se deve esquecer que este subproduto era tão antigo quanto a indústria açucareira no país. Não se pretende remontar a época colonial, pois seria mais interessante conhecer o valor que a ela era dado por alguns produtores e técnicos no final do Império. Em 1874, um inquérito realizado pelo Ministério da Fazenda descreve a produção de aguardente como uma indústria inerente ao fabrico de açúcar. No seu estudo sobre a agricultura brasileira, Nicolau Joaquim Moreira chamou a atenção para o fato de que a produção de aguardente acompanhava o desenvolvimento do fabrico do açúcar, sendo este produto um dos mais lucrativos ramos comerciais e fonte de não pequena renda para o tesouro nacional.[324]

Como não poderia deixar de ser, a questão dos impostos geraria certos atritos entre os produtores e o Estado. Alguns estadistas alegavam que a elevação do imposto diminuiria o consumo e melhoria as condições do problema alcoólico no Brasil. Se muitos criticavam este subproduto por causar graves problemas sociais, outros possuíam um pendor maior para o lado financeiro. O Ministro da Fazenda, F. Belisário, defendia ardorosamente que se deveria seguir os passos dos países europeus que tributam fortemente a bebida. Segundo ele, o Brasil era um dos países que menos taxava as bebidas alcoólicas, sendo um contrassenso que alguns deputados ainda pretendessem isentar este produto de impostos no país.

---

fabrico de aguardente, vista as condições da localidade. Neste caso, a lei não permitia a concessão de garantia de juros às fábricas de aguardente. MACOP, *op. cit.*, 1891.

324 MINISTERIO DA FAZENDA. Informações sobre o estado da lavoura. Rio de Janeiro: Tip. Nacional, 1874; MOREIRA, Nicolao Joaquim. *Notícia sobre a agricultura*. Rio de janeiro: Tip. Nacional, 1873, p. 37.

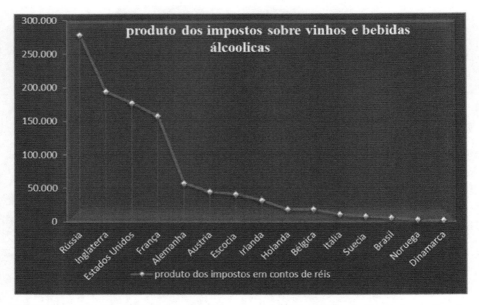

Fonte: SOUZA, Francisco Belizário Soares de. Discursos proferidos na Câmara dos Deputados e no Senado. Rio de Janeiro, 1887.

No entanto, alguns deputados, como Pedro Dias Gordilho Paes Leme, avaliavam que este imposto só era prejudicial ao agricultor, pois não diminuía o consumo. O debate travado traria novamente o caso dos países produtores de açúcar de beterraba à baila. Paes Leme utilizaria na sua argumentação o trabalho do economista Leroy-Beaulieu e o exemplo francês para tentar impedir o aumento do imposto de 10$000 por pipa para 40$000 réis. Para ele, este imposto era um confisco por chegar a ser o valor venal da mercadoria. As suas críticas apoiavam-se no fato de que a situação do álcool bebida era distinta no Brasil do que em países como a França, onde a aguardente era um produto acessório feito com resíduos e com custos ínfimos. No Brasil, ao contrário, ela representava a principal produção de muitos municípios. Um caso ilustrativo seria o município de Itaguaí que tinha na aguardente sua cultura exclusiva.[325] Assim, a nova taxa aniquilaria *"uma indústria que se tem desenvolvido e crescido, concorrendo para as rendas públicas com*

---

[325] Além do exemplo citado pelo deputado teria grande relevância na produção de aguardente daquela época, o município de Parati. Segundo Luis da Camara Cascudo, vai avançando de tal ritmo que o seu nome passa a ser sinônimo de aguardente. *"Um cálice de Parati, diz-se ainda hoje, como quem diz madeira, Porto, Colares, Cognac (...)"* Cascudo, op. cit.

avultado cabedal". Se as suas palavras parecem por vezes passar a impressão de um homem contrariado, refletem em grande parte a insatisfação de alguns produtores de açúcar, uma vez que a família Paes Leme[326] era proprietária do Engenho Central de Sant'Anna.[327] Por outro lado, nunca é demais ressaltar que os impostos sobre a produção açucareira e seus subprodutos foram alvos constantes dos reclamos dos senhores de engenho e, posteriormente, dos usineiros.

Aliás, não se pode olvidar que como em todas as zonas açucareiras do mundo, a produção de álcool para fins industriais, iluminação e força motriz, embora ainda pequena, começaria a ter um certo destaque no Brasil. Em 1887, a Revista Agrícola do Instituto Imperial Fluminense de Agricultura relatava que a fabricação de álcool e aguardente era feita quase exclusivamente do mel resultante ou obtidos diretamente pela fermentação do caldo da cana. Em alguns engenhos centrais já se empregam aparelhos especiais e bem aperfeiçoados para a destilação do álcool. O álcool obtido na maioria das províncias era geralmente de 20 a 21° cartier, mas na Corte alguns estabelecimentos já trabalhavam na retificação e desinfecção do álcool. Os aparelhos empregados eram geralmente Egrot ou Savalle, considerados os melhores aparelhos no período. O álcool produzido nessas fábricas já era de 40 a 41° cartier.[328]

Malgrado as manifestações negativas em relação à aguardente, o álcool sempre foi visto como um importante fator de desenvolvimento da indústria açucareira. Pressupõe-se que este consenso fosse oriundo da expansão deste subproduto em importantes países produtores de açúcar de beterraba, como a França e a Alemanha, que já enfrentavam dificuldades em colocar o seu excesso de açúcar no mercado mundial por preços compensadores. Mesmo no período do Império, alguns periódicos apresentavam artigos referentes à produção nos diversos países

---

326 A família Paes Leme fazia parte das mais proeminentes famílias de Vassouras, proprietária de vastas extensões de terras. Eram descendentes do Marquês de São João Marcos, gentil homem da Imperial Câmara, no cargo de reporteiro-mor (oficial de Câmera do Rei). Neste caso, também se pode citar os Correia de Avelar, Wernecks, Ribeiro de Avelar e Teixeira Leite. STEIN, Stanley J. *Grandeza e decadência do café no Vale do Paraíba.* São Paulo: Brasiliense, 1981, p. 120.

327 Ademais, Pedro Dias Gordilho Paes Leme queixava-se que se o imposto sobre a aguardente era alto, o vinho importado não recebia tal taxação, ou seja, era *"uma injustiça com que é tratada a indústria nacional".* RIO DE JANEIRO. Discurso proferido na Assembleia Provincial do Rio de Janeiro em outubro de 1886.

328 IIFA. Revista Agrícola do Imperial Instituto Fluminense de Agricultura. Rio de Janeiro: Tipografia literária, mar. 1887.

e à diversificação cada vez maior da sua aplicação. Embora os engenhos centrais já fabricassem e comercializassem este produto, o silêncio verificado na legislação Imperial em relação ao álcool somente seria quebrado no decreto n.º 10.393, de 9 de outubro de 1889, que já apresentava em seu enunciado a regulamentação para engenhos centrais para o fabrico de açúcar e álcool de cana. Neste caso, talvez contribuísse a importância maior dada a recuperar o mercado externo do açúcar brasileiro, uma vez que a produção de aguardente raramente seria citada na legislação e estes foram produtos primordialmente voltados para o consumo no próprio país. Com o passar dos anos, o fracasso em recuperar uma posição vantajosa do açúcar brasileiro no mercado estrangeiro e a crescente importância do consumo interno levaria a uma mudança na postura dos estadistas.

De todo modo, uma impressão que se consegue perceber da produção alcooleira no Brasil seria a sua capacidade, como ocorria com a aguardente, de gerar uma certa lucratividade para a fábricas centrais. Diante disso, poderia considerar estar-se lidando com a eminente falência destas fábricas e isso realmente ocorreu poucos anos depois. Contudo, não se pode ignorar a mudança e a boa qualidade do maquinário de muitos destes engenhos centrais. Apesar dos percalços, em nenhum momento foi invalidada a transformação que ocorria na indústria açucareira. Como bem o aclararia Draenert ao confrontar-se com a situação do Engenho Central de Lorena, *"Piorou? Hoje diria que é um dos que mais podem prosperar"*.[329]

A desilusão: a necessidade de remodelação

Quando o nosso engenho, a braços com essas dificuldades, vir, sua marcha peada ou encontrar decepções, o público, que de ordinário só julga pelas aparências, não entrará na investigação das causas que concorreram para o malogro do engenho, mas condenará primeiramente a ideia e depois os homens que a executaram.

Barão de Monte Cedro

O reconhecimento de que na sua grande maioria os engenhos centrais do Sul foram bem montados, valendo-se de tecnologias mais modernas do que as até

---

329 MACOP, *op. cit.*, 1891.

então adotadas na fabricação do açúcar, não implica que não houvesse problemas. Isso é manifesto principalmente nos relatórios técnicos daquele tempo. Diante dos embaraços que se apresentavam, chama a atenção inicialmente a dificuldade dos concessionários em calcular o custo de montagem das fábricas. Poderia alegar--se que algumas dessas pessoas eram originárias do mundo dos negócios e não conheciam razoavelmente bem a realidade da indústria sacarina. No entanto, isso é perceptível tanto nos chamados engenhos centrais de "capitalistas" como nos montados por famílias que há muito viviam do açúcar. As constantes manifestações em defesa dos proprietários dos engenhos centrais alegavam que este era um empreendimento novo no país, ou seja, muito pesou a falta de experiência.

Assim, não seria surpresa mesmo para os seus contemporâneos se as primeiras fábricas deste tipo construídas no Brasil passassem por alguns reveses. O Ministro da Agricultura Sinimbú veria como natural as dificuldades enfrentadas por estes engenhos centrais, devido às inexperiências e às resistências que sempre tributam as ideias novas. No entanto, os constantes pedidos de elevação dos juros afiançados após a construção das fábricas e até mesmo a incompatibilidade entre os orçamentos e o custo final da obra chama a atenção.[330] Como não poderia deixar de ser, os erros nas previsões de custo tornava estas companhias mais sujeitas às vicissitudes do mercado, sendo que algumas destas empresas chegariam a pegar empréstimos para concluir as obras. Este foi o caso do Engenho Central de Quissamã, que tinha compromissos com o Banco do Brasil no valor de 1.400:000$000 réis. Esta dívida direcionava boa parte do lucro para a amortização do débito e o pagamento dos juros, adiando por um tempo a distribuição dos primeiros dividendos entre os acionistas.

"Quissamã" não foi o único. Outros engenhos centrais se desenvolveram dependentes de empréstimos bancários. É isso que se constata ao analisar os números apresentados por importantes engenhos centrais como "Porto Feliz", "Piracicaba" e "Barcellos". Este último necessitou recorrer a um empréstimo de 450:000$000, - valor que ainda deixava de fora os custos da estrada de ferro agrícola. No que se refere aos gastos, a necessidade de dispor de uma linha férrea

---

330 A concessão inicial do Engenho Central de Quissamã foi feita em 1887 sobre o capital de 700:000$000 réis. Através do decreto n.º 7062, a Companhia conseguiu que a garantia de juros fosse dada sobre 1.000:000$000. Em 1882, segundo o decreto 8287, este valor seria novamente elevado para 1.500:000$000. Coleção de Leis do Império do Brasil. Rio de Janeiro: Imprensa Nacional, 1875/1889.

para buscar as canas necessárias para satisfazer a capacidade dos novos maquinismos oneraria em muito o capital disponível.[331] A carta enviada pelo Barão de Monte Cedro a um dos seus seis irmãos deixa entrever a preocupação com a acumulação de dívidas para a expansão da ferrovia, o que nem sempre era viável às possibilidades atuais dos acionistas.

> A ideia, pois do ferro-carril para Santa Fé, antes que a sociedade pague suas dívidas, e tenha um fundo de reserva, a ideia do Mano Bento ou outros tombarem mato ao longo desta estrada para plantarem de cana, a ideia de onerar cada carro que vier por esta estrada com a despesa de 2 mil réis por carro são, digo com franqueza, utopias que só poderão realizar-se, menos à última, com mais vagar e que mais poderão servir para base de nossos atuais cálculos. São estas, meu irmão, as razões de minha oposição as ideias do mano Bento. É preciso nessas questões usar de toda a franqueza; eu o serei, custe o que custar, pois considero o meu rigoroso dever declarar claramente: a empresa do nosso engenho central, indo pelo caminho que lhe querem dar, marcha para a sua ruína. É próprio dos homens prudentes arrepiarem carreira quando vão em caminho errado.[332]

Um relatório da Companhia datado de 15 de janeiro de 1881 mostraria que a sabedoria do Barão antecipou os anos de dificuldade causados por um capital insuficiente para levantar *"tão grandiosa fábrica"*, além da construção da estrada de ferro. A particularidade desse relatório está no fato dele expor a incapacidade dos representantes das firmas estrangeiras de maquinário apresentarem um orçamento fidedigno, talvez até mesmo por má fé na ânsia de conquistar mais um cliente. Em relação a isto, os acionistas queixavam-se da demasiada confiança que tinham depositado nas informações e orçamentos prestados e que *"nos seduziram com o auspicioso rendimento de 9 a 10% da cana de açúcar, quando pouco mais de 6% temos obtido"*.[333]

---

331 Jornal do Agricultor. Rio de Janeiro: Tip. Carioca, jan./jun. 1883, p. 202.

332 Carta do Barão de Monte Cedro escrita ao seu irmão. PARADA, Antônio Álvares. *"O Barão de Monte Cedro"* in: Revista do IHGB, out./dez. 1982, p. 90-99.

333 *Ibidem.*

A QUIMERA DA MODERNIZAÇÃO   137

Se os engenhos centrais tiveram a capacidade de modificar a paisagem, o produto final na forma dos açucares cristalizados e o sistema produtivo, eles também representaram uma falsa promessa de lucros elevados pelo aumento substancial da produção com a utilização de moendas cada vez mais potentes, cristalizadores, ou seja, a *"mística da máquina"*, usando uma expressão cunhada por Dé Carlí.[334] Quando estes engenhos centrais começaram a ser fiscalizados pelos engenheiros fiscais, as imperfeições nas montagens destas fábricas vieram à tona. O fato é ainda mais curioso porque fábricas como "Barcellos", que foram sempre referência importante para a construção de outros engenhos similares, apresentavam defeitos nos maquinismos. O resultado se traduzia em parcos rendimentos entre 6 a 7% de açúcar em relação ao peso da cana.

As companhias montadas em Minas Gerais e São Paulo não diferiram em nada das suas congêneres da província vizinha, ou em casos mais extremos chegaram a apresentar resultados ainda piores. Assim, em São Paulo, no ano de 1885, Lorena não passou de 6,5%; Capivari alcançou apenas 6,3% e o melhor resultado seria o de Piracicaba, com 7,1%. Curiosamente, foi menor ainda o rendimento do único engenho central mineiro que recebeu garantia de juros por longos anos. Neste ano, o Engenho Central do Rio Branco teve apenas um rendimento de 4,53%. Em um momento em que a preocupação maior era melhorar os rendimentos industriais médios que não passavam de 3 ½ a 4% de açúcar sobre o peso da cana moída para concorrer com vantagens no mercado mundial era realmente justificada a decepção dos concessionários.[335]

Infelizmente, poucas fontes discorrem sobre as negociações com as empresas estrangeiras de máquinas, mesmo assim algumas delas deixam entrever o superfaturamento no caso dos compradores brasileiros. Mas é principalmente quando o preço exorbitante pelos quais eram fornecidas as máquinas das fábricas centrais para o Brasil foi apontado em um periódico alemão que se percebe o grau das dificuldades enfrentadas pelos senhores de engenho brasileiros. Muito embora a Alemanha fosse uma das concorrentes das fábricas francesas de maquinário, - o que poderia relativizar a informação -, encontra-se a mesma acusação nos relatórios de alguns técnicos. As palavras de Caminhoá descrevem esta ação nociva contra os interesses dos produtores de açúcar brasileiros. Muitas vezes por falta

---

334 DÉ CARLÍ. *História de uma fotografia*. Recife: Cia. Editora Pernambuco, 1895.

335 Caminhoá, *op. cit.* 1885, Costa Filho, *op. cit.*, p. 378; Dé Carli, *op. cit.*, 1843, p. 25.

de conhecimentos técnicos, os concessionários confiavam cegamente nos construtores de máquinas e eram frequentemente vítimas de má fé e da ignorância destes construtores. Segundo ele, esses homens desconheciam as condições locais e contribuíram imensamente para o insucesso e o preço exagerado porque ficou cada fábrica. Um outro engenheiro chegaria a cobrar uma postura mais ativa do Estado, através da disponibilização de representantes do Governo que estivessem completamente em dia com o preço dos maquinismos introduzidos e quais eram os mais aperfeiçoados.[336]

Não seria de se esperar que com preços tão elevados, estes engenhos apresentassem falhas em algumas partes da sua estrutura produtiva. Mesmo parecendo longínqua a possibilidade de que isso ocorresse nas melhores fábricas montadas nesse período, como Quissamã, Piracicaba ou Lorena, vê-se com fartura apontamentos sobre a necessidade de intervenção nos relatórios dos engenheiros fiscais, devido ao funcionamento deficitário em partes essenciais como nas moendas, nas turbinas ou nas fornalhas, - essas últimas frequentemente sujeitas à reclamação por apresentarem um grande consumo de combustível. Na interpretação do engenheiro José Gonçalves de Oliveira, estes distúrbios no funcionamento da fábrica também ocorriam pelo fato de algumas oficinas de primeira ordem, como a Five-Lille e a Brissoneau Frére, fabricarem aparelhos mecanicamente aperfeiçoados, mas que às vezes, como no caso do desfibrador e da moenda de 8 cilindros, eram reprovados industrialmente.[337]

Com isso em mente, deve-se lembrar que estes grandes engenhos centrais eram vistos como um exemplo para muitos outros. Não menos importantes e mais numerosos, eram os engenhos centrais menores que apresentavam uma planta fabril *"semi-antiquada"* e *"semi-moderna"*, como diria o então inspetor técnico do Ministério da Agricultura, Draenert, ao recusar a garantia de juros ao Engenho Central de Parati. Alguns casos chegaram a apresentar características extremas. Um exemplo seria o Engenho Central de Aracati, na província de Minas Gerais, pois mesmo recebendo a concessão seria de tal forma mal construído que segundo

---

336 Die Deutsche Zucherindustrie. In: Jornal do Agricultor. Rio de Janeiro: Tip. Carioca, julho a dezembro de 1885, p. 1069; Caminhoá, *op. cit.*, 1885; relatório do Engenheiro Manuel Pinto dos Santos Barreto. In: Arquivo Nacional, Série Agricultura, Engenhos Centrais, IA84; *Marc Herold*. The import of European sugar machinery to offset the sugar crisis in Bahia, 1875-1914. Revista Ciência Admininstração, Fortaleza, v. 15, n. 1, p. 11-37, jan./jun. 2009.

337 MACOP, *op. cit.*, 1888.

Caminhoá não deveria receber esta denominação ou ser comparado com outros engenhos centrais, mesmo com os de menor capacidade. Ainda que os concessionários fizessem posteriormente tentativas de melhorar esta fábrica, elas sempre se deram de forma morosa.[338]

Algumas medidas seriam tomadas para tentar melhorar o processo de extração do caldo da cana e na tentativa de aumentar esta porcentagem que nos engenhos centrais ficava em torno de 70%.[339] Nesta época, falou-se à exaustão da adaptação do sistema de difusão utilizado na produção do açúcar de beterraba para a cana.[340] No entanto, não foram poucas as discussões sobre a viabilidade de se aplicar este novo método no Brasil e se haveria realmente algum benefício devido aos gastos maiores com o combustível. O rol de defensores trazia nomes importantes como o Barão de Barcellos, o engenheiro Luís Caminhoá, o diretor do Jardim Botânico, Pedro Dias Godilho Paes Leme e o editor do Jornal do Agricultor, Dias da Silva Júnior.[341] Mas uma vez podemos observar a intervenção estatal no setor açucareiro após alguns

---

338 Caminhoá, *op. cit.*, 1885 e MACOP, *op. cit.*,1891.

339 Em 1872, o Barão de Monte Cedro apontava que as melhores moendas do país extraíam 60% e as restantes extraíam mais ou menos 40%. Em Cuba, os grandes engenhos a vapor já extraíam 70% e os outros 50%, o que representava uma lucratividade muito maior para os cubanos. *Carneiro da Silva*. João José. Barão de Monte Cedro. *Estudos agrícolas*. Rio de Janeiro: Tip. Acadêmica, 1872, p. 95.

340 No processo de extração da sacarose da cana, conhecido como difusão, cortava-se a cana em talhadas de um a três milímetros de espessura, as quais se recolhiam a uma bateria de vasos chamados difusores, onde sofriam imediatamente a ação de uma corrente contínua de água pura. Em virtude do fenômeno físico de endosmose e exosmose estabelecia-se naturalmente uma passagem simultânea do caldo sacarina para fora das células da cana e da água para dentro das mesmas células, de maneira que o caldo vai sempre empobrecendo e a água enriquecida em açúcar, quando avança de um a outro difusor. No fim de certo tempo de trabalho, o caldo contido nas células das talhadas da cana do primeiro difusor tinha-se transformado em água levemente açucarada e a água, que passou por elas, tem chegado ao último difusor transformado em caldo um pouco mais fraco que o natural, porém muito mais puro. Deste ponto em diante todos os trabalhos de fabricação do açúcar são idênticos nos dois processos, moagem e difusão. MACOP. Relatório apresentado ao Ministério da Agricultura pelo Engenheiro fiscal José Gonçalves de Oliveira. In: Relatório apresentado à Assembleia Geral da 2º Legislatura pelo Ministro e Secretário do Estado dos Negócios da Agricultura, Comércio e Obras Públicas Rodrigo Augusto da Silva. Rio de Janeiro: Imprensa Nacional, 1887.

341 O Barão de Barcellos foi o fundador do Engenho Central de Barcellos, responsável por ser o segundo a adotar a difusão na região Sul do Brasil. A região Sul só contaria com mais um engenho central deste tipo, o de Bracuhy. Caminhoá em seus dois relatórios como engenheiro fiscal apresentou estudos favoráveis sobre o processo da difusão, trazendo relatos sobre a sua aplicação em outros países. Pedro Dias Gordilho Paes Leme seria ainda o responsável pela

anos de experiência dos engenhos centrais. A baixa produtividade deste tão aclamado sistema levaria a uma nova tentativa por parte do Governo Imperial e, - que teve continuação nos primeiros anos da República -, de dar preferência aos concessionários *"que propuserem empregar o método da difusão nas fábricas a que o Governo considerar aplicável o mesmo sistema"*.[342]

Em um opúsculo que carregava um título tão comumente utilizado no período, *"A crise do açúcar"*, o Barão de Barcellos defenderia a difusão como forma de evitar o enorme prejuízo gerado pelas perdas do caldo da cana. Apesar do resultado negativo da primeira safra, o Barão diria enfaticamente que *"A nossa convicção é em todo sentido favorável a esse sistema, e não vemos razão para conservar as moendas"*.[343] Com efeito, a adaptação do maquinário e do sistema produtivo já tinha sido feito anteriormente com sucesso por Derosne.[344] Nada mais natural, que as expectativas em torno da difusão também fossem altas.

Comissão encarregada *de estudar* a *difusão* aplicada à cana-de-açúcar e apresentado ao Ministro da Agricultura Rodrigo Augusto da Silva.

342 Decreto 10.393 de 9 de outubro de 1889. Já nos anos da Primeira República, o decreto 819, de 4 de outubro de 1890, determinava facultativa a adoção do sistema da difusão, no entanto, estes engenhos ficavam obrigados a adotar o sistema da difusão logo que o Governo ordenasse a transformação, aumentando o respectivo capital de quanto fosse para isso indispensável; organizasse uma comissão agronômica permanente para acompanhar os engenhos que adotassem este sistema; e mais ainda, instituisse prêmios para as fábricas que adotarem o sistema de difusão e obtivessem da cana maiores porcentagens de açúcar.

343 Este processo, segundo ele, era já há muitos anos aplicado na França, sendo em seguida adotado na Alemanha, o que concorreu para a posição brilhante que este país alcançou no mercado mundial. Ademais, citava as experiências realizadas em Java, na Espanha e nos Estados Unidos, que demonstravam a praticabilidade e mesmo a simplicidade de tal trabalho. BARCELLOS, Barão de. *A crise do açúcar: ligeiras considerações pelo Barão de Barcellos*. Campos: Lit. e Tip. de Carlos Hamberger, 1887, p. 23-24.

344 Caminhoá apontava que uma das maiores dificuldades para o emprego da difusão da cana de açúcar era o corta canas. O engenheiro chegou a citar a tentativa da casa Cail em 1885 de construir um aparelho que tivesse um rendimento melhor. Caminhoá, *op. cit.*, 1886, p. 28.

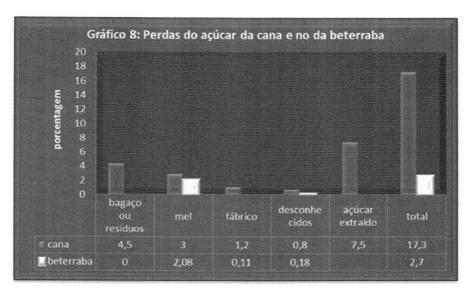

Fonte: BARCELLOS, Barão de. *A crise do açúcar: ligeiras considerações pelo Barão de Barcellos*. Campos: Lit. e Tip. de Carlos Hamberger, 1887, p. 21-22.

No entanto, o processo da difusão nem sempre contou com homens extremamente convictos da sua superioridade. O engenheiro e diretor da repartição de agricultura e indústrias do estado do Rio de Janeiro, Luiz de Castilho, que estudou os resultados da difusão em Guadalupe, Luisiana e Cuba, acreditava que ela era coisa do futuro. Ademais, perguntava se os produtores de açúcar deveriam deixar-se convencer pelos inventores de maquinismos ou fabricantes que só pretendiam vender o seu material. Seguindo esta mesma linha de pensamento, o engenheiro fiscal Gervásio Peres Ferreira iria contra a política Imperial de privilegiar a difusão, pois achava *"perigoso obrigar fábricas a adotarem um sistema que ainda não está bem resolvido, mesmo sendo favorável a este"*. Alguns destes críticos utilizavam alguns relatórios de técnicos estrangeiros para demonstrar a inferioridade deste sistema em relação às moendas. Estes técnicos comumente citados pelos seus pares brasileiros, como o engenheiro Louis Bom, natural de Guadalupe, argumentavam que este não era um sistema simples como se pensava, e os resultados obtidos pela difusão eram inferiores em qualidade e quantidade com os obtidos pelas moendas, sendo que alguns engenhos já estavam retornando ao antigo meio de extração.[345] A transformação do sistema de moendas para o da difusão também não seria barato. Um orçamento encomendado pelo Engenho Central de Quissamã à Companhia Five-Lille apresentava um total de 1.000:000$000 réis, ou seja, o valor de um bom engenho.[346]

Dessa feita as esperanças e as convicções do Barão e de outros defensores da difusão não seriam postas em prática em muitos engenhos, e quando foram não duraram muito tempo. No caso de Barcellos, um resultado que apresentava uma extração de apenas 9,7% não seria razoável depois de tantas glórias cantadas. Assim, esta Fábrica voltaria a utilizar o velho processo das moendas. A Comissão encarregada de estudar a difusão atribuiu o malogro da experiência a defeitos nos aparelhos e não ao processo em si. O Engenho Central de Bracuhy não teria uma sorte muito diferente, embora persistisse por mais tempo. O engenheiro Furlan apontava que Bracuhy só teve insucesso. Este Engenho, inaugurado em 1885, chegou a ser vendido pela segunda vez em hasta pública pela irrisória quantia de 170:000$000 já em 1891, quando chegou a custar 1.000:000$000 réis mais ou menos na época da sua inauguração em 1885. Talvez muito pesasse para isso, o gasto mais elevado com o combustível, devido à grande quantidade de água que se misturava com o caldo e pelo fato de não se poder queimar o bagaço. Segundo Furlan, este consumo era tão grande que os novos concessionários tentaram substituir a água pelo vapor.[347]

O aspecto a ser ressaltado aqui é o elevado consumo de combustível. Esta questão não é tão simplória como parece e seriam travadas várias discussões para pensar uma forma de diminuir este consumo, mesmo nos engenhos centrais que

---

345 Henri Raffard também era contrário à aplicação da difusão, justificando a sua colocação pelos rendimentos baixos deste sistema nos Engenhos Centrais de Barcellos e Bracuhy. Raffard, *op. cit.*; CASTILHO, Luiz de. *Notas e fórmulas para uso dos fabricantes de açúcar, destiladores e refinadores e destiladores*. Rio de Janeiro: Imprensa Nacional, 1893; Relatório do Engenheiro Gérvasio Peres Ferreira in: Arquivo Nacional, série agricultura, engenhos centrais, Ia84, pasta 128.

346 A Comissão nomeada para estudar a difusão pelo MACOP dizia que para se transformar um engenho central, substituindo o processo da expressão pelo da difusão, bastava dispensar as moendas e os defecadores, adotando o corte cana e a bateria de difusores. Contudo, o júri da seção dos açúcares da exposição de açúcares e vinhos de 1889, assim não pensava. Afirmava que seria preciso alterar a capacidade de toda a fábrica, uma vez que o processo de difusão exigia aparelhos de maior capacidade do que o da expressão para trabalhar a mesma quantidade de cana. Viana, *op. cit.*, p. 163-164.

347 Embora Caminhoá apontasse que com os melhoramentos da indústria açucareira já era utilizado o bagaço como combustível. Caminhoá, *op. cit.*,1886; e Apontamentos do Engenheiro Furlan em 1891 in: Arquivo Nacional, série agricultura, engenhos centrais, Ia84.

utilizavam o sistema tradicional de moendas. Este problema se acentuou com a utilização cada vez mais frequente de máquinas tocadas a vapor. Neste momento, aumentaram os clamores por fontes alternativas que reduzissem o consumo de lenha. A solução perpassou pela introdução de mais uma inovação tecnológica na estrutura do engenho: os chamados fornos de queimar bagaço verde. Anteriormente, a maior reclamação dos produtores de açúcar em relação ao aproveitamento do bagaço como combustível era a necessidade de secá-lo, o que podia provocar incêndios. O impacto se faria sentir muito mais profundamente, pois esses fornos permitiram o emprego direto do resíduo lenhoso da cana sem a necessidade do processo prévio de secamento.[348]

Em certa medida, as tentativas de diminuir os custos da produção passavam por resolver esta e outras falhas encontradas nos engenhos centrais. Quissamã tentaria por diversas vezes minimizar este gasto através de custosas transformações sucessivas no serviço de fogo da fábrica, mas os resultados nem sempre foram satisfatórios.[349] Em uma dessas tentativas, Caminhoá defendia que o motivo do fracasso dos fornos Godillot era a distância que foram colocados. Toda esta discussão estava relacionada diretamente a escassez da lenha e do preço elevado porque ficava o carvão de pedra. Em sua maioria longe do litoral, o combustível para estes engenhos superava em mais de 50% o custo dos produtores de açúcar de beterraba.[350] Este problema se tornava cada vez mais angustiante com o desaparecimento das matas no entorno destas fábricas, ou seja, a utilização do bagaço era de maior necessidade. Em Quissamã e Barcellos, a avultada quantia paga

---

348 Segundo o engenheiro açucareiro Gastón Decamps, a origem desse maquinário remonta aos meados do século XIX. Em Cuba, as primeiras tentativas foram realizadas em 1870. Em 1886, essa nova tecnologia já era utilizada na maioria dos engenhos cubanos. Falava-se muito que os fornos de queimar bagaço verde diminuíam a mão de obra necessária e grande foi a propaganda em torno desse fato. A marca Fiske incluía uma carta do proprietário do engenho Soledad, Edwin Atkins. O ponto alto deste testemunho era a afirmação do proprietário de que com o forno Fiske conseguia-se diminuir a utilização de 60 a 70 braços e umas trinta juntas de bois. MONZOTE, Reinaldo Funes. "Tierras cansadas y quemadores de bagazo verde. La interacción con el médio natural y los câmbios en la industria azucarera cubana desde mediados del XIX". In: PIQUERAS, José A. (org.) *Azúcar y esclavitud em el final del trabajo forzado*. México D. F.:Fondo de Cultura Económica, 2002, p. 186-213.

349 O bagaço saia pelos tubos e flancos ainda em combustão. Com efeito, colhiam-se ao redor da fábrica fragmentos desses combustíveis apenas carbonizados depois de lançados ao ar pelo orifício livre da elevada chaminé. Caminhoá, *op. cit.*, 1886.

350 O Auxiliador da Indústria Nacional. Rio de Janeiro: Tip. Universal de Laemmert & C, v. LIV, 1886.

pela lenha elevava em muito os gastos da produção. A segunda safra do Engenho Central de Barcellos teria consumido em lenha o elevado valor de 47:483$000 réis. Além disso, a dificuldade de conseguir lenha interrompia frequentemente o trabalho das safras causando grandes prejuízos.[351]

Vencer estes embaraços criados pela má instalação ou deficiência no funcionamento do maquinário não significava apenas o afã por adotar as novidades europeias ou igualar-se aos outros importantes países produtores de açúcar de cana. O retorno em boas condições ao mercado mundial ainda era o principal motivador. O engenheiro fiscal José Gonçalves de Oliveira idealizava que a utilização do bagaço como combustível era uma das vantagens da cana em face da beterraba. A mais restrita economia de combustível significaria uma melhora do rendimento industrial e a possibilidade de suplantar *a concorrência ruinosa do açúcar europeu ao nosso açúcar de cana*. A demora de algumas companhias como Bracuhy e Lorena em estabelecer um controle do gasto do combustível em relação ao peso da cana impossibilitaria uma ação mais efetiva tanto dos concessionários como dos técnicos contratados pelas empresas. O Engenho Central de Lorena parece que foi um caso *sui generis*. Embora outras fábricas alcançassem um consumo de combustível elevado, - como "Quissamã" que apresentava 18,5% sobre o peso da cana comprimida ou até mesmo o pequeno Engenho Central de Aracaty, com os seus 22% -, não seriam tão representativos como "Lorena", que alcançaria o gasto surpreendente até mesmo para o engenheiro fiscal, de 31%.[352]

Considera-se também como um agravante da situação dos engenhos centrais a falta de mão de obra especializada. Introduzir os mais modernos maquinismos em um país que primava pela falta de educação técnica criava sérios embaraços. Releva notar que este era um problema que afetava todas as classes. O reconhecimento da necessidade de criação de cursos profissionalizantes para atender a demanda das novas companhias instaladas pautaria em vários momentos as falas dos senhores de engenho e técnicos.[353] Os parcos estabelecimentos que existiam,

---

351 *Ibidem.*

352 No entanto, com um mau serviço de fogo, que era a condição de geração de vapor, não se podia poupar combustível. MACOP, *op. cit.*, 1887.

353 Ver SAAP, *op. cit.*, BRASIL. Congresso, Câmara dos deputados, Comissões de fazenda e especial. Parecer e projeto sobre a criação de bancos de crédito territorial e fábricas centrais de açúcar apresentados a Câmara dos Srs. Deputados na sessão de 20 de julho de 1875 pelas comissões de fazenda e especial nomeada em 16 de abril de 1875. Rio de Janeiro: Tip. Nacional, 1875.

como o IIFA e o Imperial Instituto Agronômico de Campinas e as tentativas malogradas de criar escolas agrícolas, levariam o engenheiro Caminhoá a afirmar em um dos seus relatórios para o Ministro da Agricultura que do que dizia respeito à educação técnica no Brasil não havia nenhum estabelecimento de valor ou escolas indústrias. Os fazendeiros não tinham a formação necessária, não possuíam curso de agrônomos e nem eram formados em escolas especialmente industriais.[354]

Por outro lado, é de lembrar o papel milagroso que muitas vezes foi atribuído aos engenhos centrais. Alguns dos seus defensores, como Rebouças, lhe imputavam a função de contribuir na formação da mão de obra qualificada, funcionando como escolas práticas. Nesse caso, seriam um centro difusor das novas técnicas de cultivo entre os seus fornecedores e os fazendeiros vizinhos. Em casos mais extremos, chegaria a se recomendar a fundação de um asilo para ingênuos e meninos desamparados que funcionaria como uma escola prática de formação de operários para os engenhos centrais que adotassem tal prática.[355] Alguns periódicos também contribuíram para difundir estas ideias. Em um dos seus artigos, o *Jornal do Commercio* descrevia a dificuldade em encontrar pessoal habilitado e defendia que a única forma de contornar este problema seria a criação dos engenhos centrais.[356]

Apesar disso os engenhos centrais nunca chegaram a assumir este papel. Ao contrário, demandavam uma mão de obra especializada que tinham dificuldade em suprir. Alguns técnicos, - como o engenheiro José Gonçalves de Oliveira, mesmo reconhecendo a imperfeição de alguns dos maquinários adotados e da inferioridade da matéria prima -, argumentavam que muito do baixo rendimento industrial destas fábricas poderia ser decorrente da má organização do serviço. Ainda segundo ele, um dos pontos mais importantes a se corrigir era a educação dos mestres de açúcar. Não era suficiente após a adoção da caldeira a vácuo com uma capacidade cada vez maior manter um cozinhador que apenas soubesse manobrar as válvulas e examinar provas de cozimento. Para melhor fundamentar a sua defesa, Gonçalves de Oliveira se valeu da sua experiência como engenheiro fiscal do Terceiro Distrito de Engenhos Centrais. Contava assim que:

> Em um dos engenhos centrais deste distrito assisti à descarga de um dos mais belos cozimentos, que tenho presenciado

---

354 Caminhoá, *op. cit.*, 1885, p. 86.

355 *Ibidem*, 12-13.

356 Jornal do Commercio, nº 5, 1874, p. 10.

em primeiro jato. Um quarto de hora depois a massa cozida, quase exclusivamente composta de cristais, tinha consistência bastante para formar talude na resfriadeira, e sua temperatura era apenas de 60° centigrados. O trabalho por si só era uma prova incontestável da perícia do cozinhador. Na mesma fábrica outro cozimento de primeiro jato, feito por outro cozinhador, porém tirado na mesma cana, mostrava o melado fluido sobrenadando aos cristais em camadas de 1,08 m de espessura com indícios de fermentação. A temperatura da massa cristalina na pequena profundidade acessível era ao termômetro de 68° onze horas depois da descarga da caldeira de vácuo.[357]

"Quissamã" seria o único engenho central que buscou remediar este problema através da concessão de prêmios aos cozinhadores, sempre que o rendimento em açúcar em relação à massa cozida excedesse certa proporção. Este incentivo proporcionaria bons resultados. Naturalmente, os grandes proprietários de açúcar defenderiam cada vez mais a formação de uma mão de obra especializada. Como diria o engenheiro Jacy Monteiro, um engenho central não precisava dispor apenas de terras para a colônia, boas vias de transportes, um material escolhido que iam desde caldeiras babcock a fornos queimadores de bagaço verde. Era preciso principalmente cercar-se de excelente pessoal, pois, *a atividade e esforços do diretor da empresa e a ciência do engenheiro da fábrica, podem muito, mas não podem tudo"*.[358]

Malgrado se fizesse uma distinção entre os trabalhadores nacionais e estrangeiros, isto não significou que não houvesse reclamação sobre a atuação de ambos. O Engenho Central de Bracuhy, um dos mais inovadores engenhos centrais brasileiros devido à adoção do sistema de difusão, teria problemas sérios com a mão de obra que dispunha para trabalhar na fábrica. Apesar de tecer muitos elogios, Caminhoá apontava que o trabalho deixava muito a desejar por ser formado na sua grande maioria por brasileiros pouco práticos à fabricação do açúcar, pois eram pescadores ou operários agrícolas. Da mesma forma, embora a figura do

---

357 MACOP, *op. cit.*, 1887.

358 Relatório da fiscalização dos engenhos centrais do Terceiro Distrito apresentado ao Ministro da Indústria, Viação e Obras Públicas, sendo ministro o Exm. Sr. Antônio Olyntho dos Santos Pires pelo engenheiro Eurico Jacy Monteiro em 1895 in: Arquivo Nacional, Serie Agricultura, IA84, pasta 145.

estrangeiro fosse muito valorizada no período, sofreria um certo desgaste pela atuação de charlatões ou técnicos mal preparados. Dias da Silva Júnior enfocaria este lado ao defender que uma das causas que vinha agravar a situação do açúcar brasileiro nos mercados consumidores era a imperfeição e a carestia do produto, *"devido ao pessoal técnico que sem o devido exame foi mandado vir do estrangeiro"*.[359]

Como se pode ver, a falta de trabalhadores habilitados ao uso dos novos maquinismos são exemplos marcantes dos entraves enfrentados por muitas destas fábricas. Este não foi um problema restrito à lavoura canavieira. Afetou por igual outras atividades agrícolas ou industriais e mesmo na construção da infraestrutura do país, como no caso das ferrovias. Na interpretação do engenheiro Henri Raffard, tinha-se *"nas mãos os instrumentos, mas deles nos servimos mal ou estragamos"*. Neste particular, ele também reforçava a impressão duplamente manifesta de insatisfação em relação aos profissionais nacionais e estrangeiros pela incapacidade de gerir a fábrica de maneira econômica. A solução proposta por Draennert seria atraente para qualquer pessoa até hoje em dia, embora não tão fácil de ser colocada em prática como parece. Para ele, se a ruína destes engenhos centrais relacionava-se à imperícia dos fabricantes e profissionais, *"lógico é, mudar o sistema e chamar-se técnicos competentes"*.[360]

Pode-se concluir que a escassez de mão de obra seria motivo de receios para muitos produtores de açúcar. Demais, a expansão da agricultura encontrou uma forte barreira com o fim do tráfico de escravos. Faria refuta que a crise da escravidão foi o único fator de decadência de muitas propriedades agrícolas na região de Campos, não obstante ser este um fator básico. Para ela, isto fica claro pelos dados que demonstram a diminuição dos envios de açúcar e aguardente ao mercado do Rio de Janeiro. Contrastando o período anterior com a década de 1890, surpreende-se pela baixa destes envios, *"que chegaram à beira da insignificância"*.[361]

---

359 IIFA. Revista Agrícola do Imperial Instituto Fluminense de Agricultura. Rio de Janeiro: Tipografia Literária, dezembro de 1878; Jornal do Agricultor. Rio de Janeiro: Tip. Carioca, janeiro a junho de 1886.

360 MACOP, *op. cit.*, 1891.

361 O trabalho de Arrigo de Zetrirry, citado pela autora, apontava que de 44 fazendas relacionadas na região em alguns artigos do Jornal do Commercio no ano de 1894, 29 estavam de fogo morto, segundo a interpretação do autor por falta de braços para a lavoura. O jornal do Commercio de julho de 1894 aponta que Quissamã, embora contasse com bons aparelhos e com 14 fazendas tributários ou fornecedoras e fosse *"o maior engenho do Rio, o maior do Brasil, tendo no mundo, superior em tamanho, o que existe no Egito, uma verdadeira maravilha e que em 1887 produziu*

De acordo com a autora, é necessário enfatizar que a abolição produziu efeitos diversos nas distintas regiões do Brasil. No Norte não houve queda, mas em Campos a diminuição da produção açucareira sofreria um certo baque.[362]

A saída encontrada pelos produtores de açúcar do Sul não seria distinta da medida defendida pelos cafeicultores, isto é, a imigração estrangeira e a formação de núcleos colônias. Ora, até mesmo as peleias sobre a nacionalidade dos imigrantes, no qual a mão de obra chinesa foi muito defendida pelos barões do café fluminense, parece resvalar nos produtores de açúcar de Campos. Quissamã chegaria a trazer colonos chineses, mas para a decepção do Visconde de Ururahy os resultados não fossem os almejados. Segundo ele, a melhor explicação para o fracasso desta empreitada era a necessidade de escolher melhor estes trabalhadores, provenientes muitas das vezes dos centros urbanos quando deveriam ter sido escolhidos nos centros rurais. Nesse momento, mesmo que as fazendas da região não estivessem completamente desorganizadas, como sucedia em outros lugares, careciam de braços para a lavoura.

Pelo teor de alguns relatos, pode-se notar que a Província de Minas Gerais enfrentaria uma situação semelhante a dos agricultores do Rio de Janeiro.[363] As queixas de que a lavoura continuava a definhar por falta de braços fortaleceu a necessidade de incrementar a imigração europeia, vista também como uma forma de diminuir os salários. E até há de fato uma reclamação do engenheiro fiscal sobre os altos salários pagos pelo Engenho Central do Rio Branco, problema que para ele mereceria uma intervenção do Estado.[364]

56.083t de cana moída, em 1888 produziu 8.079, aquele jornalista achou produzindo 8.697 em 1889, 35.568 em 1890, 23.141 em 1891, 43.815 em 1892, não tendo ainda atingido as antigas safras". Faria, *op. cit.*

362 Faria defende que as receitas advindas da posição privilegiada de Campos no mercado interno permitiam que o município mantivesse, como na zona cafeeira, a predominância da mão de obra escrava, o que provavelmente não ocorria com a mesma eficácia em Pernambuco. Nestas ultimas regiões existiam condições favoráveis à substituição do escravo pelo trabalhador livre, inexistente em Campos, o que criava uma barreira drástica à manutenção de suas grandes produções canavieiras a curto prazo. *Ibidem.*

363 VEIGA FILHO, João Pedro da. *Estudos Econômicos e Financeiros sobre o Estado de São Paulo.* São Paulo: Tipografia do "Diário Oficial", 1896.

364 MINAS GERAIS. Mensagem dirigida pelo Presidente do Estado de Minas Gerais Dr. Affonso Augusto Moreira Penna ao Congresso Mineiro. Ouro Preto: Imprensa do Estado de Minas Gerais, 1893.

A QUIMERA DA MODERNIZAÇÃO 149

Nesse momento, a crise da escravidão transformaria São Paulo no principal responsável por defender a imigração europeia. Mesmo que a cana não tivesse a mesma expressão econômica do café, o sistema de trabalho adotado seria o mesmo.[365] No entanto, de maneira absolutamente original na indústria do açúcar, como diria Gileno Dé Carlí, o Estado Imperial chegou a criar dois núcleos coloniais na região para atender as necessidades dos engenhos centrais de Lorena e Porto Feliz, chamados respectivamente Canas e Rodrigo Silva.[366] Um reflexo talvez desta situação desesperadora seria a descrição feita pelo secretário de Estado das Obras Públicas e Industriais do Rio de Janeiro, Augusto de Abreu Lacerda, ao referir-se ao fato que *"em São Paulo alguns fazendeiros foram cercar, em caminho, os colonos contratados para outros"*.[367]

Mesmo com o crescimento do número de imigrantes na região sul, os produtores continuavam a reclamar da escassez de mão de obra. Muito se falou em se criar leis que reprimissem a vagabundagem.[368] Alegava-se que os imigrantes estrangeiros e os libertos preferiam se estabelecer nas cidades, porque encontravam mais facilidade para o aproveitamento de todos os produtos do seu trabalho ou viviam mais facilmente na vagabundagem, como diria inconformado o Visconde de Ururahy.[369] Muitos fazendeiros reclamavam que a crise da lavoura impossibilitava o pagamento de salários mais altos. O engenheiro Eurico Jacy Monteiro daria razão aos fazendeiros que defendiam que não havia escassez de mão de obra e era preciso criar uma lei para reprimir a vagabundagem. Ele relatava que realmente estavam desfalcadas as turmas de operários, nas oficinas, no engenho, na lavoura, em toda a parte onde era

---

365 Souza aponta que *"Como a instalação do Engenho Central registrava-se numa fase em que o sistema de trabalho servil já estava quase que completamente abolido e aos lavradores de açúcar não restava outra alternativa se não a utilização dos regimes de trabalho então vigentes na cafeicultura. Ao assumirem compromissos de fornecimento de cana-de-açúcar, recrutara, trabalhadores livres disponíveis para as suas lavouras, baseando-se nos salários pagos pelos engenhos centrais para remunerá-los. Bernardo Gavião Peixoto, um dos fundados do Engenho, projetava a canalização para a região de 2.000 a 3000 trabalhadores"*. Souza, *op. cit.*

366 Dé Carli, *op. cit.*, 1943, p. 47-48.

367 RIO DE JANEIRO. Relatório apresentado ao Dr. Joaquim Mauricio de Abreu presidente do Estado do Rio de Janeiro pelo secretário do Estado das Obras Públicas e Indústrias Augusto de Abreu Lacerda. Rio de Janeiro: Tip. Jeronymo Silva & Comp, 1895.

368 LAPA, José Roberto do Amaral. *Os excluídos: Contribuição à história da pobreza no Brasil (1850-1930)*. Campinas: Editora da Unicamp, 2008.

369 Arquivo Nacional, Série Agricultura - engenhos centrais, IA84, pasta 145.

preciso trabalhador, *"em compensação, porém, triste compensação, há sempre gente nas vendas e nas festas ou à toa a rodear as estradas"*.[370]

A dificuldade de encontrar mão de obra fosse ela especializada ou não acompanharia pelo tempo da sua existência os engenhos centrais do país. Algumas medidas foram tentadas para contornar este problema, mas fossem por serem elas medidas de longo prazo, como a imigração ou a criação de institutos agrícolas, só foram realmente profícuas no período das usinas. Essa imagem foi muito bem construída por Dé Carlí, que defende que este período seria marcado por:

> Charlatões passando por técnicos, máquinas inadequadas impingidas ao industrial brasileiro, desconhecimento do operariado às novas atividades de máquinas mais complicadas, a deficiência do trabalho agrícola, a desorganização dos campos com a extinção da escravatura, tudo isso, motivou a situação cada vez mais grave dos engenhos centrais do país.[371]

Com o correr dos anos, estes engenhos centrais passavam a impressão de ter a sua existência sempre ameaçada por um conjunto de fatores nem sempre decorrentes da má gestão dos seus proprietários. Um dos problemas mais graves a se vencer era a dificuldade de obter crédito. Esta questão e os altos impostos seriam responsáveis pelos principais queixumes contra o Governo. Na maioria das vezes, a primeira questão tomou mais o tempo dos agricultores. Não foram poucas as páginas em que tentavam demonstrar todo o seu descontentamento, haja vista os discursos no Congresso Agrícola do Recife, em 1878.[372]

Se o pendor pela defesa da necessidade de crédito para construir engenhos centrais ou adquirir maquinários mais modernos marcou os primeiros anos do último quartel do século XIX, no período subsequente o crédito seria visto como essencial para a manutenção destas empresas. Este fato era devido principalmente às oscilações dos preços do açúcar no mercado interno causado pela ação dos baixistas ou pela variação dos estoques pela entrada das safras do Norte ou do Sul. Dessa feita, requeriam bancos que adiantassem o dinheiro no período das safras,

---

370 MACOP, *op. cit.*,1895.

371 Dé Carli, *op. cit.*, 1943, p. 53-54.

372 SAAP. Trabalhos do congresso agrícola do Recife: em outubro de 1878. Compreendendo os documentos relativos aos fatos que o precederam pela Sociedade Auxiliadora da Agricultura de Pernambuco. Recife. Tip de Manoel Figueiroa de Faria & Filhos, 1879.

pois assim teriam como vender o seu açúcar no momento mais propício. Isso é, a falta de capital suplementar garantido para levantamento dos meios de custeio sujeitava os produtores a receberem valor inferior ao custo real dos produtos. O CICA afirmava que alguns produtores chegavam a vender os seus produtos por menos de um terço do seu valor, sendo que na safra de 1888-1889, alguns engenhos centrais entregaram o seu açúcar a 160 e 180 réis o kg, quando poderiam tê-lo feito por 200 a 240 réis ou mais. A importância dada à falta de capitais era tão grande que no decorrer da sua fala o presidente do Centro, Ângelo Eloy da Camara, defendia que se houvesse dinheiro "Quissamã" seria um colosso, como o engenho Caracas, em Cuba, e "Lorena" produziria por ano mais de dois milhões de quilos de açúcar.[373]

Se o CICA cobrava do Governo a criação de bancos de crédito regionais, que emprestassem dinheiro a juros módicos e prazos longos aos agricultores, o engenheiro Eurico Jacy Monteiro lembrava que dentro da própria lei da garantia de juros aos engenhos centrais, havia verba que poderia auxiliar as instituições que facilitassem as operações mercantis deste gênero. Assim, os agricultores não seriam impelidos a vender a sua produção de qualquer maneira.[374] Alguns destes engenhos passaram por esta dificuldade logo depois que começaram a trabalhar. Em 1878, o Engenho Central de Porto Feliz teve que vender por preço inferior aquele que poderia obter *"se o gênero aguardasse melhor quadra para vender"*, pois necessitava conseguir capital para o pagamento das dívidas e dos juros das debêntures emitidas.[375] Em muitas vezes, o problema estava nos altos juros cobrados nestes empréstimos. Embora os produtores do Sul tivessem razão para reclamar, muito mais tinham os do Norte. Em 1878, no Congresso Agrícola realizado na Corte, Américo Brasiliense de Almeida Mello dizia que *"si, por exemplo, na Província de São Paulo paga-se juro de 8%, no Norte não acontece o mesmo. A imprensa do Norte tem dito que a lavoura está extraordinariamente onerada e que na Bahia tem-se pago o juro de 42 e até de 72%".*[376]

É bom lembrar que a má situação financeira enfrentada por muitos destes engenhos centrais originou em parte esta falta de crédito. Já em 1886,

---

373 CICA, *op. cit.*, p. 57.

374 MACOP, *op. cit.*,1895.

375 O Auxiliador da Indústria Nacional. Rio de Janeiro: Tip. de Eduardo e Henrique Laemmert, v. XLVI, 1878.

376 SAAP, *op. cit.*, p. 175.

Caminhoá lamentava que muitos bancos começassem a recusar as transações relativas aos engenhos centrais. Ou seja, os bancos não costumam investir em empreendimentos de risco em momentos de crise. Os números apresentados pelo Engenho Central de Quissamã neste ano desanimariam o engenheiro, pois deduzidas as despesas cada quilo de açúcar ficava na média por 192 réis, *"donde se vê que pouco lucro deixa ao fabricante que empregou somas consideráveis para montar o seu engenho central"*.[377]

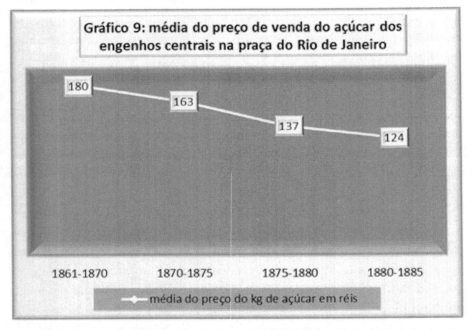

Fonte: Artigo do Barão de Barcellos publicado no Auxiliador da Indústria Nacional. Rio de Janeiro: Tip. Universal de Laemmert & C., v. LV, 1887, p. 230.

Os anos de boa safra e de pouca exportação faziam baixar o preço do açúcar de tal forma que alguns produtores chegavam a afirmar que não conseguiam pagar sequer o custo da produção. Uma das mais significativas modificações trazidas pelos engenhos centrais seria a baixa de todas as qualidades de açúcar. Como diria um agricultor do Norte, isto já não se tratava do açúcar bruto, - o mais fabricado no país -, ou do açúcar turbinado, pulverizado e das qualidades superiores de nossas

---

377 Caminhoá, *op. cit.*, 1886.

principais fábricas.[378] Não se deve esquecer a incapacidade do Brasil de recuperar um papel de relevo no mercado externo, já que a sua produção pouco influía nos mercados consumidores.[379] Além disso, não é demais enfatizar que a produção do açúcar em geral era superior ao consumo interno. A *Revista Agrícola do IIFA* faria uma menção especial ao fato do preço do açúcar se conservar muito baixo até nos anos de safras menores.[380] O resultado seria a permanência dos preços baixos de 1877 a 1904, apresentando uma exceção apenas no período entre 1893 a 1900.[381]

É nesse contexto de pouca lucratividade dos engenhos centrais que a questão da qualidade da matéria-prima adquire uma certa relevância. Se a cana podia apresentar um rendimento de 16 a 18% ou mais, era inaceitável que o resultado dos engenhos centrais não passasse de 7 a 10% depois de todo o capital investido e os progressos feitos no sistema de produção. Da conclamação de alguns produtores e técnicos, pode-se identificar a percepção destes homens que só a aquisição de máquinas modernas para as fábricas já não era suficiente. Ora, não havia como ser bem sucedido um empreendimento tão custoso sem ter matéria-prima que desse para suprir a capacidade do maquinário e que fosse de boa qualidade. Pelo que se sabe, havia uma proporcionalidade mínima que deveria ser alcançada entre a matéria-prima trabalhada e o produto final, - fosse na forma de açúcar ou de aguardente. Este resultado que não poderia ser alcançado se a riqueza sacarina da cana fosse muito baixa, levava o resultado de alguns engenhos a apresentarem saldos negativos, como foi o caso de Bracuhy na safra de 1887-88. Muito se falou na época na necessidade de se acabar com a compra das canas levando em consideração o seu peso e não pela sua riqueza sacarina, como já era feito por alguns engenhos antilhanos e na Europa com a beterraba.[382]

Acompanhando de perto a realidade destes engenhos centrais, como fizeram os engenheiros fiscais, deparava-se com um rendimento industrial extremamente

---

378 O Auxiliador da Indústria Nacional. Rio de Janeiro: Tip. Universal de Laemmert. V. LV, 1887.

379 Acresce no dizer da referida comissão, que tem o nosso açúcar um gosto de queimado e um cheiro de azedo devido às matérias estranhas em fermentação pela imperfeição de seu fabrico, que tornam o açúcar fino impróprio para a exportação e fazem diminuir o preço do açúcar bruto. MACOP. *op. cit.*, 1887.

380 Revista Agrícola do Imperial Instituto Fluminense de Agricultura. Rio de Janeiro: Tipografia Literária, setembro de 1874, p. 126-127.

381 Viana, *op. cit.*, p. 163.

382 MACOP, *op. cit.*, 1895.

baixo. A preocupação do engenheiro fiscal José Gonçalves de Oliveira com o Engenho Central de Lorena e outros do Terceiro Distrito pela baixa extração do primeiro jato era mais um elemento indicativo da importância da qualidade da cana, mas visível por estas fábricas manipularem grande massa de matéria-prima. Ele acreditava que a principal causa desse mal era resultado das condições em que parte da cana era recebida na fábrica, *"por efeito da desatenção de alguns fornecedores às recompensas das diretorias das companhias, já em consequência da irregularidade na distribuição dos avisos de fornecimento pela própria diretoria, que deveriam ser confiados aos engenheiros diretores".*[383]

As queixas nos relatórios da Diretória do Engenho Central de Quissamã eram tão frequentes que Viana chegou a se perguntar até que ponto a qualidade da matéria-prima fornecida à fábrica influenciou em seus baixos índices de desempenho industrial. A autora lembra que a divisão do trabalho sempre foi vista como uma forma de melhorar as duas partes: fabril e agrícola. No entanto, tanto "Quissamã" como os outros engenhos centrais fluminenses não apresentaram os altos índices de rendimento industrial prometido pelas firmas de maquinário que se supunham possíveis com a tecnologia adotada. Embora se esperasse um índice de 8 a 10%, a porcentagem extraída do açúcar ficou abaixo de 7%, mesmo nos anos iniciais quando ainda não se podia culpar o desgaste dos aparelhos. Ao final, Viana não nega que o maior problema do Engenho Central estava na qualidade da matéria-prima empregada. Mas, esta pobreza sacarina das canas seria, em parte, decorrente das variações climáticas frequentes na região, como as secas constantes.[384] Se os produtores de açúcar da província do Rio de Janeiro estavam sujeitos a secas e enchentes, - problema enfrentado pelo Engenho Central de Bracuhy-, a lavoura paulista sofria com as geadas que castigavam os canaviais.[385]

Não há como negar o papel de salvaguarda concedido ao Governo. Além das cobranças usuais de institutos e escolas agrícolas, alguns produtores propuseram

---

383 MACOP, *op. cit.*, 1997.

384 Face aos problemas das secas, fenômeno frequente na região de Macaé, os fazendeiros restringiam-se praticamente as experiências com novas espécies de cana, buscando as mais resistentes às secas e mais ricas em sacarose. O tipo mais comum era a Bois Rouge, resistente a seca, mas contendo baixo teor de sacarose. As técnicas de cultivo, como a preparação do solo, a irrigação, agricultura etc. não acompanharam a modernização da fábrica, provocando desequilíbrio em relação à matéria-prima. Também nos anos de secas, a cana apresentava menor sacarose, além da falta de cuidados provocar doenças e até mesmo a degeneração. Viana, *op. cit.*, p. 154-161.

385 Souza, *op. cit.*

que fossem concedidos incentivos pelo Estado Imperial na forma de prêmios aos agricultores que demonstrassem que tinham aumentado a riqueza da cana de açúcar. Viria à baila novamente o sistema adotado pelos países europeus para incentivar os agricultores a melhorarem a qualidade da beterraba.[386] Em seu segundo relatório ao Ministério da Agricultura, Caminhoá citaria um estudioso francês para demonstrar os benefícios reais que a beterraba estava obtendo em detrimento dos parcos avanços da cana de açúcar.[387]

> Em minha opinião se a beterraba fosse cultivada nas colônias, não forneceria açúcar pelos processos empregados para o trabalho da cana; si esta planta, porém, pudesse existir em França, a quantidade de açúcar que se obtivesse tornaria este alimento de um preço ao alcance de todas as classes da população.[388]

Mas os indícios da relação complexa que se formou entre os proprietários de engenhos centrais e os seus fornecedores demonstram que a má qualidade das canas e as condições climáticas não foram os únicos responsáveis por as fábricas não poderem amplamente utilizar a sua capacidade. A deficiência de matéria-prima por falta de fornecedores iria aos poucos minando o ânimo dos defensores da divisão agrícola e industrial, principal base dos engenhos centrais. As explicações para esta falta de canas foram muitas. Compreende-se que não seria fácil apresentar todos os pontos levantados no período, mas evidentemente alguns se destacavam.

As descrições e os dados existentes sobre estas fábricas apontam a recusa de muitos agricultores vizinhos em enviar as suas canas para os engenhos centrais. Pedro Ramos defende que no Norte este fato era oriundo do temor dos grandes senhores de engenho de perder a base dos seus poderes, isto é, *"o controle completo*

---

386 Pagando aos que aumentassem de 20 a 10%, um prêmio de 10% sobre o valor produzido por esse aumento; 20% aos que aumentassem a riqueza sacarina de 20 a 25% e de 30% aos que elevassem além de 25%. RIO DE JANEIRO. Relatório apresentado ao Dr. Joaquim Mauricio de Abreu presidente do Estado do Rio de Janeiro pelo secretário do Estado das Obras Públicas e indústrias Augusto de Abreu Lacerda. Rio de Janeiro: Tip. Jeronymo Silva & Comp, 1895.

387 O trabalho do francês Peligot, que chegou a publicar uma memória sobre o açúcar de beterraba, seria recorrentemente citado nos periódicos agrícolas brasileiros ou nos artigos e livros que tratassem da questão açucareira.

388 *Apud.*, Caminhoá, *op. cit.*, 1886, p. 53.

que tinham sobre o processo produtivo".[389] Com relação à região Sul não se percebe tanto este tipo de sentimento, até porque muitos dos grandes produtores de açúcar da região construíram as suas fábricas centrais, seja na região de Campos, na Zona da Mata Mineira ou no quadrilátero do açúcar em São Paulo. Dé Carlí acredita que isto se dava, pois os pequenos e médios produtores, - os potenciais fornecedores -, não confiavam na viabilidade daquele *"monstro de ferro que dentro da paisagem industrial do Brasil, era um colosso"*. Assim, os diretores dos engenhos centrais só conseguiam aumentar o número de fornecedores depois que a fábrica já estava montada e funcionando.[390] Neste particular, o pensamento de Caminhoá, que acompanharia de perto a desproporção entra a capacidade da fábrica e a matéria--prima trabalhada, contribui para reforçar a análise de Dé Carlí. O engenheiro fiscal acreditava que um grande número de agricultores ainda não confiava nos engenhos centrais, mas com o tempo este inconveniente desapareceria com a comprovação do êxito da divisão do trabalho.[391]

Para os chamados agricultores progressistas, a percepção de que havia algum nível de dúvida para os homens do período sobre as vantagens dos engenhos centrais, era resultado da falta de instrução de muitos agricultores. Naturalmente, é possível perceber que esse pensamento também era defendido em muitos casos por técnicos. Era inconcebível para estes homens que alguns agricultores preferissem conservar suas engenhocas, dando em média 3% de açúcar em relação ao peso da cana, ao invés de entregar as suas canas aos engenhos centrais. Poder-se-ia dizer, e não se estaria enganado de todo, que se buscava canalizar a cana dos engenhos tradicionais e das engenhocas para suprir os déficits de matéria-prima dos centrais. Mas, não há como negar uma mudança na postura de alguns desses atores com a difusão de uma agricultura científica, que ampliou mais e mais o desprezo pelas

---

389 Ramos afirma que *"os fatos se incumbiriam de mostrar a verdadeira causa do malogro. Os senhores de engenho logo perceberam que a ideia tinha um problema sério, se olhada do alto de seus poderes como classe dominante no Nordeste açucareiro: significava abrir mão do controle completo que tinham até então sobre o processo produtivo, controle esse que era a base mesma daqueles seus poderes. Na concepção do engenho central, a relação de subordinação era clara e estava de acordo com a concepção da moderna produção fabril capitalista: a etapa fundamental passaria a ser o processamento industrial e a matéria-prima deveria subordinar-se às exigências e requisitos desse processamento"*. Ramos, *op. cit.*, p. 56-57.

390 Dé Carlí, *op. cit.*, 1943, p. 47-48.

391 Esta mesma questão era recorrente em vários engenhos centrais visitados pelos engenheiros fiscais no Rio de Janeiro, São Paulo e Minas Gerais.

antigas técnicas de produção de açúcar e cultivo da cana. Caminhoá recomendava que era necessário ter paciência, pois *"só o tempo e os fatos demoverão esses homens tão honestos no fundo, mas pouco conhecedores de seus verdadeiros interesses"*. Mas, para isso, desde logo, era necessário educar a população agrícola.[392]

Não se quer dizer com isso que a demanda cada vez maior por parte destas fábricas mais modernas não influenciasse nas posturas adotadas pelos grandes produtores de açúcar. Esta interpretação é defendida por Faria. Na sua visão, os donos de engenhos mais poderosos que poderiam arcar com a montagem de unidades açucareiras de maior porte tinham como objetivo evitar a expansão das engenhocas e suprir a voracidade do maquinário moderno à custa da matéria-prima produzida por terceiros. Como melhor aclara Faria: *"O interesse dos afortunados parecia ser na direção de concentrar o pequeno e médio produtor na produção canavieira e não na açucareira"*. Evidentemente, este processo de absorção das canas alheias necessitaria de tempo para ser posto plenamente em prática. A curta vida dos engenhos centrais legaria às usinas a responsabilidade de cumprir este objetivo.[393]

Se porventura tudo que era exposto pelos chamados agricultores progressistas fosse realmente certo, se realmente o comprometimento de entregar as canas para um engenho central fosse mais vantajoso economicamente do que beneficiá-la,[394] acredita-se que seria mais fácil cooptar os fornecedores de cana necessários. No entanto, uma conclusão de vários técnicos e alguns senhores de engenho esclarece parcialmente esta questão. Segundo estes homens, o valor pago pelas canas era muito baixo, compensando mais fabricar açúcar bruto, rapadura ou aguardente do que entregá-la in natura. Em um artigo publicado no Jornal do Agricultor, intitulado

---

392 Caminhoá, *op. cit.*

393 Faria, *op. cit.*, p. 141.

394 Uma das melhores descrições das vantagens auferidas pelos fornecedores de cana dos engenhos centrais nas colônias europeias foi o Barão de Monte Cedro, que dizia que: *"O espírito da associação começou a desenvolver-se entre elas e não tardaram a se estabelecer usinas centrais nos lugares mais adequados, onde os pequenos fazendeiros achavam-se aglomerados. Estas usinas com os poderosos aparelhos a vácuo fabricados pelos Derosne, Cail, Rellieux, Ross Beanes, Bernson e outros compravam as canas dos antigos fazendeiros pagando-lhes a razão de 4 a 5$ do peso da cana, isto é, tanto quanto eles conseguiam tirar com os seus banguês e tinham por lucro 5 e 6% do peso da cana, que lhes davam seus aparelhos aperfeiçoados. Deste modo, os fazendeiros tinham o mesmo rendimento da cana sem terem os trabalhos do fabrico, e tinham, além disso, a vantagem de poderem consagrar o tempo que antes consagravam às moagens aos trabalhos da cultura"*. CARNEIRO DA SILVA, João José. *Barão de Monte Cedro. Estudos agrícolas.* Rio de Janeiro: Tip. Acadêmica, 1872, p. 76.

"*Princípios práticos da economia rural*", Paulo de Amorim Salgado defendia que os preços pagos pelos engenhos centrais no Brasil aos seus fornecedores era insignificantemente baixos se for considerado que vão extrair da cana mais de 10%.[395] O problema do pensamento de Salgado é que estes engenhos não estavam tirando 10%. Aliás, poucos tinham um rendimento de 7%. Não muito distinto dos que se podia obter em moendas regulares que davam 6%. Como bem coloca Gnnacarini *a única possibilidade que tinham a mão era a espoliação absoluta do trabalho, e dela os engenhos centrais se valeram frequentemente*".[396]

Um dos primeiros aspectos negativos que mancharia a imagem destes engenhos centrais foi a delonga para se concluir as obras. Vários foram os pedidos de prorrogação dos prazos, por motivos que iam desde a dificuldade em trazer os maquinários às chuvas que impediram a construção dos engenhos.[397] Mesmo se os plantadores da região concordassem em entregas as suas canas não podiam fazer grandes plantações por ignoraram a época de inauguração do engenho. Neste caso, se a companhia não sustentava os contratos com os fornecedores sempre restava a alternativa de beneficiá-la nos engenhos e engenhocas. Nesta época, abandonava-se mais facilmente a ideia de transformarem-se em fornecedores.[398]

A tentativa por parte do Governo de evitar fraudes, ou mesmo o malogro de empresas por falta de cana com a exigência de uma lista de fornecedores trazendo, obrigatoriamente, a quantidade de cana que cada um iria fornecer, poderia ter levado alguns concessionários a apresentarem listas fictícias. O engenheiro Draenert, contratado pelo Governo como consultor técnico, prevenia o Ministro de que os

---

395 Artigo publicado por Paulo de Amorim Salgado no Jornal do Agricultor. Rio de Janeiro: Tip Carioca, janeiro a junho de 1883.

396 O autor cita como exemplo o Engenho Central de Quissamã. Devido à baixa no preço do açúcar, a diretoria decidiu baixar os preços das canas compradas de oito para cinco réis o quilo e reduzir 10% no ordenado de todos os empregados e 200 réis na diária dos empregados. Gnaccarini, *op. cit.*, p. 113.

397 Jarbas Sertório de Carvalho detalha que o transporte dos equipamentos para a usina Anna Florência durou mais de 40 dias e que pelo menos um acidente ocorreu nessa verdadeira aventura "*o veiculo que transportava o 'vácuo' aparelho de colossal dimensão, já alcançava o alto da serra do Geraldo, quando rolou despenhadeiro abaixo. Foram necessários dias e a ajuda de moradores da região para que um novo trecho de estrada fosse feito para o resgate do 'vácuo' daquele abismo*". CARVALHO, Jarbas Sertório de. *Aspectos da indústria açucareira no município de Ponte Nova*. Ponte Nova: Instituto Pontenovense de História, 1954.

398 Relatório do engenheiro fiscal Gervásio Pires Ferreira em 1891. Arquivo Nacional, série agricultura, IA84, pasta 145.

contratos apresentados por algumas companhias não eram a expressão da verdade e a prova de que não tinham valia era que muitas fábricas estavam fechadas por falta de matéria-prima.[399] No entanto, não se sabe até onde esta situação foi gerada pela quebra dos contratos nos momentos em que se tornava mais vantajoso para estes fornecedores produzirem por si próprios o açúcar e seus subprodutos. Um caso emblemático seria os colonos belgas estabelecidos no Núcleo Colonial Rodrigo Silva, - pensado para suprir o Engenho Central de Porto Feliz. Esses colonos muitas vezes cultivavam a cana para produzir aguardente, muito mais lucrativo do que vendê-la como estava estabelecido no contrato original.[400]

Sem dúvida a falta de cana não foi um caso especifico de algum engenho central, mas um problema generalizado. Esse foi um tema que se repetiu incessantemente nos relatórios dos engenheiros fiscais. Um desses engenheiros chegaria a afirmar que a lavoura não estava em condição de fornecer cana para todas estas fábricas. Efetivamente, apenas após alguns anos, os engenhos centrais que ainda não estavam fechados enfrentavam o grave problema de não ter o que moer. Jacy Monteiro citaria três engenhos centrais que já estavam fechados por falta de matéria-prima: "Cláudio", "Porto Feliz" e "Rio Bonito". Talvez um pouco tarde demais para fazer florescer o associativismo e a divisão de trabalho na indústria sacarina, passava-se a perceber a importância da lavoura, pois para o engenheiro o erro estava na pretensão *"dos concessionários de estabelecer a indústria fabril antes de bem estabelecida à indústria agrícola: a moenda antes da cana".*[401]

Malgrado ter enfrentado alguns problemas, o Engenho Central de Quissamã era frequentemente citado como o único que possuia uma maior disponibilidade de canas para moer.[402] A diferença estava no fato de "Quissamã" ter sido um dos poucos a adotar uma das propostas associativistas que defendia que os fornecedores de cana seriam os próprios acionistas da companhia. Isto foi extremamente importante para a sobrevivência do engenho, pois nos períodos críticos podia pagar menos pelas canas.[403] O engenheiro Luís Gonçalves de Oliveira afirmava que esta

---

399 MACOP, *op. cit.*, 1891.

400 Em alguns relatórios técnicos reclamava-se que a proximidade de Porto Feliz com o de Capivary prejudicava ambos os engenhos, que tinham que competir pela matéria-prima.

401 MACOP, *op. cit.*, 1895.

402 Vide Viana, *op. cit.*

403 No entanto, mesmo Quissamã sofreria com a baixa excessiva dos preços. Em 1904, alguns acionistas chegaram a abandonar a Companhia e o engenho teve que moer as safras nas moendas

fábrica, - quase a única que não pagava remuneração exagerada -, era a de maior força compressora e contava com matéria-prima a baixo preço, em quantidade suficiente para trabalhar a fogo contínuo.[404] Sem dúvida, não era difícil perceber que este engenho central se sobressaia em relação às demais companhias que receberam garantia de juros.

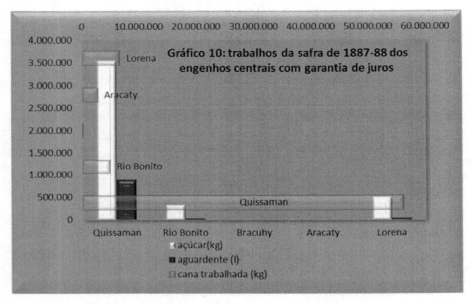

Fonte: Arquivo Nacional, Fundo Agricultura, Engenhos Centrais -IA83.[405]

Mesmo os engenhos centrais, - que contaram com o auxílio estatal por um bom tempo, ou seja, a garantia de juros -, não conseguiram solver este entrave. Desde o início, o Governo tentou incentivar o fornecimento de cana através da obrigação de 10% do valor da garantia de juros ser aplicada na melhoria da lavoura dos fornecedores.[406] Contudo, o Engenho Central de Lorena que foi um dos que

pequenas, visto haver a dificuldade dos fornecedores para abastecer a fábrica com a quantidade da matéria-prima necessária. Arquivo Nacional, Série Agricultura, Engenhos Centrais, Ia83.

404 MAIC, op. cit., 1887.

405 O engenheiro fiscal só dispunha dos dados referentes às canas trabalhadas pelo Engenho Central de Aracaty. O rendimento alcançado para Bracuhy foi extremamente ruim, sendo que o engenho fecharia o ano com um déficit de 11:132$174 réis, trabalhando somente 145.156 kg de cana e produzindo 13.234 kg de açúcar e 2.003l de aguardente.

406 BRASIL. Coleção das leis do Império do Brasil de 1875. Rio de Janeiro: Tipografia Nacional, 1876.

recebeu a garantia de juros por mais tempo, era constantemente citado nos relatos como tendo um fornecimento acanhado em relação às necessidades da fábrica. Caminhoá chegava a lastimar que um engenho tão bem montado não conseguisse moer a quantidade de cana estipulada no contrato de 200.000 kg diariamente. Recomendava então concluir o traçado da linha agrícola com as ramificações para poder buscar mais longe a matéria-prima indispensável para a sobrevivência da fábrica.[407] Deste modo, após algum tempo, mesmo os defensores da divisão entre lavoura e fábrica, como Draenert, afirmavam que em casos extremos como este, a Companhia deveria comprar terras para evitar a situação precária de ter que comprar açúcar para transformar em aguardente e aguardente para transformar em álcool como forma de manter o Engenho. Ainda dizia que as terras deveriam ter sido compradas antes da inauguração se não confiavam em seus fornecedores, pois já há algum tempo a Companhia sabia que a sua fábrica não teria cana e que dificilmente conseguiria novos fornecedores.[408]

Aliás, esta questão da fábrica retomar em parte o plantio da cana começa a ter repercussão nos embates do período. Até mesmo o Governo Imperial parecia abandonar a ideia.[409] Não era possível que esses engenhos tivessem bons resultados quando não eram supridos com matéria-prima suficiente. Mais uma vez, os pequenos engenhos centrais seriam defendidos, posto que na região Sul as grandes fábricas não podiam amplamente utilizar a sua capacidade. Em uma discussão

---

407 Caminhoá, *op. cit.*, 1886.

408 Draennert defeindia que *"se as empresas não possuem terras, os contratos devem ser reais com cláusulas explícitas e rigorosas, de modo que salvaguardem sempre os interesses da fábrica (...). Se as empresas não conseguirem contrato, devem ter terras suas, onde localizem colonos sob condição de suprirem a fábrica. Essa solução é de toda particular, porquanto o fim principal das concessões que o governo tem feito deve ser a divisão do trabalho, urgentemente reclamada para o progresso da indústria do açúcar de cana, não só porque o cultivo da gramínea necessita e continua a necessitar de melhoramentos que bastem para prender toda a atenção do lavrador, como porque o fabrico de açúcar exigia reformas imperiosas e suficientes para ocupar o fabricante exclusivamente"*. Draenert, *op. cit.*,

409 O decreto nº 9589, de 5 de junho de 1886, concedeu autorização para a Companhia Engenho Central de Macaé para se organizar. A diferença das concessões estava no fato explicitado no primeiro parágrafo do estatuto da companhia *"§1.º A companhia poderá, por deliberação da Assembleia geral, adquirir terras para nela cultivar a cana de açúcar, ou arrendá-las a colonos que a cultivem"*. BRASIL. Coleção de leis do Império do Brasil de 1886. Rio de Janeiro: Tipografia Nacional, 1887.

travada na Câmara dos Deputados, o conselheiro Paulino José Soares de Souza[410] concordaria com o deputado Pedro Dias Gordilho Paes Leme, - um dos principais defensores dos pequenos engenhos centrais. Para ele, o luxo das construções, das iluminações, das vias férreas agrícolas, absorvia em despesas somas dificílimas de readquirir pelos lucros da produção anual. Ademais, *"o clima permite esta modéstia e dispensa cobertas de ferro e construções monumentais, não exige senão uma coisa: local espaçoso"*.[411]

Pareceria estranho que fosse este pequeno detalhe, no meio de tantas outras questões mais sérias, que chamasse tanto a atenção dos deputados. Contudo, diante da eminência da bancarrota de muitas fábricas era preciso reduzir os gastos e tornar essas novas fábricas competitivas, pois já se possuía um bom maquinário. E não se fala aqui somente do mercado externo, mas também do mercado interno. Os engenhos e engenhocas tornaram-se grandes concorrentes destas novas fábricas e, segundos alguns técnicos, não fizeram senão contribuir para a sua desgraça. O secretário do Estado das Obras Públicas do Rio de Janeiro avaliava que os custos com a fábrica deveriam ser reduzidos, pois era comum ver grandes fábricas fechadas ou com pouco trabalho, não obstante ao seu lado progredirem os engenhos que empregavam os sistemas grosseiros de extração da matéria sacarina.[412]

Pinassi acredita que o açúcar bruto produzido por engenhos e engenhocas se sobressaía, pois possuíam um mercado relativamente estável. Além da questão de terem um custo de produção mais baixo. Nesse sentido, pelo fato dos seus produtos atingirem uma parte bem maior da população, estes açúcares possuíam um mercado cativo nas aglomerações urbanas de pequeno porte e em boa parte

---

410 Apesar de ter seguido carreira política, assumindo diversos cargos, dentre eles o Ministério da Agricultura e do Império, o Conselheiro Paulino José Soares de Souza, mais tarde Visconde de Uruguai, tornou-se senhor de engenho devido à herança da esposa, descendente de antigos senhores de engenho da região de Itaboraí, além de possuir parentesco com os Macedo Freire e Azeredo Coutinho: senhores de engenho no Espírito Santo e em Campos desde o século XVI. CARVALHO, José Murilo (org). Paulino José Soares de Souza. *Visconde do Uruguai*. São Paulo: Editora 34, 2002, p. 14.

411 O custo de uma fábrica com capacidade para fabricar 25.000 kg de açúcar não deveria exceder a 300.000 francos, o que daria o soberbo lucro de 30% sobre o capital empregado. Jornal do Agricultor. Rio de Janeiro: Tip. Carioca, janeiro a junho de 1888, p. 110.

412 RIO DE JANEIRO. Relatório apresentado ao Dr. Joaquim Mauricio de Abreu presidente do Estado do Rio de Janeiro pelo secretário do Estado das Obras Públicas e Indústrias Augusto de Abreu Lacerda. Rio de Janeiro: Tip. Jeronymo Silva & Comp, 1895.

do interior.[413] Um ponto muito importante e pouco comentado pelos principais defensores dos engenhos centrais era o custo mais elevado da produção do açúcar superior. Segundo os cálculos apresentados por Draenert no Jornal do Agricultor, em um engenho primitivo se gastava cerca de 1$000 réis para transformar 1 tonelada de canas em 60 kg de açúcar mascavo. Esta despesa nos engenhos centrais era muito maior, pois se elevava a 5$770 réis, obtendo-se, porém, 71.8 kg de açúcar cristalizado de superior qualidade por 1 tonelada de cana.[414]

Como boa parte da produção era destinada ao mercado interno e os açucares melhores necessariamente teriam que ser consumidos no país, travou-se uma disputa entre o açúcar branco e o açúcar cristalizado ou o refinado. Além do preço, existia a questão do hábito alimentar da população, forjado durante longos anos e que não era fácil de mudar.[415] Raffard não subestimou esta concorrência e defendia que se deveria incentivar a população a fazer uso do bom açúcar, pois mesmo nas localidades já servidas por linhas férreas não deixam de adoçar *"com melado as muitas xícaras de café que bebem e principalmente que oferecem aos hóspedes"*. Se os brasileiros mais carentes não eram ainda bons consumidores deste tipo de açúcar, a elite também não o era. O engenheiro expressava a sua insatisfação pelo fato das confeitarias preferirem utilizar *"os pães de Hamburgo ao nosso melhor açúcar e sustentar a importação de um gênero que exportamos e assaz em larga escala, quando poderíamos obter aqui em condições iguais"*.[416]

Assim, por mais que se elaborassem argumentos que legitimassem a superioridade dos engenhos centrais, o seu estado não era muito mais lisonjeiro do que o restante da indústria açucareira brasileira. Na verdade, seria de se esperar também que o país não passasse incólume do certâmen que se travava no

---

413 PINASSI, Maria Orlando. *Do engenho central à agroindústria: o regime de fornecimento de canas.* Coleção Cadernos do CEDEC n. 9, 1987, p. 25.

414 Artigo publicado pelo engenheiro Draennert no Jornal do Agricultor. Rio de Janeiro: Tip. Carioca, janeiro a junho de 1883.

415 A concorrência feita pelo açúcar mascavo ainda seria uma pauta problemática para as usinas mesmo após a criação do IAA. Mintz ao estudar o consumo da população mais pobre da Jamaica relata que era muito comum observar que as pessoas mais pobres das sociedades menos desenvolvidas eram, em muitos aspectos, as mais tradicionais. Um produto consumido pelos pobres, tanto porque estavam acostumados a ele como porque não tinham outra opção, seria desprezado pelos ricos, que quase nunca o comiam. Mintz, *op. cit.*, p. 19.

416 Raffard, *op. cit.*, p. 23.

mercado internacional,[417] principalmente pela desvantagem técnica que ainda caracterizava a maioria dos engenhos do país, até porque nos últimos anos do Império, as exportações do açúcar brasileiro caíram muito. Durante os anos de 1883-1886 chegaram a apresentar uma queda de 60%, não obstante a produção continuar a se expandir mesmo nas áreas cafeeiras. Mas, nestes anos houve também um permanente crescimento do mercado interno, que não deve ser ignorado sob o risco de deixar de lado um dos mais importantes componentes da produção açucareira nacional.

Em 1887, um relatório apresentado ao Ministério da Agricultura por conhecidos técnicos do período resumiu em nove pontos as principais causas que na sua opinião entorpeciam o desenvolvimento da indústria sacarina.[418] Interessa, por hora, observar que os quatro primeiros pontos estavam relacionados aos problemas no fabrico do açúcar e no cultivo da cana: cultura imperfeita, levando ao alto preço da matéria-prima; falta de estações agronômicas para melhorar a riqueza sacarina e divulgar os meios da cultura econômica; fabricação grosseira e mau tratamento dos caldos; pessoal sem habilitação técnica, o qual encarece o fabrico sem aumentar o rendimento do açúcar.

O pensamento constante nos pontos acima guarda uma constante que teve repercussões até nos embates posteriores. Lutava-se para mudar a natureza da indústria açucareira brasileira e transformá-la no modelo idealizado que tanto foi almejado pelos produtores de açúcar do período. A morte prematura dos engenhos centrais ou, como seria mais correto dizer, a sua transformação em usinas não encerra o período das grandes transformações açucareiras. Sem dúvida, o que se vê é um desenvolvimento gradual pautado por fatores internos e externos à conjuntura brasileira. Como prova disso é exemplar a expansão e a melhoria da produção açucareira e dos seus subprodutos nos anos vindouros ao Império.

---

417 O deputado José Luiz Coelho e Campos defendia que na Alemanha poucas fábricas tiravam vantagem do trabalho, reduzindo-se a área do cultivo; na Rússia se determinava o quantum da produção, além do qual não há favor ou concessão alguma. Na França fechavam-se mais de cem fábricas. Em Cuba os trabalhadores pediam a altos brados serviço à custa apenas de alimentação e perdiam-se vastos canaviais. Em Java solicitavam-se novos favores e auxílios da metrópole. Nas ilhas Sandwich, Mauricio e outras, os mesmos clamores. O que tudo fazia concluir que a crise era geral, aqui como lá. Discurso do Deputado José Luiz Coelho e Campos. In: BRASIL. Anais da Câmara dos Deputados. Rio de Janeiro: Imprensa Nacional, 1887, p. 305.

418 A comissão de técnicos foi formada por Pedro Dias Gordilho Paes Leme, Frederico Maurício Draenert, Frederico Janot, Agostinho Neto, Luiz de Castilho, Alfredo Ferreira dos Santos.

A QUIMERA DA MODERNIZAÇÃO   165

As outras observações são todas decorrentes da incapacidade do mercado interno absorver a produção de tal forma a evitar os excessos: acanhado desenvolvimento da indústria nacional que emprega açúcar e álcool em suas manufaturas e pequeno consumo no interior. Mas se vai adiante e se culpa particularmente a ação do Estado, que atuaria muitas vezes mais como um empecilho para o desenvolvimento desta indústria do que como um amparo. Neste caso, não se deixava de citar os impostos de exportação e interprovinciais que sobrecarregavam a mercadoria e a velha demanda dos produtores: a falta de instituições de crédito. Para eles, esta indústria carecia inquestionavelmente de muito mais auxílios, porque afinal, assim o faziam os outros principais países produtores de açúcar.

Por último, a comissão se remete à incapacidade do Brasil conseguir um bom posicionamento no mercado externo devido aos prêmios concedidos pelos outros países e os tratados de favores recíprocos. Impressiona particularmente não se retomar aqui o discurso de que o Brasil sempre pôde ser um grande produtor de açúcar e influenciar no comércio internacional desde que conseguisse superar a cultura imperfeita das canas e a fabricação descurada do açúcar, pois possuía fatores como excelente clima, solo etc. Talvez a percepção de que a expansão fantástica do mercado externo encontrara seu equilíbrio pelo crescimento não menos prodigioso do açúcar de beterraba e de cana e não absorveria tão prontamente a entrada de novos concorrentes já fazia parte da realidade dos seus atores.

Embora a conjuntura internacional gerasse em parte tal insucesso, muito se pensou sobre os motivos que comprometeram flagrantemente a evolução destes engenhos centrais, ao ponto de apresentarem na maior parte dos anos resultados negativos. Seria impossível ignorar que seria duro para estes produtores o golpe de ver os tão afamados engenhos centrais apresentarem pequenos saldos ou mesmo saldos negativos. Na safra de 1890-91, "Quissamã" conseguiu somente um saldo muito pequeno de 37:000$000. Muito pior seria a situação dos vários outros engenhos centrais: "Cláudio" apresentou um enorme déficit, acompanhado por "Rio Bonito" que amealhou um saldo negativo de 6:000$000; "Lorena" teria o pior resultado negativo, 21:700$000 réis e para o "Paulista" o déficit seria de 5:600$000. A situação dos engenhos centrais mineiros também não seria boa, foram fechados os de "Aracaty" e "Vau-Açú". Ademais, em 1887, o presidente da Província de Minas Gerais reclamava que "Rio Branco" não possui renda superior ao seu custeio.[419]

---

419 Parecer do consultor técnico Draennert, Arquivo Nacional, série agricultura, Engenhos Centrais, Ia84; MINAS GERAIS. Relatório que ao Exm. Sr. Dr. Antonio Teixaira de Souza Magalhães 1º

A situação financeira de alguns desses engenhos centrais seria tão ruim no início da Primeira República, que os seus proprietários não conseguiram retê-los. A originalidade seria a entrada do capital francês, até o momento, fato inédito na indústria açucareira da região.[420] São Paulo surpreende pela aquisição dos seus quatro principais engenhos centrais: Piracicaba, Villa Raffard, Porto Feliz e Lorena, unidos posteriormente em uma só Companhia: a Société de Sucreries Brésilienne, que também seria proprietário de dois engenhos centrais no Rio de Janeiro: Cupim e Tocos.[421] Minas Gerais também não ficaria fora deste processo. Em 1907, o Engenho Central do Rio Branco transformou-se na Société Sucrière de Rio Branco.[422] Mesmo que o nome ainda subsistisse, pode-se dizer que não havia mais engenhos centrais, mas sim usinas. Pode-se mesmo afirmar que os engenhos centrais foram um sonho do Império e, quiçá, por isso viram as suas forças se esvaírem no mesmo instante. Mas, a despeito disso é inegável que apenas a ideia original de separação da indústria e da lavoura não vingou. Sucede que as experiências e conquistas desta fase seriam fundamentais para os passos seguintes, mesmo que quase se tenha quebrado as pernas, como diria no alto da maturidade dos que viviam do açúcar: o Barão de Monte Cedro.

Vice-presidente da Província de Minas Gerais apresentou o Ex. Sr. Desembargador Francisco de Faria Lemos ao passar-lhe a administração da mesma província em o 1º de janeiro de 1887. Ouro Preto: Tip. de F. de Paula Castro, 1887.

420 Não se pode esquecer que o capital estrangeiro, principalmente inglês e francês, já estava presente no país há algum tempo, na montagem de estradas de ferro, venda de maquinário etc. As maiores investidas na aquisição de concessões para a montagem de engenhos centrais durante o período do Império se daria no Norte e não no Sul, que teve grande parte dos seus engenhos centrais construídos pelo capital nacional.

421 SZMRECSÁNYI, T. J. M. K. A French free-standing company in Brazil's sugar industry: a case study of the Société de Sucreries Brésiliennes, 1970-1922. In: Wilkins, Mira; Schröter, Harm. (Org.). *The free-standing company in the world economy 1830-1996*. Oxford: Oxford University Press, 1998, p. 279-290.

422 DELANEY, LT. & LLOYD, Reginald. *Impressões do Brasil no Século XX*. Londres: Lloyds Greater Britain Publishing Company Ltd., 1913.

CAPÍTULO 2

A CRISTALIZAÇÃO: A PRODUÇÃO DE AÇÚCAR DEPOIS DOS ENGENHOS CENTRAIS

O renovo dos engenhos centrais: as usinas

Um poeta dizia que o menino é pai do homem

Machado de Assis

Como se viu, assim como os grandes produtores de açúcar de cana, o Brasil foi fortemente influenciado pela racionalização da produção alcançada pelos produtores de açúcar de beterraba através da centralização industrial e da descentralização agrícola. A diferença fundamental que se criou entre a produção dos países europeus e a brasileira foi a impossibilidade de abastecer as novas máquinas com a matéria-prima necessária sem controlar as terras para balancear as falhas dos fornecedores. Os pioneiros donos dos engenhos centrais brasileiros entenderam, - muitos deles tardiamente -, que era incompatível investir quantias extremamente elevadas na modernização das suas fábricas sem ter controle absoluto do mínimo de canas necessárias para moer e garantir uma safra lucrativa. As usinas por esta característica igual aos engenhos centrais, de procurar adotar o moderno maquinário, somada à necessidade de adquirir cada vez mais terras, seria igual ao galho novo que brota do toco de uma árvore recém-cortada e que dá origem a uma nova árvore. Emergiram de uma mesma raiz, mas nem sempre possuem a mesma forma.

O termo usina foi adaptado do francês *"usine"* que significava estabelecimento industrial munido de máquinas.[1] A denominação usinas centrais foi usada comumente durante o final do Império como um sinônimo para engenho ou fábrica

---

1 Dicionário Eletrônico Houaiss da Língua Portuguesa. Instituto Houaiss. Editora Objetiva Ltda. Novembro de 2009.

central.[2] A utilização posteriormente adotada do vocábulo "usina" para os engenhos que utilizassem uma tecnologia mais moderna seria motivo de confusões até os dias atuais.[3] O significado de fábrica, usina e engenho era o mesmo. O que acrescia um novo valor era a palavra "central", que tanto podia significar a estratégica posição da fábrica, - enclavada em um ponto que melhor propiciasse desde o seu abastecimento pelos vários fornecedores até a proximidade com os meios de comunicação -, quanto podia sugerir a preocupação em ressaltar a racionalidade da divisão do trabalho. Nesse caso, a palavra "central" sempre foi o ponto chave para os defensores da centralização industrial e da descentralização agrícola, mesmo que apresentassem nacionalidades diferentes: engenhos, usinas ou fábricas centrais; centrales azucareras; usines centrales, central sugar mills etc.

Mas, deve-se ir por partes, até porque o Brasil apresentava uma grande quantidade de tipos de unidades produtoras de açúcar. Um dos melhores trabalhos que expressou estas diferenças foi feito pela Diretória de Estatística, em 1913. Considerava-se ser uma usina de açúcar toda a fábrica em que o caldo de cana era evaporado com o auxílio do vapor, e que o açúcar depois de granulado era passado nas turbinas. A Diretória entendia que eram engenhos centrais todas as fábricas de açúcar importantes que recebessem cana de fornecedores para fabricar açúcar, seja comprando a cana em dinheiro ou dando uma parte em açúcar. Ou melhor, a denominação "usina" sem ser acompanhada pelo complemento "central" prestou--se a qualificar as unidades açucareiras mais modernas no período que podiam dispor de cana própria.[4] A mensagem é clara para Miguel Costa Filho, *"a ideia do*

---

2   Um exemplo seria o famoso relatório de Richad Burton sobre os engenhos centrais na Martinica "Relatório feito pelo Sr. Richard Burton comissionado por Porto Rico para visitar as usinas ou engenhos centrais da Martinica", em 1872. O Barão de Monte Cedro também grafaria em seu trabalho "Estudos Agrícolas" que *"não tardaram a se estabelecer usinas centrais nos lugares mais adequados"*. Carneiro da Silva, *op. cit.*, p. 77.

3   Vide o trabalho de Maria Emilia Prado que defende que mesmo a documentação oficial do período em análise confundia os dois termos, uma vez que as usinas não podem ser classificadas como engenhos centrais. A autora cita para comprovar a sua hipótese o artigo primeiro do decreto nº 5257 de 19 de abril de 1873, concedendo à Companhia Agrícola de Campos autorização para funcionar: *"A associação anônima denominada Companhia agrícola de Campos, (...) se propõe a estabelecer usinas centrais para a fabricação de açúcar e aguardente..."*. PRADO, Maria Emilia. *Engenhos Centrais e usinas no Norte Fluminense*. Mensário Arquivo Nacional, Rio de Janeiro, n. XI, 1989, p. 8-17.

4   Ademais, segundo esta classificação, engenho de açúcar era toda a fábrica de açúcar movida por qualquer motor que fabricasse a olho nu, como os banguês; destilaria era todo o engenho que

engenho central foi abandonada porque carregava consigo a ideia da separação da produção agrícola da industrial".[5]

Note-se, porém, que a necessidade de explicações sobressalentes se fizeram necessárias em consequência de que, como talvez se possa dizer, a reforma ficou a meio caminho. Sabe-se que a mudança advinda na legislação após a aprovação dos estatutos do Engenho Central de Macaé e a permissão dada para o cultivo de cana próprio em 1886, marcou uma nova postura por parte do Governo Imperial. Este novo posicionamento refletiu em parte a insatisfação dos produtores com os resultados obtidos com o novo sistema produtivo. Ainda assim, manteve-se o nome engenho central por algum tempo, quiçá por o encantamento ainda não estar de todo quebrado. No entanto, no decorrer dos anos, o péssimo resultado apresentado transformaria esta em uma expressão incômoda.

Não seria surpresa que poucos mantivessem em seus nomes a alcunha que expressava a dissolução do trabalho agrícola e industrial, como foi o caso do Engenho Central de Quissamã. Mas, mesmo este seria um caso *sui generis*, uma vez que se está falando do primeiro engenho central fundado no país e tão bem montado e administrado que conseguiria se sobressair em relação aos demais. Os antigos engenhos centrais do Terceiro Distrito, como Limão, Monte Alegre, Cupim, Sant'Anna, Piranga e muitos dos que ainda mantinham o nome mesmo já funcionando como usinas, resolveram enfim abandoná-lo. Dé Carlí daria destaque a esta complexa transição das ideias tão arduamente defendidas apenas alguns anos antes, isto é, a descentralização agrícola, para um sistema cada vez maior do controle das terras nas mãos de um só homem. Assim, ele dizia que:

> Começava a dominar o espírito das usinas. Engenho central em breve, seria uma reminiscência. A usina viria a nascer, se alargar, crescer e torcendo-se o sentido inicial da divisão do trabalho, possuidora de um espírito insatisfatório,

---

só fazia álcool ou aguardente quer de cana ou outras matérias-primas; já as engenhocas designavam todo aparelho ou estabelecimento que só fazia rapadura e não açúcar e aguardente. In: A Lavoura. Boletim da Sociedade Nacional da Agricultura. Rio de Janeiro: Imprensa Nacional, setembro a dezembro de 1913.

5   COSTA FILHO, Miguel. Engenhos centrais e usinas. In: Revista do Livro, ano V, n. 19, setembro de 1960, Rio de Janeiro: MEC/INC, 1960, p. 88.

> transmutaria as feições das coisas, enveredando por plantios
> de canas e para a posse de terras e mais terras.[6]

Neste momento, a usina representou um ponto de inflexão, mas não de uma mudança radical ou célere na mentalidade dos homens do período. O ideal de separação da indústria e da lavoura ainda assombraria os responsáveis pela indústria açucareira por um tempo bastante longo. No entanto, alguns desses homens questionavam-se sobre a grande dificuldade de suprir a capacidade do maquinário apenas com a cana dos fornecedores, ou a importância de criar zonas de controle de matéria-prima de uma usina em relação à outra, pois a falta de controle sobre a matéria-prima sujeitava estas empresas a todo tipo de contratempo e prejuízos. Em princípio, portanto, os representantes da indústria açucareira referiam-se a necessidade de contar com canas próprias quase como uma obrigação, uma necessidade sentida frente aos problemas enfrentados pelos engenhos centrais, ou seja, fábricas incapazes de suprir minimamente a matéria-prima necessária para o pleno funcionamento do seu maquinário. Nesse sentido, o controle de vastas extensões de terra se tornou uma exigência para a construção de grandes fábricas. Se a ameaça de falta de matéria-prima justificou o projeto das usinas, a produção dos fornecedores pode ser pensada a partir deste momento como uma complementação à cana de usina.[7]

No entanto, há que se ressaltar que não interessava ao usineiro eliminar totalmente os fornecedores de cana. De fato, observa-se nos anos que compreendem a Primeira República uma oscilação muito grande dos preços tanto no mercado externo quanto no interno. Na opinião de Barbosa Lima Sobrinho, o usineiro mantinha um certo número de fornecedores, pois obtinha um elemento a mais com o qual podia dividir os riscos da plantação. Além disso, a parte industrial era mais vantajosa economicamente e mais estável. Mesmo que a oscilação dos preços também prejudicasse os lucros dos usineiros, os riscos maiores sempre recaiam sobre a parte agrícola. Da mesma forma que os engenhos

---

6   DÉ CARLÍ, Gileno. *A Evolução do Problema Canavieiro Fluminense*. Rio de Janeiro: Irmãos Pongetti, 1942, p. 38-39.

7   O Brasil não seria o único país a passar por este processo de concentração das terras. Para a chamada cana própria, em Cuba se expandia a *"caña por administración"*, particularmente após a aquisição de muitos dos centrales pelos americanos. DÉ CARLÍ, Gileno. *O Drama do açúcar*. Rio de Janeiro: Pongetti Editores, 1941.

centrais, as usinas teriam certa dificuldade em subjugar os fornecedores de cana que no passado possuíram um engenho.[8] Assim, o controle da produção passou muitas vezes pelos chamados lavradores[9] no Norte e a adoção do sistema de colonato no Sul, mesmo que para isso a usina tivesse que concorrer com os capitais do financiamento para a lavoura e as terras.[10]

Nos primeiros anos da República, expôs-se em vários escritos a vulnerabilidade das antigas companhias açucareiras pela sua incapacidade de garantirem o controle de uma parte da produção agrícola e, consequentemente, a impossibilidade de alcançar a média diária de produção, - o que levava ao aumento do custo mesmo com um maquinário mais potente. Não que este tema não tivesse sido levantado já nos últimos anos do Império, mas os problemas de alguns dos mais importantes engenhos centrais foram tomados como uma experiência adquirida por vivência. Ademais, a percepção mais acurada de alguns dos agricultores progressistas e as primeiras tentativas de mudança ocorreram quando já se sinalizava a eminente mudança de forma de governo.

Como se viu, a realidade vivenciada pelos técnicos responsáveis pela fiscalização dos engenhos centrais rompeu progressivamente com a ilusão de implantar no Brasil o princípio da separação agrícola e industrial, pois a maioria desses engenheiros passou a fazer a defesa da transição para um sistema onde as modernas fábricas também controlassem as terras nos moldes dos engenhos tradicionais. Tal foi o caso do engenheiro Frédéric Sawyer[11] que afirmava que os engenhos centrais só começaram a trabalhar como era esperado após comprar terras para o plantio da cana, diretamente ou por colonos a peso. Como se sabe, eram momentos difíceis aqueles para a indústria açucareira brasileira e o próprio Sawyer defendia que alguns sistemas produtivos deveriam ser modificados pelas circunstâncias especiais dos países

---

8   A própria existência de greves durante esse período é demonstrativa de uma relação não tão harmônica entre esses dois atores.

9   Esses lavradores de cana obrigada, tanto podiam ser meeiros que trabalhavam nas terras do engenho numa base de participação, quanto arrendatários ou ainda aqueles que possuíam terra, mas cuja colheita fora dada em garantia em troca de dinheiro ou crédito.

10   Produzir toda a cana só passou a ser interessante para os usineiros quando o IAA garantiu um preço mínimo de remuneração para as usinas.

11   O engenheiro Fréderic Sawyer trabalhou no Engenho Central de Capivari e em usinas em Tucumã. Ademais, segundo um pequeno currículo feito por ele, era Cavalheiro da Ordem Imperial da Rosa por Serviços Militares, Membro da Sociedade Paulista de Agricultura e representante da mesma sociedade na Conferência Açucareira do Recife.

em que eram aplicados. Neste particular, ainda insistiria nos problemas ocasionados quando se transplantava empresas com bons resultados em alguns países a uma região com condições outras sem se estudar cuidadosamente a realidade que estas empresas iriam encontrar. Dizia ele que:

> A separação completamente racional das funções do cultivador e do industrial foi fortemente recomendada pelos economistas, pela ciência social, tem dado resultados excelentes em outras partes, tem sido aqui um insucesso e os engenhos têm sido obrigados a retomar em mãos a cultivação de suas canas de açúcar.[12]

Releva notar que enquanto no debate entre os responsáveis pela política de amparo aos engenhos centrais foi aos poucos se arrefecendo no âmbito federal,[13] no espaço estadual o projeto de incentivar a modernização da indústria açucareira teve continuidade e conheceu progressos com a aclamação de uma nova musa: as usinas. Em Pernambuco, os presidentes do estado apoiaram a construção de usinas com empréstimos.[14] Nos estados do Sul, não seria muito diferente. As usinas contaram com políticas de fomento e o apoio de muitos estadistas, - defensores arraigados da diversificação da produção. Júlio Brandão Sobrinho, um importante técnico da Secretaria da Agricultura, Comércio e Obras Públicas de São Paulo, defendia que os auxílios estatais deveriam ser dados aos grandes proprietários de terras. Para ele, o

---

12 Sawyer, *op. cit.*, p. 106-108.

13 O decreto nº 161 concede a última garantia de juros de 6% a um engenho central no Vale do Capió, no estado do Rio Grande do Norte. Dé Carlí aponta que a ação mais efetiva do Estado frente os problemas da indústria açucareira prevaleceu até 1897, e depois desta época, somente a redução de taxas e direitos aduaneiros é que beneficiou a indústria açucareira, que já nascera em bases tão precárias. Dé Carlí., *op. cit.*, 1942.

14 Eisenberg cita os empréstimos concedidos pelo Barão de Lucena aos interessados em construir pequenas usinas. Política continuada por Corrêa e Silva e incrementada por Alexandre José Barbosa Lima. Os governos seguintes estimulariam os usineiros já endividados com o tesouro estadual, mediante maiores facilidades de pagamento, que em muitos casos se transformaram em indulto das dívidas. Para o autor, essa política auxiliaria as usinas a sobreviver e as usinas subsidiadas constituíram o núcleo do moderno setor da indústria pernambucana de açúcar. Dos 62 engenhos centrais e usinas surgidos no estado até 1910, pelo menos 43 tinham recebido algum tipo de subsídio. Somente estes engenhos subsidiados produziam um terço de toda a safra açucareira de Pernambuco. EISENBERG, Peter L. *Modernização sem mudança: A indústria açucareira em Pernambuco (1840-1910)*. Rio de Janeiro: Paz e Terra; Campinas: UNICAMP, 1977, p. 130-132.

fortalecimento da cultura própria regularizaria a produção das fábricas e diminuiria a influência dos fornecedores de cana, evitando as canas passadas ou há tempos cortadas que diminuíam a porcentagem de sacarose no caldo.[15]

A nova realidade das usinas foi assim alterando a visão idealizada que se traçou em torno dos engenhos centrais. Como diria Barbosa Lima Sobrinho, a usina não trazia a limitação dos maquinários pouco aperfeiçoados dos engenhos tradicionais, que mesmo possuindo um acesso quase ilimitado a terra não podiam utilizá-la ao máximo, pois não havia como ultrapassar a capacidade das máquinas. Por outro lado, o novo progresso industrial adotado nas fábricas centrais não foi plenamente posto à prova pela escassez da matéria-prima dos fornecedores. A usina foi a maneira diante destes obstáculos de enxergar uma saída, ou melhor, a resposta encontrada foi a absorção das terras vizinhas para suprir o maquinário mais moderno.[16] Em 1911, um artigo publicado na revista *A lavoura*[17] retomava o mesmo argumento anteriormente utilizado para a introdução dos engenhos centrais no Brasil: o retorno aos tempos áureos da indústria açucareira. Assim, alardeava-se que a usina já exercia no Brasil uma influência excepcional, uma vez que realizava o ciclo completo da atividade agrícola e possuía poderosos maquinismos para tratar a matéria-prima, além de assentar linhas agrícolas para o transporte e adiantar o capital do movimento necessário à fundação, tratamento e colheita das canas.[18]

No seu estudo comparativo entre a indústria açucareira paulista e fluminense, Júlio Brandão Sobrinho ressaltava que em São Paulo todas as usinas tinham lavoura própria, embora insuficientes, pois eram numerosos os fornecedores de cana. Para ele, a tendência era o alargamento da cana própria até pelo encarecimento

---

15 Boletim da Agricultura ano de 1903. São Paulo: Tip da Indústria de São Paulo, 1903.

16 Não se pretende neste trabalho analisar a tendência da usina de concentrar terras para garantir o fornecimento de matéria-prima ou criar uma zona de proteção em relação a outras usinas, pois este assunto frequentemente foi tratado na historiografia. Vide os trabalhos de LIMA SOBRINHO, Barbosa. "Dos engenhos centrais às usinas de açúcar de Pernambuco". In: Separata de Jurídica, Revista da Divisão do Instituto do Açúcar e do Álcool. Rio de Janeiro, 1971; AZEVEDO, Fernando. *Canaviais e engenhos na vida política do Brasil: Ensaio sociológico sobre o elemento político na civilização do açúcar.* Rio de Janeiro: Instituto do Açúcar e do Álcool, 1948; RAMOS, Pedro. *Agroindústria canavieira e propriedade fundiária no Brasil.* São Paulo: Hucitec, 1999, dentre outros.

17 A Revista se tornou o principal veículo de divulgação utilizado pela SNA.

18 A Lavoura. Boletim da Sociedade Nacional da Agricultura. Rio de Janeiro:Imprensa Nacional, abril de 1911.

das terras nestas regiões, o que funcionaria como um incentivo a concentração territorial. Em Campos, o processo era o mesmo, isto é, as usinas buscavam alargar seus domínios a fim de evitar qualquer embaraço que no futuro as colocassem em situação precária.[19] Da mesma forma, em Minas Gerais, Brant ressalta a compra de terras pelas usinas, como no caso da Anna Florência.

A questão da necessidade de modernizar a indústria açucareira não dava margem a dúvida desde o período dos engenhos centrais. Como dizia uma expressão do período, a sua necessidade era sentida por todos *"desde a cabana até o palácio"*. Nesse sentido, se antes os pequenos engenhos centrais foram considerados uma alternativa ou o sistema misto, - que apregoava a introdução aos poucos do maquinário mais moderno -, a transformação de alguns engenhos tradicionais e pequenos engenhos centrais em usinas menores começou a ser posta em prática. Os relatos e a documentação referentes a este processos são parecidos em todas as regiões do país nos primeiros anos da República.[20]

As vantagens das usinas foram consideradas grandes. Pareciam não se lembrar de que estes agricultores progressistas, - homens considerados de tino, pois não iriam inventar uma ideia que os havia de embaraçá-los ainda mais, mas novamente copiá-la -, havia há poucos anos asseverado o grande sucesso que teriam os engenhos centrais no Brasil. Mesmo com as poucas informações prestadas pelos técnicos, pode-se constatar que na imagem que era auferida as usinas, pesava-lhe ainda um último elo com os problemas anteriormente enfrentados pelos engenhos centrais. Se questões anteriormente na ordem do dia destas fábricas, como mão de obra, qualidade da produção, vias férreas, foram aos poucos sendo resolvidas, restava ainda o baixo rendimento industrial. Deve-se lembrar que não foram poucos os reclamos durante o período dos engenhos centrais da baixa rentabilidade industrial destas fábricas, mesmo que elas contassem com um maquinário mais moderno. Em relação a esta matéria, parece não haver qualquer diferença em relação às usinas, mesmo que se faça menção aos trabalhos por volta da última década da Primeira República. Tal é o caso do estudo feito por José Severiano da Fonseca

---

19 BRANDÃO SOBRINHO, Júlio. *A lavoura da cana e a indústria açucareira dos estados paulista e fluminense.* São Paulo: Tip. Brasil de Rothschild & co., 1912.

20 A mudança maior só de daria com a fundação das oficinas Dedini na década de 1920. Para uma análise mais detalhada da importância da Dedini como fornecedora de máquinas para as usinas ver: NEGRI, Barjas. Um estudo de caso da Indústria Nacional de equipamentos: Análise do grupo Dedini (1920-1975). Dissertação de mestrado, Campinas, ICCH da UNICAMP, 1977.

Hermes Júnior em 1922.[21] Ele apontava que a média de rendimento das boas usinas no Brasil era de 7,8%. Ora, desde o período do Império se esperava um resultado de 10%.[22] A revista *A Lavoura* insistiu no tema por todos os anos da Primeira República, queixando-se que este rendimento estava abaixo da capacidade fabril das usinas brasileiras.[23]

Mas certamente não se propalava tais queixumes sem um motivo. O estudo realizado pela Diretória Geral de Estatística apresentava dados bastante semelhantes aos das outras análises. Algumas usinas revelavam, vez por ora, médias mais elevadas entre 8 a 10 %, mas este resultado só era alcançado por apenas uma quarta parte delas que possuíam aparelhos de expressão múltipla. A Diretoria calculava que na maior parte destas fábricas, o aproveitamento industrial não excedia a taxa de 7% em 70% das usinas que utilizavam o processo de extração simples. De qualquer forma, o contraste com o resultado obtido pelos banguês, que atingiam 4,5%, parecia indicar que ao fim e ao cabo o saldo era positivo. Contudo, enxergava-se o ponto de maior vulnerabilidade não quando o referencial era a própria indústria açucareira do país, e sim ao comparar os resultados alcançados no Brasil com os outros principais países produtores de açúcar de cana, como Java, onde as médias gerais oscilavam entre 10 e 11% e, não raro, os coeficientes subiam a 11, 12 e 13%.[24]

Ora, após o decorrer de mais de duas décadas, a explicação para esse problema continuava a ser a mesma dada pelos engenheiros fiscais do Terceiro Distrito. Os defeitos e a má instalação dos maquinários comprometiam o rendimento do açúcar que geralmente era inferior à capacidade fabril destas usinas. Um exemplo seriam as usinas de Campos, onde as taxas de rendimento podendo ser de 11% e que não se elevavam, em geral, a mais de 7%. E mais, continuava-se a culpar os refinadores por não terem modernizado as suas fábricas, o que acabava obrigando as usinas a prepararem diretamente o açúcar de melhor qualidade, o que diminuía a média de aproveitamento industrial e encarecia o custo da produção.[25] A

---

21 Diplomata, 2º secretário de legação, ex-encarregado de negócios do Brasil em Cuba.

22 HERMES JÚNIOR, João. *O açúcar como fator importante da riqueza pública no Brasil: trabalho apresentado a sua excelência o Sr. Presidente da República*. Rio de Janeiro: Tip. do Jornal do Commercio, 1922, p. 139.

23 A Lavoura. Boletim da Sociedade Nacional de Agricultura. Rio de Janeiro, 1899-1930.

24 MAIC. Diretória Geral de Estatística. *Indústria açucareira no Brasil*. Rio de Janeiro: Tip. de Estatística, 1919, p. 92-93.

25 *Ibidem.*

única, mas talvez não tão original frente aos estudos desenvolvidos sobre os problemas da indústria açucareira, foi o maior descontentamento com a qualidade da matéria-prima que contribuía para o baixo rendimento destas fábricas. Demais, não se deve esquecer que a posição ocupada anteriormente pelo açúcar brasileiro continuaria a marcar a orientação desses técnicos, direcionando as suas ações em grande parte para a recuperação da antiga posição do Brasil no mercado externo. Nesse sentido, Bulhões Carvalho[26] lamentava que fosse *"forçoso deduzir que, na fabricação do açúcar, o Brasil não ocupa ainda o lugar que lhe compete".*[27]

Mas se as condições da parte fabril da usina ainda era uma preocupação dos técnicos, o alvo prioritário das críticas mais contundentes foi realmente a permanência no cenário açucareiro nacional do banguê. Repeliam particularmente a sua quantidade, a má qualidade do seu açúcar, o seu baixo rendimento industrial, ou seja, incluírem-no no rol dos grandes males da indústria sacarina do Brasil. Aliás, o seu número chegou a ser motivo de controvérsias já que existia uma dificuldade em realizar um bom trabalho estatístico. Segundo os vários estudos do período muitos eram os banguês e engenhocas disseminados pelo território nacional. Na sua maioria, esses engenhos fabricavam açúcar para o consumo local, o que tendia muitas vezes a dificultar mais ainda este controle.[28]

Já em 1905, na Conferência Açucareira do Recife, estas pequenas unidades produtivas foram o alvo das críticas mais contundentes. Curiosamente, resta comentar a ênfase dada à origem das denominações destes dois sistemas produtivos de açúcar. Quiçá, buscando inferiorizá-lo pelos referenciais científicos em voga, enfatizava-se a distinção que deveria ser feita entre o açúcar de *"usina"*, termo de origem francesa, do *"primitivo"*, *"de origens coloniais"*, *"vulgarmente conhecido pelo nome de banguê, naturalmente de origem africana".*[29] Assim, almejavam que fosse

---

26 Em 1907, José Luiz Sayão de Bulhões Carvalho foi o primeiro médico, sanitarista e demografista a assumir o comando da atividade estatística brasileira. Até aquele ano, a Diretoria Geral de Estatística fora dirigida por advogados e engenheiros, sendo nomeados mais por sua influência política do que pelo real saber no assunto. IBGE. Bulhões Carvalho, um médico cuidando da estatística brasileira. Rio de Janeiro: IBGE, 2007. http://www.ibge.gov.br/home/presidencia/noticias/pdf/bulhoes.pdf

27 MAIC, *op. cit.*, 1919.

28 A Diretória Geral de Estatística queixava-se em 1919 da falta de dados numéricos para se estabelecer a quantidade de engenhos banguês no Brasil.

29 Houaiss, *op. cit.*

clara a distinção entre o *"açúcar de banguê"* do açúcar manufaturado nas usinas, *"tipos mais aperfeiçoados e de melhor reputação no mercado"*.[30]

João Hermes Júnior não seria o único a dizer que pelo seu número exagerado, esses engenhos e engenhocas eram verdadeiros sorvedouros e mal gastadores de cana. Segundo os dados apresentados por ele, a produção total de açúcar no ano de 1921 foi de 500.000t, sendo que se calculava que as usinas eram responsáveis por produzir 300.000t e os engenhos banguês 200.000t. O objetivo do autor fica claro em um dos subtítulos do seu trabalho *"o mal dos banguês"*, no qual se empenhava em demonstrar que mesmo que as usinas brasileiras ainda fossem deficientemente aparelhadas e tecnicamente mal exploradas, produziriam 100.000t a mais de açúcar que os banguês, com perto de 600.000t menos de cana e estando em número bem menor que estes. Provava-se assim, para ele, que a existência desses banguês causava prejuízos enormes, quase incalculáveis à economia nacional, à riqueza privada, ao fisco e à reputação da capacidade industrial açucareira do Brasil.[31]

Essas reações, em grande parte, ainda estariam relacionadas à necessidade de dispor de fornecedores de cana para a usina e diminuir a concorrência no mercado interno. Vê-se claramente a preocupação com o fornecimento de cana quando no desenrolar do seu pensamento, João Hermes Júnior defenderia que uma das partes mais árduas para o sucesso das usinas, pelo menos a princípio, - quando não podiam abastecê-la somente com cana própria -, residia na consecução de matéria-prima abundante que deveria ser tirada daqueles engenhos banguês intransformáveis. Demais, não se poderia também esquecer a necessidade de evitar as alterações graves do mercado, que muitas vezes eram propiciadas pela manipulação pelos baixistas do açúcar dos engenhos banguê do Norte.[32] Foi muito comum ver em outros escritos esta mesma defesa, que chegam a impressionar pela similitude das suas falas. O periódico *A Lavoura*, um dos mais importantes deste período, reproduzia as bases deste pensamento ao afirmar em um artigo publicado em 1913 que a indústria açucareira do Brasil encontrava-se em estado de irritação permanente, entre duas desgraças internas:

---

30   SNA. Trabalhos da Conferência Açucareira do Recife. Recife: Tip. do Diário de Pernambuco, 1905.

31   Com exceção dos Estados do Rio de Janeiro, São Paulo e Rio Grande, onde a porcentagem do açúcar fabricado em banguês era muito reduzida, em quase todos os demais estados, os engenhos banguês concorriam com metade e mais da produção total. Hermes Júnior, *op. cit.*, p. 110.

32   *Ibidem.*

de um lado, sobre os canaviais magníficos, o engenho primitivo a sorver inutilmente e em pura perda crescente as energias do solo, perturbando, mais adiante, a economia das usinas nas relações comerciais do produto; de outro lado é de encontrar a aparelhagem relativamente grande das usinas, a refinação colonial, invertendo, anulando e desmoralizando a indústria moderna.[33]

Embora o estudo de Gaspar e Appolonio Peres[34] afirmasse que cabia a Pernambuco a maior parcela dos 3000 engenhos banguês existentes no Brasil e Sawyer calculasse que São Paulo somente possuía 200 engenhos desse tipo,[35] a fala de homens como Augusto Ramos, ilustra que o alarme diante do crescimento do número de engenhos banguês partiu em boa parte da região Sul.[36] As suas declarações, neste caso, bateriam na mesma tecla que outros técnicos e usineiros do período. A falta de avanço dos métodos de produção destas pequenas unidades que se mantinham como o eram há 20, 30 ou 40 anos constituíam um embaraço colossal, pois se estimava que o Brasil possuísse 4000 fábricas açucareiras, produzindo 150 a 300 mil toneladas. Assim, imputava-se a culpa aos engenhos banguês pelo fato do país possuir maior número de fábricas do que o mundo inteiro, cuja produção não seria inferior a 9 milhões de toneladas, - 30 vezes maior do que a do Brasil -, ou seja, fortalecia-se a ideia de que o atraso que representavam era a razão da perda do mercado externo.[37]

---

33 A Lavoura. Boletim da Sociedade Nacional da Agricultura. Rio de Janeiro:Imprensa Nacional, setembro a novembro de 1913.

34 Peres, *op. cit.*

35 Sawyer, *op. cit.*

36 Augusto Ramos era engenheiro, formado na Escola Politécnica do Rio de Janeiro. Dentre os muitos cargos de destaque, foi presidente da Sociedade Nacional de Agricultura e inspirador do convênio de Taubaté, experiência que levaria para formular o plano de defesa do açúcar, apresentado na Quarta Conferência açucareira em Campos, em 1911. Ademais, foi o representante do estado de São Paulo na Conferência açucareira da Bahia e do Espírito Santo. Dirigiu a Revista "O Fazendeiro". Também era proprietário da usina Cambaíba, em Campos. POLIANO, L. Marques. *A Sociedade Nacional da Agricultura: Resumo Histórico*. Rio de Janeiro: SNA, 1945.

37 Ramos apontava que "*Nesse meio século, nosso produção composta exclusivamente de engenhos de açúcar, fazendas de cana que fabricavam elas próprias o açúcar, por meio de uma instalação rudimentar de cozimento a fogo nu, cristalização do xarope concentrado por agitação a braços e formas de pães para o escoamento do melaço e branqueamento dos cristais. Eram eles e ainda são em cerca de 3000. Perde-se 413.000 contos na fabricação se comparar com a extração obtida em Java, Cuba,*

A QUIMERA DA MODERNIZAÇÃO   179

Pode-se facilmente perceber que as atenções dos estados do Sul também estavam voltadas para o mercado externo, mesmo não sendo para ele direcionada a sua produção. Em parte, como se sabe, esta preocupação estaria relacionada com a necessidade do Norte de enviar seus excessos não exportáveis para o Sul ou, mesmo quando os preços internos tornaram-se mais lucrativos manter todo o açúcar que o consumo nacional comportava e exportar somente os excessos. No entanto, desde o surgimento dos engenhos centrais abriu-se outra frente de batalha travada pelo consumo nacional. Esse açúcar de melhor qualidade produzido nas usinas disputaria mercado com os atrasados banguês. E não se pense aqui que a vitória das usinas seria fácil. Daí ser necessário se clamar por vezes pela intervenção do Governo.

Augusto Ramos acreditava ser essencial que não se deixasse multiplicar os engenhos de tachas, pois estes logo perderiam espaço para o produto das usinas mais aperfeiçoadas e fechariam. Curiosamente, algumas linhas depois, a sua fala torna-se sensivelmente marcada por um tom alarmista. Para ele, não se podia apenas esperar de braços cruzados que São Paulo contasse com boas usinas, antes se deveria recear a mesma dificuldade enfrentada pelo Norte que viu se multiplicarem os engenhos inferiores por serem mais baratos e mais singelos.[38] Ou seja, a preocupação não se restringia à falência destes engenhos banguês, mas abarcava também a disputa por um mercado ainda pendente para os açúcares brutos.

Muitos desses agricultores progressistas e técnicos criam que os engenhos banguês tinham um mal sistema de produção e, portanto era pouco digno de imitação. Fortalecer-se-ia ainda mais neste momento a defesa de que só a concentração em poucos engenhos bem montados, - talvez 600 ou 800 engenhos de toda classe -, seriam suficiente para a fabricação de açúcar no país. Esse pensamento fica explicado desde que se leve em conta o exemplo de grandes produtores de açúcar, como Cuba e Java, que se tornaram os maiores produtores de açúcar do mundo contando com uma superfície territorial diminuta. Em contrapartida, o Brasil com uma grande extensão de terras e clima propício viu-se relegado a produzir pouco e ser alijado do mercado internacional.[39] Não havia como deixar passar esse con-

---

(...)". RAMOS, Augusto Ferreira. A indústria do açúcar em São Paulo. In: Revista Agrícola de São Paulo. São Paulo:Tip. Brazil de Carlos Gerke, 1902.

38 *Ibidem.*

39 João Severiano Hermes Júnior afirmava que existiam em Cuba 216 engenhos centrais, com capacidade para fabricar 5.879.211t de açúcar, enquanto a produção no Brasil entre 1912-17 variou entre 300.000 e 400.000t. Hermes Júnior., *op. cit.*, p. 31.

traste dos muitos engenhos brasileiros com baixa produtividade e a concentração industrial nos grandes países produtores. Na Conferência Açucareira do Recife, Luiz Correia de Brito afirmava convictamente que não se deveria esquecer que o açúcar bruto era um produto que tendia a desaparecer por uma evolução natural que ocorreria no país como se deu em Cuba. Impossível não reconhecer, já naquela época, a verdade da sua fala.[40] No entanto, o que seria um desalento para esses homens foi o tempo que este processo levaria para ocorrer em definitivo e não a passos lentos como se deu.[41]

O ensejo de modernizar esta produção era tão forte que mesmo P.J. Boucherdet, representante de Minas Gerais, - um dos estados que mais possuíam engenhos banguês-, apresentaria ressalvas na hora de apoiar a criação de uma política de valorização do açúcar, pois o projeto poderia prolongar indefinidamente a existência de engenhos banguês, *"que estavam fatalmente condenados a desaparecer, devendo-se então marcar um prazo fatal para esta transformação"*.[42] Nesse sentido, foi predominante dentro do ideário que se criou em torno do progresso técnico e de concentração industrial como forma de recuperar o mercado internacional, a defesa de que o país deveria investir na substituição dos marginalizados banguês pelas modernas usinas.

É preciso não esquecer que a Primeira República seria marcada pela convicção não só dos agricultores, mas também dos técnicos, da necessidade de uma política mais direta de auxílio à indústria açucareira por parte do Estado. De donde nasceram essas queixas também se buscava razões para empregar um plano de modernização do setor açucareiro apoiado em vários sentidos na atuação estatal, seja referente na concessão de crédito para a construção destas usinas ou na difusão de técnicas mais modernas de cultivo da cana. O objetivo era criar unidades açucareiras que competissem vantajosamente no mercado externo e, ao mesmo tempo, tivessem um mercado protegido no próprio país. Desse modo, ao Estado

---

40 SNA. Trabalhos da Conferência Açucareira do Recife. Recife:Tip. do Diário de Pernambuco, 1905.

41 Gnaccarini relata que *"do lado da fabricação, iam-se diferenciando em banguês e usinas, conforme tenham passado ou não a empregar melhorias industriais. Com o passar dos anos, as usinas foram firmemente substituindo os pequenos engenhos, o seu número cresceu continuadamente, as técnicas de fabricação foram melhoradas e novas terras incorporadas"*. GNACCARINI, J.C. A. "A economia do açúcar: processo de trabalho e processo de acumulação" in: FAUSTO Boris. (org) *História Geral da Civilização Brasileira*, volume oito, Rio de Janeiro: Bertrand Brasil, 1997, p. 318-321.

42 SNA, *op. cit.*, 1905.

caberia a função de estabelecer o equilíbrio entre a agricultura e o comércio, estimular a fundação ou a transformação de engenhos em usinas, criar institutos agrícolas, construir um bom sistema de transporte, fornecer crédito, reduzir os impostos e estabelecer isenções tarifárias, conceder prêmios, enfim, trazer novamente o progresso para a indústria sacarina. Aqui talvez caiba uma reflexão: dizia-se que estas usinas eram muito mais lucrativas que os engenhos tradicionais. No entanto, enfraquece-se a ideia que se possa ter de tantas vantagens quando se acrescenta: com o auxílio do Estado.

Os representantes da indústria açucareira consideravam que esta política de auxílio deveria ser transitória, isto é, até que a indústria açucareira brasileira se reerguesse e voltasse a competir no exterior. João Hermes Júnior defendia que a atuação do Estado seria a chave para a transformação paulatina de alguns engenhos e usinas incompletas em instalações modernas de grande capacidade extrativa de caldo, e de rendimento em açúcar proporcionalmente à cana moída. Aliás, esta ação governamental seria feita pela atuação de técnicos do Governo, ou seja, ressaltava-se particularmente que a ação do Estado era indispensável para a reorganização da indústria açucareira.[43] Por certo não passou desapercebido naquele tempo os auxílios recebidos por outros países produtores de açúcar. Naturalmente, a postura do Governo Federal ao relegar os incentivos à esfera estadual concorreu para as inúmeras queixas, sendo comuns as acusações sobre uma atuação estatal tímida e incipiente.

Não é preciso lembrar aqui a própria extinção do Ministério da Agricultura, Comércio e Obras Públicas, - criado em 1860 e extinto logo no início do novo regime em 1892.[44] As antigas funções do Ministério ficariam a cargo do recém--criado Ministério da Indústria, Viação e Obras Públicas. O primeiro responsável pela pasta já se queixava que aquele órgão público sentia-se onerado com o acréscimo da contabilidade e o meneio de assuntos novos que lhe ficaram pertencendo. Ademais, essa ação se fez sob o signo da disputa entre os cafeicultores e os outros setores agrícolas, o que aprofundaria mais ainda o sentimento de abandono.

---

43   Hermes Júnior, *op. Cit.*

44   A criação do Novo Ministério do Estado dos Negócios da Indústria, Viação e Obras Públicas foi estatuída pelas leis nº 23 de 30 de outubro e 26 de dezembro, de 1891 e 126B de novembro de 1892, foi levada a efeito pelo decreto nº 1142 de 22 de novembro de 1892. BRASIL. Coleção de leis da República do Brasil 1889-1930. Biblioteca do Arquivo Nacional

182   ROBERTA BARROS MEIRA

Certamente, não seria uma surpresa a defesa empedernida de um ministério da agricultura pelos representantes dos demais segmentos agrícolas não cafeeiros.

Nesse sentido, embora não tenham sido poucas as críticas à política de auxílio à lavoura durante o Império, o novo regime político veria surgir na fala dos representantes da agricultura alusões saudosistas da postura mais ativa do regime de Governo passado. Certamente seria de se esperar que este ponto de vista fosse representativo dos setores agrícolas do Norte. No entanto, podemos apreender este mesmo descontentamento nos representantes do Sul. Imbuído deste mesmo espírito, Emmanuel Couret,[45] representante da indústria açucareira campista na Conferencia Açucareira da Bahia realizada em 1902, defendia que no Império os produtores habituaram-se a esperar tudo do Estado. Já a República, com o seu caráter descentralizador, libertou os agricultores desta tutela. O erro, enfatizado por muitos técnicos e agricultores, como Couret, foi a rapidez e o momento em que essa política foi implementada, não dando tempo para os produtores de açúcar se recuperarem da crise que ameaçava o setor já há algum tempo.

> Os agricultores abandonados à sua própria inspiração agitam-se nas trevas, não tendo um tantolino que os guie. É forçoso que os Governos da República serem os guias e os reguladores do nosso trabalho até que melhor instruídos e unidos pelos interesses comuns, os agricultores, com recursos intelectuais e pecuniários próprios, possam enveredar pelo caminho do progresso e da prosperidade.[46]

Possivelmente aquele tom de alarme identificado no discurso dos representantes da indústria açucareira do Sul era motivado pela invasão dos seus mercados locais pelo açúcar do Norte. Era necessário transformar as suas usinas. Aos representantes de São Paulo lhes parecia um contrassenso despender tanto dinheiro com a impostação de um produto que poderia ser fabricado no estado. Um ano após a fala de Couret, Júlio Brandão Sobrinho recuperava este pensamento ao defender que nada se conseguiria sem um "bafejo oficial" em um quadro difícil como aquele que a indústria sacarina brasileira estava passando. Inclusive, não se esquecia de mencionar a justificativa recorrente de que os favores concedidos pelo

---

45   Couret foi presidente da Associação Comercial de Campos e proprietário da Usina Abbadia.

46   Anais da Conferência Açucareira da Bahia in: A Lavoura. Boletim da Sociedade Nacional da Agricultura. Rio de Janeiro: Imprensa Nacional, janeiro a fevereiro de 1903.

A QUIMERA DA MODERNIZAÇÃO   183

Estado só seriam necessários durante dois ou três anos - afinal era preciso dar o primeiro passo para a recuperação do mercado externo. Cumpria seguir o caminho a todo custo, pois se visualizava nas usinas o mesmo dom anteriormente visto nos engenhos centrais, ou seja, um salvatério para a situação do açúcar brasileiro. E não mereceria reparos dizer que continuava-se a se esperar do Estado uma postura mais ativa, uma vez que, *"aos Governos e só aos Governos cabe agir, iniciar e estimular o nosso progresso"*.[47] Aliás, mesmo que possa ser incluído entre os desejos daqueles que se preocupavam com a indústria sacarina a sua tutela por parte do Estado, este seria um embate travado de forma mais aguerrida posteriormente ao período de que se fala.

Como quer que seja, criava-se um pensamento quase espontâneo entre os homens ligados a agricultura que reconheciam como uma obrigatoriedade as medidas estatais que incentivassem o desenvolvimento agrícola, cujo suporte era dado pela ideia da vocação agrícola do país. A Sociedade Nacional da Agricultura, como não se pode esquecer, influenciaria em muito o fortalecimento deste pensamento. Neste caso, a tutela do Estado deveria se fazer presente, pois o desenvolvimento econômico do Brasil dependia da difusão dos princípios da economia rural moderna e da vulgarização dos métodos aperfeiçoados de cultura do solo e da transformação industrial dos produtos agrícolas, uma vez que o Brasil era um país essencialmente agrícola, dotado de regiões feracíssimas e de variados clima. Mais do que isso, era inconcebível que o Estado se mostrasse indiferente a má sorte da lavoura. Para estes atores, ele não só tinha o dever de sindicar das suas causas e estudá-las cuidadosamente como se esperava que removesse ou atenuasse os empecilhos que obstavam o seu desenvolvimento.[48]

Em parte, a despeito do caráter particular de cada produto e região, pode-se ponderar que um conjunto de medidas defendidas para a indústria açucareira reflete as políticas de defesa aplicadas na produção cafeeira.[49] Aliás, nem se tentava

---

47   BRANDÃO SOBRINHO, Júlio. *A lavoura da cana e a indústria açucareira dos estados paulista e fluminense: Campos e Macaé em confronto com São Paulo.* Relatório apresentado ao Ilustríssimo e Exm. Sr. Dr. Antônio de Pádua Salles DD. Secretário da Agricultura, Comércio e Obras Públicas por Júlio Brandão Sobrinho chefe dos Estudos Econômicos. São Paulo: Tip. Brazil de Rothchild & Co, 1912.

48   A Lavoura. Boletim da Sociedade Nacional da Agricultura. Rio de Janeiro: Imprensa Nacional, janeiro a fevereiro de 1903.

49   Mendonça afirma que foram constantes os reclamos e pedidos de solução e amparo para a decadente lavoura cafeeira fluminense, que já vinha operando com pouca margem de lucro, tendo

negar este fato. Não se poderia também esquecer que a ação estatal neste período minimizou e muito a crise dos preços do café. Em 1906, um artigo publicado na revista *A lavoura*, expôs que os produtores de café recorreram à intervenção do Estado para valorizar, regularizar e desenvolver o consumo deste produto, tentando resguardar a sua posição de preponderância no mercado mundial. Em relação à produção açucareira, a percepção de que só a transformação industrial igualaria o Brasil aos seus principais concorrentes no mercado externo representava uma justificativa para a intervenção do Estado.[50]

É nesse sentido que se pode entender os planos de valorização do açúcar a exemplo do que foi proposto por Augusto Ferreira Ramos na Conferência Açucareira de Campos, em 1911. É de notar que o engenheiro foi o inspirador do Convênio de Taubaté.[51] O plano para a valorização do açúcar partia da premissa que o problema deste produto era um problema de ordem comercial. Segundo Ramos, a consequência disso tudo seria a ocorrência das chamadas crises dos preços, que eram uma decorrência da sujeição do produto brasileiro às oscilações de procura no mercado mundial, - não tão brutal para o café como era para o açúcar. Isso se dava, pois como o engenheiro já observava em um trabalho publicado em 1902, o Brasil tinha o monopólio do café. A atividade açucareira, além dos problemas enfrentados pelo café, precisava lutar com formidáveis concorrentes. Ademais, a baixa dos preços do café era determinada pelo excesso de produção, ou seja, *"somos vítimas da nossa pujança produtiva"*, já o açúcar teve um retrocesso nos mercados internacionais, abastecidos pelos concorrentes brasileiros que produziam um produto melhor e mais barato, *"somos esmagados pela nossa fraqueza industrial"*.[52]

---

o quadro agravado pela baixa do preço do produto. MENDONÇA, Sonia Regina de. A primeira política de valorização do café e sua vinculação com a economia agrícola do Estado do Rio de Janeiro. Dissertação de mestrado, ICHF/UFF, Niterói, 1977.

50 A Lavoura. Boletim da Sociedade Nacional da Agricultura. Rio de Janeiro:Imprensa Nacional, setembro a novembro de 1906.

51 Segundo Gaspar e Apolônio Peres, do Convênio resultou a concretização do seu plano para a primeira valorização do café, por incumbência do então Secretário da Agricultura do Estado de São Paulo, o Dr. Carlos Botelho. Também em estudo dos mercados cafeeiros e para obter, como obteve, o primeiro grande empréstimo contraído pelo Brasil, para a primeira valorização do café, esteve na Europa em comissão do governo do Estado de São Paulo. Peres, *op. cit.*, p. 131.

52 Augusto Ramos dizia que o café era o maior valor intrínseco da riqueza nacional, *"sem ele o Brasil seria arremessado a posição de ínfimo mendigo dos artigos mais indispensáveis (...). No*

A magnitude dos problemas da produção cafeeira, tal como a acentuada queda dos preços, teria levado Quintino Bocaiúva já em 1902 a tentar colocar em prática um plano que contivesse os efeitos da superprodução cafeeira. Pela primeira vez, buscava-se a união entre os estados cafeicultores. Demais, defendia-se o estabelecimento de um preço mínimo, garantido com uma taxa sobre o imposto de exportação. O avanço destas discussões propiciaria uma resposta coletiva do setor cafeeiro à crise: o Convênio de Taubaté.[53] Mendonça chega a afirmar que o modelo de atuação do Estado buscava minimizar a extensão de uma crise que advinha da produção, utilizando para isso medidas externas às unidades produtivas.[54]

Em 1911, na Conferência Açucareira de Campos, a proposta de Augusto Ferreira Ramos buscava retomar as iniciativas anteriores de valorização do açúcar. Ou seja, o objetivo principal era normalizar o comércio nacional promovendo o equilíbrio da produção com o consumo através da exportação dos excessos adquiridos, com uma taxa sobre o açúcar comercializado no mercado nacional para a compra a preços fixos de 220 réis por quilo de açúcar demerara, e 170 réis por quilo de açúcar bruto que seria exportado.[55] Em 1921, esta questão voltaria novamente à baila com as discussões no Congresso de estender aos principais gêneros exportáveis o benefício permanente do amparo do café, o que daria espaço

---

entanto, sob o ponto de vista nacional, o açúcar oferece uma influência mais coletiva, pois interessa de um modo direto, pela área considerável onde possa ser produzido o bem extra e a fortuna de maior parte de nossos estados". Ramos, *op. cit.*, 1902, p. 34.

53 *"Artigo 1.º - Fica aprovado, em todas as suas cláusulas, o convênio realizado a 26 de fevereiro do corrente ano, em Taubaté, pelo presidente do Estado com os presidentes dos Estados de Minas Gerais e Rio de Janeiro, para a valorização do café e desenvolvimento do seu consumo, bem como para promover junto aos poderes federais a criação de uma caixa de conversão do papel-moeda e fixação do seu valor. Artigo 2.º - Fica o poder executivo do Estado autorizado a determinar a época em que deverá ser iniciada a arrecadação do imposto adicional em dinheiro circulante, equivalente a três francos, ouro, ao cambio do dia, sobre a exportação de cada saca de café de 60 quilos e igualmente sobre a exportação dos cafés baixos(...)".* Taubaté. Lei nº 990, de 4 de junho de 1906.

54 MENDONÇA, Sonia Regina de. O Convênio de Taubaté e a agricultura fluminense. In: Revista Brasileira de Gestão e Desenvolvimento Regional. V. 4, n.3. agosto de 2008, p. 88.

55 BRANDÃO SOBRINHO, Júlio. Memorial sobre a Quarta conferência açucareira realizada em Campos (estado do Rio de Janeiro) apresentada ao Sr. Diretor Geral da Assembleia Geral da Secretária da Agricultura pelo Representante do Governo do Estado Julio Brandão Sobrinho. São Paulo: Tip. Brazil de Rothchild & Cia, 1912.

para a apresentação do projeto da Caixa de Defesa do Açúcar Exportado.[56] O que mais interessa analisar nestes primeiros ensaios de valorização, seja do café ou do açúcar, não são propriamente as questões relacionadas aos acertos ou não destas medidas, mas sim o seu alto significado, pois introduziram no país os métodos de proteção a estes produtos agrícolas que seriam vigentes ainda durante longos anos.

Se por um lado, vistas em conjunto, a política de valorização do café parece ter influenciado a defesa de uma política similar para o açúcar, no entanto, ao olhar-se um pouco mais fundo, vislumbra-se por baixo dessa aparente questão que parecia somente se ater ao âmbito interno do país, um conflito latente que contrapunha principalmente os produtores de açúcar de cana contra os fabricantes de açúcar de beterraba europeu. Nesse particular, o Brasil não era uma exceção. Outros países produtores de açúcar de cana passaram a adotar a estratégia dos países europeus: a concessão de prêmios aos produtores que exportassem os seus produtos através da cobrança de uma taxa sobre o açúcar consumido internamente.

Ademais, não se pode olvidar que esses anos seriam extremamente marcados pela crise dos preços do açúcar no mercado mundial devido à superprodução. Nesse sentido, a percepção de que os prêmios auxiliariam o avanço crescente da produção de beterraba atrairia a atenção dos principais representantes da indústria açucareira. O pensamento constante nas várias conferências açucareiras, - como nas duas conferências internacionais de Londres em 1854 e em 1888, e nas conferências de Bruxelas em 1878 e 1902 -, teriam como pauta predominante do programa o papel que os prêmios ao açúcar tinham assumido. Era manifesta a preocupação dos grandes produtores que concediam prêmios, como a França e a Alemanha, em não prejudicar a sua indústria açucareira. Estes países contrapunham-se aos interesses da Inglaterra, que naturalmente seria a principal defensora do fim dos prêmios. O estadista Garcia Pires, cotado para ser o representante do Brasil na Convenção durante a Conferência Açucareira da Bahia, levantaria uma questão importante para explicar o interesse da Inglaterra ao enfatizar que o Convênio de Bruxelas não tinha valor, pois nenhuma nação do mundo tirou mais vantagem dos prêmios do que a própria Inglaterra com a sua indústria de refinação, deixando as suas próprias colônias na miséria. A sua mudança de postura em relação aos prêmios só surgiu pelo receio de que essas colônias se reunissem

---

56 Decreto nº 4456 de 7 de janeiro de 1922. A Lavoura. Boletim da Sociedade Nacional da Agricultura. Rio de Janeiro: Imprensa Nacional, dezembro 1921, p. 310.

a União Americana. Nesse sentido, a convocação do Convênio seria apenas uma maneira de elevar o seu poder sobre a comercialização do açúcar.[57]

A ideia de adoção dos prêmios no Brasil começou a ser discutida de forma mais exacerbada a partir de 1901. Nesse momento, o desenvolvimento das usinas propiciado pelo aumento dos preços do açúcar na década de 1890-1900, e os auxílios concedidos pelos estados, seriam obstados pela crise que atingiu os produtores brasileiros. Estes veriam esmaecer a sua euforia com a queda brusca dos preços do açúcar, que segundo Dé Carlí teria o efeito de um verdadeiro craque.[58] Alguns anos depois, caberia ao influente Miguel Calmon Du Pin e Almeida[59] apontar que a situação da indústria açucareira em 1901 era de completa ruína.[60] Naturalmente, a questão dos prêmios seria motivo de extensos debates sobre a sua viabilidade

---

57 Gnaccarini concorda que *"Ao propor em 1900, agora com mais sucesso, as medidas antiprotecionistas adotadas em boa medida pelo Convênio de Bruxelas, pelas quais vinha lutando desde 1865, o interesse da Inglaterra no controle mundial da produção de açúcar era uma dedução lógica do liberalismo econômico inglês. A supremacia inglesa no comércio mundial dependia de que a divisão internacional do trabalho não fosse submetida a desequilíbrios muito profundos. O crescimento agrícola europeu se concorresse efetivamente com a produção colonial, poderia ser um dos fatores desse desequilíbrio. Isto era especialmente certo se a produção metropolitana se expandisse à custa de proteções antilivre-cambistas, e fosse acompanhada de superprodução de alimentos e matérias-primas de origem agrícola".* Ademais, outro objetivo da Inglaterra em estabelecer o acordo de Bruxelas era rivalizar com a política econômica açucareira norte-americana. Nesse período, os Estados Unidos já haviam estabelecido tarifas preferenciais e de acordos bilaterais de comércio, como os que vinham estabelecendo no caso do açúcar, com alguns países recém-libertos do colonialismo europeu, com alguns países latino-americanos de sua área de influência, e mesmo com nações europeias industrialmente atrasadas: Espanha, Cuba e Filipinas, México, Peru e Argentina. A Inglaterra buscava, desse modo, enfrentar o fechamento do mercado norte-americano e a inclusão nele de outras áreas do comércio mundial. Gnaccarini, *op. cit.*, 1997, p. 317. Anais da Conferencia Açucareira da Bahia reproduzidos na Revista A Lavoura. Boletim da Sociedade Nacional da Agricultura. Rio de Janeiro: Imprensa Nacional, janeiro de 1903.

58 Dé Carli calcularia que de 10 cruzeiros por arroba alcançados nos anos anteriores, em 1901, o açúcar chegaria a valer menos de 4 cruzeiros por arroba. DÉ CARLÍ, Gileno. O açúcar na formação econômica do Brasil in: separata do Anuário Açucareiro. Rio de Janeiro: Instituto do Açúcar e do Álcool. Rio de Janeiro, 1937, p. 28 e 29.

59 Miguel Calmon Du Pin e Almeida pertencia a uma proeminente família baiana, cursou engenharia na Escola Politécnica do Rio de Janeiro. Publicou diversos trabalhos sobre a indústria açucareira e assumiu diversos cargos públicos, entre os quais o de Ministro da Agricultura, Indústria e Comércio. Ademais, foi presidente da Sociedade Nacional da Agricultura entre 1921-23. POLIANO, L. Marques. *A Sociedade Nacional da Agricultura.* Rio de Janeiro: IAA, 1945.

60 Para que se possa avaliar os efeitos da crise de 1901 no mercado mundial de açúcar ver: GUYOT, Ives. *The Sugar Question in 1901.* London: Hugh Press, 1991.

188   ROBERTA BARROS MEIRA

no país e, desta vez, as opiniões não foram unânimes. Exemplo disso foi o debate travado no Primeiro Congresso Nacional da Agricultura.[61]

As dificuldades de ordem econômica por que passava a indústria açucareira brasileira colocava ainda mais em evidência a dependência do Norte de exportar parte da sua safra. No entanto, alguns anos seriam mais negros, fosse pelo jogo do próprio comércio, ou pelo aumento da produção do açúcar de cana e de beterraba. A perda de alguns mercados anteriormente abastecidos pelo Brasil, como Portugal e Uruguai, - agora ambos compradores de açúcares premiados, sendo no primeiro caso o açúcar de beterraba e no segundo arrebatado pelo produtor argentino -, preocupava ainda mais os representantes da indústria açucareira, pois parecia que iriam se fechar todas as portas para o açúcar brasileiro no mercado mundial. Manoel Victorino[62] delinearia perfeitamente este quadro quando afirmava em um artigo publicado no Jornal *O País* que: *"Nenhuma ilusão pode restar acercar da situação gravíssima da lavoura do nosso país. (...) Mercados novos ou não se criam ou se limitam a importação muito diminutas"*.[63]

Seria indubitável que a preocupação de muitos produtores do Norte durante este Congresso fosse a postura que seria adotada pela Inglaterra e pelos Estados Unidos. Embora não negassem que os prêmios seriam um estímulo, os seus opositores enxergavam nele apenas uma ilusão, pois se devia lembrar que os dois principais compradores mundiais ameaçavam cobrar direitos compensatórios aos países que concedessem prêmios aos seus açúcares. Um dos principais oradores dessa corrente, Estácio Coimbra,[64] era claro a respeito do tema: o país deveria assinar tratados de comércio, reduzir as tarifas das estradas de ferro, diminuir os fretes

---

61   A ideia do Congresso surgiu em sessão de diretoria da SNA em 20 de junho de 1899. O seu regulamento apontava que: O Congresso teria por fim o estudo das questões que mais interessam à agricultura nacional, discutindo e resolvendo sobre o modo prático porque os agricultores e os poderes públicos deveriam cooperar com a prosperidade de nossa indústria agrícola. SOCIEDADE NACIONAL da AGRICULTURA. Anais do Congresso Nacional de Agricultura. Rio de Janeiro: Imprensa Nacional, 1907, p. 4.

62   Manuel Victorino era natural da Bahia, formado em medicina e assumiria diversos cargos políticos.

63   Artigo publicado no jornal "O País" e reproduzido nos anais do Primeiro Congresso Nacional de Agricultura. SNA, *op. cit.*, 1907, p. 14.

64   Estácio Coimbra era natural de Pernambuco, formado em direito e assumiria diversos cargos políticos, como deputado, senador, vice-presidente e presidente do Estado de Pernambuco, Ministro da Agricultura etc. Ademais, era senhor de engenho.

marítimos, alcançando assim a solução da crise do açúcar, sem haver necessidade de prêmios de proteção direta.[65]

Existia também outra corrente que era formada principalmente pelos representantes da indústria açucareira do Sul, mas que abarcava em seu meio alguns nortistas. Quando se recorre às discussões travadas sobre este assunto e reproduzidas nos Anais do Congresso, percebe-se que esta era uma defesa cara para alguns ilustres membros da Sociedade Nacional da Agricultura. Domingos Sergio de Carvalho,[66] um dos defensores dos prêmios, pautou sua defesa na longevidade dos prêmios na Europa e na sua importância para a evolução da indústria açucareira beterrabeira. Reportando-se ao famoso trabalho do economista francês Yves Guyot *"La question des sucre en 1901"*[67] e a informação presente neste estudo de que os prêmios eram aplicados na França desde meados do século XVII, o engenheiro deixava patente que seria uma consequência desse sistema e de outras medidas complementares, que o açúcar de beterraba competia vitoriosamente com o açúcar de cana. Nesse sentido, para ele, os prêmios aparelhavam estes países para maiores triunfos nas lutas da concorrência, ou seja, a adoção dos prêmios possibilitaria ao Brasil retomar o seu lugar como um importante exportador de açúcar.[68]

O representante de Campos, e pode-se dizer que o mais fervoroso defensor dos prêmios, Emmanuel Couret, desde as suas primeiras manifestações alegava que o preço do açúcar brasileiro era sempre maior do que o preço de venda dos países que gozavam das vantagens dos prêmios de exportação, e por isso se perdia ou não se conseguia abrir novos mercados. Assim, segundo ele, os produtores clamavam que sem prêmios a lavoura de açúcar não poderia se manter e muito menos

---

65 Estácio Coimbra defendia que *"sabe-se que a Inglaterra retirou-se da Conferência de Bruxelas, em 1898, declarando que se reserva o direito de estabelecer medidas extras contra o açúcar oriundo de países que mantivessem o regime dos prêmios. Pergunto ao Congresso: é razoável que no atual momento de dificuldades para a população brasileira, adotemos o regime dos prêmios, estabeleçamos direitos de consumo sobre o açúcar, encarecendo assim um gênero de primeira necessidade? E que utilidade trará isto? Fará apenas com que incidamos nos direitos compensatórios ou adicionais que os Estados Unidos e a Inglaterra, muito legitimamente, porque se trata da defesa do açúcar de suas colônias, terão de adotar contra o nosso produto"*. SNA, *op. cit.*, 1907, p. 158- 175.

66 Domingos Sergio de Carvalho era engenheiro agrônomo. Foi lente do Museu Nacional, sendo diretor da Seção de Antropologia e Etnologia, participou da diretoria da SNA, foi autor do primeiro projeto de regularização da profissão de engenheiro agrônomo, em 1933. Ademais, era membro do corpo técnico do MAIC.

67 Guyot, *op. cit.*

68 SNA, *op. cit.*, 1907, p. 78.

progredir.[69] Mas ele vai adiante de tal modo que deixa claro qual era a sua verdadeira preocupação. Segundo o seu ponto de vista, o país produzia mais ou menos cinco milhões de sacas de açúcar, sendo que dois milhões delas não conseguiam ser absorvidas pelo consumo interno e acabavam tornando-se um componente importante do aviltamento dos preços. Ora, não seria de estranhar que os produtores de açúcar do Sul vissem nesse excesso que não era produzido por eles como um dos principais atravancadores do seu desenvolvimento. A intenção era defender que os prêmios iriam fortificar a indústria açucareira do país, transformando a sua cultura e fazendo progredir as suas usinas de forma que o Brasil pudesse fabricar mais barato que qualquer outro país. Com o intuito de fazer repercutir ainda mais a sua fala, Couret ressaltaria em tons dramáticos que se esse aviltamento continuasse a lavoura de cana seria abandonado e, ao contrário do que afirmava o Ministro da Fazenda Joaquim Murtinho, não ficariam os fortes de pé, morrendo somente os fracos, pois *"como somos todos fracos, todos pereceremos"*.[70]

Como não poderia deixar de ser, chama a atenção entre as manifestações favoráveis à concessão de prêmios, a memória apresentada por Augusto Ferreira Ramos, intitulada *"O prêmio do açúcar, seus fins, seu mecanismo, suas consequências, sua oportunidade"*. O seu pronunciamento destoa das outras falas quando se refere às medidas necessárias para salvar a situação do açúcar, pois o autor não deixou de expor a situação grave do café. Curiosidade facilmente resolúvel quando se lembra da trajetória do orador. Assim, Ramos chamava atenção para o fato de que a limitação interna do consumo de açúcar era motivada pela baixa do café, gerada pela sua superprodução e, consequentemente, a diminuição das rendas públicas e de todas as outras rendas. A superprodução do açúcar agravada então pela crise cafeeira só seria aliviada se o país mandasse os excessos para o mercado estrangeiro, e a única forma de obtê-lo seria a adoção do sistema de prêmios de exportação.[71]

O estratagema que se pensava colocar em prática faria com que o açúcar exportado a 9$000 réis por saca de 60 kg e que obtinha 19$000 no mercado nacional, pudesse ser exportado com um valor a mais, possibilitado pelo prêmio de 6$, escoando assim mais facilmente para o estrangeiro. Augusto Ramos entendia que o prêmio de exportação possuía um valor irresistível e universal, pois nos mercados estrangeiros

---

69   *Ibidem.*

70   *Ibidem,* p. 168

71   *Ibidem.*

desalojava os açúcares que não tivessem um baixo custo de produção, provocando e alimentando as trocas e servindo como um elemento comercial de primeira ordem. Por outro lado, no mercado interior ele atrairia para os portos de exportação açúcar de todas as partes, provocando uma alta movimentação do produto e restabelecendo um justo equilíbrio entre os preços de produção e consumo, isto é, o prêmio funcionaria como um regulador do mercado. Ademais, defendia que esse auxílio era benéfico aos consumidores por impedir uma ulterior carestia do produto. É essa mesma função protetora que traduzia a influência econômica dos prêmios e os alçava à posição da mais nova arma salvadora da indústria sacarina do país.

> No estrangeiro é uma arma de combate e de propaganda; no interior é um elemento igualitário, equitativo e conservador. É um aríete e uma couraça e traz sempre no tope, flutuando aos olhos comerciais do mundo inteiro, o pavilhão vigoroso da pátria.[72]

Ramos não ignoraria a troca de ventos outrora mais favoráveis aos prêmios no contexto internacional, até porque, como se viu, os seus opositores alegavam que os prêmios deixariam o Brasil em um estágio de isolamento com a perda dos mercados da Inglaterra e dos Estados Unidos. Mas se realmente ali estava o principal óbice para a adoção dos prêmios, Couret já havia observado que o mercado da Inglaterra ainda não poderia dispor dos açúcares premiados e que os Estados Unidos, de uma maneira ou outra, logo fechariam as suas portas pelos acordos feitos com Cuba.

Além disso, defendia-se que os prêmios poderiam redundar em abusos. Um exemplo seria a França, - um grande produtor de açúcar de beterraba que devido à concessão exagerada de prêmios fazia os consumidores internos pagarem mais caro do que o açúcar que era exportado.[73] Nesse caso, o próprio Augusto Ramos afirmava que na Europa o prêmio tornou-se um contrassenso, porque já tinha produzido os desejados efeitos, - passando assim à classe dos abusos. Um economista francês chegaria a dizer que *"o protecionismo é como o álcool, o éter e a*

---

72   *Ibidem*, p. 53- 54.

73   BELTRÃO, Antonio Carlos de Arruda. *A lavoura de cana e a indústria açucareira no Brasil.*: Conferência realizada na Sociedade Nacional da Agricultura. Rio de Janeiro: Tip. do Jornal do Commercio, 1918.

morfina; o uso faz com que se aumente a dose".[74] Não obstante, para ele, esse aspecto negativo sempre poderia ser corrigido: no exterior, através do fechamento dos mercados por meio dos impostos de compensação e no interior pelo abaixamento do imposto de importação. Além desse fato, contava-se sempre com um árbitro, pois o imposto de consumo só poderia ser criado pelo Governo, da mesma forma como caberia a ele a distribuição dos prêmios de exportação.

O engenheiro descortinava igualmente que para os países com uma indústria açucareira deficitária, era forçoso reconhecer os prêmios diretos como uma arma poderosa, pois eles elevaram a indústria açucareira de beterraba ao grau de adiantamento em que ela se encontrava. Assim, nada mais natural do que dotar o Brasil dessa formidável arma de combate, com a condição de apenas a retirar quando não fosse mais necessária. Em quase nada diferia a conclusão dramática apresentada por ele das palavras ditas por Couret. *"Reflitam bem os interessados e não percam um dia: o prêmio imediato ou o suicídio"*. Como quer que seja, mesmo que o saldo tenha sido positivo e a comissão da secção[75] tenha recomendado a adoção dos prêmios, ao Estado caberia a orquestração desse sistema e não seria durante a Primeira República que se colocaria em prática esta política de auxílio.

Pois bem, mesmo que o Estado não promovesse a adoção dos prêmios, esta questão não seria esquecida. Voltaria à tona uma e outra vez nos congressos e conferências açucareiras. Em 1902, na conferência açucareira da Bahia, além dos nomes anteriormente citados, a defesa dos prêmios ganharia reforços como o do deputado e usineiro baiano Joaquim Ignácio Tosta,[76] - que releva notar era membro da SNA. No momento, mesmo que essa já fosse vista como uma crise de superprodução, contingenciar a produção seria uma medida impossível. Para ele, o barateamento da produção com a substituição dos banguês pelas usinas não seria uma solução imediata. O remédio seria a expansão das exportações, no entanto, para isso seria necessário premiar o açúcar brasileiro. Todavia, merece destaque uma forte corrente, formada principalmente pelos representantes dos produtores

---

74 Michel Augé-Laribé *Apud*. José Eli da Veiga. *O desenvolvimento agrícola: Uma visão histórica*. São Paulo: Edusp, 2007.

75 A Comissão de redação era formada por Manuel Victorino Mattoso Camara, Wenceslau Bello, Augusto Ramos, Sergio de Carvalho, Leoncio de Carvalho, Cornelio da Fonseca, Padua Rezende, Nogueira Paranagud.

76 Tosta era deputado, usineiro e comissário de açúcar. Foi presidente honorário da SNA e era filho do Barão de Nagé.

de açúcar pernambucanos, contrária à decretação dos prêmios e favorável que o Brasil se tornasse signatário do Convênio de Bruxelas.[77]

A discordância em relação ao tema parecia se arrastar. Em 1905, novamente a questão dos prêmios e do Convênio de Bruxelas voltaria a ser motivo de discussões exacerbadas. Muitos produtores temiam que se o Brasil se tornasse signatário sofreria uma verdadeira invasão dos açucares estrangeiros.[78] Embora o argumento desses produtores fosse preocupante, quando se considera a importância do mercado interno para o açúcar brasileiro, a Sociedade Auxiliadora da Agricultura de Pernambuco afirmava que reconhecia esse risco, mas essa seria a única forma de reconquistar os mercados europeus. Além do que, a redução das tarifas protecionistas levaria a indústria açucareira nacional a melhorar a sua eficiência e concorrer naturalmente nos mercados estrangeiros, devido ao eterno argumento das vantagens naturais do país para a produção do açúcar. Não se pretende entrar aqui no mérito que alguns técnicos veriam no Convênio de incentivar a modernização das usinas brasileiras e eliminar os banguês. No entanto, destaca-se a afirmação de Frederic Sawyer como uma amostragem de que esse fato chegou a ser cogitado.

> A adesão do Brasil a Convenção de Bruxelas se há de impor, provavelmente pelas circunstâncias, com a consequente redução de direitos de alfândega sobre o açúcar estrangeiro. Se tal fosse a causa do fechamento de todas essas usinas atrasadas e dispendiosas, seria também o princípio de uma nova era de prosperidade para a indústria açucareira do Brasil. Os campos produziriam o duplo de açúcar, sendo o de melhor qualidade a preços econômicos capazes de lutar com quem

---

77 *"A partir desse momento, foi acordado que os países signatários se comprometeriam a eliminar as subvenções, limitar as tarifas protecionistas e a preferência pelos produtos coloniais, além de ampliar as restrições contra os açúcares subvencionados. Essa defesa seria explicitada no artigo 4º do Acordo: As altas partes contratantes obrigam-se a taxar com um imposto especial à importação, em seus respectivos territórios dos açúcares provenientes de países que concederem prêmios, à produção ou à exportação. Este direito não poderá ser inferior à soma dos prêmios diretos ou indiretos, concedidos no país de origem. As altas partes se reservam a faculdade, cada uma no que lhe diz respeito, de proibirem a importação de açúcares premiados".* Anais da Conferencia Açucareira da Bahia reproduzido na Revista A Lavoura. Boletim da Sociedade Nacional da Agricultura. Rio de Janeiro:Imprensa Nacional, janeiro de 1903.

78 Por esse convênio obrigava-se o Brasil a baixar de 1$000 para $200 por quilo o imposto aduaneiro de importação de açúcar. IAA. Congressos Açucareiros do Brasil. Rio de Janeiro. IAA, 1949, p. 135.

quer que seja, os jornais se elevariam permitindo ao proletariado viver com decência, e se evitaria a funesta devastação dos matos que pouco a pouco vai reduzindo, a precipitação de chuvas nos estados açucareiros.[79]

Supõe-se que essas discussões seriam superadas quando o Estado assumisse um dos lados. Como era de se esperar devido ao peso de Pernambuco na produção de açúcar nacional, em 1906, - depois de anos de indecisão -, o Brasil passou a ser signatário do Acordo de Bruxelas. No entanto, as expectativas dos pernambucanos não foram alcançadas. Mormente o país aderir à Convenção de Bruxelas por poucos anos, de 1906-1910, não ocorreu nenhum aumento significativo das exportações brasileiras como previram os seus defensores.[80] Afora isso, confirmaram-se os receios de que o preço no mercado interno poderia sofrer ainda mais com a entrada de produtos estrangeiros, sendo necessário que o Parlamento elevasse a taxa do imposto de importação já em 1908. No fundo, a conclusão que se tirava era que tudo ia pessimamente com a celebração do Acordo, uma vez que ele não solucionou a antiga questão do retorno ao mercado externo, nem contribuiu para que se desaparecesse o laço da superprodução no mercado interno. Se alguns países europeus, como a França, que possuiam uma indústria açucareira plenamente desenvolvida não aceitavam romper com o seu antigo sistema de proteção,[81] seria natural que os produtores de açúcar brasileiros demandassem os mesmos favoráveis do Estado. Mas, pelo menos até a década de 1930 não veriam os seus anseios atendidos.

Se o exemplo europeu tornava os prêmios em uma medida travestida de solução para os males que afligiam a indústria açucareira, com o associativismo não foi diferente. No Brasil, os primeiros grupos da lavoura e sociedades agrícolas foram criados ainda no Império e surgiram como uma resposta aos problemas enfrentados pelos proprietários rurais, como a questão servil.[82] É impossível, falando-se

---

79 SAWYER, Frederic. Estudo sobre a indústria açucareira no Estado de São Paulo, comparada com a dos demais países. Apresentada ao Dr. Carlos Botelho M. D. da Secretária da Agricultura pelo engenheiro Frederic Sawyer. São Paulo: Tip. Brazil de Carlos Gerke & Rothschild, 1905, p. 11.

80 IAA. Brasil/ Açúcar. Rio de Janeiro: IAA, 1972.

81 MOURA FILHO, Heitor Pinto de. Regulação açucareira na França: uma longa história de proteção. Estudos Infosucro n. 2, setembro de 2001.

82 Segundo Sonia Regina de Mendonça, na primeira metade do século XIX, a organização de associações eram raras e voltadas para diversos fins, como a Sociedade Auxiliadora da Indústria Nacional, a Sociedade de Agricultura, Comércio e Indústria da Província da Bahia ou a Sociedade

na formação de associações neste momento, deixar de mencionar a criação da Sociedade Nacional da Agricultura e todo o clima ideológico que envolveu a sua fundação. A SNA surgiu apenas alguns anos após a extinção do antigo Ministério da Agricultura, Comércio e Obras Públicas, em 1892. Assim, em 16 de janeiro de 1897 era fundada no Rio de Janeiro pela necessidade de agregar os interesses agrários locais e regionais em uma instituição de âmbito nacional. A este movimento gerado por fatores nacionais somava-se à influência europeia que fomentaria a fundação de associações, sindicatos e cooperativas agrícolas como uma maneira de minimizar as pressões sociais no campo, decorrente das constantes quedas nos preços que afetavam principalmente os pequenos proprietários. Na Europa e nos Estados Unidos o auge deste movimento se daria entre os anos de 1890 a 1910.[83]

Como era de se esperar, em semelhante período, encontrar-se-á sem dúvida a influência do pensamento francês. Em 1895, a *Revista Agrícola*[84] apelando para o Estado, enfatizava que a França tinha sancionado uma lei de fomento a formação

---

Promotora da Colonização. Após 1850, no entanto, ocorre um impulso neste movimento e são formadas várias associações rurais regionais, alcançando cerca de 80 até 1899. No entanto, para a autora duas ondas se destacam: uma no ano de 1880 e outra em 1884. Esse primeiro movimento se daria no centro-oeste paulista, no Vale do Paraíba, na Zona da Mata e na zona canavieira de Campos, buscando-se principalmente uma alternativa à escravidão. MENDONÇA, Sonia Regina de. Mundo rural, intelectuais e organização da cultura no Brasil: o caso da Sociedade Nacional da Agricultura. Mundo Agrário: revista de estudios rurales, n.1, 2000.

83 O mais importante teórico do movimento neste período seria Charles Gide, um economista francês.

84 A Revista Agrícola, Órgão da Sociedade Pastoril e Agrícola, publicação mensal, começou a circular em 1º de junho de 1895 e foi uma das primeiras publicações da República voltadas para a lavoura. Os seus editores foram dois médicos, o Dr. José Carlos Botelho e o Dr. Luís Pereira Barreto, membros de poderosas e tituladas famílias de agricultores do Império. O primeiro era descendente do conde do Pinhal. Foi responsável pela fundação da Esalq e secretário da agricultura de São Paulo entre 1904 a 1907. Já o segundo era filho e irmão de fazendeiros que migraram do Rio de Janeiro para São Paulo, tendo se tornado ele próprio um grande produtor de café. Pereira Barreto era membro de uma família que constituiu uma verdadeira linhagem de cafeicultores no oeste paulista. Era proprietário da Fazenda Cravinhos, em Ribeirão Preto e foi o responsável pela introdução do café tipo Bourbon na região. Foi um grande propagandista da qualidade da terra roxa para o plantio de café, escrevendo diversos artigos em jornais sobre o assunto. No mais, fundou a Sociedade de Medicina. Fez cursos de ciências naturais na Bélgica e tinha conhecimentos de economia agrícola. Barreto teve contato íntimo com a organização rural, conhecimento que lhe foi de grande valia na avaliação dos problemas econômicos do país. Releva notar que ele ficaria conhecido como um dos principais expoentes do Positivismo brasileiro. MARTINS, Ana Luiza. *Revistas em revista: Imprensa e práticas culturais em tempo de República: 1890-1922*. São Paulo: Edusp, 2001, p. 284-285.

de sindicatos agrícolas em 1884.[85] Assim, defendia que o ressurgimento da agricultura francesa era uma decorrência da união solidária dos agricultores que propiciou, entre várias vantagens, a libertação dos intermediários.[86] Mais ainda se percebe essa influência na organização da SNA, já que ela foi estruturada de forma a ter o mesmo modelo funcional da *"Société Nationale de l'Agriculture"*. Da mesma forma, o seu lema *"viribus unitis"* seria o mesmo utilizado pelos representantes do associativismo francês.[87] Ao referir-se a esta divisa, Alfredo Cabussú afirmava que *"a união faz a força é o grito uníssono que sai do peito dos agricultores de cana e ecoa sonoro em todas as consciência"*.[88]

Ademais, é nítida também a influência da política instituída por Jules Méline[89] como forma de reagir à depressão dos preços agrícolas baseada principalmente no protecionismo, na instituição do ensino técnico rural, no sistema de crédito rural e no cooperativismo.[90] O interesse por suas ideias é perceptível logo em um dos

---

85   No Brasil, a regularização dos sindicatos agrícolas foi feita através da lei nº 979 de 6 de janeiro de 1903. Essa lei facultava aos profissionais da agricultura e industriais rurais a organização de sindicatos para a defesa dos seus interesses. O Artigo 9 promulgava que era facultado ao sindicato exercer a função de intermediário do crédito a favor dos sócios, adquirir para estes tudo que for mister aos fins profissionais, bem como vender por conta deles os produtos. BRASIL. Coleção de leis da República dos Estados Unidos do Brasil de 1903. Rio de Janeiro: Imprensa Nacional, 1907.

86   A Revista Agrícola: órgão da Sociedade Pastoril e Agrícola. São Paulo, n. 1, junho de 1895.

87   Um processo da mesma índole do que o anunciado quando da criação da Sociedade Auxiliadora da Indústria Nacional. Patrícia Barreto relacionou a influência da *Société D'Encouragement à L'Industrie Nationale(1801)* as bases propostas pela SAIN (1827), como congregar em uma única associação cientistas, artistas, agricultores e negociantes na defesa do progresso agrícola e industrial; estabelecer uma biblioteca e um gabinete de máquinas, divulgar suas ideias através de um periódico com memórias, manuais, descrição de desenhos e máquinas etc., defender o ensino técnico e promover concursos públicos para a premiação daqueles que se dispusessem a desenvolver novas espécies e máquinas agrícolas. A SAIN buscava sempre reafirmar o caráter pragmático de suas atividades, tais como suas congêneres estrangeiras. BARRETO, Patrícia Regina Corrêa. Sociedade Auxiliadora da Indústria Nacional: O templo carioca de Palas Atenas. Tese de doutorado: PHCTE/UFRJ, Rio de Janeiro, 2009.

88   SNA. Trabalhos da Conferência Açucareira do Recife. Recife: Tip. do Diário de Pernambuco, 1905, p. 132.

89   Jules Méline foi ministro da agricultura da França e responsável pelo movimento denominado "retour à la terre".

90   Mendonça, Sonia Regina. Ruralismo: Agricultura, poder e estado na Primeira República. Tese FFLCH/ USP, São Paulo, 1990, p. 100.

primeiros números da Revista *A lavoura*,[91] que enfatizava a importância da atuação de Méline, pois em apenas quinze anos de *"animação inteligente, de legislação adequada, de auxílios pensados"* tinha transformado a agricultura na França.[92]

Portanto, houve um estreito vínculo entre o sucesso das políticas adotadas nos países europeus e os anseios dos agricultores brasileiros, relação que se tornaria mais forte ainda com a baixa dos preços dos produtos agrícolas. Se nos anos finais do Império, o associativismo era defendido por garantir a possibilidade de proporcionar às melhorias técnicas tão necessárias aos produtores brasileiros com a construção das fábricas centrais; no período da República, ele passa a ter a função de melhorar as condições comerciais da lavoura. Nesse sentido, em relação à produção açucareira, os usineiros brasileiros ao volver os olhos para os principais países produtores assumiriam prontamente que este era um tema que não poderia ser ignorado. As diferenças alcançadas por este olhar reproduziam quase sempre a mesma conhecida fala, era principalmente dos países produtores de açúcar de beterraba que se deveriam copiar as medidas necessárias para o reerguimento do açúcar brasileiro. Acredita-se que este posicionamento fosse uma forma de se sentir mais confiantes e menos ameaçados no mercado mundial, pois era preciso defender-se com as mesmas armas. Talvez seja essa mesma postura que conferiu tanta força ao associativismo como mais uma das medidas salvadoras da indústria sacarina brasileira neste momento.[93]

---

91   A revista A Lavoura começou a ser publicada 5 meses após a fundação da SNA, tornou-se um dos principais meios de propaganda da Sociedade Nacional da Agricultura, sendo produzida até os dias atuais.

92   A Lavoura. Boletim da Sociedade Nacional da Agricultura. Rio de Janeiro:Imprensa Nacional, janeiro de 1899.

93   Releva notar como já o fez Sonia Regina de Mendonça que a união em cooperativas era vista como um meio de impedir as tendências baixistas. *"Os produtores brasileiros não partilhavam dos princípios da doutrina cooperativista propriamente dita, ainda que falassem em seu nome. Os beneficiados seriam aqui os proprietários rurais, principalmente o grande proprietário. O objetivo era maximizar o lucro pela extensão da ação do produtor a orbita comercial, sem que isso resultasse em mudança a nível do processo produtivo"*. Assim, para ela: *"Enquanto canal viabilizador de grandes operações de comercialização e financiamento agrícola sob a tutela dos próprios fazendeiros ou ainda como instrumento do enquadramento e subordinação do pequeno produtor ao capital mercantil, a cooperativa receberia a sanção dos proprietários rurais e seus representantes, ainda que sob a mesma retórica que a promovia ao estatuto de emancipadora da lavoura escravizada e sugada pelos vampiros agrícolas: os intermediários e usuários. Enquanto núcleo implementador de uma dada concepção da ordem social do campo, cooperativas e cooperativismo não contariam com o beneplácito dos fazendeiros"*. Mendonça, *op. cit.*, 1990, p. 392-398.

Por outro lado, assim como esses anos trouxeram uma menor lucratividade para os produtores de açúcar devido à baixa dos preços, também se multiplicou o rancor contra a ação dos chamados especuladores, baixistas, parasitas, vampiros ou tantos outros adjetivos pejorativos com que foram chamados os comerciantes de açúcar. Releva notar, no entanto, que muitos dos argumentos sobre como se deveria embaraçar as ações especulativas citavam precisamente o trabalho de Jules Méline *"retour à la terre"*, que defendia as associações cooperativas como um remédio, um poderoso regulador de todos os interesses ou o que mais interessava aqui, um grande instrumento de emancipação da agricultura que lhe permitiria obter de seus produtos o máximo de receita, já que estabeleceria uma relação direta entre o produtor e o consumidor e *"desembaraçando a venda de elementos parasitários que arruínam a ambos"*.[94]

Como se viu, é certo que se fosse mais atrás, identificar-se-ia os princípios do associativismo presentes nos discursos dos representantes da agricultura. Entretanto, não é menos certo que a Primeira República daria um novo alento a essas ideias. Certamente não seria excessivo afirmar que a Sociedade Nacional da Agricultura seria a sua principal patronesse,[95] podendo-se mesmo atribuir-lhe o incentivo para a fundação de várias outras sociedades congêneres no âmbito regional.[96] Essa "tarefa" de unir os lavradores, - como uma necessidade indeclinável que se impunha com a crise como meio único de sua salvação -, foi uma idealização sempre presente na fala dos seus membros.

Para muitos desses homens, a vocação agrícola do país necessitava para florescer do espírito de associação. No Primeiro Congresso Nacional de Agricultura[97]

---

94 A Lavoura. Rio de Janeiro: Imprensa Nacional, outubro a dezembro de 1905.

95 Esta identificação já está explícita nos seus estatutos, uma vez que a Sociedade se responsabilizaria pela promoção de associações rurais, cooperativas e caixas de crédito. Mendonça, *op. cit.*, 1990.

96 O presidente Affonso Pena na sua mensagem ao Congresso Nacional em 1907 relatava que já era grande o número de associações agrícolas, já superior a 150 *"e que vão invadindo as paragens longínquas do Amazonas, Mato Grosso e Goiás, em sua quase totalidade filhas da Sociedade, a ela ligadas e aceitando suas inspirações, é a melhor prova dos reais serviços dessa associação em um país cuja riqueza e prosperidade estão precisamente no desenvolvimento da agricultura e onde o único órgão conhecido, que solicitamente pugna sem descanso por estes interesses, é a benemérita Sociedade Nacional da Agricultura"*. BRASIL. Mensagem apresentada ao Congresso Nacional na abertura da segunda sessão da sexta legislatura pelo Presidente da República Affonso Augusto Moreira Perna. Rio de Janeiro: Imprensa Nacional, 1907.

97 Na sua fala no Primeiro Congresso Nacional da Agricultura, Miguel Calmon afirmava que *"a indústria açucareira, em 1901, parecia destinada a se arruinar completamente no nosso país, sendo*

chegou-se a dizer que os seus diversos graus de aplicação media o estado de civilização e progresso dos povos.[98] O individualismo dos agricultores, o seu isolamento em uma unidade solitária, passou a ser visto como algo atrofiador que o deixava desamparado para lutar contra os seus problemas. Dessa conclamação, que não se cansava de se repetir nos escritos e falas da época, passou-se a insinuar que a falência dos engenhos centrais era decorrente deste isolamento. Frederic Sawyer enquanto membro desta "corrente ideológica" que se formou na Primeira República, o qualificava como um problema que deveria ser corrigido nas condições sociais do país *"onde cada fazendeiro vivia solitário em sua propriedade, num isolamento feroz, absolutamente estranho a todo e qualquer espírito de associação, quando não em discórdia com os seus vizinhos".*[99]

Releva notar que havia uma certa diferença em relação ao que cada um dos homens ligados à indústria açucareira esperava do associativismo, mas a sua adoção era sempre posta como natural, ou seja, resultado do ambiente de dificuldades infringido por uma crise que parecia interminável e definitiva. Alguns técnicos alardeavam os seus benefícios para a introdução das tão necessitadas melhorias técnicas no cultivo e na fábrica. Outros se somavam ao coro dos produtores e acreditavam que esta seria a resposta para a crise dos preços com a eliminação dos especuladores, ou mesmo o viam como uma forma de resolver a questão do crédito. Se esses homens pensavam que a união dos seus esforços propiciaria a implementação dos modernos processos de cultivo e fabricação, a obtenção de crédito, dentre outros problemas, foram bem enfáticos em vários momentos em descrever em tons fortes qual seria um dos principais papéis do associativismo: *"a proteção dos produtos contra a lepra dos especuladores que os desvalorizam".*[100]

No Primeiro Congresso Nacional de Agricultura já se percebia a postura adotada pelos produtores de açúcar, - quando não de guerra aberta, pelo menos de paz desconfiada. Em meio aos debates, uma das vozes que mais se sobressaiu foi a de Emmanuel Couret. A sua fala foi profundamente marcada pela ideia de que a

---

que, talvez a produção não pudesse se manter, sequer para o consumo interno. É vimos como o principio fecundo da solidariedade, que foi aceito e consagrado por aquele congresso, começou a dar frutos (...)". SNA. *op. cit.,* 1907

98   *Ibidem,* p. 8.

99   Sawyer. *op. cit.,* p. 106.

100 A Lavoura. Boletim da Sociedade Nacional da Agricultura. Rio de Janeiro:Imprensa Nacional, dezembro de 1900.

criação de sindicatos que exercessem a sua ação nos grandes centros de permuta propiciaria a transformação do modo comercial ora existente, pois a organização dos comissários não podia mais defender os interesses dos produtores. Se era visível o desagrado entre os comissários, não seria uma surpresa a aprovação quase unânime da sua fala entre os usineiros. Dizia ele num arroubo de hostilidade que: *"Por quê? Porque são apenas três ou quatro os compradores do Rio de Janeiro, os quais, possuindo capital, impõem para novecentos mil ou para um milhão de sacas de açúcar tal preço que o lavrador não o pode suportar".*[101]

A verdade é que a dificuldade em organizar os produtores de açúcar no âmbito nacional, - problema facilmente visível pela quebra dos diversos convênios que quando muito duravam apenas alguns anos -, propiciou a continuidade deste discurso. Se o conflito seguia sendo o mesmo, a solução proposta também não mudaria, - a organização dos produtores em sindicatos ou cooperativas de venda como uma forma de barrar um número de agentes comerciais excessivos e parasitas da lavoura.[102] Esse discurso foi significativo nas quatro conferências açucareiras, nos três congressos nacionais de agricultura, nas outras reuniões voltadas para os problemas do açúcar ou dos seus subprodutos e nos diversos escritos e falas do período. A explicação para estes agricultores passarem a ter tanto interesse em comercializar diretamente o seu produto, devia-se em parte ao fato da parte comercial oferecer sempre resultados certos e remuneradores. Na parte agrícola sempre se podia perder dinheiro com as irregularidades das estações, as pragas, a falta de braços; na fábrica eram constantes os gastos e os prejuízos para conservar os maquinismos, o prejuízo com o baixo rendimento industrial por diversos fatores, dentre outros motivos de dispêndios, mas principalmente da vigência *"por anos e anos, através mesmo de decênios, de preços ínfimos, que por vezes hão levado*

---

101 Compareceram ao congresso delegados dos Governos Estaduais e de Governos Municipais. Ademais, também estiveram presentes representantes de sociedades de agricultura, de associações comerciais, de entidades econômicas etc. elevando-se o número de adesões recebidas a mais de mil. IAA, *op. cit.*, 1949, p. 70 e SNA, *op. cit.*, 1907, p. 85.

102 A cooperação agrícola pôde mostrar seu poder desde a aquisição das mais custosas instalações, inacessíveis a qualquer dos associados isoladamente, até a colocação dos produtos do mais humilde agricultor, sem a passagem deles, por uma série de intermediários que absorveram os lucros que deveriam caber ao produtor. A cooperativa também possibilitaria beneficiar o produto e não vendê-lo em natura, alcançando baixos preços. A Lavoura. Boletim da Sociedade Nacional da Agricultura. Rio de Janeiro: Imprensa Nacional, outubro de 1907, p. 498.

o infeliz e desamparado agricultor até o extremo de abandonar no campo o fruto do seu árduo trabalho, por não valer a pena colhe-lo".[103]

Mesmo os técnicos acabaram por referendar esta postura dos produtores de açúcar. Eles concordavam que naquela ocasião de grave crise, a ganância destes intermediários obstava a adoção das melhorias necessárias na agricultura e na indústria. Para que se tenha uma ideia deste engajamento, logo nos primeiros anos da República, vários trabalhos traçaram um amplo painel dos meios para debelar mais facilmente as crises na agricultura, como os do engenheiro Augusto Bernarchi. Nestes escritos defendia-se principalmente que os intermediários eram desnecessários e que podiam ser facilmente substituídos pelos sindicatos agrícolas. Faz-se notar aqui, mesmo que a questão possa parecer irrelevante, que o engenheiro refere-se aos intermediários com uma caracterização que por mais divertida que possa soar nos dias atuais foi comumente utilizada no período: *"são verdadeiros vampiros de faces hiantes e inesgotáveis"*.[104] No entanto, tais alcunhas possibilitam perceber o posicionamento desses homens, - até porque essa forma de descrição não se restringiu ao trabalho de Bernarchi. De uma forma mais circunspecta, Geminiano Lyra Castro,[105] Ministro da Agricultura, Indústria e Comércio, entre 1926-30, afirmava que era uma tendência mundial a utilização das cooperativas de venda como o meio mais legítimo e prático de evitar a ação dos intermediários e a oscilação dos preços.[106] Como diria Pereira Nunes, *"os produtores estrangeiros não são mais felizes do que os nossos. Os intermediários do além-mar também sugam-lhe uma grande e justa remuneração do seu trabalho"*.[107]

---

103 Conferência proferida pelo engenheiro Antônio Carlos de Arruda Beltrão na sede da SNA. Beltrão era proprietário da usina Beltrão entre Olinda e Recife e pertencia a uma tradicional família pernambucana de produtores de açúcar. A sua usina seria mais tarde adquirida pela Companhia Industrial Açucareira do Rio de Janeiro. A Lavoura. Boletim da Sociedade Nacional da Agricultura. Rio de Janeiro: Imprensa Nacional, março de 1920.

104 BERNACCHI, Augusto. *Meios para debelar, mas facilmente as crises na agricultura. Estudo de propaganda dedicada à SNA*. Rio de Janeiro: Imprensa Nacional, 1904.

105 Lyra Castro também foi Presidente da SNA.

106 MAIC. Relatório apresentado ao presidente da República dos Estados Unidos do Brasil pelo Ministro do Estado da Agricultura, Indústria e Comércio Geminiano Lyro Castro. Rio de Janeiro: Tip. do Serviço de Informações do Ministério da Agricultura, 1930, p. 40.

107 Pereira Nunes era natural do município de Campos, médico e assumiu diversos cargos políticos. A Lavoura. Boletim da Sociedade Nacional da Agricultura. Rio de Janeiro: Imprensa Nacional, Julho a agosto de 1903.

Os intermediários não foram o único alvo dos reclamos dos representantes da indústria açucareira. Com o passar do tempo, às vezes tem-se a impressão que esses homens levavam um prego no tacão que dificultava que as medidas pensadas e repetidas incansavelmente fossem postas em prática. Na fala dos usineiros, muitas vezes esse prego pareceu ser confundido com o Estado. E se o Estado sempre foi visto como uma peça-chave para a plena aplicação dos princípios do associativismo convém observar que também era apresentado como um obstáculo. Tinha-se a convicção que à iniciativa privada não cabia resolver todos os problemas, particularmente quando se falava de problemas antigos como os altos impostos, as deficiências no sistema de transporte e no ensino agrícola, a falta de crédito, dentre outros. Ora, neste momento, esperava-se que ao Estado também caberia incentivar o associativismo, através de leis e auxílios que facilitassem a criação de sindicatos, cooperativas e associações de produtores rurais. A própria defesa de recriação do ministério da agricultura seria regido por este pensamento.[108] Na apresentação ao Congresso do projeto para a criação do MAIC, o seu redator, o Sr. Joaquim Ignácio Tosta, afirmava não haver dúvida que a iniciativa dos indivíduos e a energia associativa *"não dispensam a ação insuprível do Estado"*. Nesse sentido, o MAIC era uma promessa de cooperação organizada entre a iniciativa particular associada e o Estado. Merece atenção neste documento Tosta citar o trabalho de Júles Meline como um guia.

> Para qualquer lado que lancemos os olhares, descobrimos uma reação pronunciada dos governos e dos parlamentares em favor da agricultura, e essa reação toma tais proporções, que não se pode considerá-la um mero acidente. Ela se parece com uma dessas ondas profundas que levantam em certas épocas o oceano humano e quebram todos os obstáculos.[109]

A parte citada é importante porque revela que a preocupação com a intervenção maior do Estado vem de longa data, sendo formulada pelos representantes da indústria açucareira naquela época, - mesmo que nem sempre o Estado tenha atuado como se queria. Se as políticas de auxílio à lavoura não eram suficientes no pensar dos seus representantes, também não passava desapercebida a ação ruinosa que o

---

108 Ver Mendonça. *op. cit.*, 1990.

109 SNA. Projeto e parecer sobre a criação do Ministério da Agricultura, Indústria e Comércio apresentado ao Congresso Nacional pelo deputado Dr. Joaquim Ignácio Tosta. Rio de janeiro: Imprensa Nacional, 1906.

Estado exercia, como no caso da falta de investimentos nos meios de transporte, institutos e escolas agrícolas. Neste particular, a escassez de acordos internacionais teriam a sua importância, mas não chegaram a receber tantas alusões como os altos impostos e a falta de crédito, constituindo no seu pensar verdadeiros flagelos para a agricultura nacional. Neste momento, o crescimento do mercado interno faria decrescer a importância do imposto de exportação do açúcar em relação ao imposto interprovincial. Em 1911, o imposto de exportação em Pernambuco era de 2% enquanto a taxa de envio para outros estados era muito mais representativa, 8%.[110]

De qualquer forma, como era necessário exportar uma parte da produção, insistia-se não na redução deste imposto, mas na sua abolição. Esperava-se que esta política de isenção de impostos facilitasse ao açúcar brasileiro concorrer contra o açúcar de beterraba. No entanto, as tarifas internas eram muito mais complexas por serem cobradas pelas diversas instâncias do Governo. O Jornal do Commercio de 25 de junho de 1902 trazia o cálculo feito por um gerente de uma usina de açúcar que não chega a causar incredibilidade, mas no mínimo surpresa com uma carga tributária tão desmesurada. Allan Peterson afirmava que as taxas estaduais e municipais chegavam a absorver 2/3 da produção. Deve-se considerar que tal situação não foi efêmera. Desde o período do Império, os agricultores já se queixavam dos altos impostos, muitos cobrados indevidamente. Pois bem, se era proibido taxar cumulativamente um produto, a existência de impostos estaduais e municipais era inconstitucional.

Pode-se pensar como o fazia o Marques do Paraná que essas discussões do princípio ao fim não passavam de queixas corriqueiras: "*Todo tributo é odioso, ninguém o paga de boa vontade, é-lhe pois arrancado o pagamento.*"[111] No entanto, os agricultores resguardavam-se do Estado valendo-se da própria legislação tributária. Segundo o art. 11 da Constituição promulgada em 24 de fevereiro de 1891, era vetado aos estados, como à União. "*§1 – Criar impostos de transito pelo território de um Estado, ou na passagem de um para o outro, sobre produtos de outros estados da República, ou estrangeiros, e bem assim sobre os veículos de terra e água que os transportarem*". Com esse arrimo, alguns agricultores presentes na Conferência Açucareira do Recife acusavam o Governo de não fiscalizar o cumprimento desta lei que era burlada por diversos estados.[112]

---

110 PERRUCI, Gadiel. *A República das Usinas*. Rio de Janeiro: Paz e Terra, 1978, p. 109.

111 BRASIL. Anais do Senado. Rio de Janeiro: Imprensa Nacional, 1856.

112 Trabalhos da Conferência Açucareira do Recife. Recife: Tip. do Diário de Pernambuco, 1905.

No mais, queixavam-se do Estado dobrar os impostos toda vez que a receita não era suficiente. Em um desabafo que perdura até os dias atuais, afirmavam que por mais que se cobrasse nunca era suficiente, pois se aumentava de ano para ano o peso dos impostos. Leite e Oiticica fez um pronunciamento exaltado sobre o assunto no Primeiro Congresso Nacional da Agricultura: *"É preciso dizer com franqueza: o que está matando este país, além da falta de crédito, é a ganância dos governos dos estados!"*[113] Curiosamente, a questão não seria ignorada nem mesmo pelos literatos, diga-se desde já que não sem motivo por ser esse um assunto tão grave e explosivo. Assim, o Major Quaresma, personagem criado por Lima Barreto perguntava-se: *"Como era possível fazer prosperar a agricultura, com tantas barreiras e impostos? Se ao monopólio dos atravessadores (...) se juntavam as exações do Estado, como era possível tirar da terra a remuneração consoladora?"*[114]

Também seria corrente a ideia de que a falta de crédito prejudicava o desenvolvimento da indústria açucareira. Se havia uma crise, ela também era decorrente das medidas do Governo ou da falta delas. Essas declarações passam muitas vezes a impressão de que tudo ia mal, tudo precisava ser reformulado. Nesse momento, a dificuldade da lavoura em conseguir empréstimos, - problema que já se arrastava durante décadas -, reforçavam o sentimento de abandono. E foi assim que começaram a chamar a lavoura: *"a abandonada"*. Embora o termo já fosse utilizado por vezes no Império, não era adotado como uma denominação. Algumas más línguas do período afirmam que a alcunha se principiou na Gazeta de Notícias em um artigo publicado em junho de 1900, denominado *"A lavoura: a abandonada"*. O assunto em destaque era o projeto que tratava dos bancos regionais, oferecido à Câmara pelo deputado Cincinato Braga. Aproveitando-se da maior facilidade em se conseguir empréstimos urbanos para dar maior eficácia à sua fala, o deputado asseverava que durante os dez primeiros anos da República as indústrias receberam auxílios diretos e indiretos, como carteiras especiais de instituições de crédito, modificações nas tarifas aduaneiras, dentre outras concessões. Por outro lado, a lavoura não teria recebido quase nenhum auxílio, ficando sujeita ao absenteísmo do Estado. Essa situação não seria decorrente da falta de projetos, mas sim pela sua demora ou recusa em

---

113 Francisco de Paula Leite e Oiticica era senhor de engenho em Alagoas. Assumiu os cargos de deputado e senador.

114 LIMA BARRETO, Jorge de. Triste fim de Policarpo Quaresma. In: LIMA BARRETO, Jorge de. *Prosa seleta*. Rio de Janeiro: Nova Aguilar, 2001, p. 349.

transformá-los em lei. Por fim, buscando aprovação dos seus pares, abordaria com sensível destaque a situação calamitosa da principal fonte de renda do país.

> Se o que acabamos de escrever é uma fantasia, se é o eco de lamentações injustas e infundadas, se é a expressão da incúria ou da incompetência de alguns exploradores dessa indústria, então o congresso que continue a cruzar os braços e a deixá-la no tradicional abandono. Basta rejeitá-lo, sem o substituir por outro, para que a lavoura, a pobre abandonada, fique sabendo que nada mais tem a esperar dos poderes públicos.[115]

Outros representantes da indústria açucareira apropriar-se-iam deste termo para expressar o seu descontentamento. No entanto, ainda havia que se fazer distinção entre as taxas de juros cobrados na região Norte, que ainda se mantinham mais altas que no Sul. Affonso de Mendonça afirmava que sem bancos e sem outros auxílios, a lavoura ficava sujeita à ação de usuários que concediam empréstimos com juros tão altos que aniquilavam o lavrador, chegando a alcançar 30%.[116] Era comum, por outro lado, as propostas que facilitassem a expansão do crédito através da criação de bancos organizados pelos próprios produtores, como ocorria nos Estados Unidos[117] ou a criação de sociedades de crédito mútuo à semelhança do que praticou a França pela proposta do Ministro da Agricultura Júles Meline, convertida em lei a 5 de novembro de 1894.[118]

Também foram constantes as reclamações sobre a atuação de alguns bancos importantes que dificultavam os empréstimos à lavoura. Exemplo disso foi o caso

---

115 Artigo publicado na Gazeta de Notícias e reproduzido na Revista A lavoura. Rio de Janeiro: Imprensa Nacional, junho de 1900, p. 161.

116 SNA. *op. cit.*, 1907.

117 *"Uma nova feição interessantíssima da agricultura americana consiste no fato dos fazendeiros se terem transformado em banqueiros, pois, em virtude da lei que autoriza a criação de pequenos bancos de menos de 50.000 dólares de capitais, os small national Banks ou pequenos bancos nacionais estão surgindo em todos os lugares dos Estados Unidos, onde há agricultura, isto quer dizer em toda parte. Há atualmente cerca de 2000 bancos desta categoria, os quais se formam com os capitais dos lavradores para emprestarem aos lavradores. A situação da lavoura americana é deveras lisonjeira, impulsionada pela ação do Estado"*. Ver: A agricultura nos Estados Unidos em 1905: valores fabulosos! Convém ler e imitar. In: Boletim da Sociedade Nacional da Agricultura. Rio de Janeiro: Imprensa Nacional, janeiro a fevereiro de 1906, p. 41.

118 SNA, *op. cit.*, 1907, p. 51.

descrito por um dos primeiros presidentes da SNA, Wenceslao Bello.[119] Ele condenava o projeto de reforma do Banco da República que vetava transações com a lavoura direta ou indiretamente. Segundo ele, era uma grande injustiça imputar à lavoura a culpa dos desastres dos bancos nacionais.[120] Como este era um "país agrícola por excelência" mais ainda parecia estar se vivenciando uma coisa estupenda e injustificável, até porque esta mesma lavoura, que era a principal fonte de renda do país, estava em crise e quase completamente privada de institutos de crédito.[121] Não seria surpresa que Wenceslao Bello usasse em seu discurso o termo *"a abandonada"*. No entanto, ele não seria o único presidente da SNA a se aproveitar desta repercussão. Em 1908, em uma fala proferida no Segundo Congresso Nacional de Agricultura, Lauro Müller defendia que este problema ocorria porque a pirâmide estava invertida, ou seja, as classes produtoras não se achavam suficientemente representadas nos corpos legislativos. Pois, se assim fosse teria ela *"quantos ministérios da agricultura entender conveniente, e quantos bancos agrícolas julgar precisos, com os diretores idôneos que forem necessários, então a mesma lavoura deixará de ser a abandonada, para se converter na festejada".[122]*

Neste caso específico, não se deve esquecer a influência que alguns grupos comerciais tiveram na adoção ou não nas propostas apresentadas ao Governo pelos

---

119 O engenheiro Wenceslao Bello foi presidente da SNA durante os anos de 1905-1911.

120 Gnnacarini comenta o caso do Banco do Brasil. Segundo ele, *"enquanto durou a crise, posterior ao Encilhamento (1890), e nas depressões que se seguiram, de 1906, 1913/14, 1922, 1925, o Banco do Brasil foi sendo crescentemente manipulado, seja pelo governo central, seja pelas situações estaduais, para entender a seus encargos com terceiros e, até mesmo, para financiar déficits orçamentários. Não era, contudo, nenhuma dessas, a mais importante função desse Banco, formalmente comercial, mas, antes, a defesa de setores econômicos em dificuldades conjunturais. Pressionado por grupos diversos, o Banco realizou operações, que seus críticos definiram como não comerciais, ele se viu envolvido em várias grandes concordatas, principalmente nas praças do Rio de Janeiro e do Estado do Rio (por exemplo, no comércio e refinação de açúcar, com os créditos vultosos, da Cia. Açucareira, que detinha em 1905; e, na produção de açúcar, quando em 1923 comprou dívidas hipotecárias de usinas fluminenses). Esses percalços, da política deflacionista, levaram o Governo Washington Luiz, a tentar a deflação, através de uma nova caixa de estabilização, destinada a reconverter, toda a moeda circulante, em ouro. Mas, a grande crise tornou a ideia impraticável".* GNACCARINI, J.C. A. Estado, ideologia e ação empresarial na agroindústria açucareira do Estado de São Paulo. Tese de doutorado. FFLCH, USP, São Paulo, 1972, p. 40.

121 A Lavoura. Rio de Janeiro: Imprensa Nacional, julho a setembro de 1905.

122 Jornal O País. Rio de Janeiro, 14 de agosto de 1908.

agricultores.[123] A impressão causada pelas notícias acerca da maior intervenção do Estado na Europa e nos Estados Unidos nas questões agrícolas refletia ainda mais nos ânimos já exaltados dos produtores. Pela fala desses homens fica quase como certa a impressão de que o Brasil era o único país que deixava a sua lavoura morrer à míngua: não concedia empréstimo, não possuía uma legislação agrícola que apresentasse em seus artigos auxílios diretos ou indiretos à sua principal fonte de riqueza, ou por outras palavras e de forma mais convincente, como recitava José da Costa Rabello:[124] *"entre nós, a expressão auxílios à lavoura é simplesmente uma frase, pois que a lavoura não tem recebido verdadeiros auxílios, senão presentes de grego, quais foram a escravidão, o empréstimo hipotecário, a apólice depreciada"*.[125]

Conforme discutido anteriormente, o crédito assumiria nos últimos anos dos engenhos centrais um papel privilegiado na disputa que se tratava com os intermediários. Nesse caso, a obtenção de empréstimos possibilitaria postergar a venda da safra, propiciando ao produtor esperar o melhor momento para colocar a sua produção no mercado, o que dificultaria também a ação dos especuladores. Ainda em 1921, Pereira Nunes repetia a já tão afamada queixa: *"O Brasil carece de crédito rural como os seres animados carecem do ar que respiram"*.[126]

Embora distante da atuação estatal ideal pensada por estes representantes da indústria açucareira, ao Governo outorgava-se um papel essencial. Caberia a ele, fomentar os meios de aperfeiçoamento da agricultura e da indústria, melhorar os meios de transporte, reduzir ou eliminar os impostos que oneravam direta ou indiretamente a produção, incentivar a organização de sindicatos e associações

---

123 Gnaccarini defende que o *"predomínio econômico do capital mercantil caminha conjuntamente com o predomínio político do Estado sobre a sociedade e a divergência entre o econômico e o político. No transcorrer de toda a Primeira República, assiste-se com frequência à utilização da máquina estatal para defender manobras monopolistas de grupos comerciais particulares, para desencadear verdadeiras guerras de preços e violentas disputas de tarifas e subsídios, resultando em colocar-se parte dos recursos de toda a nação a serviço da realidade de lucros mercantis extraordinários, e no estímulo a mais absoluta anarquia da produção"*. Gnaccarini. *op. cit.*, 1997, p. 330.

124 José da Costa Rabello assim se pronunciaria como membro da sexta Comissão na Segunda Conferência Açucareira que ficaria responsável pelas questões ligadas à legislação agrícola, o Estado e a lavoura.

125 SNA. Conclusões do Segundo Congresso Nacional de Agricultura. Rio de Janeiro: Tip. da Revista dos Tribunais, 1908.

126 A Lavoura. Rio de Janeiro: Imprensa Nacional, junho a julho de 1921.

agrícolas, dentre outras demandas, isto é, solicitações demais e políticas de auxílio de menos. O presidente do Estado da Bahia Severino Vieira argumentaria que:

> para questão de tal alta importância e que envolvem problemas tão interessantes, não há soluções prontas, definitivas, qualquer que seja a natureza das medidas com que se intente ampará-las. Não será em curto prazo que podemos melhorar a cultura da cana, aumentando-lhe a riqueza sacarina, adotar as práticas racionais que reduzam os custos de produção, introduzir os melhoramentos notáveis no atual sistema de fabrico ou adotar a difusão, constituir crédito agrícola, reduzir impostos, criar mercados no estrangeiro ou alargar o consumo interno. Tais medidas e outras de igual relevância não podem como é obvio surgir do momento e nem as pode ditar uma assembleia, cuja ação se reduz a apontar o que julga necessário para corrigir a crise, evitando as suas calamidades.[127]

Sem sombra de dúvida, os argumentos de Severino Vieira estavam em consonância com a postura adotada pelo Estado. Não se deve esquecer que esse seria um período cheio de agitações em que as manifestações contrárias à forma como a política de amparo estava sendo feita tornava-se particularmente forte. Isso não quer dizer realmente que a indústria açucareira tenha sido de fato abandonada. Os auxílios prestados pelos governos dos estados, através de empréstimos, construção de institutos agrícolas e as várias outras políticas de fomento, foram essenciais para o desenvolvimento da indústria sacarina neste momento. A verdade é que a proteção do Governo Federal à indústria açucareira não foi de molde a impressionar como se daria no pós-30, dando a impressão de ser bem menos representativa que a ação tomada no âmbito estadual. Por outro lado, talvez não se tenha crescido a passos tão largos como se almejava, principalmente quando se olhava para os principais concorrentes do açúcar brasileiro no mercado internacional. Certamente seria de se esperar que isso tenha motivado tanto descontentamento, mas de forma alguma esses seriam anos de retrocesso. Não se reconquistou o mercado externo, mas contrastando com a situação precedente, nota-se o aumento do número de usinas, a melhora da qualidade e quantidade do açúcar produzido nas

---

127 A Lavoura. Rio de Janeiro: Imprensa Nacional, julho a agosto 1903, p. 185.

novas fábricas, a tão demandada adoção de melhores variedades de cana curiosamente forçadas pelo avanço do mosaico na região Sul, e principalmente pelo crescimento do mercado interno que permitiu a expansão da produção açucareira.

O clamor pelo consumo interno soa mais alto do que nunca

> *Não basta produzir muito e da melhor qualidade. A venda dos produtos é outra face importante do problema agrícola. A superprodução é também causa de crises calamitosas para a agricultura.*
>
> Joaquim Ignácio Tosta

Houve um tempo em que o Brasil crescia graças ao monopólio que possuia sobre a venda do açúcar no mercado internacional. Mas ao longo de centenas de anos viu-se a lutar contra uma cadeia de males que lhe tinha tirado esta primazia e o deixara numa posição incômoda, quase a morrer de inanição se dependesse do seu antigo mercado. Muito se tentou e se falou sobre como poder-se-ia reverter essa posição bastante vexatória para homens que traziam a marca desse passado, geração após geração. O caso é que esse sentimento se agravou quando o café assumiu a função de principal responsável pela sustentação econômica do país. Se tal aconteceu, restou ao açúcar brasileiro abastecer o mercado interno. Tudo isso seria mais complicado se este mercado fosse de pouca monta, mas não o era. Ao contrário, além de trazer a vantagem de estar protegido saltava aos olhos o seu crescimento. Talvez ninguém deu pelo minuto exato em que o consumidor nacional tão desprestigiado anteriormente, tornou-se o responsável pela expansão da indústria sacarina brasileira. Se o mercado externo já não era mais o que era, nada mais restava a fazer do que transladar o campo de batalha para as fronteiras do próprio país.

Certo é que mesmo que esse interesse tenha sido uma decorrência da perda do mercado externo, ele demorou a se mostrar. Neste momento, pode ser que lhe tenham tirado de cima o caráter de ruína que o revestia: o ficar restrito ao consumo do próprio país. Fato é que depois deste lânguido processo, pode-se notar pelo teor dos textos e das falas, que já se cristalizara no âmago destes homens a importância do consumo nacional. Em 1901, em um momento que a agricultura enfrentava uma crise agrícola que não estava restrita ao Brasil, a defesa do mercado interno já era considerada como primordial.[128] A própria questão dos prêmios de exportação girava em torno da necessidade de restabelecer o equilíbrio no mercado interno. Em parte, é disso que fala Américo Werneck[129] ao considerar que antes de se apelar para os mercados estrangeiros, os produtores deveriam esgotar os recursos inexplorados encontrados no próprio país.[130]

A relativa facilidade em conseguir estatísticas sobre a produção de outros países[131] e o próprio incremento da estatística no país comprovaria o que antes se baseava na experiência. Fato este essencial para os técnicos, pois as análises se baseavam na ciência e não no ouvir dizer. Francisco da Rocha Lima[132] na sua exposição sobre a conveniência do Brasil aderir ou não a convenção de Bruxelas, mais

---

128 O açúcar já tinha sofrido uma queda dos preços entre 1890 até 1894 nos mercados da Europa e que se repetiria em 1901. Esta crise que afetaria a Europa e os Estados Unidos pioraria ainda mais o quadro de exportação do açúcar brasileiro. Segundo Dé Carli, o mais interessante é que a crise de 1901 atingiu mais intensamente aquela indústria semi-organizada, mais moderna, devido à necessidade de crédito avultado e a inversão de um grande capital. Dé Carlí., *op. cit.*, 1936.

129 Américo Werneck foi o segundo prefeito de Belo Horizonte, formado na escola politécnica do Rio de Janeiro, dedicava-se a atividade agrícola e seria Secretário da Agricultura, Comércio e Obras Públicas de Minas Gerais.

130 Recursos que eram explorados pelos países concorrentes, principalmente o açúcar de beterraba, que penetrava no país na forma de doces, confeites e licores, prejudicando o consumo e a produção do país. Esta mesma colocação já tinha sido feita em 1886 por Luis Monteiro Caminhoá, que teve ignoradas suas súplicas. Não se sabe bem porque esta questão não mereceu a atenção nem dos próprios produtores nem do Estado. Talvez mais interessados em fomentar o próprio consumo do açúcar e de seus subprodutos, como a aguardente e o álcool, ou por uma questão cultural da elite, que sempre considerou estes produtos de melhor qualidade, e quiçá via no consumo destes produtos importados uma forma de se diferenciar das camadas populares. SNA. *op. cit.*, 1907.

131 Para Olivier Martins foi durante a segunda metade do século XVIII e nas primeiras décadas do XIX que emergiu os organismos oficiais encarregados de realizar as pesquisas estatísticas, de reunir as informações estatísticas e de assegurar sua difusão junto aos governantes e ao público. MARTIN, Olivier. Da estatística política à sociologia estatística. Desenvolvimento e transformações da análise estatística da sociedade (séculos XVII-XIX). In: Revista Brasileira de História. V. 21, n. 4. São Paulo, 2001.

132 Francisco da Rocha Lima era diretor gerente da Usina São Bento, na Bahia. Era formado em medicina. Foi membro do Sindicato Açucareiro da Bahia e tomou parte ativa na sua fundação; foi também um dos fundadores da Companhia Alcoólica da Bahia. DELANEY, LT. & LLOYD, Reginald. *Impressões do Brasil no Século XX*. Londres: Lloyds Greater Britain Publishing Company Ltd., 1913.

uma vez tratava de reforçar a importância do mercado interno ao apontar que em 1905 a Alemanha consumia 41% da sua produção; a França 45%; a Áustria 35%; Cuba 46% e talvez não tão surpreendentemente, o Brasil 72 %. Pode-se facilmente perceber que o país exportava somente as suas sobras, o que era considerado insignificante no mercado internacional. Assim como Werneck, Rocha Lima acreditava que esse excesso podia ser absorvido pelo próprio aumento do consumo interno. Na sua visão de usineiro, a baixa do preço do açúcar aumentaria o consumo do produto[133] se não fossem os altos custos dos meios de transporte, os impostos interestaduais vistos como inconstitucionais e a ação de intermediários que impediam o açúcar de chegar mais facilmente na mesa das camadas mais pobres.

No entanto o Brasil também não sairia incólume desta situação, por mais que o mercado interno absorvesse uma boa parte da produção. Não houve nenhum incremento sensível quando se compara a sua produção com a de outros países. O considerável crescimento do açúcar de beterraba e, principalmente do açúcar de cana no período caracterizado pelas colossais safras cubanas de mais de quatro milhões de toneladas, como foi em 1918, evidenciava em parte a situação do açúcar brasileiro.[134] Na Conferência Açucareira de Campos, J. G. Pereira Lima apresentaria um quadro referente aos países produtores de açúcar de cana que mais contribuíram para o desenvolvimento da produção. Entre 1901-1910, a produção açucareira mundial aumentou 36,9% sendo que a cana teria um crescimento mais impressionante de 63,4% e a beterraba de 18,3%. Como era de se esperar, alguns países se destacariam como Cuba e Java. No entanto, causa certa admiração que o Brasil concorresse com meros 0,3%.[135]

Ainda que, como colocava Affonso Costa, a capacidade produtora do Brasil fosse mal auferida, pois sempre se levava em consideração apenas a capacidade de exportar do país e esquecia-se a precariedade das estatísticas para o mercado interno, e mesmo que esse consumo fosse de tal ordem que se pudesse compará-lo com o comércio interno dos Estados Unidos -, nenhuma desses dados era capaz

---

133 SNA. *op. cit.*, 1905, p. 65-66.

134 A Lavoura. Rio de Janeiro: Imprensa Nacional, setembro a novembro de 1919.

135 Neste período a produção de açúcar de cana passou de 3.925.000t a 6.415.000, aumentando 63,4%. O açúcar de beterraba de 6.722.000t a 7.953.000t, ou 18,3%. Para este quadro contribui principalmente Cuba que teve um aumento da sua produção de 120%; Java 76%; Porto Rico 265% etc. LIMA, Pereira. *O açúcar: apreciações sobre sua situação industrial.* Rio de Janeiro: Tip do Jornal do Commercio, 1913, p. 100-101.

212   ROBERTA BARROS MEIRA

de remediar a má situação do país como produtor de açúcar mundial.[136] Há coisas, no entanto, que não há como ignorar, ou mais precisamente, quando a ênfase era dada ao comércio interno não se pode negar uma expansão. O que deve ser levado em conta foi qual região seria a mais beneficiada. Se por um lado a produção do Sul aumentou em mais ou menos três décadas 130% quando se considera os anos entre 1900 a 1927, por outro lado, a produção de Pernambuco, - um dos principais estados responsável pelo envio de açúcar para o mercado exterior -, apresentou a razão inexpressiva de 50%. Vê-se, assim, facilmente que o Norte teve que arcar muito mais com a perda do mercado exterior, o que ocasionou uma brusca desaceleração do crescimento alcançado nas duas décadas finais do século XIX.[137]

No entanto, como se pode observar, um delgado fio era a fronteira entre a produção voltada para o consumo interno e a dirigida para o mercado externo. O tempo em que elas não se cruzavam já havia passado. Era como se os produtores brasileiros andassem na corda bamba: havia açúcar em demasia para o mercado interno, mas açúcar de menos para influenciar no comércio internacional. Nesse momento, alguns trabalhos expressavam claramente essa situação. Um ex-encarregado de negócios do Brasil em Cuba, João Severino Hermes Júnior, afirmava que o país não era concorrente para Cuba.[138] Um passar de olhos mesmo que superficial sobre os dados apresentados valida plenamente a sua colocação. Segundo ele, em 1921, a produção do Brasil foi de 525 milhões de quilos, sendo que 400 milhões seriam direcionados para o consumo do próprio país. A safra cubana de 1918-19 foi de 4.009.737.000 quilos e a exportação foi de 3.954.500.000 quilos.[139]

---

136 A grande parte da produção nacional ficava no país, no intercâmbio dos estados. São Paulo, por exemplo, possuia um comércio com outros estados que chegava a alcançar 130.000:000$000. Affonso Costa diria que se adicionando à cifra que representa o nosso comércio exterior de exportação o valor do de cabotagem não se exagerava, afirmando que ela seria muito acrescida de muito mais do duplo, podendo compará-lo com o comércio interno dos EUA. COSTA, Affonso. *Questões econômicas: fatores da nossa riqueza entraves à produção comércio exterior.* Rio de Janeiro: Serviço de informações, 1918, p. 321.

137 Gnaccarini. *op. cit.*, 1972.

138 Fernando Ortíz enfatiza em seu livro "Contrapunteo cubano del tabaco y el azúcar" que o concorrente do açúcar de cana era o açúcar de beterraba. Segundo ele havia uma guerra mundial que já passava de um século: *"La guerra de los dos azúcares".* ORTIZ, Fernando. *Contrapunteo cubano del tabaco y el azúcar.* Caracas: Biblioteca Ayacucho, 1987, p. 8.7

139 Em 1910, a Usina Chaparro, em Cuba, - a maior usina do mundo -, produzia quase que o mesmo valor da safra de Pernambuco em anos de safra mais escassa. Em um só dia, em 1911, essa usina chegou a produzir 13.658 sacos. O recorde mundial seria batido em março de 1911. Para se ter

Não havia outra conclusão possível para a análise desses números: o Brasil produzia açúcar para o seu consumo e apenas um pequeno superávit insignificante para os padrões dos grandes produtores. Para Hermes Júnior, o país precisaria de 500.000t de açúcar a mais para contrair compromissos de estabelecimento, o que significava quase o dobro da sua produção total ou até mais nos anos de safras mais fracas.[140]

Não obstante ser pequena a exportação de açúcar e bastante caprichosa, como a definiria o *Boletim do MAIC* em 1918, ela teria muitas vezes uma influência perniciosa sobre os preços do açúcar comercializado no mercado interno. Definição que era realmente apropriada quando em alguns anos, como em 1901, alcançou o valor de 187.168.134kg e em 1904 atingiu somente 7.881.450 kg.[141] Mas deve ter tido em conta que para essa situação muito contribuiu a baixa cotação do açúcar no mercado mundial, resultado da superprodução gerada pelo crescimento do açúcar de beterraba e do de cana, bem como da ação dos especuladores.

---

uma ideia melhor, a Usina Esther, fundada em 1898, produz atualmente 13.000 sacas por dia. A Lavoura. Boletim da Sociedade Nacional da Agricultura. Rio de Janeiro: Imprensa Nacional, julho de 1911 e http://www.usinaester.com.br/Produtos/produtos.html.

140 Hermes Júnior, *op. cit.*

141 MAIC. Boletim do Ministério da Agricultura, Indústria e Comércio. Rio de Janeiro: Tipografia do Serviço de Estatística, 1918.

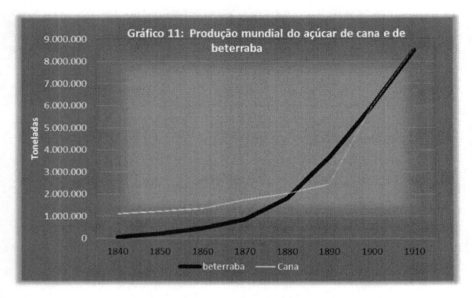

Fonte: MAIC. Boletim do Ministério da Agricultura, Indústria e Comércio. Rio de Janeiro: Tipografia do serviço de Estatística, janeiro de 1913.

Em quase nada difere da descrição da realidade do açúcar brasileiro no mercado externo feita por Hermes Júnior da fala de Augusto Ramos. Embora Ramos tivesse um estilo próprio, por vezes mais exaltado, - quiçá por achar incongruente que em um momento de crise o seu plano de valorização do açúcar ser sistematicamente posto de lado pelo Governo, quando tão facilmente foi adotado para o café. A análise dessa crise, nesse sentido, remetia à revelação de uma realidade inquestionável para ele *"Que importa ao comércio do mundo que nós lhe oferecemos, ou não, as sobras do nosso consumo? Com elas ou sem elas, as cotações não se alteram"*.[142] Não seria de estranhar que o Norte passasse a direcionar boa parte da sua produção para o consumo interno. Isto não significava, para o pesar desses produtores, que uma parte da safra não precisasse ser enviada para o exterior, mesmo que com prejuízos. No entanto, desde o início do século, Couret já apontava que o país só recorria ao mercado estrangeiro nas safras abundantes e o seu mercado restringia-se basicamente

---

142 Em 1900, o Brasil concorreu com a Alemanha, Áustria, a Holanda, a Bélgica, a França, Java, as Filipinas, o Peru, Mauricia, a Guiana, Honduras e outras procedências. O Brasil foi o que menos forneceu, pouco excedendo a sua quota da metade da menor daqueles fornecedores. Em relação aos Estados Unidos, o contingente brasileiro era igualmente pouco animador. A Lavoura. Rio de Janeiro: Imprensa Nacional, dezembro de 1905.

aos Estados Unidos e a Inglaterra e *"pelo caminho que levam as coisas, que dentre em muito poucos anos estaremos fatalmente encurralados em nosso país e forçados a consumir, nós mesmos, todo o açúcar que produzirmos".*[143]

Como já se expôs esta não era uma realidade que somente se apresentou a partir da Primeira República. Embora as discussões no período anterior já tivessem um tom de alarme, o problema ainda se encontraria no seu primeiro estágio. Havia mais esperança que se seguia o caminho certo para voltar ao mercado externo com a introdução de todos os aperfeiçoamentos possíveis na indústria açucareira. O impacto da percepção de que esta reconquista não seria tão fácil tornava este um tema verdadeiramente dramático neste momento. Para desconsolo de muitos, a indústria açucareira transformou-se numa indústria mundial tanto pelo consumo como pela fabricação, o que acirrava em muito a concorrência. Como afirmava Augusto Ramos *"a todo momento, nos mercados do mundo travam-se renhidas batalhas comerciais entre os interessados de todas as regiões."*[144]

É preciso, no entanto, que se considere que em alguns momentos a situação do país se alterava, o que criava certa expectativa entre os representantes da indústria açucareira. Mas para o pesar destes homens essas fases eram esporádicas e duravam um curto período, como seria o caso da Guerra de Independência Cubana que produziu uma expansão notável das exportações brasileiras.[145] Assim, na maioria dos anos, o açúcar era redirecionado em grande parte para o mercado interno. Não obstante, mesmo que se saiba da importância deste consumo, chama a atenção o fato de que só o açúcar enviado para a praça do Rio de Janeiro superava em diversos momentos a quantidade do açúcar exportado. No entanto, como se sabe, o Rio de Janeiro destacava-se por ser o mais importante centro do país, seja quando se considerava o movimento político, econômico ou bancário.[146]

---

143 SNA, *op. cit.*, 1907.

144 BRANDÃO SOBRINHO, Júlio. Memorial sobre a Quarta conferência açucareira realizada em Campos apresentada ao Sr. Diretor Geral da Assembleia Geral da Secretária da Agricultura pelo Representante do Governo do Estado Julio Brandão Sobrinho. São Paulo: Tip. Brasil de Rothchild & Cia, 1912.

145 Em 1896, com a desorganização da Guerra de Independência Cubana a produção da ilha desceria para 300.000t. No final da Guerra, a capacidade aumentou devido ao envio de enormes capitais americanos para a renovação dos antigos maquinismos das centrais pequenas e para a instalação de novas e colossais centrais. DÉ CARLI, Gileno. *O drama do açúcar*. Rio de Janeiro: Irmãos Pongetti Editores, 1941.

146 A Lavoura. Rio de Janeiro: Imprensa Nacional, julho a dezembro de 1911, p. 271.

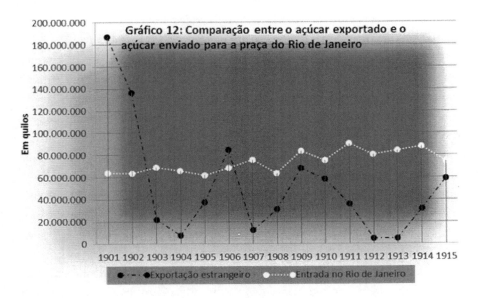

Fonte: A Lavoura. Boletim da Sociedade Nacional da Agricultura. Rio de Janeiro: Imprensa Nacional, janeiro a junho de 1916.

Naturalmente, esses números eram uma decorrência lógica da alta dos preços em um mercado fortemente protegido. Revela notar que este não seria um privilégio do açúcar ou mesmo uma característica restrita ao país.[147] Nesse caso, sobressai-se a observação do engenheiro francês Jean Michel[148] quanto ao fato do café e do açúcar comercializados no Brasil serem mais caros do que nos países que o compravam.[149] O caso não teria assim tanta importância pela pouca quantidade de açúcar excedente, se os preços no mercado internacional não alcançassem valores tão baixos e se os produtores de açúcar do Norte não se encontrassem já

---

147 Augusto Ramos afirmava que ao passo que na França se pagava um franco por um quilo de açúcar, podia-se comprar por igual quantia, na Inglaterra, três quilos do mesmo açúcar fabricado na mesmíssima França. SNA. op. cit., 1907.
148 Jean Mitchel veio para o Brasil completar os quadros de professores da ESALQ.
149 MITCHEL, Jean. *Irrigação dos canaviais: Campos de demonstração de Piracicaba pelo Engenheiro Agrônomo Jean Mitchel da diretoria de fomentos agrícolas*. São Paulo: Diretória de Publicidade, 1929.

tão ressabiados.[150] Não podia ser um reflexo indiferente enviar quase toda a safra para o mercado do Sul. Izidoro da Costa[151] apontava a predileção dos produtores de Pernambuco de evitar a exportação para o estrangeiro e enviar os seus açucares para ser comercializado na região Sul. Segundo ele, era fácil compreender tal predileção, pois a venda do açúcar dentro do próprio país encontrava maior facilidade de transações, recebia-se saques e dinheiro com mais prontidão, fazia-se menos despesas e frequentemente se vendia o açúcar já com os preços certos. Ao contrário do que ocorria quando se mandava o açúcar para fora, uma vez que a venda do açúcar consignado sofria grandes perdas.[152] Ou seja, só recorriam à exportação quando o preço era baixo também no mercado interno.

Não se pode desconsiderar que o açúcar do Norte chegava aos mercados do Sul sobrecarregado pelas taxas de entrepostos e de embarque, pelo frete e pelos impostos de exportação do estado de origem. Em alguns casos, os níveis de arrecadação de alguns Governos Estaduais eram garantidos muito mais pela cobrança de impostos sobre a circulação da produção interna do que com os valores arrecadados com o imposto de exportação.[153] Além disso, os produtores de açúcar do Norte não tinham um mercado à porta como os produtores do Sul e tinham que arcar com as altas tarifas de transporte. Aliás, ainda somava-se a estes fatos a questão do período desfavorável da safra do Norte frente ao acúmulo excessivo de estoques nacionais, enquanto que os produtores do Sul contavam com a vantagem de um

---

150 G. Dureau defendia que a baixa do açúcar não era devido exclusivamente ao extraordinário desenvolvimento da produção, uma vez que se na última década do XIX a produção aumentou 43,9%, o consumo subiu 42%. Para ele, a baixa dos preços do açúcar na Europa era devido principalmente ao menor custo de produção e no fabrico, além da influência dos prêmios diretos e indiretos concedidos pelos grandes países produtores e a formação de cartéis. Por último, a presença de grandes estoques e grandes safras facilitava a especulação comercial. A Lavoura. Boletim da Sociedade Nacional da Agricultura. Rio de Janeiro: Imprensa Nacional, janeiro de 1902, p. 104.

151 Membro da comissão organizada durante a Conferência Açucareira do Recife para estudar a adesão do país ao Convênio de Bruxelas SNA. *op. cit.*, 1905, p. 62.

152 *Ibidem.*

153 Diamanti apontava que "*A propósito desse imposto convêm dizer que Pernambuco vive atualmente à custa de São Paulo e do Rio Grande do Sul, seus melhores clientes. Para o açúcar exportado para o Brasil, Pernambuco recebe 8% ad valoren, enquanto para o açúcar exportado para o estrangeiro exige somente 2% a fim de poder lutar contra o açúcar de beterraba. Essa situação é tão verdadeira que se a exportação para São Paulo cessasse, o tesouro Pernambucano ficaria numa situação tão crítica como a dos agricultores e dos usineiros*". Apud. Perruci. *op. cit.*, p. 109.

lapso de pelo menos três meses antes do início da entrada do açúcar nortista nas suas praças comerciais.[154] Certo é que muitas vezes as dificuldades para exportar eram de tal ordem que era mais lucrativo comercializar a produção no próprio país mesmo com o acréscimo de tantos gastos extras.[155]

Na fala de um dos principais oradores da Conferência Açucareira da Bahia, Luiz Corrêa de Brito, pode-se perceber uma profunda preocupação com o aumento extraordinário da produção de açúcar nos estados do Sul. Segundo ele, esse seria um dos principais fatores pela baixa dos preços que esmagava a indústria açucareira. Esses estados que anteriormente se caracterizavam por serem grandes consumidores se transformaram em produtores.[156] Talvez um dos maiores receios dos usineiros nortistas fosse que se desse no Sul o mesmo processo que ocorreu na Europa, outrora uma grande consumidora que agora não bastasse ser praticamente autossuficiente ainda disporia de açúcar para exportar. Do mesmo modo que esses usineiros se preocupavam com as baixas dos preços no mercado nacional e a concorrência feita pelo açúcar do Sul, os produtores paulistas, fluminenses e mineiros queixavam-se que os envios do açúcar do Norte as suas praças comerciais era responsável por abarrotar o mercado, fazendo um grande mal para as indústrias da região. Nesse caso, é necessário relembrar que há muito a maior porcentagem do consumo brasileiro se inclinava para o Sul de modo incontestável. Em 1912, somente os estados do Rio de Janeiro e São Paulo consumiam cerca da metade da produção de açúcar brasileiro,[157] sem contar os outros estados. Nada mais natural quando se observa o crescimento demográfico dessa região.

---

154 Gnaccarini. *op. cit.*, 1972.

155 A percepção durante a Primeira República pelos produtores de que era muito rentável desenvolver uma produção agrícola para o mercado interno devido ao crescimento da população urbana foi analisado no trabalho de Sonia Regina de Mendonça. Mendonça. *op. cit.*, 1990, p. 77.

156 Luiz Côrrea de Brito ainda afirmava que este fato não era só devido à desvalorização do café, mas também ao alto preço porque obtinham o nosso produto. Anais da Conferencia Açucareira da Bahia reproduzidos na Revista A Lavoura. Boletim da Sociedade Nacional da Agricultura. Rio de Janeiro:Imprensa Nacional, janeiro de 1903, p. 119.

157 Em 1911, 31% do açúcar importado do Rio de Janeiro provinha de Pernambuco. O Estado de São Paulo por sua vez, com cerca de 2.500.000 habitantes em 1904, cujo consumo anual per capita era de 29 kg, absorvia 1.215.666 sacos, dos quais apenas 355.000 eram de sua própria produção. 860.666 sacos eram importados, boa parte presumivelmente era do Nordeste do país. SINGER, Paul. *Desenvolvimento econômico e evolução urbana*. São Paulo: Edusp, 1968, p. 313.

A QUIMERA DA MODERNIZAÇÃO   219

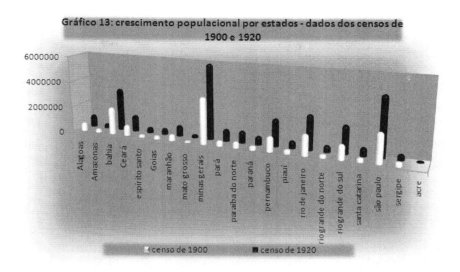

Fonte: MAIC. Diretória Geral de estatística. Relatório apresentado ao Dr. Geminiano Lyra Castro Ministro da Agricultura, Indústria e Commercio pelo Dr. José Luiz S. de Bulhões Carvalho. Diretor Geral de estatística. Rio de Janeiro: Tip. da Estatística, 1928.

O receio dos produtores do Norte também tinha sua razão no fato de muitos técnicos e produtores paulistas passarem a defender abertamente a autossuficiência do seu estado. O discurso geralmente era o mesmo. Remetia-se ao grande consumo local que devido a uma produção ainda escassa tinha que dispor de grandes somas para atender a demanda da sua população. Causara surpresa a Augusto Ramos que São Paulo, mesmo sendo o estado mais adiantado do país, ainda gastasse cerca de 40.000 contos em produtos agrícolas, anomalia que segundo ele deveria ser corrigida o mais rápido possível.[158] Em relação ao açúcar, o incentivo aos produtores era o grande consumo observado no estado. Já em 1903, Júlio Brandão Sobrinho afirmava que São Paulo teve uma média de consumo entre os anos de 1901-02 de 17.416.590 kg, dos quais a produção local foi de 636.210 kg. Neste caso, ele alegava que seria extremamente vantajoso o auxílio do Governo para a

---

158 A Lavoura. Boletim da Sociedade Nacional da Agricultura. Rio de Janeiro:Imprensa Nacional, junho de 1911, p. 67.

construção de mais 16 usinas que produziriam todo o açúcar necessário para suprir a demanda dos paulistas por este produto.[159]

Não bastasse que essas intenções fossem deixadas às claras por produtores e técnicos, ainda mais preocupante seria o apoio dado a essa ideia pelo Governo Estadual. Como prova disso é exemplar o desprazer com que Francisco de Paula Leite e Oiticica[160] relataria o fato de São Paulo ter reduzido 40% a tarifa comum ferroviária para o seu açúcar.[161] Na ocasião, já declarava que os nortistas sabiam que o melhor mercado para o açúcar branco era o mercado de Santos, que recebia boa parte da porção do açúcar que abastecia não somente o estado de São Paulo, mas também parte de Minas Gerais. Enfim, tinham mesmo razão para se preocupar os produtores de açúcar do Norte, pois como diria um inconformado Leite e Oiticica, *"o estado de São Paulo, que tanto se entusiasma pela sua lavoura de café, entendeu que devia proteger o açúcar de usinas que lá se criaram".*[162]

Augusto Ramos, representante de São Paulo no Congresso, tentaria demonstrar que no fim das contas o Norte não tinha motivos para queixas, pois o estado ainda produzia 60.000 sacas de açúcar, importando quase um milhão pelo porto de Santos. No caso da redução da tarifa, o objetivo era apenas conceder pequenos favores ao açúcar ali produzido, mas nunca de dificultar ou impedir a entrada do açúcar de outras regiões, até porque se falava de uma indústria incipiente, que não

---

159 BRANDÃO SOBRINHO, Júlio. Lavoura de Cana e de Algodão e Indústrias de Açúcar e de Tecido no Estado de São Paulo, Boletim de Agricultura, São Paulo: Tip. do Diário Oficial, 1903, p. 601.

160 Leite e Oiticica era advogado, político, deputado e senador por Alagoas, filho do médico e senhor de engenho Manuel Rodrigues Leite e Oiticica.

161 Interessa notar que alguns autores apontam que essa redução de 40% na tarifa das estradas de ferro é citada por parte da historiografia como sendo concedida apenas em 1910, como nos trabalhos de Gnacarini, Dé Carlí etc. No entanto, além da referência feita no I congresso Nacional da Agricultura, outras fontes de época citariam que as usinas de São Paulo gozavam nas estradas de ferro paulistas de uma redução de 40% em relação as tarifas cobradas a outros, como no caso do trabalho do engenheiro J. Picard na missão de inspeção feita entre 1 de março a 15 de julho de 1903. Carlí chega a dizer que esta era, na verdade, a iniciativa que propiciaria o surto açucareiro de São Paulo e que resolveria a fundação em bases de estabilidade, livre da concorrência do açúcar de outras procedências da indústria açucareira paulista. Gnaccarini, *op. cit.*, DÉ CARLI, Gileno. *Gênese e evolução da indústria Açucareira de São Paulo.* Rio de Janeiro: Editores Irmãos; PONGETTI, 1943; PICARD J. *Usinas açucareiras de Piracicaba, Villa-Haffard, Porto Feliz, Lorena e Cupim: Missão de inspeção do Senhor J. Picard, Engenheiro, de 1 de março a 15 de julho de 1903.* São Paulo, Hucitec; Editora da Unicamp, 1996, p. 42.

162 SNA. *op. cit.*, 1907.

A QUIMERA DA MODERNIZAÇÃO   221

conseguiria abastecer de forma alguma a sua própria população. Antevendo mais críticas, Ramos afirmaria que a medida não deveria ser criticada, mas sim imitada. Era por estas e outras, - pois não se deve esquecer das elevadas despesas de fretes e impostos interestaduais -, que se tornava cada vez mais perceptível que Leite e Oiticica não se enganara, ou seja, a sua fala não seria nenhum disparate, como acusara Ramos.[163] Em 1911, Júlio Brandão Sobrinho calculava que as Usinas Piracicaba, Vila Raffard, Porto Feliz e Ester tinham um gasto em média de 1$680 para enviar um saco de açúcar de 60kg à capital, já as usinas de Campos se resolvessem vender o seu açúcar em São Paulo gastariam 2$700 e as de Pernambuco, 5$166.[164]

Minas Gerais e Rio de Janeiro seguiriam os mesmos rumos traçados por São Paulo e foram progressivamente aumentando a sua produção. Minas Gerais era um grande mercado para o consumo de açúcar, o que acabou atraindo a atenção dos produtores do Norte. No entanto, mesmo que o desenvolvimento das suas usinas tenha sido bem menor do que nos seus estados limítrofes, a expansão dos engenhos pior aparelhados, - produtores na sua grande maioria de açúcar bruto -, seria enorme, transformando Minas em um dos maiores produtores de açúcar já durante a Primeira República. No Rio de Janeiro o avanço das usinas seria muito maior do que em Minas Gerais, o que propiciaria no seu caso um grande aumento da sua produção. Em 1900, a produção campista de açúcar era calculada em 400.000 sacos; em 1910, essa produção alcançava mais ou menos 800.000 sacos; em 1914 atingiu 1.182.539 sacos, ou melhor, quase triplicou a sua produção em um decênio. João Guimarães afirmava que em breve deveria se esperar que ela fornecesse talvez metade da produção nacional.[165]

Esse aumento da produção dos estados do Sul, mesmo que acompanhado do crescimento do consumo interno, levaria os produtores de açúcar do Norte a preocupar-se cada vez mais. Mas este não seria um problema isolado apenas ao açúcar nortista, pois não havia como evitar o rebaixamento dos preços no país como um todo se ano após ano os excessos da produção eram cada vez maiores.[166]

---

163 SNA. *op. cit.*, 1907, p. 151.

164 Brandão Sobrinho. *op. cit.*, 1912, p 107-116.

165 Entrevista do Sr. João Guimarães, presidente da Assembleia Legislativa do Estado do Rio de Janeiro. Jornal do Comércio, 1917. *Apud.* DÉ CARLÍ, Gileno. *A Evolução do Problema Canavieiro Fluminense*. Rio de Janeiro: Irmãos Pongetti, 1942, p. 67-68.

166 Smerecsányi defende que a crise de superprodução era uma questão de tempo, e só deixou de ocorrer já antes de 1930 por causa da crise do mosaico em 1925, a qual reduziu drasticamente a

Assim, tornou-se necessário preservar os preços no mercado interno tanto para os produtores do Sul quanto para os do Norte. A saída encontrada e largamente utilizada foi o envio de uma parte da safra para o exterior, o que era feito na sua quase totalidade pelos produtores de açúcar do Norte. Neste caso específico, não seria de se estranhar que houvesse uma consonância entre as regiões. Esse compartilhamento da visão sobre o mercado interno pode ser notado tanto na fala do representante dos produtores de açúcar de Campos, Emmanuel Couret, que defendia que era necessário exportar açúcar para estabelecer o equilíbrio, como também no discurso do membro da SAAP, Ignácio de Barros, ao confirmar que no ano de 1901 e 1902 se exportou açúcar com manifesto prejuízo, *"mas como tínhamos necessidade de exportá-lo, suportamos o prejuízo"*.[167]

O resultado das discussões em torno deste problema foi a concepção de um projeto de fortalecimento da indústria sacarina brasileira formulado basicamente levando em consideração o ideal de alcançar um estado de equilíbrio, ou seja, exportar todo o excesso de açúcar que obstasse a manutenção de um certo nível de preço no mercado interno e que compensasse os resultados negativos auferidos com as vendas para o estrangeiro. Embora o Primeiro Congresso Nacional da Agricultura fosse o responsável pela formulação do arcabouço dos planos de valorização do açúcar, a ideia de equilíbrio e da quase obrigatoriedade de exportar seria incansavelmente discutida durante toda a Primeira República e até posteriormente.

Se teria sido possível outra alternativa não há como saber. Alguns poucos homens continuaram a defender a necessidade de estabelecer tratados de comércio com outros países ou então a já antiga cantilena da necessidade de abaixar o custo da produção através da modernização das técnicas de fabricação e cultivo. A novidade seria a apresentação de ideias mais radicais como o contingenciamento da produção, - o que parecia causar calafrios na maioria dos representantes do açúcar, embora já fosse adotado em outros países.[168] Em 1905, a fala do futuro Ministro

---

produção açucareira paulista. SZMRECSÁNYI, Tamás. O planejamento da Agroindústria canavieira do Brasil (1930-1975). São Paulo: Hucitec; Campinas: Universidade Estadual de Campinas, 1979.

167 SNA. *op. cit.*, 1907; SNA., *op. cit.* 1905

168 Em 1911, Augusto Ramos afirmava que existia na Alemanha uma lei que praticamente impunha a cada usina, ano por ano, o contingenciamento da sua produção. Foram os próprios usineiros que a solicitaram do Governo, assim como do Governo Paulista solicitam os fazendeiros lhes proibissem abrir novas plantação de café. Brandão Sobrinho. *op. cit.*, 1912.

da Agricultura na Conferência Açucareira do Recife, Pereira Lima,[169] ilustrava este pensamento e deixava clara a sua preferência por escoar para os mercados internacionais o excesso da produção. Por outro lado, ele enfatizava que a redução das safras não poderia ser adaptada por ser antinatural, isto é, *"a inversão de todos os sãos princípios industriais; e que consistem em produzir segundo, a capacidade de elementos empregados na indústria, de modo a ter o produto a custo mínimo por unidade e poder oferecê-lo com vantagens exageradas para o consumidor"*.[170]

A SNA também faria uma propaganda ativa a favor da exportação do açúcar como forma de atenuar os males causados pelos preços baixos no mercado interno. Eisenberg já havia observado esta política da Sociedade quando ela se propôs a emitir boletins estatísticos bissemanais com os dados do consumo e da produção regional e a distribuição de quotas de exportação aos vários estados produtores de açúcar.[171] Ora, se havia uma quase obrigatoriedade de exportar os excessos e esse fardo recaía quase todo sobre o Norte, algumas vozes se levantaram defendendo uma posição que consideravam insofismável: se o remédio que cumpre aplicar é indispensável, também o era oferecer aos exportadores compensações que os indenizassem dos prejuízos inevitáveis.

Já se dizia mesmo na Primeira República, como se sabe hoje, que o Governo não adotaria as sugestões propostas pelos representantes do açúcar nos congressos, conferências, reuniões etc. para tentar atenuar a tão clamada crise dos preços. A alegação frequentemente usada pelo Estado era de que nada poderia ser feito, pois se deveria levar em conta os interesses dos consumidores. A resposta, no entanto, não tardou. Se não podiam implementar sem o aval do Estado medidas como a concessão de prêmios, outras formas de valorização do produto poderiam ser adotadas sem a sua aprovação. Com esse intuito, múltiplos foram os planos e as tentativas, - mesmo que sempre baseados na exportação para o estrangeiro do excesso da produção. A preocupação era não deixar os preços pagos pelo açúcar muito desnivelados com o custo da produção e mais um acréscimo de um pequeno lucro, isto é, o chamado "justo preço". Para os seus idealizadores, as vantagens

---

169 Pereira Lima era natural de Pernambuco, formado em engenharia. Foi presidente da Associação Comercial do Rio de Janeiro, Ministro da Agricultura e usineiro.

170 SNA. *op. cit.*, 1905.

171 EISENBERG, Peter L. *Modernização sem mudança: a indústria açucareira em Pernambuco: 1840-1910*. Rio de Janeiro: Paz e Terra, Campinas, Editora da Universidade Estadual de Campinas, 1977, p 52.

desse tipo de organização comercial seria o fim das frequentes oscilações de preços que caracterizaram esses anos e o aumento da capacidade de produção, pois o produtor veria o seu investimento ser remunerado e, *"dentre em pouco, fica. á dotado o país com uma indústria adiantada e sólida que nada terá a invejar à de Cuba e Java, que hoje tão em destaque põe a nossa impotência e incapacidade".*[172]

Certo é que ao considerar que um dos fatores principais da baixa dos preços era o excesso da produção sobre o consumo, manifestou-se uma tendência para a formação de coligações e acordos entre alguns produtores de açúcar e comerciantes. O primeiro passo seria a formação de acordos locais. Ao se debruçar sobre esta questão, Eisenberg diferencia um importante aspecto restrito ao mercado brasileiro: a proteção contra a concorrência estrangeira permitia a esses produtores conseguirem altos preços através da restrição da oferta do produto.[173]

No caso específico dos convênios e acordos, a primazia das iniciativas caberia ao Norte, principalmente aos usineiros pernambucanos. Os representantes da indústria açucareira do Sul continuaram a insistir na valorização do açúcar através da concessão dos prêmios e mesmo quando aderiam aos convênios, os abandonavam rapidamente.[174] Esse posicionamento fica mais fácil de entender quando se olha para uma ata de uma reunião sobre a presidência do diretor da SNA, Sylvio Rangel, em 28 de março de 1911. Nas suas conclusões defendendo a adoção dos prêmios, esses homens que se autodenominavam "delegados da lavoura" afirmavam ser materialmente impossível realizar um acordo *"entre mais de quatro mil*

---

172 Augusto Ramos explicava como funcionaria a estratégia do "justo preço". *"Se a safra é escassa, os preços internos se mantêm naturalmente elevados, como sempre tem acontecido, e ninguém buscará aproveitar-se do preço fixo em aberto; Se a safra é grande, baixem os preços íntimos, até atingirem o "justo preço", sem que lhes acuda o interventor. Se, porém, a depressão tende a acentuar-se, o produtor não mais se utiliza das ofertas dos consumidores, mas busca o interventor e lhe vende pelo justo preço o gênero que não logrou encontrar fora melhor cotação. Mas, a produção tem limite e, dentro em pouco, vendido ao interventor o excesso produzido, começa a escassear o gênero e, naturalmente, sobem os preços. Torna-se superior ao "justo preço" o preço do mercado interno, e ninguém mais recorre ao interventor, que volta ao seu estado contemplativo, assistindo à luta dos interessados nos mercados em plena liberdade".* A Lavoura. Rio de Janeiro: Imprensa Nacional, setembro a novembro de 1911, p. 273.

173 Eisenberg. *op. cit.*, p. 51-52.

174 Eisenberg afirma que os refinadores de Minas Gerais, São Paulo e Rio de Janeiro gozavam de um tácito monopsônio, dada a crise de exportação jogavam produtor contra produtor e frustravam o esforço do cartel. *Ibidem.*

fabricantes de açúcar disseminados em oito estados para a exportação para o estrangeiro, em proporção rigorosamente exata com a safra de cada um".[175]

Acredita-se que a primeira tentativa de Pernambuco utilizar este tipo de estratégia foi na safra de 1895-96. Desta vez, a estratégia de valorização foi organizada principalmente pela Associação Comercial Beneficente de Pernambuco.[176] Nesta safra os engenhos produziriam maior quantidade de açúcar bruto para exportação.[177] O fracasso do esquema não desanimaria estes homens, que fizeram uma tentativa semelhante em 1901. Nesse sentido, o único problema era que se os produtores de açúcar do Norte se sacrificavam para elevar os preços domésticos, os produtores do Sul apenas se beneficiavam com as altas dos preços nos seus mercados, sem contribuir em nada para a restrição da oferta, ao contrário, aumentavam cada vez mais a sua produção. Como diria um dos representantes de São Paulo na Conferência Açucareira de Campos: como o estado não exportava açúcar, o seu compromisso maior era garantir preços baixos para os seus consumidores.[178]

Destes convênios, o que melhor auferiu resultados foi a Coligação Açucareira de Pernambuco, organizada em 1905.[179] Da mesma forma que no setor cafeeiro, o próximo passo seria coligar os estados. Em 1906, Pernambuco conseguiu amealhar o apoio dos produtores da Bahia, Alagoas e de Campos. O acordo passaria a se chamar assim Convênio Açucareiro do Brasil. A união duraria até 1907 e durante estes dois anos os preços foram mantidos altos pelo controle de estoques. A ação da Coligação não se restringia a controlar a venda, mas também estabe-

---

175 A Lavoura. Boletim da Sociedade Nacional da Agricultura. Rio de Janeiro:Imprensa Nacional, abril de 1911, p. 250.

176 A Associação Comercial Beneficente de Pernambuco foi fundada em 1839.

177 O argumento era de que se os engenhos produzissem somente açúcar bruto de exportação até outubro de cada ano ficariam livres da competição tanto do açúcar europeu de beterraba quanto do açúcar de cana, que chegavam aos mercados internacionais no fim de outubro e em dezembro respectivamente. Eisenberg. *op. cit.*, p. 51-52

178 Brandão Sobrinho. *op. cit.*, 1912.

179 Em 1905, a conferência do açúcar de Recife ouviu uma monografia que analisava os cartéis e vários escritores publicaram propostas de associações de produtores. Estimulados pelos agentes comerciais Mendes Lima & Cia, que financiou muitas de suas safras, os usineiros concordaram em, para a safra de 1906-07, manufaturar certa percentagem de açúcar bruto demerara para exportar, e alguns armazenadores e agentes comerciais comprometeram-se a não vender para o mercado nacional antes de novembro. Este cartel, desfrutando o apoio da SAAP e da União dos Sindicatos Agrícolas de Pernambuco (USAP) ficou sendo conhecido como coligação. Foi auxiliado, ainda, pela SNA. Eisenberg. *op. cit.*

lecia cotas de comercialização, financiava a estocagem e concedia subsídios aos produtores para a exportação. Naturalmente, os acordos refletem sempre o rosto dos homens que o forjaram.[180] Não é pois de estranhar que se tentasse proteger o mercado interno, uma vez que a coligação era constituída por armazenários e usineiros que não estavam comprometidos com comissários de açúcar. A relação entre os produtores de açúcar e os seus comissários nunca foi simples de entender. Os motivos de tanto mal-entendidos se explicam em sua grande maioria, como discorre Barbosa Lima Sobrinho.[181] Ei-lo:

> As duas figuras que realmente lucravam com o comércio do açúcar eram o comissário, que também era um comerciante, e os compradores das grandes praças, como o Rio de Janeiro e São Paulo, que especulavam com o comércio do açúcar. Eles procuravam, na época da safra, comprar todo o açúcar que pudessem. Estocavam-no e deixavam que pouco a pouco a reação do próprio mercado fosse elevando os preços. Então eles iam soltando o açúcar que tinham comprado por um preço inferior. Isso também diminuía as condições de sobrevivência do produtor, porque, na época da safra, eles vendiam o açúcar pelo preço da safra; o consumidor não lucrava nada, porque na entressafra o preço subia. De modo que, para o consumidor, também não era um bom negócio essa especulação. O comerciante comprava baixo na safra, vendia caro na entressafra, e ia lucrando. O seu lucro vinha todo dessa situação.[182]

Outra peculiaridade que caracterizaria este convênio seria a rivalidade entre as firmas comerciais. Deve-se considerar que o principal ponto de apoio da Coligação era a firma de agentes comerciais Mendes, Lima & Cia, ou seja, o acordo foi pensado para reduzir o poder de negociação dos refinadores e comerciantes da região Sul. Como se sabe, Pernambuco era o principal estado exportador de açúcar do Brasil.

---

180 *Ibidem.*

181 Barbosa Lima Sobrinho era advogado, jornalista, ensaísta, historiador, professor e político. Dentre as suas inúmeras atuações, a que mais se destaca para este trabalho, seria a de presidente do Instituto do Açúcar e do Álcool de 1938 a 1945.

182 LIMA SOBRINHO, Alexandre José Barbosa. *Barbosa Lima Sobrinho (depoimento, 1987).* Rio de Janeiro, CPDOC/CENTRO DA MEMÓRIA DA ELETRICIDADE NO BRASIL, 2002.

A QUIMERA DA MODERNIZAÇÃO   227

Neste caso, a postura adotada pelos seus representantes de exportar ou não parte da safra influía diretamente no mercado interno, determinando se haveria superabundância do produto no país e, consequentemente, o aviltamento ou não dos preços no mercado interno. Não seria de estranhar que a ideia de que esses produtores faziam um "sacrifício" que acabava gerando vantagens para todos, impulsionasse a defesa de que era necessário solicitar a participação dos outros estados, já que Pernambuco não poderia arcar com todo o prejuízo sozinho.

Inversamente ao que se esperava, a adesão de outros estados ao convênio significaria a sua ruína. O próprio Júlio Brandão Sobrinho, contrário ao estabelecimento deste tipo de convênio, afirmava que durante os seus dois anos a Coligação Açucareira de Pernambuco deu bons resultados com o estabelecimento de preços mínimos que conseguiram arrefecer a especulação. Para ele, ficava claro que os problemas começaram quando se procurou o concurso dos demais estados. Este fracasso seria motivo para que as questões dos prêmios fossem novamente levantadas.[183] Dessa feita, o elo fraco da corrente seria o estado do Rio de Janeiro. A pressão exercida pelos comissários e refinadores daria resultado na safra de 1908-1909. Nesta safra, os refinadores do Rio de Janeiro conseguiram desmobilizar o cartel através de acordos com algumas usinas de Campos que venderam o seu açúcar a preços menores do que os pedidos pela Coligação. O seu exemplo logo seria seguido pelos armazenadores do Recife que também venderiam o seu açúcar abaixo do esperado. A queda dos preços indicava mais do que o fracasso da Coligação, mas principalmente o poder que detinham nesse momento os homens responsáveis pela comercialização do açúcar.[184]

É importante ressaltar que este fracasso não significaria o desânimo dos produtores. Em 1909, a Coligação de Pernambuco foi reorganizada pela SAAP e pela União dos Sindicatos Agrícolas com a nova denominação de Coligação para a Valorização do Açúcar. Dessa vez, a estratégia seria outra: a Coligação deixava de ser uma entidade conselheira para agir diretamente no comércio do açúcar, ou melhor, ela compraria açúcar para manter os preços acima de um nível. Como não poderia deixar de ser, a maior dificuldade seria levantar o capital para o início das operações. Questão que em um país marcado há muito pelas dificuldades de

---

183 Brandão Sobrinho, *op. cit.* 1912.

184 Eisenberg defende que os cartéis, dependendo da cooperação voluntária dos produtores, dos agentes comerciais e dos armazenadores, todos com interesses conflitantes e de diferentes estados, estavam sob constante ameaça de desintegração. Eisenberg. *op. cit.*, p. 52-53.

se conseguir crédito agrícola poderia ser um grande empecilho.[185] Aliás, a falta de crédito seria o responsável pela desistência da nova tentativa de coligação.[186]

Em 1911, os projetos de valorização voltariam novamente à baila. Assim, o ano seria marcado por uma nova tentativa de coligação açucareira e pela Conferência Açucareira de Campos, que teria como pauta principal esta questão. Ora, é até facilmente compreensível tanta movimentação, uma vez que a safra anual do país seria de 4,5 milhões de sacas e o consumo interno só absorveria três milhões, ou seja, isso significava exportar 1,5 milhão de sacos de açúcar a qualquer preço ou arcar com uma verdadeira anarquia comercial que afetava principalmente os produtores.[187] O problema sensível neste caso foi o plano original traçado por José Bezerra e retomado na conferência por Augusto Ramos. Não se colocava em jogo que a exportação deveria ser feita a qualquer preço, mas levando em consideração a dificuldade de obter capitais, voltava-se a olhar para a Europa. No entanto, se o plano de José Bezerra seria criticado por pensar em conseguir este capital através do imposto de exportação, mas ainda seria controversa a versão de Augusto Ramos, - pois era parecida com o sistema dos prêmios europeus na parte em que defendia que este capital deveria ser proveniente de um imposto sobre o consumo.[188]

Como já se imagina, a tentativa de coligação feita em 1911 não seria levada adiante. Contribuiria para isto a melhora da cotação dos preços devido à crise

---

185 Barbosa Lima Sobrinho relata que *"não havia muitos elementos financiadores, era uma coisa curiosa. Os bancos em geral não tinham uma influência maior nisso. O Banco do Brasil não financiava porque tinha receio de colapsos. O financiador tinha que ter um controle maior sobre o produtor, fiscalizá-lo mais de perto, estar mais ligado realmente ao processo de produção para verificar se o dinheiro estava ou não correndo risco. Isso não era fácil para um banco. Para esses comissários, que tinham lá o seu sistema organizado, isso era possível. Eles acompanhavam, verificavam, sabiam o que estava fazendo cada um daqueles usineiros: se estavam dilapidando ou não os seus recursos, se tinham ou não a safra bem fundada. Com essa fiscalização, eles podiam também ir regulando o financiamento, ampliando-o ou reduzindo-o, conforme as notícias que fossem recebendo da atividade desses produtores".* Lima Sobrinho *op. cit.,* 2002.

186 A avaliação desta safra seria de 1.800.000 sacos. Os membros da Coligação, neste caso, se responsabilizariam por fabricar no inicio da safra de 20% ou mais de açúcar tipo demerara e bruto melado com destino exclusivo à exportação estrangeira. Eisenberg. *op. cit.,* p. 53; A Lavoura. Boletim da Sociedade Nacional da Agricultura. Rio de Janeiro: Imprensa Nacional, julho a dezembro de 1918.

187 A Lavoura. Boletim da Sociedade Nacional da Agricultura. Rio de Janeiro: Imprensa Nacional, abril de 1911.

188 Brandão Sobrinho. *op. cit.,* 1912.

do açúcar europeu ocasionado pela tremenda seca que devastou os campos de beterraba.[189] De mais a mais, começa a se notar a transferência dessa querela entre comerciantes e produtores de açúcar para as páginas de notícia da imprensa. Num primeiro momento parecia lógico que os produtores buscassem atingir os seus arqui-inimigos, os especuladores e vice-versa através da imprensa. Júlio Brandão Sobrinho descreve a exasperação com que estes artigos foram tratados por um dos principais responsáveis pela proposta do mais recente convênio. Augusto Ramos sofreria duras críticas na imprensa por não levar em consideração a situação do consumidor, visto como o principal prejudicado com a adoção de um imposto sobre o consumo que só atenderia aos interesses dos produtores de açúcar. Defendia-se, neste caso, que os produtores deveriam ter se preocupado antes em baratear o custo da sua produção como se fazia em outros países. A resposta não tardaria. Augusto Ramos aproveitou o ensejo da falta de propostas alternativas por parte dos seus críticos para desmerecer as condenações que sofreu. Nessa mesma linha, argumentava que concordava que era necessário baratear o custo da produção, no entanto, isso só seria possível com a montagem de grandes usinas, o que era inviabilizado pelos baixos preços pagos ao produtor e, consequentemente, a falta de capitais para investir nesses melhoramentos. Para ele, o ciclo negativo em que caiu a indústria açucareira brasileira só seria quebrado com a adoção de políticas de valorização do açúcar.

De uma maneira ou de outra, os defensores dos planos de valorização do açúcar tentaram conquistar a opinião pública acusando os especuladores de serem os principais responsáveis pela alta dos preços no mercado interno. Nesse sentido, a argumentação apresentada, - nem sempre muito convincente para o outro lado -, pautava-se também no "justo preço" ou na versão apresentado para os consumidores: o "preço médio". Enfatizava-se, sobretudo, que esse preço não seria alto e resguardaria o consumidor das surpresas geradas pelas altas inexplicáveis do açúcar. Ademais, alegava-se que nessas oscilações de preços que eram prejudiciais tanto para os produtores como para os consumidores, o único que saía ganhando

---

189 O Jornal Lé Brésil, publicado a partir 1911, esclarecia que "La situation de l'industrie sucriére brésilienne, du fait de cette superproduction serait critique si le déficit de la récolde de beterraves, em Europe, cette année, par suíte se la seeheresse, et la hausse enorme du sucre n'offraient de bonnes chances de débouchés aux stocks brésiliens. Sans doute la conférence sucriére de Rio ne demendera l'intervention de l'Etat que pour profiter de cette situation en vue d'écouler et de valoriser ainsi son stock". *Apud.* Brandão Sobrinho, *op. cit.*, p. 16.

eram os comerciantes de açúcar, que lucravam imensamente com os *"habituais desvios escandalosos e condenáveis (...). São esses desvios que aos intermediários asseguram oportunidade para as monstruosas extorsões contra os que trabalham".*[190] Além do mais, sempre se buscou deixar claro que não se pretendia formar os condenáveis trustes, mas sim cooperativas. Sublinhava-se sempre que a diferença era enorme entre um e outro. Segundo Pereira Lima, *"agente por demais sabido de vários trustes açucareiros",*[191] como era chamado por Lima Barreto, a cooperativa seria um tratado de aliança entre os produtores, tendo por fim harmonizar interesses e apresentar um caráter parlamentar. Já o truste era uma integração de empresas da mesma categoria, que buscava impor ao mercado uma vontade única, ou melhor, *"é uma manifestação autoritária e imperialista".*[192]

Mesmo que essas sucessivas tentativas não conseguissem avançar para a segunda fase, Pernambuco insistiria na integração dos produtores dos principais estados açucareiros. A proposta inicial era que os produtores pernambucanos se comprometessem a enviar para o exterior os seus primeiros produtos, o que significava que as praças do Sul não teriam um excesso de oferta durante os primeiros meses da moagem, o que representava um certo alívio principalmente para os produtores de açúcar campistas. Em 1913, foi acordada a mesma proposta e Pernambuco exportou parte da sua produção. No entanto, como se viu, a resposta dos campistas nem sempre era a esperada em um acordo de cavalheiros. Nesse caso, 23 usinas campistas tinham se comprometido a fabricar e exportar para o estrangeiro a metade da porcentagem que Pernambuco exportou de açúcar

---

190 *Ibidem*, p. 37.

191 Esta acusação foi feita por Lima Barreto. LIMA BARRETO. Toda Crônica. Valença: Agir, 2004, V. II, p. 360.

192 Pereira Lima apoiava-se na fala de Augusto Ramos para tentar aclarar que em 1911 não se pretendia formar um trust, *"pois o trust é uma concentração comercial por meio do cerceamento absoluta da autonomia de cada um dos seus órgãos componentes (...) as fábricas participantes de um trust recebem do escritório central ordens para a fabricação e expedição de suas mercadorias, com a especificação da quantidade, qualidade e destino. O preço e o escritório que o ajusta. Em o nosso caso, cada produtor fabrica o que quer e como quer, vende quando e a quem lhe convém pelo preço que lhe apraz ajustar e dos quais à ninguém terá que prestar conta (...) apenas esse produtor encontrará no mercado uma cooperativa que lhe comprará o gênero se para isso for procurada e pelo qual pagará sempre um preço fixo e invariável",* Pereira Lima. *op. cit.*, p. 29.

tipo demerara, *"contribuindo assim para a solidariedade com os seus colegas de Pernambuco e em benefício do mercado de açúcar em geral"*.[193]

Não seria de estranhar que com a alta dos preços, - pois se sabe que essa não seria a primeira vez-, que vários signatários burlassem o acordo. Neste particular, esclarece Barbosa Lima Sobrinho que a cooperativa nunca teve uma grande importância antes do Instituto do Açúcar e do Álcool, pois somente conseguia reunir alguns produtores e não todos. *"Havia sempre os outsiders, pessoas que ficavam do lado de fora e que se regulavam pelos seus próprios interesses"*.[194] Na safra seguinte, os produtores de açúcar de Pernambuco buscaram dar uma resposta se negando a exportar uma quantidade apreciável de açúcar demerara para não beneficiar a zona fluminense.[195] Mas, como Campos tinha um mercado à porta e as vantagens deste fato não eram pequenas, os usineiros pernambucanos sempre percebiam, - cheios de amargura e queixumes -, o perigo de uma baixa muito grande no mercado interno. Não haveria grande possibilidade de se salvarem se não salvassem também os produtores do Sul. Não é de se admirar assim que foram tantas as tentativas e nenhuma tenha ido adiante.

A nomeação sucessiva de dois nortistas ligados ao açúcar para o cargo de ministro da agricultura, - José Rufino Bezerra Cavalcanti e José Gonçalves Pereira Lima, acirraria ainda mais os ânimos. Já há alguns anos, os dois vinham se destacando como expoentes na batalha que se travava contra as especulações feitas pelas firmas comerciais do Sul, defendendo fortemente os acordos de valorização do açúcar. Aliás, no caso de Pereira Lima chama mais ainda a atenção a paixão com que se dedicaria a argumentar no Jornal do Commercio com Manuel José Lebrão,[196] figura de grande proeminência no Rio de Janeiro por ser o proprietário da Confeitaria Colombo. Não que essa questão fosse rara ou tratada de forma tímida nos jornais, mas dessa vez a pendenga duraria quase todo o primeiro semestre de 1913.

---

193 MAIC. Boletim do Ministério da Agricultura, Indústria e Comércio. Rio de Janeiro: Tipografia do Serviço de Estatística, maio a julho de 1913.

194 Lima Sobrinho. *op. cit.*, 2002.

195 Boletim do Ministério da Agricultura, Indústria e Comércio. Rio de Janeiro: Tipografia do Serviço de Estatística, julho a dezembro 1915.

196 Imigrante Português, fundador da confeitaria Colombo, - um importante estabelecimento no Rio de Janeiro fundado em 1894. Também era proprietário de uma refinaria e de uma fábrica de doces. DELANEY, LT. & LLOYD, Reginald. *Impressões do Brasil no Século XX*. Londres: Lloyds Greater Britain Publishing Company Ltd., 1913.

Fonte: Interior da Confeitaria Colombo in: DELANEY, LT. & LLOYD, Reginald. *Impressões do Brasil no Século XX*. Londres: Lloyds Greater Britain Publishing Company Ltd., 1913.

A verdade é que muitos comerciantes e refinadores da praça do Rio de Janeiro acusavam os intermediários do Recife pela especulação e os produtores pela tentativa de formar trustes, mas poucos foram os que pregavam tão abertamente a abertura do mercado brasileiro aos açúcares estrangeiros. Uma coisa que talvez fizesse tremer os produtores de açúcar mais do que o próprio fechamento do mercado inglês. Não seria de estranhar que Pereira Lima reagisse com tanta ironia quando rebate as acusações de especulação feitas aos comerciantes do Norte: *"E não seria admissível uma contra especulação, ao menos por parte do angélico pessoal que imaginais negociar com o açúcar no Rio de Janeiro?".*[197] Não é difícil perceber que em meio a tantas imprecações que o objetivo perseguido por todos esses homens era dominar a comercialização do açúcar nos mercados do Sul do país.

É certo que o início da Primeira Grande Guerra faria com que os preços do açúcar subissem no mercado mundial. Como se viu, mesmo que o ministério da agricultura fosse comandado por homens ligados diretamente ao açúcar, os convênios e acordos seriam relegados ao esquecimento por alguns anos e só voltaram a ser novamente discutidos com a recuperação da indústria açucareira de beterraba

---

[197] Pereira Lima. *op. cit.*

na Europa e a passagem da euforia criada pelos altos preços que atingiria quase por igual todos os produtores de açúcar de cana. Dando continuação às tentativas anteriores, Pernambuco chegou a criar o Instituto de Defesa do Açúcar[198] em 1926. Dois anos depois, em 28 de julho de 1928, os usineiros de Campos organizaram uma comissão de vendas, medida que também seria adotada por outros estados. Neste mesmo ano, os estados produtores de açúcar organizaram a Reunião Açucareira de 1928, no Recife. As ideias apresentadas na Reunião constituíram o Plano Geral de Defesa do Açúcar, Aguardente e Álcool.[199]

Vê-se, assim, facilmente a ligação entre o crescimento da importância do mercado interno com a defesa crescente dos planos de valorização do açúcar. Deve-se frisar que estudar a indústria açucareira nestes anos é uma tarefa não muito fácil, pois a sua organização muitas vezes foge a compreensão pela complexidade deste período, seja no âmbito nacional ou mundial. Diante de todas as incertezas enfrentadas pelos produtores de açúcar brasileiro, foram propostos e redigidos verdadeiros planos de "salvação", influenciados pelas ideias europeias do associativismo. Implantados neste momento ou não, teriam uma grande importância para a recuperação da indústria sacarina.

Mas se a ação benéfica que se esperava dos convênios foi em parte obstada, certo é que alguns acontecimentos auxiliariam o desenvolvimento da indústria açucareira brasileira. Assim, quando se remete a Primeira República, falar da Primeira Guerra Mundial representa quase o cumprimento de um dever. Impossível não reconhecer que o açúcar de beterraba já há algum tempo tornara-se o principal rival do açúcar de cana. Apesar da rivalidade, os produtores de açúcar de cana admiravam e procuravam imitar o seu avanço técnico tanto na parte

---

198 Em 1926, os lavradores e usineiros de Pernambuco se uniram e fundaram o Instituto de Defesa do Açúcar que era uma sociedade cooperativa, constituída nos moldes do decreto federal nº 1.637, de 5 de janeiro de 1907 e em cuja organização o Governo do estado foi autorizado a cooperar pela lei nº 1850, de 31 de dezembro de 1926. Esse Instituto, que era uma iniciativa dos próprios produtores tinha por objetivo intervir no mercado, para evitar as depressões de preços, concentrando o recebimento do açúcar, retirado por Warrantagem o volume desse produto necessário à manutenção do justo preço, regulando a época das vendas e incentivando o emprego do álcool combustível. Este instituto não chegou a funcionar em virtude de as normas convencionais terem previsto a instituição de uma cooperativa, mas as suas ideias seriam postas em prática posteriormente pelo Instituto do Açúcar e do Álcool. IAA. *op. cit.*, 1949, p. 226; AZEVEDO, Fernando. *Canaviais e engenhos na vida política do Brasil: Ensaio sociológico sobre o elemento político na civilização do açúcar*. Rio de Janeiro: Instituto do Açúcar e do Álcool, 1948, p. 159.

199 O Plano não vigorou devido à crise de 1929.

fabril como na lavoura. Em 1907, um relatório feito pelo Governo dos Estados Unidos sobre a produção e o consumo do açúcar seria muito esclarecedor neste particular ao afirmar que não existia outro exemplo *"de outro qualquer gênero da natureza, cuja produção mundial tenha tido tão rápido e espantoso desenvolvimento como o do açúcar de beterraba"*.[200] No entanto, devemos relembrar que essa concorrência influenciaria no desenvolvimento da produção de açúcar de cana, fazendo com que a produção desses dois tipos de açúcar caminhasse quase junto com um desenvolvimento particularmente rápido, principalmente em Cuba e Java. Até 1904, a produção de açúcar de beterraba seria quase equivalente à da cana. No entanto, a cana começaria a suplantar a beterraba antes mesmo do início da Guerra, alcançando a sua produção 9.500.000t, enquanto o açúcar de beterraba chegava a 8.000.000t. A guerra ainda acentuaria mais esta vantagem.[201]

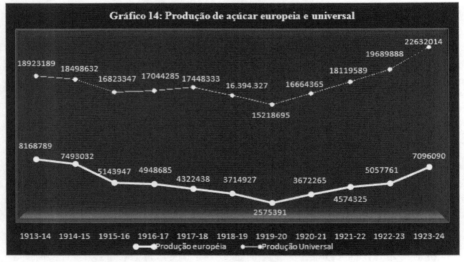

Fonte: A Lavoura. Boletim da Sociedade Nacional da Agricultura. Rio de Janeiro: Imprensa Nacional, março de 1925.

---

200 Tradução do relatório publicado pelo governo dos Estados Unidos da América intitulado "The world sugar- production and consumption – showing the statistical position of sugar at the close of the nine teenth century" feita pela Comissão de Inquérito sobre a Indústria do Açúcar no Brasil. Indústria açucareira: produção geral e resumos estatísticos sobre o seu grau de desenvolvimento no fim do século XIX. Rio de Janeiro: Imprensa Nacional, 1907.

201 A Lavoura. Boletim da Sociedade Nacional da Agricultura. Rio de Janeiro: Imprensa Nacional, janeiro de 1924.

A QUIMERA DA MODERNIZAÇÃO   235

Mesmo com todo esse crescimento da produção do açúcar de cana, o Brasil continuaria obscurecido no comércio internacional de açúcar, só retornando a participar desse mercado de forma mais ativa esporadicamente e em curtos períodos.[202] Embora o Brasil não fosse um dos principais exportadores de açúcar, isso não quer dizer que a I Guerra Mundial não tenha influído de forma marcante e beneficamente sobre a sua produção açucareira. O fato é que a produção de açúcar de beterraba diminuiu extraordinariamente nestes anos. Como não poderia deixar de ser, a posição dos produtores de açúcar brasileiros ficaria mais desafogada pelo aumento significativo das exportações.[203] Naturalmente, o Norte continuaria a ser o principal responsável pela exportação, principalmente quando se olha as estatísticas dos estados de Pernambuco, Alagoas e Sergipe. Nesse momento os principais compradores do açúcar brasileiro seriam os mesmos: Inglaterra, Uruguai, Argentina e Estados Unidos. Só que neste caso a demanda seria maior.[204]

Interessa observar que a Guerra seria responsável por uma mudança importante. A exportação de açúcar não se resumiu mais aos tipos padrões da exportação brasileira, como o demerara e o mascavo. Já em 1915, a mudança era perceptível pelo aumento das exportações de açúcar não só do demerara como de outras qualidades dos quais a saída anteriormente não era expressiva. Assim, só do tipo demerara foram remetidos 22.062 t, mas também se exportou 2.928t do branco e 34.118t do mascavo. Nos anos posteriores, a Inglaterra continuaria a importar quase exclusivamente demerara, mas outros países como a França e o Uruguai começaram a comprar açúcar branco. A partir de 1916, o açúcar branco passou a figurar pela primeira vez como o principal tipo exportado, com a diminuição das saídas do mascavo e do demerara.[205]

---

202 Recentemente Gnaccarini afirma que o Brasil atuou como um fornecedor marginal no mercado europeu durante a Primeira República, ascendendo somente nos anos da Primeira Guerra. O mesmo aconteceu já havia ocorrido durante a Guerra de Independência de Cuba. Para ele, pode-se considerar a seguinte sucessão de anos de elevação e de queda durante a Primeira República: 1890-1900 (elevação), 1901-1914 (queda), 1915-1920 elevação, 1921-23 (queda), 1924-1927 (pequena elevação) e 1928-30 (queda). Gnaccarini. *op. cit.*, 1997, p. 317-319.

203 Na França contribuiria para tal situação dois fatores: a escassez de braços e a invasão de departamentos especializados no cultivo e aproveitamento da beterraba, os quais tiveram suas plantações arrasadas e suas usinas destruídas. A Lavoura. Boletim da Sociedade Nacional da Agricultura. Rio de Janeiro:Imprensa Nacional, janeiro de 1924.

204 Boletim do Ministério da Agricultura, Indústria e Comércio. Rio de Janeiro: Tipografia do Serviço de Estatística, maio a agosto de 1918.

205 A exportação de açúcar, muito variável antes da Guerra, experimentou, a contar de 1916, notável desenvolvimento. Até 1913, as maiores quantidades que se embarcavam para o exterior eram

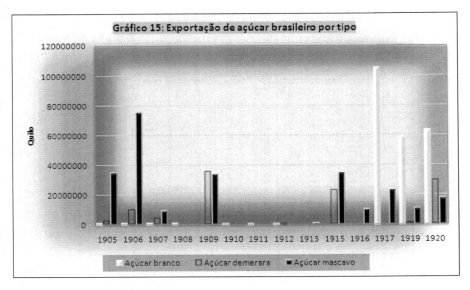

Fonte: Relatório apresentado ao Ministro da Agricultura, Indústria e Comércio por Arthur Torres Filho Direção do serviço de Inspeção e Fomento agrícola ano de 1921. Rio de janeiro: Imprensa Nacional, 1923, p. 17

Não é raro ler que era necessário que os produtores de açúcar brasileiro aproveitassem a situação criada pela Guerra. Mesmo que a consciência lhe mordessem por um segundo, não havia como ignorar o crescimento que a Guerra ocasionou, seja na expansão da capacidade das fábricas instaladas ou mesmo na multiplicação das usinas. Em 1916, a revista *A Lavoura* destacava que quase todos os países que produziam açúcar de cana já estavam lucrando altamente com a crise do açúcar europeu e buscavam consolidar a riqueza que se lhe deparava com a expansão da produção.[206] Antônio Carlos Pestana, diretor da Estação Geral Experimental de Campos, revelava que a indústria açucareira campista que estava estagnada até 1914 teve com o início da Guerra *"um desenvolvimento inédito na história econômica nacional"*.[207] O *Boletim do MAIC* apontava que em 1915, o

---

constituídas pelo açúcar demerara, do qual se exportaram então pela praça do Recife 4.726t, exportando-se apenas 226 do branco e 407 do mascavo. Boletim do Ministério da Agricultura, Indústria e Comércio. Rio de Janeiro: Tipografia do Serviço de Estatística, fevereiro de 1925.

206 A Lavoura. Boletim da Sociedade Nacional da Agricultura. Rio de Janeiro: Imprensa Nacional, janeiro a junho de 1916.

207 PESTANA, Antônio Carlos. *A indústria açucareira campista em 1922 e o decreto 4567, de 24 de agosto do mesmo ano*. Rio de Janeiro: Papelaria Americana, 1922, p. 13.

A QUIMERA DA MODERNIZAÇÃO   237

açúcar de beterraba europeu já era substituído pela produção de Java, Cuba, Brasil e Argentina.[208] Neste particular, Singer apresenta alguns dados que ilustram bem o salto que ocorreu nestes anos. Segundo ele, em 1910, o país teria 187 usinas. Alguns anos depois, no período de 1912/18, o açúcar de usina alcançava cerca de 50% da produção do país e em 1918, as usinas já eram 215.[209]

Tal mudança nas conveniências de distribuição dos produtores de açúcar, - o que propiciaria que nestes anos o Brasil deixasse de ser aquela prima pobre que fica com os vestidos usados -, teria naturalmente consequências no mercado interno. Assim, a alta dos preços nas praças comerciais do país passou a ser preocupação para certos segmentos da sociedade. Embora a safra de 1914-15 tenha sido elevada, a alta se manifestou logo depois das declarações de guerra, ainda não tanto pela falta do produto, mas pela ação dos especuladores que já alegavam a influência dos horrores da Guerra e a oscilação para a alta nos mercados estrangeiros.[210]

---

208 Boletim do Ministério da Agricultura, Indústria e Comércio. Rio de Janeiro: Tipografia do Serviço de Estatística, julho a dezembro de 1915.

209 Destas usinas, em 1910, 46 localizavam-se em Pernambuco, 31 no Rio, 62 em Sergipe, 12 em São Paulo, 7 na Bahia, 6 em Alagoas etc. O valor desta produção podia ser calculado em 66.357 contos de réis, dos quais o Rio de Janeiro respondia por 21.450 (32%), Pernambuco por 18.738 (28%), São Paulo por 8.943 (13%), Bahia por 3.714 (6%) e Alagoas por 3.150 (5%). Singer. *op. cit.*, p. 312.

210 Boletim do Ministério da Agricultura, Indústria e Comércio. Rio de Janeiro: Tipografia do Serviço de Estatística, janeiro a março de 1915, p. 110.

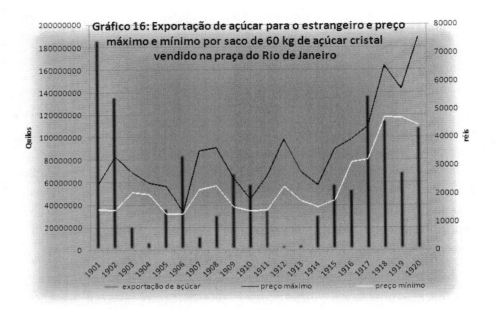

Fonte: A Lavoura. Boletim da Sociedade Nacional da Agricultura. Rio de Janeiro: Imprensa Nacional, março de 1922.

Nos anos seguintes, a culpa pelos altos preços pagos pelo consumidor nacional seria atribuída aos produtores. Como seria de se esperar, essa alta crescente do preço do mercado interno não seria muito bem aceita pela população que passou a cobrar medidas do Governo. Alguns órgãos da imprensa fomentariam ainda mais esta insatisfação atribuindo a falta de açúcar no mercado à ganância de lucros exagerados dos produtores. Em alguns anos os produtores alegaram que essas censuras eram injustas, pois era impossível confirmar uma previsão de má colheita com muita antecedência como se cobrava. Um exemplo seria a safra de 1915/1916, que se caracterizou por dar início à alta dos preços. Os produtores de açúcar afirmavam que as exportações teriam sido feitas até setembro, quando não se sabia ainda que a safra do Norte seria de volume inferior à metade do normal. Essa diminuição foi decorrente principalmente das condições meteorológicas que prejudicaram a lavoura, mas os produtores alegavam que era também um reflexo dos anos anteriores pela falta de crédito para o trato das canas e do aumento dos preços dos materiais necessários à indústria que eram importados.[211]

---

211 A Lavoura. Boletim da Sociedade Nacional da Agricultura. Rio de Janeiro:Imprensa Nacional, janeiro a junho de 1916, p. 6.

A intervenção do Governo só ocorreria em 1919 com a regularização e limitação da exportação de maneira a garantir o consumo interno. Em contraposição aos agricultores, muitos foram os que como João Severino Hermes Júnior defendiam esta medida, pois essa tinha *"o justo fim de guardar para o país o açúcar que necessita o seu povo"*.[212] Essa restrição é facilmente observada a partir do gráfico anterior. Mas a realidade após a I Guerra seria outra e muito diferente para os produtores de açúcar de cana. A recuperação dos campos de beterraba na Europa reacenderia a luta entre os dois tipos de açúcar. O problema da superprodução voltaria novamente a ser um agravante para os produtores de açúcar do Brasil. Que todos os produtores de açúcar de cana se encontravam em crise não era novidade,[213] mas os brasileiros passaram a cobrar medidas de defesas excepcionais, uma vez que o Governo teria atalhado com medidas em favor do consumidor nacional o surto de atividade e expansão que se manifestara com as altas dos preços da Guerra. Nesse caso, fica apenas o exemplo de Miguel Calmon Du Pin e Almeida por ser ele um dos principais defensores das políticas de valorização do açúcar no pós-guerra. Nesse sentido, ele manifestava o seu desagrado pela política de restrição das exportações de 1919 que tinha restringido o desenvolvimento dessa indústria que começava a renascer. Assim, para ele nada seria mais justo que agora o consumidor fizesse sacrifícios em socorro do produtor.[214]

Embora não tão indiferentes aos resultados negativos que o final da Guerra poderia significar para a produção de açúcar de cana, esses produtores surpreenderam-se com a rapidez da recuperação da indústria açucareira de beterraba. P. H. Rolfs, em janeiro de 1924, já tinha aguda percepção do sentido da recuperação do açúcar europeu, que deixava o Brasil num estágio muito parecido com aquele

---

212 Hermes Júnior. *op. cit.*, p. 22.

213 A Revista *A lavoura* defenderia o acerto da recente lei de defesa do açúcar, sobretudo, *"depois das medidas de guerra, tomadas pelo maioria dos produtores de Cuba, em defesa desse gênero de tamanha importância na sua economia nacional. Cuba prorrogou o estado de guerra por decreto de março do ano findo, para estabelecer uma comissão especial, à qual conferiu poderes discricionários, inclusive o de ser a única entidade que pode comprar e vender açúcar na ilha, com fiscalização severa e penas rigorosas para o caso de qualquer infração. Essa comissão está ainda autorizada a fazer adiantamentos aos produtores, competindo-lhe especialmente estabilizar os preços e evitar que os especuladores estrangeiros façam vigorar preços artificiais para os açucares cubanos. A lei é bastante minuciosa e regula de maneira precisa todo o comércio de açúcar na ilha, servindo, com as suas disposições imperativas para edificação dos nossos economistas clássicos"*. A Lavoura. Boletim da Sociedade Nacional da Agricultura. Rio de Janeiro: Imprensa Nacional, janeiro 1922.

214 *Ibidem.*

anterior à Guerra, isto é, o de produtor ocasional do mercado externo, mercado este que, segundo ele, já enfrentava novamente um abarrotamento formidável. Desde 1918, a Europa procurou restaurar e aumentar a fabricação do açúcar, buscando atingir a sua antiga posição quando lhe bastava praticamente a sua produção de açúcar de beterraba. Somava-se a isso, o aumento da produção dos produtores de açúcar de cana, como Cuba, que teria alcançado uma safra de cerca de cinco milhões de toneladas. A expectativa era que a produção mundial de 1924-25 fosse de vinte e três milhões de toneladas, três milhões a mais que a de 1923-24.[215] O quadro acima confirmava sem haver dúvida a tendência de baixa dos preços. Mesmo assim se percebe alguma surpresa, como na fala de Hermes Júnior, que se queixava de que a *"baixa do preço foi repentina e enorme, muito mais acentuada que a sua elevação, escandalosa também".*[216]

Ao contrário do que se poderia esperar, o pensamento constante entre os produtores de açúcar de cana era que a Europa ainda demoraria a se recuperar. Impressiona particularmente a análise feita por Gileno Dé Carlí sobre a descida rápida dos preços e as consequências para os produtores cubanos, com a falência de várias usinas que haviam feito empréstimos para investir em instalações novas e plantios fundados a altíssimos preços.[217] Uma situação bastante semelhante seria descrita para o município de Campos pelo já citado Diretor da Estação Geral

---

215 A Lavoura. Boletim da Sociedade Nacional da Agricultura. Rio de Janeiro: Imprensa Nacional, janeiro de 1924.

216 Hermes Júnior citaria os cálculos feitos pelo Instituto de Roma, que afiançava que a produção de açúcar de beterraba da safra de 1923-24 foi de 51.778.083 quintais e passou em 1924-26 para 70.814.486 quintais. Essa progressão seria enorme terminada a Guerra. Na França, a ampliação da área plantada em 1924 foi de quase 23%. Dé Carlí aponta que desde 1922 que uma nova crise vinha assoberbando a indústria do açúcar. O novo equipamento da indústria de beterraba do pós guerra ia aos poucos reconquistando a posição estatística da produção desse açúcar, a ponto da produção da safra 1926-27 ter sido inferior à de 1915-16 somente 3,2% e no ano seguinte já superior, 13,3%. Hermes Júnior. *op. cit.* Dé Carlí. *op. cit.*, 1937, p. 22

217 Dé Carlí afirma que até fins de 1919, Cuba conheceu a loucura dos preços alucinadamente altos (…). Era a *"dança dos milhões"; o delírio, o indescritível de esbanjamento; as notas de muitos dólares acendendo os perfumados charutos de Havana. Amou-se a vida com champagne e viveu-se uma vida fácil e feliz, como se a felicidade tivesse sido encontrada. Ninguém reclamava porque todas as fronteiras razoáveis dos preços haviam sido quebradas, ultrapassadas e guajiros, colonos, usineiro e governo lucravam de uma maneira exorbitante. A vertigem teria de ter um fim. E, logo, ele melancolicamente foi chegando (…). A superprodução veio fatalmente. O resultado seria a compra de várias dessas usinas pelo capital estrangeiro. Em 1927, 62,5% da produção açucareira cubana pertencia aos americanos.* Dé Carlí, *op. cit.*, 1941, p. 128-130.

de Experimentação, Antônio Carlos Pestana. Se não se levar em consideração o volume da produção, o quadro era o mesmo: uma indústria que se viu repentinamente lançada às contingências de atender os seus muitos fregueses. Para alcançar tal fim foi necessário dilatar a área de cultura e melhorar o maquinário da fábrica. Para realizar uma reforma de tal magnitude foi necessário fazer empréstimos não vantajosos com altos juros e a curto prazo. Assim, a baixa do açúcar rompeu a relação razoável entre os preços dos maquinismos e os lucros da produção. A consequência teria sido a paralisação de algumas fábricas, a falência já declarada de outras e a eminência de insolvabilidade de muitas que já não podiam pagar os seus trabalhadores e fornecedores. Pestana asseverava que *"foram essas operações sobre bases incompatíveis com as próprias condições naturais da indústria agrícola que principalmente levaram Campos à crise atual"*.[218]

A resposta de quase todos os países produtores de açúcar de cana na sua tentativa de contornar essa crise, passaria desde a tentativa de contingenciamento da produção até medidas menos radicais como a redução dos salários e gastos gerais, auxílios bancários, proteção governamental a exportação etc.[219] Finda essa situação provocada pela Guerra, o Brasil enfrentaria um problema ainda mais sério: o aumento da produção para suprir os países europeus deveria ser revertido para o consumo interno. Ademais, sabia-se que embora o Brasil houvesse aumentado a sua produção, não conseguiria concorrer ainda com os grandes produtores de açúcar.[220]

Não se poderia também esquecer a influência que os especuladores teriam nesse momento. A situação criada no Pós-Guerra com o fim da valorização do açúcar e o desafogo para esta indústria favoreceria ainda mais a ação desses grupos que culminaria em uma das mais brilhantes estratégias de controle do mercado, feita por Francisco Mattarazzo.[221] Como quer que seja, nem no Sul, nem no Norte,

---

218 Pestana., *op. cit.*, p. 13 e 14.

219 A Lavoura. Boletim da Sociedade Nacional da Agricultura. Rio de Janeiro: Imprensa Nacional, março de 1922.

220 A produção tem que se limitar ao consumo interno, abastecidos como são os grandes mercados internacionais pelo produtos dos centros industriais muito melhor aparelhados que o nosso, como sejam Havaí, Cuba, Java etc. Boletim do Ministério da Agricultura, Indústria e Comércio. Rio de Janeiro: Tipografia do Serviço de Estatística, 1926, p. 68.

221 Gnaccarini defende que *"esta ocasião pareceu propícia a Matarazzo para abrir uma verdadeira guerra de preços a seus oponentes do mercado paulista, ou seja, aos comerciantes-usineiros da refinadora Paulista, da União dos Refinadores (Morganti-Puglisi), da Açucareira Ester (Nogueira), da*

pelo menos até o final da Primeira República, a questão dos especuladores deixou de ser um problema. Como se viu, várias foram as tentativas de neutralizar a sua força e de quase nada valeram as veementes palavras proferidas nos congressos, reuniões e trabalhos escritos no período.

Segundo fonte de época, o sistema de comercialização deste produto no mercado interno apresentava certas peculiaridades em relação aos outros países produtores, - que nem sempre eram positivas. Isso não quer dizer que a especulação no mercado do açúcar e a oscilação nos preços não fosse uma constante nos negócios estabelecidos no mercado internacional. O engenheiro francês Picard ressaltaria as diferenças existentes entre a comercialização do açúcar no Brasil e na França no seu relatório encomendado pela Société de Sucreries Bresillienes, em 1903. Segundo ele, no Brasil não havia corretores juramentados nem cotações claramente estabelecidas, não se podia de um dia para outro vender um lote de açúcar importante à cotação vigente, pois era preciso esperar a demanda. Ademais, a maioria dos refinadores era pequenos artesãos que compravam e vendiam açúcar todos os dias. Existiam alguns grandes especuladores, mas estes elegiam seu momento. Até por serem poucos, Picard reconheceria a força que tinham esses comerciantes, pois mesmo apontando que esses comissários eram muito criticados, afirmava que não se podia prescindir de intermediários tão onerosos. Aliás, defendia que os produtores de açúcar do Brasil viam-se num beco sem saída, pois, *"seria um movimento equivocado prescindir da intermediação dos comissários; estes são os donos do mercado e nada os impediria então de fazer concorrência às usinas e de arruinar as cotações importando açúcar de fora do estado de São Paulo".*[222]

Parecia claro para ele que esse jogo de gangorra aplicado pelos especuladores com a safra dos estados nunca era favorável às usinas, que acabavam tendo que

---

Sucréries Brésiliénnes (grupo francês), os quais dominavam o mercado da capital e, portanto, o centro de operações do açúcar deste estado. Como resultado dessa luta de preços e do jogo especulativo desenfreado com os enormes estoques, resultou nos anos imediatos uma acelerada centralização de capitais comerciais, com a exclusão de algumas das mais tradicionais firmas comercializadores e refinadoras, com a decretação em 1926 da falência da firma Puglisi, uma das maiores casas do ramo, a transferência do domínio acionário da União dos Refinadores, a redução ou cessação das atividades comerciais de alguns capitais usineiros, como a Refinadora Paulista e a Ester, além do fechamento sumário de pequenas refinarias". Gnaccarini, *op. cit.*, 1997.

222 Picard. *op. cit.*, p. 44-45.

pagar o custo destas manobras comerciais.[223] Era compreensível que os produtores de açúcar sofressem com uma flutuação das cotações muito grandes. Aliás, ninguém melhor do que um usineiro pernambucano poderia descrever o desconforto causado por essa situação. Em uma coletânea dos seus artigos publicados no *Jornal do Commercio*, em 1913, Pereira Lima dizia que a produção açucareira brasileira sofria com uma profunda anarquia comercial, pois chegava ao extremo de em alguns dias apenas os preços variarem entre limites extremos, sem que se possa descortinar o motivo. O usineiro chegaria a citar as ideias do economista John Stuart Mill, que segundo ele, - embora fosse reconhecido como um dos principais preconizadores do regime livre -, reconhecia que os intermediários absorviam uma parte extravagante do labor social.[224] Alguns anos mais tarde a revista *A Lavoura* confirmaria as queixas dos agricultores ao apresentar a oscilação dos preços médios do açúcar cristal na praça do Rio de Janeiro entre os anos de1900-1915.

---

223 Picard relatava em seu relatório sobre as usinas da Société que "*os mercados de açúcar são muito pouco elásticos. O do Rio é influenciado pelas grandes remessas de Pernambuco ou de Campos; o de São Paulo pelo do Rio. Os preços do Recife, que é o grande centro comercial para o açúcar do Norte do Brasil, estão geralmente 1$000 a 2$0000 réis abaixo dos do Rio, mas isso nem sempre é exato. Acontece que, algumas vezes, os especuladores do Rio, para fazer subir o preço de lá, despejam no mercado de São Paulo uma parte de seus estoques, disso resulta que os estoques baixando no Rio, o açúcar sobe nesse mercado enquanto baixa em São Paulo. A contrapartida não é possível, porque o Estado de São Paulo não produz o suficiente. Algumas vezes, os especuladores de São Paulo, para barrar este movimento de invasão de sua praça, veem-se obrigados a baixar eles mesmos os preços, para deixar os agentes do Rio em posição desconfortável e obrigá--los a sacrifícios superiores àqueles com que contavam. De qualquer forma, quando cessam as remessas, as cotações sobem novamente*" Ibidem, p. 45.

224 Pereira Lima. *op. cit.*

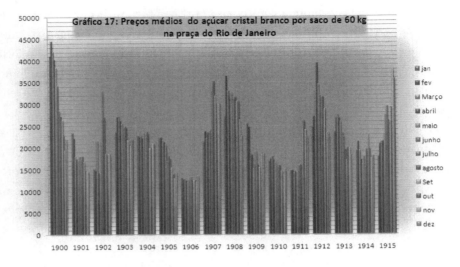

Fonte: A Lavoura. Boletim da Sociedade Nacional da Agricultura. Rio de Janeiro: Imprensa Nacional, janeiro a junho de 1916.

Em 1915, o estudo feito sobre a indústria açucareira por Gaspar e Apollonio Peres reforçava essa impressão de anarquia. Para eles havia intermediários perfeitamente dispensáveis, despesas em manipulação de tipos que poderiam vir das fábricas e inúteis idas e vindas da mercadoria.[225] No entanto, se a ação dos intermediários já era vista de forma negativa nestes primeiros anos da Primeira República, os produtores de açúcar ainda passariam por maiores dificuldades com o aumento da produção depois de 1925. A produção sacarina brasileira teve uma média anual altíssima de 980 mil toneladas entre os anos de 1926-1930. Mesmo que um grupo de comerciantes-produtores, como Nogueira, Alves e a Sucreries, buscasse se estabelecer neste momento, de toda decisiva foi a influência dos grandes comerciantes, que dominavam o comércio atacadista, a exportação e a refinação do açúcar. Assim, não chega a ser surpreendente que no ano de 1929, a praça do Rio de Janeiro que incluía os mercados tributários do exterior, Rio Grande do Sul e a região limítrofe de Minas Gerais fosse controlada por apenas três firmas mancomunadas entre si: Magalhães, Barcellos e Matarazzo.[226]

---

225 Peres. op. cit., p. 182.
226 Gnaccarini defende que esta era uma *"situação em que o capital comercial não é tão-somente uma das funções de reprodução do capital produtivo, mas ao contrário domina a produção. As práticas usurárias, as manobras especulativas, o caráter oligopólico da demanda junto ao produtor,*

Como quer que seja, mesmo que *"as flutuações no nosso país são de extremo a extremo"*, como se lamentava Adrião Caminha Filho já em 1930,[227] percebe-se tanto um aumento da quantidade de usinas como da produção, embora ela tenha se dado de forma mais expressiva no Sul. É compreensível que os altos ganhos dos especuladores tenham despertado a ira dos produtores do açúcar. Gileno Dé Carlí calcula que, de 1890 a 1930, a média do preço do saco de açúcar cristal foi de 30.989 réis, sendo que desse valor o produtor pernambucano deixava de ganhar a quantia volumosa de 4$599 réis por saco entregues nos segundos e terceiros trimestres de todos os anos.[228]

Mesmo que os produtores do Sul não tivessem uma sobrecarga tão grande, não seriam indiferentes as ações desses grupos comerciais, até por serem eles os principais responsáveis pela comercialização do açúcar do Norte que abarrotava os seus mercados. Pode-se afirmar por um lado que nas primeiras três décadas do século XX, reproduziu-se nas principais praças comerciais brasileiras a mesma situação de instabilidade que o açúcar brasileiro encontraria nos grandes mercados estrangeiros. Esta realidade, logicamente, não deixaria de trazer consequências negativas. Por outro lado, a expansão do consumo interno e a proteção deste mercado das investidas de outros países concorrentes propiciaria o desenvolvimento que a indústria sacarina teria no país como um todo nesse momento. Por certo, é de ver facilmente que não se pode tratar desse período sem se discutir o avanço da produção açucareira na região Sul.

---

a existência de um sem número de pequenos e grandes intermediários – Comissários, armazenistas, carreteiros, banqueiros locais, armadores, grandes firmas exportadoras aliadas a bancos estrangeiros e a alguns grandes exportadores nacionais – colocariam a circulação dos capitais da indústria do açúcar com o sabor picante de um imenso negócio aventureiro, onde qualquer espécie de golpe podia fazer parte do jogo. A política, personalizada, era uma arma nessa luta travada de preferência pela audácia que cada um pudesse esgrimir melhor do que o antagonista". Gnaccarini. *op. cit.*, 1972, p. 141.

227 CAMINHA FILHO, Adrião. *A experimentação agrícola nas Índias Neerlandesas e a cultura da cana-de-açúcar e a indústria açucareira na Ilha de Java*. Rio de Janeiro. Tip. do Serviço de Informações do MAIC, 1930, p. 83.

228 DÉ CARLÍ, Gileno. *Historia de uma fotografia*. Recife: s/e, 1985, p. 151-152.

A consolidação de um novo rumo: as usinas paulistas, mineiras e fluminenses

E tirava-lhes as cãs e as rugas, e fazia-os outra vez moços, árdegos e agitados. Comecei a aprender a parte do presente que há no passado, e vice-versa.

Machado de Assis

Facilmente se pode atestar que nos primeiros anos da República, as principais usinas da região Sul do Brasil eram quase na sua totalidade engenhos centrais remodelados. No início, como uma das maiores dificuldades a enfrentar era o capital para arcar com a compra de terras e a montagem da fábrica, é facilmente apreendido que essa transição caberia aos mais aparelhados. É de ver que com o passar dos anos essa transformação em usinas também ocorreria com alguns engenhos tradicionais, mas geralmente com mais vagar. Neste caso específico, Gileno Dé Carlí já havia notado que *"Foi assim que cresceu a usina; um terno de moendas aqui, outro mais além. Modificada a moenda, no interior, as diversas secções sofriam aumentos. Uma moenda pequena era substituída por outra maior".*[229]

É preciso que se tenha em conta que a Primeira República apresentou um crescimento considerável do capital estrangeiro.[230] Exemplo disso seria a aquisição em São Paulo dos mais importantes engenhos centrais da região por sociedades

---

229 DÉ CARLÍ, Gileno. *Aspectos de economia açucareira.* Rio de Janeiro: Editores Irmãos PONGETTI, 1942, p. 24.

230 A nova fase da política financeira brasileira, inaugurada em 1902 sob a presidência de Rodrigues Alves, representou em linhas gerais uma forte penetração do capital estrangeiro no Brasil. A situação financeira favorável em que se encontrava, então, o Governo Central, atraia para o mercado brasileiro grande massa de investimentos de produtos estrangeiros. A dívida externa que em 1889 era de trinta milhões de libras, aproxima-se em 1910 dos noventa milhões de libras, e a crise de 1929 encontrou o Brasil endividado em cerca de 250 milhões de libras. Desde o ano de 1914, o Brasil foi obrigado a paralisar certas obras públicas e a operar uma nova consolidação da dívida externa. Durante o período considerado são os ingleses, os americanos, os franceses, os alemães e os holandeses que mais investiram no país. Os ingleses se reservaram às estradas de ferro, os seguros, os empréstimos públicos e os bancos; os americanos se interessaram mais pela produção agrícola, pela exportação de café e pela produção industrial; os franceses investiram prioritariamente na indústria açucareira, na construção de portos, nos equipamentos das cidades, nas transações financeiras e nas estradas de ferro; os alemães preferiram o comércio externo e o setor bancário; os holandeses investiram seus capitais preferentemente nos transportes marítimos e

anônimas francesas[231] que mais tarde seriam reunidas em uma só companhia: a Société Sucreries Brésiliennes.[232] Releva notar que o objetivo da Société não era exportar a sua produção, mas sim aproveitar o importante crescimento do mercado interno brasileiro. Corrêa de Brito, em uma monografia apresentada na Conferência Açucareira do Recife, ressaltava que o Engenho Central de Piracicaba tinha um custo de produção de 11$500 réis o saco de 60 kg, que chegou a ser vendido por 18$500. Assim, o lucro por saco de açúcar era de 7$000 réis, o que numa produção de 75.000 sacos nesta safra gerava um lucro de seiscentos contos de reis. Concluía ele: *"Não é de estranhar que este lucro de Piracicaba tenha chamado à atenção dos capitalistas europeus e paulistas".*[233] Tal afirmação ajuda a compreender a compra de mais dois engenhos centrais próximos à região de Campos, no Rio de Janeiro.[234] A Société passava a ter acesso aos dois principais mercados do país. Apesar de ser um grande consumidor de açúcar, Minas Gerais não atrairia a atenção da Société. Talvez porque impressionasse particularmente no estado o consumo de açúcar mascavo e não o de cristal ou açúcar de usina. Mas a seguir, embora o estado continuasse a possuir apenas quatro usinas, o antigo Engenho Central do Rio Branco seria adquirido por outra sociedade anônima francesa que partilhou alguns sócios com a Société.[235]

---

no equipamento de portos e cidades. BOUÇAS, Valentim F. *História da dívida externa*. Rio de Janeiro. Edições financeiras, 1950, p. 140 a 296 e Perruci, *op. cit.*, p. 74.

231 Pelo decreto nº 3333, de 4 de julho de 1899 foi fundada a Société Anonyme dela Sucrerie Villa-Raffard. Pelo decreto nº 3330, de 4 de julho de 1899 foi concedida autorização à companhia denominada Sucréries de Piracicaba para funcionar na República. Pelo decreto nº 4090, de 22 de julho de 1901 foi fundada a Sucréries de Porto Feliz e pelo decreto nº 4092, na mesma data foi criada a Sucréries de Lorena. Coleção de Leis da República do Brasil, Rio de Janeiro: Imprensa Nacional, 1889/1930. Biblioteca do Arquivo Nacional.

232 Merece destaque na análise dos decretos de concessão o fato de que apesar de terem sido compradas separadamente, todas essas Sociedades possuíam a mesma sede em Paris, os mesmos sócios e o mesmo estatuto. Segundo Fernand Doré, Conselheiro do Ministério do Comércio da França e acionista da Companhia, essa Sociedade foi constituída em 1889 por um pequeno grupo francês que criaria primeiramente inúmeras sociedades anônimas, com a finalidade de explorar a indústria açucareira no Brasil. AMAE-CC-Nouvelle Série, v. 76, Rapport du 1-8-1909. *Apud*, Perruci, *op. cit.*, p. 76.

233 SNA, *op. cit.*, 1905, p. 117.

234 Além dos antigos engenhos centrais paulistas, foi anexado à Société de Sucréries Bresiliennes o Engenho Central de Cupim, autorizado pelo decreto n. 3663 de 28 de maio de 1900.

235 Esta empresa foi organizada em 1907, cujo capital é de 500.000 francos, tem a sua sede social em Paris, 47, Rue du Rocher, e escritório no Rio de Janeiro, à Rua 1º de Março, 71, 2º andar. Delaney. *op. cit.*

Embora o grupo francês tenha se destacado durante toda a Primeira República e por algumas décadas mais,[236] a maioria dos outros engenhos centrais seriam transformados em usinas pelo capital nacional. O exame dos relatórios fornecidos pela Secretaria da Agricultura, Comércio e Obras Públicas de São Paulo relatava a existência de 10 usinas no Estado no ano de 1903, sendo que 6 delas nasceram com o nome de engenhos centrais, seja no período do Império ou da República, - mesmo que não funcionassem como tal desde alguns anos.[237] Segundo a revista *A lavoura*, Campos possuía neste mesmo período 30 usinas. Da mesma forma que em São Paulo, fica quase como certo que pelo menos metade dessas usinas recebeu a alcunha de engenhos centrais em algum momento.[238] As usinas restantes pertencentes ao estado de Minas Gerais parecem variar dependendo da fonte mesmo tendo um número tão reduzido. Rodolpho Jacob afirmava que nos dados coletados entre 1903-1905 o estado possuía 4 usinas, todas elas datando dos engenhos centrais construídos no fim do Império.[239] Não obstante a dificuldade de encontrar informações precisas, importa destacar aqui a contribuição dos engenhos centrais

---

236 Em 1969, a Société foi vendida para o grupo Silva Gordo, que controlava o Banco Português no Brasil e que já possui mais três usinas no país, duas em São Paulo e uma em Goiás. A quebra do grupo em 1973 faria com que algumas dessas usinas fossem vendidas para o grupo COOPERSUCAR, como seria o caso de Porto Feliz e Villa Raffard ou no caso mais extremo fossem fechadas, como foi feito com o antigo Engenho Central de Piracicaba. SZMRECSÁNYI, T. J. M. K. A French free-standing company in Brazil's sugar industry: a case study of the Société de Sucreries Brésiliennes, 1970-1922. In: Wilkins, Mira; Schröter, Harm. (Org.). *The free-standing company in the world economy 1830-1996*. Oxford: Oxford University Press, 1998, p. 279-290. Delaney. *op. cit.*

237 Boletim da Agricultura ano de 1903. São Paulo: Tip da Indústria de São Paulo, 1903.

238 Pelo que podemos auferir dos dados apresentados por PRADO, Maria Emilia. *Em busca do progresso: os engenhos centrais e a modernização das unidades açucareiras no Brasil*. Rio de Janeiro: Papel Virtual, 2000 e Dé Carlí. *op. cit.*, 1942.

239 Brant afirma que em Minas Gerais existiam 4 engenhos centrais: 1 em Rio Branco, 2 engenhos centrais em Ponte Nova e um em Carmem do Rio Claro. Pelo que conseguimos averiguar, o Engenho Central Vieira Martins & Cia teria rapidamente o seu nome trocado para Usina Anna Florência. O Engenho Central do Rio Branco era conhecido por ter recebido a garantia de juros por longos anos. O segundo engenho central de Ponte Nova não poderia ser o Engenho Central do Pyranda, pois este havia fechado as portas e vendido os maquinismos para a fundação do Engenho de Henrique Dumont em São Paulo já em 1899. Talvez Brant se referisse ao Engenho Central de Vau Açú, mas não encontramos mais nenhuma informação sobre esse engenho, assim como em relação ao engenho central de Carmem do Rio Claro. BRANT, Antônio. *Ponte Nova 1770-1920: 150 anos de história*. Viçosa: Editora Folha de Viçosa, 1993.

tão relegados ao esquecimento como um fator primordial para compreender a consolidação das usinas.

Entende-se que no Império o aparecimento destas grandes unidades de produção açucareira era bem mais demorado e possuía ares de grande acontecimento muito mais do que nos anos posteriores. No entanto, expirado o prazo padrão de encantamento por aquilo que representava o mais moderno sistema de produção açucareira, percebe-se que alguns dos engenhos centrais que passaram por esse processo de transformação mantiveram a sua notoriedade, sendo que em maior ou menor grau. Assim como não se pretende apresentar todos os casos, selecionou-se aqueles empreendimentos que continuavam a ser frequentemente citados como os mais importantes.

Em São Paulo, o Engenho Central de Piracicaba, embora tenha sofrido reveses econômicos como os seus congêneres, transformou-se na melhor e mais lucrativa usina paulista. O engenheiro Picard ao tratar da diferença existente entre as usinas adquiridas pela Société defenderia ardorosamente "Piracicaba", pois além de classificá-lo como um ótimo negócio, afirmaria que ele poderia competir de modo vantajoso e lucrativamente com qualquer usina do Brasil e que, mesmo nos anos ruins, a Companhia poderia resistir à concorrência nos casos em que a maioria das outras unidades açucareiras não pudesse sobreviver. O engenheiro Frederic Sawyer, alguns anos depois, corroborava a afirmação de Picard ao afiançar que o Engenho Central de Piracicaba tinha o mais baixo preço de custo do Estado de São Paulo e talvez dos melhores engenhos do Brasil. Para ele, como esta fábrica estava situada no meio do seu mercado consumidor, ela nada teria a recear da concorrência e *"quando os preços forem mais altos, ele terá lucros enormes"*.[240]

Valeria a pena comentar no caso de São Paulo sobre a construção de um engenho central em Campinas, em 1905. Em 1907, os proprietários resolveram adotar um novo nome: Usina Esther ou Usina do Funil, como era às vezes chamada.[241] Esta Usina foi considerada por muitos como a mais importante do Estado de São Paulo por adotar o sistema de difusão. O que é mais digno de atenção aqui são os frequentes elogios que eram na sua grande maioria feito

---

240 Sawyer. *op. cit.*, p. 116.

241 Era chamada de Usina do Funil por ser este o nome da fazenda principal da Companhia, em que havia um engenho de pinga de boa qualidade. O nome Esther representou uma homenagem a D. Esther Nogueira, esposa do Dr. Paulo de Almeida Nogueira, 1º presidente da Sociedade.

por técnicos. Como já se viu anteriormente, este sistema foi adotado com muitos prejuízos nos engenhos centrais de Bracuhy e Barcellos, sendo rapidamente substituído por moendas. Não é demais insistir que este encantamento parece vir da defesa da aplicação de uma solução padrão para todos os tipos de problemas, - como seria o caso dos engenhos centrais -, mesmo que tivesse fadada ao insucesso quando não encontrasse as mesmas características da sua região ou matéria-prima original.

Pelo que se depreende da comparação entre as usinas paulistas e fluminenses feita pelo engenheiro Júlio Brandão Sobrinho, ainda se acreditava que a difusão teria a vantagem de maior extração do açúcar. Se para ele as usinas paulistas eram melhores, acima de todas elas estava a Usina Esther, que operava pela difusão *que é a derradeira palavra do progresso na indústria açucareira*. No entanto, busca-se fazer uma comparação entre a produção das usinas do Estado, esta Usina era facilmente ofuscada por outras que utilizavam o já tão conhecido sistema das moendas. Nos próprios dados apresentados por Brandão Sobrinho, a Usina Esther aparece com uma péssima safra em 1910, sendo que em 1911 teve uma produção de somente 30.000 sacas de açúcar. "Piracicaba" produziria respectivamente nestes anos 92.800 e 95.850 sacas de açúcar, dados que não diferiam muito dos apresentados pela Diretória Geral de Estatística para os anos de 1912-13 a 1917-18.[242]

---

242 Os proprietários da usina Esther eram José Paulino Nogueira e Antônio Carlos da Silva Telles. Os sócios eram Paulo Nogueira, Sidrak Nogueira e Arthur Nogueira. O maquinário foi comprado na Five-Lille. O consultor técnico era o engenheiro Augusto Ramos que era uma das autoridades mais acatadas em matéria de indústria do açúcar. Brandão Sobrinho defendia que a usina adotava o método da difusão que tem sobre os demais a vantagem da maior extração do açúcar sob a forma quimicamente mais pura, empregando para tal fim um mecanismo mais complexo do que a de tríplice pressão com moendas, e portanto sujeita a menos interrupções, porém de muito mais difícil direção. É uma usina para técnicos e não pode ser dirigida por pessoal prático habilitada a lidar com os processos das moendas. Brandão Sobrinho. *op. cit.*, 1912, p. 24.

A QUIMERA DA MODERNIZAÇÃO 251

Fonte: Vista do cortador de cana da Usina Esther. In: Boletim da Agricultura da Secretária da Agricultura, Comércio e Obras Públicas do Estado de São Paulo. São Paulo: Tip. da Indústria de São Paulo, 1906.

Com relação ao Estado do Rio de Janeiro, as atenções ainda se voltavam para o Engenho Central de Quissamã. O próprio Júlio Brandão Sobrinho relembraria que esta era a usina mais antiga do país e que ainda permaneceria como a maior fábrica fluminense. Dois anos depois, o Boletim do MAIC diria quase que as mesmas palavras. Realmente, se os dados da Diretória Geral de Estatística estiverem certos, esta Usina seria a que teve maior índice de produção nas safras de 1912-13 a 1917-18.[243] Em Minas Gerais, embora o único Engenho Central que recebeu garantia de juros tenha se tornado uma das usinas mais importantes do Estado, - o que não seria de se estranhar se aceita-se o número de três usinas estabelecido pela Diretoria de Estatística -, ele seria suplantado facilmente pela Usina Anna Florência, antigo Engenho Central Vieira Martins & Cia. Esta Usina seria a melhor usina do estado, apresentando uma diferença substancial de produção em relação às outras duas. Certo é que desde os idos do Império foi forte a influência da famí-

---

243 *Ibidem*; e Boletim do Ministério da Agricultura, Indústria e Comércio. Rio de Janeiro: Tipografia do serviço de Estatística, maio a junho de 1914.

lia Vieira Martins na produção açucareira de Ponte Nova. No dizer do Secretário da Agricultura de Minas Gerais, o êxito da usina Anna Florência era responsável por impulsionar a lavoura de cana de uma extensa região. Ademais, a Companhia ainda conseguia distribuir aos acionistas dividendos compensadores, - fato que nem sempre era alcançado em outras sociedades anônimas.[244]

Além do mais, em relação ao progresso técnico dessas usinas, a impressão que se tem ao ler os relatórios dos técnicos paulistas era que a questão, sempre vivamente discutida, era a superioridade das usinas locais em detrimento das de outros estados. É possível considerar que a defesa sempre presente de tornar São Paulo autossuficiente na produção de açúcar tenha sido o principal impulsor destas constantes comparações. No início do século XX, não seria realismo esperar que o Norte, como o principal produtor de açúcar do país, não fosse a principal referência. Ocorre que, desde o início, os técnicos paulistas estavam cônscios da superioridade das suas usinas. Coube ao engenheiro francês Frederic Sawyer fazer um dos primeiros estudos sobre a situação da indústria sacarina paulista frente à produção nortista.[245] O trabalho de Sawyer chama a atenção por afirmar de forma resoluta que os produtores de açúcar de São Paulo não tinham nada que aprender com os usineiros pernambucanos, considerados relativamente mais atrasados. Aliás, não deixava de afirmar que mesmo levando em consideração todas as usinas de Pernambuco, não havia nenhuma melhor que o Engenho Central de Piracicaba, apesar desta usina ainda apresentar alguns defeitos.[246]

Como seria de se imaginar, estes estudos comparativos foram comuns e não se prenderam ao Norte. O aumento crescente do número de usinas no estado do Rio de Janeiro, mesmo que ainda tivesse um saldo menor de quase duas dezenas em relação ao estado de Pernambuco, impulsionaria este trabalhos.[247] Um bom exemplo seria o relatório apresentado ao Secretário da Agricultura, Comércio e Obras Públicas de São Paulo por Júlio Brandão Sobrinho, que tinha a função de chefe de estudos

---

244 Brant. *op. cit.*

245 Este trabalho foi encomendado pela Sociedade Paulista de Agricultura, Comércio e Indústria em 1905.

246 Sawyer. *op. cit.*, 1905.

247 Gaspar e Apollônio Peres calculam 54 usinas em Pernambuco no ano de 1914. Em relação ao Rio de Janeiro, segundo a entrevista do Sr. João Guimarães, Presidente da Assembleia Legislativa do Estado do Rio de Janeiro, publicado no Jornal do Comércio em 1917, o Rio de Janeiro possuía 34 usinas. Peres. *op. cit.*; Dé Carlí. *op. cit.*, 1942, p. 67 68.

econômicos neste momento. O subtítulo escolhido por si só já seria extremamente representativo: *"Campos e Macaé em confronto com São Paulo"*. A opinião do engenheiro era que as usinas paulistas eram muito superiores as campistas e se destacavam por ser geralmente mais poderosas e aperfeiçoadas. Para ele, para comprovar este fato bastava salientar que todas as usinas paulistas já trabalhavam com a tríplice pressão. Demais, não faltou a costumeira referência à usina da Société em Piracicaba que já utilizava a tríplice pressão com desfibrador e não era superada em produção por nenhuma usina do país. Em relação à produção, esta diferença era grande já que "Piracicaba" produziria 130.000 sacos enquanto a principal usina fluminense, o antigo Engenho Central de Quissamã, não passava de 90.000 sacos. Novamente os representantes da indústria açucareira paulista afirmavam que as usinas de São Paulo excediam as suas congêneres em qualidade, embora a sua produção ainda fosse bem menor que a de outros estados.[248]

Nestes anos o Rio de Janeiro era o centro comercial de primeira grandeza, cabendo a São Paulo o segundo lugar. Não se deve esquecer que o Rio de Janeiro era visto como uma notável liderança açucareira na região Sul. Por este fato e talvez por São Paulo ainda não ser um grande produtor tendo ainda que importar grandes partidas de açúcar, acabou por não atrair a atenção dos produtos de açúcar fluminenses.[249] As várias notícias e referências que abordam a questão da melhoria técnica nas usinas do Rio de Janeiro vão ter quase sempre como referência os países europeus ou os grandes produtores de açúcar de cana, como Java e Cuba. Também eram constantes as comparações com a indústria açucareira do Norte. O Serviço de Defesa e Inspeção do MAIC argumentava que a grande preocupação dos proprietários das

---

248 Brandão Sobrinho ainda diria que São Paulo embora não oferecesse à cana condições mesológicas tão favoráveis como as de Campos, por ser localmente alto, menos quente e menos úmida e onde o clima só permite uma época de plantio por ano, ainda teria vantagem pelo seu clima, que facultava vantajosamente a adubação e favorece a colonização, levava vantagem sobre a natureza do solo, conquanto a terra roxa é mais própria para essas plantações. Um outro exemplo seria a série de artigos assinado pelo engenheiro Cyro Godoy e publicado no boletim da agricultura de São Paulo, em 1907. Para ele não havia dúvida que industrialmente nenhum estado levava vantagem ao de São Paulo, pelo aperfeiçoamento constante das suas usinas e o plantio racional de canas. Brandão Sobrinho. *op. cit.*, 1912, p. 24 e 121; Boletim da Agricultura ano de 1907. São Paulo: Tip da Indústria de São Paulo, 1907.

249 Em São Paulo, em 1914/15, a contribuição da cana de açúcar sobre uma área cultivada de 1.987.864 hectares era de 3,1%. Segundo Dé Carlí, era realmente uma mínima participação na área cultivada do estado. Em relação às necessidades do consumo de açúcar de São Paulo, a produção estava longe de atingir um nível razoável. Dé Carli. *op. cit.*, 1943, p. 72-73.

usinas campistas era introduzir melhoramentos modernos de modo a vencer a forte concorrência aos melhores açúcares do Norte.[250]

Frederic Sawyer, - que recentemente chegara ao Brasil -, talvez explique um pouco essa quase falta de referência às usinas paulistas pelos produtores de açúcar fluminenses. Sawyer enxergava nos dados amealhados em seu estudo que os defeitos da lavoura e da fabricação do açúcar em São Paulo eram os mesmos que existiam em outros estados, tendo a seu favor somente o fato do seu açúcar ser consumido localmente, o que evitava despesas excessivas com fretes etc.[251] Como se viu, no mesmo ano, o engenheiro pareceu mudar de ideia em relação às usinas do Norte, já vistas como mais atrasadas que as de São Paulo.[252] Talvez esta polaridade em estudos tão próximos demonstre uma certa influência do projeto de modernização posto em marcha pela Société que contrataria os serviços do engenheiro. Quiçá também contaria para essa mudança a própria realidade do estado de São Paulo e a sua vocação para um maior crescimento populacional somado a prosperidade econômica, fatores que acabavam muitas vezes falando mais alto. Seja como for, apesar da insistente defesa da superioridade paulista, o Norte possuía usinas que rivalizavam facilmente com as de São Paulo em produção.[253]

A produção de açúcar de usina em Minas Gerais era bem menor do que nos estados vizinhos e o seu avanço se deu com muito mais vagar. No seu caso, encontra-se em alguns documentos referências ao avanço sofrido pela indústria

---

250 Boletim do Ministério da Agricultura, Indústria e Comércio. Rio de Janeiro: Tipografia do Serviço de Estatística, maio a junho 1914.

251 Bernardo Morelli afirmava que embora a fertilidade do solo paulista não precisavasse de demonstrações, a deficiência de trabalhadores, a alta dos salários, a falta de trabalho mecânico, a elevação dos fretes, os transportes vicinais imperfeitos, são circunstâncias essas de tal ordem, que os produtores estrangeiros viriam concorrer no nosso mercado com os de outras produções, sem as prestações alfandegárias. Boletim do Ministério da Agricultura, Indústria e Comércio. Rio de Janeiro: Tipografia do serviço de Estatística, outubro a dezembro de 1919.

252 SAWYER, Frederic H. Relatório apresentado à Sociedade Paulista de Agricultura, Comércio e Indústria. São Paulo: Tip. De Carlos Gerke, 1905.

253 Para Gileno Dé Carlí, em 1919, a maior usina do Brasil era a Catende em Pernambuco com sua capacidade de 625t; em segundo lugar o Engenho Central de Riachuelo em Sergipe e a Usina Paineiras no Espírito Santo; em terceiro lugar a usina Tiuma em Pernambuco com 400 toneladas; a quarta a Leão em Alagoas com 350, em quinto lugar as usinas Cucaú e Sucréries de Piracicaba, em São Paulo, com capacidade de 300 toneladas cada uma. Picard afirmava que Piracicaba era um ótimo negócio. Cupim vinha logo em seguida. Dé Carlí. *op. cit.*, 1942, p. 34 e Picard. *op. cit.*, p. 133.

açucareira de São Paulo e do Rio de Janeiro, que desde o Império já eram vistas como um modelo a se seguir. Mas, curiosamente, a lição para muitos mineiros deveria ser aprendida em casa. Nesse sentido, foram comuns as citações sobre os grandes avanços realizados nas usinas Anna Florência e Rio Branco e que deveriam ser imitados pelos outros produtores de açúcar do Estado.[254]

Fonte: Engenho Central do Rio Branco em 1913 In: DELANEY, LT. & LLOYD, Reginald. *Impressões do Brasil no Século XX*. Londres, Lloyds Greater Britain Publishing Company Ltd., 1913.

Embora o Brasil não fosse tão indiferente ao processo de modernização ocorrido na produção açucareira mundial, a sua perspectiva de concorrer em pé de igualdade com os grandes produtores era quase nula. Fato é que, como diria

---

254 Estas usinas com o tempo conseguiram se equiparar a produção de usinas dos outros estados. A Usina Anna Florência seria bem montada. Desde a sua fundação contaria com tríplice efeito e outros maquinismos aperfeiçoados, que permitiam uma extração de açúcar até 9%. Além das duas grandes caldeiras, que forneciam o vapor necessário ao aquecimento do caldo e outros serviços, os maquinismos do engenho eram movidos por duas grandes rodas hidráulicas que davam a força de 75 cavalos. Uma pequena instalação elétrica fornecia também iluminação para essa importante usina, a qual ainda possuía uma linha de trilhos Decauville de 19 km de extensão, em cujos vagonetes, de tração anual, era transportado para o engenho não só a cana da sua produção, como a de outras fazendas vizinhas. JACOB, Rodolpho. *Minas Gerais no XXº século*. Rio de Janeiro: Impressões Gomes irmãos & Co., 1911, p. 293. MAIC. *op. cit.*, 1919.

Gileno Dé Carlí, *"se fosse comparada com os outros centros açucareiros do mundo a nossa inferioridade era manifesta".*[255] Nos primeiros anos do século XX, Picard ao ser solicitado a dar o seu parecer sobre as usinas da Sucrérié, afirmava que elas já estavam devidamente equipadas, com todo o seu maquinário comprado e que não necessitariam mais fazer grandes despesas.[256] É preciso que se tenha em conta que essa sua posição baseara-se não tanto nas suas experiências como conhecedor da indústria sacarina francesa, mas seguia principalmente a sua visão sobre a realidade do comércio interno do Brasil e qual a posição que estas usinas poderiam obter neste mercado especificamente.

Assim, em relação à produção açucareira mundial pareceria aos produtores brasileiros que as suas usinas não tinham avançado como deveria. Neste momento, a atuação marginal do país era bastante clara tanto para os brasileiros quanto para os estrangeiros. O exemplo mais explícito de como o Brasil era visto pelos outros produtores foi a comparação da sua indústria açucareira com uma criança. O autor do artigo publicado no Jornal Die Deutsche Zucher-industrie, W. Tiemann, concluía que antes que o Brasil pensasse em concorrer com outros países ainda deveria empregar muito trabalho e dinheiro, pois necessitava organizar suas fábricas e adotar uma cultura mais racional na lavoura de cana. Além disso, faltavam refinarias para substituir *"o pó branco trigueiro em uso".*[257] Alguns anos depois, o Ministro da Agricultura Pedro Toledo informava em seu relatório anual que apesar da montagem de grandes usinas no país, sob o ponto de vista fabril e agrícola, elas deixavam muito a desejar se comparadas as usinas cubanas.[258]

Talvez a forma como as usinas brasileiras se desenvolveram tenha contribuído para isso. É preciso não esquecer que muitas vezes estas fábricas compravam aparelhos usados ou instalavam somente uma parte do maquinário, o que seria responsável por imprimir um ritmo próprio à modernização da fábrica ou mesmo pela transformação de engenhos em usinas. Ao que se saiba, tais iniciativas

---

255 Dé Carlí., *op. cit.*, 1942, p. 33.

256 Picard. *op. cit.*, p. 40.

257 Prof. W. Tiemann, Director of the Agricultural Experiment Station, Cheik Fadl. The Sugar Cane in Egypt. Reproduzido na revista A Lavoura. Boletim da Sociedade Nacional da Agricultura. Rio de Janeiro: Imprensa Nacional, setembro a dezembro de 1902.

258 MAIC. Relatório apresentado ao Presidente da República dos Estados Unidos do Brasil pelo Dr. Pedro de Toledo Ministro da Agricultura, Indústria e Commercio no ano de 1913. Rio de Janeiro: Imprensa Nacional, 1913.

A QUIMERA DA MODERNIZAÇÃO   257

brotavam espontaneamente à medida que os produtores de açúcar sentiam necessidade de aumentar a sua produção. Essas máquinas ainda eram adquiridas de fabricantes europeus, como Cail, Five Lille e em algumas fábricas alemãs e americanas. Apesar de modernos, estes maquinismos eram na maior parte incompletos. Naturalmente isso seria um dos motivos para o baixo rendimento industrial das principais usinas do país que apresentavam uma média de produção de 7%.[259]

Existia, do mesmo modo, um contraste entre o desenvolvimento das unidades açucareiras dos estados brasileiros. Neste particular, não é difícil perceber as diferenças. A própria concentração em uma região de fábricas mais modernas emergiu de situações próprias. De acordo com Pedro Ramos, muitas usinas em São Paulo eram originalmente engenhocas modernizadas por fazendeiros ligados especialmente a produção cafeeira de fora do quadrilátero do açúcar. Posteriormente, estas usinas seriam ampliadas por eles próprios ou por seus novos donos.[260] Segundo Sheila Faria, essas condições não se aplicariam ao principal município produtor de açúcar do Rio de Janeiro. Para ela, Campos teria seus pequenos e médios engenhos desativados para suprir a necessidade de matéria-prima das grandes usinas: *"o monopólio do beneficiamento resumia-se cada vez mais a um pequeno número de empresas".*[261] Por outro lado, em Minas Gerais a maior dificuldade para a criação de usinas mesmo na Zona da Mata, onde se localizavam os principais núcleos açucareiros de Ponte Nova e Rio Branco, propiciaram a manutenção de um número extremamente elevado de pequenos e médios engenhos.[262]

Assim, mesmo que se repetisse constantemente que as fábricas do Brasil utilizavam os maquinismos mais modernos, e eram muito bem montadas, isso não quer dizer, em absoluto, que não fossem numerosos os seus problemas. Nos relatórios técnicos do período é comum encontrar uma justa apreciação das dificuldades enfrentadas por estas companhias. Mesmo na região de Campos que apresentava aspectos mais parecidos com as grandes áreas produtoras se fazia presente um plano

---

259 Boletim da Agricultura. São Paulo: Tip da Indústria de São Paulo, 1901.

260 RAMOS, Pedro. *Agroindústria canavieira e propriedade fundiária no Brasil.* São Paulo: Hucitec, 1999, p. 93.

261 FARIA, Sheila Siqueira de Castro. Terra e Trabalho em Campos dos Goytacases. Dissertação de mestyrado ICHL – UFF, Niterói, 1986, p. 25 e 251.

262 Ponte Nova contaria no início do século XX com duas usinas. As demais usinas de ponte Nova foram instaladas no século XX, são elas: usina Jatiboca, em 1920; usina do Pontal, em 1935; usina São José, em 1935; e usina Santa Helena em 1940. Brant, *op. cit.,* p. 112.

de modernização feito por parte e sem método.[263] Artur Torres Filho, Diretor da Estação de Experimentação de Campos, considerava que a explicação residia no fato de que em países como Cuba formavam-se companhias com grandes capitais, além deste açúcar contar com garantias especiais de colocação no mercado americano, ao passo que a indústria açucareira campista era fruto quase exclusivo da iniciativa particular. Ademais, a produção do Município estava restrita quase que exclusivamente ao mercado do seu próprio estado, que ainda tinha que competir com a região Norte. A consequência seria que mesmo com o desaparecimento das pequenas instalações e a melhoria das grandes unidades açucareiras, o Brasil ainda não possuía fábricas totalmente aperfeiçoadas. É de supor que esse processo desordenado e incompleto de melhorias causava vários inconvenientes como uma organização pouco prática da fábrica e a queda da produtividade.[264]

Talvez fosse o mais ilustrativo da realidade que Torres Filho tentava demonstrar, o fato das seis principais usinas campistas terem uma capacidade para 600t em vinte e três horas de trabalho, enquanto produtores de açúcar como Cuba, Java e Havaí, possuíam uma capacidade para duas mil toneladas e mesmo três mil no caso de Cuba. Afinal, como concluía ele, a indústria açucareira brasileira era formada em sua grande maioria por, *"estabelecimentos que ontem eram simples engenhocas, apresentam-se hoje modernizados, pertencentes, em sua maioria, a simples particulares"*.[265] Torres Filho não seria o único a escrever sobre esta característica campista. Solicitado a dar a sua opinião sobre as usinas desta região, o então representante do Estado de São Paulo na Quarta Conferência Açucareira, Júlio Brandão Sobrinho, afirmava que do total de 32 usinas contabilizadas em Campos, onze não

---

263 O engenheiro agrônomo Ricardo Azzi afirmava que algumas usinas fluminenses faziam só açúcar de 1º e 2º jato e o 3º ficava só em depósito para ser turbinado antes do início da safra seguinte. A fabricação era feita por práticos, sem controle químico, sendo que o rendimento industrial variava desde 6,5% até 8,5%. Boletim do Ministério da Agricultura, Indústria e Comércio. Rio de Janeiro: Tipografia do Serviço de Estatística, Julho a agosto de 1928.

264 W. Tiemann referia-se a uma particularidade das fábricas brasileiras de colocar próximas máquinas e aparelhos, o que resultava em um trabalho incômodo para o inspetor. A Lavoura. Rio de Janeiro: Imprensa Nacional, setembro a dezembro de 1902, p. 287.

265 Segundo Torres Filho, esses estabelecimentos tinham um coeficiente médio de extração de 68% quando já se extraia até 82% com a adoção de um maior número de moendas e processos modernos, como em Cuba. A Lavoura. Rio de Janeiro:Imprensa Nacional, janeiro de 1919.

eram propriamente usinas, mas engenhocas de certa força e grandeza funcionando com aparelhos simples, antigos e por vezes já obsoletos.[266]

Como já se viu anteriormente, esta era mais uma característica da indústria açucareira nacional do que uma questão restrita apenas a um município ou região. Em um dos seus trabalhos, Sawyer comentava que seja qual fosse o motivo do atraso, o problema era que em todo o Brasil não havia um único engenho moderno com *"esmagador, tríplice ou quádrupla moenda com imbebição, fornos automáticos de queimar bagaço verde sem foguista e dispensando outro combustível extra"*. Chamava a atenção também para o fato de que se não houvesse incentivo por parte do Governo, esse tipo de engenho não seria construído tão cedo.[267] Não seria estranhável que mesmo São Paulo que era visto por alguns destes técnicos como uma lição para as outras áreas açucareiras do país, tendesse a ter os mesmos problemas nas suas usinas, pois como se sabe, foram montadas aos poucos, - exatamente como as outras unidades açucareiras do país.

Como indicava o próprio Júlio Brandão, ao comparar as usinas fluminenses e paulistas, algumas usinas como Schimdt estavam longe da perfeição. No mesmo caso se encontrava a outra usina do Coronel Francisco Schimdt, - *"abastadíssimo e opulento produtor de café"* -, a usina Cachoeira,[268] descrita por Brandão Sobrinho como uma boa engenhoca.[269] A queixa era a mesma de tempos passados: o baixo rendimento, que em São Paulo nunca passou de 9% quando em países de grande produção o rendimento chegava a 13%. A razão para esta situação seria em grande parte a permanência de alguns velhos problemas já conhecidos no período dos engenhos centrais: extração insuficiente, problemas no maquinário, falta de matéria-prima e ainda um grande consumo de lenha. O alto gasto com combustível seria verificado até na usina de Villa Raffard.[270] Até 1903, data da visita de Picard às usinas da Sucréríé, algumas melhorias foram realizadas. Dentre estas melhorias

---

266 Brandão Sobrinho. *op. cit.*, 1912.

267 Sawyer. *op. cit.*, 1905b.

268 A usina Cachoeira foi construída com aparelhos velhos de uma usina de Campos. A fábrica foi montada por Manuel Dias de Prado próxima à estação restinga da Companhia Mogiana de Estradas de Ferro, ao sul do município de Franca. No ano de 1903, a referida usina foi vendida ao Coronel Francisco Schimdt, o maior cafeicultor da região. BRAY, Silvio Carlos. A formação do capital na agroindústria açucareira de São Paulo: Revisão dos paradigmas tradicionais. Tese de Livre Docência, Instituto de Geociências e Ciência exatas, UNESP, Franca, 1989, p. 89.

269 Brandão Sobrinho. *op. cit.*, 1912.

270 Boletim da Agricultura. São Paulo: Tip da Indústria de São Paulo, 1906.

ainda constava a substituição da lenha pelo bagaço de cana como combustível para as fornalhas. Segundo ele, o excessivo gasto de lenha era decorrente de uma extração deficiente do caldo da moagem.[271] Não tardou para que novamente o problema fosse apontado por Sawyer, que lamentava o fato da Société ter feito despesas consideráveis quando comprou seus engenhos centrais para aumentar a sua capacidade, mas pouco para aperfeiçoá-los. Assim, para ele, dentre os problemas que ainda precisavam ser sanados estava o gasto elevado com combustível.[272]

Assim, reeditava-se em outra conjuntura a necessidade de melhorar as usinas brasileiras. É compreensível que muitas destas companhias tenham utilizado uma estratégia base de construção e reparo de suas fábricas em etapas, devido ao custo de investir em novos equipamentos. Essas máquinas, como já se chamou a atenção, eram trazidas da Europa.[273] Também foi comum o reaproveitamento de peças de usinas que foram desativadas. Sabe-se que para montar a sua usina, Henrique Dumont comprou as máquinas do desativado Engenho Central do Pyranga.[274] Sawyer relatava este mesmo processo para a construção da usina Pimentel. O proprietário, o Dr. Albano, teria adquirido uma moenda de mais de quarenta anos que não propiciava um rendimento senão de 4,62% em dois jatos, ou seja, quase o mesmo de uma engenhoca. Na visão de um técnico, esta realidade era inadmissível, mesmo que nem sempre o comércio para o qual se dedicavam esses produtores necessitasse de uma qualidade excepcional nem de uma produção muito mais avultada. Pode-se até perceber na fala de Sawyer um certo ar de indignação quando relatava que os senhores de engenho de São Paulo sofriam *"de uma mania estranha, a de comprar máquinas velhas, que deveriam, há muito tempo, ter sido*

---

271 A razão de tanta preocupação era a extinção das matas das usinas ou os gastos elevados com a compra da lenha. Picard. *op. cit.*

272 Sawyer relatava que *"nós o vemos hoje devastando inutilmente as matas à razão de 80.000 metros cúbicos de lenha por ano Em todos os engenhos a extração é insuficiente, o bagaço deixa as moendas com tanta umidade, que não é quase um combustível e exige lenha para queimá-lo. Assim há uma grande perda dos dois lados, perda de rendimento, consumo inútil de lenha para queimar o bagaço molhado e emprego de foguistas para um trabalho que se pode fazer melhor, quase sem despesas, por um simples condutor que arrasta o bagaço".* Sawyer. *op. cit.*, 1905, p. 128.

273 Essa dependência só seria quebrada em parte a partir da década de 1920, com a criação da Oficina Dedini. As oficinas Dedini cumpririam papel de fundamental importância na modernização das usinas paulistas, em contraste com o Nordeste, obrigado a imobilizar grandes somas de dinheiro para importar esses equipamentos. Ramos. *op. cit.*

274 Brant. *op. cit.*

jogada no montão de ferros velhos".[275] Para ele, os produtores brasileiros deveriam se espelhar na produção açucareira norte-americana, pois o desenvolvimento das suas usinas se devia ao fato dos seus produtores de açúcar rejeitarem aparelhos muito bons quando se lhe oferecia um melhor.

Não há como não perceber que as usinas brasileiras eram muito distintas entre si. A verdade é que se pode estender a análise de Picard para as usinas da Société para as restantes usinas do país, isto é, não se podia considerar que elas tivessem o mesmo valor.[276] Sawyer também notaria que dentre as dez usinas paulistas, seis seriam construídas em conjunto: Villa Raffard, Porto Feliz, Piracicaba, Lorena, Freitas e Londom. As outras quatro seriam improvisadas com material de ocasião: Monte Alegre, Indaiá, Cachoeira e Pimentel.[277] O gráfico abaixo tem como objetivo, além de apresentar a produção de algumas das principais usinas dos estados em análise, mostrar a diferença que se pode notar facilmente entre elas, até mesmo quando se olha as usinas de cada estado[278] ou mesmo no caso específico de uma única firma, - como a Société Sucrérie Bresiliénnes.

---

275 Sawyer. *op. cit.*, 1905, p. 95.

276 Picard. *op. cit.*, p. 133.

277 Sawyer. *op. cit.*, 1905, p. 139.

278 Neste caso destaca-se de cada estado as suas usinas mais fracas, como Conde de Wilson no Rio de Janeiro, Cachoeira em São Paulo e Campestre em Minas Gerais que não conseguiam competir com grandes usinas como Sucrérie Piracicaba, Quissamã e Anna Florência.

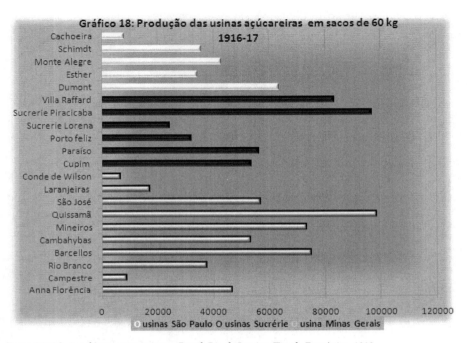

Fonte: MAIC. A indústria açucareira no Brasil. Rio de Janeiro: Tip. da Estatística, 1919.

A questão de ser o setor agrícola sujeito a questões incontroláveis como as intempéries do tempo seria apontado algumas vezes como o responsável pela diminuição do lucro das usinas. O agrônomo Cyro Godoy relataria que a safra paulista, de 1917, teve um rendimento 50% menor do que se podia esperar devido à geada.[279] As secas também provocariam grande queda nas colheitas. Este fato levaria alguns técnicos a condenarem a utilização das matas para ser usada como combustível. A irrigação, mesmo que defendida por alguns técnicos, não seria colocada em prática na lavoura de cana neste momento. Picard chegou a se referir a esse problema ao relatar que no Brasil a parte agrícola estava à mercê da natureza, sendo que num ano chuvoso se teria uma boa safra e um ano seco sempre significava perdas.[280]

Outro fator de descontentamento era o alto preço das tarifas das estradas de ferro. Em um tom de mofa, Júlio Brandão Sobrinho diria que acreditava que as estradas de ferro eram feitas para servir à lavoura e à indústria e não estas para

---

[279] Boletim da Agricultura. São Paulo: Tip da Indústria de São Paulo, 1917.

[280] Picard. op. cit., p. 30.

servir aquela.[281] Algumas dessas questões não teriam tão grande valor se os preços do açúcar não alcançassem por vezes uma lucratividade tão baixa, o que se fazia sentir muito mais profundamente esses impactos. Em uma carta enviada à SNA pelos produtores de açúcar de Rezende se relatava a impossibilidade de se vender os seus açucares tanto para São Paulo quanto para o Rio de Janeiro devido ao excessivo frete cobrado pela Estrada de Ferro Central. O mesmo caso pode ser visto na tentativa malograda da Société exportar parte da sua produção para o Paraná devido aos altos fretes.[282]

Nos primeiros anos da República outra queixa frequente dos produtores de açúcar eram os danos provocados pelo fim da escravidão e os altos salários que tinham que despender com os seus funcionários. Uma grande usina como Quissamã chegaria a ter 200 funcionários no serviço da fábrica, enquanto que uma usina de porte médio como a Sucrérie Rio Branco utilizava 60 empregados em média. Em São Paulo, o custo da mão de obra era muito maior do que nos estados produtores do Norte. Assim, os altos salários juntamente com o preço da lenha e o custo da produção foram considerados como óbices para a expansão da produção do Estado. A diferença entre São Paulo, Rio de Janeiro e Minas Gerais seria a predominância no primeiro estado de trabalhadores estrangeiros em suas fábricas enquanto que os outros dois estados contaram principalmente com funcionários nacionais. Aliás, não se deve esquecer que havia diferença entre as próprias usinas. Picard averiguaria que as usinas de Villa Raffard e Porto Feliz teriam a mão de obra mais cara nas seis usinas da Société. Os seus trabalhadores ganhavam de 2$600 a 3$000 réis por dia, contra um salário de apenas 2$000 em Piracicaba e em Cupim e de 1$600 em Lorena.[283]

Havia, também, outros problemas anteriormente vivenciados pelos engenhos centrais que permanecerem por algum tempo. Nessa época, a falta de matéria-prima ainda seria um deles. Para Júlio Brandão Sobrinho parecia claro que este era o motivo que levou as usinas a comprarem cada vez mais terras. Nesse sentido, ao controlar também a cultura da cana, essas usinas buscavam resolver uma importante dificuldade que era fazer a usina funcionar durante todo o período da safra. Pelo que se depreende da série de artigos publicada pelo engenheiro no Boletim da

---

281 Brandão Sobrinho. *op. cit.*, 1912.

282 Boletim do Ministério da Agricultura, Indústria e Comércio. Rio de Janeiro: Tipografia do serviço de Estatística, agosto de 1906; Sawyer. *op. cit.*, 1905, p. 56.

283 Picard. *op. cit.*, p. 43.

264   ROBERTA BARROS MEIRA

Secretaria da Agricultura de São Paulo, era imprescindível que as grandes usinas tivessem cana própria como um meio de regularizar as suas safras, evitarem as especulações e os prejuízos causados pelos *"caprichos dos fornecedores"*. Já em 1915, no mesmo Boletim, o engenheiro Cyro Godoy voltaria a defender a cana cultivada pela usina, fosse por pessoal assalariado ou colonos contratados.[284]

Como quer que seja, só depois das políticas instituídas pelo IAA no pós-30, o cultivo da cana própria passou a ser realmente mais lucrativo para os usineiros. Seria mais comum neste momento considerar as canas próprias das usinas como uma forma de disciplinar os colonos e os fornecedores. Naturalmente, não seria preciso ressaltar que se tornava inviável a manutenção de uma usina sem obter uma quantidade mínima de matéria-prima. Um caso extremo de uma usina vítima deste problema seria o da "Indaiá", situado a 1.500m da estação de Indaiá da estrada de ferro Mogiana, na jurisdição de Franca. O seu caso chama mais atenção, pois não se pode negar que o seu fundador, o engenheiro Augusto Ramos, era uma das autoridades mais acatadas em matéria de indústria do açúcar. Em 1902, há notícias de que mesmo contando com terrenos com 1500 hectares cultivados por colonos italianos, portugueses e brasileiros, a produção não era suficiente para a alimentação da fábrica. A usina seria forçada a comprar cana até mesmo no município de Conquista, no estado de Minas Gerais, o que lhe acrescia importantes gastos com fretes e o elevado imposto mineiro de 20$000 cobrado por vagão de cana. Ainda assim, a usina só conseguiria satisfazer 1/3 da sua capacidade.[285]

Três anos mais tarde, a usina estava falida.[286] O engenheiro Frederic Sawyer estranhava este desfecho, pois segundo ele, Augusto Ramos *"não tinha a vista cur-*

---

284 Júlio Brandão Sobrinho. *Lavouras de cana e algodão e indústrias do açúcar e tecidos no Estado de São Paulo*. Boletim da Agricultura de São Paulo: Tip da Indústria de São Paulo, 1903; Boletim do Ministério da Agricultura, Indústria e Comércio. Rio de Janeiro: Tipografia do serviço de Estatística, *novembro 1915*.

285 Boletim da Agricultura de 1902. São Paulo: Tip da Indústria de São Paulo, 1902.

286 Gnnacarini afirma que a Cooperativa açucareira de 1911 contou com a colaboração de alguns usineiros paulistas, tendo à frente o proprietário da usina Indaiá, Augusto Ferreira Ramos. No entanto, essa posição de Augusto Ramos talvez estivesse mais relacionada à sua posição como um dos principais idealizadores dos planos de valorização açucareira e não tanto a Usina, pois Brandão Sobrinho relatava em 1912 que esta era uma usina de segunda ordem, que ficava situada no município de Franca, com uma força motriz de apenas 60 cavalos, um capital que não excedia a 200 contos de réis e ocupava somente 28 operários. Ademais, o engenheiro achava que esta usina estava paralisada. No entanto, em uma relação das usinas do Rio de Janeiro feita em 1919 pela revista A Lavoura, Augusto Ramos aparece como um dos proprietários da usina Cambahyba em

ta" como ocorreu com outros proprietários de engenhos importantes que se viram sem matéria-prima por recusar a pagá-la a um preço razoável. Ao contrário, em um esforço de manter a fábrica funcionando, o seu proprietário chegou a pagar preços altos pela cana, além de fretes elevados. Mais uma vez, a solução consistia no controle da matéria-prima pela própria usina, pois o engenheiro não seria nesse momento uma exceção ao dizer que foi a *"impossibilidade de cultivar um terreno suficiente à roda do Engenho para abastecê-lo de canas, o que arruinou a empresa (...) é sempre a mesma coisa com esses engenhos: falta de canas!"*.[287]

Aliás, problema semelhante ainda podia ser encontrado mesmo nas maiores usinas de São Paulo. Pelos exemplos citados por Picard, este também seria o caso de alguns engenhos da Société, como "Villa Raffard" e "Porto Feliz". A exceção seria "Piracicaba" que conseguiu um fornecimento regular para ocupar toda a sua capacidade tanto de cana quanto de lenha. Mas, para isso, teria que buscar cana a vinte quilômetros de distância valendo-se da linha férrea da Cia. Ituana, quando geralmente as mais longas distâncias percorridas pelas usinas para buscar matéria-prima não ultrapassavam 8 km. Mas, essa realidade não seria comum ou usual para as usinas da região Sul do país. A existência de fábricas próximas acabava gerando a necessidade de buscar fornecedores muito longe. Como se viu, já em 1881, o Governo Imperial buscaria evitar a concorrência de grandes fábricas dentro de uma mesma zona. Na Primeira República, a medida foi tomada pelos próprios donos dessas grandes unidades açucareiras. Para bem garantir o suprimento tentava-se comprar o máximo possível das terras limítrofes da usina. Picard forneceu detalhes preciosos sobre essa questão ao comentar sobre as fortes críticas feitas a compra da usina de Tocos e a sua anexação a Cupim. No ano de sua visita, Tocos não chegou a trabalhar por falta de canas, o que fundamentava ainda mais as opiniões negativas. No entanto, esquecia-se, como afirmaria perspicazmente Picard, um dado importante, ou seja, a concorrência que uma usina poderia fazer com a outra pela aquisição da matéria-prima. Se a Société se limitasse a comprar a Usina de Cupim, Tocos seria um "concorrente terrível", podendo-se não arrebatar muitos fornecedores da região, pelo menos forçar a Société a aumentar bastante o preço pago pela sua matéria-prima.[288]

Campos, adquirida em 1916. Gnaccarini. *op. cit.*, 1997, p. 339; Brandão Sobrinho. *op. cit.*, 1912; A Lavoura. Rio de Janeiro: Imprensa Nacional, dezembro de 1919.

287 Sawyer. *op. cit.*, 1905, p. 154.

288 Picard. *op. cit.*, p. 109-123.

Como se sabe, o regime de fornecimento de cana variou muito de estado para estado. No Rio de Janeiro, o peso dos fornecedores de cana seria muito maior do que em São Paulo e em Minas Gerais. Mas, como se estava vivendo precisamente uma época em que a usina buscava assumir o controle da sua matéria-prima ao mesmo tempo em que evitava arcar sozinha com as despesas da parte menos lucrativa da produção açucareira, ela buscou reunir as terras que foram adquiridas de antigos engenhos concorrentes a uma forma de trabalho que não era assalariada, ou melhor, que propiciava ao usineiro dividir as perdas nos anos de má colheita ao mesmo tempo em que tinha orquestrado uma forma da matéria-prima permanecer na posse da usina. De modo geral, afora os fornecedores e as canas cultivadas próprias, vigoraram dois regimes de fornecimento de cana: o colonato e a parceria. Como havia um complexo de fatores que repercutiam na forma como cada usina seria abastecida, um regime não excluía o outro e seria comum a sua adoção conjunta.

Seria realista esperar que na primeira metade do século XX, a lavoura de cana paulista aproveitasse a experiência cafeeira para aumentar a sua produção. É manifesto que o colonato seria considerado uma das principais vantagens dos usineiros paulistas durante longos anos, pois embora representasse custos mais altos de produção em comparação à lavoura fluminense e nortista, também propiciava maior rendimento da lavoura. Coube ao engenheiro francês J. Picard explicar a forma como esse regime funcionava e a sua adaptação nas quatro usinas paulistas da Société, o que também bem pode caracterizar outras usinas do Estado. Na usina Villa Raffard, por exemplo, menos da metade da produção era de cana própria. A outra parte seria fornecida pelos chamados colonos "a peso". Esses colonos plantavam a cana por sua conta, riscos e danos e a entregavam à usina a um preço já estabelecido por tonelada.[289] Em regiões onde a terra era mais fértil se pagava aluguel pelas terras, como ocorria na usina de Piracicaba, que se valia basicamente de colonos para conseguir a quase totalidade das suas canas. No entanto, as terras mais fracas como as de Villa Raffard impediam infligir mais esse custo aos colonos.[290]

---

289 Picard relatava que *"para os colonos "a peso", ou os fornecedores autônomos, não pode haver dúvida, eles entregam o seu produto a um preço fixo previamente estipulado. As canas assim entregues devem estar isentas de folhas e despontadas de tal maneira que todos os nós ainda verdes devem ser retirados. Como essas condições jamais são cumpridas, costuma-se fazer um desconto no pagamento de no mínimo de 10% e que chega algumas vezes até a 20%. Neste desconto também estão incluídos os liames que prendem os feixes. Em resumo, pode-se então dizer que se paga a esses fornecedores apenas as canas". Ibidem, p. 34.*

290 *Ibidem,* p. 31.

A QUIMERA DA MODERNIZAÇÃO 267

Os preços pagos pelas canas desses colonos também variavam de acordo com as usinas e a cotação do açúcar. O engenheiro demonstraria que a exploração dos colonos podia ser uma importante fonte de lucro para a Sociedade, pois o valor pago a eles seria tão baixo que em poucos lugares do mundo seria aceito sem contestação. Picard como um apologista desse regime de fornecimento teria a ilusão de sugerir aos sócios da Société que tornassem definitivos os três francos suplementares, pagos quando o colono excedia uma certa quantidade de cana estabelecida pela usina. Para ele, o colono só conseguia lucrar porque produzia canas a 8 mil réis, enquanto a cana própria da Société custavam 12 mil réis.[291] Se muitas usinas não concediam um pagamento mais alto aos seus colonos seria em parte devido ao excesso de interessados, não raro imigrantes. Sawyer asseverava que esta organização do trabalho não era um mau negócio para nenhum dos dois lados. Exemplo típico seria a grande demanda pelas 500 casas cedidas pela usina de Piracicaba aos seus colonos e que se tornaram insuficientes, limitando a Usina a disponibilizar para os seguintes colonos apenas os materiais necessários para a construção das casas. Para Gileno Dé Carlí, não era somente o lucro que estes colonos conseguiam obter se dedicando a plantar cana para as usinas que os atraia, mas também era o resultado da crise cafeeira que se prolongava havia anos.[292]

Na verdade, embora a maioria dos homens envolvidos na produção açucareira paulista defendesse o colonato, também admitiam que ele gerasse problemas sérios, como o descuido com as plantações que resultava em uma baixa sacarose das canas. Essa posição ambígua em relação ao colono seria recriada maravilhosamente

---

291 O Engenho Central de Porto Feliz tinha uma tabela de preços vinculada aos do mercado do açúcar. Em 1903, este Engenho Central pagou 14 mil réis por 1.500 quilos. "Villa Raffard" 12 a 13 mil réis, e "Piracicaba" 12 mil. "Lorena" teve quase o mesmo preço: tratava-se de um preço médio de 10 a 12 francos a tonelada de cana. *Ibidem*, p. 34.

292 Dé Carlí relata que em 1904, o custo de um saco de açúcar era de Cr$ 12,39. *"O preço médio dos diversos tipos de açúcar de usina alcançava Cr$18,64, o que dava um lucro bruto de Cr$ 6,25 por saco. O custo de produção da tonelada de cana era avaliado em Cr$ 6,00, para plantar e cultivar e Cr$2,50 para corte, transporte e enchimento no vagão. Custava, pois a tonelada de cana Cr$ 8,50, sendo vendida geralmente por Cr$12,00, o que proporcionava um lucro de Cr$ 3,50 por tonelada. Ora, nessa época estimava-se a média de rendimento agrícola entre 30 e 50 t de cana, por hectare, representando assim uma receita que oscilava de Cr$105,00 e Cr$175,00 por hectare. Nesse preço não estava incluído o aluguel da terra, mas apesar de tudo não se pode negar que era um regular negócio o lucro que se apresentava ao colono paulista, para plantar cana. Daí a grande procura de colonos".* Dé Carlí. *op. cit.*, 1943, p. 63 – 64.

bem na fala do engenheiro Paul Henry Durocher,[293] reproduzida por Picard: *"os colonos são a praga e a fortuna das usinas".*[294] Mesmo que de modo geral esse fosse o sistema de produção mais comum, algumas usinas preferiam outros métodos. A Usina Monte Alegre cultivava suas próprias canas por empreitada, pois o seu proprietário acreditava que este sistema era mais proveitoso e mais barato do que o da cultura pelos colonos a peso. Na própria Société, a cultivação das terras de "Porto Feliz" era quase toda feita por cultura própria.[295]

Não se deve esquecer-se dos fornecedores de cana. Dé Carlí nota que antes de 1929, os fornecedores de cana das usinas paulistas somente tinham uma maior relevância nos períodos em que o açúcar subia de preço. Quando os preços baixavam, eles submergiam. Esta característica dos fornecedores paulistas, segundo Picard, seria uma coisa muito natural tendo em vista a atitude condenável da usina de tirar proveito deles nas safras em que não necessitavam tanto das suas canas, forçando-os a aceitar preços mais baixos do que os pagos aos colonos. A sua ressalva escorava-se no fato da usina estar estimulando a concorrência dos pequenos proprietários vizinhos à usina que dispunham de pequenos engenhos para produzir açúcar bruto, rapadura e aguardente. Nesse sentido, seria mais proveitoso para as usinas pagar um preço mais alto por suas canas do que deixá-los processá-las. Uma voz de um outro engenheiro recitaria esta mesma ideia quando o país ainda vivia o período dos engenhos centrais, mas não seria de estranhar que os produtores de açúcar continuaram a fazer ouvido de mercador quando se tocava nesta questão.[296]

Na região fluminense a experiência do colonato foi mais incomum e parece ter restringindo-se a poucas usinas. Brandão Sobrinho acreditava que assim como o Norte, o clima campista favorecia a lavoura canavieira, mas impedia a colonização por estrangeiros.[297] Em 1929, o engenheiro Jean Mitchel refutaria esta afirmação. Para ele, o motivo era na verdade a migração pelas vantagens oferecidas na zona cafeeira, pois também em Campos este sistema poderia oferecer vanta-

---

293 É de destacar que Durocher seria acionista tanto do grupo francês fundador da Société de Sucreries Bresiliennes como de outro grupo francês responsável pela aquisição do antigo Engenho Central do Rio Branco em Minas Gerais ou como passaria a se chamar: Société Sucrière do Rio Branco. Delaney. *op. cit.*

294 Picard. *op. cit.*, p. 36.

295 Sawyer. *op. cit.*, 1905 a, p. 51 e 34.

296 Dé Carli. *op. cit.*, 1903, p. 149; Picard. *op. cit.*, p. 31-32.

297 Brandão Sobrinho. *op. cit.*, 1912, p. 122.

gens. Nos contratos de arrendamento analisados por Sheila Faria, entre os anos de 1850-1920, 32,8% referiam-se a existência de colonos.[298] O colonato adotado no estado diferia-se um pouco do descrito para as usinas paulistas. A condição mais comum oferecida aos colonos era o da meação ou parceria.[299]

Mas de todo decisivo para o abastecimento das usinas fluminenses seria o fornecimento de canas, geralmente por médios e pequenos proprietários. Campos teria uma valorização fabulosa das suas terras e do mesmo modo que em São Paulo as usinas tentavam se precaver contra embaraços futuros comprando o máximo de terras possíveis. Essas terras, no início, eram de engenhos de fogo morto que não conseguiram sobreviver às baixas muito fortes dos preços em alguns anos desse período.[300] Em 1930, o Diretor da Estação Geral de Experimentação do Estado do Rio de Janeiro relatava que a grande parte das usinas do estado não cultivava

---

298 Faria defende que *"as condições de parceria, em Campos, eram aparentemente mais vantajosas para o colono do que as que se estabeleceram no Nordeste, em particular em Pernambuco, na segunda metade do século XIX. Ali o normal era o acordo estipular que o lavrador deveria arcar com as despesas, entre outras, da preparação do terreno, das mudas de cana, da limpa, através do aluguel, ao proprietário, dos instrumentos para esse serviço. O único ônus do dono da terra era o transporte da cana até o engenho, ficando o colono com 50%. Em Campos, estipulava-se a proporção de 50% para o proprietário, arcando este com todas as despesas referentes a instrumentos de trabalho, cana planta e transporte, somente não pagando a mão de obra. Já ao fim da década de 1910, e acreditamos que a tendência já vinha ocorrendo desde o início do século, foram impostas novas condições aos acordos de parceria agrícola. O colono passou a plantar com o financiamento do proprietário. Este lhe vendia a cana-planta e alugava os instrumentos de trabalho (normalmente arados e animais de serviço), passando a arcar, até mesmo, com as despesas do transporte da cana até o engenho (ou usina). Além do mais, era obrigado a comprar gêneros de subsistência nos armazéns das fazendas ou das usinas. Todos estes serviços eram descontados posteriormente, quando forneciam a cana, sendo normal sua conta-corrente apresentar-se sempre em débito. A meia ainda era a forma básica da divisão do produto entre proprietário e lavrador, mas, descontados todos aqueles serviços, bem menos de 50% eram o que realmente recebia o colono. Essa seria uma forma de manter o colono e evitar a sua saída com a compra de terra própria como aconteceu em São Paulo*. Faria. *op. cit.*, p. 285.

299 Jean Mitchel descreve que na relação com o colono, o usineiro *"adianta-lhe a alimentação durante um ano, e lhes fornece grátis, arados e todos os instrumentos e o gado necessário ao amanho da terra, recebendo, apenas, como aluguel, do terreno e do mais a metade e às vezes a terça parte da cana, comprando-lhe outra parte pelo preço corrente do mercado, como qualquer outro fornecedor".* MITCHEL, JEAN. *Irrigação dos canaviais: Campos de demonstração de Piracicaba.* São Paulo, 1929, p. 73.

300 A partir de mais ou menos 1918, as terras absorvidas pelas usinas foram as terras dos seus fornecedores de cana. Dé Carlí. *op. cit.*, 1942.

cana.[301] Ao contrário de São Paulo, no Rio de Janeiro, as usinas tinham culturas relativamente pequenas, trabalhando com grande quantidade de canas compradas de fornecedores a peso. Se considera-se as afirmações de Sawyer e Picard de que os colonos paulistas produziam canas a 8$000 réis a tonelada e as canas próprias custavam mais de 10$000 réis, percebe-se o sistema de compra de cana de particulares seria até mais vantajoso em Campos, pois segundo dados apresentados no Primeiro Congresso Nacional de Agricultura, o custo de produção de 1t em Campos era de 5$300 réis.[302]

Talvez a melhor descrição do caráter dos fornecedores de cana de Campos nasceu da tentativa de entender a dinâmica particular da indústria sacarina em São Paulo e no Rio de Janeiro, com os olhos postos na melhor maneira da Société auferir lucro. Picard compreendeu que era muito significativo para o estabelecimento de contratos com esses fornecedores lembrar que eles outrora tinham sido senhores de engenho da região. O engenheiro percebeu a inutilidade de ações mais repressivas como acontecia em São Paulo, pois frequentemente as extensões de terras desses fornecedores chegavam a 500 hectares e todos mantinham o seu engenho com pequenas moendas de ferro, o que lhes permitia moer entre 1000 a 5000 t e fabricar açúcar pelo procedimento antigo dos tanques ao ar livre, além de produzirem rapadura e aguardente. Se esses antigos donos de engenho preferiam vender as suas canas a trabalhá-las foi por perceber a dificuldade que teriam para concorrer com os grandes estabelecimentos que fabricavam açúcar cristalizado com aparelhos mais aperfeiçoados. No entanto, a sua antiga posição como produtores de açúcar explicava o seu conhecimento sobre o valor real da cana, comparando o seu preço com o do açúcar. Dessa forma, era difícil estabelecer com eles contratos de vários anos, já que era a cotação do açúcar que os guiava. Nos anos de bom preço negociavam com várias usinas e entregavam as suas canas àquela que pagasse um preço mais elevado.[303]

Nessa questão Picard estava certo ao sugerir aos acionistas que agissem conforme as pessoas com as quais faziam negócios, ou seja, no caso específico do estado do Rio de Janeiro, era agir contra os próprios interesses da Companhia querer tirar muita vantagem para o seu lado com esse tipo de fornecedor. Gileno Dé Carlí enumera dois momentos mais conturbados em que os fornecedores campistas se

---

301 MAIC. *op. cit.*, 1930.

302 SNA. *op. cit.*, 1907.

303 Picard. *op. cit.*, p. 104-105.

A QUIMERA DA MODERNIZAÇÃO   271

rebelaram contra os baixos preços pagos pelas suas canas em momentos de alta do açúcar. Assim, a recuperação da indústria açucareira brasileira da crise de 1901 e, consequentemente, o aumento dos preços nos anos seguintes levaria a um processo de insatisfação que culminaria em uma ameaça de greve em 1903. A peleia foi solucionada neste mesmo ano, mas somente depois que os usineiros concordaram em pagar mais pelo carro da cana. Outro momento conturbado também seria ocasionado pela alto dos preços, mas agora no ano de 1912. Da mesma forma, ocorreu pela falta de repasses dos lucros aos fornecedores. Em 1913, rompeu uma nova greve que só teria fim com um novo aumento do preço pago pela cana. Para Gileno Dé Carli, essas constantes disputas entre fornecedores e usineiros seria *"uma fatalidade que nasce e cresce com a usina"*.[304]

Como é sabido, até por volta de 1930, o que se observava em Minas Gerais era um quadro formado por poucas usinas, assim a mudança no padrão de produção de açúcar e fornecimento de cana não seria tão grande como nos estados vizinhos. Brant descreve a figura do fornecedor de cana em Minas Gerais como aqueles fazendeiros que não utilizavam toda a cana plantada em sua propriedade, vendendo o excesso para as usinas mais próximas. Como em São Paulo, as usinas mineiras passaram a suprir a sua necessidade de matéria-prima comprando grandes extensões de terras, adotando o sistema do colonato ou a cana própria.[305]

Assim, pode-se afirmar que o surgimento de um elevado número de usinas no final do século XIX e início do XX, tenha sido o principal fator de transformação da indústria açucareira da região Sul, embora essas mudanças não ocorressem de forma tão rápida. Não há como analisar esses anos sem lembrar dos engenhos e engenhocas que caracterizaram estes estados. Boa parte da produção desse período seria fabricada por eles, chegando a ser responsáveis muitas vezes por quase metade do açúcar fabricado no país. Como já se viu anteriormente, o entusiasmo revelado pelas inovações técnicas introduzidas com os engenhos centrais transformaram esses pequenos produtores de açúcar em uma das maiores dificuldades dos

---

304 De Carli. *op. cit.*, 1942, p. 60-67.

305 A usina Anna Florência possuía uma fazenda com 365 hectares. Lincoln Rodrigues demonstra que os seus canaviais estenderam-se por várias cidades, onze, ao final do séc. XX. Assim, a Usina tornou-se, ao longo dos anos, uma das maiores proprietárias de terras do município e região. RODRIGUES, Lincoln Gonçalves. "A economia canavieira na Zona da Mata Mineira e a construção do Engenho Central Rio Branco no final do séc. XIX" in: Anais do I Seminário de História do Açúcar: História e Cultura Material. Canaviais, Engenho e Açúcar: História e Cultura Material. 2005.

usineiros, seja quando se pensava na obtenção de grandes quantidades de matéria-prima para suprir a capacidade do novo maquinário, seja quando lembrava-se na concorrência dos seus açucares de baixa qualidade no mercado interno. Não obstante a ênfase dada pelos técnicos à questão do seu atraso, o engenho de tachas continuou presente nestas áreas.[306]

Se num primeiro momento parece quase impraticável comparar os 2.296 engenhos contabilizados por Gaspar e Apollônio Peres no estado de Pernambuco com os engenhos da região Sul, é certo que eles também foram muito numerosos, embora não se possa contar com uma estatística fidedigna. A própria Diretória Geral de Estatística reconhecia que os dados apresentados na maioria dos estudos estavam infelizmente bem longe da verdade. O açúcar mascavado e a rapadura geralmente eram consumidos na mesma localidade em que eram produzidos por baixo preço. Chama a atenção, no entanto, a exportação da rapadura mineira e de aguardente para o Rio de Janeiro. Esses produtos serviam para satisfazer em grande parte a necessidade da população mais pobre das cidades ou da área rural. A aguardente teria um consumo tão expressivo no mercado interno que Brandão Sobrinho afirmaria que ela *"nunca deixou em todos os tempos de dar um lucro inferior a 50%"*.[307]

Em uma monografia apresentada na conferência açucareira do Recife sobre a indústria sacarina em São Paulo, o engenheiro Frederic Sawyer calculava que os engenhos de açúcar e rapadura somavam duzentos no estado. Os dados estatísticos coletados no ano de 1900 confirmavam esse número, mas acrescentaram a ele 2.299 engenhos de aguardente. Brandão Sobrinho também confirmaria o fato dos pequenos engenhos preferirem fazer rapadura e aguardente e em bem menor número ser as engenhocas que produziam açúcar mascavo. Acontecia, porém, segundo ele, que o número dessas engenhocas ia se multiplicando de ano para ano. O engenheiro não seria o único a apontar a fraqueza e o atraso dessas pequenas fábricas. De modo geral, o que se recriminava era o pouco asseio, o pessoal sem preparo e um sistema de fabrico ultrapassado e defeituoso que produzia sempre um açúcar de má qualidade.[308] Interessa, por hora, que mesmos fustigados pelos técnicos, a quantidade da sua produção não poderia ser desprezada. Mesmo depois que as usinas começaram a se sobrepor a esse tipo de engenho nos últimos anos da Primeira República, José Vizioli afirmaria que a produção de açúcar, álcool e

---

306 Boletim da Agricultura. São Paulo: Tip da Indústria de São Paulo, 1901.

307 Boletim da Agricultura. São Paulo: Tip da Indústria de São Paulo, 1902.

308 SNA. *op. cit.*, 1905; Boletim da Agricultura. São Paulo: Tip da Indústria de São Paulo, 1903.

A QUIMERA DA MODERNIZAÇÃO   273

aguardente nos municípios que não contavam com nenhuma usina grande seria uma "verdadeira revelação", pois ela era muito maior do que se supunha.[309]

O que se deve considerar é que a fraqueza de muitos desses engenhos não era irremediável. Algumas dessas engenhocas era de maior capacidade, produzindo cerca de 100 a 200 kg de açúcar anualmente. Produto que se destacava dos demais, pois como os qualificava Brandão Sobrinho eram *um açúcar ordinário de bonita aparência*. Nesse mesmo tempo, construíram-se muitas "usinas de segunda ordem" que se caracterizavam por possuir um maquinário não tão bom, cujo resultado era uma maior produção do açúcar de segundo e terceiro jato.[310] Muitas dessas usinas não se diferenciavam muito de bons engenhos. Para Pedro Ramos, essa transformação de engenhos em usinas foi possível pela sua incapacidade naquele momento do estado abastecer o seu consumo local, ou seja, *os engenhos iam se multiplicando e iam abocanhando parte do mercado consumidor. Num segundo momento eles se transformaram em usinas*.[311]

Não é preciso lembrar aqui que todas as atividades econômicas da região Sul do país eram afetadas pela produção cafeeira. Assim, dificuldades por vezes particulares a esse produto, como a oscilação dos preços no mercado externo, catalisavam mudanças na produção de outros gêneros em maior ou menor escala. São Paulo, como o principal produtor do país, ilustra bem a forma como reagia a elite cafeeira à redução do ritmo ascendente dos lucros auferidos no mercado internacional.[312] Se alguns importantes cafeicultores, como Schimdt e Henrique Dumont, montaram engenhos no período, foi em parte porque começava a se afigurar nítida a importância econômica que a cana e os seus subprodutos assumiram em São Paulo. Neste caso, é muito esclarecedora a fala do deputado Affonso de Mendonça, - representante dos produtores de açúcar do Norte -, sobre a expansão da produção do açúcar no Sul e que agravava ainda mais a crise açucareira da sua região. Dizia ele: *"Naturalmente, a desvalorização*

---

309 Boletim da Agricultura. São Paulo: Tip da Indústria de São Paulo, 1926.

310 No Norte, entre o banguê e a usina foi criado um novo tipo de unidade fabril, chamada de "meia usina" ou "meio aparelho", que "dispunha de pouca terra, tinha pequena capacidade de esmagamento de cana e pequena produção". Ramos. *op. cit.*, p. 70-71.

311 *Ibidem*, p. 88.

312 Como se viu, o investimento de grandes cafeicultores na indústria canavieira em São Paulo não era coisa nova. Ver: Bray. *op. cit.*

do café nos Estados do Sul, fez voltar às vistas dos agricultores para a cana, mas, justamente pelos altos preços do que gozava ali o açúcar".[313]

É ilustrativo da importância que o açúcar começaria a ter a defesa frequente e exacerbada da necessidade do estado buscar a sua autossuficiência.[314] Em um artigo na Revista Agrícola, - uma das primeiras publicações voltadas para a lavoura nos anos da Primeira República[315] -, Pinheiro de Andrade salientava os prejuízos que São Paulo tinha com a importação de açúcar. O estado era incapaz de suprir o seu elevado consumo do produto, o que significava a importação de um milhão de sacas anuais. Segundo os seus cálculos, o principal problema era que custando a saca de café 24$000 e a de açúcar mais de 50$000 no interior, ou seja, o estado produzia dois milhões de sacos de café somente para atender ao seu consumo de açúcar. Assim, em São Paulo *"as questões do café e do açúcar se acham tão entrelaçadas e tanto se chocam no comércio internacional e interestaduais, figurando um na coluna da compra e outro na coluna correspondente de exportação, que não podem ser debatidas uma sem a outra".*[316]

De todos os benefícios que a cana herdaria do café, - estradas de ferro, maior facilidade creditícia -, seria, também, muito importante à imigração europeia. Não é preciso lembrar mais uma vez que a vinda de imigrantes propiciaria um aumento considerável do mercado interno. Pode-se perceber que esses imigrantes influenciaram no tipo de açúcar consumido nessa região. Segundo o Boletim do MAIC, pode-se facilmente notar essa mudança pela exigência de colonos estabelecidos nos estados do Rio de Janeiro, São Paulo e Minas Gerais. Os pedidos desses estados de açúcares mascavos do Norte tiveram uma redução de 30%.[317] Se a mudança realmente ocorreu pelos novos hábitos de consumo introduzidos no país seria impressionante. No entanto, o que também pode ter ocorrido foi o aumento das engenhocas locais que produziam esse tipo de açúcar e que aos poucos iam suprindo um mercado anteriormente atendido pelos nortistas. Ademais,

---

313 A Lavoura. Rio de Janeiro: Imprensa Nacional, janeiro de 1902.

314 Sawyer defende que para São Paulo seria bem grande a vantagem se o estado chegasse a fabricar todo o açúcar para o seu consumo local e mesmo para exportá-lo para certos lugares. *"vale bem a pena fazer sacrifícios".* Sawyer. *op. cit.*, 1905 a, p. 150.

315 Martins. *op. cit.*, p. 284.

316 Revista Agrícola. São Paulo, setembro de 1902, p. 442.

317 Boletim do Ministério da Agricultura, Indústria e Comércio. Rio de Janeiro: Tipografia do Serviço de Estatística, janeiro a fevereiro de 1913.

tanto as fábricas importantes como os estabelecimentos mais ordinários podiam dedicar-se a produzir um açúcar de qualidade mais baixa, como a aguardente. No ano de 1903, uma exposição de Brandão Sobrinho deixava claro que em São Paulo os grandes engenhos tinham dificuldade para a venda do seu açúcar de primeira qualidade. O tipo de açúcar preferido pela população do interior era o chamado açúcar redondo[318] que era produzido pelas engenhocas e vendido facilmente por um bom preço. Segundo o seu ponto de vista era incompreensível essa preferência por esse tipo de açúcar, - *"filha da estupidez e da ignorância"*. Tanto inconformismo provinha do fato de ser voz corrente que esse tipo de açúcar adoçava mais. Nesse sentido, o engenheiro mostrava-se inconformado, pois essa postura da população causava grandes contratempos aos grandes produtores, enquanto as engenhocas tudo teriam a lucrar. Dizia lamentando-se que:

> O povo quer umidade e catinga no açúcar; não se convence de que o açúcar úmido ocupa menos espaço do que o seco, sendo, portanto, natural que uma certa quantidade de um adoce mais do que a de outro; não compreende que o açúcar é por sua natureza inodoro e que só tem catinga depois de velho e azedo.[319]

Fica-se sabendo por um relatório do ano de 1912 que a predisposição dessa parte dos consumidores ainda não tinha se voltado para os açucares de usina. Nesse caso específico, as ferrovias teriam um papel negativo para os usineiros paulistas e também para os mineiros, pois o açúcar do Norte chegava com mais facilidade ao interior. O proprietário da usina Pimentel, em Jaboticabal, afirmaria que mesmo produzindo um açúcar de melhor qualidade que o do Norte, a população local só o adquiria se o preço fosse mais barato, obrigando-o a vender o saco de açúcar por 14$000, enquanto o produto pernambucano custava 19$600 réis já acrescido dos fretes.[320]

No estado do Rio de Janeiro, a situação era diferente, principalmente quando se fala da principal região produtora: Campos. Segundo Sheila Faria, ocorreu uma

---

318 O açúcar redondo é inferior ao branco, é menos alvo e menos fechado. O mascavo é mais escuro e provém do fundo das formas. PETRONE, Thereza Schorer. *A lavoura canavieira em São Paulo: expansão e declínio (1765 1851)*. São Paulo: Difusão Europeia do Livro, 1968, p. 244.

319 Boletim da Agricultura. São Paulo: Tip da Indústria de São Paulo, 1903, p. 585.

320 Brandão Sobrinho. *op. cit.*, 1912, p. 58.

diminuição progressiva do número de engenhos em Campos a partir de 1850. Esse quadro seria acelerado com a construção dos engenhos centrais e usinas. À vista da forte concorrência, as engenhocas e mesmo os engenhos a vapor desapareceram quase que totalmente, só restando aqueles engenhos que se dedicavam a fabricação de aguardente.[321] Um artigo publicado nos primeiros números da revista *A Lavoura* não faz mais do que confirmar este fato, ao apontar que na região foram construídas numerosas usinas de açúcar mais ou menos aperfeiçoadas, ao mesmo tempo em que os antigos engenhos teriam quase desaparecido, *"ficando alguns deles apenas como recordação histórica"*.[322] Por outro lado, como se viu, é importante considerar a referência feita por Picard aos grandes e médios fornecedores de cana da região. Esses antigos senhores de engenho não obstante terem se convertido em fornecedores de cana, mantinham os seus engenhos.[323]

Se muito se sabe do município de Campos, a produção dos outros municípios do Rio de Janeiro não foi motivo de preocupação nem mesmo para os homens da época. Algumas coisas se vão sabendo, melhor ou pior, como o fato de muitos municípios se apoiarem economicamente desde muito tempo quase que exclusivamente na fabricação de aguardente.[324] Em um quadro apresentado na revista *A Lavoura* para o ano de 1919, o estado do Rio de Janeiro contabilizava 33 usinas. Destas, 26 estavam localizadas no município de Campos e as outras sete, com exceção de Resende, estavam situadas nos municípios limítrofes.[325] Gileno Dé Carlí afirma que no Rio de Janeiro, os seguintes municípios plantavam cana de açúcar, sendo que somente os três primeiros podem ser considerados municípios canavieiros: Campos, Macaé, São João da Barra, São Fidelis, Itaocara, Itaperuma, Resende, Saquarema e Itaboraí.[326] Estas informações levam a crer que os engenhos e engenhocas fluminenses tiveram maior possibilidade de sobrevida quando localizados fora da principal área canavieira.

---

321 Faria., *op. cit.*, p. 356.

322 A Lavoura. Rio de Janeiro: Imprensa Nacional, dezembro 1899.

323 Picard. *op. cit.*

324 Boletim do Ministério da Agricultura, Indústria e. Rio de Janeiro: Tipografia do serviço de Estatística, 1913.

325 A Lavoura. Rio de Janeiro: Imprensa Nacional, dezembro de 1919, p. 274.

326 Gileno Dé Carli apresenta para o ano de 1935 a existência no Rio de Janeiro de 806 engenhos banguês, 487 engenhos de rapadura e 511 fábricas de aguardente. Dé Carlí. *op. cit.*, 1942.

Da mesma forma que para os municípios fora da área açucareira de Campos, de quase nada valeram as estatísticas brasileiras para avaliar a real produção de Minas Gerais até as duas primeiras décadas do século XX. O fato de muitas dessas análises levarem em conta somente a produção das usinas geraria resultados incompatíveis com a realidade vivida pelo estado. Este era o caso, por exemplo, de um estudo feito por Júlio Brandão Sobrinho, em 1912, que apresentava um quadro com a representatividade dos estados na produção de açúcar no país. Segundo os seus dados São Paulo era responsável por 8% da produção brasileira, assim como o Rio de Janeiro. Nesse quadro, Minas Gerais representava apenas 0,7% dessa produção. Causa uma certa surpresa se contrastarmos estes números com os dados apresentados na década de 20.

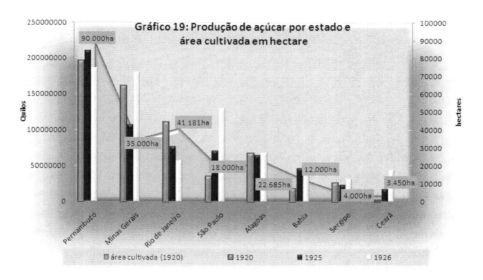

Fonte: MAIC. Boletim do Ministério da Agricultura, Indústria e Comércio. Rio de Janeiro: Tipografia do serviço de Estatística, agosto de 1929; Boletim da Agricultura. São Paulo: Tip. da Indústria de São Paulo, 1926.

Pelo gráfico percebe-se que essa discrepância não era de desdenhar. O estado de Minas gerais passava a figurar como o segundo maior produtor de açúcar do país. Não por razão da construção de menos de meia dúzia de usinas, mas pela produção dos milhares de seus engenhos. Em seu trabalho publicado em 1911, Rodolpho Jacob faz menção a 3000 engenhos de pequeno porte que fabricavam açúcar mascavo e rapadura. Como se viu, o consumo de açúcar no estado sempre foi elevado, chegando a ser em alguns anos, o segundo maior consumidor depois de São Paulo.

A diferença estava no fato desse consumo caracterizar-se pela preferência pelos açucares de tipo baixo. Dé Carlí acredita que o consumo de açúcar baixo era, em parte, uma decorrência do próprio atraso industrial dos produtores mineiros que não acompanharam o processo de modernização que se encontrava em marcha em outros estados.[327] No entanto, este tipo de consumo poderia ser o reflexo, como ocorria nos estados vizinhos, da preferência da população, seja por uma questão financeira ou mesmo um costume alimentar já enraizado. Mesmo em um município como Ponte Nova, - que se destacava como o principal município açucareiro da região da Zona da Mata e que possuía duas usinas-, o número de engenhos ainda era de 436 no início da segunda década do século XX.[328] Mas, o fato é que somente no pós-30, as usinas mineiras cresceriam e exigiriam um abastecimento mais amplo, o que evitou um esforço maior por parte dos pequenos produtores de açúcar em tentar modernizar as suas fabriquetas. Como observa Marcelo Godoy, em nenhum estado do Brasil a fabricação de açucares em engenho respondeu por tanto tempo pela maior parte da produção total como se deu em Minas Gerais.[329]

É de recordar que uma das maiores dificuldades a enfrentar pelas usinas do Sul nestes anos seria a concorrência feita pelos açucares baixos, produzidos pelos engenhos locais ou os provenientes do Norte do país. A fim de que se tenha uma ideia desta disputa comercial, pode-se acompanhar a discussão travada entre Francisco de Paula Leite e Oiticica[330] e Augusto Ramos no Congresso Açucareiro do Recife. De modo geral, a fala de Leite e Oiticica tecia uma forte crítica ao entusiasmo revelado por alguns dos congressistas em relação aos benefícios alcançados pela modernização dos engenhos. A ilogicidade deste raciocínio, para ele, estava no fato do açúcar branco ser mais caro e ser vendido por menos no mercado interno que o açúcar bruto devido ao seu fabrico custar muito mais do que o deste. Ademais, muitas usinas estariam abandonando o fabrico de açúcar branco para

---

327 Em 1935, Minas Gerais possuía 5.246 engenhos banguês, 8.407 engenhos de rapadura e 2.674 fábricas de aguardente; Pernambuco possuía 697 engenhos banguês, 897 engenhos de rapadura e 485 fábricas de aguardente; Dé Carlí. *op. cit.* 1942, p. 35.

328 Delaney. *op. cit.*

329 GODOY, Marcelo Magalhães. No país das minas de ouro a paisagem vertia engenhos de cana e casas de negócios: um estudo das atividades açucareiras tradicionais mineiras, entre o setecentos e o novecentos, e do complexo mercantil da Província de Minas Gerais. São Paulo. Tese de doutorado, FFLCH, USP, São Paulo, 2004, p. 96.

330 Leite e Oiticica era advogado, político, deputado e senador por Alagoas, filho do médico e senhor de engenho Manuel Rodrigues Leite e Oiticica.

produzir o demerara. Mesmo quando se falava na melhora do açúcar como forma de aumentar as vendas para o exterior, esquecia-se que os tipos de açúcar melhores e piores eram entregues ao exportador que os misturava, mandando assim um tipo único para os mercados estrangeiros. Embora Leite e Oiticica pressentisse perfeitamente os problemas que se avizinhavam aos usineiros, certo é que não faltaram vozes para criticar o seu posicionamento.[331]

Seria difícil não levar em conta neste momento que os principais estados consumidores do país ainda se abasteciam principalmente com açúcares baixos, pois a grande maioria da população de baixa renda restringia-se a consumir os produtos de qualidade inferior e mais baratos. O açúcar branco das usinas ainda era um produto restrito aos centros urbanos e a uma população mais abastada, mesmo que houvesse uma elevação do seu consumo com o passar dos anos.[332] Em parte, a resposta para as dificuldades dos usineiros estava na diminuição do preço do seu açúcar como uma forma de convencer a grande maioria dos consumidores da melhor qualidade do seu produto.[333]

Valeria a pena comentar ainda sobre a questão das peleias travadas entre refinadores e usineiros, que acabariam levando as propostas de expansão da atividade da usina também para o refino do açúcar. Trata-se aqui especificamente da ênfase dada pelos usineiros à má qualidade desse trabalho e a acusação de que as "retrógradas" técnicas utilizadas neste processo ajudavam a encarecer o produto e obstar a sua venda. Como se estava vivendo em uma época em que as inovações técnicas iam se fazendo presente com as novas unidades de produção açucareira, a impressão que a fala dos usineiros passa seria que as refinarias do período não acompanharam esse processo, além de não fazer o mínimo esforço para se aproximar do ideal representado pelas refinarias europeias e americanas. Ironizando

---

331 SNA. *op. cit.*, 1907, p. 152.

332 Dé Carlí defende que *"Em síntese, a situação clara, positiva e que precisa ser dita é a seguinte: a bagaceira compete com a esplanada. O terno de moenda de "pé" de ferro e de madeira, concorre com os múltiplos ternos de moendas, com esmagadores e facas. O cozimento a fogo cru se emparelha com evaporadores, Dorr, tríplice-efeito e vácuos. As formas rivalizam com os cristalizadores e turbinas. O secador ao sol, ao lado do secador a vapor. O banguê e a usina. O século XIX afoitamente se ostentando no esplendor do século XX. A rotina lutando coma técnica. A luta econômica dos tipos de açúcar: bruto e usina".* Dé Carlí. *op. cit.*, 1942, p 69.

333 Quem trata do assunto tem dificuldade de explicar razoavelmente as mudanças nos padrões de consumo, mesmo que se acredite que o fator econômico seja determinante, outras questões podem ter uma maior ou menor influência. Ver: Mintz. *op. cit.*

essa situação, Pereira Lima, na sua coletânea de artigos já conhecida e citada, dizia que o Brasil no decurso de quatro séculos ainda mandava *"para as refinarias da Europa o baixo produto de nossa indústria secular de açúcar depreciado e a largar os pedaços pelo caminho"*.[334]

Em relação ao mercado interno, Pereira Lima afirmava sem meias palavras que era o trabalho obsoleto e antieconômico das refinarias do país um dos principais causadores do encarecimento do açúcar para os consumidores. A diferença cobrada entre o açúcar cristal saído da usina e o refinado chegava a 100 réis por quilo no Brasil, valor que era bem menor na Europa, pois esta diferença na França, no ano na safra de 1910/11 foi de $045 réis. O futuro Ministro da Agricultura chegou a salientar que este custo ainda era maior para os usineiros, uma vez que as refinarias do país não utilizavam como matéria-prima o cristal amarelo polarizado a 95 ou a 96%, como em todas as grandes refinarias mundiais. As refinarias brasileiras só trabalhavam com o açúcar cristal branco, - o que significava uma despesa considerável para as usinas.[335] Chama a atenção que a seu ver, mesmo as refinarias do Rio de Janeiro apenas modificavam a forma do açúcar cristal. Em verdade, Pereira Lima imputou a culpa à *"defeituosa indústria complementar, a da refinação"* para responder as críticas que afirmavam ser a alta do preço um resultado da ganância dos usineiros. Para ele, a solução do problema passava pelo auxílio do Governo para a construção de grandes refinarias que trabalhassem com o açúcar demerara, pois era preciso crédito para a instalação destas fábricas. Além disso, essas fábricas precisariam de um enorme capital de movimento comercial para as grandes compras de matéria-prima e a colocação de um produto ignorado pela grande parte dos consumidores.[336]

Nem mesmo os estrangeiros entendiam porque um país com uma importante produção e consumo de açúcar como o Brasil não possuía nenhuma refinaria moderna. Tiemann chega a descrever as técnicas dos pequenos refinadores do Rio de Janeiro como extremamente arcaicas, pois se utilizava no processo desde clara de ovo até sangue, cujo resultado era *"um pó esbranquiçado, que chamam de refinado"*.[337]

---

334 Pereira Lima. *op. cit.*, p. 86.

335 Uma tonelada de cana, com riqueza comum, em uma moenda de tríplice expressão produz 90 kg de açúcar, quando com o cristal branco só se produz 60. A turbina exige para purgar demerara dois minutos de rotação e para o cristal branco 10 minutos. *Ibidem.*

336 *Ibidem*, p. 86.

337 A Lavoura. Rio de Janeiro:Imprensa Nacional, dezembro de 1902, p. 292.

Picard teria a mesma percepção que Tiemann das refinarias brasileiras, que segundo ele não seriam nada parecidas com as parisienses. Além disso, reafirma o fato das refinarias brasileiras utilizarem um *"procedimento muito sumário"*.[338]

Um dos melhores homens para retratar essa questão seria outro engenheiro francês, Frederic Sawyer, que viveu vários anos no país. Sawyer ao analisar a produção açucareira paulista deixava claro que não considerava o processo de refinação empregado muito racional. Ao contrário, era *"antieconômico, ridículo, uma pura perda"*, pois o açúcar cristal produzido pelas usinas era quase açúcar puro, podendo perfeitamente ser consumido. No entanto, devido ao costume das classes mais abastadas, esse açúcar era obrigatoriamente enviado para ser refinado em São Paulo. Segundo ele, esta operação se resumia a moer os cristais, transformando-os em pó. Nesse sentido, se o trabalho destes refinadores se resumia a isso, seria muito simples as próprias usinas moê-los e vender diretamente esse açúcar em pó.[339] Aliás, algumas usinas chegaram a possuir moinhos para pulverizar cristais brancos, como por exemplo, a usina Esther.[340]

Em uma conferência realizada na Sociedade Nacional da Agricultura, em 8 de outubro de 1919, o engenheiro Antônio Carlos de Arruda Beltrão afirmava que foram feitas duas tentativas de montar modernas refinarias no país. Uma delas foi tentada por ele mesmo, mas teve uma duração efêmera: a refinaria Beltrão que foi inaugurada no dia 1 de maio de 1895, com o valor de 3.000 contos de réis. A outra seria montada na Praia Vermelha, no estado do Rio de Janeiro e também não teve uma longa duração.[341] No entanto, não seria realismo esperar já na primeira década do século XX que o país não contasse com mais nenhuma refinaria de grande porte. Conforme assinala Suzigan, havia 22 refinarias funcionando no país, embora realmente a maioria fosse de pequeno porte. Desse total, pelo menos quatro eram grandes, três na cidade do Rio de Janeiro e uma em Recife. Demais, em 1910 seria fundada uma das maiorias refinarias do

---

338 Picard. *op. cit.*, p. 43.

339 A Comissão aconselhava a montagem de aparelhos complementares de modo que as usinas pudessem produzir diretamente os tipos de açúcar preferidos pelo consumidor, enquanto não houvessem os sindicatos montados refinarias centrais, destarte evitando-se um intermediário. SNA. *op. cit.*, p. 207 -209

340 Boletim da Agricultura. São Paulo: Tip da Indústria de São Paulo, 1905.

341 BELTRÃO, Carlos de Arruda. *A lavoura da cana e a indústria açucareira no Brasil*. Rio de Janeiro: Tip. do Jornal do Comércio, 1918.

país: a Companhia União dos Refinadores, em São Paulo, pelos irmãos Puglisi Carbone, - proprietários da usina Monte Alegre.[342] Ou seja, mesmo que aceitarmos que a refinaria Beltrão era a referida por Suzigan no caso de Pernambuco e contabilizarmos menos uma para o Rio de Janeiro, o país ainda teria refinarias de bom porte mesmo que fossem a minoria.

Deve-se considerar que por maior que fosse o consumo interno no Brasil, dificilmente seria possível montar refinarias como as idealizadas por Beltrão e que tinham como referência as grandes refinarias europeias e americanas. Segundo ele, estas eram fábricas colossais que se encontravam nos centros urbanos. Esses estabelecimentos tinham além do lado industrial da refinação o lado comercial, pois também seriam *"as casas matrizes do comércio do açúcar"*. Os seus proprietários possuíam fortunas formidáveis. O Sr. Spreckels, - conhecido nos Estados Unidos como o rei do açúcar e o Sr. Say, de Paris -, seriam os dois exemplos citados para ilustrar a força dos homens que se dedicavam ao refino e a comercialização do açúcar no estrangeiro.[343]

Não obstante os sonhos e as idealizações, as usinas e refinarias como as da Europa não foram uma realidade possível no país. No entanto, é de lembrar que mudanças significativas ocorreriam neste período. Assim, o que caracterizaria o período de 1889 a 1930 seria o aperfeiçoamento progressivo das usinas mineiras, fluminenses e paulistas. Estes estados não chegaram ainda naqueles anos a conquistar o papel de principal área produtora de açúcar do país, mas pouco se faltou para a mudança. Prova disso é o fato de que um bom número de usinas modernas seria construído, novos métodos de trabalho seriam adotados, houve um aumento da produção da cana e dos seus subprodutos, além da redução do custo de produção e a expansão do consumo do açúcar de usina.

---

342 As refinarias mais importantes se encontram em Belo Horizonte, Juiz de Fora, Cataguases, Varginha etc. SUZIGAN, Wilson. *Indústria brasileira: origem e desenvolvimento*. Rio de Janeiro: Brasiliense, 1986, p. 214.

343 Beltrão relataria que *"Em 1890, tive ocasião de visitar, em Filadélfia, a refinaria — Spreckels — propriedade do referido — Rei do Açúcar, e cuja produção diária, já há esse tempo tão remoto, atingia, a enorme cifra de um milhão de quilos diários ou mil toneladas de açúcar refinado, ou seja, cerca de 360.000 toneladas por ano, o que significa que a produção de todo o Brasil, naquela época, não dava para alimentá-la e mesmo a de 420.000 toneladas, a que já atingimos, apenas chegaria com alguma sobra; e hoje dão o natural incremento de sua capacidade seria insuficiente. Say produzia nesta época 600.000 quilos. Por toda parte se encontram estas enormes refinarias, até em países não produtores, como a Inglaterra"*. Beltrão, *op. cit.*, p. 14.

A solução alternativa: o álcool e a crise açucareira

O álcool é o líquido que, depois da água, é mais empregado nas indústrias, nas artes e na economia doméstica.

Bernardo Morelli

Um passar de olhos, mesmo que superficial, na maioria dos estudos sobre a indústria alcooleira do Brasil leva a perceber que pouca atenção vem sendo dada a produção de álcool durante a Primeira República. No entanto, essa temática exige a observância das condições do período se não se quiser fechar os olhos para os primeiros passos da construção da indústria alcooleira no Brasil. Importantes destilarias foram montadas nestes anos, experiências foram feitas para a utilização do álcool como agente de luz, força motriz e calor e, principalmente, colocaram-se em práticas ou foram propostas medidas vitais que provocariam uma verdadeira revolução na posição ocupada por este subproduto da cana-de-açúcar.

O estímulo a uma maior produção de álcool fica explicado desde que se leve em conta a crise dos preços do açúcar no mercado mundial causada pela superprodução do produto.[344] Esta situação ainda seria agravada em alguns países, como a França e a Alemanha, depois do Convênio de Bruxelas.[345] Naturalmente, os produtores de açúcar brasileiros não ficariam indiferentes às invenções técnicas e políticas europeias que impulsionavam a utilização do álcool. Nesse sentido, o incremento da indústria alcooleira no país seria visto como uma das possibilidades de salvar a indústria açucareira através do redirecionamento dos seus excessos, o que propiciaria o aumento dos preços do açúcar no mercado interno. Assim, foi comum nos congressos e revistas agrícolas da época as referências à utilização do álcool como um adjuvante para a produção açucareira.

---

344 O álcool de beterraba era conhecido na Alemanha e na Bélgica desde o fim do século XVIII. Na França, o aparelho inventado por M. Derosne aperfeiçoou a fabricação de álcool obtida da beterraba, melados, cereais e batata data de 1818. De 1825 a 1850, o álcool industrial não representava mais do que 8% da produção total. Foi a partir de 1855 que ele se desenvolveu. GUYOT, Yves. *La question de l'alcool: allégations et réalités*. Paris: librairie Féliz Alcan, 1917.

345 A revista *A lavoura* defenderia que seria uma lição fecunda o exemplo de alguns países europeus, *"para os quais as aplicações industriais do álcool tem sido o mais seguro salvatério da indústria açucareira, que já não pode contar com os miraculosos efeitos dos prêmios de exportação".* A Lavoura. Rio de Janeiro: Imprensa Nacional, abril a julho de 1903.

Já nos seus últimos anos de existência, o *Auxiliador da Indústria Nacional* reproduziu um artigo do *Bulletin du Syndicat Central de France*. Neste trabalho já se defendia que a superprodução açucareira naquele país incentivou a utilização do álcool como força motriz, iluminação e aquecimento.[346] É certo que pela atitude dos representantes da indústria açucareira de cana, de tomarem como referência os avanços na produção do açúcar de beterraba, não seria de se estranhar que se encontrasse já no I Congresso Nacional de Agricultura, em 1901, referências ao fato da produção de álcool na Alemanha já ser aplicada em diversos misteres, como na fabricação de vinagre, medicamentos, na produção de aquecimento e na iluminação.[347]

A Segunda Conferência Açucareira da Bahia, em 1902, embora tivesse como seus dois pontos essenciais os impostos interestaduais e os prêmios, não deixou de reafirmar as conclusões do Congresso anterior, ou seja, que se buscava nas aplicações industriais do álcool um derivativo para a crise açucareira.[348] Naturalmente, os produtores de açúcar do Norte seriam grandes entusiastas da ideia. Os diretores da Companhia Força Motriz pelo Álcool[349] defenderam que a Conferência foi extremamente propicia à propaganda do álcool industrial. Diziam eles esperançosos que: *"a bela causa rapidamente empolgou todos os espíritos lúcidos e, pouco a pouco, predominou a opinião de que nas aplicações industriais do álcool consistia a solução única da crise açucareira".*[350]

À vista disso, deve-se considerar que essa verdadeira defesa do álcool como salvatério para a indústria açucareira não sofreu interrupções durante toda a

---

346 Artigo de León Gillard reproduzido no O Auxiliador da Indústria Nacional. Rio de Janeiro: Tip. Universal de Laemmert & C, 1896-1902.

347 A fabricação de açúcar na Alemanha e na França trouxe como acessório a fabricação do álcool. Estes países alargaram a aplicação do álcool na iluminação, na produção de força motriz e no aquecimento. SNA. *op. cit.*, 1907; Boletim do Ministério da Agricultura, Indústria e Comércio. Rio de Janeiro: Tipografia do serviço de Estatística, maio de 1902.

348 *"A aplicação do álcool no Brasil, como elemento iluminativo, produtor de calor e força, não será somente a salvação da lavoura de cana, mas um vasto campo aberto à atividade dos agricultores brasileiros".* Anais da Conferencia Açucareira da Bahia reproduzidos na revista A Lavoura. Boletim da Sociedade Nacional da Agricultura. Rio de Janeiro: Imprensa Nacional, janeiro de 1903.

349 Em 1901 alguns usineiros pernambucanos, dentre eles homens importantes como o Barão de Suassuna, José Rufino Bezerra e J. G. pereira Lima, organizaram a Companhia Força Motriz pelo Álcool. A Lavoura. Boletim da Sociedade Nacional da Agricultura. Rio de Janeiro: Imprensa Nacional, setembro a novembro de 1903.

350 *Apud.*, p. 84.

Primeira República. Seria repetida incansavelmente por homens, como Pereira Lima, que afirmava ser o aproveitamento do álcool a solução mais prática e fecunda para o problema da valorização do açúcar.[351] Em alguns anos, no entanto, percebe-se uma agitação maior em torno desta questão. O ano de 1903 representa um exemplo deste tipo, pois foi organizado pela SNA o primeiro congresso dedicado exclusivamente aos assuntos da indústria alcooleira: o Congresso de Aplicações Industriais do Álcool, que tinha ao seu lado a Exposição de Aparelhos a Álcool. Na circular enviada aos estadistas e aos representantes da indústria sacarina, a SNA deixava muito claro que tinha se inspirado no exemplo de outros países que, assim como o Brasil, enfrentavam as dificuldades da crise açucareira. Aliás, chegaria a citar a "Exposition des Appareils Utilisant l'Alcool Denature", organizada pelo ministério da agricultura francês, em 1901. Em relação ao Brasil ainda dizia a Sociedade que sem a possibilidade de aumentar naquele momento a exportação do seu açúcar, as aplicações industriais do álcool constituíam a solução mais eficaz que o país poderia contar.[352] Vê-se, assim, sem sombra de dúvida, a estreita relação entre o desenvolvimento da indústria alcooleira do Brasil com o mesmo processo ocorrido em países como a Alemanha, França, Bélgica etc.

Nesse sentido, uma das principais vantagens propaladas sobre o álcool e que conquistou a atenção dos produtores de açúcar brasileiros seria a possibilidade de diminuir os estoques de açúcar no país, evitando o envio do açúcar a preços não compensadores para o mercado externo. Segundo a hipótese de Domingos Sergio de Carvalho, no dia em que o Brasil vulgarizasse o emprego do álcool na iluminação pública e particular, nos maquinismos industriais e nas locomotivas de estradas de ferro, a crise de produção chegaria ao seu fim e o país teria que empregar avultados capitais para desenvolver ainda mais a cultura da cana. Com um discurso que em muito pouco destoava do adotado no período dos engenhos centrais, o engenheiro lembrava que na Alemanha e na França já se fizeram as experiências e os estudos sobre a aplicabilidade do álcool, assim, *a nossa obra é atualmente fácil, porque consistirá em adaptação dos aparelhos conhecidos no nosso meio*.[353]

---

351 SNA. *op. cit.*, 1905, p. 78.

352 A Lavoura. Rio de Janeiro: Imprensa Nacional, abril a julho de 1903, p. 127.

353 Anais da Conferencia Açucareira da Bahia reproduzidos na Revista A Lavoura. Rio de Janeiro: Imprensa Nacional, janeiro de 1903.

No entanto, Domingos Sergio de Carvalho não seria o único que procuraria deixar patente ao longo das suas falas e trabalhos que o aumento da produção alcooleira seria uma medida salutar para solucionar o problema da baixa dos preços do açúcar, pois evitaria a superabundância que depreciava o produto tanto no mercado interno como no externo.[354] As próprias conclusões tecidas pelos membros do Congresso de Aplicações Industriais do Álcool fazem uma defesa incisiva sobre este ponto. Os três primeiros apontamentos refletem igualmente sobre esta questão. A primeira posição assume que o Congresso adotava como objetivo dos seus trabalhos promover a prosperidade da indústria sacarina através das aplicações industriais do álcool; o segundo entendia e proclamava que o estado precário da indústria açucareira no país era uma decorrência da saturação do mercado em virtude da barreira que o excesso do açúcar estrangeiro impôs a sua exportação; e o terceiro estabeleceria a posição central que o álcool teria na defesa da produção açucareira do país:

> 3º - Reconhecendo ser difícil e lento ampliar-se o mercado de açúcar, no país ou no estrangeiro, julga o congresso que a vulgarização das aplicações do álcool de cana, como agente de luz, calor e força motriz, dilatando rapidamente o consumo desse produto, prestará ao açúcar nacional o necessário amparo, permitindo equilibrar-se a produção de ambos com o respectivo consumo e garantir-lhes remuneradores preços, resolvendo desse modo a crise atual da lavoura de cana.[355]

Chega a surpreender que esse pensamento não se limitasse aos primeiros anos da República. Não se chama aqui a atenção para a primeira ou segunda década do século XX, mas sim para o final dos anos 20. Pandiá Calógeras no livro *"Problemas do Governo"*, publicado em 1928, observaria que nos períodos de retração do mercado, os usineiros poderiam produzir mais álcool e menos açúcar, intervendo assim oportunamente no mercado sempre que fosse necessário.[356] Da mesma forma, H. Arnstein, - um perito americano na fabricação de

---

354 Neste caso, pode-se citar as falas de Serzedello Corrêa, Cornélio da Fonseca, Couret, Miguel Calmon Du Pin e Almeida, Wenceslao Bello, dentre outros.

355 Conclusões do Congresso das Aplicações do Álcool promovido pela SNA e realizado na cidade do Rio de Janeiro em 1903 in: A Lavoura. Rio de Janeiro: Imprensa Nacional, dezembro de 1903.

356 CALOGERAS, Pandiá. *Problemas do Governo*. São Paulo: Empresa Grafica Rossetti, 1928.

álcool e açúcar que estudaria o estado de Pernambuco -, sugeria aos usineiros locais o aumento da produção de álcool em detrimento da produção de açúcar, como a melhor maneira de melhorar as condições da indústria açucareira do país.[357] Destaca-se também, neste caso, o trabalho do renomado José Vizioli. O agrônomo ressaltou a diminuição drástica do preço do açúcar a um nível inferior ao seu custo, causada em parte pelo aumento da produção do Sul depois do controle do Mosaico. Para ele, seria fácil resolver esse problema se o país pudesse exportar esse excesso de produção. O inconveniente dessa medida era que a crise de superprodução era mundial e os preços nos mercados internacionais também eram inferiores ao preço de custo das usinas. Vizioli, no entanto, iria mais além do que geralmente se propunha. Para ele, a única resposta viável seria a implantação do regime do álcool industrial, isto é, o excesso das canas plantadas seria convertido em álcool. No entanto, se alguma usina produzisse *"maior quantidade do que lhe fosse permitido, o excedente seria tornado impróprio para o consumo, o que obrigaria ao produtor transformá-lo em álcool".*[358]

Seria impraticável pela sua recorrência enumerar aqui os exemplos que se poderiam extrair das falas e trabalhos publicados neste período, que enfatizavam que o álcool era a solução para os problemas enfrentados pelo açúcar. Tentou-se, sim, reforçar que houve uma razão para tanto açodamento por parte desses homens. Como se viu, outras soluções foram levantadas para mitigar a tão falada "crise". Mas, o álcool tinha como um certo ar de novidade para o público, além de se revestir do caráter científico tão valorizado neste período. O então presidente da SNA, Miguel Calmon Du Pin e Almeida, no ano de 1921, concluía que a ciência e o trabalho já mostraram que além do carvão e do petróleo, podia-se utilizar outros elementos de força, luz e calor. Ademais, procurava-se reforçar a ideia de que a utilização do álcool para estes fins não era nenhuma novidade, pois era utilizado em larga escala pelos países europeus e já se fazia com ele experiências de longos anos: *"seu tirocínio está feito, seus resultados constatados, seu aperfeiçoamento completo".*[359]

---

357 Conclusões do Congresso das Aplicações do Álcool e promovido pela SNA e realizado na cidade do Rio de Janeiro em 1903 in: A Lavoura. Rio de Janeiro: Imprensa Nacional, junho de 1931.

358 VIZIOLI, José. *O álcool industrial e a defesa da indústria açucareira.* São Paulo: Diretória de Publicidade da Secretária da Agricultura, Indústria e Commercio do Estado de São Paulo, 1930, p. 59.

359 A Lavoura. Rio de Janeiro: Imprensa Nacional, dezembro de 1921.

288   ROBERTA BARROS MEIRA

Talvez se estranhe a quantidade de aplicações em que se poderia empregar o álcool já naquele período, embora uma ou outra se sobressaísse.[360] O engenheiro Bernardo Morelli referia-se em um dos seus trabalhos que os franceses separavam a utilização do álcool em três categorias: aplicações industriais; aplicações que incorporavam o álcool, - como vernizes e aplicações no aquecimento - e, por último, na força motora e na iluminação. Essas modalidades de aplicação teriam a sua importância definida pelas circunstâncias encontradas nas distintas regiões. Para ele, no caso de São Paulo, assim como na Alemanha, o álcool como fonte de calor possuía um valor superior à iluminação por poder substituir o carvão. *O Auxiliador da Indústria Nacional* já havia propagandeado anos antes entre os seus leitores que o aquecimento a álcool já podia ser considerado tão cômodo e econômico como o gás, sendo que um litro de álcool chegava a equivaler a um pouco mais de metro cúbico de gás.[361]

Essa expectativa colocada no álcool seria sentida durante a já referida Exposição Internacional de Aparelhos a Álcool. Não se detêm aqui nos pormenores dessa Exposição, pois muitas seriam as secções e os palestrantes. O que importa é perceber a conjuntura em que ela se deu e qual era o objetivo dos seus organizadores. Pode-se perceber pela própria divisão das secções que ela se caracterizaria por uma tentativa de demonstrar ao público realmente todas as funções em que se poderia utilizar o álcool. Chama a atenção, particularmente, a divisão da Exposição: motores, aparelhos para iluminação, aparelhos para aquecimento, carburantes e desnaturantes, pequenos aparelhos de fabricação e retificação do álcool. A primeira divisão compreendia as seguintes secções: motores fixos, locomóveis, automóveis, carburetadores e motores a navegação. A segunda: lâmpadas que queimam o álcool líquido e lâmpadas de gaseificação. As demais divisões compreendiam apenas uma secção única.[362]

---

360 Em um trabalho publicado em 1940, o professor da Esalq Jayme Rocha de Almeida relatava que o álcool ainda poderia ser usado na fabricação de inúmeros produtos químicos, na indústria dos sabões transparentes, na extração do açúcar dos méis finais das usinas de açúcar de beterraba, nas preparações anatômicas e bacteriológicas, inseticidas etc. ALMEIDA, JR de. Caracterização da função álcool. in: *Álcool e distilaria*. Piracicaba, ESALQ, 1940.

361 O Auxiliador da Indústria Nacional. Rio de Janeiro: Tip. Universal de Laemmert & C, 1896-1902, p. 175; Boletim do Ministério da Agricultura, Indústria e Comércio. Rio de Janeiro: Tipografia do serviço de Estatística, outubro a dezembro de 1919, p. 159.

362 A Lavoura. Rio de Janeiro: Imprensa Nacional, outubro a novembro de 1903.

Vê-se assim, facilmente, a expectativa de formação de um novo mercado calcado em um produto tão versátil que possibilitaria a absorção de todo o excesso da produção açucareira do país. Essa expectativa levaria Pereira Lima a defender em artigos publicados conjuntamente no *Jornal do Commercio* do Rio de Janeiro e no *Jornal do Recife*, que devido ao seu amplo aproveitamento para aquecer, iluminar e mover, o álcool bem merecia o epíteto *"de líquido nacional"*. É de lembrar que Pereira Lima além de usineiro seria um dos principais idealizadores das políticas de valorização do açúcar e um dos diretores da Companhia Força Motriz pelo Álcool.[363] De fato, tal alcunha serviria perfeitamente para qualificar tão útil produto. Em nenhum momento se pôs em dúvida o papel que iria desempenhar o álcool. Da mesma forma, importantes técnicos do período endossaram a viabilidade de desenvolver uma indústria alcooleira no país, como se pode perceber pela fala do ilustre agrônomo Gustavo D'Utra.[364] Ele destacava que a questão do álcool estava em plena ordem do dia, *"tanto são as suas aplicações que não se pode mais protelar o estudo das questões tão diferentes que se prendem a assuntos de interesse tão palpitante na atualidade"*.[365]

Os interesses que estavam em jogo não eram somente os dos produtores. Neste particular, cada vez se tornava mais importante o país possuir o controle de um combustível, percepção que se tornaria mais forte durante os períodos marcados por guerras ou crises econômicas. No caso brasileiro não seria nenhuma surpresa que o álcool seria o escolhido. O país ainda não descobrira as suas reservas de petróleo e a energia elétrica ainda dava os seus primeiros passos. Em 1919, Bernardo Morelli afirmava que o álcool era um fator de combate que se adiantava e podia ser colocado na primeira linha, podendo enfrentar a energia elétrica, o gás, o petróleo e mesmo o carvão.[366] Naturalmente que a postura do Brasil não seria um ato isolado. A superprodução do açúcar de beterraba e o direcionamento dos seus excessos para pesquisas voltadas para incrementar as aplicações do álcool concorreram em muito para a postura adotada no país.

---

363 *Ibidem*, p. 84.

364 Gustavo D'Utra foi diretor do Instituto Agronômico de Campinas e Secretário da Agricultura de São Paulo

365 A Lavoura. Rio de Janeiro: Imprensa Nacional, outubro a novembro de 1903.

366 Boletim do Ministério da Agricultura, Indústria e Comércio. Rio de Janeiro: Tipografia do serviço de Estatística, outubro a dezembro de 1919.

Mas é preciso que se considere que esta importância concedida ao álcool era recente, ou seja, insere-se num processo que tivera início na Europa apenas no final do século XIX e desta vez rapidamente adaptado pelo Brasil. Nos primeiros anos, a atenção voltar-se-ia principalmente para as tentativas de aproveitar o álcool como força iluminativa. Mas pouco valeram as palavras proferidas neste momento, pois a viabilidade deste projeto não seria considerável em um país em que a eletricidade já estava às portas de se consolidar como principal fonte de iluminação e o querosene já era tradicionalmente utilizado nas áreas rurais. Não obstante, pela atitude quase obsessiva da SNA e de outros representantes da indústria açucareira daquela época, criou-se uma marca distintiva, quase um halo que a distinguiu das outras possibilidades de aplicações do álcool. Assim, não se pode desconsiderá-la quando se analisa a indústria sucroalcooleira do país.

Segundo uma conferência do deputado francês Máxime Decote reproduzida na revista A Lavoura, a iluminação a álcool foi iniciada na Alemanha em 1894. Alguns anos depois, em 1900, seria difundida na França.[367] A expansão nestes países ocorreria, segundo ele, pois o álcool era muito superior ao querosene, - o produto principal utilizado para este fim neste momento. Nesse sentido, o álcool não aquecia, não possuía o cheiro incômodo do seu rival e podia ser aplicado com incandescência.[368] No Brasil, a iluminação a álcool surgiu já como uma questão de grande interesse. Talvez a maneira como a ela se referiam os articulistas nos diversos artigos publicados nos periódicos tenha ressaltado ainda mais os aspectos atraentes da sua utilização. O Auxiliador afirmava que como força iluminativa o álcool equivalia ao gás e era superior ao petróleo.[369] Naturalmente, a revista A Lavoura seria uma das fontes mais profícuas para se encontrar esse tipo de propaganda. O que se enfatizava na maioria das vezes era que a luz do querosene era

---

367 A luz por meio de combustão do álcool foi indicada por Basset em 1857, mas desde que devido à sua composição química, o álcool produzia uma chama incolor, suas aplicações permaneceram raras até 1892. O Dr. Auer resolveu este problema da incandescência por meio de corpos estranhos a ação calorífica e Engenfred realizou a sua primeira experiência de gaseificação do álcool, produzindo luz por meio de uma lâmpada de essência de petróleo modificada por ele. A Lavoura. Rio de Janeiro: Imprensa Nacional, julho a agosto de 1903.

368 Síntese da conferência realizada em Bruxelas, perante a Chambre syndicate du bronze et l'eclairage pelo deputado Maxime Lecomte. A Lavoura. Rio de Janeiro: Imprensa Nacional, setembro de 1903.

369 O Auxiliador da Indústria nacional. Rio de Janeiro: Tip. Universal de Laemmert & C, 1896-1902, p. 175.

avermelhada e nauseabunda, ao contrário da luz do álcool que não produzia substâncias tóxicas, nem fumaça, nem o tão malfalado cheiro desagradável do querosene e do acetileno. No *Boletim da Agricultura de São Paulo*, Francisco Ferreira Ramos[370] enfatizava que sob o ponto de vista econômico, a iluminação a álcool seria a mais barata, excetuando-se a iluminação a incandescência pelo gás.[371] Um ano depois, o engenheiro Manuel Galvão seria mais um que voltaria a bater na mesma tecla, reiterando que a luz do álcool seria entre todas a mais barata, assim como a sua instalação também o era.[372]

Não parece fácil determinar porque o álcool tendo tão mais vantagens na iluminação e sendo ainda por cima mais barato não conseguia atrair como se esperava a atenção dos consumidores. Em verdade, a questão era um pouco mais complexa do que se poderia pensar. Certo é que o preço não era visivelmente mais barato para a maioria do grande público. Os técnicos é que afirmavam que sim, buscando difundir sem muito sucesso o resultado das suas experiências e a importância de ser este um produto nacional.[373] Naturalmente não há como passar despercebido o descompasso que existia naquela época entre o que era considerado pelos técnicos como o bem-comum trazido pela ciência, - que resultava em uma visão de que seria quase uma obrigação da população receber tal dádiva -, e a percepção real que essas pessoas tinham. Com certo desconsolo, Manoel Galvão diria que o consumidor só fazia questão do preço, ignorando a qualidade e mesmo a questão da nacionalidade do produto.[374] É certo, no entanto, que os próprios

---

370 Membro da Sociedade Paulista de Agricultura, Comércio e Indústria,

371 Boletim do Ministério da Agricultura, Indústria e Comércio. Rio de Janeiro: Tipografia do serviço de Estatística, maio de 1903.

372 A Lavoura. Rio de Janeiro: Imprensa Nacional, julho a agosto de 1903.

373 Manoel Galvão afirmava que *"em comparação com as melhores lâmpadas belgas de querosene, das que gastam um litro desse óleo de cinco a seis horas, uma lâmpada ou bico Stowasser a álcool, das que gastam um litro do nosso líquido em 12 horas, produz mais abundante e melhor iluminação. Incontestavelmente a luz a álcool é a mais asseada e higiênica. Tenho centenas de provas. Quem a usou não quer mais dispensá-la; porém, o que mais interessa é ser a luz a álcool a mais barata. A lâmpada de luz invertida sinumbra gasta apenas um litro de álcool em 12 horas. O preço do litro de álcool desnaturado é de 360 réis, e assim temos por 30 réis uma hora de luz de 75 velas ou por 0,4 réis, uma vela. Nunca a Municipalidade de Itajaí terá a vela do gás acetileno por 0,4 réis á hora, acrescendo ainda a despesa com o encanamento, gasômetro, instalação etc., o que, entretanto tudo se evitará com a instalação a álcool".* A Lavoura. Boletim da Sociedade Nacional da Agricultura. Rio de Janeiro: Imprensa Nacional, agosto de 1907.

374 A Lavoura. Rio de Janeiro: Imprensa Nacional, julho a agosto de 1903.

usineiros reconheciam que o sucesso do álcool como força iluminativa dependia de preços mais baixos.

Com o controle da iluminação elétrica e a gás por grandes empreendedores e posteriormente pelo capital estrangeiro, pareceu mais conveniente estabelecer como o objetivo do álcool suprir as cidades do interior ou as zonas agrícolas que ainda eram dependentes do querosene. Os próprios produtores de álcool europeus já haviam detectado que esta seria a melhor opção, embora eles conseguissem produzir álcool mais barato que no Brasil. M. Bouverat, - Presidente da Câmara do Comercio em Paris e Presidente do Congresso dos Empregos Industriais do Álcool -, revelava que o que se buscava em seu país não era suplantar o gás, a eletricidade ou o petróleo, porém havia lugar dentre esses combustíveis para o álcool, principalmente nas estações de caminho de ferro, usinas, pequenas cidades e portos. Como indicam alguns discursos, os técnicos e usineiros brasileiros tiveram em mente esta mesma estratégia. No Brasil, segundo Francisco Ferreira Ramos, o uso do gás e da eletricidade para iluminação restringia-se aos grandes centros, não alcançando os lavradores e os habitantes das pequenas cidades que utilizavam somente querosene.[375]

Pelo que se depreende das discussões do Congresso de Aplicações Industriais do Álcool, os usineiros realmente enfrentavam uma certa dificuldade para aumentar o consumo deste subproduto da cana. Se nas grandes cidades era difícil concorrer com o gás e a eletricidade, nas cidades do interior esperava-se que fosse fácil substituir o querosene se os produtores pudessem garantir ao consumidor uma estabilidade no preço. Miguel Calmon, na época Secretário da Agricultura da Bahia, faria coro com os representantes da indústria açucareira que afirmavam ser essencial baratear este produto. Para ele, esta seria a única forma de bater o querosene. Outro apontamento igualmente relevante feito pelo usineiro seria aclarar o tipo de mercado que se buscava atender. Assim, o preço deveria ser baixo para alcançar um largo consumo pelas classes populares. Se o produto continuasse a custar ao consumidor 1$000, $800, $600 a $400 réis teria pouca saída. Segundo o seu parecer, o álcool não se tornaria um produto verdadeiramente popular enquanto não custasse $300 réis o litro. Mas, nem sempre as opiniões eram convergentes. Alguns desses homens, como Augusto Ramos, consideravam que mesmo a 800

---

375 Boletim do Ministério da Agricultura, Indústria e Comércio. Rio de Janeiro: Tipografia do Serviço de Estatística, maio de 1902, p. 340.

réis o álcool era mais vantajoso que todos os outros combustíveis, *"nomeadamente o querosene que dá luz aos pobres"*.[376]

Se na Europa o álcool era mais utilizado devido ao seu menor preço, no Brasil não seria tão fácil diminuir os valores de venda, até porque esse fato não dependia somente dos usineiros. A dificuldade em manter uma oferta constante do produto em alguns lugares, e por vezes em alguns momentos, seria um forte empecilho para a expansão do álcool. Nesse período, o maior produtor do país era Pernambuco e era exatamente neste estado que se via uma maior utilização do álcool na iluminação. Uma das maiores dificuldades a enfrentar com relação à expansão da indústria alcooleira eram os muitos engenhos e engenhocas do país. Estas fabriquetas não possuíam aparelhos de retificação ou simples colunas destilatórias capazes de produzir álcool de melhor qualidade. Augusto Ramos observava que o país apenas contava com algumas instalações especiais de retificação em Campos, em Pernambuco e em São Paulo. Avaliada em 12.000:000$000 réis, essa produção seria suficiente para o consumo já existente no país. Para reduzir o custo e aumentar a produção seria necessário reformar a maior parte desses estabelecimentos com novos aparelhos, além de fundar grandes fábricas de álcool que recebessem os produtos de baixa graduação ou o mel dos engenhos da sua circunvizinhança.[377]

A má qualidade da aguardente brasileira pode ser encontrada em referências antigas que por vezes remetem até mesmo ao período colonial. R. Bolliger, químico do Instituto Agronômico de Campinas, defendia que se os produtores paulistas prestassem um pouco mais atenção na retificação do produto já lucrariam bastante, pois por vezes no comércio se encontrava *"aguardentes inaceitáveis pela repugnância que despertam seu cheiro e sabor, verdadeiramente detestáveis"*.[378] No entanto, mesmo que a produção do álcool fosse feita pelas usinas, isto não quer dizer, em absoluto, que não fosse passível de crítica. Os pareceres negativos geralmente chamavam a atenção para o fato dessas usinas não se preocuparem com as diversas operações do fabrico, o que resultava em más fermentações, falta de limpeza e desinfecção nos aparelhos.[379] Mas, como facilmente se pode perceber,

---

376 A Lavoura. Rio de Janeiro: Imprensa Nacional, outubro a novembro de 1903, p. 27-63.

377 *Ibidem*, p. 44.

378 Boletim da Agricultura. São Paulo: Tip da Indústria de São Paulo, 1901.

379 O engenheiro Ricardo Azzi relatava que mesmo as destilarias do Rio de Janeiro que dispunham de ótimos aparelhos e trabalhavam o melaço, raramente alcançavam um rendimento superior a 20%, por causa dos problemas na fermentação. Ademais, muitas pequenas usinas por falta

294 ROBERTA BARROS MEIRA

a produção de álcool era bem menor que a de aguardente e não seria possível reverter esse quadro sem que os produtores estivessem convencidos das vantagens de se dedicar a essa indústria.[380]

Mas, isso não quer dizer que o álcool não desse lucro. Por secundária que possa parecer à produção desse subproduto, ela foi juntamente com a aguardente o sustentáculo de muitas das grandes usinas. Como se viu, alguns engenhos centrais chegaram além de fabricar aguardente como forma de sobreviver aos baixos preços do açúcar, a comprá-la para fabricar álcool. No seu relatório sobre os quatro antigos engenhos centrais paulistas, Picard já mostrava interesse por esse subproduto da cana. Ele ressaltaria que o álcool refinado naquele período valia 450 réis/l no mercado de São Paulo ou mais ou menos 380 réis pagos a usina. As quatro usinas paulistas da Société poderiam fabricar conjuntamente 9 mil hectolitros de álcool, que representavam uma soma líquida de 300 mil francos. Esse valor seria mais do que suficiente para pagar toda a mão de obra das usinas. Ademais, três das usinas da Société, - com exceção de Porto Feliz-, já possuíam o maquinário necessário para a produção de álcool retificado de boa qualidade, sendo que apenas era necessário comprar alguns novos equipamentos para as culturas de levedura e o tratamento preliminar do bagaço, - além de contratar um técnico para supervisionar a produção. Em Campos essa produção também não era insignificante. O fabrico de aguardente alcançava 25.000 pipas e a de álcool 5000 tonéis de 480l, o que representava um valor de mais ou menos 5 mil contos. O Diretor da Estação Geral de Experimentação de Campos, Arthur Torres Filho, defendia

---

de aparelhos só aproveitavam o melado parcialmente ou nem isso, atiravam o melado no Rio Paraíba. Boletim do Ministério da Agricultura, Indústria e Comércio. Rio de Janeiro: Tipografia do serviço de Estatística, julho a agosto de 1928.

380 Júlio Brandão Sobrinho defendia que não há negócio igual ao fabrico de aguardente que em tempo algum deu menos de 50%. A engenhoca que fabricasse 32 pipas alcançava o lucro elevado de 3:509$000 a 3:460$000. Mesmo os grandes engenhos não teriam uma base de cálculo, mas podia-se afirmar que a aguardente dava pelo menos 2/3 das despesas com o seu fabrico e com o de açúcar. Um exemplo seria a Usina Indaiá, pois a produção de aguardente pagava toda as despesas e ainda deixava lucro de 35$000. In:Boletim da Agricultura. São Paulo: Tip da Indústria de São Paulo, 1903, p. 585. A mesma opinião pode ser encontrada na fala de Sergio de Carvalho no Congresso de Aplicações do Álcool realizado em 1903. Anais do Congresso das Aplicações do álcool promovido pela SNA e realizado na cidade do Rio de Janeiro em 1903 in: A Lavoura. Rio de Janeiro: Imprensa Nacional, outubro a novembro de 1903, p. 109 e 145.

que *"Não pode haver dúvida de que se trata de uma questão econômica e industrial digna de apreço por parte dos industriais tanto mais que o rendimento médio entre nós é de 28%".*[381]

Embora essa produção fosse remuneradora, muitas dessas usinas e engenhos precisavam adquirir máquinas mais modernas, já que não se conseguia produzir álcool de boa qualidade nos mesmos aparelhos rudimentares em que se produzia a aguardente. Um importante obstáculo provinha do preço desse maquinário. No Brasil, os aparelhos importados mais usados eram os da Savalle, Egrot e Barbet. Segundo tudo indica, o problema era o mesmo enfrentado quando se tornou necessário modernizar a indústria açucareira. Os preços desses maquinismos eram elevados pelo fato deles não serem feitos no país e devido aos fabricantes imporem preços mais altos, uma vez que detinham a patente dessas máquinas. Assim, não se deve estranhar o atraso técnico de muitas das destilarias brasileiras.[382]

Além disso, a questão de esse produto ser secundário nas usinas tinha os seus inconvenientes. Quando o preço do açúcar subia, a consequência imediata era a redução do fabrico de álcool. O químico do IAC, R. Bolliger, opinava que um dos principais problemas do álcool no mundo era que ninguém se animava a prover-se de máquinas a álcool por recear não encontrar o produto em grande quantidade e com preços acessíveis. Por outro lado, os fabricantes receavam empenhar um elevado capital para aumentar a sua produção e arriscar-se a não encontrar quem o quisesse utilizar.[383] Há notícias que o alto preço cobrado pelas estradas de ferro e pelas companhias de cabotagem somado à precariedade desses transportes também era um fator que fazia aumentar em muito o preço pago pelo consumidor. A ação dos especuladores e até mesmo de falsificadores consistia em outro problema. Ou seja, não havia razões para acreditar que a produção alcooleira no país tivesse um crescimento brusco antes que essas dificuldades fossem em parte sanadas.

De qualquer forma, pouco a pouco se notam referências a uma das características mais arraigadas à produção alcooleira presente até os dias de hoje. O fato

---

381 Picard., *op. cit.*, p. 59; Conferência realizada na SNA em 14 de outubro de 1919 na sessão presidida pelo Ministro da Agricultura por Arthur E. Magarinos Torres Filho, Diretor da Estação Geral de Experimentação de Campos in: Revista A Lavoura. Rio de Janeiro: Imprensa Nacional, outubro a dezembro de 1919.

382 Em junho de 1923, a revista "A lavoura" fez referência ao invento de um retificador chamado "retificador Brasil" pelo Sr. Amadeu Carneiro de Castro de São Paulo. Revista A Lavoura. Rio de Janeiro: Imprensa Nacional, junho de 1923.

383 A Lavoura. Rio de Janeiro: Imprensa Nacional, dezembro de 1903, p. 47.

de o álcool ser um produto nacional. Essa bandeira seria quase uma febre entre os produtores de açúcar, contagiando também o discurso de técnicos e estadistas. Neste particular, essa defesa se torna coerente se for lembrado o discurso travado em torno da questão indústria nacional versus indústria artificial.[384] A questão de ser o álcool uma indústria verdadeiramente brasileira e não artificialmente criada, como muitas estabelecidas no país já seria uma das questões levantadas durante o Primeiro Congresso Nacional da Agricultura.[385] Mais ainda, alguns anos depois, algumas figuras importantes neste debate, como Alfredo de Sarandy Raposo,[386] defenderam abertamente o álcool, que *"embora mais caro, nos convém, porque é nosso e em breve com o inevitável e patriótico aumento do seu consumo, valerá muito menos".*[387]

O combustível mais utilizado no Brasil era o petróleo importado dos Estados Unidos.[388] Assim, nada mais natural que esses produtores argumentassem que a substituição do querosene pelo álcool na iluminação das pequenas cidades e áreas rurais evitaria que muitas centenas de contos fossem enviadas para os países produtores de petróleo com todos os ônus de uma exportação estrangeira, *"aumentando a nossa riqueza e cooperando com a nossa futura independência".* Um fato curioso seria a observação acurada do engenheiro Francisco Ferreira Ramos, - feita ainda em 1903 -, sobre a dependência perigosa que o Brasil possuía dos combustíveis estrangeiros, o que se tornaria um problema em caso de uma guerra exterior. Uma dificuldade que realmente seria enfrentada pelo país durante a Primeira Guerra e levaria o Estado a conceder incentivos à indústria alcooleira.[389]

---

384 Ver: *VILELA Luz,* N. A Luta Pela *Industrialização* do Brasil. São Paulo: Difel, 1961.

385 SNA. *op. cit.,* 1907.

386 Custódio Alfredo de Sarandy Raposo era um funcionário do Ministério da Agricultura também ligado profissionalmente ao Arsenal de Guerra. Além de defender a indústria nacional, desenvolveria uma série de ideias sobre o cooperativismo. GOMES, Ângela de Castro. A invenção do trabalhismo, Rio de Janeiro: Relume Dumará, 1994, p. 148.

387 Revista A Lavoura. Rio de Janeiro: Imprensa Nacional, junho de 1903.

388 Em 1910, a produção de petróleo do mundo é de 44,09 milhões de toneladas. A produção dos Estados Unidos é de 27,94 milhões de t, isto é, 63%. O resto é russo, romeno, mexicano e venezuelano. Os países do oriente médio ainda não figuravam como produtores. Somente em 1914 é que a Pérsia aparece com 273.000t, e em 1917, com 664.000t. DÉ CARLÍ, Gileno. Os caminhos da energia. Rio de Janeiro: IAA, 1979, p. 14.

389 Revista Agrícola. São Paulo, maio de junho de 1903, p. 22.

Nesse sentido, a identificação entre a valorização da indústria nacional e a crise açucareira foi intensa. Esperava-se que à medida que o querosene fosse se retirando do país, a indústria sacarina teria um forte desenvolvimento com a maior demanda pelo álcool. A fala de Manoel Galvão foi apenas um exemplo, entre tantos outros, da importância que deveria ser dada a questão da nacionalidade do produto e não apenas ao seu preço, como era feito pelos consumidores brasileiros. A lógica de Galvão utilizava-se da pobreza encontrada nas áreas rurais de algumas regiões como sendo fruto da má situação enfrentada pelos produtores de açúcar. Segundo ele, esta indústria era a mais flagelada de todas no país, deixando nas principais áreas produtoras mais de cem milhares de famílias brasileiras sob a desgraça de uma crise econômica. No entanto, a seu ver, a produção de álcool ao diminuir os excessos da produção de açúcar reergueria economicamente estas zonas. Além disso, o Brasil não possuía nem carvão nem petróleo para fazer querosene, mas em compensação era um país privilegiado para o cultivo da cana. Vê-se aqui que o nacionalismo foi característica marcante nas falas dos defensores da indústria alcooleira, sobretudo a partir daqueles anos.[390]

Não se pode considerar que este tipo de pensamento fosse restrito ao Brasil. Eram constantemente feitas referências a esse mesmo tipo de ideias em países europeus, ambos com larga experiência na defesa da beterraba e de seus subprodutos. Os representantes da indústria açucareira argumentavam que embora as condições diferissem em parte, alguns pontos eram comuns, como o fato das áreas rurais consumirem grande quantidade de petróleo importado. Em ambos os casos, o álcool era um produto nacional, só diferindo assim o tipo da matéria-prima com que era fabricado. O problema da superprodução e consequentemente os baixos preços do açúcar no mercado era o mesmo. Ademais, buscava-se reduzir os gastos com a compra do petróleo estrangeiro.

Para esses homens, uma importante diferença, sem dúvida alguma, eram os auxílios concedidos pelo Governo. Como se observou anteriormente, essas queixas repetiram-se de maneira quase obsessiva quando se olha a produção do açúcar, e se renovaram quando os usineiros passaram a pedir a adoção das políticas adotadas na Europa para a expansão e defesa da produção alcooleira. A *Revista Agrícola* relatava que os governantes da Alemanha e da França, - os dois países mais comumente citados pela importância da sua produção tanto alcooleira como

---

390 Revista A Lavoura. Rio de Janeiro: Imprensa Nacional, junho de 1903.

açucareira -, estavam empregando grandes esforços para aumentar o consumo de álcool e a sua maior aplicação como fonte de energia luminosa, térmica e mecânica. Esses países concediam prêmios para os melhores aparelhos inventados, reduziram os impostos, enviaram comissões de profissionais para estudarem os avanços desta indústria em outros países etc. Era exatamente isso que emanava das constantes falas exaltando o Imperador Alemão Guilherme II. Nesse sentido, a sua política em prol do álcool deveria ser tomada como uma lição por todos os demais países. Uma curiosidade seria uma certa comoção entre os brasileiros pelo fato do Imperador ter iluminado o palácio real de Potsdam utilizando lâmpadas a álcool.[391]

Como se pode facilmente imaginar o efeito da comparação entre as parcas políticas de fomento implantadas no país e as políticas europeias geraria um forte descontentamento. Os representantes da indústria sacarina brasileira se queixavam de que longe de mostrar sinais de se preocupar e querer auxiliar a produção do álcool, o Governo parecia agir com indiferença. Não se deve esquecer que nestes primeiros anos até mesmo o Ministério da Agricultura seria suprimido. A revista *A lavoura*, em janeiro de 1902, acusava o Governo brasileiro de permanecer em uma *"criminosa inércia"* e preferir importar por preços altos o petróleo dos Estados Unidos do que fornecer incentivos à produção de álcool do país.[392] No auge das discussões do Primeiro Congresso Nacional de Agricultura, José Maria Carneiro da Cunha, proprietário da Usina Trapiche em Pernambuco, apoiou as críticas à falta de apoio por parte do Estado, reforçando em sua fala a necessidade de políticas de auxílio para aumentar a probabilidade de êxito desta nova indústria. No seu discurso ressaltava-se o pedido por impostos mais altos que dificultassem a entrada de querosene como forma de proteger a indústria alcooleira do país que ainda era frágil.[393]

---

391 O fato seria citado em diversas revistas e periódicos como a lavoura e a Revista Agrícola. Ainda se referiam ao fato de que a iluminação a álcool podia ser feita nas estações de estradas de ferro, portos e em outros lugares públicos. Na Alemanha a vulgarização do álcool, como elemento iluminativo, começou pelos representantes do poder público, pois de um relatório oficial consta a existência ali de 40 mil lâmpadas disseminadas pelas estações de estradas de ferro, jardins públicos e particulares. Alguns exemplos podem ser encontrados na Revista Agrícola. São Paulo, junho de 1895; Revista A Lavoura. Rio de Janeiro: Imprensa Nacional, maio de 1903.

392 Revista A Lavoura. Rio de Janeiro: Imprensa Nacional, janeiro 1902, p. 125.

393 SNA. *op. cit.*, 1907, p. 22.

Um produtor de álcool do Rio de Janeiro, Emmanuel Couret, também afirmaria na sua fala no Congresso de Aplicações Industriais do Álcool, que seria muito difícil aumentar a produção sem políticas de fomento a indústria alcooleira. Para estes homens não se poderia considerar o início da construção desta indústria sem alguns auxílios que tanto os Governos Estaduais e Federais poderiam facilmente conceder. No caso dos Governos Estaduais, o auxílio poderia vir através da exigência de que as estradas de ferro concedidas pelo Estado trocassem os seus aparelhos de iluminação a querosene por iluminação a álcool. Isso também poderia ser feito em todas as repartições públicas, na iluminação das cidades e vilas do interior.

Aliás, também não se esqueceram de pedir isenção dos impostos estaduais e transporte para os aparelhos destinados às exposições que viessem desenvolver o consumo de álcool industrial. Do Poder Federal esperava-se o estabelecimento de taxas módicas sobre a importação de aparelhos que pudessem empregar como combustível o álcool, isentasse de direitos de importação os vasilhames e tonéis de ferro destinados ao acondicionamento do álcool, que fosse regularizado a aferição dos alcoômetros e que se fizesse uma fiscalização rigorosa contra os falsificadores que fraudassem o grau dos álcoois destinados a usos técnicos e industriais. Os congressistas também reforçavam que era necessário que os carburantes tivessem dispensa de quaisquer impostos federais, estaduais e municipais e, principalmente, que estas instâncias do Governo ao homologarem tarifas não permitissem que o álcool ficasse em posição menos favorável que o petróleo. Para ilustrar esse problema, chamavam a atenção para o fato que em algumas vias férreas, o álcool pagava muito mais do que o petróleo. Por fim, não se pode esquecer-se das queixas contra as dificuldades em se transportar o álcool produzido nos estados do Norte para o Sul devido à precariedade do serviço marítimo.[394]

Isso não significa que não houvesse uma certa atuação por parte do Governo. A SNA contou com o auxílio do Ministério da Indústria, Viação e Obras Públicas para a realização do Congresso de Aplicações Industriais do Álcool. De qualquer forma, essa atuação seria cambiante e parece não ter sido das mais empenhadas, pois mesmo com a participação de estadistas no Congresso apenas alguns anos depois se acusava o Estado de lançar um imposto de 8 mil réis sobre lâmpadas a álcool

---

394 Anais do Congresso das Aplicações à álcool promovido pela SNA e realizado na cidade do Rio de Janeiro em 1903 in: A Lavoura. Rio de Janeiro: Imprensa Nacional, outubro a novembro de 1903, p. 149-150.

importadas. Durante a Conferência Açucareira do Recife, Samuel Chaves, usineiro baiano, apoiaria firmemente os reclamos contra a atuação dos poderes públicos ao apontar que dele só podia se esperar receber muito pouco, pois *"a politicagem tem dominado tudo, transformando cada estado em uma anarquia"*. Além disso, é demonstrativo de uma relação não tão harmônica entre esses dois atores o fato de que embora já se tivesse passado quase dois anos, os representantes da indústria açucareira repetissem os mesmos pedidos feitos no Congresso de 1903, chegando a constar nas conclusões das II comissão, *"transporte e comércio do álcool"*, que se pedisse pronta execução das deliberações feitas em 1903, especialmente as que se referiam à iluminação pelo álcool das estações de vias férreas, repartições públicas etc.[395]

A apreensão e o ceticismo que emanam dessas falas em relação às políticas de incentivo ao álcool são em grande parte confirmados pela demora em atender tais requerimentos ou mesmo fazer vista grossa a eles. Um fato curioso seria o da "lâmpada brasileira", invenção do engenheiro Manoel Galvão que por falta de incentivos do Governo brasileiro acabou por receber privilégio de exploração na França, sob o número 343.277. Segundo relatos da época, esta lâmpada seria explorada com bons resultados pela Sociedade Anônima Paris-Lumiére que se ocupava na França da iluminação e aquecimentos econômicos pelo álcool. O engenheiro acabaria se tornando o representante da Paris-Lumiére no Brasil e o seu invento era então importado para ser vendido nos estados do Amazonas, São Paulo, Rio de Janeiro e Minas Gerais e em alguns países da América Latina, como a Venezuela.[396]

Em um artigo publicado no Jornal do Commercio em 11 de março de 1906, a lâmpada era descrita como de fácil manejo e ao alcance de todos pelo baixo custo. Ainda continha as vantagens de ser econômica, fácil de transportar, produzir uma luz intensa, funcionar durante as intempéries, ser fabricada em diversos tamanhos, - de modo que a lâmpada menor podia alcançar a luminosidade de 40 a 250 velas -, sendo o consumo de álcool proporcional à luz produzida, na razão de 11 gramas por carcel hora.[397] A lâmpada era indicada para a iluminação de cidades,

---

395 A Lavoura. Rio de Janeiro: Imprensa Nacional, julho a agosto de 1903; SNA. *op. cit.*, 1905, p. 109.

396 A Lavoura. Rio de Janeiro: Imprensa Nacional, dezembro de 1903; FREIRE, Gilberto. *Ordem e Progresso*. Rio de Janeiro: José Olympio Editora, 1962, p. 202.

397 Unidade de medida de intensidade luminosa equivalente a aproximadamente 10,2 cd, temporariamente usada na França. Artigo reproduzido na Revista A Lavoura. Rio de Janeiro: Imprensa Nacional, agosto de 1903.

estações, quartéis, fábricas etc. Uma das maiores incentivadoras da adoção deste invento no Brasil seria a SNA, chegando a intermediar a sua venda. A revista *A lavoura* trazia sempre informes positivos acerca da sua utilização. Era este o caso, por exemplo, de um consumidor mineiro de nome Cyrillo Dias Maciel que teceu muitos elogios, ressaltando o seu bom funcionamento, a produção de uma luz realmente muito brilhante, asseada e econômica se comparada com a um lampião que utilizasse querosene.[398]

Outro exemplo que se destaca por servir bem ao propósito de cobrar do Governo uma maior atuação seria a opinião de um dos Diretores da Estrada de Ferro Central do Brasil e que seria reproduzida na revista *A Lavoura*. Humberto Antunes afirmava que a lâmpada era indicada para a iluminação de grandes áreas, pois ficava um mês sem fiscalização e continuara funcionando sem exalar cheiro. No experimento foi utilizado um álcool a 36º e ainda assim a luz seria descrita como absolutamente clara, brilhante e fixa. Antunes ressaltava que mesmo com um álcool mais fraco, na comparação com oito lâmpadas de petróleo e cinco de álcool, era patente a superioridade das últimas. Embora a sua conclusão fosse de que a iluminação a álcool era melhor e a despesa sensivelmente menor não se tem notícias sobre a adoção das lâmpadas brasileiras pela Central do Brasil. O Diretor ainda se desculpava e negava as acusações de ser um inimigo da luz nacional, - assim como era frequentemente chamado -, mas, defendia-se de forma não muito convincente alegando que teria adotado a iluminação a álcool se não fosse à responsabilidade técnica do seu cargo. Não se sabe se houve ou não má vontade por parte das companhias de estradas de ferro ou algum tipo de interesse, já que a Companhia já utilizava aparelhos da General Eletric. No entanto, entende-se as constantes demandas dos produtores para que o Governo tornasse obrigatória a utilização da iluminação a álcool nestes casos.[399]

---

398 A Lavoura. Rio de Janeiro: Imprensa Nacional, fevereiro a março 1907, p. 198.

399 *Ibidem,* p 242-243; Jornal dos Agricultores. Rio de Janeiro: Oficina do Jornal dos agricultores,1904.

Fonte: A Lavoura. Boletim da Sociedade Nacional da Agricultura. Rio de Janeiro: Imprensa Nacional, dezembro de 1907.

Os avanços conseguidos pela indústria alcooleira durante a Primeira República seriam principalmente graças à atuação da Sociedade Nacional da Agricultura, - que se tornaria o principal núcleo divulgador das vantagens das aplicações industriais do álcool. Nos primeiros anos, a sua ação seria extremamente importante, pois passou por um processo de acumulação de funções como defensora dos setores secundários da produção agrícola brasileira em decorrência da extinção do antigo Ministério da Agricultura. Embora a ação da SNA não se restringisse a incentivar o álcool como fonte iluminativa, percebe-se que, neste primeiro momento, essa seria a sua menina dos olhos. De modo geral, este fato fica bem perceptível quando analisamos os programas dos principais congressos e conferências organizados pela Sociedade. Isto se deu já no Primeiro Congresso Nacional da Agricultura, que destacava a necessidade do Governo de isentar de direitos de importação as lâmpadas, candeeiros e todo o material destinado à instalação por meio do álcool. Alguns congressistas como Francisco M. Sodré Pereira e Emmanuel Couret chegaram a afirmar que o primeiro passo para alargar o consumo do álcool era utilizá-lo na iluminação pública, pondo de parte apenas por um tempo outras aplicações como a força motriz.[400]

Na seguinte reunião organizada pela SNA, a Conferência Açucareira da Bahia, as medidas preconizadas foram as mesmas e a iluminação a álcool voltaria a ser um dos principais pontos levantados. Pode-se dizer que foi o entusiasmo constantemente revelado pelos agricultores pelo incremento da indústria alcooleira nestas reuniões que levaram a Sociedade a organizar a Exposição de Aparelhos a Álcool juntamente com o Congresso das Aplicações Industriais do Álcool, buscando reproduzir os certâmens congêneres que se realizavam na Europa. De modo geral, a estratégia utilizada pelos membros da SNA escorava-se na propaganda da iluminação a álcool feita através, principalmente, das conferências e congressos, mas também com a organização de conferências públicas, exposições periodicamente organizadas e publicações pela imprensa diária.[401]

Naturalmente, alguns membros da SNA não deixaram de alardear a importância da sua atuação. Em algumas falas do Congresso de 1903, deixava-se bem claro que se devia à SNA a instalação do Congresso e da Exposição e não ao MIVOP, que apenas tinha lhe auxiliado basicamente com a atribuição de uma quantia.[402] Como efetivamente a Sociedade tinha se tornado um "antro" de difusão da importância do álcool, os congressistas indicaram que ela deveria criar

---

400 SNA. *op. cit.* 1907, p. 20.

401 Segundo Sonia Regina de Mendonça, a SNA destacava-se como formadora de opinião de suas bases como agência de propaganda das ideias chaves que visava difundir como órgão de consulta e prestação de serviços. Ademais, a SNA pretendia constituir-se em polo dispersor de esforços, teóricos e práticos, para o aprimoramento da agricultura brasileira. Mendonça. *op. cit.*, 1990, p. 145.

402 O decreto nº 4812, de 1º abril de 1903, pela qual o Governo concedeu um crédito de 50:000$000 para o Ministério da Indústria, Viação e Obras Públicas auxiliar ou promover um concurso ou exposição de aparelhos destinados às aplicações industriais a álcool, a fim de vulgarizar o álcool por todo o país; e o decreto nº 4977, de 22 de setembro de 1903, que atribuiu uma quantia de 150.000$000 para auxiliar a Exposição Industrial de Aparelhos a Álcool, a ser realizada em outubro de 1903, no Rio de Janeiro, sob o patrocínio da Sociedade Nacional da Agricultura. A própria SNA reconhecia o incentivo prestado pelo Poder Legislativo, no qual se salientou o Dr. Joaquim Ignácio Tosta, advogando os meios a consignar em verba para realização do certâmen e pelo poder executivo, no qual foi um dos fatores o Dr. Lauro Miller, - Ministro da Indústria secundando-o no estrangeiro o Barão do Rio Branco, Ministro do Exterior. Na Europa fez a propaganda o Sr. João da Silva Gandra, como delegado da Sociedade durante os trabalhos preparatórios. A Lavoura. Rio de Janeiro: Imprensa Nacional, novembro de 1907, p. 164.

um Centro das Aplicações Industriais do Álcool com o objetivo de organizar nos estados e nos centros filiais exposições para promover a utilização do álcool, além de promover a sua utilização por meio de artigos, conferências, exposições de aparelhos, folhetos e livros, função essa que lhe foi plenamente cedida pelo MIVOP e depois pelo MAIC.[403] Além do mais, resta destacar que se vê com certa facilidade no diploma concedido pela SNA aos expositores, - embora estivessem devidamente representadas todas as funções do álcool -, que a sua utilização como agente de luz seria colocada em primeiro plano.

Fonte: Diploma conferido aos expositores – Trabalho do Professor Henrique Bernadelli. In: A Lavoura. Boletim da Sociedade Nacional da Agricultura. Rio de Janeiro: Imprensa Nacional, novembro a dezembro de 1903.

Uma das principais ideias postas em prática pela SNA seria munir-se dos aparelhos mais aperfeiçoados, expondo-os com a maior frequência possível e assim *"guindo o público na aprendizagem do seu uso"*.[404] O engenheiro José Sanchez

---

403 A Lavoura. Rio de Janeiro: Imprensa Nacional, novembro a dezembro de 1903.
404 A Lavoura. Rio de Janeiro: Imprensa Nacional, agosto a setembro de 1903.

Góndora chegaria a afirmar alguns anos depois que *"não há como o exemplo para convencer os homens"*.[405] A secção de Propaganda criada pelo SNA realmente faria várias demonstrações públicas e particulares para evidenciar para a população as vantagens do álcool na iluminação nos estados do Rio de Janeiro, Minas Gerais, São Paulo e Rio Grande do Sul. Entre 1903 e 1908, a SNA organizou 360 exposições, sendo que o seu número oscilava bastante de ano para ano.[406] No entanto, essas exposições parecem que não tiveram o efeito esperado, pois poucos são os relatos da utilização do álcool na iluminação. A hipótese aventada pelo engenheiro Bernardo Morelli em um artigo publicado em 1919, no Boletim do MAIC, seria facilmente comprovada com o passar dos anos, ou seja, que o álcool perdeu a sua oportunidade como fonte iluminativa com o avanço crescente da eletricidade.[407]

Não se deve estranhar, já que a SNA foi a principal responsável por fazer a propaganda deste subproduto da cana de açúcar, que o associativismo fosse novamente colocado na ordem do dia. Ficou assentado, desde as primeiras reuniões desses homens ligados ao açúcar, que o associativismo seria tão essencial para a defesa do álcool como o era no caso do açúcar. Da mesma forma, delegava-se aos sindicatos e cooperativas agrícolas a função de auxiliar os produtores a produzirem o álcool com mais cuidado, mais inteligência e economia, como diria Francisco Ferreira Ramos na Conferência Açucareira da Bahia.[408] Pretendia-se também que o associativismo desses produtores evitasse a especulação com o álcool pela ação de "intermediários inúteis". A atuação conjunta destes produtores passaria neste caso específico pela divulgação de dados estatísticos regularmente divulgados por uma central, o estabelecimento de quotas de açúcar e álcool que bastassem para suprir o mercado, promover medidas de defesa para evitar a concorrência do álcool da beterraba, organizar a propaganda das aplicações para a dilatação do consumo no país e concentrar a comercialização. Dessa forma haveria a regulação das cotações e governadas as operações a retalho para que os preços se conservassem sempre remuneradores.

---

405 A Lavoura. Rio de Janeiro: Imprensa Nacional, janeiro de 1922.

406 Em 1903 seriam 4; em 1904 – 47; 1905 – 73; 1906 – 80; 1907 – 126 e 1908 – 30 (até maio).

407 MAIC. Boletim do Ministério da Agricultura, Indústria e Comércio. Rio de Janeiro: Tipografia do serviço de Estatística, outubro a dezembro 1919.

408 Anais da Conferencia Açucareira da Bahia reproduzidos na revista A Lavoura. Boletim da Sociedade Nacional da Agricultura. Rio de Janeiro:Imprensa Nacional, janeiro de 1903, p. 386.

306   ROBERTA BARROS MEIRA

Não se pode esquecer que muito do que era colocado por esses homens tinha como exemplo as medidas adotadas na Europa. Tem-se a informação de Sylvio Rangel, no Congresso de 1903, que os sindicatos de produção e valorização já eram uma realidade bem sucedida na Inglaterra, Alemanha Dinamarca, França, Itália, Bélgica e em outras nações.[409] Com o intuito de reforçar o seu pensamento, diria que: *"Para a produção do álcool nada é mais natural que a associação para tal empresa, desde a mais modesta instalação a mais importante, modelada nos princípios da cooperação".*[410] Como no caso do açúcar, desenvolver e animar o espírito associativista entre os produtores foi alvo de grande empenho, mas nem sempre com o sucesso esperado. No entanto, alguns desses produtores realmente acabaram reunidos para conseguir uma melhor posição no mercado.

Além do associativismo, outra questão se destacaria como um dos principais pontos de defesa dos membros da SNA: a necessidade de desnaturação do álcool. Acreditava-se que os malefícios do álcool de boca, - como era chamada por vezes a aguardente -, impediam o aumento da produção do álcool industrial e, principalmente, dificultavam as políticas de incentivo a essa produção, pois o Governo não podia financiar um produto que também servia como um dos principais responsáveis por grandes problemas sociais. Alguns depoimentos ilustram bem a preocupação gerada por esta questão. Falava-se muito da diminuição do imposto para incentivar o consumo, mas já no Primeiro Congresso Nacional de Agricultura reconhecia-se que se o Governo por acaso isentasse de impostos o álcool utilizado para iluminação, ele poderia ser vendido para bebida. A saída encontrada seria tornar esse álcool impróprio para o consumo alimentar, isto é, o que seria conhecido como a desnaturação do álcool. Na França e na Alemanha esse sistema já era

---

409   Sylvio Rangel defendeu que se adotasse o estabelecimento de depósitos para a venda a retalho, profusamente disseminadas nos centros consumidores, a exemplo do que se fazia na Alemanha em que os sindicatos se elevaram ao número de 2.600. Revista A Lavoura. Rio de Janeiro: Imprensa Nacional, novembro a dezembro de 1903 p. 58-80.

410   Moções: *"Que os lavradores de cana e produtores de álcool, para evitar que o comércio do álcool fique ao desamparo do produtor, se unam, confederando esforços para a defesa de seus interesses, não só barateando o custo de seus produtos, por meio da aquisição coletiva dos gêneros reclamados por seus trabalhos, mas ainda para a venda do álcool, em condições de garantirem a estabilidade dos preços e de retirarem o máximo lucro de seus produtos, dispensando intermediários inúteis;Que os produtores adotem o regime cooperativo para a venda e retalho diretamente ou por meio de contratos com os retalhistas". Ibidem, p. 58-80.*

utilizado, pois nestes países também não faltavam vozes para condenar o consumo de bebidas alcoólicas.[411]

Em agosto de 1903, a revista *A Lavoura* citaria um trabalho sobre essa questão apresentado na Conferência de Bruxelas por um funcionário do ministério da agricultura francês, o engenheiro M. Lecomte. Segundo ele, a desnaturação seria o processo de misturar ao álcool por simples mistura um produto dificilmente eliminável que tenha a propriedade de impedir que o álcool industrial seja consumido como bebida. Essas misturas podiam variar de país para país. Essa foi a maneira encontrada para não prejudicar os interesses fiscais do Governo que não abririam mão dos impostos sobre as bebidas alcoólicas devido ao seu elevado valor. Mas, por outro lado, essas misturas tinham o inconveniente de aumentar o preço do álcool, uma vez que era necessário que a desnaturação fosse tal que tornasse impossível a fraude ou que o falsificador pudesse mesmo fazendo uma destilação fracionada do álcool, eliminar as misturas para desnaturá-lo e empregá-lo novamente como álcool bebida. Conseguir um desnaturante de preço mais baixo era tão importante para incentivar a indústria alcooleira que a França chegaria a oferecer um prêmio de 20.000 francos em favor de quem descobrisse um método mais barato.[412]

Como se viu anteriormente, as ideias defendidas para a valorização do açúcar seriam muitas vezes adaptadas para a defesa da indústria alcooleira. Assim, existiu do mesmo modo a mesma inspiração pelos prêmios europeus. Nesse caso, destaca-se o exemplo da França que aumentou o imposto sobre o álcool destinado ao consumo como bebida para conceder um prêmio por hectolitro de álcool desnaturado com o fim de baratear a desnaturação e incrementar o consumo por aplicações industriais. Em 1904, em um folheto patrocinado pela SNA, Augusto Bernachi defendia que o Governo recuperaria os prejuízos com a diminuição sobre os impostos do álcool industrial com uma maior taxação sobre o álcool bebida. Outro exemplo disso foi a fala do engenheiro Wenceslao Bello no I Congresso de Aplicações Industriais do Álcool. A seu ver, o Governo deveria sobrecarregar o

---

411 A primeira lei referente ao álcool desnaturado na França remonta ao ano de 1814, mesmo que o crescimento do álcool industrial seja mais tardio. SNA. *op. cit.*, 1907.

412 Na Alemanha, a desnaturação começa a 80°, sendo empregado para esse fim dois litros de metileno e meio litro de piridina; na França consiste na adição de 10 litros de metileno em 100l de álcool pelo menos a 90°, 25% de acetonas e meio litro de benzina pesada; etc. A Lavoura. Rio de Janeiro: Imprensa Nacional, agosto a setembro de 1903, p. 259.

álcool bebida para haurir recursos para favorecer o álcool industrial. Releva notar que dois anos depois ele assumiria a presidência da SNA.[413]

No entanto, foi muito ativa a discordância em relação ao aumento do imposto que recaia sobre a aguardente como forma de conceder prêmio à produção de álcool industrial. Essa discordância é facilmente percebida na fala dos produtores de açúcar fluminenses. Essa postura não chega a surpreender foi levada em conta a importância da produção de aguardente em muitas cidades da região. O representante da indústria açucareira do Rio de Janeiro, Emmanuel Couret, alegava que não podia aceitar tal decisão, pois se prejudicava com este imposto somente os pequenos produtores, já que eram estes que fabricavam aguardente, enquanto a fabricação de álcool superior estava a cargo das usinas. Para ele, a questão que se colocava era a superprodução do açúcar e esta deveria ser minimizada pelo aumento do consumo de álcool, seja ele de qual tipo fosse. Além disso, era incompreensível que muitas bebidas fossem importadas quando podiam ser fabricadas no país. Nesse sentido, concluía que seria uma *"iniquidade sopitar a indústria pujante já existente"*.[414]

Ora, neste particular havia discordância entre os próprios membros da SNA. O engenheiro agrônomo Domingos Sergio de Carvalho, - que desempenhou entre os anos de 1901 a 1910, ora o cargo de vice-presidente ora o cargo de secretário geral da Sociedade[415] -, defendia que era impossível sobrecarregar ainda mais o produtor de aguardente com mais impostos. Para ele seria inviável neste momento crítico em que se encontrava a produção açucareira que esses produtores

---

413 Muitas vezes essa questão seria colocada desta maneira nas reuniões dos representantes da indústria açucareira, que ocorreram durante a Primeira República ou em trabalhos e livretos de técnicos. Em 1904, o Jornal do Agricultor relembraria que o Brasil era um dos países que menos cobrava impostos do álcool bebida. Outros exemplos podem ser encontrados na A Lavoura. Rio de Janeiro: Imprensa Nacional, agosto a setembro de 1903 e novembro a dezembro de 1903; BERNACCHI, Augusto. Meios para debelar mais facilmente as crises na agricultura. Estudo de propaganda dedicada à SNA. Rio de Janeiro: Imprensa Nacional, 1904; Jornal do agricultor. Rio de Janeiro: Tip. Carioca, junho a dezembro de 1904, dentre outros.

414 A Lavoura. Rio de Janeiro:Imprensa Nacional, agosto a setembro de 1903, p. 125.

415 Domingos Sérgio de Carvalho além de diretor da SNA, foi Secretário de Agricultura da Bahia, participou da formulação da lei de regulamentação da profissão de engenheiro agrônomo, e como lente do Museu Nacional foi o responsável pelo projeto de transferência do mesmo do âmbito do Ministério da Justiça e dos Negócios Interiores para o Ministério da Agricultura, Indústria e Comércio. LOPES, M. Margaret. O Brasil descobre a pesquisa científica: os museus e as Ciências naturais no século XIX. São Paulo: HUCITEC, 1997 p. 228.

transformassem as suas fábricas adquirindo retificadores. Assim, o alargamento do consumo do álcool industrial deveria ser feito através da propaganda, facilidade de circulação, menores impostos sem, no entanto, para isso alterar a situação da aguardente.[416]

Falaram mais alto por ocasião do Congresso, mesmo que não tenha sido colocada em prática pelo Governo, os defensores da desnaturação do álcool e do imposto sobre a aguardente como forma de auxiliar esta indústria nascente. Miguel Calmon Du Pin e Almeida seria uma das principais lideranças deste posicionamento e conseguiria que, nas indicações do Congresso enviadas ao Governo, constasse que fosse premiado nos primeiros anos o álcool destinado à produção de luz, calor e força. Para este fim, o Governo deveria dar isenção completa para o álcool e, quando fosse preciso, tributar a mais a aguardente e o álcool destinado à bebida para obter a importância para esses prêmios. Alguns anos depois, o futuro ministro da agricultura reclamaria que a taxação do álcool bebida embora constasse como lei orçamentária, não foi aplicada. O resultado para ele seria que *"as aplicações industriais do álcool passaram para o domínio das coisas imprestáveis e o consumo de bebidas alcoólicas para o das coisas úteis"*.[417]

Da questão da necessidade do desnaturamento do álcool para diferenciá-lo do álcool bebida é de ressaltar a visão negativa que se tentava passar, chegando a comparar a aguardente como um veneno. O próprio Miguel Calmon argumentaria que não havia como conceder benefícios ao álcool bebida *"que acarreta grandes males a nossa sociedade"*.[418] No entanto, mesmo que essa tributação fosse defendida durante toda a Primeira República, o consumo de aguardente continuaria a ser grande. Ademais, pela falta de um interesse maior do Estado a medida não seria colocada em prática. Em 1929, o agrônomo John Mitchel ainda defenderia que era necessário classificar o álcool em dois grupos: a do álcool destinado a fins industriais e o destinado a servir de bebida. Assim, poderia isentar completamente o álcool industrial de impostos, o que diminuiria a fabricação da aguardente e, consequentemente, o aumento do seu preço, - o que seria um benefício para

---

416 A Lavoura. Rio de Janeiro: Imprensa Nacional, agosto a setembro de 1903, p. 111.

417 Fatos econômicos por Miguel Calmon Du Pin e Almeida. Rio de Janeiro: Livraria Francisco Alves, 1913, p. 305-319.

418 A Lavoura. Rio de Janeiro: Imprensa Nacional, novembro a dezembro de 1903.

o produtor e para a sociedade. Embora, no caso específico do álcool de boca, o engenheiro duvidava que o alto preço diminuísse o seu consumo.[419]

A fim de que se tenha uma ideia da importância dessa questão, em 1923, o presidente da SNA em exercício, Geminiano Lyra Castro,[420] proporia a criação do Instituto do Álcool. Nesse sentido, utiliza em seus argumentos que mais da metade do melaço era desperdiçada e a outra parte na sua grande maioria era utilizada para fazer bebidas alcoólicas: "*o tóxico terrível*". Ele defendia que seria muito mais conveniente aproveitar o mel para a fabricação de álcool e éter, e não para a bebida. Novamente voltava-se a se reclamar que no Brasil a aguardente pagava pouco imposto. Para esses homens, a solução continuava a ser taxar mais o álcool bebida para beneficiar o usineiro através de prêmios para o desenvolvimento do álcool industrial, uma vez que esse dinheiro seria utilizado para a remodelação das instalações etc.[421] A mesma defesa de taxar o mais alto possível o álcool bebida também pode ser encontrada nas conclusões do Primeiro Congresso Brasileiro de Carvão e Outros Combustíveis, que ocorreria já no ano de 1922.[422]

Como consequência dessa agitação manifestada principalmente nos congressos, a visão negativa criada em torno da aguardente não se diferencia muito da visão que se buscava passar sobre o açúcar bruto, e que se enquadrava bem no âmbito das transformações por que passaria a indústria sacarina brasileira. O álcool só era produzido pelas usinas melhores equipadas, ou seja, era importante estabelecer uma diferenciação do produto das usinas que deveria passar a impressão de grande utilidade, - quase de pureza -, do álcool impuro que causa a degeneração da sociedade produzido pelos banguês.

Com a dificuldade em aumentar o consumo de álcool através da sua utilização como fonte de iluminação, o álcool-motor tornou-se o novo centro das atenções dos produtores, estadistas e técnicos. Um dado importante, nesse caso, eram os avanços já conseguidos na Europa para a utilização do álcool em motores e automóveis. Na Alemanha, as primeiras experiências para demonstrar que o álcool poderia ser utilizado como carburante nos motores de explosão foram realizadas

---

419 MITCHEL, Jean. *Irrigação dos canaviais: Campos de demonstração de Piracicaba*. São Paulo: Diretória de Publicidade, 1929.

420 Lyra Castro foi presidente da SNA de 1923 a1926; era médico e assumiria diversos cargos públicos, como deputado e senador. Ademais, foi ministro da agricultura no Governo Washington Luis.

421 A Lavoura. Rio de Janeiro: Imprensa Nacional, novembro a dezembro de 1903.

422 A Lavoura. Rio de Janeiro: Imprensa Nacional, dezembro de 1930.

em 1894. Nesses ensaios, algumas vantagens em relação à gasolina já puderam ser destacadas, - como a boa combustão inodora. Para o pesar dos produtores, esse produto ainda não era economicamente viável. Alguns anos depois, os resultados já seriam bem mais animadores. Tornar a utilização do álcool cada vez maior como forma de absorver a superprodução do açúcar de beterraba era a grande meta dos produtores em torno à qual se articulavam as principais defesas. Além disso, a defesa de um produto nacional impunha-se como uma alternativa para os grandes dispêndios desses países com a compra de petróleo. Em 1907, o químico francês René Duchemin relatava que o desenvolvimento das pesquisas sobre a utilização do álcool na iluminação e na indústria automobilística foi necessário para, além de atender a necessidade de combustível que se apresentava, libertar a França da obrigação exclusiva de utilizar somente o petróleo, ou melhor, se procurava substituir um produto norte-americano pelo álcool indígena.[423]

Conforme já visto, esta questão não seria tratada de forma muito distinta no Brasil. Em um comunicado aos diversos órgãos da imprensa, a SNA afirmava que o objetivo do Congresso de Aplicações Industriais do Álcool era uma questão que afetava o país inteiro, e não só os interesses dos produtores de açúcar. Assim, a vulgarização das aplicações industriais do álcool *"levará as mais recônditas regiões do país a certeza de que o líquido nacional é valioso sucedâneo do petróleo estrangeiro"*.[424] Essa aclamação nacionalista seria uma constante em vários dos discursos e textos apresentados na Primeira República. Aliás, ela assumiria uma importância cada vez maior à medida que o aproveitamento do álcool em diversas frentes passa a ser cada vez mais importante, seja por motivos externos como a Primeira Guerra Mundial ou pelo aumento da frota de carros do país.

Gileno Dé Carli que se dedicou com profundidade ao assunto afirma que não se falava ainda no Brasil em transformar o álcool em combustível para automóveis nos primeiros anos da República. Carlí acredita que a primeira referência ao emprego do álcool como combustível, ocorreu no Recife durante a Segunda Conferência Açucareira que se realizou em 1905. Neste caso, supõe-se que o ponto de referência dos congressistas seria um artigo alemão transcrito na revista *A Lavoura* sob o título *"O aumento da utilização do álcool"*.[425] Não obstante, o álcool como fonte de iluminação tenha sido a principal temática abordada pelos

---

423 DUCHEMIN, René. *La dénaturation de l'alcool en France*. Paris: H. Dunod et E. Pinat Éditeurs, 1907.

424 A Lavoura. Rio de Janeiro: Imprensa Nacional, abril a julho de 1903.

425 Dé Carli. *op. cit.*, 1979, p. 96-97.

representantes da indústria açucareira no Congresso de 1903, importa perceber que não ficaram ausentes as referências a possibilidade de utilizar o álcool em motores, locomóveis e automóveis. Mais de uma vez foram citadas as experiências feitas na França para a utilização do álcool em automóveis. Nesse país já se empregava o álcool de duas maneiras: álcool desnaturado puro, o que era feito aquecendo bastante o carburador, ou então o álcool carburetado com a adição de 50% de benzina, o que possibilitava utilizar motores sem modificação. Ademais, ressaltava-se que além das vantagens como a supressão do mau cheiro, a marcha seria mais suave quando se utilizava o álcool carburetado e os declives se subiam mais facilmente. Embora, o técnico francês Lecomte afirmasse que todos os sistemas que utilizavam o álcool puro ou não apresentavam vantagens.[426]

Assim, a Exposição de Aparelhos a Álcool, realizada ao mesmo tempo em que o Congresso, apresentou além dos motores fixos, um locomóvel, dois automóveis e uma lancha a álcool. Gustavo D'Utra via a partir destes exemplos que o emprego do álcool como força motriz reservaria para o futuro deste produto um consumo absolutamente imprevisível, tendo em vista os inventos que se apresentavam naquele momento e que antes seriam considerados coisas absurdas. Aliás, os automóveis que eram da Dion Bouton e da Peugeut e foram expostos pela Borlido, Moniz & Cia., - comerciantes do Rio de Janeiro -, chegaram a ser fotografados.

---

426 Anais do Congresso das Aplicações a álcool promovido pela SNA e realizado na cidade do Rio de Janeiro em 1903 in: A Lavoura. Rio de Janeiro: Imprensa Nacional, outubro a novembro de 1903.

Fonte: A Lavoura. Boletim da Sociedade Nacional da Agricultura. Rio de Janeiro: Imprensa Nacional, novembro a dezembro de 1903.

Um outro exemplo seria o artigo do Professor Francisco Ferreira Ramos, na *Revista Agrícola* de maio de 1902, sobre um concurso internacional do álcool na França ocorrido em 1901. O engenheiro relatava que a exposição continha pistas para a circulação dos *"alcoolettes"* e outros veículos automóveis que apresentavam bons resultados tanto no quesito rapidez como no consumo. Enfim, não estaria nem um pouco equivocado ao aconselhar que os representantes da indústria açucareira brasileira deveriam acompanhar com o maior interesse tais concursos, pois *"o álcool parece destinado a desempenhar um salientíssimo papel nos extraordinários progressos da indústria moderna".*[427]

Naturalmente, mercado para tanto existia, apesar da presença forte da gasolina. O problema consistia, assim, em evidenciar as vantagens do álcool se os produtores quisessem expandir a sua produção. Mas o que se quer mostrar é que quando se tratava em convencer o Governo e os consumidores, a defesa sempre passava por dois pontos principais: o bem estar que traria para os estados produtores de

---

427 Revista Agrícola. São Paulo, maio de 1902, p. 462.

açúcar, ou seja, o fim da crise de superprodução açucareira e a possibilidade de impedir a saída de somas avultadas para a aquisição de petróleo. Se a Primeira Guerra arrefeceu em parte esse discurso pelo forte incremento do envio de açúcar para o estrangeiro, no pós-guerra têm-se a impressão de que se passava para uma nova fase, pelo crescimento do números de automóveis e pelo retorno da antiga realidade da crise do açúcar, ainda mais avassaladora com a recuperação dos campos de beterraba e o aumento extraordinário da produção do açúcar de cana pelos altos investimentos feitos durante o período da Guerra.

A partir do ano de 1922 pode-se ter uma ideia que a produção do álcool combustível alcançaria nesse momento.[428] Neste ano, a SNA comemoraria o seu aniversário de 25 anos e enfatizava a sua atuação como incentivadora da utilização do álcool em diferentes misteres, mas principalmente as tentativas feitas pela SNA em utilizar o álcool para mover os automóveis do país. A Sociedade resgatava a fala que o seu interesse primordial estava em salvar um produto valioso para o país do desastre que ameaçava arruiná-lo e convertê-lo em uma nova fonte de riqueza. É manifesto pela fala do Vice-Presidente da SNA, Lyra Castro, nas comemorações pelo aniversário da Sociedade, que o álcool criaria uma estreita vinculação com os altos gastos feitos pelo país com a gasolina.

> A gasolina arrebata-nos grandes somas, que podem e devem ficar na circulação interna. Aproveitando o álcool desnaturado, ganharemos duas batalhas do mais puro e mais belo nacionalismo patriótico: salvaremos da débâcle uma indústria genuinamente nacional, aumentando, em prol da sua prosperidade, a capacidade de consumo do país, e reteremos no meio circulante, tão precário, apesar do fantasma do papelismo, fortes quantias devoradas por uma importação que urge tornar supérflua.[429]

---

428 Como se viu, em 1922, seria criada a caixa reguladora do açúcar para tentar conter esse problema. Na década de 20 houve um ano bem representativo para a indústria sucro-alcooleira. Esse ano seria marcado por uma forte queda nos preços devido não só aos fatores externos, mas também o aumento do volume das safras da região Sul. A sua representatividade talvez se encontre no fato da recessão ter sido logo superada pela ocorrência da doença do mosaico nos canaviais do Sul e na queda drástica da produção dos estados do Rio de Janeiro, Minas Gerais e São Paulo, - os mais afetados.

429 A Lavoura. Rio de Janeiro:Imprensa Nacional, janeiro de 1922.

A questão que se colocava para além da necessidade de fortalecer a indústria açucareira do país era que o número de automóveis crescia dia a dia. Em 1923, segundo dados apresentados pelo MAIC, eram 40.391 se contabilizados os automóveis, ônibus e motociclos. Sem falar nos 5.923 veículos de cargo como caminhões e ambulâncias que em 1927 já seriam 38.075. O crescimento ainda seria maior para os veículos de passageiros. Em 1925, esse número já era de 73.537 e em 1926 de 102.907. O aumento seria contínuo e rápido, chegando a impressionar que em 1929 o Brasil já alcançava a soma de 220.914 veículos.[430] A repercussão desse crescimento seria grande. Em uma carta da Sociedade Paulista de Agricultura à SNA, datada de 22 de fevereiro de 1922, o seu representante Francisco Ferreira Ramos mostrava-se preocupado com a elevação constante do preço do petróleo e seus derivados, além do aumento do seu consumo no país pela aquisição de caminhões, tratores agrícolas, automóveis, aeroplanos, barcos etc. Tal condição que pesava sobre as divisas do país transformava o álcool em uma questão de vital interesse para a indústria dos transportes e mesmo para a defesa do território brasileiro.[431]

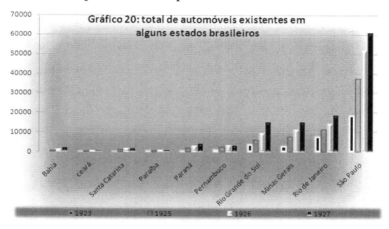

Fonte: MAIC. Relatório da Diretória Geral de estatística (1828 e 1829) apresentados ao Dr. Geminiano Lyra Castro Ministro da Agricultura, Indústria e Comércio pelo Dr. José Luiz S. de Bulhões Carvalho Diretor Geral de estatística. Rio de Janeiro: Tip. da estatística, 1930, p. 51-52.

430 Henry Ford lançou de 1908 a 1927, em dezenove anos, 15 milhões de automóveis, o famoso Ford T, enquanto na Europa a fabricação do automóvel era quase artesanal. MAIC. Relatório da Diretória Geral de estatística de 1828 e 1829, apresentados ao Dr. Geminiano Lyra Castro Ministro da Agricultura, Indústria e Comércio pelo Dr. José Luiz S. de Bulhões Carvalho, Diretor Geral de estatística. Rio de Janeiro: Tip. da Estatística, 1930, p. 51. Dé Carlí. *op. cit.*, 1979, p. 14.
431 A Lavoura. Rio de Janeiro:Imprensa Nacional, março de 1922.

O engenheiro espanhol Sanchez Góngora[432] acreditava que essa substituição da gasolina pelo álcool só seria viável se os produtores conseguissem reduzir ao mínimo possível o custo de produção, facilitar a comercialização ao nível do consumidor, desenvolver uma mistura que fornecesse uma quantidade de energia pelo menos igual a da gasolina e que não acarretasse a necessidade de mudanças muito grandes nos motores, que não apresentasse dificuldade para pôr em marcha os automóveis, não ocasionasse dano nos mesmos e nem provocasse variação na tensão das explosões no motor. No geral, poucas foram as pesquisas sobre a utilização do álcool anidro. O traço marcante neste período seriam as experiências com as chamadas "misturas". Sanchez Góngora asseverava que uma das melhores misturas eram aquelas ricas em éter. Aliás, segundo ele, essas misturas álcool-étericas constituíam quase que o principal combustível para os automóveis de Java, Havaí, África Meridional, Austrália, dentre outros lugares, com a plena satisfação dos seus consumidores.[433]

Imbuído deste mesmo espírito, a Estação Experimental de Combustível e Minérios, ligada ao MAIC, organizaria o Primeiro Congresso de Carvão e outros Combustíveis Nacionais, também no ano de 1922. A EECM foi criada somente um ano antes[434] para pesquisar e divulgar a possibilidade de aproveitamento de combustíveis e minérios nos processos industriais. Releva notar que muitas das conclusões desse Congresso já tinham sido apontadas no Congresso de 1903, como as melhorias necessárias no transporte e circulação do álcool industrial e principalmente do álcool combustível, a formação de cooperativas, a necessidade de taxar o mais alto possível o álcool bebida. Só que dessa vez a função do álcool utilizado como combustível seria a pauta principal.[435]

Para que se possa avaliar a importância que as pesquisas sobre o álcool teriam nesse momento para o EECM, destaca-se o fato de que o primeiro projeto da Estação relacionado à transformação do álcool para motores de explosão

---

432 Sanchez Góngora seria diretor da Société Sucrérie de Santo Eduardo no município de Campos e faria vários estudos sobre a utilização de misturas nos automóveis.

433 P. M. Uhlmann foi o inventor da autolina, bastante utilizada Brasil e Argentina. Essa mistura trazia 60% de álcool etílico a 42°, 10 a 15% de éter etílico e 20 a 30% de querosene. A Lavoura. Rio de Janeiro:Imprensa Nacional, janeiro de 1922.

434 O EECM foi criado em 29 de dezembro de 1921, pelo decreto nº 15.209. Seu fundador e primeiro diretor foi Ernesto Lopes da Fonseca Costa.

435 A Lavoura. Rio de Janeiro: Imprensa Nacional, janeiro a março de 1931.

seria requisitado por um grande entusiasta do assunto, o então Ministro Miguel Calmon Du Pin e Almeida. No início, os resultados da pesquisa foram testados em um velho Ford 4 cilindros com bons resultados. Além de participar de uma corrida de 130 km, o carro faria os percursos Rio-São Paulo, Rio Barra do Piraí e Rio-Petrópolis. Em uma segunda fase do projeto, o Ministro ofereceu uma limusine Minerva Belga para dar continuidade ao experimento. O objetivo não era substituir totalmente a gasolina pelo álcool, mas viabilizar uma mistura que utilizasse como base os dois produtos.[436]

É de supor que tenha auxiliado a estimular as autoridades o fato do país já possuir trinta milhões de habitantes, que chegavam a consumir onze mil barris de petróleo por dia já no início da década de 1920. No mesmo período, alguns técnicos expressavam dúvidas se o aumento cada vez maior do consumo não levaria rapidamente ao esgotamento da capacidade das reservas mundiais de petróleo. O próprio diretor da EECM, Ernesto Lopes da Fonseca Costa, em uma conferência na Escola Politécnica do Rio de Janeiro, traria à tona o fato de que a substituição do petróleo era considerada urgente, pois a sua produção mundial já começava a se mostrar insuficiente para o consumo que crescia de forma alarmante. Para ele, o Brasil deveria seguir o exemplo dos outros países onde a experiência com diversas misturas estava bem adiantada. *"Na França, era o álcool; em Cuba, álcool e éter, na então colônia do Cabo, uma mistura dessas duas substâncias, a natalite; na Austrália, vários produtos agrícolas".*[437] Mesmo nos Estados Unidos, um dos principais países exportadores de petróleo neste período, os produtores de açúcar muito se apoiaram nos receios do fim das reservas de petróleo. Um artigo publicado no *"Louisiana Sugar Planter"* afirmava que a ciência reconhecia que o álcool era o combustível do futuro, pois tinha a vantagem de ser derivado de produtos vegetais, *"é por isso mesmo inexaurível".*[438]

---

436 As pesquisas desenvolvidas pela estação Experimental visavam a obtenção de uma mistura explosiva que fosse homogênea. Havia a necessidade de uma temperatura mínima para que fosse provocada a explosão. A solução encontrada foi o aquecimento do ar através do calor dos gases liberados pelo escapamento do motor. INT. Instituto Nacional de Tecnologia desde 1921 gerando tecnologia para o Brasil 1921-2001. Ministério da Ciência e Tecnologia, s/d, p. 27.

437 Geólogos e especialistas calculavam que as reservas mundiais conhecidas estariam esgotadas em cerca de 80 anos apenas.

438 Artigo reproduzido na Revista A Lavoura. Rio de Janeiro:Imprensa Nacional, agosto de 1923.

Em 1927, os técnicos da EECM voltaram a expressar preocupação com a importação crescente de ano para ano da importação de gasolina para os motores de explosão nos países que não possuíam petróleo. O Brasil precisava resolver essa questão o mais rapidamente possível, pois despendia uma importante parte das suas divisas com a compra de gasolina. Talvez se possa considerar uma indireta a citação específica da deliberação do Governo francês de tornar obrigatória uma mistura de álcool e gasolina, cujas proporções variavam de 10 a 45%. No entanto, o principal problema para adoção de medida semelhante no Brasil era que qualquer dessas soluções exigia o uso do álcool de alto grau alcoólico, isto é, um produto que só era fabricado pela grande indústria. Pelo que se sabe, neste período, a maioria da produção de álcool do país era feita por pequenas destilarias, existindo apenas algumas poucas destilarias importantes, ou seja, esse produto apresentava quase sempre um baixo teor alcoólico.[439]

De qualquer forma, a defesa da produção alcooleira tornava-se cada vez mais forte. Em 1923, foi apresentado ao Congresso Nacional um projeto de criação de um Instituto do Álcool no Ministério da Agricultura. O projeto foi apresentado pelo deputado Geminiano Lyra Castro. Embora desde o início da República se pensasse em colocar em prática algumas das medidas apresentadas, a proposta não deixava de ser ambiciosa. Caberia ao Instituto fomentar o fabrico e a utilização do álcool através da influência na aquisição de máquinas modernas para produzir álcool absoluto, éter puro e outros produtos; daria assistência gratuita às usinas de aguardente e destilarias; procuraria melhorar tanto o transporte marítimo e terrestre como os meios de armazenamento; assumiria a fiscalização em todos os estados do desnaturamento e da carburetação e a manutenção de um preço estável e compensador; desenvolveria uma ativa propaganda das diversas aplicações do álcool; atuaria como um intermediador entre o Governo e os produtores; teria uma secção de estatística; faria exposições sobre o álcool regularmente; auxiliaria na montagem de uma central do álcool desnaturado ou carburetado e aumentaria paralelamente o preço do álcool destinado a bebidas, dentre outras funções. Embora tivesse muitos adeptos, a criação do Instituto do álcool não chegaria a ocorrer. As disputas políticas, o desinteresse de alguns produtores em alguns momentos em que o preço do açúcar voltava a subir, - como ocorreu nos anos da Primeira Guerra-, e as peleias entre os produtores do Norte e do Sul talvez tenham

---

439 Boletim do Ministério da Agricultura, Indústria e Comércio. Rio de Janeiro: Tipografia do serviço de Estatística, outubro de 1927, p. 553.

impedido que o plano fosse levado adiante.[440] Neste particular, não se pode desconsiderar que uma boa parte dos pontos elencados pelo deputado seria posta em prática posteriormente pelo IAA.

Certo é que tanto no Norte quanto no Sul do país, o álcool alcançou uma certa importância. Algumas destilarias modernas foram surgindo, abastecedoras na sua grande maioria da região Sul, - que como se sabe dispunha da maior parte dos automóveis do país. Deve-se frisar, também, que a situação do álcool não seria tão diversa a do açúcar. Pernambuco era o maior produtor, mas os estados do Sul rapidamente elevaram-se a posição de maiores consumidores. Ademais, a condição alcançada pelas usinas desta região permitiu que elas se dedicassem também a esse subproduto da cana. Wenceslao Bello, como um privilegiado observador desta mudança pela sua vinculação com a SNA por longos anos,[441] afirmava que o problema do álcool era de fato o problema da indústria açucareira. *"É a vida e a riqueza do Norte e um poderoso manancial para as finanças do Sul"*.[442]

Aconteceu, porém, que em poucas regiões, como em Campos, chegou-se a montar destilarias. Em 1922, o engenheiro João Viana refere-se à existência de quatro destilarias no Rio de Janeiro: Destilaria Central, Destilação Couret, Destilação Viúva Marques de Oliveira e Destilação Nogueira. Sendo que destas apenas a Destilaria Central tirava o álcool direto do mel, sendo que as demais produziam álcool pela destilação da aguardente. Nas usinas, a produção do álcool restringia-se a poucas fábricas, como a São João, São José, Limão, Santa Maria, Cupim, Barcellos, Queimados e Santa Cruz. Uma boa parte das usinas do estado fabricavam exclusivamente aguardente que na maioria das vezes era vendida por vil preço para as destilarias e usinas mais modernas que transformavam a aguardente em álcool. A diferença entre o preço do álcool e da aguardente era de mais ou menos de 170 réis por litro, o que significava um prejuízo grande para os engenhos e usinas menores. No mais, as condições em que se faziam a fermentação nos engenhos e usinas que fabricavam aguardente era muito inferior as das unidades

---

440 A Lavoura. Rio de Janeiro: Imprensa Nacional, janeiro a março de 1931; GUIMARÃES, Carlos Gabriel. A indústria álcool-motora no primeiro governo Vargas (1920-1945). Dissertação de Mestrado, ICHF/UFF, Niterói, 1991, p. 53.

441 Wenceslao Bello foi vice-presidente da SNA de 1902 a 1904 e presidente de 1905-1911, ano da sua morte.

442 A Lavoura. Rio de Janeiro: Imprensa Nacional, novembro a dezembro de 1903.

em que se fabricava o álcool, - o que significava novas perdas na qualidade e na quantidade da produção.[443]

Seria uma preocupação no Rio de Janeiro, assim como em outros estados, o grande desperdício do mel. Uma comissão formada pelo MAIC expunha que a matéria-prima que em maior quantidade as usinas brasileiras possuíam eram os resíduos da fabricação do açúcar de cana. No entanto, esses resíduos eram tão mal aproveitados que as perdas chegavam a significar algo mais do que o necessário para suprir a importação de gasolina.[444] Feitas essas considerações, a Comissão frisava que as causas de tal quadro negativo era a falta de transporte para o álcool, o que acabava por obrigar os produtores de açúcar a botar fora grande quantidade de mel anualmente; a falta de pessoal técnico; a instalação de fábricas de fermentação muito primitivas e a falta dos mais elementares princípios da técnica. Como prova disso era exemplar a realidade das usinas em Campos. O município mesmo tendo um grande mercado consumidor à porta, jogava fora uma quantidade apreciável de melaço. Tal fato se dava em grande parte por a região não possuir uma estrada de ferro com material necessário para o transporte do álcool produzido durante a safra. Essa situação também era vivenciada pelos produtores do Norte que necessitavam além dos vagões, tanques também de navios de cabotagem adaptados para o transporte do álcool.[445]

---

443 A Lavoura. Rio de Janeiro: Imprensa Nacional, janeiro de 1922.

444 Ademais, os resíduos das usinas eram extremamente criticados por poluir os rios.

445 A revista A Lavoura relatava que *"a usina Paraíso não pode fabricar álcool, tendo sido obrigada a jogar fora algumas centenas de contos em mel, na safra de 1920 e 1921, porque a destilação da sociedade, instalada na usina de Cupim não podia receber o mel, visto não dar a Companhia Leopoldina transporte para o álcool. A destilaria central de Campos achava-se, faz poucas semanas, com mais de dois milhões de litros de álcool e os tanques de mel completamente cheios, não podendo continuar a trabalhar. Este álcool e parte do mel provinha ainda da safra de 1920. As usinas fornecedores de mel tiveram de botar fora grande parte do mel desta safra. A usina Conceição de Macabú, não obteve durante a última safra, transporte para um só tonel de álcool, tendo que jogar fora uma grande parte do mel desta safra. As usinas de Barcellos, São José, limão e outras, tiveram de jogar fora todo o mel produzido, por causas diversas"*. A Lavoura. Rio de Janeiro: Imprensa Nacional, janeiro de 1922, p. 400-404.

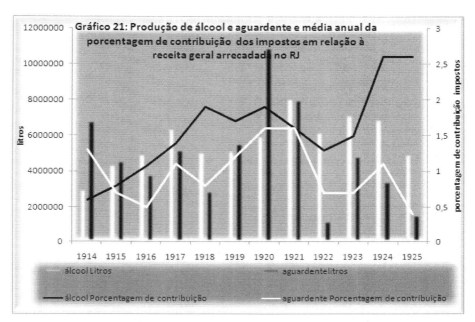

Fonte: Estado do Rio de Janeiro. Secretaria de Agricultura e Obras Públicas. Relatório apresentado ao Exmo. Snr. Dr. Feliciano Pires de Abreu Sodré (presidente do estado do Rio de Janeiro) por José Pio Borges de Castro secretário de agricultura e obras públicas. 1925. Rio de Janeiro. Tip. do Jornal do Commercio, 1926.

Na região Sul, o estado do Rio de Janeiro era o mais importante produtor de álcool e de aguardente. Logo em seguida, Minas Gerais se destacava como um importante produtor de aguardente, embora a sua produção de álcool fosse bem pequena. É preciso não esquecer que a produção do Minas se caracterizava pelo avultado número de engenhos e engenhocas e a pouca representatividade do açúcar de usina no volume total da produção. Este fato gerava obrigatoriamente uma produção quase que restrita à aguardente. Somente mais tarde este quadro seria revertido. De qualquer forma, a aguardente ainda se destacaria no Brasil como um todo. Em 1922, no censo agrícola publicado pelo MAIC, a produção de álcool no Brasil era de 43.005 hectolitros, enquanto a de aguardente alcançava 1.463.759 hl.[446]

Além do Rio de Janeiro, a produção de álcool da região Sul se sobressaia pelo estado de São Paulo. Pouco a pouco, todavia, São Paulo passaria o Rio de Janeiro e assumiria na década de 30 do século XX o segundo lugar na produção alcooleira

---

446 Boletim do Ministério da Agricultura, Indústria e Comércio. Rio de Janeiro: Tipografia do serviço de Estatística, dezembro de 1927; A Lavoura. Rio de Janeiro: Imprensa Nacional, junho de 1923.

do país, perdendo apenas para Pernambuco. O consumo de São Paulo também era grande, conforme se verifica pela sua frota de automóveis. A produção doméstica embora não fosse exportada não era suficiente para abastecer o estado que importava grandes quantidades de álcool do Norte.[447] E há que se ter em conta que embora a produção de aguardente do Estado ainda fosse importante, muitas das usinas já priorizavam a produção de álcool.

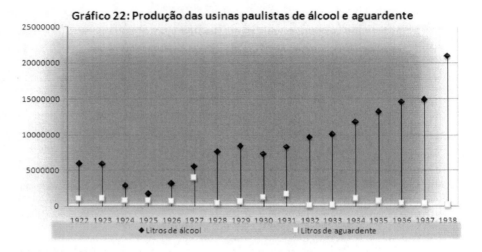

Fonte: ALMEIDA, Jayme Rocha de. *Álcool e destilaria*. Piracicaba, Escola Superior de Agricultura Luiz de Queiroz, 1940.

De qualquer forma, esse quadro ainda não era visto como o ideal. Em 1926, José Vizioli afirmaria que o único bom processo de fermentação no Estado era o da usina Esther,[448] pois possuía laboratório destinado à preparação de fermentos selecionados à semelhança do que já se fazia em outros países. Em outro trabalho, o engenheiro afirmaria que o problema do Brasil era que em rigor não se tinha organizado uma indústria alcooleira. O que o país possuía eram indústrias de açúcar e de aguardente. Como se tratava de uma produção meramente acessória, a

---

447 Em 1922, somente pelo porto de Santos entraram no estado 1800.000l; em 1923- 1900.000l e em 1924 5.655.000l.

448 Embora a usina Esther tivesse um bom índice de produção, São Paulo contava com usinas que produziam mais álcool, como Piracicaba, Santa Barbara, Villa Raffard, Fortaleza, dentre outras. Boletim da Agricultura. São Paulo: Tip da Indústria de São Paulo, 1926.

A QUIMERA DA MODERNIZAÇÃO   323

maioria das usinas não dispunha de instalações complexas para conduzir o fabrico com todo o rigor científico, o que acarretava em um baixo rendimento de álcool. Estas usinas produziam por vezes 30 a 40% a menos do que deveriam produzir.[449]

Na verdade, percebe-se que o álcool passou ao campo da prática de modo fragmentário. Apesar dos insistentes e recorrentes projetos sobre as suas inúmeras funções e a sua vocação para solucionar o problema do excesso de produção açucareira, frustraram-se muitos desses planos. Além disso, o sucesso ou não de muitas ideias e intenções dependem das circunstâncias em que se tenta pô-las em prática e muitas vezes acarretam uma profunda desilusão. É o que ficou demonstrado quando se tentou aplicar o álcool como fonte de iluminação.

Por outro lado, a utilização do álcool como combustível viria a se firmar cada vez mais com o tempo, mesmo que não com a rapidez que os usineiros brasileiros almejavam. O balanço não foi de forma alguma negativo. Em meio aos debates profundamente marcados pela visão do álcool como o salvatério da indústria açucareira do Brasil, a fala de Augusto Ramos soava um pouco dissonante, embora este homem tivesse uma percepção clara das agruras que ainda se plantariam no caminho do álcool. Eram essas suas palavras: *"Porque é necessário não mantermos ilusões: o aumento do consumo do álcool em suas diversas aplicações será bem mais difícil e demorado do que a muita gente se afigura"*.[450]

---

449 *Ibidem*, p. 59-60.

450 A Lavoura. Rio de Janeiro: Imprensa Nacional, novembro a dezembro de 1903.

CAPÍTULO 3

A ROTINA CAMPEIA POR TODAS AS PARTES: A ÂNSIA DE REMODELAÇÃO DA LAVOURA AÇUCAREIRA

A suprema ameaça ao açúcar brasileiro: a rotina *versus* o progresso

> *(...) – sonhar consola. – Consola, talvez; mas faz-nos também diferentes dos outros, cava abismos entre os homens (...)*
>
> Lima Barreto

Em princípio, como se viu, as constantes comparações com alguns países que se tornaram grandes produtores de açúcar engendraram o fortalecimento da percepção da indústria açucareira brasileira pelos seus representantes como atrasada. Tal pensamento acabou por propiciar a vitória de uma nova visão de progresso constituída, em grande parte, por uma quase devoção às constantes invenções técnicas estrangeiras. Nesse caso, se as descrições sobre a indústria açucareira de beterraba europeia e a indústria açucareira de cana, como a cubana, mostravam-se repletas de elementos invejáveis, asseguraram, por outro lado, relatos deprimentes que enfatizavam sempre o atraso e a rotina que ainda primavam no Brasil.

O fato de que nesses anos tenham-se inventado novas máquinas e descoberto novos processos na fabricação do açúcar e no cultivo da cana, - além das novas matérias sacarinas -, tendeu a fazer ainda mais forte a defesa de que seria somente a adoção destas mesmas práticas que possibilitariam ao país libertar-se da sua desprestigiada posição no mercado internacional, como vinha ocorrendo com outros países produtores de açúcar de cana. De fato, a defesa da modernização da indústria açucareira durante o Segundo Império e a Primeira República se constituiu a partir de dados observados em outros países. Mas, por outro lado, não se poderia negar a existência de uma essência explicadora que, na maioria das vezes, encontra-se na conjuntura do século XIX e no início do XX. O atraso e a rotina passaram a ser vistos como a contraposição da ideia do progresso, - ideia tão em voga neste momento na Europa.[1]

Em verdade, como observa Maria Emília Prado, a ideia do progresso começou a se destacar no Brasil no final do século XIX e não se prendeu apenas aos anseios e preocupações dos agricultores. O pacote de transformação adquirido para o meio rural brasileiro, - como no caso dos engenhos centrais e estradas de ferro -, e que brotavam de uma maneira quase espontânea da Europa neste período,[2] também se constituiu num elemento essencial de modificações das áreas urbanas, com a obtenção de sistemas de água e esgoto, trens urbanos, telégrafos e telefones etc.[3] Sonia Regina de Mendonça lembra que um grande número de países foi influenciado por uma aura de modernidade que se sustentou em parte no caráter missionário do progresso, facilmente percebido pela crescente organização das grandes exposições mundiais. A situação não seria diversa no Brasil, que assistiria em pouco tempo essa obsessão pelo progresso ditar as regras da modernização e propiciar um novo estilo de vida. O final do Império veria a canalização dessas ideias permitir em parte uma reação em cadeia, ou seja, o enfraquecimento da estrutura senhorial do Império, a queda do Gabinete Zacarias, o movimento modernista de 1870, a fundação do partido Republicano, a abolição e a República.[4]

---

1   Le Goff afirma que na Europa do final do século XVII e primeira metade do XVIII, a polêmica sobre o antigo/moderno, surgida a propósito da ciência, da literatura e da arte, manifestou uma tendência à reviravolta da valorização do passado: antigo tornou-se sinônimo de superado, e moderno de progressista. Para ele, a ideia de progresso triunfou com o Iluminismo e desenvolveu-se no século XIX e início do XX, considerando, sobretudo os progressos científicos e tecnológicos. Depois da Revolução Francesa, à ideologia do progresso foi contraposto um esforço de reação, cuja expressão foi, sobretudo, política, mas que se baseou numa leitura "reacionária" da história. LE GOFF, Jacques. *História e Memória*, Campinas: Ed. da UNICAMP, 1992.

2   Sonia Regina de Mendonça defende que a partir dos anos 70 verificar-se-ia um autentico *boom* na exportação de capitais europeus, prioritariamente voltados para as suas próprias regiões coloniais ou de passado colonial. Na América Latina, esses capitais seriam encontrados na forma de empréstimos governamentais, instalação de uma infraestrutura de meios de comunicação, transporte e de bens de capitais indispensáveis ao incremento das indústrias extrativas e de beneficiamento da matéria-prima, o que implicou na modernização e urbanização de seus complexos exportadores. MENDONÇA, Sonia Regina de. Ruralismo: Agricultura, Poder e Estado na Primeira República. Tese de Doutorado, FFLCH/USP, São Paulo, 1990, p. 52.

3   PRADO, Maria Emilia. *Em busca do progresso: os engenhos centrais e a modernização das unidades açucareiras no Brasil.* Rio de Janeiro: Editora Papel Virtual, 2000, p. 12.

4   Mendonça. *op. cit.*, p. 53.

Assim, por essa época, esse passou a ser um vocábulo de uso comum. Mas, é justamente quando o seu emprego é apropriado por uma fração dos agricultores brasileiros e transforma-se na expressão mais acabada dos seus anseios que ele se torna relevante para este estudo. É muito esclarecedor que nos documentos do período se encontre por diversas vezes a palavra progresso relacionada à racionalização da agricultura. A fala de Rebouças ilustra bem o clima em que se vivia neste momento. O engenheiro afirmaria sem meias palavras que o Brasil fazia um papel ridículo perante o mundo civilizado por adotar telégrafos e locomotivas e ao mesmo tempo conservar métodos de cultivo e produção utilizados para mais de cem anos.[5]

Um dos primeiros objetivos era igualar os engenhos brasileiros aos seus congêneres de outros países, o que não era uma operação de pouco vulto nestes anos. Em um anexo apresentado pelo engenheiro Dionísio Gonçalves Martins no relatório sobre a Exposição Universal de 1867 já ficava clara a tentativa de alertar o Governo Imperial da má situação em que se encontrava a indústria açucareira do país. O engenheiro acaloradamente afirmava que a indústria açucareira do Brasil demandava uma completa reforma, pois tudo era rudimentar: o solo era mal preparado, não se praticava o melhoramento das variedades da cana-de-açúcar, os engenhos deixavam perder por vezes mais de 10% do suco, os fabricantes não possuem noções científicas sobre a fermentação e as fornalhas deixavam muito a desejar.[6] Desta conclamação e de outras similares pode-se identificar a ideia de atraso que coincidia com o marcante interesse pelo "progresso" proveniente dos benefícios dos novos sistemas de fabricação do açúcar. Como se sabe, o grande debate que provocou o projeto de modernização do país versus uma visão que primava por enfatizar o seu "atraso" animou os ânimos não só dos agricultores, mas também dos técnicos e estadistas.

Não foi difícil, naquelas circunstâncias que obstavam a adoção de importantes pontos deste projeto, que se desse continuidade a questões já levantadas nos idos do Império após a proclamação da República. No setor agrícola tornava-se cada vez perceptível a importância de um grupo de atores que defendiam ideias vistas como progressistas e inovadoras. Neste quadro, o que se conhece como

---

5   REBOUÇAS, André. *Agricultura Nacional; Estudos Econômicos; Propaganda abolicionista e democrática*. Rio de Janeiro: A. J. Lamoureux & co., 1883.

6   MARTINS, Dionísio Gonçalves. A Agricultura em 1867. In: VILLENEUVE, Constance. *Relatório sobre a exposição universal de 1867*. Paris: Tipografia de Júlio Claye, 1868.

modernização, racionalização ou maximização da produção apareceria nos seus escritos como diversificação agrícola, intensificação da produção, mecanização da produção etc.[7] Naturalmente, espera-se que anteriormente a construção dos engenhos centrais essas referências tivessem um maior significado para os seus atores, uma vez que as tentativas de modernizar os engenhos do país ficaram marcadas ora pelo fracasso ora pelos parcos produtores que promoveram modificações substanciais em seus engenhos. Certo é que se nota que este discurso não mudaria tanto de tom, mesmo que as melhorias no fabrico do açúcar em comparação com épocas mais remotas saltassem aos olhos.

Se houve um certo exagero das virtudes dos engenhos centrais como o motor principal para o renascimento do açúcar brasileiro, e a desilusão foi grande, os representantes da indústria açucareira continuavam fastigiosos do seu rebaixamento em relação aos seus concorrentes, e ainda possuíam um forte desejo de igualar-se com os seus rivais através da construção de modernas fábricas de açúcar. João Pandiá Calogeras,[8] que já tinha assumido o cargo de Ministro da Agricultura entre 1914-15, continuava a endossar essas ideias mesmo que já se pudessem contar os anos em que elas estavam em pauta em décadas. Em uma coletânea das suas conferências proferidas entre 1926-28, Calogeras lamentava-se pelo estado em que se encontrava a indústria açucareira do país. Nesse sentido, para ele, a solução continuava a ser a eliminação das antigas práticas de cultivo e a adoção de usinas maiores e bem montadas com a transformação das *"anacrônicas instalações minúsculas"* em fornecedores de matéria-prima. Nesse caso, nota-se uma similitude no padrão de pensamento entre os dois períodos, ou seja, a permanência de um discurso que valorizava os grandes produtores de açúcar e a necessidade de adotar um maquinário mais moderno. Dizia ele que:

> Quem diz progresso, diz eliminação do instituto, aparelho ou organismo antiquado, obsoleto e desperdiçador. E não há escolher senão entre as duas soluções: sanear, eliminando velharias para melhorar a base da produção, e permitir e alentar a competição no consumo ex: estrangeiro; ou

---

7 Mendonça. *op. cit.*, p. 253.

8 João Pandiá Calogeras era fluminense, formou-se em engenharia e foi membro do IHGB. Ocupam vários cargos do Governo como o Ministério da Agricultura (1914-1915), da Fazenda (1915-1917) e da Guerra (1919-1922).

conservar banguês e quebra-peitos e assistir impassível a extinção da indústria.[9]

Se esse raciocínio que contrapunha o atraso nos campos de cultivo e nas fábricas ao "progresso" trazido pelas grandes organizações agrícolas não demonstrava enfraquecimento, - ao contrário tornava-se cada vez mais predominante -, foi estimulado principalmente pelos estudos e comparações feitas em grande parte pelos técnicos brasileiros preocupados em descrever minuciosamente as inovações técnicas adotadas, tanto pelos produtores de açúcar de cana quanto pelos produtores de açúcar de beterraba. A verdade é que as constantes comparações entre a produtividade dos países não foi incomum neste período, e as observações resultantes destes estudos levavam frequentemente a percepção por partes desses homens de um sentimento de atraso. Esta prática resultou em diversos projetos que buscavam alcançar o mesmo desenvolvimento dos países rivais, ora imitando ora adaptando os sistemas produtivos ou as políticas econômicas vistos como bem sucedidos.[10]

Naturalmente, era válido que se procurassem alternativas em outros países e soluções para o atraso na produtividade, uma vez que as suas deficiências só poderiam ser compreendidas quando as suas fábricas e lavouras eram comparadas com sistemas produtivos considerados mais avançados. O Brasil não seria o único a formar comissões para visitar outros países e estudar os processos empregados na produção açucareira, tendo como fim adaptar os mais convenientes. Por certo, estes estudos minuciosos que indicavam o caminho das mudanças necessárias reforçavam o sentimento de atraso. Em 1869, Ricardo Ernesto Ferreira de Carvalho, futuro diretor da ESALQ, faria uma dessas viagens de estudo a Cuba. Na apresentação das suas impressões, o agrônomo parece ter uma extremada consciência de que a indústria sacarina brasileira achava-se tão atrasada em comparação com a de outros países que seria difícil acompanhá-los em melhoramentos de ordem mais elevadas. Neste particular, parecia-lhe que um dos

---

9 CALOGERAS, Pandiá. *Problemas de governo*. São Paulo: Empresa Gráfica Rosseti ltda., 1928, p. 88.

10 Margaret Jacob inicia a sua argumentação neste artigo questionando o receio da bibliografia atual em se valer do termo atraso, quando tal denominação era usada normalmente em muitas fontes, como seria o caso do seu objeto de estudo: os relatos de observadores franceses enviados a Inglaterra. JACOB, Margaret C. "French Education in Science and the Puzzle of Retardation, 1790-1840". In: Revista História e Economia, v 8, 2011, p. 13-38.

principais fatores desse atraso era a cautela que os agricultores brasileiros adotavam em relação às inovações técnicas.[11]

Em alguns casos, as próprias expedições de pesquisa feitas por outros países figuravam como exemplos que deveriam ser incentivados, tanto pelos agricultores quanto pelo Estado, como uma forma de encontrar medidas que pudessem melhorar o estado de atraso em que se encontrava a indústria açucareira do país. O depoimento de Júlio Brandão Sobrinho em um dos seus relatórios apresentados ao Secretário de Agricultura de São Paulo no ano de 1912, talvez seja um dos mais ilustrativos do que esses homens pretendiam demonstrar. Brandão Sobrinho ressaltava que os canaviais em Java e no Havaí eram tão impressionantes que pareciam verdadeiros jardins. Essa situação vantajosa era fruto do incentivo dado pelos lavradores e industriais para promover, quer nestes próprios países ou no estrangeiro, o estudo de todos os melhoramentos que já tinham sido vantajosamente aproveitados e adotá-los. Segundo ele, essa análise era realizada por comissões de engenheiros que percorriam as melhores fábricas estrangeiras, inclusive as que trabalhavam com o açúcar de beterraba. O intuito dessas comissões era observar os processos empregados, verificando os melhoramentos recentes adotados na lavoura e na fábrica, descrevendo os defeitos existentes, de modo que não se cometesse erros já vivenciados por outros. *"Assim, progridem sempre e cada vez mais os que se dedicam à lavoura da cana e à indústria do açúcar"*.[12]

De modo geral, a posição alcançada por alguns desses países no mercado internacional e o sucesso dos novos métodos e maquinismos para melhorar o rendimento da cana e a fabricação do açúcar transformara-os em exemplos a serem seguidos. Em 1865, um artigo publicado no *Auxiliador da Indústria Nacional* já incentivava os produtores de açúcar brasileiros a examinar o que se fazia *"nos países cultos, fazendo diligência para os imitar."*[13] J. Amandio Sobral, inspetor da Secretaria de Agricultura de São Paulo, em um artigo publicado no *Boletim da Agricultura*, deixava entrever que a saída estava em se imitar os bons exemplos dos povos que possuíssem uma agricultura mais avançada, o que permitia uma

---

11 CARVALHO, Ricardo. *Notícia sobre os mais recentes melhoramentos adotados na lavoura de Cana e no fabrico do açúcar.* São Luiz do Maranhão, s/e., 1869.

12 BRANDÃO SOBRINHO, Júlio. *A lavoura da cana e a indústria açucareira dos Estados paulista e fluminense. Campos e Macaé em confronto com São Paulo.* São Paulo: Tip. Brasil de Rothchild & Co, 1912, p. 126.

13 O Auxiliador da Indústria Nacional. Rio de Janeiro: Tip. Eduardo & Henrique Laemment, 1865.

"agricultura que nos dê tudo quanto o nosso clima permite e o nosso mercado reclama, sem receio de concorrência estrangeira".[14] O engenheiro Augusto Ramos seria ainda mais enfático. Dizia ele que para que o país triunfasse não tinha mais do que escolher um modelo culminante e copiá-lo.[15]

Era nítido, como se viu, que a reação para muitos desses homens não era criar novas formas de produção calcadas na realidade brasileira, mas apenas perfilhar práticas adotadas no estrangeiro, vistas por boa parte dos chamados "agricultores progressistas" como o motivo da prosperidade e progresso dos grandes produtores mundiais. Seria ocioso citar os inumeráveis exemplos encontrados ao longo deste período pela sua quase uniformidade de opinião. Mas, talvez esses homens evocavam a necessidade de "copiar" com tantas ganas por ser ela vista como uma mudança que já vinha se estruturando durante algum tempo nos países rivais e que havia levado ao seu triunfo e, consequentemente, tirado a primazia do Brasil como grande produtor no mercado mundial por ele ainda estar preso aos antigos métodos de produção. Nesse sentido, no auge de algumas discussões sobre a necessidade de modernizar a indústria açucareira, chegou-se a se falar que era necessário que os produtores brasileiros de açúcar reconhecessem o seu atraso para enfim começar a reparar os seus engenhos ou mesmo construir novas fábricas. Em 1865, um articulista do *Auxiliador da Indústria Nacional* já ressaltava que o primeiro passo que a agricultura brasileira necessitava dar era reconhecer que se estava atrasado. Para seguir o mesmo caminho do progresso era necessário comparar a situação do Brasil com a de outros países para perceber o que estaria errado e *"envergonhar-se de uma inferioridade deplorável em um país civilizado".*[16]

Essa mesma ideia seria defendida pelo Barão de Barcellos, quando ele afirmava em seu livro *"A crise do açúcar"* que a confissão da ignorância seria o primeiro ponto de partida da reabilitação industrial do país. Note-se aqui que quando o Barão publicou o seu livreto, importantes engenhos centrais já estavam montados, incluindo neste caso até mesmo o seu. Como se sabe, algumas dessas fábricas

---

14   Boletim da Agricultura. São Paulo: Tip da Indústria de São Paulo, 1903, p. 531.

15   RAMOS, Augusto Ferreira. *A indústria do açúcar em São Paulo.* São Paulo: Tip. Brazil de Carlos Gerke, 1902, p. 9.

16   O Auxiliador da Indústria Nacional. Rio de Janeiro: Tip. Eduardo & Henrique Laemment, 1865, p. 13.

centrais mantiveram-se às vezes com sucesso, às vezes não.[17] Isto é, esses primeiros ensaios tiveram um alto significado, mas o país ainda era incapaz de se colocar no mesmo patamar tecnológico que os seus rivais. Esses engenhos centrais ainda eram minoria em um quadro onde predominavam os antigos engenhos. De mais a mais, este atraso era visto como o principal motivo pelo qual o Brasil continuava em condições de desigualdade na competição mundial.

Não só as comparações com outros países produtores de açúcar não tendeu a diminuir durante os anos, como se manteve durante toda a Primeira República o sentimento de que a indústria açucareira brasileira continuava atrasada. Nesse caso, destaca-se o posicionamento de importantes representantes da indústria açucareira, como na fala de Augusto Ramos, que salientava que ao comparar o número e a produção dos velhos e atrasados engenhos brasileiros com os engenhos centrais dos principais países produtores, percebia-se percebia a manifesta inferioridade do Brasil.[18] Alguns anos mais tarde, Brandão Sobrinho também faria menção à disparidade devido à adoção em muitos países de extraordinários melhoramentos, - *"tão grandes progressos"* -, e o seu distanciamento das atrasadas práticas ainda vigentes no Brasil.[19]

Ocorre que, no Brasil, se duro foi o golpe sentido pela indústria açucareira no mercado internacional, essas dificuldades passaram a ser relacionadas ao fato do país não haver seguido a evolução estrangeira, quer em relação ao açúcar de beterraba, quer em relação ao de cana.[20] Ademais, vivia-se a atmosfera de crescentes mudanças nos métodos de produção do açúcar. O temor em relação ao avanço constante dos rivais foi pormenorizado pelo *Auxiliador da Indústria Nacional* quando os produtores brasileiros ainda começavam a se interessar pelos engenhos centrais. Nesse sentido, o *Auxiliador* alertava que as duas indústrias rivais do Brasil, - a da cana e a da beterraba -, procuravam dia a dia melhorar os seus processos e aperfeiçoar os seus instrumentos de produção.[21]

---

17 BARCELLOS, Barão de. *A crise do açúcar: ligeiras considerações pelo Barão de Barcellos*. Campos: Lit. e Tip. de Carlos Hamberger, 1887, p. 12.

18 Ramos. *op. cit.*

19 Brandão Sobrinho. *op. cit.*

20 Ramos. *op. cit.*

21 O Auxiliador da Indústria Nacional. Rio de Janeiro: Tip. Eduardo & Henrique Laemment, 1865, 1865.

Fato é que já na segunda metade do século XIX, o eixo dinâmico da produção de açúcar havia se deslocado em parte para a Europa e para a beterraba. O avanço técnico que ela alcançaria neste período seria um dos principais fatores para que os produtores de açúcar de cana buscassem igualmente melhorar o cultivo dos seus canaviais e o fabrico do açúcar como forma de não perder os seus mercados.[22] Pelo teor de alguns relatos, pode-se notar que o crescimento e o avanço da indústria de açúcar de beterraba em tão pouco tempo era um fato impensável pelos fabricantes de açúcar de cana não só do Brasil. O alemão Theodore Gennert[23] ao tratar da produção do açúcar de beterraba na Europa a descrevia como uma surpresa. Segundo ele, se alguém dissesse nas primeiras décadas do século XIX aos *"senhores de engenho escravocratas dos trópicos"* qual seria a posição do açúcar de beterraba em relação ao açúcar de cana, essa pessoa certamente seria declarada como alienada.

Embora no Brasil se tivesse uma fé quase inabalável nas vantagens da cana-de-açúcar, também não se deixou de perceber que a cana já não encontrava um ambiente tão favorável. A reflexão do diretor da *Revista Agrícola do Instituto Imperial Fluminense de Agricultura*, Miguel Antônio da Silva, tratava de uma polarização não mais entre os grandes produtores de açúcar, mas entre a cana e a beterraba. Nesse sentido, torna-se oportuno reproduzir aqui as suas palavras pela clareza de que se reveste o seu texto ao tratar de um assunto tão caro aos produtores de açúcar brasileiros.

> Um dia, a cana, a planta estragada pelas delícias da riqueza, obcecada pela rotina emperrada, acordou e ficou maravilhada de ver a humilde indústria, outrora iniciada por Achard e por Marggraf, revestida com a pureza da realeza. Houve um grande estremecimento em muitos países de cultura da cana; deslumbrados os sectários dessa cultura não sabiam o que fazer. Os papeis das duas indústrias iam-se trocar a planta rica parecia que iria de então em diante ser a matéria-prima

---

22   Em 1868, Theodore Gennert já afirmava que a luta entre o açúcar de cana e o de beterraba no mercado mundial tornou-se tão pronunciada que se tornou uma luta pela existência. Segundo ele, *"os diversos países produtores de açúcar de cana aceitam essa luta como tal, porque não houve remédio"*. In: Jornal do Agricultor. Rio de Janeiro: Tip. Carioca, janeiro a junho de 1882.

23   Em 1863, os irmãos Gennert migraram da Alemanha para os Estados Unidos e iniciaram a produção de açúcar de beterraba em Chatsworth no estado americano de Illinois. Em 1868, Theodore Gennert publicaria o livro "beet sugar in Europe" cujos extratos foram traduzidos por Draennert.

de uma indústria pobre e que a planta pobre iria alimentar uma indústria rica.[24]

O recuo da cana parecia irresistível. Este período foi marcado muitas vezes pelas dificuldades econômicas enfrentadas pelos produtores de açúcar de cana e pela impossibilidade de fazer frente às recém-criadas fabricas de açúcar de beterraba, marcadamente mais modernas e eficientes tanto quanto se pensava em termos de qualidade como no rendimento da produção. Não houve qualquer dificuldade por parte dos antigos monopolizadores da produção de açúcar em enquadrar a nova indústria beterrabeira no plano de uma ordem de coisas, que por pouco não se poderia considerar como perfeita. Por outro lado, era inadmissível que tendo fábricas e lavouras como aquelas se mantivessem engenhos rústicos e canaviais quase primitivos, como os que ainda existiam dentre os fabricantes de açúcar de cana. A modernização da indústria açucareira tomando como referência os novos procedimentos tecnológicos dos produtores de açúcar de beterraba e uma concorrência mundial cada vez mais acirrada, tornaram-se como facilmente se poderia esperar dois lados de uma mesma moeda, caracterizando essa indústria deste momento em diante.

Foi esse grau de perfeição encontrado na produção de açúcar de beterraba, visto como uma ameaça ao desenvolvimento da indústria açucareira, que foi alardeado ao mesmo tempo como um exemplo. Em 1877, um artigo publicado na *Revista Agrícola do IIFA* defendia que valia a pena levar estes progressos e conhecimentos aos senhores de engenho do Brasil, demonstrando-lhes os benefícios que gerava a perseverança e o melhoramento de um ramo industrial.[25] Voltava-se sempre a bater na mesma tecla, ou melhor, recontar a história dos avanços da produção de açúcar de beterraba e os seus incríveis feitos. No seu manual agrícola intitulado *"Monografia da cana-de-açúcar"*, Burlamaque apresentava com destaque esses avanços. Segundo ele, não haveria necessidade de entrar nestes pormenores se não se quisesse chamar a atenção dos agricultores e da administração para este terrível rival do açúcar de cana e fazer sentir a esses homens a necessidade de adotar métodos mais racionais de produção. Ademais, ressaltava que não se deveria

---

24 Revista Agrícola do Imperial Instituto Fluminense de Agricultura. Rio de Janeiro: Tipografia do Imperial Instituto Artístico, março de 1885.

25 Revista Agrícola do Imperial Instituto Fluminense de Agricultura. Rio de Janeiro: Tipografia do Imperial Instituto Artístico, março de 1877.

esquecer que ainda em 1836 o processo de fabricação do açúcar de beterraba era deficiente, não se conseguindo extrair nem 1 tonelada de açúcar de 20 toneladas de beterraba. Em 1862, essa mesma tonelada já era conseguida com apenas 12 t de beterraba.[26]

Desde então, em alguns discursos se percebe o receio de que se a cana não fizesse um esforço para acompanhar os aperfeiçoamentos que a sua indústria rival ia aplicando constantemente, seria aniquilada pela beterraba. Para o estatístico inglês J. P. Wileman[27] era nítido que o açúcar de beterraba juntamente com a abolição da escravidão foram as principais causas da decadência de Pernambuco, assim como ocorreu nas Antilhas. O pormenor, no entanto, estava no fato de que nas Antilhas se aboliu primeiro a escravidão e depois se enfrentou a concorrência da beterraba. No Brasil, a beterraba veio antes e a extinção da escravidão em seguida.[28]

Para alguns desses homens, o açúcar de cana só poderia custar um preço ainda mais módico e melhorar a sua qualidade se adotasse os equipamentos mais avançados para a época. Cada vez mais se julgava que esses processos mais modernos e racionais deveriam ser adotados por todos os países que almejassem o progresso, e os que assim não se dispusessem a fazer eram condenados à fogueira, ou melhor, alijados do mercado internacional. Dessa forma, a compra dos novos maquinismos se justificava perante os olhos dos contemporâneos e a inadequação dos engenhos brasileiros a esses padrões, reafirmava a sua caracterização como atrasados. Por tudo isso, é de supor que os representantes da indústria açucareira brasileira passassem o olhar também para esses países para tirar a planta dos engenhos que pretendiam tomar como modelo. Assim, além da beterraba, o Brasil passava a ter que competir com a própria produção de cana que se modernizava. Nesse sentido, manifestava-se o *Auxiliador da Indústria Nacional* já em 1869: *"Edificantes exemplos nos estão metendo pelos olhos algumas das colônias produtoras de açúcar. Não nos seria fácil seguir-lhes ao menos as pegadas".*[29]

Certo é que alguns produtores de açúcar de cana, como Cuba e Java, continuaram a ser uma das principais referências para o Brasil mesmo na Primeira República.

---

26 BURLAMAQUE, F. L. C. *Monografia da cana de açúcar*. Rio de Janeiro: Tip. de N. L. Vianna e Filhos, 1862, p. 10-61.

27 J. P. Wileman foi nomeado pelo Ministro da Fazenda Joaquim Murtinho para organizar e chefiar o recém-criado Serviço Especial de Estatística Comercial da Alfândega do Rio de Janeiro.

28 A Lavoura. Rio de Janeiro: Imprensa Nacional, janeiro a fevereiro de 1906.

29 O Auxiliador da Indústria Nacional. Rio de Janeiro: Tip. de J. J. C. Cotrim, 1869.

O aperfeiçoamento do fabrico e dos métodos de cultivo destes rivais brasileiros continuaram a ser citados com o passar dos anos e iria ampliar ainda mais a percepção acerca da continuidade do atraso das usinas e da lavoura brasileira. Em 1920, os dados apresentados pelo engenheiro Antônio Carlos de Arruda Beltrão chegavam a impressionar. Segundo ele, Cuba e Java dispunham dos melhores processos de cultura, possantes e aperfeiçoados aparelhos e um excelente pessoal técnico e profissional, conseguindo assim um artigo de ótima qualidade a baixo custo. Cuba chegaria a contar com fabricas que produziam diariamente 12.000 sacos. Embora a sua média fosse bem mais baixa, em torno de 3.000 sacos, a capacidade média das usinas brasileiras era de 375 sacos diários.[30] Da mesma forma que para dizer que dois mais dois são quatro, não era preciso muito tempo para perceber porque a indústria açucareira brasileira continuava a carregar a pecha de atrasada.

Um alimento para as críticas ao atraso da indústria açucareira brasileira era a dita rotina dos senhores de engenho, fossem eles pequenos ou grandes fabricantes de açúcar. Em 1869, o naturalista e diretor do Museu Nacional, Ladisláu Netto, defendia que era necessário, o quanto antes, afastar a agricultura brasileira da rotina. A seu ver, rotina poderia ser entendida, como: *"ignorância, descuido, confiança, no caso, tudo enfim que se praticava e era praxe arraigada na lavoura colonial quando tudo era incerto, casual e falível"*. Ladisláu Netto não deixava de ressaltar que a produção açucareira seria em breve o principal dentre os ramos da grande lavoura nacional. O que ainda a segurava eram as práticas viciosas transmitidas no passado não só na cultura senão também no fabrico e que constituíam *"os únicos paradeiros que tem empecilhado seu grande progresso"*.[31]

Nesse momento, não faltaram vozes para recriminar a persistência de muitos senhores de engenho de se valer de práticas rotineiras passadas de geração em geração e que há muito deveriam ter sido deixadas de lado. O engenheiro Luiz Goffredo d'Escragnolle Taunay chegaria a descrever os senhores de engenho brasileiros como apáticos. Segundo ele, esses homens desconheciam os benefícios da especialização das funções e eram ao mesmo tempo *"maus lavradores e detestáveis industriais"*. Demais, mesmo se alguns avanços fossem realizados após a introdução dos engenhos centrais, muito ainda deveria ser feito. Era necessário sempre manter-se a par

---

30 Revista A Lavoura. Rio de Janeiro:Imprensa Nacional, janeiro a fevereiro de 1920.

31 Investigações sobre a cultura e a moléstia da cana in: O Auxiliador da Indústria Nacional. Rio de Janeiro: Tip. de J. J. C. Cotrim, 1869.

do progresso, pois a *"exploração que não progride, morre"*.[32] Essa tendência de crítica à rotina mais se acentuavam quanto mais esses homens recebiam as notícias da racionalização da produção através das melhorias técnicas, e da concorrência cada vez mais exacerbada entre os produtores de açúcar no mercado mundial.

Verdade é que em alguns escritos e falas nos anos subsequentes continuavam a defender que o atraso era também decorrente do conservadorismo dos agricultores. O próprio Miguel Calmon Du Pin e Almeida, - descendente de uma tradicional família nortista ligada ao açúcar -, ressaltava as dificuldades de mudanças na agricultura. Ele observava que o encaminhamento definitivo para o fim da crise açucareira no Brasil ainda iria exigir um longo tempo, pois *"a agricultura por ser a mais antiga das artes, é, por isso mesmo, a mais conservadora"*.[33] Essas reações que partem de certa forma da incapacidade do país retomar a sua antiga posição no mercado externo repeliam particularmente o conservadorismo ou a rotina pela sua incapacidade de se aperfeiçoar, de evoluir com o progresso já alcançado por outros produtores de açúcar, de fertilizar o solo quando ele se esgotava, de aperfeiçoar os seus métodos de produção mesmo que surgisse uma concorrência da produção estrangeira, de não saber providenciar o tratamento para as moléstias que aparecem nos canaviais etc.[34] Evidentemente, o objetivo dessas considerações era reafirmar que os senhores de engenho eram ativos colaboradores da crise por que passavam. Era o seu apego às antigas técnicas de produção, o seu imobilismo, a sua crença de que o aumento dos canaviais compensava a queda dos preços e o arrefecimento das vendas, - não levando nunca em conta a qualidade do produto -, que contribuíram para a permanência do quadro de crise.

Como quer que seja, desde o Império, esse posicionamento nunca foi uma unanimidade. Muitos dos senhores de engenho deste período não estavam em consonância com essa visão. Naturalmente, uma fração expressiva dos senhores de engenho rebatia, esse argumento, alegando que se não se adotavam os novos aparelhos não o era por desconhecimento ou por não acreditar nos seus benefícios. Se tardava-se tanto a empregá-los era devido principalmente a falta de capitais. Tal atitude pode ser vista em um dos artigos de Henrique Milet, mais especificamente

---

32 Exposição Nacional de 1881. In: O Centro da Indústria e Comercio de açúcar no Rio de Janeiro. Rio de Janeiro: Companhia Tipográfica do Brasil, 1892.

33 ALMEIDA, Miguel Calmon du Pin e. *Fatos econômicos*. Rio de Janeiro: Livraria Francisco Alves, 1913.

34 Revista A Lavoura, Rio de Janeiro: Imprensa Nacional, setembro a outubro de 1898.

quando ele comentou o inquérito feito em 1874 para analisar os principais males da lavoura. O seu posicionamento refutava a tese de que era a falta de conhecimentos profissionais que obstava o desenvolvimento da lavoura brasileira e a prendia a rotina. Esse mesmo discurso seria posteriormente apresentado no Congresso Agrícola de 1878, amealhando muitos adeptos. Milet perguntava com um certo ar de galhofa se era realmente devido à falta de conhecimentos técnicos que não se empregava no fabrico do açúcar as moendas possantes, os aparelhos aperfeiçoados usados nas colônias inglesas e francesas e no Egito, o uso de adubos, a cultura alternante, os arados de plantar e limpar etc. Em todas as vezes, a resposta era a sempre a mesma: *"Não de certo: a causa é obvia; é a falta de capitais"*.[35]

Certo é que não seria só a rotina ou a falta de capitais que podem ser encontrados nas falas e escritos do período como os principais responsáveis pela difícil situação vivida pela indústria açucareira. Embora, releva notar que estes eram os apontamentos mais recorrentes e chegaram, por vezes, a aparecer juntos. Em 1885, em um relatório à assembleia dos acionistas da Companhia Agrícola de Campos, o Barão de Barcellos defendia que a dificuldade de levar-se a efeito no Brasil o novo sistema dos engenhos centrais estava tanto na falta de iniciativa e na pobreza de conhecimentos técnicos, assim como na escassez de capitais.[36]

As mesmas questões seriam elegidas alguns anos antes por Francisco Adolfo de Varnhargen, o Visconde de Porto Seguro, como os principais problemas para o desenvolvimento da agricultura. Nesse sentido, ele afirmava que a lentidão em que se processava os melhoramentos na agricultura e nas indústrias que lhe eram anexas era aflitiva em uma época de progresso. Mas, tal "marcha lenta" estava diretamente relacionada a rotina e a falta de capitais.[37] Poder-se-ia imaginar assim que foram estes dois fatores que atravancaram o desenvolvimento da indústria açucareira no Brasil. Mas, estes não foram os únicos motivos levantados naquele período e nem o poderiam ser, pois haviam problemas herdados de há muito e outros que só surgiram na própria caminhada, ou melhor, quando as fábricas mais modernas começaram a aparecer no cenário nacional.

---

35 MILET, Henrique Augusto. *Auxílio à lavoura e crédito rural*. Recife: Tip. do Jornal do Recife, 1876, p. 13.

36 Revista Agrícola do Imperial Instituto Fluminense de Agricultura. Rio de Janeiro: Tipografia Literária, março de 1885.

37 O Auxiliador da Indústria Nacional. Rio de Janeiro, Tip. de N. L. Viana e Filhos, 1863, p. 332.

Não se tem a pretensão aqui de levantar todas essas causas e de verificar de que maneira ou em que grau cada uma delas influenciou para dificultar a modernização da indústria açucareira. Dessa feita, importa mais perceber que não se restringiam a um ou a dois, mas sim que eram fatos entre os mais consideráveis e que não se limitava a produção açucareira, - dominavam a agricultura brasileira como um todo. No entanto, sente-se no mínimo surpresa quando um dos fatores levantados remete-se a uberdade do solo, quando se sabe que essa foi uma das principais bandeiras da defesa da vocação agrícola do país. Neste particular, as questões como a riqueza do solo brasileira ou o seu clima privilegiado não foram pontos marginais. Serviam para aclarar ainda mais que países muito menos privilegiados nestes quesitos que o Brasil conseguiam se sobressair muito mais. Esse ponto de vista, no entanto, guarda um pensamento que a primeira vista parece contraditório. Dizia-se que foi por possuir tantas vantagens naturais que o Brasil permaneceu durante tanto tempo estacionário em relação aos seus concorrentes. Essa ressalva, no entanto, foi feita não no sentido de diminuir o valor das condições naturais do país. Ao contrário, essas vantagens naturais eram um dos principais motivos em que se baseavam para defender a modernização, pois nenhum país poderia fazer frente ao Brasil quando ele alcançasse o mesmo status técnico que os seus rivais, ou seja, o mercado externo seria facilmente retomado.

Deste modo, a visão negativa desta que deveria ser utilizada como uma vantagem, esteve mais ligada a condenar o passado e explicar as razões que levaram a crise e ao atraso do açúcar no país. Dizia-se nesses anos que a fertilidade da terra era tal que mesmo sem utilizar adubos, o Brasil conseguia produzir cana mais barata que os outros países produtores. Como diria o agrônomo João Regis de Lima Valverde, a pujança da terra neutralizava o custo mais alto da produção.[38] Ao mesmo tempo, o equilíbrio estava dado pelo número menor de concorrentes. Quando essa situação mudou, esse passado passou a ser lastimado. Não que a "excepcional" qualidade da terra brasileira fosse vista de outro modo, embora já se reconhecesse a necessidade de utilizar adubos nas áreas mais degradadas. Mesmo que se aceitasse a necessidade de adubos nas terras mais cansadas, essa questão não seria resolvida com tanta facilidade. Essas preocupações continuaram a se apresentar na República. Em 1918, o diretor da Estação Geral de Experimentação do Estado do Rio de Janeiro, Adrião Caminha Filho, queixava-se pelo fato da inferioridade

---

38   Jornal do Agricultor. Rio de Janeiro: Tip. Carioca, janeiro a junho de 1883.

do país ainda ser notável, embora contasse com condições mesológicas privilegiadas. Entende-se a sua insatisfação ao dizer que *"Países inferiores ao nosso, região apenas, têm maior realce na esfera agrícola científica mundial do que nós outros"*.[39]

O fantasma da escravidão também insuflou os ânimos e seria colocado como um aspecto que tinha impedido a maior difusão das técnicas na agricultura. Assim, da mesma forma que a fertilidade da terra, a mão de obra barata teria contribuído para a rotina dos engenhos, pois os seus proprietários não sentiam necessidade de aperfeiçoá-los. Essa visão seria ainda mais enfatizada com a República, pois o dilema sobre a crise da abolição terminou com o Império e a imigração estrangeira acabou por solucionar a tão discutida crise da mão de obra escrava. Sobre essa questão, Wenceslau Bello comentava que a floresta e o escravo, ou seja, *"o tesouro gratuito e o aviltamento do trabalho"*, tinham educado as gerações dos agricultores brasileiros, formando nela um caráter perdulário e anêmico.[40] Como se vê, os danos provocados eram sempre relacionados a aspectos que tinham sido considerados como extremamente vantajosos ao país em algum momento, e que o tinham deixado de ser com o acirramento da concorrência mundial no qual os avanços técnicos passaram a se constituir em uma arma mais eficaz. Demais, esses homens também não eram tolos para não perceber que a adoção de máquinas tinha o efeito de poupar o esforço de braços.[41]

Deve-se chamar a atenção que essa mesma visão era apresentada no Império num estágio pré-abolição. Nas suas observações práticas oferecidas aos interessados em montar engenhos centrais na Província do Rio de Janeiro, Pedro Dias Gordilho Paes Leme defendia que a escravidão não contribuiu pouco para o

---

39   CAMINHA FILHO, Adrião. *A experimentação agrícola nas Índias Neerlandesas e a cultura da cana-de-açúcar e a indústria açucareira na Ilha de Java*. Rio de Janeiro. Tip. do Serviço de Informações do MAIC, 1930.

40   Revista A Lavoura. Rio de Janeiro: Imprensa Nacional, janeiro a fevereiro de 1906.

41   O presidente da Província da Bahia, Francisco Gonçalves Martins, enfatizava que na Europa, o homem somente era um auxiliar das máquinas e dos animais, o que fazia corresponder o trabalho de cada homem ao de vinte operários braçais. Segundo ele, um escravo ativo podia produzir anualmente, termo médio de 100 a 120 arrobas de açúcar e nos bons engenhos de Cuba e nos Estados Unidos cada operário podia produzir de 350 a 400 arrobas. Para a cultura de beterraba avaliava essa quantidade em 600 arrobas. BAHIA. Fala que recitou o presidente da província da Bahia, o desembargador conselheiro Francisco Gonçalves Martins. Bahia: Tip. Const. de Vicente Ribeiro Moreira, 1852.

estágio de inferioridade dos fazendeiros de açúcar brasileiros, impedindo que esses homens seguissem nas veredas do progresso industrial. Tanto assim que:

> Não se acha o nome indústria na linguagem colonial, porém o de plantador e fazendeiro; ignorava-se o nome e a coisa, e como havia uma certa nobreza neste ofício fácil, parecia impróprio pedir-se as artes mecânicas, a ciência e o método de que careciam inteiramente.[42]

Nesse momento, pode-se considerar que valia a pena para um senhor de engenho mais abastado adotar métodos mais avançados a fim de poupar mão de obra. A verdade é que já se sabia que não se poderia contar com os braços escravos por muito mais tempo. Os receios provocados pela lei de 1850 não podiam ser resolvidos pelo tráfico ilícito e interprovincial infinitamente, principalmente porque se estava falando de um produto que usava obrigatoriamente uma grande quantidade de mão de obra, principalmente no trato dos canaviais. Henri Raffard ao tratar da concorrência entre a cana e a beterraba, avaliava que para ser vitorioso era necessário que o Brasil acabasse com o *modus vivendi* a que estavam acostumados os seus senhores de engenho, pois a escravidão iria desaparecer em breve prazo sendo impossível manter o mesmo padrão técnico depois de extinto o trabalho servil.[43]

Nesse caso, os abolicionistas tentaram ao máximo explicitar a relação entre escravidão e rotina. Nesse plano, o discurso de Rebouças ilustra bem o raciocínio que se tentava difundir. Rebouças afirmava que as características básicas da lavoura escravista de cana-de-açúcar era ser ignorante e rotineira, "*incapaz de emulação e de qualquer esforço progressista!*". Buscava apelar a um dos pontos mais caros para os senhores de engenho, ou melhor, a atitude quase obsessiva que tinham em relação ao decrescimento da importância do Brasil no mercado externo. Já em 1875, segundo ele, o país enviava aos mercados da Europa sacos negros e imundos, "*cheias de uma coisa sem nome, que só se distingue da terra por estar sempre destilando uma baba fétida, cercada de uma nuvem de moscas!!!*".[44] É certo que também no cenário

---

42 PAES LEME, Pedro Dias Gordilho. Engenhos centrais na Província do Rio de janeiro. Observações práticas oferecidas aos srs. Capitalistas desta praça. Rio de janeiro: Tip. G. Leuzinger & Filhos, 1874.

43 RAFFARD, Henri. Crise do açúcar e o açúcar no Brasil. Artigos publicados na Revista de Engenharia e transcriptos no Jornal do Agricultor. Rio de Janeiro: Tip. Carioca, 1888

44 É certo que Rebouças pensava em algo muito mais complexo e sobre muitos aspectos a divergência com os senhores de engenho era evidente. Rebouças, Op, Cit.

internacional, essas ideias nunca foram mais populares, de molde a produzir pressão e uma influência suficiente de modo que aos poucos o sistema escravista não fosse mais justificado aos olhos dos contemporâneos. Esses argumentos podiam se aplicar facilmente à situação brasileira, como se vê no discurso do químico francês Eugène Peligot que afirmava que o escravismo queimava açúcar.[45]

De toda a forma, as críticas aos motivos que causavam o atraso da indústria açucareira não se restringiam a esses pontos. Em um apanhado destes problemas vistos nos últimos anos da Primeira República, João Severino Hermes Júnior afiançava que essas causas eram vastas e uniformes, podendo mesmo se dizer que esse atraso era devido a todas as causas. Como na grande maioria desses relatórios e discursos, o autor enumeraria as que considerava mais importante, sendo elas: de transporte pela falta de vias de comunicação eficientes nas zonas cultivadas, principalmente por ser ainda o sistema ferroviário, fluvial e marítimo brasileiro defeituoso e insuficiente; técnicas: devido à carência de conhecimento dentre os lavradores, pois eram poucos os agricultores que já aplicavam o adubo químico, a irrigação e o arado; eram nos engenhos, devido tanto aos problemas de técnica como de mecânica, porque a maior quantidade da cana destinada ao fabrico do açúcar ainda era consumida pelos banguês ou usinas velhíssimas e, também, porque nas próprias usinas os mecanismos eram antiquados, deficientes e dispares; porque os mestres de açúcar eram em geral, ignorantes, atrasados e rotineiros. Ademais, raras eram as usinas que possuíam laboratórios, sendo que a química era quase desconhecida; eram de ordem financeira, pela falta de grandes capitais e fortunas disponíveis que se aplicassem à construção de engenhos modernos e de grande capacidade; e eram, enfim, também de ordem pública porque a ação do governo era insipiente, quase tímida.[46]

Muitos foram os discursos que proclamavam que era necessário que esses senhores de engenho reconhecessem que lhes era de mais interesse uma reforma radical, abandonando as antigas práticas ou então ceder de vez o seu lugar à concorrência estrangeira. Mas há que se ter em conta que o processo de mudança é um processo demorado, pois nem sempre se percebe muito claramente os resultados que as medidas preconizadas iriam ter na prática. Outro fato importante seria a questão de que na época nem sempre houve uma concordância ou uma unanimidade entre os produtores de açúcar, o que explica, nesse caso, tanto açodamento de

---

45 *Ibidem*, p. 19.

46 HERMES JÚNIOR, João Severino. *O açúcar como fator importante da riqueza pública no Brasil.* Rio de Janeiro: Tip. do Jornal do Commercio, 1922.

alguns destes atores e tanta indiferença por parte de outros. Não há como não perceber que a insegurança gerada pela permanência dos antigos métodos de produção era ressaltada apenas por um grupo. Alguns desses homens que se destacavam já nos idos do Império, pregavam ardorosamente que o decorrente aumento na escala de produtividade dos seus rivais inviabilizaria que o Brasil mantivesse os instrumentos de que até então dispunha. Essa dificuldade foi lucidamente exposta pelo Barão de Barcellos, uma autoridade do assunto. Percebe-se pela sua fala que o momento em que não era seria mais possível manter o sistema de seguido no Brasil havia chegado. Já havia passado o tempo em que a produção de açúcar poderia ser feita apenas com enxadas, foices, machados, moendas movidas por animais, caldeiras a fogo nu e formas de pão. O aspecto mais interessante desse quadro é que a rotina não se tornou um fator negativo até que alguns avanços técnicos não adotados no país resultassem em graves perdas econômicas. Como dizia o Barão:

> Fazer o filho o que o pai fazia, seguir-lhe a rotina era conselheiro de sabedoria que um a outros transmitia; assim viveram os nossos antepassados, assim fizeram fortuna, assim foram felizes: por que abandonar a rotina seguida ? Os maquinismos custavam dinheiro, para que comprá-los? As máquinas desconcertavam-se e eles não sabiam concertá-las, para que adquiri-las?[47]

No entanto, segundo o fundador do Engenho Central de Barcellos, a permanência durante um longo período dos mesmos procedimentos técnicos só foi possível, pois: se contava com o trabalho escravo, a concorrência era pequena, a fertilidade dos solos ainda se mantinha e os antigos senhores de engenho conheciam *"os rudes e imperfeitos instrumentos que hoje não bastam"*. Os números apresentados pelo novo sistema produtivo eram por demais expressivos e atestavam a necessidade de mudanças. Aqui se revela o conflito vivido por esses homens que pareciam não ter alternativa: *"aprender e aperfeiçoar os meios de cultivo e de fabricar ou abandonar esse gênero da produção"*.[48]

Não seria de se estranhar que predominasse nesse quadro um zelo quase exagerado por parte dos defensores do progresso técnico, com a permanência dos

---

47 BARCELLOS, Domingues Alves (Barão de). *A crise do açúcar: ligeiras considerações pelo Barão de Barcellos*. Campos: Lit. e Tip. de Carlos Hamberger, 1887, p. 12-13.

48 *Ibidem*, p. 13.

antigos métodos de produção. Temia-se que alguns problemas pudessem abater o ânimo dos agricultores como já tinha ocorrido outras vezes. Quando se examina as esparsas inovações técnicas implementadas anteriormente à introdução dos engenhos centrais no Brasil, as poucas unidades que foram criadas, as suas deficiências tanto na parte fabril como na agrícola, - mesmo que algumas fábricas já fossem bastante aperfeiçoadas -, os novos e velhos problemas enfrentados pelo modelo das usinas, entende-se a preocupação de muitos desses homens de evitar uma mudança de planos que significasse um retrocesso. O perigo da disseminação das antigas práticas atrasadas ainda não tinha deixado de ser uma preocupação.

Ainda em 1880, o Barão de Monte Cedro já parecia preocupar-se com o esmorecimento que podia se abater sobre alguns senhores de engenho ao enfrentarem eles as primeiras dificuldades na reforma técnica. Era esperado que a manutenção do mesmo nível técnico durante um período prolongado de tempo, enquanto a tecnologia adotada em outros países mudava constantemente, acarretasse problemas na hora em que se intentasse acompanhar os seus passos trazendo de uma leva os mais modernos sistemas de produção e as melhores máquinas. Nesse sentido, dizia ele com palavras que de tão bonitas tendem a convencer que,

> Não sirvam de argumentos desanimadores, os primeiros tentames. É próprio da humanidade essa fragilidade. O homem antes de o ser, arrasta-se, vacila nos primeiros passos e afinal ainda assim são suas empresas. O que não é conforme a humanidade é a imobilidade dos penedos ou a formação instantânea da divina minerva. É nestas tentativas que a massa dos agricultores, aqueles que têm a fé cautelosa de São Tomé, se educam e cobram alento para irem adiante na senda luminosa traçada pelos que trabalham e caminham na vanguarda do progresso.[49]

Por volta dos últimos anos do Império e com os problemas enfrentados pelos engenhos centrais, este pensamento seria repetido por Draennert. O engenheiro demonstrava o seu desassossego em relação à postura dos senhores de engenho frente às novas dificuldades que se impunham. A razão de tanto açodamento era o temor à volta do status anterior, ou seja, o perigo de que as fábricas mal

---

49   Jornal do Agricultor. Rio de Janeiro: Tip Carioca, julho a dezembro de1880.

aparelhadas e atrasadas fossem capazes de vencer a luta:[50] *"Abandonar, porém, uma fábrica central com moendas para substituí-la por três ou quatro engenhos pequenos, com moendas também, é fugir de Charybdis para perecer na Seylla".*[51]

Embora partisse de um conjunto diverso de elementos encontrados no Império, pode-se concluir que alguns fatores remanescentes fomentaram a continuação durante a Primeira República do receio de que o processo de modernização da indústria açucareira não fosse levado adiante. A escrita bastante impetuosa de Augusto Ramos é uma amostra dos tortuosos caminhos seguidos pelo raciocínio de alguns desses homens durante a Primeira República. Já em 1902, escrevia que o Brasil já tinha avançado alguns passos para seguir na *"trilha progressista"* com a construção de alguns engenhos centrais e usinas, mas mesmo assim continuou na rotina, suprimindo os melhoramentos provenientes do estrangeiro e mantendo intactos os inumeráveis banguês que eram refratários a qualquer revolução.[52] Mesmo que Ramos retorcesse um pouco esse quadro, ele talvez só buscasse abrir caminho na mente dos seus leitores sobre a importância de continuar com o processo de modernização da

---

50 Brandão Sobrinho afirmava que a fabricação do açúcar, no Brasil, está dividida em duas partes. Uma era de fabricação atrasada, que trabalhava ainda com pequenas moendas e com o processo de evaporação e cozimento em tachas, a fogo nu. Eram as engenhocas que só produziam açúcar bruto e que no Norte tinham a denominação de banguês. A outra parte, mais adiantada, era representada pelas usinas, ou fábricas mais aperfeiçoadas, que com moendas mais possantes extraiam da cana maior porcentagem de caldo e empregavam na fabricação os processos de evaporação e cozimento no vácuo, a turbinação centrífuga, e produziam o açúcar cristalizado, branco ou amarelo. BRANDÃO SOBRINHO, Júlio. Memorial sobre a Quarta conferência açucareira realizada em Campos (estado do Rio de Janeiro) apresentada ao Sr. Diretor Geral da Assembleia Geral da Secretária da Agricultura pelo Representante do Governo do Estado Júlio Brandão Sobrinho, chefe da secção de estudos econômicos. São Paulo: Tip. Brazil de Rothchild & Cia, 1912.

51 Jornal do Agricultor, Rio de Janeiro: Tip Carioca, julho a dezembro de 1885.

52 Mesmo que a rotina dos grandes produtores não fosse ignorada, ela não se constituiu na preocupação principal. Assim é que os modos de fabricação mais simples dos chamados banguês foram alvos de críticas cada vez mais duras. Era impossível não reconhecer durante todo esse período que esses engenhos rústicos e quase primitivos eram comuns e contribuíam com uma porcentagem significativa da produção açucareira nacional. Porcentagem esta que iria progressivamente diminuindo com o passar dos anos, mas que continuava a ser muito significativa. Mas, o surto de modernização iniciado na segunda metade do XIX iria servir não só para reforçar a superioridade dos novos engenhos, mas também reforçar a crítica ao fato do Brasil conservar traços de inadmissível antiguidade numa era moderna. A aproximação dos termos "rotina" e "atraso" ocorreu no momento em que esta passou a ser sinônimo da ignorância dos agricultores, e se acirrou quando a tão desejada presença de métodos de cultivo e de fabricação adotados pelo estrangeiro era reforçada pela dificuldade crescente de competir no mercado externo.

indústria açucareira, ressaltando que em seu devido tempo eles seriam recompensados. No mais, sempre se buscava amealhar maiores auxílios estatais para a agricultura. É certo que como um dos mais ilustres técnicos, - como também usineiro -, Ramos estava defendendo um ponto de vista que lhe era caro.[53]

Como cabia esperar, a magnitude dos problemas e a preocupação em obter modificações mais profundas dentro de uma conjuntura de transição teriam levado alguns produtores de açúcar, técnicos e certas autoridades governamentais a fazer frente de uma maneira mais dinâmica aos entraves que obstavam o desenvolvimento da indústria açucareira do Brasil. Como se viu, remetia-se sempre a questões como a diminuição dos impostos, a criação de bancos e de institutos agrícolas, a necessidade de melhoria dos meios de comunicação. Mas, como não se deixava de esclarecer, estas não eram medidas que os agricultores poderiam resolver por si próprios, ou seja, era necessário uma atuação mais direta do Estado. No mais, argumentava-se que aos produtores de açúcar ainda pesava o óbice de reduzir o custo da produção da matéria-prima pela cultura mecânica, elevar o quociente de extração e diminuir o custo de fabrico do açúcar por meio do aumento das usinas poderosas e aperfeiçoadas.[54]

Em um momento em que a realidade apontava para o rebaixamento da exportação a níveis ainda mais ínfimos, aumentava-se a preocupação com a limitação da venda do açúcar somente no mercado interno. O grande receio desses homens era uma diminuição maior dos preços, o que poderia infringir a necessidade de reduzir a produção e limitar ainda mais a já pequena propensão de muitos senhores de engenho a investir em melhoramentos.[55] Nesse sentido, se para inviabilizar esse quadro fosse necessário importar técnicas de cultivo consideradas mais racionais, maquinários modernos, ou melhor, transformar e remodelar os processos agrícolas, assim deveria ser feito. Dizia Fidelis Reis[56] que esse era o único meio seguro de arrancar

---

53 Ramos, *op. cit.*

54 Boletim da Agricultura. São Paulo: Tip da Indústria de São Paulo, 1903.

55 Mendonça afirma que *"a intenção modernizante explícita nos discursos, fruto do verniz ilustrado inerente à formação de seus autores, traduzia a pretensão de reformar a todos, grandes e pequenos, resgatando-os do arcaísmo e construindo, por essa via, produtores capazes de responderem aos estímulos do mercado, racionalizando e atualizando a vocação agrícola do país às exigências da produção dos capitais è as condições internacionais criadas pelo capitalismo monopolista"*. Mendonça, *op. cit.*, p. 302.

56 O engenheiro Fidelis Reis foi deputado Federal por Minas Gerais, fundador da escola de engenharia da UFMG, associado à SNA e membro do conselho superior, presidente da Sociedade

a lavoura do atraso em que ainda ela se ia penosamente arrastando.[57] No entanto, se a solução para a crise e o atraso estava na remodelação da indústria açucareira, isso não significou que o interesse demonstrado em relação à lavoura propriamente dita seria em um primeiro momento o mesmo que aquele aplicado na parte fabril, embora ele não deixasse de existir.

De modo geral, entende-se o maior entusiasmo revelado em relação aos melhoramentos na parte fabril, pois foi nesse contexto que se situaram algumas das mais célebres invenções técnicas aplicadas ao fabrico do açúcar e que redimensionaram a produção de açúcar mundial, como as caldeiras a vácuo, centrífugas, moendas mais aperfeiçoadas etc.[58] No mais, a ênfase dada à superioridade sacarina da cana em relação à beterraba era tão grande, que se pode perceber através das informações obtidas que não faltavam vozes, como a do engenheiro Pedro Pereira de Andrade, que defendiam que só faltava à cana melhorar o seu sistema fabril para vencer a beterraba. Já em 1857, ele propunha a adoção dos melhoramentos técnicos adotados na fabricação do açúcar de beterraba:

> Quando pensamos que a beterraba, que se acha em condições menos favoráveis do que a cana, e que contém quase metade do açúcar encerrada nesta, dá, pelos melhoramentos introduzidos na Europa nesta indústria, mais açúcar, quase o dobro do que a cana, estamos certos que tudo o que

---

Mineira de Agricultura desde a sua fundação em 1908e autor do projeto de regularização da profissão de agrônomo em 1924.

57 Reis, Fidelis. A Política da Gleba: falando, escrevendo, agindo. Rio de Janeiro: Oficinas da Casa Leuzinger, 1919.

58 Um exemplo seria a máquina centrífuga usada desde 1849 e que posteriormente funcionaria a vapor, mas que foi considerada uma revolução desde a sua invenção. Pedro Pereira de Andrade relatava que *"nada é mais fácil do que compreender a maneira de obrar destes aparelhos; lança-se no interior de um vaso a massa granulada de açúcar que deve ser purgada e clareada; as paredes destes vasos são formadas de um tecido metálico bastante fino para deixar passar o xarope e reter os grãos de açúcar. Este vaso é posto em movimento rápido de rotação, fazendo de 1200 a 1500 voltas por minuto, sendo necessário para isso apenas a força de um cavalo; em pouco tempo o xarope todo contido na massa é expulso, ficando no vaso somente os grãos de açúcar seco (...) Desta maneira, de uma massa granulada de açúcar e de segundo ou terceiro lanço, pode-se obter em 10 ou 12 minutos açúcar branco e seco, economizando-se o tempo imenso em que essas mesmas operações se realizam nos antigos celeiros com as formas originais"*. ANDRADE, Pedro Pereira. *Pequeno tratado da fabricação do açúcar*. Rio de Janeiro: Tip. do Diário de A & L. Navarro, 1854.

concorrer para o aumento final desta indústria entre nós, merecerá a pena ser tido em consideração.[59]

Cabe ressaltar que embora nesse momento a cana contivesse mais do que o dobro do açúcar que na Europa se extraia da beterraba, - chegando à proporção ser de 18 a 20% para a cana em relação aos 8 a 10% da beterraba -,[60] essas porcentagens não ficariam estanques. Embora com o passar dos anos, a superioridade da cana passasse a ser questionada pelos mais zelosos, preocupados com os avanços na seleção de beterraba com porcentagens sacarinas mais altas, havia os que também acreditavam que a cana era a planta sacarina por excelência.[61] Assim, para eles, a superioridade da beterraba sobre a cana resultava somente dos aperfeiçoamentos introduzidos no fabrico. Como diria Draennert, em 1887, *"a cana de açúcar ainda é bastante rica de açúcar para garantir a nossa supremacia econômica".*[62]

Draennert pensava que se o Brasil tivesse acompanhado os progressos do fabrico que ocorreram em países, como na Alemanha e na França, o país não enfrentaria um prolongamento tão longo da "crise do açúcar", posto que a diminuta porcentagem do açúcar obtida fosse gerada não pela pobreza da cana, mas pela deficiência do processo fabril. A comparação feita por ele entre Cuba, Alemanha e Brasil pretendia demonstrar que a verdadeira causa da inferioridade era a falta de conhecimentos técnicos no fabrico. Tanto que se *"houvesse cana de açúcar na Europa e beterraba no Brasil, não existiria a indústria beterrabeira".* Politizando a sua análise, Draennert enfatiza que no Brasil fazia clamorosa falta, por exemplo, auxílios dados pelo Governo à modernização das fábricas de açúcar.[63] Neste ponto,

---

59 *Ibidem.*

60 Burlamaque., *op. cit.*, p. 59.

61 Pedro Dias Gordilho Paes Leme defendia que o caldo da cana era muito mais puro que o da beterraba, a massa cozida teria outro aspecto e seria mais rica nos princípios sacarinos. Por outro lado, o produto da cana bem turbinado entrava direto no consumo e agradava o paladar mais delicado. O produto da beterraba devia experimentar outras transformações, além do aumento do seu preço de custo proveniente da refinação.

62 Jornal do Agricultor. Rio de Janeiro: Tip Carioca, janeiro a junho de 1887.

63 Esbater o papel do Estado na recuperação da indústria açucareira, valorizando em grande parte a sua atuação como financiador destas mudanças, foi uma demanda constante dos produtores de açúcar tanto no Império quanto na República. Na verdade, não se buscou assimilar somente os avanços tecnológicos. A influência da atuação política destes países foi igualmente representativa. Se o açúcar de beterraba contava com os prêmios, o açúcar de cana de Java, Cuba e Havaí

tal perspectiva se inspirava na vocação agrícola do país, pois era a agricultura que sustentava o país e seus governantes. Dizia ele, jocosamente, que de onde iria vir a subsistência destes estadistas se os agricultores não pudessem mais se manter. Só restaria então fazer negócio de antiquário e vender a Europa em vez de açúcar, "*os tachos redondos como símbolo da nossa adiantada instrução técnica*".[64]

Convencer a grande maioria dos produtores de açúcar brasileiros do potencial dos novos aparelhos a serem aplicados especificamente na parte fabril não seria a parte mais árdua. Se os preços não eram baratos, havia o argumento incontestável já levantado por um dos mais afamados especialistas do período, Leonard Wray, de que nenhum capitalista seria digno de desculpas se desprezasse prover-se de maquinismos melhor calculados para produzir por menos preço, a maior soma de açúcar.[65] Para aqueles que não dispunham de todo o capital, não podendo assim substituir suas tachas de ferro fundido por evaporadores de cobre aquecidos a vácuo, era possível possuir boas moendas e jogos de caldeiras, como afirmava Burlamaque.[66] Ao longo da sua trajetória de modernização, o Brasil endossou os dois projetos de modernização, ou seja, aquele que saltava aos olhos e era representado pelos grandes engenhos centrais e algumas usinas e aquele que foi dado a passos mais lentos e que não deixou de significar muitas mudanças, mas nem todas tão à vista como na primeira opção.

Como quer que seja, as novas fábricas de açúcar se multiplicaram rapidamente e como indicava um ministro da agricultura, cada uma delas que era inaugurada representava um aperfeiçoamento novo, "*um passo adiante na senda do progresso*".[67] Não obstante a rapidez não ser a esperada, não havia como não perceber as mudanças. Como notava J. Amandio Sobral, aqui e acolá iam surgindo lavradores adiantados,

---

contavam com fartos capitais americanos e holandeses. Assim, não seria de se estranhar que os produtores de açúcar brasileiros cobrassem uma ação mais ativa do Estado.

64   Revista de Engenharia, julho de 1887, p. 145-146.

65   Leonardo Wray acreditava que a produção de um só ano bastava para cobrir o custo de aparelhos capazes de produzir bons resultados. O livro de Wray, "The practical sugar planter", publicado em 1848, seria traduzido dez anos depois para o português, em 1858. WRAY, Leonardo. *O lavrador prático da cana de açúcar*. Bahia: Tip. de Camillo de Lellis Masson & Cia, 1858.

66   Burlamaque., *op. cit.*, p. 368.

67   Excursão do Ministro Sinimbú com o objetivo de vistoriar os engenhos centrais da Província do Rio de Janeiro in: O Auxiliador da Indústria Nacional. Rio de Janeiro: Tip. de Eduardo & Henrique Laemmert, 1879.

"*vão saindo das brumas que a têm envolvido e já vão projetando luz (...) uma luz que vai, aos poucos, rompendo as trevas que tem reinado em nossos campos*".[68]

Os receios demonstravam ser cada dia mais sem fundamento, pois um passo decisivo já havia sido dado antes mesmo da construção dos primeiros engenhos centrais. Como se comprazia em indicar o Barão de Monte Cedro, a revolução da parte fabril das fazendas ia-se consumando "*a passos gigantescos. Em breve não se contaram os fazendeiros que tenham introduzido em suas fazendas estes melhoramentos, o número será imenso. A exceção tomará o lugar da regra*". Nos primeiros anos da República, Picard teria essa mesma impressão. Para ele, as usinas brasileiras já se encontravam bem equipadas. Assim, o primeiro e mais evidente efeito desse progresso técnico foi dar início a construção ou a remodelação da parte fabril, mesmo que a transformação não fosse tão prodigiosa e rápida como se esperava. Faltava, no entanto, uma peça essencial neste conjunto mais amplo de que é formada a produção do açúcar e, ao mesmo tempo, pouco lembrado no afã de modernização tão característica destes anos. Faltava, como lembrava Picard e o Barão de Monte Cedro, voltar os olhos para a lavoura e encetar nela a direção que seguia a parte fabril.[69]

Em prol da lavoura: a parte agrícola como fator importante na remodelação da indústria açucareira

> *Felizmente as nossas batalhas serão de progresso e não de canhões, sim de charruas, de arados, de cultivadores. As carabinas serão enxadas, as espadas serão ceifadeiras.*
>
> José Mariano de Carneiro Leão

Convém observar que a palavra "agroindústria" do açúcar tal como existe hoje para definir a indústria nas suas relações com a agricultura, ainda não tinha sido criada nos idos do Império e da Primeira República. Nesta época, o açúcar

---

68 Boletim da Agricultura. São Paulo: Tip da Indústria de São Paulo, 1903.

69 CARNEIRO DA SILVA. João José. *Barão de Monte Cedro. Estudos agrícolas*. Rio de Janeiro: Tip. Acadêmica, 1872; PICARD, J. Usinas açucareiras de Piracicaba, Villa-Raffard, Porto Feliz, Lorena e Cupim. Missão de inspeção do Senhor J. Picard, engenheiro. De primeiro de março a 15 de julho de 1903. São Paulo:Hucitec; Campinas: Editora da Unicamp, 1996, p. 40.

era comumente visto como um produto primário, não obstante a parte fabril ser a que merecia mais cuidados e preocupações.[70] Ao fim do século XIX e na primeira metade do XX, ao que se saiba, os termos utilizados no Brasil eram lavoura, agricultura, indústria ou produção açucareira. Assim, quando algumas vezes "lavoura" significava tanto a parte fabril como a agrícola. A distância que vai do emprego da palavra "lavoura" como apenas o ato de cultivar a terra ao significado que lhe era dado tornava-se por vezes bem distinta, isto é, reeditada podia ter uma acepção muito mais ampla.

A fala do senador Coelho e Campos na discussão de 8 de agosto de 1887 sobre o orçamento da agricultura é um bom exemplo do que se tenta ilustrar, ademais, por ser ele também um produtor de açúcar. Nesta fala, o senador faz uso de uma pergunta retórica para dramatizar o máximo possível a situação da indústria açucareira no país. Nesse sentido, perguntaria aos seus pares o que seria a *lavoura de cana* no Brasil.[71] A resposta não poderia deixar por menos: "É uma narração que contrista.". O ponto que se quer atingir, no entanto, é a segunda parte da resposta. Dizia ele que se assim se dava, era por essa lavoura ainda utilizar métodos antiquados, cultura extensiva, aparelhos que só aproveitavam um terço da sacarose, defecação incompleta etc. Ou seja, aqui também havia uma distância do que tenta explicar atualmente esta palavra.

Reitera-se essa diferença apenas para aclarar que os homens ligados ao açúcar daquele período percebiam os termos "agricultura" ou "lavoura" como questões mais gerais. No entanto, não deixavam de utilizá-las apenas como o ato de cultivar a terra. É nesse sentido mais restrito que também se apresentam os contornos do processo de modernização sofrido pela lavoura, embora seja lembrado de forma mais efêmera tanto pelos seus contemporâneos como pela historiografia atual. Na verdade, tem-se a impressão muitas vezes, que para satisfazer os imperativos da

---

70 Como afirma Szmerecsanyi, tal classificação ocorresse talvez pelo fato do açúcar na realidade ser feito no campo, e não na indústria. Os produtores de açúcar, neste caso, se limitavam a extraí-lo do vegetal (cana, beterraba ou outros) que lhe servia de matéria-prima. No entanto, o próprio autor reconhece que o açúcar constitui na realidade um artigo manufaturado, cuja fabricação requer uma infraestrutura industrial bastante complexa. Mesmo quando praticado em moldes primitivos, essa fabricação envolve uma elaborada tecnologia de processamento. SZMRECSÁNYI, Tamás. *O planejamento da Agroindústria canavieira do Brasil (1930-1975)*. São Paulo: Hucitec; Campinas: Universidade Estadual de Campinas, 1979, p. 42.

71 Brasil. Anais do senado do Império do Brasil. Sessão de1887. Rio de Janeiro: Tipografia do Imperial Instituto Artístico, 1887.

modernização da produção açucareira no Brasil foi sacrificada a sua parte agrícola. E essa tendência mais se acentuava quanto maiores e mais modernas eram as fábricas erigidas. Mas, importa destacar que esta percepção nem sempre condiz totalmente com a realidade.

A mudança nas técnicas de cultivo não se regeu, assim como na parte fabril, apenas por um encantamento desses senhores de engenho em relação aos novos equipamentos apresentados para o cultivo da beterraba, ou mesmo pelos países produtores de cana. Muito menos se buscava criar um harmonioso conjunto entre as melhorias estabelecidas na parte fabril com a produção da sua matéria-prima. Deve-se considerar que tendo sempre vivido em um regime de aumento contínuo dos canaviais para suprir as necessidades das modernas moendas e caldeiras, quando faltou a matéria-prima foi que se começou a considerar o aspecto da necessidade de mudanças também nos canaviais. Mas, nem sempre tanto exaspero para conseguir abastecer essas fábricas modernas iria acarretar em imediata mudança. Como destaca Gileno Dé Carlí, *"quem possuía aquele colosso de ferro era automaticamente dono do açúcar, de muito açúcar cristal. E haja a plantar cana por toda parte. Qualquer variedade e de qualquer modo"*.[72]

Mas, isso não quer dizer que já não houvesse uma mudança de postura por parte de alguns desses produtores de açúcar desde o tempo do Império. A escassez de mão de obra com a eminente abolição da escravidão foi um argumento importante,[73] da mesma forma como seria depois a economia com o braço assalariado e o tão reclamado pagamento de "altos salários". Além disso, como se viu, o aprofundamento do processo de modernização da parte fabril passaria a enfrentar problemas como a falta de matéria-prima ou o baixo rendimento industrial devido

---

72 DÉ CARLÍ, Gileno. *História de uma fotografia*. Recife: s/ e., 1985, p. 51.

73 Eulália Lobo levanta a questão de que o investimento no escravo reduzia a possibilidade de importação de máquinas, de técnicas e esse tipo de mão de obra seria incapaz de usar as máquinas de forma eficaz por falta de motivação e treinamento. Ademais, a abundância de terras desestimulava o uso de adubos, de curvas de níveis para evitar a erosão e do arado em vez da queima. No entanto, o Barão de Monte Cedro ao relatar a experiência do uso do arado americano na Fazenda Santa Isabel do conselheiro João de Almeida Pereira, afirma que os escravos acostumavam-se facilmente, fazendo o dobro que se fazia com a enxada. Ou seja, neste caso alguns senhores de engenho podem ter se mostrado avessos a adoção de máquinas na lavoura, mas não se pode falar de uma incompatibilidade entre o trabalho escravo e os novos instrumentos agrícolas. CARNEIRO DA SILVA. João José. Barão de Monte Cedro. *Estudos agrícolas*. Rio de Janeiro: Tip. Acadêmica, 1872 e LOBO, Eulália Maria Lahmeyer. *História Político-Administrativa da agricultura brasileira: 1808-1889*. Brasília: Ministério da Agricultura, s.d.

em parte ao baixo rendimento sacarino das canas, - e que geraram comprovados contratempos. A magnitude do problema era tal que se atribuiu ao desequilíbrio entre as duas partes do processo a falência tanto de alguns engenhos centrais como mesmo de algumas das suas predecessoras, as usinas.

Parece que as máquinas e sistemas de produção estrangeiros, - tão procurados na Europa pelos agricultores brasileiros -, seriam o estopim em boa parte das insatisfações percebidas nos discursos do período sobre o atraso da lavoura. A parte agrícola também teria que confessar o seu estado de atraso. Embora esta fosse uma das poucas coisas que ainda se julgava que o país tinha como vantagem, já se apontava que era oriunda apenas da ventura que a natureza lhe tinha concedido, - como o clima e a fertilidade da terra -, ou melhor, que tinha alcançado sem o concurso dos produtores de açúcar. As acusações mais frequentes eram que as práticas de cultivo permaneceram no mesmo lugar, - seguiam-se ainda os mesmos sistemas de plantar e colher do período colonial.

Neste particular, o texto seguinte deixa patente que a rotina era vista como um sério empecilho à racionalização da produção. A consulta feita às comissões especiais, nomeadas em 16 de abril de 1875 para o parecer e o projeto sobre a criação dos bancos de crédito territorial e fábricas centrais de açúcar, recriminava os métodos de cultivo adotados por serem eles ainda, na máxima parte, o de dois séculos passados. Concluía que o problema principal era que somente se podia contar com um número muito limitado de cultivadores que já utilizavam instrumentos aratórios e outras máquinas adotadas pelos agricultores europeus e americanos.[74] As comissões da Bahia, Minas Gerais e Espírito Santo iniciaram a sua resposta destacando que não se podia esperar a regeneração da lavoura enquanto a rotina ainda fazia primar a prática de fogo no amanho das terras, ou no máximo contentar-se em pousar por algum tempo os terrenos. Mesmo que a Comissão desse ênfase a essas técnicas já consideradas prejudiciais era acentuado o seu sentido mais teórico do que prático, posto que as queimadas como forma de preparar a terra para o plantio foram a prática mais comum neste período.

Deve merecer particular atenção, o fato de que mesmo existindo uma despreocupação maior dos produtores de açúcar em relação aos seus canaviais, fossem

---

74 Congresso. Câmara dos Deputados. Comissão de Fazenda. Parecer e projeto sobre a criação de bancos de credito territorial e fabricas centrais de açúcar apresentados a Câmara dos srs. deputados na sessão de 20 de julho de 1875 pelas Comissões de Fazenda e especial nomeada em 16 de abril de 1875. Rio de Janeiro: Tip. Nacional, 1875.

cultivados por ele ou não, não é difícil perceber um bom número de trabalhos que se referem pelo menos indiretamente a esse problema da indústria açucareira nacional. Curiosamente, em muitas dessas falas se aproveitaria o mesmo epíteto dado aos intermediários que comercializavam com o açúcar. Desta feita, a alcunha servia para classificar os processos atrasados e rotineiros da agricultura, isto é, começou a se falar de uma cultura ou de uma agricultura vampira, pois se tirava tudo da terra até esgotá-la, *"deixando para trás o deserto, a ruína e a esterilidade"*.[75]

Tudo isto era um sinal de que em parte estes produtores de açúcar foram obrigados a pensar de maneira parecida quando se propunha modernizar a indústria açucareira, uma vez que a sua parte agrícola herdara os mesmos problemas e as mesmas técnicas rotineiras. O estulto desejo de equiparar também os canaviais brasileiros com o dos seus rivais ou com os campos de cultivo da beterraba, faziam com que se enchesse de críticas as técnicas passadas de pai para filho, ou seja, a tão malfadada rotina. O agrônomo Gustavo D'Utra, com pleno conhecimento de causa como Diretor do Instituto Agronômico de Campinas, queixava-se que se ainda se praticava uma *"cultura viciosa em que tudo é sacrificado às praxes antiquadas"*. Era de suma importância que não prevalecesse as mesmas práticas de antanho principalmente quando se tratava do solo, pois já ia para quatro séculos que os mesmos terrenos eram cultivados, sem que nada fizesse o cultivador para restituir as riquezas perdidas depois de sucessivas safras. D'Utra frisava que melhorar os processos culturais era um ponto primordial se não se quisesse lamentar por mais tempo a comprometedora inferioridade que se percebia quando se comparava os canaviais brasileiros com a dos cultivados em outros países, *"cujo progresso admiramos e invejamos"*.[76]

Não seriam somente os brasileiros que meditaram sobre esse problema para depois apontarem remédios. Entre eles figuravam importantes técnicos estrangeiros, como no já citado trabalho de Picard. Um outro relatório que se encontra nos arquivos do Ministério dos Negócios Estrangeiros da França, também apresenta uma ideia bem precisa da imagem passada pelos processos culturais aplicados na indústria açucareira brasileira. Um dos primeiros esclarecimentos do engenheiro Henri Diamanti seria destacar o caráter rudimentar da cultura no Brasil, pois os produtores de açúcar não praticavam a adubação e não se preparava a terra na

---

75 Revista A Lavoura. Rio de Janeiro: Imprensa Nacional, janeiro a fevereiro de 1898.

76 Boletim da Agricultura. São Paulo: Tip da Indústria de São Paulo, 1909, p. 876.

maioria das plantações. O resultado dessa prática depois de algum tempo era o abandono desses terrenos esgotados por outros, o que gerava o sério inconveniente de levar a matéria-prima cada vez mais longe da fábrica. Em sua visão, o modelo mais apropriado para solucionar essa questão seria o aumento da cana-própria das usinas, pois dificilmente se conseguiria aperfeiçoar o cultivo dos canaviais se a usina não fosse diretamente responsável pela produção da sua matéria-prima. O engenheiro não deixava de ressaltar que isso se devia a *"ignorância desconfiada e pertinaz de quase todos os cultivadores".*[77] Nesse sentido, mesmo que a usina tentasse fiscalizar os seus fornecedores, nunca teria o controle pleno para implantar os avanços técnicos necessários para racionalizar a atividade agrícola.

Se uma visão negativa marcou as formulações dos estrangeiros, as críticas feitas pelos próprios brasileiros também não eram amenas. Como se viu, as queixas sobre os atrasos na cultura da cana eram constantes. Alguns relatos mencionavam que os agricultores ignoravam até a extensão dos canaviais, além de desconhecerem completamente a riqueza sacarina das canas ou as formas de melhorar o seu cultivo, ou os meios para se aumentar o seu produto. Embora citando o admirável valor do solo brasileiro, outros trabalhos ressaltavam que o lavrador em sua maioria, não sabia nem mesmo plantar ou cuidar dos seus canaviais, entregando-se às cegas ao trabalho do solo, plantando até em terrenos que não eram convenientes. Em algumas falas mais exacerbadas, como no caso dos apontamentos do engenheiro Manuel Galvão, chegava-se a dizer que a realidade dos canaviais era de quase abandono, quase tão rudimentar como o trabalho do selvagem, mas prevalecia por ser barata, - como exigia a miséria e a ignorância dos agricultores. E não seria só ele que caracterizaria o estado da lavoura como selvagem. A Sociedade Alagoana de Agricultura chegaria a afirmar que o cultivo da terra no Brasil não merecia ser classificado como oriundo de um estado de civilização, pois os seus cultivadores se limitavam a atirar ao solo as sementes, entregando o mais às forças gratuitas da natureza.[78]

---

77   DIAMANTI, Henri. Nota sobre a indústria açucareira no Brasil. In: PERRUCI, Gadiel. *A República das Usinas*. Rio de Janeiro: Paz e Terra, 1978, p. 222.

78   Ver: COSTA, Affonso. *Comércio de exportação do Brasil para a França, Inglaterra e Alemanha*. Rio de Janeiro: Imprensa Nacional, 1925; Hermes Júnior, *op. cit.*; HENNINGER, Daniel. *Comissão do estudo da moléstia da cana na província de Pernambuco*. Rio de Janeiro: Tip. Nacional, 1883; Paes Leme, *op. cit.*; Revista A lavoura, Rio de Janeiro: Imprensa Nacional, maio a junho de 1914 e novembro-dezembro de 1915 e GUSMÃO, Messias de. *Relatório da Comissão da Sociedade de Agricultura Alagoana sobre a indústria açucareira de Alagoas*. Maceió: Livraria Fonseca, 1904.

Esse vaivém de críticas e reclamações importa para se perceber que houve fatores além da deficiência na fábrica que levaram a irregularidades na produção de açúcar. Além disso, torna coerente a perspectiva de alguns desses homens da inutilidade de seguir melhorando a parte fabril sem realizar, mesmo que em menor grau, melhoramentos agrícolas. Na verdade, mesmo que muitas das medidas preconizadas, como a irrigação, não fossem realmente colocadas em prática, elas demonstram que a adoção de processos modernos da cultura da cana também fizeram parte de um projeto modernizador.

Não é demais insistir que essas preocupações ainda não faziam parte do cotidiano de um número muito grande de produtores de açúcar. Talvez por isso, sempre se chamasse a atenção para um conjunto de produtores rurais que se destacavam. Curiosamente, o que se cuidava ressaltar era sempre o seu pequeno número, embora não se deixasse de afirmar que estes homens deram um salto importante em relação àqueles agricultores que cuidavam na sua ignorância que a lavoura se resume a semear e colher. Desde muito cedo se pode atestar esse posicionamento. Em 1875, a Comissão da Câmara dos Deputados ressaltaria que era muito limitado o número de cultivadores que admitiam instrumentos aratórios e outras máquinas adotadas pelos agricultores europeus e norte-americanos. Alguns anos depois, já com a vigência do regime republicano e das usinas, Luiz de Castilho chamava a atenção para o fato de que os agricultores brasileiros, *"com raríssimas exceções eram avesso por hábito ou por índole à verdadeira arte agrícola".* Mas, não foi à toa que ele travaria uma contenda com o engenheiro alemão Frederic Draennert nas páginas do *Jornal do Agricultor,* insistindo ardorosamente que não era a parte fabril que era culpada pelo atraso da indústria açucareira do Brasil. Para ele, havia que se contrapor aqueles técnicos e produtores de açúcar que afirmavam que as necessidades da lavoura não eram tão urgentes.[79]

De resto, é bem verdade que há momentos para tudo, e neste caso, o tempo dos técnicos nem sempre seria o mesmo dos produtores de açúcar. Certo é que alguns desses homens, os ditos agricultores progressistas, não possuíam um pensamento tão distinto dos agrônomos e engenheiros, de modo a se produzir diferentes anseios em relação à racionalização da cultura, mesmo porque os seus mestres eram os mesmos, isto é, autores que se tornaram conhecidos mundialmente por

---

79 BRASIL. Anais da Câmara dos Deputados. Rio de Janeiro: Imprensa Nacional, 1875; CICA. Centro da indústria e comércio de açúcar no Rio de Janeiro. Rio de Janeiro: Companhia Tipográfica do Brasil, 1892.

seus manuais, como Álvaro Reynoso. Mas, sem dúvida alguma, não levavam tão a extremos a necessidade de uma remodelação total das práticas de cultura em voga. Ademais, sempre se podia buscar uma certa harmonia na introdução paulatina dessas melhorias, assim como também foi feito na parte fabril. De qualquer forma, o fato é que aos produtores de açúcar brasileiros serviu muito bem o sistema misto, pois no fim se conseguiu conciliar com louvável desplante o tão malfadado atraso com as práticas progressistas.

Se o Barão de Monte Cedro defendia que o sistema que mais convinha para a fábrica era o sistema misto, igualmente postulava que na exploração da matéria--prima dever-se-ia seguir o mesmo princípio ou pela denominação que segundo ele melhor lhe caia, *"cultura de transição"*. Tal intenção, no sentido de incentivar uma mescla entre o sistema intensivo e o extensivo,[80] levaria o Barão a farpear impiedosamente o trabalho de Jeronymo Pereira Pinto, - que advogava que era possível sim o país adotar naquele momento o sistema intensivo, uma vez que, *"há muitos anos que os agrônomos mais amestrados condenam a agricultura extensiva e basta-nos bom senso para aceitarmos a lição"*. Não obstante, a mensagem do Barão de Monte Cedro era clara e seu tom enfático chegava a ser debochado. Ao finalizar o seu texto chegou a comparar o sr. Jeronymo Pereira Pinto ao personagem criado por Miguel de Cervantes: D. Quixote e a sua luta contra moinhos de vento.[81]

Por outro lado, o Barão de Monte Cedro não deixava de lembrar que embora a maioria das fazendas de açúcar se valesse do sistema extensivo,[82] alguns

---

80 Segundo o Barão de Monte Cedro, a denominação cultura intensiva e extensiva foi introduzida por M. Moll, uma grande autoridade agrícola na França e professor de agricultura do conservatório de Artes e Ciências. Moll define o sistema intensivo como aquele que tende a criar um grande produto bruto sobre uma mínima extensão de terras, e que para esse fim acumula sobre essa pequena superfície uma soma considerável de trabalhos e de despesas quaisquer; define o sistema extensivo como aquele que procura antes de tudo diminuir as despesas da empresa agrícola, que reduz o mais possível à soma do trabalho aplicado a terra e que consente só tirar um produto bruto mínimo, sob condição de não consagrar-se senão uma despesa ainda mínima. Carneiro da Silva. *Op. cit.*

81 *Ibidem.*

82 O Barão de Monte Cedro relatava que *"as nossas fazendas de açúcar, em geral tem a metade, e, às vezes, mais, de suas terras em descanso, em pastos ou em matas; a sua cultura relativamente é mínima; o gado alimenta-se em pastos ou nas roças, em descanso. Estruma-se pouco e mal, e, às vezes não se estruma; prefere-se quase sempre deixar o terreno em descanso por alguns anos a fim de recuperar com o tempo a sua fertilidade, não usamos ainda de corretivos, nem da irrigação, nem da drenagem, para melhorar as nossas terras de culturas"*. *Ibidem.*

fazendeiros já buscavam aprimorar o sistema de cultivo dos seus canaviais, principalmente para aproveitar as terras velhas. Segundo ele, já era possível perceber a lavra dessas terras com instrumentos aratórios e algumas tentativas de estrumar o solo, mesmo que feitas sem muita arte. Esse movimento visto por ele como progressista já atestava a preocupação de alguns desses homens em limitar a área das terras cultivadas, o aumento do capital empregado nos trabalhos rurais, as tentativas de recuperação da fertilidade das terras através da adubação e, por fim, a redução da mão de obra pela adoção de um maquinário especializado. Ora, quando se observa essa realidade não se pode dizer que esses homens eram retrógrados, pois ao lado do sistema de cultura extensiva adotavam-se algumas práticas da cultura intensiva. Em suas próprias palavras, *"iremos caminhando para lá, embora seja difícil chegar a essa terra da promissão"*.[83]

A essência da argumentação do Barão de Monte Cedro para justificar uma *"cultura de transição"* foi recorrente na fala de vários dos grandes produtores de açúcar. Ora, para eles o Brasil era um país pouco populoso, com terras disponíveis em abundância, sem instituições de ensino agrícola e, principalmente, sem instituições de crédito. Aliás, este último fator era o alvo quase sempre dos reclamos mais repetidos. Como não deixava de lembrar o Barão, a cultura intensiva era a cultura dos grandes capitais. Alguns anos depois, Milet também não teria dificuldades em explicar as motivações da diminuta aplicação nos engenhos de adubos, culturas alternantes, plantação em linha, os arados de plantar e limpar, a drenagem, a irrigação etc. Não que Milet não reconhecesse o desconhecimento de uma boa parte dos agricultores. Mas, segundo ele, mesmo aqueles que conheciam perfeitamente os novos métodos de cultivo não podiam aplicá-los por não disporem de capitais suficientes, já que poucas eram as fazendas no país onde os agricultores poderiam ter em consideração introduzir esses melhoramentos.[84]

Embora a usina ou os recursos que ela poderia possibilitar facilitaram a adoção de processos modernos de cultura da terra, não cessaram as afirmações de que a parte agrícola ainda estava muito atrasada. Da mesma forma, a falta de capitais continuava a figurar como uma das principais agruras para uma mudança nas diretrizes de produção da matéria-prima. Em 1909, em resposta as afirmações que emanavam frequentemente nos discursos do período de que o homem do campo era indolente,

---

83 *Ibidem.*

84 Milet., *op. cit.*, p. 13.

o presidente da SNA, Wenceslao Bello, insistiria neste ponto ao defender que a mudança só se daria se a lavoura desse mais lucro.[85] Em 1920, esse argumento continuava forte na última década da Primeira República. Antônio Carlos de Arruda Beltrão queixava-se que ainda se praticava no Brasil práticas empíricas e rotineiras que tinham sido legadas pelos seus antepassados do século XVIII. Em que pese ter ele ampliado os motivos às vicissitudes das rudes e árduas tarefas dos agricultores tais como secas, falta de braços, ainda sim enfatizaria a *"magna e vital carência completa de crédito"*, somada aos baixos preços do açúcar por anos e anos, - o que onerava substancialmente o capital dos produtores de açúcar e a sua capacidade de melhorar o cultivo dos seus canaviais.[86]

Naturalmente, o posicionamento dos técnicos sempre primou pela perfeição do modelo de organização agrícola e sendo este mais próximo do aperfeiçoamento agrícola de base científica adotado na Europa e por alguns outros produtores de açúcar de cana, melhor era. Além disso, podiam alegar que não tinham o porquê de se considerarem equivocados, posto que o rendimento agrícola nestes países suplantava em muito o do Brasil. Assim, o sistema de cultivo adotado no país parece ter sido sempre mais rechaçado pelos técnicos do que pelos seus produtores. A questão sempre tão vivamente discutida pode ser percebida na fala do engenheiro Gustavo D'Utra, que chamava a atenção para o fato de que nada caracterizaria melhor o atraso da agricultura e a falta das mais elementares noções de agronomia da classe agrícola brasileira do que o emprego ao mesmo tempo do sistema extensivo e exclusivo seguido por quase todos.[87]

Mas, deve-se considerar que uma mudança na proporção que almejavam esses engenheiros e agrônomos não seria levada em consideração neste momento pelos produtores de açúcar. Nessas circunstâncias, não há como esquecer todos os recursos que demandariam uma reforma completa da parte propriamente agrícola em um período em que tantos cuidados e gastos ainda eram dispendidos no aperfeiçoamento industrial. Não seria realismo esperar que não houvesse discordâncias em relação a um ou outro ponto ou o momento em que eles deveriam ser

---

85   Revista A Lavoura, Rio de Janeiro: Imprensa Nacional, janeiro a fevereiro de 1909.

86   Revista A lavoura, Rio de Janeiro: Imprensa Nacional, março a abril de 1920.

87   D'UTRA, Gustavo. Breves considerações sobre a anatomia do colmo e as moléstias da cana de açúcar, apresentada a Imperial escola agrícola da Bahia para ser sustentada perante a mesma escola a fim de obter o diploma de engenheiro agrônomo. Bahia: Lit. Tipográfia de João Gonçalves Tourinho, 1888, p. 119.

adotados, pois nem sempre os elementos de atraso pareciam tão acentuados que se fazia necessário a aplicação imediata de processos de cultivo completamente diferentes daqueles que já tinham sido consagrados. Assim, ao lado das tão aclamadas virtudes das medidas progressistas que poderiam ser alcançadas com a adoção do sistema dos engenhos centrais, a crítica feita por Milet ironizando o afã pelos novos processos de cultivo pode ser vista como um reflexo da mentalidade dos grandes produtores de açúcar da época, caracterizado muitas vezes como tradicionalista.

> Para melhorar a cultura da cana (...) introduzindo os processos da agricultura intensiva, muitas experiências se têm feito e sem vantagem para os experimentadores porque ainda não chegou a hora de introduzir tais processos. Os atuais são os que melhor correspondem as nossas peculiares circunstâncias; admitem progresso sem dúvida, mas não sem riscos para os inovadores; essa rotina é o resultado da experiência de trezentos anos. Não digo que não haja possibilidade de introduzirem-se melhoramentos; há, mas não é muito fácil; de cem pessoas que querem introduzir melhoramentos, noventa e nove hão de perder com isso.[88]

Poucos episódios ilustram tão bem essa controvérsia como a discussão entre os usineiros Francisco de Paula Leite e Oiticica e Estácio Coimbra e o engenheiro Eurico Jacy Monteiro. Leite e Oiticica rebateu ardorosamente uma das conclusões do Primeiro Congresso Nacional de Agricultura que recomendava aos usineiros a introdução de melhoramentos nos canaviais como uma solução para a crise. Dizia lamentar tal conclusão, que seria considerada por uma irrisão apresentada pelo Congresso, uma vez que os agricultores não tinham dinheiro nem para plantar ou colher as safras que estavam no campo.

Coube a outro usineiro da época, Estácio Coimbra, numa tentativa de apaziguar os ânimos, afirmar que, na realidade, a comissão não entendia essas medidas como uma solução para crise. Buscava-se, sim, reforçar noções gerais de agricultura que se encontravam em quase todos os compêndios e manuais agrícolas. Também ressaltava que não se esperava resolver a crise do açúcar por meio de conselhos relativos à escolha da variedade de canas, à irrigação, à adubação etc.

---

88 SAAP. Trabalhos do congresso agrícola do Recife. Recife: Tip de Manoel Figueiroa de Faria & Filhos, 1879.

No entanto, o debate intensificou-se quando o engenheiro Eurico Jacy Monteiro defendeu com alarme e veemência que o Congresso não deveria aconselhar aos lavradores o uso da enxada e da *"lavoura vampiro"* para a cultura da cana. Mesmo que se considere muito exagerada a sua fala, ele defenderia o que já tinha sido alardeado antes, tanto por técnicos como por produtores de açúcar, isto é, que o capital investido em estrumação, irrigação e outras melhorias era uma forma de produzir mais barato, ou seja, era percebido por alguns como uma forma de amenizar a crise e recuperar a antiga posição do Brasil no mercado mundial.

Mas pouco a pouco algumas melhorias na cultura da cana começaram a despontar. Embora Gileno Dé Carlí, - respaldado naturalmente na sua experiência como fornecedor de cana -,[89] afirme que a questão primordial da matéria-prima só foi despertada com a crise de 1929, em nenhum momento dos anos anteriores se deixava transparecer que a necessidade de melhorias na parte agrícola fosse ignorada. Não que esse traço haja escapado da arguta percepção de um dos maiores estudiosos da indústria açucareira brasileira, mas talvez não se tenha dado tanta atenção por serem estes avanços ainda feitos de forma pontuais e espaçadas, assim como se deu na parte fabril antes da entrada em cena dos engenhos centrais. Embora rarefeito e passando ao campo da prática de modo fragmentário, já havia um gérmen de preocupação com a parte exclusivamente agrícola e procurava-se deixar isso patente.

Nesse sentido, o que interessa no momento, - em relação aos anos finais do Império e nas primeiras décadas da República -, foi que também na luta contra a rotina, as tensões se multiplicavam quando as questões no campo da lavoura eram abordadas. Uma das primeiras reações de alguns dos representantes da indústria açucareira foi pensar na mecanização dos trabalhos agrícolas, que teria como alvo igualar a produtividade alcançada nos países que já se valiam da mecânica agrícola para aumentar a produtividade dos seus campos. Aqueles que defendiam o crescimento conjunto da agricultura e da parte fabril com posições mais extremas, como os técnicos, alegavam que não havia um obstáculo tão grande no processo de modernização das práticas de cultura dos canaviais, uma vez que se a diferença de custo entre os aparelhos ordinários e os mais aperfeiçoados era grande na parte fabril, isto não se dava na produção da matéria-prima em si. Burlamaque,

---

89   Gileno Dé Carli foi fornecedor de cana da Usina Petribú, no Engenho Fortaleza, de propriedade de seu sogro João Cavalcanti de Petribú. Deixaria de ser fornecedor em 1932, devido à seca e à crise açucareira, começando então a sua carreira do Instituto do Açúcar e do Álcool.

ao escrever sobre essa questão na sua *"Monografia da cana de açúcar"*, adotava um tom de simpatia em relação aos senhores de engenho que hesitavam em substituir os atrasados aparelhos dos seus engenhos por outros mais perfeitos, porém muito caros. No entanto, como um precursor da bandeira levantada pelos agrônomos anos mais tarde, ele diria que qualquer hesitação em implementar instrumentos de cultura mais modernos era um *"clamoroso pecado contra o senso comum"*, posto que eles não eram muito caros, além de dispensarem um grande número de braços e pouparem tempo e, consequentemente, dinheiro.[90]

É bom lembrar que a adoção desses instrumentos agrícolas por alguns dos chamados "agricultores progressistas" e, por vezes, a sua concentração em alguma localidade onde a sua propagação foi mais rápida e com bons resultados, passou a ser divulgado como um modelo a se seguir. Nesse sentido, em 1883, já se manifestava André Rebouças ao analisar o Inquérito sobre o Estado da Lavoura feito pelo Ministério da Fazenda dez anos antes. O engenheiro de fato acreditava que uma das causas de não ser mais próspera a lavoura era o uso do antigo sistema de plantação, pois alguns municípios que já trabalhavam com máquinas e instrumentos agrícolas tinham conseguido inúmeras vantagens. O exemplo citado seria o município de Limeira, na Província de São Paulo, que já possuía 40 máquinas movidas a vapor e que já tinha como corriqueiro o trabalho aratório na grande e até na pequena lavoura.[91]

Com um esforço sistemático de propaganda e quase de elaboração doutrinária, os artigos de muitos destes técnicos publicados nos periódicos do período afirmavam que não havia como contestar as vantagens auferidas na lavoura pelo emprego de instrumentos aperfeiçoados, ou melhor, das máquinas e aparelhos rurais. Neste meio-ostracismo, como diziam alguns desses homens, pelo descaso com o nível técnico da lavoura em detrimento dos avanços já alcançados com a parte fabril, a defesa de alguns destes instrumentos aratórios se destacava mais ou menos com a mesma intensidade que as novas moendas tiveram. Dentre estes instrumentos, a figura do arado sobressaia-se por representar não só ganhos materiais, como também ganhos simbólicos.

A impressão que se tinha era que não se podia mais trabalhar com a enxada, vista já naquele momento quase como uma simbiose do braço escravo e,

---

90   Burlamaque, *op. cit.*, p. 358

91   Rebouças., *op. cit.*, p. 75.

A QUIMERA DA MODERNIZAÇÃO   363

posteriormente, com a abolição, do atraso que tinha sido legado por ele. Dia a mais, dia a menos, pelo que se desprende destas falas, a enxada deixaria de ter utilidade. *O Auxiliador* já se expressava desta maneira em 1860, ao afirmar que a enxada manejada pelas mãos escravas em breve seria considerada uma *"antiqualha digna de riso, como a prova de um atraso deplorável".*[92] No período Imperial muitas dessas fontes estavam relacionadas às discussões sobre o modo de encaminhar o processo de transição da escravidão para o trabalho livre.[93] Uma posição interessante foi a do Conselheiro Nicolao Joaquim Moreira[94] quando alegava em um artigo intitulado *"A influência maléfica da escravidão na economia rural"*, publicado na *Revista Agrícola do IIFA*, que não havia como comparar o trabalho produzido pelo arado dirigido pelo operário inteligente e o resultado alcançado pela enxada *"manobrada pelo infeliz escravizado"*, do mesmo modo que não se podia cotejar a qualidade e a quantidade dos produtos fornecidos pelo solo roteado pelo arado daquele que se obtinha da terra lavrada pela enxada.[95]

Era de supor que a abolição da escravidão incentivasse o emprego crescente do preparo mecânico do solo, já que era vista como um dos seus principais entraves. Sem dúvida houve um aumento da demanda por estas novas máquinas. Mas, pelo que se percebe, ele não seria o suficiente para que o melhor roteamento do campo deixasse de ser um dos pontos nefrálgicos de um pensamento que existiu em toda a primeira metade do século. Em um discurso pronunciado na sessão de 24 de setembro de 1906, o deputado Sylvio Rangel demonstrava um grande descontentamento com *"a ignorância das classes rurais no tocante ao manejo e utilização das máquinas e instrumentos agrícolas".*[96] Alguns anos depois, um estudo

---

92   Auxiliador da Indústria Nacional, Rio de Janeiro: Tip. de N. L. Vianna & Filhos, 1860, p. 40.

93   Nestes anos tornava-se essencial solucionar o problema da mão de obra que se agravava desde os tratados internacionais de fim do tráfico, daí resultaria a legislação que seria adotada na segunda metade do século XIX. Neste caso, destaca-se a lei de locação de serviço de 1879, como um dos marcos da política mais geral implementada para a extinção da escravatura em 1871. LAMOUNIER, Maria Lúcia. Formas de transição da escravidão ao trabalho livre: A lei de locação de serviços de 1879. Dissertação de mestrado, IFCH/Unicamp, Campinas, 1986.

94   Na mesma época, Nicolao Moreira dirigiu a sessão de botânica e agricultura do Museu Nacional e era redator da Revista Agrícola do IIFA, cargos que ocupou até 1887. DANTES, M. A. M. (Org.). *Espaços da Ciência no Brasil. 1800-1930.* Rio de Janeiro: Editora Fiocruz, 2001.

95   Revista Agrícola do IIFA, Rio de Janeiro: Tipografia literária, 1886.

96   Sylvio Rangel era cafeicultor e presidente da SNA. BRASIL. Anais da Câmara dos Deputados para o ano de 1906. Rio de Janeiro: Departamento de Imprensa Nacional, 1906.

apresentado pelo diretor do Serviço de Informação do MAIC, ressaltava que embora o Brasil fosse um país agrícola que contasse com um habitat esplêndido para o desenvolvimento da agricultura, somente o era à lei da natureza. Affonso Costa referia-se ainda ao fato de que no país ainda se lavrava o solo a enxada, posto que o arado moderno, a máquina de plantar e colher e outros instrumentos aperfeiçoados só lentamente passavam a ter uso, mas geralmente restritos aos centros mais adiantados de atividade agrícola.[97]

É também interessante observar que em larga escala a preocupação com a necessidade de introduzir essas novas máquinas agrícolas na lavoura não estava relacionada somente às práticas rotineiras que caracterizavam as técnicas de cultivo adotadas no país. Vê-se com fartura nos escritos da época que a redução da mão de obra através do emprego no campo da mecânica agrícola teve um papel-chave à medida que o fim da escravidão tornava-se inevitável.[98] Embora se note facilmente que a imigração europeia ou asiática dominou não só o cenário político, - mas também os debates no âmbito civil -, falou-se bastante também, embora sem a mesma repercussão, da aplicação da mecânica agrícola como uma solução para este que era visto como um dos principais problemas para a agricultura brasileira.

Não seria de estranhar que já em 1865, devido ao papel que se auto-outorgava a Sociedade Auxiliadora da Indústria Nacional, o *Auxiliador* defendesse que o queixume da falta de escravos não era mais justificável quando já se sabia que as máquinas supriam a força braçal, podendo duplicar a população agrícola. Também não se deixava de destacar que a mão de obra tendia a se tornar um das mais sérias dificuldades da agricultura, *"tanto nos países cultivadas por mãos livres, como nos países de escravos".*[99] Afirmação esta que faria sentido por um longo período de tempo, uma vez que se pode afirmar que a abolição fora apenas o pontapé inicial do processo de modernização da parte agrícola, tendo como um dos seus principais intuitos diminuir o número de braços na lavoura.

---

97 Costa., *op. cit.*

98 Em 1872, o deputado Luís Matoso Duque-Estrada Câmara observou que a lei de 1871 foi como um aviso para os fazendeiros fluminenses, assim como o resto da nação, de que o movimento para substituir os escravos por trabalhadores livres estava acontecendo. Quanto mais cedo fosse completado, melhor; de forma que ninguém poderia ser apanhado de surpresa quando a abolição de tornasse finalmente uma realidade. GOUVÊA, Maria de Fátima Silva. *O Império das Províncias: Rio de Janeiro, 1922-1889.* Rio de Janeiro: Civilização Brasileira, 2008, p. 241.

99 O Auxiliador da Indústria Nacional. Rio de Janeiro: Tip. Ind. Nac. de Cotrim e Campos, 1865.

É manifesta a preocupação em salvaguardar a agricultura do problema da falta de braços. Impressiona particularmente ter frisado Ladislau Netto em 1869 que o braço deveria limitar-se tão somente ao que dele houver mister para dirigir a máquina. Mas, vê-se também a preocupação com a diminuição dos custos de produção. O Barão de Monte Cedro defendia claramente que a economia de braços, *"hoje tão caros"*, constituiria outra razão forte em favor da adoção dos instrumentos aratórios. O futuro fundador do Engenho Central de Quissamã ilustraria a sua defesa ao afiançar que uma fazenda que empregasse 50 pessoas de serviço para plantar cana para a produção de 150 caixas de açúcar podia fazer o mesmo serviço em três meses com 16 pessoas, sendo que se empregassem a charrua poderia se limitar esses trabalhadores a 4 escravos adultos e 12 moleques.[100]

E não era só isso. Os cálculos feitos por alguns importantes técnicos do período eram impressionantes, chegando a representar a diminuição de quase três quartos da mão de obra. Em um artigo publicado na Revista de Engenharia, Henri Raffard estimava que para uma produção de 550.000t de açúcar nos engenhos brasileiros que tinham um rendimento médio de 4%, seria necessário 13.750.000t de cana. Para essa produção seria necessário 171.875 hectares e o pessoal aplicado à lavoura seria de 200.000 pessoas, enquanto que nos processos racionais, como os adotados em Java, o número calculado não passava de 55.000 pessoas para produzir as mesmas toneladas de cana.[101]

Mas, se esses homens não estavam enganados, fica sempre a questão de o porquê de tanta demora em adotar tais implementos agrícolas se até mesmo o seu preço, como dizia Bularmaque, não seria uma boa razão. O agrônomo mineiro Antônio Gomes Carmo,[102] filho do proprietário da Fazenda Contenda, Jacinto Gomes, descreveria uma experiência vivida por seu pai em 1908 e que talvez explique em parte essa questão. Em suas próprias palavras:

> O fato do meu pai empurrar a rabiça do cavalo causou certa impressão, ao ponto de julgarem-no louco ou caduco (...) quando é que já se viu um homem como o coronel andar

---

100 Carneiro da Silva. *op. cit.* e O Auxiliador da Indústria Nacional. Rio de Janeiro: Tip. de J. J. C. Cotrim, 1869, p. 410.

101 RAFFARD, Henri. Crise do açúcar e o açúcar no Brasil. Artigos publicados na revista de engenharia e transcriptos no jornal do agricultor. Rio de Janeiro. Tip. Carioca, 1888.

102 Foi diretor do Serviço de Informações e Divulgação do MAIC, publicou vários trabalhos, dentre eles o Estado Moderno e a Agricultura.

com brinquedo de menino de dia com sol quente (...) felizmente antes de completar os dois anos, já o número de loucos subia a 160.[103]

A cautela, a prevenção, o desconhecimento e o tão criticado "isolamento" de muitos dos produtores rurais seria uma realidade que sustentaria uma intricada rede de conflitos entre esses homens e os técnicos durante um bom tempo. Talvez por isso mesmo as fazendas-modelo seriam tão ardorosamente indicadas como uma solução do problema. Além do mais, enquanto se pudesse contar com uma fronteira agrícola sempre haveria a justificativa levantada pelo Comendador Luiz Ribeiro de Souza Resende[104] no Congresso Agrícola de 1878, - o da Corte -, de que a lavoura prática em um país como o Brasil deveria se afastar da teoria. Para ele, não havia lógica em derrubar as matas virgens, arrancar os troncos e raízes de ipês, jacarandás e perobas, para depois adubar e arar a terra. "*Seria e é utopia*". Essas seriam realizações das futuras gerações que necessitariam fertilizar essas terras.[105] De todo modo, o que se quer mostrar de fato é que nem todos os agricultores ficaram ausentes às tentativas de modernização da parte agrícola, assim como o Estado e os técnicos também não se afastaram dessa questão.

Seja como for, a questão que se colocava para além dessas considerações observadas mais fartamente do que se esperava, seria o fato de que com o decorrente aumento da escala de utilização destes instrumentos em outros países, a sua importância foi sucessivamente aumentada até chegar ao ponto em que o número de instrumentos agrícolas utilizados em um país podia ser traduzido como o grau de desenvolvimento alcançado na lavoura. Numa época de inovações importantes também na parte agrícola, conquanto a representatividade da Europa ainda fosse expressiva, alguns outros países, como os Estados Unidos, nortearam a visão de progresso de muitos dos homens ligados à lavoura. O desempenho agrícola deste país teve um papel fundamental no sentido de propagar e aprimorar os conhecimentos tecnológicos voltados para a produção agrícola. O segredo da superioridade americana, como defendia o deputado Sylvio Rangel, era o emprego

---

103 Revista A Lavoura. Rio de Janeiro: Imprensa Nacional, janeiro de 1911.

104 O Comendador Luiz Ribeiro de Souza Resende se identificava como um agricultor de Valença.

105 BRASIL. Edição fac-similar dos Anais do Congresso Agrícola, realizado no Rio de Janeiro, em 1878. Fundação Casa de Rui Barbosa: Rio de Janeiro, 1988, p. 202.

de máquinas agrícolas na sua maior intensidade. Segundo ele, se o Brasil tivesse adotado as técnicas agrícolas seguidas nos Estados Unidos, - ao invés de empregar a enxada e a cavadeira como principais instrumentos de trabalho na sua lavoura -, provavelmente estaria tão desenvolvido quanto aquele país. Em uma comparação, o deputado revelaria níveis extremos de desigualdade de gastos com mão de obra entre os dois países. Para a produção de um alqueire de terra, o Brasil empregava devido ao emprego de atrasados instrumentos aratórios dezenas de braços, ao passo que os Estados Unidos com a aplicação de máquinas modernas precisaria apenas de dois homens para executar o mesmo serviço com maior perfeição e em menor tempo.[106]

Assim, se a enxada passou a representar uma tradição que nada mais simbolizava que o "atraso", a dimensão simbólica alcançada pela figura do arado também não deixa de chamar a atenção. Este instrumento agrícola passou a representar o advento de uma nova fase para a agricultura, proporcionada pela aplicação de métodos de cultura chamados "progressistas", escorados tanto na ciência como nos preceitos de racionalidade da produção cunhados pós-Revolução Industrial. Neste particular, essa visão da agricultura pode ser percebida na fala de José Gomes Ribeiro de Avelar,[107] durante o Primeiro Congresso Nacional da Agricultura. Ele ressaltava que os fazendeiros brasileiros deveriam levar em conta que a agricultura já era dominada pelo espírito de aperfeiçoamento que distinguia as manufaturas, adquirindo essa força de produção que caracterizava a indústria fabril e que multiplicava a fecundidade do solo em proporções enormes.[108] Embora a defesa da mecanização agrícola já abarcasse uma diversidade grande de instrumentos agrícolas, como charruas, grades, sulcadores, rolos etc., o arado, talvez por ser destes o instrumento agrícola mais antigo para arar a terra, acabou por se tornar um símbolo para a mecanização agrícola e passou a ser estampado nas capas de vários periódicos e publicações agrícolas do período.

---

106 BRASIL. Anais da Câmara dos Deputados para o ano de 1906. Rio de Janeiro: Departamento de Imprensa Nacional, 1906.

107 José Gomes Ribeiro de Avelar era proprietário da Fazenda Ribeirão em Vassouras e irmão do Barão da Paraíba.

108 SNA. Anais do Congresso Nacional de Agricultura. Rio de Janeiro: Imprensa Nacional, 1907, p. 25.

Fonte: capas da revista A Lavoura; do Jornal do Agricultor; Jornal dos Agricultores e a capa da tradução do livro de Leonard Wray. O lavrador prático da cana de açúcar. Bahia: Tip. de Camillo de Lellis Masson & Cia, 1858.

Mas é preciso imaginar que se um passo decisivo na fábrica foi dado pela invenção do vapor, a lavoura também acabaria por se valer deste recurso que se constituiu num dos aspectos chaves do que se identificava na época como "progresso". A adoção do sistema de locomóveis[109] constitui um bom exemplo das mudanças que estavam ocorrendo no meio rural. Era fácil se convencer das vantagens dessa máquina, principalmente porque o seu emprego na lavoura poderia resolver problemas como os de mão de obra e transporte. Burlamaque chegou a afirmar que esse era, sem nenhuma contestação, um dos mais notáveis melhoramentos da época. O novo instrumento permitia substituir as forças humanas e as dos animais com notável

---

109 A. Leroy afirmava que chamava-se locomóvel a uma máquina portátil a vapor, cujo emprego principal era agrícola. Estes aparelhos, construídos recentemente, estavam em uso na Inglaterra, nos Estados Unidos e começaram a divulgar-se na França. Um locomóvel compunha-se de uma caldeira horizontal cilíndrica, munida de tubos no interior; exatamente como as locomotivas; era sustentada por um sistema ordinário de rodas, sejam de madeira ou sejam de ferro, o que dava a faculdade de lhe aplicar cavalos para a conduzir aos sítios em que se exigia o seu trabalho. A. Leroy. L'Agriculteur praticien. In: O Arquivo Rural: Jornal de Agricultura, artes e Ciências correlativas. Lisboa: Tip da Sociedade Tipográfica Franco-Portuguesa, 1860, p. 562.

economia, já que o custo dessas máquinas ia se tornando cada vez menor. Além disso, eram numerosas as suas funções, podendo ser utilizado para lavrar, gravar, destorroar, abrir regos para plantar os olhos da cana, amanhar, capinar, chegar às terras as canas novas, transportar para os engenhos os carros que traziam as canas cortadas, transportar para o canavial o bagaço da cana moída, distribuir estrumes pelos canaviais, nivelar e cobrir as palhas, lavrar as terras para nivelar os campos de cultura, extrair água para regar os canaviais, serrar madeira etc.[110]

Nem mesmo o preço dessa máquina seria motivo de queixume. Burlamaque afiançava que nas colônias inglesas, um locomóvel de 6 cavalos custava 2.250$000 e o de 10 cavalos 4.500$000, ou seja, o valor de 2 a 4 escravos. Além do mais, não podia ser desprezada que se obteria o serviço de mais de 100 braços, produzindo uma economia de mais de 33%. Tamanha foi a euforia causada pelo novo invento que o afamado Diretor do IIFA sentiu-se à vontade para afirmar: *"É que braços! Braços infatigáveis, sempre prontos para o serviço"*. Ainda mais seria a sua admiração pelo *"gênio da mecânica"* ao relar o invento dos locomóveis de trilhos moveis que levava atrás de si charruas, semeadores, grades etc.[111]

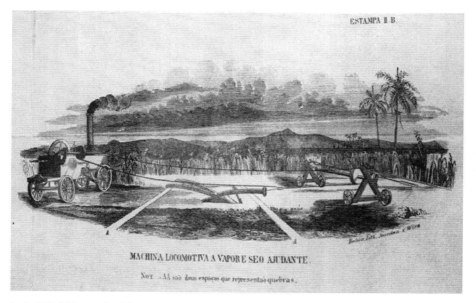

Fonte: WRAY, Leonardo. O lavrador prático da cana de açúcar. Bahia: Tip. de Camillo de Lellis Masson & Cia, 1858.

---

110 Burlamaque, *op. cit.*, p. 364.
111 *Ibidem*, p. 365.

De modo geral, no Brasil, o entusiasmo gerado por essas máquinas pode ser revelado nas propagandas de algumas casas comerciais especializadas em produtos agrícolas comumente encontradas em alguns periódicos ainda nos anos do Império.[112] No entanto, mesmo que não se possa contar com o número dos locomóveis comercializados no país, o padrão típico de transporte da cana dos canaviais para as estradas de ferro agrícolas, até a década de 50 do século XX, seriam as carroças puxadas por bois.[113]

Mas se os locomóveis despertaram o interesse de muitos agricultores, de toda decisiva seria a influência dos automóveis na agricultura a partir do início do século XX. Em 1906, a revista *A lavoura* traria um artigo sobre um trator construído mais ou menos há quatro anos pela companhia inglesa The Ivel Agricultural Motors, como sendo um dos primeiros automóveis destinados aos trabalhos rurais com grande aceitação. O mais novo invento poderia executar todas as lavras e amanhos da terra, fossem estes profundos ou superficiais; semeaduras; capinas ou limpas em terra leve ou pesada, nas planícies ou nos morros suaves; puxaria carros e carroções nas boas estradas; acionaria bombas, moinhos, serras e outros maquinismos que exigissem a força de 20 cavalos a vapor para baixo etc. Aliás, afiançava-se que se complicada parecia essa máquina, na verdade seria bem simples o seu manejo, não sendo necessário um técnico para dirigi-la. Para isso, bastava um simples empregado da fazenda.[114]

Como se sabe, algum tempo depois se comprovaria que o agrônomo mineiro Gomes Carmo não estaria equivocado ao defender que o uso desses motores na agricultura não era mais uma simples experiência, e que tinham uma pronunciada tendência a se generalizar. O custo do trator no período era de cerca de 5:000$000 réis. No fim do seu discurso, tentando conseguir uma conversão dos fazendeiros mais receosos, diria ele em tom jocoso que *"se há dinheiro e gosto para os automóveis de passeio, porque não há de haver para os de trabalho agrícola, que são rendosos?"*[115]

---

112 Uma curiosidade sobre os locomóveis seria o fato de que ainda criança, Alberto Santos-Dumont dirigiu o locomóvel da fazenda do seu pai, levando café para a estrada de ferro. Seu irmão Henrique Dumont era dono da fazenda Arindeúva, que foi uma das maiores produtoras de café do Brasil. BARROS, Henrique Lins. *Santos Dumont e a invenção do voo*. Rio de Janeiro: Zahar, 2003.

113 SAMPAIO, Mateus de Almeida Prado. Aceleração do tempo e encurtamento das distâncias – O histórico papel das técnicas no processo de interiorização e modernização na canavicultura paulista: séculos XVI a XXI. Dissertação de mestrado, FFLCH/ USP, São Paulo, 2010, p. 16.

114 Revista A Lavoura, Rio de Janeiro:Imprensa Nacional, novembro-dezembro de 1906.

115 CARMO, A. Gomes. *O Estado Moderno e a Agricultura*. Rio de Janeiro: Imprensa Nacional, 1908.

Certo é que o uso de tratores foi muito limitado na lavoura canavieira até depois da Segunda Guerra. A mudança realmente efetiva que se daria neste primeiro quartel do século XX ocorreu no transporte da cana pelo uso já generalizado das ferrovias particulares. Embora a melhoria nesta parte do transporte tenha sido crucial para o abastecimento dos modernos maquinismos das usinas, uma parte deste transporte continuou a ser feita pelos carros de bois e pelos carroções puxados por mulas.[116] O emprego do trator em todas as etapas do cultivo canavieiro, desde o plantio até a colheita, só se generalizou na segunda metade do século XX. Mesmo assim, o plantio semi-mecanizado continuou a ser uma realidade nos canaviais brasileiros.[117] De qualquer modo, pode-se ver um dos modelos da Ivel em utilização no Brasil já em 1907, importado pelo mineiro Theophilo Ribeiro.

Fonte: Revista A Lavoura. Boletim da Sociedade Nacional de Agricultura. Rio de Janeiro: Imprensa Nacional, setembro a outubro de 1907, p. 477.

Às vezes, quando se lê esses estudos, têm-se a impressão que esses técnicos e produtores de açúcar não absorviam da mesma forma os problemas que se lhes apresentavam quando se tratava da modernização da indústria açucareira. Deve-se considerar que havia desproporções grandes entre a facilidade para adotar essas máquinas nos países que eram grandes produtores de açúcar, ou seja, detentores

---

116 Os carroções puxados por mulas foram adaptados do transporte do café.
117 Sampaio. op. cit.

de grandes parcelas do fornecimento dos mercados mundiais e o que era aplicado em um país que fora obrigado a se voltar praticamente para o seu mercado interno. Por outro lado, nem sempre de todo foi decisiva a influência destes homens mais interessados nas mudanças tecnológicas no sistema de cultivo. Não obstante, nota-se que a divulgação de um conhecimento das novas técnicas de cultivo daria com o tempo resultados. A importação de máquinas agrícolas pelo Brasil iria aos poucos aumentando, principalmente em alguns estados, como São Paulo. Difícil é provar que eles haviam chegado a um volume significativo ao ponto de reestruturar a cultura dos campos brasileiros, principalmente quando se fala dos médios e pequenos produtores. Além disso, deve-se recordar que essas máquinas agrícolas ainda eram importadas, mesmo que significassem como diria o então Ministro da Agricultura, Miguel Calmon Du Pin e Almeida, uma *"importação de elementos de progresso e de enriquecimento do país"*.[118]

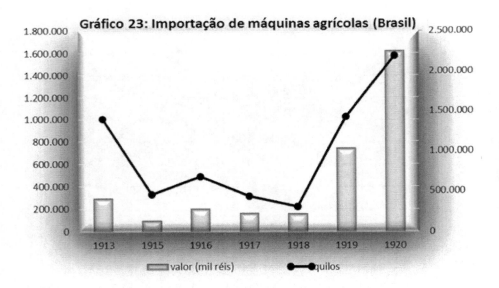

Fonte: Revista A Lavoura: Boletim da Sociedade Nacional de Agricultura. Rio de Janeiro: Imprensa Nacional, abril a junho de 1922.[119]

---

118 Revista A Lavoura. Rio de Janeiro: Imprensa Nacional, setembro a outubro de 1922.

119 Em 1913, os maiores fornecedores foram os Estados Unidos, a Alemanha, a Argentina e a Grã-Bretanha e em 1918 os Estados Unidos.

Mas não é todo surpreendente que houvesse uma certa preocupação em também melhorar o sistema de cultivo dos canaviais, pois tal postura adequava-se bem no âmbito das mudanças que cercaram a produção açucareira a partir da segunda metade do século XIX. Além disso, não era só a fábrica que passava por um progressivo processo de melhoramento. Segundo tudo indica, complicava-se ainda mais as coisas para o lado dos produtores brasileiros, visto que pairava ameaçadora a ideia que começava a ganhar corpo na época, de que a beterraba logo equiparia a riqueza sacarina da cana. É de recordar, como o fazia o Barão de Monte Cedro, que a fabricação do açúcar tornou-se uma indústria de quase todos os povos. Não era só mais a cana que dava a matéria sacarina, mas também o sorgo, a beterraba etc.[120]

Se o avanço na parte fabril da produção do açúcar de beterraba foi notável, o desempenho da sua matéria-prima representou um papel tão importante quanto as novas e mais potentes caldeiras e centrífugas. Foi realmente surpreendente o avanço. Segundo o engenheiro Antônio Carlos de Arruda Beltrão, a beterraba continha apenas 3 a 4% de sacarose, mas graças à aplicação de processos científicos de melhoramento deste tubérculo, conseguiu-se elevar a sua riqueza até 19 a 20%. Ao passo que a cana, *"a nossa gramínea, a planta sacarina por excelência"* que continha a mesma porcentagem de riqueza da beterraba desde os idos da Colônia, tinha reduzido essa percentagem a cerca de 15%, pela *"nossa ignorância e desídia"*.[121] Era, como se sabe, fato não raro à época a defesa por muitos dos representantes da indústria açucareira, que a desvantagem do açúcar de cana em relação ao de beterraba estava no seu moderno maquinário adotado nas fábricas centrais. No entanto, com o passar do tempo, tornou-se quase impossível ignorar que foi também pelo aperfeiçoamento da beterraba que a Europa conseguiu levantar uma indústria açucareira tão adiantada e produtiva ao ponto de aterrorizar os produtores de açúcar de cana.

Mas se as condições eram mais vantajosas agora para a beterraba do que para a cana, tal fato era atribuído as persistentes pesquisas científicas, o emprego de adubos, a seleção das plantas, o aproveitamento dos resíduos na lavoura, os métodos de plantio intensivo, a irrigação etc. Para muitos desses homens podia-se considerar um único elemento de análise desta realidade: se a cana adotasse os mesmos procedimentos, facilmente faria cessar a posição de superioridade alcançada

---

120 Jornal do Agricultor. Rio de Janeiro: Tip. Carioca, julho a dezembro de 1880.

121 Revista A Lavoura. Rio de Janeiro: Imprensa Nacional, março a abril de 1920.

pela beterraba. Henri Raffard defendia que a beterraba não poderia aumentar muito mais os 13% já obtidos da sua riqueza sacarina. No entanto, aperfeiçoando--se os métodos de cultivo da cana, poderia se obter canas com 30 a 40% de riqueza sacarina, como anteriormente já defendera Millet.[122] Por secundária que possa parecer a questão da superioridade da cana e os números variassem de ano para ano, ela certamente daria alento às aspirações dos representantes do açúcar brasileiro.

De fato, ao contrário do ocorrido no Brasil, as melhorias realizadas nos campos de beterraba foram transportadas com sucesso para os canaviais dos trópicos. Se o maquinário das fábricas de açúcar cubanas e javanesas pertencia ao rol das aspirações mais altas dos produtores de açúcar brasileiros, não foi incomum encontrar referências elogiosas aos seus canaviais. Além do mais, ao lado das consagradas virtudes da aplicação das inovações técnicas na lavoura que deveriam servir de exemplo para o Brasil, encontrava-se o principal motor dessas mudanças: a questão da concorrência dos açúcares no mercado mundial. Como lembrava Burlamaque, a luta do Brasil não era somente com a beterraba. O combate não era menos renhido com os outros países produtores de açúcar de cana. Desse modo, para vencer ou pelo menos ombrear-se com os seus rivais, o Brasil deveria acompanhar todos os melhoramentos que esses países tinham adotado no trato dos seus canaviais. Ou melhor, para ele, se não passasse a escolher boas qualidades de cana, cultivar a terra por meios de instrumentos aratórios, irrigar, adubar, dentre outras medidas, o Brasil seria derrotado facilmente.[123]

As falas de muitos dos representantes da indústria açucareira acabaram por reproduzir a imagem ideal de um cultivo com base no sistema intensivo. Em 1904, um artigo publicado no *Boletim da Agricultura* defendia que os plantadores de cana brasileiros estavam desperdiçando o seu tempo e dinheiro com a cultura de canas paupérrimas em açúcar. Ao mesmo tempo, dizia que as canas enviadas aos engenhos pouquíssimo valiam se fossem comparadas com as boas variedades obtidas de sementes nas Antilhas. A perda podia chegar de 25 a 30% devido ao fato das canas brasileiras serem mais pobres em açúcar.[124] Nesse caso, o que se buscava ressaltar nos discursos e trabalhos desta época era o fato de que, se a produtividade por hectare aumentava constantemente nos canaviais dos grandes produtores de açúcar era graças à aplicação de cuidados culturais judiciosos, assim como o

---

122 Raffard, *op. cit.*, p. 4.

123 Burlamaque, *op. cit.*, p. 67.

124 Boletim da Agricultura. São Paulo: Tip da Indústria de São Paulo, 1904.

melhoramento das variedades de cana devido ao cruzamento de variedades escolhidas pela sua maior riqueza sacarina etc. Alguns anos mais tarde, José Vizioli chegou a fazer um quadro comparativo entre o Brasil e estes grandes produtores de açúcar de cana.

Tabela 2: Quadro comparativo entre o rendimento agrícola dos canaviais brasileiros e os de Cuba, Porto Rico e Havaí

	Brasil	Cuba, Porto Rico e Havaí
Toneladas de cana por hectare	40-50	70-85
Rendimento em açúcar	6,5-8%	8,5-11%
Conteúdo em sacarose	12-14%	13-17%
Pureza	75 a 85%	78 a 85%

Fonte: VIZIOLI, José. "A indústria sacarina no Brasil" in: Revista A Lavoura: Boletim da SNA. Rio de Janeiro: Imprensa Nacional, maio a junho de 1924, p. 253.

José Vizioli não seria o primeiro nem o último a se preocupar com essas questões e a ressaltar que além das partes mecânicas e econômicas, a indústria do açúcar estava diretamente subordinada à parte agrícola, *"que é a parte mais importante, a parte fundamental e da qual depende a formação da substância extrativa: o açúcar"*. Custa a crer, pela demora de melhorias substanciais nos métodos de cultivo, que a inquietação com os canaviais vem de longa data, sendo formulada por homens daquela época, nacionais ou estrangeiros. No entanto, já há alguns anos que alguns técnicos estrangeiros de projeção apresentavam a mesma ideia, embora não deixassem de ter suas variantes. Leonard Wray defendia em seu reconhecido trabalho *"O lavrador prático da cana-de-açúcar"*, publicado em 1848, que a verdadeira fábrica do açúcar é a própria planta sacarina.[125] Aliás, o próprio Barão de Monte Cedro começaria os seus *"Estudos agrícolas"* citando o trabalho de Álvaro Reynoso *"Estudios progresivos sobre varias materias científicas, agrícolas e industriales"*, publicado em 1861. A argumentação de Reynoso aclara o que se buscava firmar na cabeça dos produtores de açúcar, e por isso se permite fazer aqui essa transcrição um pouco longa do extrato deste estudo escolhido pelo Barão de Monte Cedro.

---

125 WRAY, Leonardo. *O lavrador prático da cana de açúcar.* Bahia: Tip. de Camillo de Lellis Masson & Cia, 1858.

> La verdadeira fábrica la casa de ingenio, por escelencia, no esta en el batey, en los edifícios de estracion: esta en el campo, en nel cual la naturaleza, por médio de um misterioso mecanismo, transforma en azúcar, sirviéndo-se de organos aptos al efecto, los elementos absorbidos por la cana, del aire y de la tierra. Asi es que al notar la indiferencia, y aun diremos la souriza despreciativa e incrédula com que se recebem los consejos que tiendem a mejorar el cultivo de la planta sacarina, y considerando por outra parte la importancia exclusiva com que se miran las maquinas hemos sospechados algunas veces que existen proprietários de ingenios que no estando bien persuadidos de que el azúcar se encuentra en la cana en cantidad variable, y que no hacemos mas que estraer-la de ella, piensan que dicho producto se engendra en la casa de calderas por médio de uma operaracion mágica, prodigioso efecto de la alquimia.[126]

Seria difícil não levar em conta a influência de Álvaro Reynoso, pelo número de referências ao seu trabalho comumente encontradas nas falas e trabalhos dos produtores de açúcar e técnicos, ao menos naqueles contemporâneos às suas publicações. Parece manifesta a repercussão dos seus estudos no Brasil pela tradução e publicação do *"tratado da cana de açúcar"* pelo recém-fundado Ministério da Agricultura, Comércio e Obras Públicas já em 1868. No prefácio, feito pelo próprio tradutor, permite-se detectar a mesma ideia exposta no texto acima citado, ou seja, a incompreensão em relação à adoção dos *"primores da mecânica moderna"* em fábricas abastecidas por *"mesquinhos canaviais"*. Em verdade, não seria nenhuma novidade a conclusão do tradutor, tendo em vista a argumentação presente nas obras de Reynoso: *"disséreis que esses homens, práticos por excelência, acreditam que para fazer açúcar tudo é necessário, menos canas"*.[127]

As repercussões havidas de fato pela fala e a ação desses poucos homens acabaram por ficar de certa forma encobertas. Não se pretende negar que eles acenderam o estopim que, mais cedo ou mais tarde, possibilitou modernizar também

---

126 Estudios progressivos sobre varias matérias científicas, agrícolas e industriales por Alvaro Reynoso, v. 1, p. 150. *Apud.* Carneiro da Silva, *op. cit.*, p. 1.

127 A primeira edição na Espanha sairia em 1862. REYNOSO, Álvaro. *Tratado da cultura da cana de Açúcar.* Rio de Janeiro: Tip do Imperial Instituto Artístico, 1868.

a parte agrícola da produção açucareira. Mas, no momento em que se ocupa este trabalho as mudanças ainda eram vistas como insuficientes. Ao analisar os dados presentes em um relatório da Diretória de Inspeção e Fomento Agrícola, publicado pela comemoração do centenário da independência do Brasil, José Vizioli conclui que era evidente que a safra era muito pequena em relação à área cultiva. Os dados coletados demonstravam que o Brasil possuía uma área de aproximadamente 220.000 hectares de terras cultivadas com cana, que produziam 10 milhões de toneladas de cana, das quais somente 5.600.000t eram utilizadas na extração de açúcar, sendo a produção final de 400.000t de açúcar. Mesmo se fosse levada em consideração apenas Pernambuco, - descrito geralmente como o estado que tinha as melhores características naturais para o plantio da cana no país -, encontrava-se apenas o resultado de duas e meia toneladas por hectare, sendo que nos canaviais adubados obtinha-se até 9 toneladas por hectare.[128]

A ele também não passaria desapercebida que no Brasil, em regra geral, não se fazia adubação, e mesmo quando ela era feita, não se considerava analisar as carência do solo. Um outro problema sério seria a falta de escolha das variedades da cana, o que levava ao inconveniente de em um mesmo canavial se encontrar um grande número de variedade e desigualdade na maturação das canas. As moléstias, como o mosaico e a gomose, também eram pouco estudadas. Ora, Vizioli chamava a atenção para um fato importante nem sempre levado em consideração. Não era só devido às deficiências na fábrica que Pernambuco com uma superfície de 129.000 km², produzia apenas 217.750t, quando Cuba, com 125.000 km², produzia 3.750.000t. Dé Carli, quase duas décadas mais tarde, acabaria por concordar com Vizioli ao asseverar que não se percebia que se estava plantando em áreas cada vez maiores, embora o rendimento estivesse baixando cada vez mais devido ao esgotamento dessas terras.[129]

Embora muitas das preocupações levantadas no período não tenham saído do papel, deve-se levar em consideração que já se discutiam questões como as mudanças climáticas devido à devastação das matas. Se anteriormente a preocupação restringia-se basicamente a questão da falta de lenha para os engenhos, neste momento a

---

128 Revista A Lavoura. Rio de Janeiro: Imprensa Nacional, maio a junho de 1924.

129 Revista A Lavoura. Rio de Janeiro: Imprensa Nacional, maio a junho de 1924 e DÉ CARLÍ, Gileno. *Aspectos de economia açucareira*. Rio de Janeiro: Editores Irmãos PONGETTI, 1942.

diminuição das chuvas passa a ser o mote principal nos debates sobre essa questão.[130] Em 1897, Rocha Pinto Júnior, que era membro do conselho superior da SNA, já defendia o reflorestamento.[131] Da mesma forma, não se poderia considerar ultrapassado, mesmo nos dias de hoje, o editorial do Jornal do Agricultor, escrito pelo seu já reconhecido redator Dias da Silva Júnior. Neste particular, ele defendia que as estações estavam se modificando, tornando-se cada vez mais rigorosas, apresentando ora um sol abrasador, ora fortes temporais que inundavam os campos. Segundo Dias Júnior, essas mudanças nas condições meteorológicas do Brasil eram o resultado da devastação das florestas e da maior evaporação das águas dos rios pelo desmatamento das margens.[132] Até mesmo o Engenheiro francês Picard, na sua curta passagem pelo Brasil, ressaltaria essa questão. O engenheiro afirmava que não havia nada ainda para se lamentar, pois as chuvas eram suficientes, mesmo que a seca naquele ano fosse suficientemente intensa para causar uma quebra nas colheitas do Engenho Central de Vila Raffard. No entanto, pessoas mais antigas das localidades visitadas por Picard acreditavam que elas estavam diminuindo. A seu ver, essa realidade era proveniente do grande desmatamento da região, fosse para o café ou para a cultura da cana. Já se conseguia notar que os terrenos mais secos eram aqueles cultivados há mais tempo e nos quais as florestas tornaram-se cada vez mais espaçadas.

Na mesma linha de preocupações encontrava-se a adubação. Embora seja comum perceber uma polarização do debate: de um lado, aqueles que acreditavam que o Brasil possuía um solo riquíssimo e que não necessitava de adubos, e, de outro, os que já apontavam a existência no país de solos cansados ou esgotados. Esta posição seria engrossada pela opinião de figuras importantes como André Rebouças, que defendia que uma cultura racional se caracterizava pela restituição ao solo do máximo possível de todos os nutrientes perdidos a cada colheita. Para ele, já era tempo *"de*

---

130 André Rebouças apontava que já havia inúmeros engenhos de açúcar nas províncias do Norte que não possuíam mais lenhas. Na crise de 1810 a 1818 por que passou a indústria sacarina na província da Bahia, dois males afligiram os lavradores: a degeneração da cana mirim e a falta de combustível. Segundo Petrone, a falta de lenha já era um problema no Nordeste nos fins do século XVII. Pelo mesmo motivo, no Campo dos Goitacazes (Rio de Janeiro), no último quartel do século XVIII, dos nove engenhos abandonados, quatro foram pela falta de lenha. São Paulo não foi afetado da mesma forma pela escassez de madeira, pois possuía uma reserva de terras considerável nesse período. Rebouças. *op. cit.* e PETRONE, Thereza Schorer. *A lavoura Canavieira em São Paulo: expansão e declínio (1765-1851)*. São Paulo: Difusão Europeia do Livro, 1968, p. 7.

131 Revista A Lavoura. Rio de Janeiro: Imprensa Nacional, novembro a dezembro de 1897.

132 Jornal do Agricultor. Rio de Janeiro: Tip. Carioca, julho a dezembro de 1885.

abandonar o ferro e o fogo como único recurso para obter terras férteis, e tempo de adotar os restauradores, os estrumes e os adubos, que a química agrícola aconselha."[133] O engenheiro fiscal Luiz Monteiro Caminhoá também levantaria essa questão no seu relatório entregue ao Ministério da Agricultura, em 1885. Nesse sentido, ele defendia que era inaceitável a ideia sustentada pela generalidade dos nossos agricultores, que o solo pode passar muito tempo sem adubo.[134]

No entanto, na Primeira República, ainda vemos os técnicos buscarem chamar a atenção para a necessidade de adubar as terras cansadas. Mas, pelo que se desprende desses relatos, uma parte substancial dos agricultores tinham outro pensamento e conservava as antigas práticas de cultivo. Já em 1913, o *Boletim do MAIC* refere-se ao desprezo que caracterizava o fator cultural da indústria açucareira no Brasil. Apontava que não era comum o emprego de adubos nem de variedades novas de cana.[135] Uma solução proposta seria que se deixasse de comprar a cana a preço fixo e se passasse a fazê-lo pela sua riqueza sacarina, assim como foi adotado com sucesso no caso da beterraba em alguns países como a Alemanha. Essa medida forçaria os fornecedores de cana a melhorarem os cuidados com os canaviais.[136] Gustavo D'Utra, diretor do Instituto Agronômico de Campinas, lembrava que a situação seria diversa se pelo menos não se plantasse somente as pontas obtidas de hastes velhas e doentes, mandando todas as canas saudáveis para as moendas.[137]

---

133 Rebouças. *op. cit.*, p. 113.

134 CAMINHOÁ, Luiz Monteiro. Engenhos Centrais: Relatório publicado por ordem do Exm. Sr. Conselheiro João Ferreira de Moura. Rio de Janeiro: Imprensa nacional, 1885.

135 Boletim do MAIC. Rio de Janeiro: Tipografia do Serviço de Estatística, maio a junho de 1913.

136 Dé Carlí afirma que o único engenho central que utilizaria como base a riqueza da cana para o pagamento dos seus fornecedores seria o de Parati. No contrato estabelecia-se que não seriam recebidas no engenho central as canas, cujo caldo oferecesse menos de 12% de riqueza sacarina. Ele afirma que essa seria a primeira orientação de ordem científica que se procedeu nas relações entre usineiros e fornecedores e causa estranheza que seja o único decreto estabelecendo pagamento de cana à base da riqueza sacarina. Dé Carlí. *op. cit.*, 1942.

137 Mesmo Pernambuco, que teve expoentes importantes nesta área entre os seus produtores de açúcar, como Paulo de Amorim Salgado e o Barão de Villa Franca (Ignácio Francisco Silveira da Motta), continuou a ter as suas técnicas de cultivo muito distanciadas daquelas adotadas na Europa e tão recomendadas. Affonso Costa relatava que se plantava e replantava sempre nos mesmos locais, sem escolha e seleção de sementes, sem adubo, sem irrigação, *"enfim, à pura discrição da natureza"*. Como quer que seja, alguns produtores de açúcar mais inovadores, como os acima citados, já experimentavam melhorar a variedade da cana, utilizando até mesmo as sementes da cana consideradas estéreis por muito tempo para produzir variedades novas. Revista agrícola: órgão da Sociedade pastoril e agrícola. São Paulo, dezembro de 1900.

Embora esparsas, as manifestações localizadas em alguns documentos do período apontam que os lavradores não poderiam adotar os melhoramentos necessários em seus canaviais com os preços pagos pelos engenhos centrais e usinas. Mesmo que o pagamento melhor pelas canas raramente fosse cogitado, alguns desses técnicos apresentavam alternativas, como a distribuição de mudas de variedades de canas melhoradas e a venda de adubos para os fornecedores.[138] Também se defendia a proficuidade de ensinar aos fornecedores as técnicas de cultivo modernas, incentivando a adoção de aparelhos e instrumentos apropriados, - sendo que já se mencionava até mesmo o aluguel desses aparelhos. Curiosamente, cobrava-se uma postura de auxílio dos grandes produtores de açúcar que na sua grande maioria não se tinha nem mesmo com as suas lavouras próprias. O economista J. P. Wileman observava que mesmo que a situação não fosse tão má nas grandes propriedades pertencentes às usinas, muito se faltava para que a cultura atingisse o mesmo grau de perfeição que existia nos outros países produtores de açúcar. No entanto, como ele mesmo lembrava, a cultura da cana era executada principalmente por pequenos fornecedores e agregados, que *"parecem desesperadamente condenados a carregar com o triste fardo que durante gerações veio suportando"*.[139]

Impossível não reconhecer já naquela época que a indústria da fabricação do açúcar era complicadíssima, pois dependia tanto dos aperfeiçoamentos dos aparelhos da fábrica pela quantidade de açúcar que se pode tirar da sua matéria-prima, como de outro lado não dependia menos da riqueza sacarina dessas canas. O que se tornava mais e mais complexo à medida que a parte fabril se desenvolvia mais rápido diante das alterações experimentadas pela adoção dos modernos aparelhos. Neste particular, o embate criado pela questão de separar ou não a lavoura da fábrica, fica explicado desde que se leve em conta a necessidade de melhoramentos também na parte agrícola para estimular a produção de açúcar do país. Acredita-se, a vista de todo o exposto, que não se pode falar em um completo descaso ou indiferença com a descoberta e a aplicação de métodos de cultivo mais racionais no Brasil, pois alguns destes homens não deixaram de defender ou contestar as ideias e as práticas de que se tinha conhecimento.

---

138 Brandão Sobrinho afirmava que Campos permitia vantajosamente o emprego de adubos. No entanto, um dos poucos casos desta prática seria o da Société, que importava toneladas de adubos e cedia aos seus colonos a preço de custo. Brandão Sobrinho. *op. cit.*, 1912, p. 22.

139 Revista A Lavoura. Rio de Janeiro: Imprensa Nacional, janeiro a fevereiro de 1906.

As novas vias em que deverá andar a agricultura: a lavoura guiada pela ciência

É necessário revolver a terra antes de semear; é necessário revolver as populações antes de semear ou ao mesmo tempo em que se semeiam as ideias.

P. Joigneaux

A reorganização da lavoura no Brasil esteve intimamente associada ao processo de afirmação da chamada agricultura científica. Vale lembrar que a segunda metade do século XIX e a primeira do XX foram marcadas por mudanças radicais na forma como a agricultura do país estava estruturada. Tendência salutar e compreensível diante dos interesses dos grandes produtores agrícolas do país, e que de certo modo se delineia como uma resposta coordenada a partir de um nível mundial. Naquela época, o Brasil já não tinha condição de concorrer com outros países se não aplicasse os aperfeiçoamentos técnicos possíveis na prática agrícola e se igualasse aos seus rivais.[140]

Tornava-se bem claro diante dessa conjuntura, que a defesa da grandeza e da vocação agrícola do país seria tão só uma utopia vã se aos tão louvados fatores naturais com que fora agraciado, o país não fosse somados outros de outra ordem. Era necessário modernizar a agricultura, introduzindo melhoramentos técnicos de toda

---

140 Como lembra Alice Canabrava, os fenômenos da Revolução Industrial, como as novas técnicas de produção, de transportes, de comercialização, de finanças, transformaram a agricultura da Europa Ocidental e dos Estados Unidos. Neste particular, Sonia Regina de Mendonça também destaca que a Segunda Revolução Industrial traria uma dinâmica sem precedente para a conjuntura da economia capitalista europeia, americana e japonesa. Nesse caso, sobressaia-se o aperfeiçoamento técnico que *"originou os grandes complexos típicos da economia de escala, a verticalização e horizontalização do sistema, assim como a intervenção do Estado na determinação do ritmo, alcance e sentido do desenvolvimento econômico. Em decorrência dessa escala vertiginosa, dar-se-ia a ampliação da demanda por matérias-primas, destinadas tanto ao processamento industrial, quanto ao consumo dos grandes contingentes operários e burocráticos mantidos nas cidades, em torno às grandes unidades fabris. Na medida em que o montante da produção excedia, entretanto, a capacidade local de consumo, gerando uma situação de superprodução crônica que punha em risco a estabilidade do sistema, gestou-se em seu seio uma pressão contínua pelo alargamento do mercado consumidor de produtos industriais".* Mendonça. *op. cit.*, p. 44 e CANABRAVA, Alice P. "A grande lavoura" in: HOLANDA, Sérgio Buarque de (Ed.) História Geral da Civilização Brasileira. *O Brasil Monárquico: Declínio e queda do Império.* Rio de Janeiro: Bertrand Brasil, v. 6, 1997.

sorte, semelhante à estratégia de outros países. A importância da defesa das novas e aperfeiçoadas técnicas agrícolas já começava a despertar. Sendo que tal como foi feito para propagandear a necessidade de se adotar os avanços técnicos na fábrica, também se chegou a empregar a terminologia militar ao enfatizar que os novos instrumentos agrícolas eram as principais armas para a competição comercial.[141] Mesmo nos últimos anos da Primeira República, o discurso não mudara substancialmente de tom. J. G. Leme de Brito, no Terceiro Congresso Nacional de Agricultura e Pecuária, sustentava que *"na febre deste século o que se atrasou está vencido e o que parar no caminho não mais recobrará o tempo que se foi"*. Nessa época, nos discursos sobre o processo de racionalização da produção, sublinhava-se frequentemente a importância da aplicação da ciência na agricultura.[142] A fé na ciência para alcançar o progresso agrícola não era mais uma questão sujeita a discussões. De modo geral, a segunda metade do XIX traria consigo o fato de que os principais progressos técnicos, - não necessariamente os restritos a agricultura -, passaram a estar relacionados com o uso das ciências puras e da metodologia científica nos experimentos, em detrimento dos métodos empíricos.[143] Mesmo que a agricultura no Brasil fosse considerada rotineira, isso não significou a inexistência de agricultores no país que conheciam as experiências realizadas na Europa. Chama a atenção da fala do Barão de Monte Cedro, que já em 1872 endossava a ideia de que a agricultura pertencia à ordem das ciências ditas tecnológicas, que derivavam da ciência pura.[144] No Brasil, como lembra Domingues, ocorreu uma relação mais estreita entre a agricultura e a ciência a partir dos anos de 1860. A botânica perderia

---

141 Um exemplo seria a fala de Arthur Torres Filho. MAIC. Relatório apresentado ao Dr. Miguel Calmon Du Pin e Almeida Ministro da Agricultura, Indústria e Commercio por Arthur Torres Filho Diretor do serviço de inspeção e fomento agrícola. Ano de 1922. Rio de Janeiro: Imprensa Nacional, 1924.

142 Sonia Regina esclarece que no século XIX, *"a agronomia deixou de ser um passatempo ou vocação de amadores do século XVIII, alimentada por viagens, leituras e encontros diletantes, para converter-se num empreendimento pioneiro, mas rigoroso e menos desinteressado, a necessidade de "fazer escola", fosse para assegurar a sobrevivência de uma exploração custosa, fosse para propagandear racionalmente seus pressupostos, impôs-se como tarefa para estes inovadores da segunda metade do século XIX, particularmente franceses"*. MENDONÇA, Sonia Regina de. *Agronomia e Poder no Brasil*. Rio de Janeiro: Vício de Leitura, 1998, p. 20.

143 HOBSBAWN, Eric. *Da revolução industrial inglesa ao imperialismo*. Rio de Janeiro: Forense, 1986, p. 161.

144 Carneiro da Silva, *op. cit.*, p. 154.

espaço para a química, uma vez que era priorizado o interesse da grande lavoura de exportação, como no caso da cana-de-açúcar e do café.[145]

De modo geral, a maior dificuldade a enfrentar era distinguir a agricultura de uma atividade rotineira. Em janeiro de 1865, *O Auxiliador da Indústria Nacional* buscava deixar claro aos seus leitores que a agricultura dependia de muitos ramos do conhecimento humano: a botânica, a fisiologia vegetal, a mineralogia, a física, a meteorologia, a mecânica etc. Já se acenava com este que se tornaria um dos pontos cruciais desta época, isto é, aos poucos a agricultura deixaria de ser, de modo geral, um domínio dos "homens da terra", e sim, dos "homens da ciência"- químicos, agrônomos, engenheiros e dos chamados "agricultores progressistas", paladinos dessa "agricultura moderna".

As numerosíssimas vezes em que a palavra ciência sucedia os discursos sobre o atraso da agricultura brasileira simbolizam a necessidade de mudanças numa época em que alguns produtos, como o açúcar, encontravam-se em uma posição desfavorável no mercado mundial. Neste contexto, aparecia sempre com um sentido dúbio, que passava desde a ideia de renovação da agricultura nacional, - posto que a ciência tornou-se o meio de potencializar a prosperidade agrícola -, mas também pelo de exclusão, ao diferenciar os agricultores modernos dos ditos agricultores arcaicos. Não há razão para considerar inusitada a fala do deputado Ignácio Tosta no nono aniversário da SNA. Dizia, sem rodeios, - mesmo por que a SNA tornar-se-ia o principal arauto deste pensamento na Primeira República -, que a agricultura não era *"mais um ofício para ser exercido por homens incultos, sem preparo, sem as luzes da ciência"*. Mas, ao mesmo tempo em que passou a ser levantada como uma verdade que o empirismo agrícola cedeu o passo a ciência agronômica, buscava-se sempre conseguir uma conversão. Para ele, esta seria uma forma de difundir que os agricultores precisavam conhecer a constituição química, as propriedades fisiológicas dos vegetais, a composição do solo e do ar, passar a obter umidade e calor por novas fontes, como a irrigação e estufas e utilizar adubos químicos para complementar a nutrição vegetal.[146]

---

145 Domingues destaca a criação do Ministério da Agricultura, Comércio e Obras Públicas e dos institutos agrícolas. DOMINGUES, Heloisa Maria Bertol. Ciência: um caso de política: As relações entre as ciências naturais e a agricultura no Brasil - Império. Tese FFLCH-USP, São Paulo, 1995, p. 201.

146 Revista A Lavoura. Rio de Janeiro: Imprensa Nacional, janeiro a fevereiro de 1906.

Por outro lado, é de lembrar que a tarefa mais uma vez seria facilitada pelos avanços científicos já conseguidos em outros países e que atendiam naquele tempo largamente às necessidades da agricultura brasileira, dada a aplicação dos chamados princípios basilares da lavoura, como a adubação. Impossível não reconhecer também na parte agrícola a defesa do frequente pensamento que se deveria copiar o que se fazia nos "países cultos". Tal foi o caso de um artigo publicado no *Auxiliador* que expressava a opinião de que a ciência agrícola era universal, assim, as leis e princípios que regulavam a agronomia moderna também o eram. Essas regras poderiam ser aplicadas sem nenhuma exceção a todos os terrenos e a todos os climas, *"são tão verdadeiras nos polos como nos trópicos"*.[147]

Isso não quer dizer que não se levantasse a questão das dificuldades enfrentadas pelos agricultores brasileiros se esses tivessem de se dirigir somente por princípios gerais. De qualquer forma, tal questão não foi uma das preocupações principais ou não se sentiu a necessidade de deixar esse ponto claro neste momento. Como vimos, a recomendação primordial era de que a agricultura não mais podia prescindir da ciência, pois só assim se poderia obter o máximo de produção das terras a um menor custo. Não seria comum encontrar falas nestes anos como a do Diretor do Instituto Agronômico de São Paulo. Neste particular, Dafert observava que no Brasil as ciências naturais não tinham uma cor local. Ao contrário, ela era marcada por uma falta absoluta de investigações científicas sobre as condições específicas do país. O problema para ele estava em parte no fato da ciência francesa servir como a principal mediadora para os progressos das doutrinas modernas, ou seja, adotavam-se no Brasil as ideias europeias na forma como eram aplicadas na França, sem uma maior cautela no emprego destes princípios.[148]

É de notar que a ênfase dada a essa questão, - diga-se de passagem que não só pelos técnicos brasileiros -, seria tão grande que geraria por vezes uma certa confusão. Em 1923, a revista *A lavoura*, reduto no qual a palavra ciência conseguiu uma importante expressão, publicou um artigo do Diretor da Escola Agrícola e Veterinária de Minas Gerais. Neste trabalho, o americano P. H. Rolfs tentava esclarecer a confusão que se dava entre questões tão umbilicalmente ligadas como agricultura e ciência. Rolf chamava a atenção para o fato da arte da agricultura ser muito velha, no entanto, a ciência da agricultura ser uma das mais modernas.

---

147 O Auxiliador da Indústria Nacional. Rio de Janeiro: Tip. Ind. Nac. de Cotrim e Campos, 1865.

148 Relatório anual do Instituto Agronômico do Estado de São Paulo (Brasil) publicado pelo Diretor F. W. Dafert M. A. São Paulo: Tip. da Companhia Industrial de São Paulo, 1893.

A QUIMERA DA MODERNIZAÇÃO   385

Para ele, por ser ela tão moderna que se acreditava que todos os que falavam fluentemente sobre química, entomologia etc. eram agricultores científicos. No mais, observava que a própria palavra ciência era popularmente mal entendida. Alguns não percebiam que ciência era simplesmente o conjunto ordenado de verdades provadas pelas experiências. Nesse sentido, a agricultura científica ou a ciência da agricultura deveria ser compreendida apenas como a aplicação da ciência para a produção de melhores colheitas e melhoramentos na criação de animais.[149]

Daqui se vê que a palavra ciência passou a significar quase uma entidade que agia quase que como se operasse milagres, como veementemente seria dito por homens importantes como Dias da Silva Júnior e José Vizioli alguns anos mais tarde. Mas não faltaram vozes com a mesma interpretação. Em 1881, em um artigo publicado no *Auxiliador*, a ciência era descrita como *"o tronco sobre o qual se tem implementado os diversos ramos da agricultura"*. Esse pensamento também pode ser sentido em uma parte do grupo dos maiores interessados: os agricultores. Encontra-se uma ideia parecida na fala do Barão de Monte Cedro, um dos mais importantes *"agricultores modernos"* do Império. O Barão recordava as conquistas das ciências que tantos benefícios vinham produzindo em outros países e que não poderiam ser rejeitados por aqueles agricultores que desejassem *"marchar pelo caminho dos melhoramentos morais e materiais"*.[150]

É preciso, contudo, perceber que o significado da palavra ciência esteve relacionado como a adaptação das práticas de culturas vistas como "rotineiras" aos novos parâmetros de produção, impostos pela modernização do sistema de cultivo que se iniciou no século XIX. Além do mais, se essas falas foram marcadas sensivelmente por um tom emotivo, deve-se considerar que o impacto dessas medidas em outros países foi profundo, constituindo um tema verdadeiramente dramático quando se tratava da concorrência no mercado externo.[151] Alice Canabrava relata que os problemas da grande lavoura foram largamente debatidos desde a década

---

149 Revista A lavoura. Rio de Janeiro: Imprensa Nacional, novembro a dezembro de 1923.

150 Jornal do Agricultor. Rio de Janeiro: Tip. Carioca, janeiro a dezembro de 1885; Revista A lavoura. Rio de Janeiro: Imprensa Nacional, setembro a outubro de 1924; O Auxiliador da Indústria Nacional. Rio de Janeiro: Tip. de Eduardo & Henrique Laemmert, 1881 e Carneiro da Silva. *op. cit.*

151 Um artigo da Revista A Lavoura reconhecia que as transformações técnicas da agricultura e das industriais rurais, verificadas nos grandes centros produtores, conferiam no mercado universal uma situação privilegiada para aqueles concorrentes que mais se extremavam na adoção dos modernos processos provindos da aplicação da ciência aos agentes primordiais da produção. Revista A Lavoura. Rio de Janeiro: Imprensa Nacional, janeiro a fevereiro de 1922.

de 60 do século XIX na imprensa. Esta documentação seria assinada por autoridades oficiais, eminentes figuras do Estado, agricultores, dentre outros. Ocorre que, muitas vezes, por ser essa uma literatura de circunstância e pelo seu caráter polêmico, demonstram a forte intensidade emotiva com que foram vivenciados estes problemas.[152]

Assim, nada mais natural que muitos dos produtores de açúcar brasileiros acreditassem que as bases sobre o que se sustentou o crescimento da produção do açúcar na Europa foram as inovações técnicas calcadas na *"ciência moderna"*.[153] Como se sabe, muitos dos senhores de engenho e técnicos tinham uma afinidade com o pensamento agrícola europeu, e o divulgavam frequentemente em seus artigos em periódicos, livros[154] ou em seus discursos como exemplos a serem seguidos, - o que não foge à regra, posto que muitos filhos de senhores de engenho foram estudar em outros países.

Não é difícil perceber que a divulgação dessas ideias teve o seu lugar natural na imprensa. Aliás, José Silvestre Rabello, em um artigo publicado no *Auxiliador* chegaria a esposar a ideia de que deveria publicar mais coisas úteis que habilitassem o país, e não como diariamente eram impressas *"parvoíces, sandices, mentiras, intrigas, vilanias, capazes de fazer arrepiar os cabelos até os jumentos"*.[155] A rotina sempre aparecia como um problema a ser combatido, sendo na maioria das vezes a aplicação da ciência como fator de restauração dos tempos áureos da agricultura do país. Esta percepção estava sim mais relacionada aos técnicos, mas não deixavam de aparecer na fala dos outros representantes da indústria açucareira e mesmo dos estadistas que tinham maior ligação com a lavoura. Releva notar que esses artigos muitas vezes eram reproduzidos em vários periódicos ao mesmo tempo, o que poderia ser expli-

---

152 Canabrava. *op. cit.*, p. 126.

153 Como coloca Amélia Hamburger e Maria Dantes, a ciência moderna era usualmente identificada com a Europa. Ademais, torna-se mais fácil entender este contexto se modificarmos o conceito comum de ciência e conceituamos a ciência como a prática de produção de conhecimento e aplicação de resultados que se estabelece. HAMBURGER, Amélia Império *et al.* (orgs). *A ciência nas relações Brasil-França (1850-1950)*. São Paulo: Edusp, 1996, p. 16.

154 Um exemplo interessante seria a citação do bacharel Ayres de Albuquerque Gama nas suas "noções de agricultura" ao trabalho do engenheiro francês Lemercier, que apontava que uma das revoluções do século XIX seria na agricultura, pois *"A agricultura tem de ser uma arte sistemática, uma indústria científica que disponha de largos recursos e processos"*. GAMA, Ayres de Albuquerque. *Noções de agricultura*. Recife: Tipografia do Jornal do Recife, 1870.

155 O Auxiliador da Indústria Nacional. Rio de Janeiro: Tip. de Viana Jr. e Paula, 1853, p. 29.

cado pela importância de alguns dos autores desses trabalhos e o seu engajamento na divulgação da chamada "agricultura moderna".

Seria interessante apontar alguns extratos das páginas desses jornais. A intenção é destacar a importância dada à relação entre ciência e agricultura. Ao comentar uma transcrição de um relatório de um diretor de uma fábrica central de açúcar de beterraba na Áustria-Hungria, Dias da Silva Júnior sustentava que se o Brasil já possuía aquelas modernas fábricas, competia a partir daquele momento aos donos de engenho ficar em dia com as novidades alcançadas pela beterraba na Europa, *"ajudada pelo conselho da ciência"*. Outro exemplo um pouco posterior seria o artigo de J. A. Coqueiro no *Auxiliador*. Ele defendia ser necessário substituir o empirismo pelos dados seguros da ciência. Exemplo disso também seria um artigo na revista *A lavoura* que assim se exprimia: *"Na época em que vivemos, a agricultura entrou de plano na fase científica"*.[156]

Neste particular, as leituras dos periódicos da época permitem concluir que não houve espaço para uma querela entre os chamados agricultores rotineiros e os agricultores modernos. Os homens desse período não tinham mais o respaldo de serem os maiores exportadores de açúcar. Tudo que era propagandeado soava ainda muito como novidade. Eram novos aparelhos e novas técnicas de cultivo apresentando bons resultados que se somavam a palavras com uma substância ideológica, como progresso e moderno. Esse foi o alicerce para a união entre agricultores, técnicos e estadistas. Para Domingues, *"a política de fazer prosperar a agricultura através da aplicação de conhecimentos acabou por fazer convergir interesses político-econômicos com interesses científicos"*.[157]

É também através da observação que constatavam que a indústria açucareira passou a sempre demandar novos estudos e inovações. Não seria fácil acompanhar esses aperfeiçoamentos constantes em um país em que a falta de crédito acentuava ainda mais as perdas no mercado externo. Pode ser muito esclarecedor lembrar que essa nova realidade não era vivenciada frequentemente nos canaviais. Se todas as ideias defendidas nas páginas desses jornais fossem colocadas em prática, a lavoura seria tão dispendiosa e complexa assim como passou a ser a parte fabril. Pode-se imaginar que a mudança seria de tal forma que os plantadores de cana de

---

156 Jornal do agricultor. Rio de Janeiro: Tip Carioca, janeiro a junho 1880, p. 13; O Auxiliador da Indústria Nacional. Rio de Janeiro: Tip. Universal de Laemmert, 1885 e Revista A lavoura. Rio de Janeiro: Imprensa Nacional, novembro a dezembro de 1903.

157 Domingues. *op. cit.*

tempos mais antigos não poderiam nem imaginá-lo. Aliás, foi para essa constante necessidade de inovações que se verificava na indústria açucareira que Ricardo de Carvalho tentou chamar a atenção.

> Tão antiga quanto interessante, a indústria sacarina sempre foi o objeto especial do estudo e mediação dos naturalistas e agrônomos de todos os países produtores de açúcar; e a ciência agrícola, a química, a física, e a mecânica, cada uma por sua parte tem contribuído largamente para os progressos desta indústria. Não atingiu grau de perfeição, por isso ainda a estudam há que aspiram todas as indústrias nobres e de primeira ordem, mormente em alguns lugares da Europa, das Antilhas e dos Estados Unidos da América, onde cada vez mais a aperfeiçoam, opulentam e engrandecem.[158]

A percepção de que só a educação podia propiciar este estágio mais avançado da agricultura foi algo que se nota desde muito cedo na fala desses homens. Embora em alguns desses casos, principalmente alguns discursos políticos, contenham aspectos de verdadeiras peças retóricas que de promessas não conseguiram passar, não deixa de impressionar o número de referências à importância de educar a população rural. Mesmo com a construção das fábricas centrais, os problemas da indústria açucareira não desapareceram. Se alguns desses produtores de açúcar não avaliavam quão profundas seriam as mudanças necessárias para abastecer esses novos equipamentos, alguns já pensavam numa efetiva mudança no campo. Como condição de alcançar este objetivo era preciso que as técnicas mais complexas de cultivo fossem tomando o lugar de técnicas mais simples. Neste caso, era preciso contar com uma mão de obra mais qualificada.

Por volta do último quartel do século XIX, a falta de ensino profissional passou a ser listada como um dos principais males que afligia a agricultura brasileira. Ao longo desses anos, esse problema ainda figuraria nos inquéritos sobre a lavoura realizados na Primeira República. Num momento em que se valorizavam os congressos agrícolas, a questão da educação sempre era trazida à baila. É preciso notar também que a proliferação das revistas agrícolas intensificou a produção de artigos que direta ou indiretamente discutiam essa questão.

---

158 CARVALHO, Ricardo de. *Cana e fabrico do açúcar*, s/e, 1879.

A QUIMERA DA MODERNIZAÇÃO   389

Naturalmente se pensava em favorecer a lavoura com uma mão de obra mais qualificada. Embora as queixas sobre a falta de braços e a importância da imigração como a melhor solução fossem a tônica neste momento, a questão da falta do ensino profissional já seria levantada em 1874 como uma das principais causas do entorpecimento da lavoura, figurando no topo dos cinco pontos levantados.[159] Chegou-se mesmo a defender durante o Congresso Agrícola do Norte em 1878 que não era tanto os braços que faltavam, mas pessoas práticas que exercitassem os processos de melhoramento da cultura e fabrico.[160] Essa preocupação com uma mão de obra mais qualificada seria novamente vista no ano seguinte nos trabalhos apresentados pelas comissões nomeadas para discutir o projeto sobre a criação de bancos de crédito territorial e fábricas centrais de açúcar. Uma fala importante foi a do presidente de Província da Bahia que defendia que não se podia esperar a regeneração da lavoura sem lhe dar instrumentos teóricos e práticos, sem preparar chefes para os estabelecimentos rurais, administradores e prepostos, sem poder contar com operários que estivessem habilitados no manejo das máquinas e instrumentos agrícolas e que conhecessem praticamente a sua qualidade e aplicação.[161]

Alguns desses homens endossavam também que era necessário acomodar a educação aos hábitos do trabalho agrícola como uma forma de eliminar os danosos efeitos da rotina. Defendia-se que do ensino agrícola resultaria a economia de braços e de trabalho, a maior perfeição dos produtos, a necessidade de poucas terras etc. O mesmo parecer de 1875 afirmava que um agricultor instruído saberia se valer dos conhecimentos teóricos e práticos sobre a escolha e o aperfeiçoamento das espécies, a irrigação e a adubação dos solos cansados. Nesse sentido, nada seria mais ilustrativo do que a disparidade que existia em relação aos agricultores caracterizados como rotineiros, pois se acreditava que o agricultor destituído de instrução não saberia realizar o roteamento das culturas, ignorava os produtos que mais lhe convinham, a quantidade e a escolha dos processos a empregar para obter maior soma dos produtos etc.[162] Ou seja, apresentava-se uma abordagem

---

159 BRASIL. Informações sobre o estado da lavoura. Rio de Janeiro: Tipografia Nacional, 1874.

160 SAAP. *op. cit.*

161 BRASIL. Congresso, Câmara dos deputados, Comissões de fazenda e especial. Parecer e projeto sobre a criação de bancos de crédito territorial e fábricas centrais de açúcar apresentados a Câmara dos Srs. Deputados na sessão de 20 de julho de 1875 pelas comissões de fazenda e especial nomeada em 16 de abril de 1875. Rio de Janeiro: Tip. Nacional, 1875.

162 *Ibidem.*

que nesta época ainda era considerada como inovadora. Passava-se a considerar como o principal fator do progresso a aplicação da ciência à agricultura, retirando do agricultor o posto de detentor de um saber agrícola passado de pai para filho.

Esse pensamento, de modo geral, foi marcadamente influenciado pela posição adotada em outros países, como no caso da experiência francesa, que era uma das principais referências para o Brasil nesta época. Sonia Regina de Mendonça, debruçada sobre a questão da afirmação dos agrônomos no Brasil, relata que seria a partir de 1875 que o ensino agrícola na França, "inventado" desde 1848, passou por um importante desenvolvimento com a criação de escolas práticas, a introdução do ensino da agricultura na escola primária e, principalmente, a recuperação da importância do Instituto Nacional de Agronomia.[163]

Sem dúvida que no Brasil, aqueles mesmos homens que defendiam ardorosamente a vocação agrícola do país veriam com interesse a transformação que se daria na agricultura de outros países, fazendo-os prever que seria necessário que os mesmos passos fossem dados no país devido à incapacidade de alguns produtos, como o açúcar, recuperarem a sua antiga posição no mercado internacional. Miguel Antônio da Silva,[164] o primeiro editor da *Revista Agrícola do IIFA*, compararia o ensino agrícola com um farol, pois era indispensável, segundo os exemplos dos países que vinham adotando as regras da ciência aplicadas à cultura do solo.[165] O seu sucessor no cargo, Nicoláo Joaquim Moreira, em uma preleção sobre o ensino profissional agrícola na Escola Normal de Agricultura da Bahia, dizia que não se podia mais ignorar o desenvolvimento que as na-

---

163 Mendonça relata que o mesmo processo ocorreu nos Estados Unidos, onde as ciências aplicadas à agricultura conheceram as mais variadas condições para uma rápida institucionalização, sob o efeito conjugado de políticas públicas voltadas para a cientifização da produção e o crescimento considerável da oferta de ensino especializado. Mendonça. *op. cit.*, 1998, p. 20.

164 No currículo impresso na Revista Agrícola do IIFA, o redator se qualificava como repetidor de ciências na Escola Central; membro do Conselho Fiscal do IIFA, sócio do IHGB, do Instituto Politécnico Brasileiro, as SAIN, da Sociedade Vellosiana; das Sociedades Geológicas e Geográficas da França; da Sociedade Polimática do Morbihan; da Sociedade de Arqueologia, Ciências e Letras do Departamento do Sena e Marne, da Sociedade de História de História Natural Isis de Dresda etc. Sendo que com o passar dos anos haveria outros acréscimos de títulos. Ver. BEDIAGA, Begonha Eliza Hickman. Marcado pela própria natureza: O Imperial Instituto Fluminense se Agricultura e as ciências agronômicas: 1860 a 1891. Tese (Doutorado). Universidade Estadual de Campinas, Instituto de Geociências, Campinas, 2011.

165 Revista Agrícola do IIFA. Rio de Janeiro: Tipografia do Imperial Instituto Artístico, dezembro 1877, p. 135.

ções procuravam dar ao ensino agrícola através da criação de escolas teóricas e práticas, fazendas-modelo, prêmios, exposições, sociedades, comícios, estações, conferências, publicações, pois *"tudo tem sido posto em prática para vulgarizar o estudo da agricultura como arte, como indústria e como ciência, chegando-se mesmo a elevar este estudo a grau universitário"*.[166]

Essa influência somada à timidez com que as novas técnicas eram adotadas na lavoura brasileira fez com que se começasse a figurar em algumas falas a ideia de que só o ensino agrícola poderia operar essa transformação. Em um discurso pronunciado na sessão de 8 de agosto de 1887, na Câmara dos deputados, Coelho e Campos ao tomar a palavra na discussão sobre o orçamento da agricultura, manifestava-se sobre os prejuízos gerados pelo fato dos fazendeiros preferirem dar uma educação literária aos seus filhos em vez de instrução profissional ou agrícola.[167] Ao tratar da questão da crise do açúcar, reafirmava tal ideia ao defender que a situação de inferioridade do produto brasileiro no mercado internacional demonstrava o abismo desse erro. Segundo ele, a nova ordem das coisas impunha diversas normais e o ensino profissional transformou-se em um importante fator. Coelho e Campos não deixaria de rematar o seu discurso valendo-se com grande propriedade da máxima de Francis Bacon, *"saber é poder!"*[168]

Em que pese à importância do estabelecimento de um maior número de escolas e institutos agrícolas na Primeira República em detrimento do Império, isso não significou que a instrução científica tenha se elevado ao seu auge e tenha deixado de figurar entre os tão citados males que assolavam a lavoura. No entanto, é de recordar que a ideia da vocação agrícola do país desempenhou um importante papel na modernização da produção agrícola. Além disso, não se pode negar que a educação agrícola era apontada pelos homens que refletiam sobre o atraso da agricultura brasileira como uma das saídas para melhorar os resultados conseguidos no mercado exterior. Assim, não se deve estranhar que Affonso Costa, diretor do Serviço de Informação do MAIC, culpasse a falta do ensino profissional agrícola pelo fato do Brasil, podendo ser o maior produtor de açúcar de cana figurasse somente em quinto lugar na escala dos países produtores, não obstante a excelência das suas terras. Segundo ele, a situação ainda

---

166 O Auxiliador da Indústria Nacional. Rio de Janeiro: Tip. de Eduardo & Henrique Laemmert, 1881.

167 Coelho Campos era descrito como um defensor da educação do país. Era de família açucareira do Sergipe, formado em direito. Foi deputado, senador e ministro do Superior Tribunal Federal.

168 Brasil. *op. cit.*,1887.

seria pior nos centros agrícolas mais afastados do litoral e das grandes cidades, pois nestes lugares se vivia sob o domínio *"da mais crassa ignorância, com todo o seu cortejo de prejuízos e crendices"*.[169]

Como não poderia deixar de ser, a este movimento propriamente de defesa da educação agrícola, somavam-se os diversos interesses que estavam em jogo nestes momentos. A falta de educação se ligava ao atraso e ao fato do Brasil se retardar nos progressos alcançados em outros países. No entanto, neste caso, as modalidades do ensino agronômico variavam dependendo de para quem ele seria direcionado. Naturalmente a própria elite rural passaria a cobrar a existência de um ensino superior no país que pudesse atender aos seus filhos, restritos basicamente até então as faculdades de direito, engenharia e medicina. A própria necessidade de evolução da defesa de vocação agrícola do país impulsionaria essa nova demanda. Não sem coincidência, esse pensamento intensificou-se com a crise do mercado externo e da mão de obra escrava.[170] Ademais, como se viu, não se deve desconsiderar a influência europeia e as mudanças ocorridas na agricultura. De fato, em 1865, o *Auxiliador* já se remetia a essa mudança ao afirmar que *"hoje que a agricultura tomou o caráter da ciência que ela tanto se tem elevado na opinião pública nos países cultos, ninguém hoje se envergonha de ser cultivador"*.[171]

Há inequívocas manifestações desse pensamento em várias falas ainda durante o período do Império e nos primeiros anos da República. Em 1878, no Congresso Agrícola de Norte, o Comendador Antônio Valentim da Silva Barroca queixava-se que na falta de academias especiais, os agricultores que desejassem instruir seus filhos eram obrigados a fazê-los jurisconsultos, ou mandá-los estudar no estrangeiro. Também constitui um bom exemplo desse caso o apontamento feito pelo Barão de Barcellos no seu folheto intitulado *"A crise do açúcar"*. O autor relatava que os antigos senhores de engenho brasileiros direcionavam os seus filhos para as faculdades de medicina, jurisprudência, engenharia e outras nobres

---

169 Costa. *op. cit.*, p. 278.

170 Mendonça afirma que no caso do Brasil ele pode ser encarado de uma outra perspectiva, talvez até mais importante do que aquela: o de configurar-se no único novo ramo do ensino superior especificamente ligado à Primeira República, com vistas a diversificar a formação da própria elite política brasileira, dotando-a de instrumentos que propiciaram, tanto a reciclagem da tradicional vocação agrícola do Brasil, quanto a definição de novas modalidades - a um só tempo simbólicas e reais – de doação, impeditivas, da fuga do trabalhador rural ao circuito mercantil. Mendonça. *op. cit.*, 1998, p. 20.

171 O Auxiliador da Indústria Nacional. Rio de Janeiro: Tip. Ind. Nac. de Cotrim e Campos, 1865.

A QUIMERA DA MODERNIZAÇÃO   393

profissões, menos para atuar no campo. O resultado deste grave erro era visível pela inexistência de agrônomos notáveis ou fabricantes de açúcar que se destacassem. Certo é que ainda em 1902, durante a Conferência agrícola da Bahia, Ignácio Tosta queixava-se do excesso de bacharéis em direito e medicina e a quase inexistência da instrução agrícola.[172]

Alguns desses escritos seriam um pouco mais mordazes. Coube a André Rebouças, talvez por seu trabalho ter um cunho de transformação social, criticar o aumento excessivo da burocracia, posto que os agricultores brasileiros prefeririam mandar seus filhos estudar direito ao invés de os mandar para o estrangeiro estudar agronomia ou química agrícola.[173] O resultado seria que os descendentes destes agricultores viveriam e morreriam *"parasitas do tesouro nacional, incapazes de produzir uma ideia útil, embrutecendo-os e desmoralizando-se nas intrigas políticas"*.[174]

A fala de Rebouças chama a atenção para um fato interessante. É de destacar que embora fosse dada uma ênfase ao direcionamento excessivo dos bacharéis em direito e medicina para os cargos burocráticos, com o aumento do ensino agrícola no país a formação de agrônomo passaria a ter cada vez mais atrativos à medida que se prestaria também a ocupar cargos públicos. A criação de instituições agrícolas propiciaria além dos tão reclamados agricultores progressistas, um quadro de homens que não se estabeleceria como produtores rurais, mas sim ocupariam cargos burocráticos ou se voltariam para a carreira acadêmica, alguns nos próprios institutos em que se formaram.

Mas é de destacar que a ideia desse grupo de homens não se limitou ao ensino superior e a formação de agrônomos, embora este nível de ensino tenha alcançado

---

172 Curiosamente, o próprio Barão era bacharel em direito pela faculdade de São Paulo. BARCELLOS, Domingues Alves (Barão de). *A crise do açúcar: ligeiras considerações pelo Barão de Barcellos.* Campos: Lit. e Tip. de Carlos Hamberger, 1887, p. 12 e BLAKE, Augusto Victorino Alves Sacramento. *Dicionário Bibliográfico brasileiro.* Rio de Janeiro: Imprensa Nacional, 1983.

173 José Murilo de Carvalho defende que para esses indivíduos o cargo público não era apenas um serviço como o era para um político inglês, ou para os que classificamos como políticos. *"Muitos filhos de fazendeiros dependiam destes vencimentos para sobreviver. Viviam para a política, mas também da política. (...) Por causa dessa dependência financeira em relação ao emprego público, esses pessoas tinham também um interesse material muito concreto na manutenção e expansão da burocracia".* CARVALHO, José Murilo de. *A construção da ordem: a elite política imperial.* Rio de Janeiro: Civilização Brasileira, 2007, p. 112-113.

174 Rebouças. *op. cit.,* p. 221.

um maior sucesso no país.[175] A necessidade de uma mão de obra mais especializada no campo era fundamental para a plena utilização das inovações tecnológicas e a dinamização das novas práticas agrícolas que chegavam. Demais, nem todos precisavam ser agrônomos, a maioria da população rural bastaria ter um conhecimento mínimo de algumas técnicas agrícolas. Essa noção já era defendida pelo Barão de Monte Cedro, que se escorou na divisão feita pelo ilustre pesquisador alemão Albrecht Thaer,[176] apresentado como o fundador da agricultura racional. A reprodução das ideias de Thaer pelo Barão é extensa, mas muito importante para entender as proposições sobre a educação neste período.

Thaer distribuía em três classes as pessoas que se ocupavam com a agricultura: o lavrador, o agricultor e o agrônomo.[177] O lavrador seria o operário que exercia a agricultura como um ofício, seguindo os mesmos métodos de cultivo dos seus antepassados e não os modificava e nem os aperfeiçoava, a menos que contasse com exemplos; o agricultor fazia da prática da agricultura a sua ocupação e a explorava com vistas ao lucro. Era favorecido por uma instrução geral e por dispor de um capital maior que a do lavrador, conseguindo elevar a agricultura à ordem

---

175 Oliver entende que a criações de instituições cientificas para o estudo científico da agricultura deu-se inicialmente em meio a vários tipos de profissionais e canais de influência e comunicação científica, pretendendo inserir um diferencial. Nota-se, inclusive, o pequeno investimento na criação de escolas para fazendeiros científicos, optando-se já em meados do século XIX pela pesquisa científica e a formação de técnicos para atuarem, quer no serviço agronômico nacional e estadual, bem como nas empresas e indústrias agrícolas, sendo esta atuação pouco desenvolvida no país. OLIVER, Graciela de Souza. O papel das Escolas Superiores de Agricultura na institucionalização das ciências agrícolas no Brasil, 1930-1950: práticas acadêmicas, currículos e formação profissional. Tese de Doutorado, IG/Unicamp, Campinas, 2005, p. 78.

176 Os quatro volumes dos Princípios da Agricultura Racional foram publicados na Alemanha em 1809, sendo posteriormente traduzidos para o francês em 1811-1816 e para o inglês em 1856. WARKENTIN, Benno Peter. *Footprints in the soil*. Amsterdam: Elsevier, 2006.

177 A revista a Lavoura relatava que as palavras "agronomia" e "agrônomo" foram empregadas pela primeira vez pelo Abade Rozier, agrônomo francês, autor do *Cours complet d'agriculture*, ou *Dictionnaire universel d'agriculture*, publicado em 12 volumes, entre 1781-1800, 12vols. Neste caso, a agronomia seria a ciência que descobria e coordenava as leis de produção das matérias orgânicas vegetais e animais. A arte de fazer essa produção com um fim aproveitável chamava-se agricultura; já o agrônomo seria o homem da ciência que se ocupava de estudar, de procurar as leis da produção orgânica e os meios de aplicar essas leis de modo o mais perfeito, o mais útil à economia etc. Revista A Lavoura. Rio de Janeiro: Imprensa Nacional, janeiro a fevereiro de 1898 e MARQUESE, Rafael de Bivar. "Notas do organizador" in: TAUNAY, Carlos Augusto. Manual do agricultor brasileiro. São Paulo: Companhia das Letras, 2001.

de arte; já o agrônomo seria o homem da ciência, o que estudava os princípios, as leis gerais que regiam os fenômenos agrícolas com vistas de estabelecer práticas racionais para o agricultor.

Com todos esses aspectos em mente, pode-se entender que desde longa data já se expressava a preocupação em distanciar a posição ocupada por cada um destes atores. Da mesma forma, buscou-se configurar a posição dos agrônomos como um novo tipo de intermediários entre os lavradores e a elite rural, ou melhor, entre o campo a ciência. A ênfase dada ao seu papel de educador, cuja missão maior era espalhar o progresso científico entre os homens do campo, - vistos como ignorantes e rotineiros -, seria cada vez mais exacerbada.[178] Wenceslao Bello chegaria a atribuir aos agrônomos o papel de ensinar, de *"iluminar o cérebro do produtor rural"*. Como comumente se fazia, o presidente da SNA respaldaria a sua fala em um pensador francês. Neste caso, citaria o químico agrícola Jean Boussingault,[179] que defendia a hegemonia que seria dada aos agrônomos, uma vez que o progresso agrícola por ser devido, sobretudo, à ciência, se propagava apenas de cima para baixo. Assim, ela partiria de cima para baixo até os últimos limites, tendendo a se infiltrar até as camadas mais baixas da sociedade.[180]

Tarefa que nem sempre era vista como muito fácil. Como defendia o Barão de Monte Cedro, o atraso e a rotina faziam com que muitos dos homens do campo depositassem confiança cega no charlatanismo.[181] Ora, o Barão diria sem se valer

---

178 Mendonça defende que neste momento, configura-se um novo tipo de especialistas que ao abrigo da administração, da técnica e da ciência, instaura um novo tipo de relação de dominação, mais indireta e dissimulada e, sobretudo, mais neutra. Mendonça. *op. cit.*, 1998, p. 21.

179 Jean Baptiste Joseph Dieudonne Boussingault foi um químico agrícola francês nascido em Paris, que demonstrou o ciclo biológico do nitrogênio e como as plantas captavam nitrogênio do solo e dióxido de carbono da atmosfera. Após estudar na Ecole des Mines em Saint-Etienne, viajou para a América do Sul (1823) como diretor de mineração de minas francesas na América do Sul.

180 Revista A Lavoura. Rio de Janeiro: Imprensa Nacional, janeiro a fevereiro de 1910, p. 2.

181 O inspetor agrícola V. Cayasse defendia que *"Infelizmente o desenvolvimento do espírito de associação encontra nos camponeses numerosas dificuldades. O camponês é naturalmente egoísta e rebelde a toda a ideia de cooperação, de mutualidade, de solidariedade; ele vê tudo pelo prisma de seu interesse pessoal e imediato que, para ele vale mais do que o interesse geral. Um outro obstáculo é o espírito de desconfiança que o caracteriza. Sempre em guarda contra o vizinho, ele oculta-lhe ciosamente seus melhores processos como se fossem segredo e desconfiados conselhos que lhe dão. Muitas vezes, o excesso de amor próprio o impede de seguir conselhos. Outros obstáculos ainda são a rotina inveterada do camponês, o que o torna refratário ao progresso social; a indiferença que tem por toda novidade; a força de inércia que opõe a todo o movimento para diante. Os habitantes*

de palavras paliativas que era a ignorância de um parecia atrair a ignorância de outro. Para ele, eram aos lavradores *"que se aplica o termo roceiro na plenitude de sua significação"*. Não é possível afirmar com absoluta certeza quando essa postura surgiu, mas já se vê aqui o mesmo pensamento que seguiria forte na Primeira República de ressaltar e criticar a inferioridade dessa população rural pobre.[182]

Não seria uma surpresa que os grandes produtores rurais brasileiros exaltassem o ensino como uma forma de modificar as práticas agrícolas no campo. Naturalmente se falava neste período de uma instrução elementar que possibilitasse a transformação dessa mão de obra em um novo ideal de trabalhador que se adequasse aos padrões de eficiência que vigoraram no pós-abolição.[183] Alguns desses homens chegaram a defender que não havia tanto a necessidade do ensino superior ou não somente dele, mas de escolas agrícolas que disponibilizassem cursos mais simples, voltados para a formação de administradores e operários de fazenda. Neste momento, seria de se esperar que a maior dificuldade seria encontrar um ponto de equilíbrio, sem oscilar nos extremos.

No mais, é interessante notar que contrastando com a situação precedente que privilegiava as ideias europeias, as manifestações favoráveis a esse tipo de ensino inspiraram-se principalmente no modelo norte-americano de ensino profissional massificado. O ponto que mais se destacava neste modelo era a ideia de aprender, vendo ou fazendo. Vê-se assim o súbito interesse despertado no Brasil pelas fazendas-modelo e as estações experimentais.[184] Na verdade, como seria dito por Domingos Sérgio de Carvalho, o crescimento majestoso da produção agrícola americana foi percebido no Brasil como fruto da elevada aplicação do Governo no ensino agrícola, que propiciava não só aos alunos, mas aos tão admirados *"farmers"* se aperfeiçoarem nos inúmeros institutos agronômicos e campos de demonstração construídos nos Estados Unidos.[185]

Em 1906, a *Revista a Lavoura* publicaria um artigo intitulado *"Valores fabulosos! Convêm ler e imitar"*. A *Revista* apresentava basicamente os dados divulgados pelo ministro da agricultura americano, James Wilson, para o ano de 1905, e os

---

do campo são fáceis de convencer, porém muito difíceis de mobilizar, mesmo para a mais benéfica inovação". Citado por Emmanuel Couret. SNA, *op. cit.*, 1907, p. 91.

182 Carneiro da Silva, *op. cit.*

183 Mendonça. *op. cit.*, 1998, p. 32-33

184 *Ibidem*, p. 33-35.

185 Revista A Lavoura. Rio de Janeiro: Imprensa Nacional, janeiro a fevereiro de 1906.

comparava com o Brasil. Embora não se deva ficar chocado, - pois se percebe um certo tom de mofa em relação aos números relativos ao Brasil, numa tentativa de chamar a atenção para a discrepância -, eles são suficientes como elementos indicativos não só das diferenças entre os dois países, mas da mudança do imaginário brasileiro que passaria a ver neste país também um exemplo a ser seguido. Como quer que seja, a *Revista* afirmava que a instrução agrícola nos Estados Unidos estava representada por 63 instituições de ensino superior e 57 estações agronômicas experimentais, e *"nos Estados Unidos do Brasil pelo Curso de Agronomia da Escola Politécnica do Rio de Janeiro"*.[186]

Por outro lado, esses homens tão crentes nas virtudes excepcionais do ensino agrícola não poderiam esquecer-se da educação infantil. Embora este fosse um projeto de grande execução no momento, amealhou importantes adeptos entre técnicos, agricultores e estadistas. Não cabe aqui entrar em detalhes, mas apenas mencionar o pensamento de um ou dois dos seus defensores. O fato da adoção do ensino agrícola nas escolas primárias ter sido discutido como uma parte do tópico, falta de conhecimentos profissionais pelas comissões nomeadas pelo Ministério da Fazenda para tratar dos principais males da lavoura do país, já demonstra o interesse que a questão despertou. Neste particular, a referência foi tomada do exemplo francês. Em 1851, a França regulamentou o ensino agrícola teórico e prático nas suas escolas primárias. O método passava desde a fixação de gravuras de arados e árvores frutíferas na parede até aulas no campo, onde o aluno poderia estudar os solos e entender porque em alguns casos era necessário o emprego de técnicas como a adubação.[187]

---

186 O orçamento americano da agricultura para o exercício terminado a 30 de junho de 1905 foi de cerca de 6.000.000 dólares; o orçamento brasileiro presentemente em vigor consignava a verba de 220.000 dólares, como auxílio à agricultura de toda nação. John Schulz defende os seguintes dados para o Império: Durante o ano de 1882, no Brasil, o Ministério da Agricultura, Comércio e Obras Públicas recebeu 10 milhões de dólares, dois anos depois sua receita aumentou para 16 milhões. Segundo ele, em termos absolutos, o Governo do Rio de Janeiro gastou tanto em melhorias quanto seu congênere de Washington. Em termos per capita, o Rio de Janeiro ficou na frente, principalmente devido aos gastos com as ferrovias. Revista A Lavoura. Rio de Janeiro: mprensa Nacional, novembro a dezembro de 1906; SCHULZ, John. *A crise financeira da abolição (1875-1901)*. São Paulo: EDUSP, 1996.

187 O ensino agrícola teórico e prático das escolas primárias, tal como na França o concebeu Dupin-Aine há cerca de 10 anos, foi proposto por Sarandy na Câmara dos Deputados em 1847, embora só fosse promulgado em um decreto de 31 de junho de 1851. Congresso, Câmara dos deputados, Comissões de fazenda e especial. *op. cit.*

Era, em verdade, também, a defesa da metodologia do "ver fazer para aprender". O presidente de Província da Bahia defendia que esses meninos aprenderiam assim em vinte lições o que não podiam compreender num ano com a leitura de livros que falavam de azote, oxigênio e outras substâncias que eles não podiam compreender. É oportuno notar aqui que a defesa do ensino agrícola nas escolas primárias não nasceu com a República. Tome-se, por exemplo, as considerações feitas por Burlamaque em uma carta, datada de 11 de dezembro de 1859, ao Conselheiro Euzébio de Queiroz Mattoso, na época presidente do Conselho de Instrução Pública da Câmara dos Deputados. O assunto tratado eram as vantagens do ensino da agricultura e de tecnologia nas escolas, o que já era um indicativo de que essas ideias já estavam em gestação neste período. Burlamaque, como um homem do seu tempo, não deixaria de referir-se grande desenvolvimento que as ditas nações cultas vinham dando ao ensino agrícola, elevando-o até a categoria de estudo universitário. Mas, o ponto alto nesta carta era a importância do ensino agrícola nas escolas primárias, pois como ele dizia, era nesta fase que se assentavam as bases da futura geração rural.[188]

Um dos momentos mais significativos deste tratado é constituído por algumas passagens curiosas em que Burlamaque deixa claro o que se entendia como a educação ideal para os filhos dos lavradores. Para ele, mesmo que fosse válido o ensino de qualquer conhecimento que tirasse das *"trevas da ignorância"* essa população rural, não havia muito sentido ministrar aulas que não tinham nenhuma utilidade prática para crianças que seriam mais tarde lavradores. Aliás, causa uma certa perplexidade o seu desdém pelo ensino da História, principalmente quando ele era direcionado às crianças do campo. Mas, o que torna essa passagem mais especial seria a sua definição de História. Dizia ele que a História em última análise era: *"uma narração das extravagâncias do gênero humano, uma espécie de gazeta criminal de torpezas, de guerras de perfídias"*. Se esta concepção parece estranha à primeira vista, entende-se melhor as suas ideias quando algumas linhas depois Burlamaque passava a defender a adoção de pequenos compêndios de agricultura, que deveriam ser necessariamente claros e de leitura agradável e acompanhados de desenhos para iniciar essas crianças nos preceitos de sua profissão e fazendo-as valorizar a profissão que os seus país exerciam.[189]

---

188 O Auxiliador da Indústria Nacional. Rio de Janeiro: Tip. de J. J. C. Cotrim, 1869, p. 143-146.

189 Burlamaque. *op. cit.*

Neste momento, no afã de generalizar as escolas agrícolas, até mesmos os engenhos centrais seriam vistos como escolas para ingênuos. A proposta partiria de homens importantes, como André Rebouças e Luiz Monteiro Caminhoá. No seu *Agricultura Nacional*, Rebouças defendeu que as horas que não fossem empregadas nos estudos escolares, deveriam ser aproveitadas em exercícios de campo e oficinas. Essa seria a melhor forma das crianças se familiarizarem com a tecnologia e o emprego de todos os utensílios e máquinas rurais. Cresceriam assim em um meio agrícola, "*como crescem as aves no ar e os peixes no mar*". Essa seria a forma de conseguir que os filhos dos lavradores fossem lavradores, ou seja, o ensino agrícola ainda teria a vantagem de evitar o êxodo rural.[190] A atração exercida pelas cidades em um país recentemente marcado pela transição do trabalho escravo para o livre, certamente geraria uma certa inquietação. Em 1899, Domingos Sérgio de Carvalho já asseverava que deveria se estabelecer no espírito das crianças as ideias fundamentais presentes na ciência moderna, desviando-a assim de uma visão de que todo trabalho lucrativo deve ser procurado nas cidades.[191]

A. C. Ferreira Paulo,[192] membro ativo da SNA, em uma carta encaminhada ao presidente da Sociedade Wenceslao Bello, comentava com insatisfação a dificuldade em educar os seus sete filhos. Dessa maneira, ressaltava a importância da Sociedade criar uma escola. Segundo ele, a rotina acabava por esmaecer o gosto em viver no campo, pois não havia outra explicação para o abandono das fazendas e a migração de muitos lavradores para os centros populosos.[193] Na década final da Primeira República, Ricardo Nilson Pinto de Mello[194] defenderia o ensino agrícola rural com quase as mesmas palavras, "*o menino iria assim bebendo essas noções, como em seu espírito iria se desenvolvendo o gosto pela vida do campo, em que se vai desmedrando a presente geração*".[195] Nesse caso, Zeila Demartini nota que em

---

190 Caminhoá, *op. cit.* e Rebouças. *op. cit.*, p. 368.

191 Revista A Lavoura. Rio de Janeiro: Imprensa Nacional, janeiro a fevereiro de1899, p. 84.

192 A. C. Ferreira Paulo se identifica como lavrador em Lage do Muriaé e escrevia constantemente para a Revista A Lavoura.

193 Revista A lavoura. Rio de Janeiro: Imprensa Nacional, abril a maio de 1907, p. 133-138.

194 Ricardo Nilson Pinto de Mello foi regente agrícola pela Escola da Penha, da Sociedade Nacional de agricultura; ex-chefe de cultura dos campos de Demonstração de Lavras em Minas Gerais e Itajaí em Santa Catarina.

195 Revista A Lavoura. Rio de Janeiro: Imprensa Nacional, maio a junho de 1920.

400   ROBERTA BARROS MEIRA

alguns estados, a preocupação em dar escolaridade à população rural também esteve relacionada a necessidade de controlar os grupos estrangeiros.[196]

É de ressaltar que além das escolas agrícolas, outras iniciativas foram adotadas para difundir os novos conhecimentos agrícolas entre a população rural, como alguns manuais de agricultura. No Império, um relatório de 1875 afirmava que a falta de manuais e compêndios simples e claros era um obstáculo à fundação do ensino agrícola.[197] Já na República, um ótimo exemplo do tipo de material que se idealizava seria o livreto publicado pelo Diretor da Escola Agrícola de Piracicaba, Dias Martins, intitulado "*ABC da Agricultura*". Segundo ele, o livro era destinado aos agricultores humildes. Porém, o mais interessante é que o próprio autor reconhecia que a população rural era composta em grande parte de analfabetos. Mas, enfim, importa destacar a tentativa de substituir as ditas práticas atrasadas entre a população rural como um todo. Com esse intuito, dizia ele que:

> Este livrinho é um conjunto de aplicações práticas, de grosseiros rudimentos de geologia, física, química e botânica e zoologia agrícola, de agricultura geral e economia rural, de zoologia, parasitologia agrícola e higiene rural, fazendo propaganda popular muito humilde, de ciências naturais e físico-químicas, sem o entendimento prático das quais, o ensino agrícola de qualquer natureza, será incompreensível, e sobremodo dispendioso e inútil.[198]

No mais, cabe aqui destacar o papel decisivo das Sociedades e Associações agrícolas. Desde o Império, o Brasil contou com associações agrícolas regionais, como a Sociedade Campista de Agricultura ou a Sociedade Auxiliadora da Agricultura de Pernambuco. Em que pese a importância dessas sociedades nas questões ligadas à educação é de ressaltar a atuação das duas sociedades que atuavam no âmbito

---

196 No entanto, para Zeila, não se pode negar que a criação de escolas nos sítios e fazendas ocorreu de fato durante esse primeiro período republicano. No entanto, ao final da Primeira República, o atendimento escolar à população rural estava muito distante dos ideais republicanos de ministrar ensino agrícola a todos. DEMARTINI, Zeila de Brito Fabri. "Crianças como agentes do processo de alfabetização no final do século XIX e início do XX". In: MONARCHA, Carlos. *Educação da infância brasileira: 1875-1893*. Campinas: Autores Associados, 2001, p. 148.

197 Congresso, Câmara dos deputados, Comissões de fazenda e especial. *op. cit.*

198 Dias Martins. ABC do Agricultor. Edição especial para o Estado de Minas Gerais. São Paulo: Tip. Cardoso Filho, 1914.

A QUIMERA DA MODERNIZAÇÃO   401

nacional, sendo que quase se pode dizer que cada uma delas existiria em períodos distintos. No Império, ocupou lugar de destaque a Sociedade Auxiliadora da Indústria Nacional, criada logo após a independência do Brasil, em 1827. O seguinte período em análise, isto é, a Primeira República, seria profundamente marcado pela atuação da Sociedade Nacional da Agricultura, fundada em 1897.

Essas duas sociedades buscaram se colocar como centros disseminadores dos princípios da modernização agrícola, através da organização de congressos agrícolas, exposição de máquinas, manuais de agricultura e, até mesmo, ministrando cursos e aulas.[199] A SAIN manteve por um tempo uma escola normal funcionando no pavimento térreo do Museu Nacional, que ensinava geometria e mecânica aplicada às artes, física e astronomia, aritmética, álgebra e geometria aplicada às questões de comércio e agricultura, e a de botânica aplicada à agricultura. Em 1838, iniciou um projeto de criação de uma fazenda-modelo próxima à Lagoa Rodrigo de Freitas, mas que seria abandonado, assim como o plano para a fundação de uma escola agrícola. Já a Sociedade Nacional da Agricultura manteve por um curto período a Fazenda Santa Mônica e o Posto Zootécnico de Pinheiros para realizar experimentações agrícolas, - transferidos para o Governo em 1908. Além do mais, foi cedido pelo Governo à Sociedade uma fazenda para que nela fossem instaladas campos de demonstração e experiência, voltados para atender os pequenos lavradores das freguesias suburbanas. Foi criado assim o Horto Frutícola da Penha, que em 1912 passou a se chamar Wenceslão Bello.[200]

---

199 A SAIN era uma associação que reunia cientistas, artistas, agricultores e negociantes na defesa do progresso agrícola e industrial. Nos seus anos de existência estabeleceu uma biblioteca e um gabinete de máquinas, divulgou suas ideias através de um periódico com memórias, manuais, descrição de desenhos e máquinas etc., defendeu o ensino técnico e promoveu concursos públicos para a premiação daqueles que se dispusessem a desenvolver novas espécies e máquinas agrícolas. Por sua vez, a SNA era formada pela associação de lavradores e amigos da agricultura contrários à hegemonia da política cafeeira e que tinham como objetivo *"empenhar coletivos e individuais esforços em bem da agricultura, ocupando-se de todos os assuntos que possam trazer o progresso da República dos Estados Unidos do Brasil".* Além disso, a Sociedade também se responsabilizaria pela promoção de associações rurais, cooperativas e caixas de crédito; a fundação de campos de demonstração, escolas práticas de agricultura e o aperfeiçoamento dos trabalhos agrícolas mediante uma maior aplicação das novas técnicas científicas ao campo. Diante tão vasta gama de funções, os seus membros se denominaram os representantes do "revivamento agrícola" do país. Mendonça, *op. cit.* 1997.

200 Foram diretores desse estabelecimento Eurico Jacy Monteiro, Wenceslão Bello, Manoel Paulino Cavalcanti, Victor Leivas, Otonni Soares de Freitas etc. A SNA ainda mantem um curso de

É preciso não esquecer que as duas sociedades mantiveram revistas que seguiram o formato dos periódicos científicos europeus. Embora *O Auxiliador da Indústria Nacional* tivesse o seu primeiro número publicado em 15 de janeiro de 1833 e a revista *A Lavoura* circulasse pela primeira vez em julho de 1897, ambas tinham pontos em comum, como o objetivo de manter sempre atualizadas as classes agrícolas, divulgar os trabalhos estrangeiros mais significativos para a lavoura e difundir o trabalho e a opinião de importantes técnicos brasileiros. Não é fortuito que *o Auxiliador* já em 1865 citasse uma passagem de P. Joigneaux, publicado originalmente na *Folha do Cultivador Belga*.

> A nossos olhos cada jornal agrícola é um pioneiro que se deve receber com os braços e os corações abertos. O jornal agrícola é um missionário do progresso que abre uma estrada na imensidade das terras incultas, converte os homens, falando-lhe uma linguagem nova, nutrindo-os com ideias. Um jornal trabalha por sua própria conta, trabalha ao mesmo tempo por conta dos outras; ele ensina a lê, e habitua a ler: ora, criar leitores é cumprir um dever social, fazer um benefício público.[201]

---

especialização agrícola e uma faculdade de veterinária atualmente. POLIANO, L. Marques. *A Sociedade Nacional da Agricultura*. Rio de Janeiro: SNA, 1942.

201 O Auxiliador da Indústria Nacional. Rio de Janeiro: Tip. Ind. Nac. de Cotrim e Campos, 1865, p. 37.

A QUIMERA DA MODERNIZAÇÃO 403

Fonte: Capa da Revista A Lavoura: Boletim da Sociedade Nacional de Agricultura. Rio de Janeiro: Imprensa Nacional, maio de 1925.

Mas, interessa notar aqui, que as duas revistas publicaram artigos que discutiam direta ou indiretamente a questão do ensino agrícola. Neste particular, ainda não existe um levantamento da porcentagem da distribuição temática dos artigos publicados no *Auxiliador* que tratassem da questão da educação. Felizmente para a revista *A Lavoura*, pode-se contar com o trabalho meticuloso feito por Sonia Regina de Mendonça, que apresenta os seguintes dados:

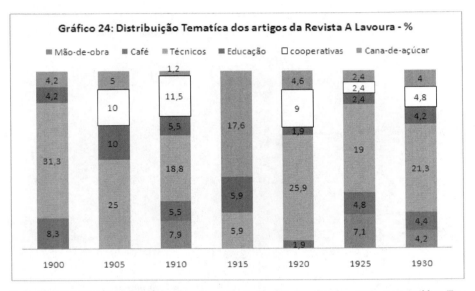

Fonte: MENDONÇA, Sonia Regina de. Ruralismo: Agricultura, Poder e Estado na Primeira República. Tese de Doutorado, FFLCH/USP, São Paulo, 1990, p. 152.

Releva notar que embora a educação não tenha sido o assunto mais abordado, o tema seria uma constante nestes anos. No mais, não se contabilizou neste caso os artigos que não tiveram esta com a sua temática principal, mas acabavam por discutir a questão em algum momento. Ainda constaria na Revista, as discussões dos 31 congressos e exposições organizados pela SNA, marcados sempre por manifestações de preocupação a respeito da educação agrícola no país. A recorrência do tema se fazia sentir muito mais profundamente pela participação de técnicos nestes eventos, além dos chamados agricultores progressistas.

Neste caso, não seria exagerado dizer que se nesse momento imperou um raciocínio de que o progresso no campo estava também assentado na defesa do ensino agrícola. Se assim se deu foi em boa parte pela atuação dessas sociedades, fossem elas nacionais ou regionais. Tal fato se explica por elas conseguirem atuar como um relevante grupo de pressão junto ao Estado. Para Mendonça, os fazendeiros viam os cofres públicos como uma forma de reduzir os seus custos. Eram bem vindos os auxílios para a construção de ferrovias e os subsídios para a entrada de imigrantes, mas também se esperava que o Governo atuasse na pesquisa e no treinamento agrícola. Em momentos de crise generalizada, como a que atingiu ao mesmo tempo a cafeicultura e a produção açucareira, estas demandas aflorariam de forma mais forte, uma vez que se esperava que o ensino agrícola auxiliasse na modernização da agricultura. [202]

Se essas ideias variaram, cabe aqui destacar que mais forte se fizeram sentir durante alguns dos congressos agrícolas. Desde muito cedo, esses congressos eram uma resposta a anos difíceis, como os de 1878 e 1901. Em 1878, o apoio dado à fala de Valentim da Silva Barroca no Congresso Agrícola do Norte indica bem essa inclinação dos agricultores. Segundo ele, era indispensável dar instrução técnica superior à lavoura, pois o agricultor carecia tanto de instrução quanto o médico ou o engenheiro. De uma forma extremamente perspicaz ele concluiria que assim como um lavrador não pode colher sem semear, da mesma forma o Estado não poderia cobrar impostos se não beneficiasse o povo.[203]

Naturalmente após os percalços enfrentados nos meses anteriores ao Congresso Nacional de Agricultura em 1901, a temática do ensino seria vista como uma medida mais que necessária para contornar os problemas enfrentados pelo açúcar. O fato de esses homens alardearem que não tinham capitais nem mesmo para manter as suas próprias usinas imputaria o dever de organizar o ensino agrícola ao Estado. O ponto comumente abordado da atuação, vista como exemplar da adoção de políticas agrícolas em alguns países, auxiliaria a fornecer uma justificativa mais do que plausível para a demanda desse grupo. Afirmações como a seguinte não deixam dúvida do que se esperava do Estado: *"Aqui os poderes agrícolas só se lembram da lavoura para extorquir-lhe o imposto: não há escolas agrícolas e menos ainda estações agrícolas".*[204]

Nas seguintes conferências organizadas pela SNA não faltaram vozes para reafirmar a visão que se criou em 1901. Um ano depois, a quarta conclusão adotada pela Conferência Açucareira da Bahia propunha a mesma reflexão quando disse que

---

202 Mendonça. *op. cit.*, 1997, p. 221.

203 SAAP. *op. cit.*

204 Fala de Paulo de Amorim Salgado. SNA, *op. cit.*, 1907, p. 3.

os agricultores brasileiros esperavam que os poderes públicos não lhes recusariam *"aquilo que só aos índios da América do Norte ainda não foi concedido, e que as instituições do ensino agrícola encontrem a mesma proteção e auxílio, que encontraram nos Estados Unidos".* [205] Esta mesma postura é vista na Conferência Açucareira do Recife, em 1905; no Segundo Congresso Nacional da Agricultura em 1908; na Conferência Açucareira de Campos em 1912; e assim por diante. Essa visão era um reflexo da própria postura da SNA. É de recordar que o presidente honorário da SNA, Joaquim Ignácio Tosta, diria no nono aniversário da Sociedade que era dever iniludível dos governos criar o ensino agrícola técnico e propagar cursos superiores, escolas médias e estações agronômicas, pois assim se propagariam as *"noções científicas em que se baseiam os progressos agrícolas dos povos cultos".* [206]

Na época, a atuação da SNA teria como fruto o projeto já defendido no Primeiro Congresso Nacional de Agricultura e apresentado por Christiano Cruz um ano depois de recriação de um ministério da agricultura. [207] Não seria surpresa que o projeto tivesse como o seu principal lobista Ignácio Tosta. Em um discurso pronunciado na sessão de 1 de setembro de 1906, na Câmara dos Deputados, Tosta esclarecia que o ensino agrícola prático, tal como se dava nas escolas dos Estados Unidos, era uma das necessidades providas pelo projeto. Em 1910, um outro presidente da SNA, Wenceslão Bello comentaria o papel que se esperava do recém-criado Ministério da Agricultura. Segundo ele, o objetivo principal do MAIC era estudar diretamente o país em todos os aspectos que contribuíssem para o desenvolvimento da produção rural, tais como conhecimentos meteorológicos, estudos do solo etc., e difundir os conhecimentos assim adquiridos para os agricultores. Ou seja, o papel do MAIC era ensinar e *"iluminar o cérebro do produtor rural".* [208]

Não é plausível supor que o MAIC atendesse todas as expectativas levantadas no momento da sua criação. Mas, não há em tudo isso como não encontrar novidades. Não resta dúvida que o processo de institucionalização e profissionalização científica, a divulgação das novas técnicas agrícolas, a distribuição de máquinas e sementes, dentre outras políticas de fomento, receberia mais atenção do que nos anos em que o país não contou com um ministério da agricultura. Em resposta a uma parte da historiografia que caracteriza o MAIC como ineficiente,

---

205 Revista A Lavoura. Rio de Janeiro: Imprensa Nacional, novembro a dezembro de 1902.

206 Revista A Lavoura. Rio de Janeiro: Imprensa Nacional, setembro a outubro de 1906.

207 Ver: Mendonça. *op. cit.*, 1997.

208 Revista A Lavoura. Rio de Janeiro: Imprensa Nacional, janeiro a fevereiro de 1910.

Mendonça defende que a institucionalização de várias agências voltadas para o ensino agronômico e a modernização agrícola, mesmo sem a operacionalidade que se esperava, traduziram um esforço em torno da ideia do agricultor moderno, o que seria essencial na reprodução das relações sociais e, principalmente, no aspecto econômico.[209]

De modo geral, não havia maiores razões para se acreditar num crescimento brusco da educação agrícola no país quando ela não se dera nem mesmo nos centros urbanos. Mas seja como for, há que se ter muita cautela ao verificar os seus verdadeiros reflexos sobre a lavoura. Se os tempos novos estavam a vir mais depressa na parte fabril da produção açucareira, a lavoura de cana não ficou estagnada. E não seria razoável esperar que essas mudanças não fossem o reflexo da atuação dos técnicos e dos "agricultores progressistas" na sua defesa da educação agrícola e de uma agricultura mais racional, medida pelos padrões modernos.

O modelar do destino da lavoura da cana: o caminho escolhido por São Paulo, Minas Gerais e Rio de Janeiro

Neste mundo não é tão fácil assim assentar as coisas claras.
Sempre achei vossas coisas claras as mais complicadas de todas.

Herman Melville

Muitas vezes se é induzido a supor que todo o avanço conquistado pela indústria açucareira nos estados de São Paulo, Minas Geras e Rio de Janeiro foi o resultado da construção das enormes fábricas que acabaram por caracterizar os engenhos centrais e as usinas. Mas, como se sabe, as inovações na lavoura de cana não deixaram de ter a sua importância. Ademais, algumas comparações por vezes servem muito, como em outras servem pouco. Dado o relevo que essas mudanças representaram no final da década de 1930, cabe perguntar se não se corre o risco

---

209 Mendonça chama a atenção para o fato de que o caráter político-ideológico de que se reveste a atuação de um organismo do aparelho de Estado é também dimensão importante a ser incorporada na avaliação de sua eficácia e, nesse sentido, o MAIC conseguiria um relativo sucesso. Segundo ela, estimá-lo tão somente à luz de êxitos numericamente mensuráveis, reduz a complexidade do real, pois não leva em conta, tal como aqui é proposto, o processo de expansão do Estado na sua materialidade do jogo de forças sociais em luta. Mendonça. *op. cit.* 1887, p. 462.

de esfumaçar a importância das mudanças ocorridas na lavoura quando se afirma simplesmente que a parte fabril evoluiu muito mais rapidamente que a agrícola. Sem dúvida essa comparação permite avaliar a grande desproporção dos investimentos feitos em ambas as partes do processo de produção açucareira, mas não deveriam respaldar a visão de que números menores sejam sinônimos de irrelevância. Afinal, mesmo que se considere que não foram assim tantas as mudanças, elas não deixaram de existir.

O que afinal as mudanças ocorridas na lavoura significaram pode ser visto nas referências a São Paulo, que parece em alguns momentos ser comparável à idolatria que se tinha em relação aos Estados Unidos e a Europa. A comum ideia de copiar modelos transformou o caso paulista em mais um dos seus cânones, por ser no Brasil o estado que mais seguia o padrão imposto pelo que se conhecia como agricultura moderna. A superioridade paulista era atribuída, em boa parte, aos investimentos do Governo Estadual no ensino agronômico e na pesquisa científica, além da assistência técnica e econômica oferecida aos produtores.[210]

Além disso, mesmo no período do Império, começava-se a perceber que a posição econômica que o café lhe dava no conjunto nacional acentuava até mesmo os desníveis educacionais entre São Paulo e as demais províncias. Em verdade, até mesmo o antigo padrão de conduta dos senhores de engenho do Norte, de enviar os seus filhos para estudarem na Europa, seria alcançado com mais facilidade neste momento em São Paulo. O discurso de Valentim da Silva Barroca expressou bem a insegurança gerada por tal constatação. Para ele, era difícil admitir que fossem os abastados fazendeiros de São Paulo que podiam se permitir enviar aos Estados Unidos os seus filhos para estudar, exemplo que as províncias do Norte não tinham mais condições de seguir com tanta facilidade. Assim, dizia sem entusiasmo que *"aqueles, mais ricos, e em prosperidade, graças à cultura do cafeeiro e à rede de estradas que possuem, tem enchanças para tanto e muito mais. Nós pelo contrário, adstritos à cultura da cana, pouco rendosa, e a do algodão, toda precária, não podemos ir tão longe"*.[211]

Esta enorme influência não foi vista só no Norte. Mesmo o Rio de Janeiro e Minas Gerais não deixaram de seguir de perto os caminhos adotados pelo seu vizinho. O mineiro Fidélis Reis, agrônomo e presidente da Sociedade Mineira de

---

210 OLIVER. Graciela de Souza. José Vizioli e o início da modernização tecnológica da agroindústria canavieira paulista, 1919-1949. Dissertação de Mestrado, IG/Unicamp. Campinas, 2001, p. 9.

211 SAAP, *op. cit.*, p. 166.

Agricultura, chegou a defender claramente que o modelo que deveria ser adotado na implementação de institutos de ensino técnico agrícola era o paulista. Além do mais, elogiava a atuação do Secretário da Agricultura de São Paulo, Carlos Botelho,[212] destacando a importância da Secretaria no desenvolvimento da agricultura do Estado.[213] Pelo que se desprende de algumas falas, o investimento feito pelo Governo estadual não seria de pouca monta. O próprio Carlos Botelho mencionaria ao ser questionado sobre os custos do Governo de Jorge Tibiriçá na Escola Luiz de Queiroz, que os avultados capitais aí investidos constituíam um penhor de que:

> Jamais ficaria ela relegada ao esquecimento pelos seus sucessores no Governo de São Paulo. Entendessem estes ou não de ensino de agronomia (...). É que eu e Tibiriçá queríamos que ela sobrevivesse a nossa passagem pelo Governo do Estado. Ninguém a destruir, não porque entendesse o que vale a Luiz de Queiroz, mas porque seria o abandono de tal patrimônio.[214]

Como indica Mendonça, as disputas regionais que caracterizaram este período não impediram que a expansão da agricultura paulista fosse admirada. Seria principalmente nos planos políticos que os *construtores da hegemonia paulista*

---

212 Carlos Botelho foi secretário da agricultura de São Paulo entre 1904-1908. Mendonça destaca que Botelho foi uma figura de proa do movimento de regeneração agrícola, citado como um dos protagonistas da modernização. Grande proprietário, oriundo de tradicional família paulista, medico e agrônomo formado nos Estados Unidos, enfatizaria a policultura e a lavoura intensiva, incentivando a mecanização produtiva e adaptando a estrutura produtiva da secretaria a tais desígnios. Tratava-se de adequá-la a tarefa de orientar e padronizar os rumos das mudanças pretendidas, de modo a difundi-lo junto aos fazendeiros interessados, e para tanto, o órgão deveria promover ações, como o primeiro censo agrícola do estado em 1905, a primeira exposição estadual de animais em 1907, bem como a criação de uma sessão de estudos econômicos para rastrear o montante da produção rural. Sob sua administração seriam instalados ainda um serviço de informações e publicidades, uma biblioteca estadual aberta à consulta de fazendeiros, técnicos e burocratas, além de reformular o currículo da escola Luís de Queiroz, no intuito de especializá-la ainda mais na formação de agrônomos em detrimento dos profissionais de grau médio. Mendonça. *op. cit.*, 1997, p. 94-95.

213 *Ibidem*, p. 356.

214 *Apud.* PERECIN, Marly Therezinha Germano. *Os passos do saber: A escola agrícola prática Luiz de Queiroz*. São Paulo: Edusp, 2004, p. 331.

eram retorquidos. A circulação dos relatórios oficiais, por vezes reproduzidos até em periódicos, que apresentavam a média de produtividade nacional e regional, reforçava a liderança de alguns estados, sendo que no topo frequentemente figurava São Paulo.[215] Até mesmo alguns órgãos governamentais chegaram a se tornar um dos principais responsáveis por difundir as propagandas dos benefícios das inovações técnicas no campo paulista. Neste caso, tanto a SNA, como o seu braço oficial, o MAIC, buscaram induzir essa percepção. O presidente da SNA, Wenceslão Bello, refere-se ao estado de São Paulo como a única estrela no horizonte do país, que principiava a espantar as trevas nos limites de sua ação e lançar a luz da ciência sobre a produção agrícola.[216]

Embora tal atitude por parte desses homens faça parecer pouco importante os avanços conseguidos fora das fronteiras paulistas, outros polos regionais não deixaram de ter influência, apesar de não desempenharem um papel tão importante. Como não poderia deixar de ser, o Rio de Janeiro disporia de importantes institutos agrícolas, que buscaram incentivar uma modernização da agricultura. É sabido que desde o Império o Jardim Botânico distribuía mudas para os produtores do açúcar, embora não se tenha notícia do impacto desta medida nos canaviais da região. A explicação deste lapso foi dada por Eurico Jacy Monteiro, engenheiro fiscal do terceiro distrito dos engenhos centrais. Infelizmente, pelo que se desprende do seu relato, não se conseguia obter o retorno dos agricultores do desenvolvimento dessas canas.[217]

Não se quer com isso negar que a atuação do Governo ainda fosse fraca, mas há também que considerar que já se percebia um engajamento em estabelecer uma cultura mais científica, por meio de instrumentos agrícolas mais aperfeiçoados, de melhoramentos das variedades de cana etc. Este mesmo engenheiro citado acima, em um relatório direcionado ao Ministério da Agricultura, faria a relação das variedades das canas cultivadas no Jardim Botânico do Rio de Janeiro, chegando ao número de 41, sendo que o Instituto Agronômico de Campinas possuía 37

---

215 Mendonça. *op. cit.*, p. 486.

216 Revista A Lavoura. Rio de Janeiro: Imprensa Nacional, maio a junho de 1906.

217 Segundo ele, apesar do Diretor do Jardim Botânico não recusar a doação de mudas, pedia que em retorno fosse-lhe enviado informações sobre a plantação feita, se as canas produziram bem, se foram atacadas por alguma praga, ou seja, informações que possibilitassem obter dados experimentais. Mas, lamentavelmente, tanto as informações não eram enviadas, como se chegava a trocar o nome das canas que saiam do Jardim Botânico. Revista A Lavoura. Rio de Janeiro: Imprensa Nacional, julho a agosto de 1897.

variedades.[218] A República traria até mesmo uma rixa entre a já tradicional Esalq e a Escola Superior de Agricultura e Medicina Veterinária. A Esamv foi criada em 1910 e estava ligada diretamente ao MAIC.[219] Já em Minas Gerais destacavam-se a Escola Mineira de Lavras, criada em 1908 e, bem mais tarde, a Escola Superior de Agricultura de Viçosa, inaugurada somente em 1926.

De qualquer forma, esse ímpeto em criar institutos e escolas agrícolas não resultou em uma transformação rápida da agricultura brasileira. As manifestações de preocupação a esse respeito continuaram durante toda a Primeira República. Embora não se possa esquecer que alguns institutos imperiais de agricultura foram criados em algumas províncias, como o Imperial Instituto Fluminense de Agricultura e a Imperial Estação Agronômica de Campinas.[220] Mas, vê-se em alguns relatos do período que a atuação dos institutos e escolas agrícolas não foi da mais efetiva, mesmo porque a relação entre produtores rurais e técnicos nem sempre se dava de forma harmoniosa. O austríaco Franz Dafert, - primeiro diretor da Imperial Estação Agronômica de Campinas -,[221] relatava nos últimos anos da sua

---

218 Relatório de fiscalização dos engenhos centrais do terceiro distrito apresentado ao Ministro da Indústria, Viação e Obras Públicas, sendo ministro o ex. sr. José Olyntho dos Santos Pires pelo engenheiro Eurico Jacy Monteiro em 1885. In: Arquivo Nacional, série engenhos centrais - Ia84.

219 A ESAMV foi criada através do decreto nº8.319 de 20 de outubro de 1910. Mendonça aponta que a ESAMV enfatizava as atividades práticas em detrimento da teoria. Segundo ela, *"enquanto uma escola de gestão, o aprender fazendo era fundamental, na determinação do etos dos esamvianos, cujo destino último seria o alto e médio escalão da burocracia estatal e não a sua própria fazenda. Nesse sentido, saber fazer não implica apenas em saber mandar, mas sim em saber obedecer e, sobretudo, saber executar."* Mendonça. *op. cit.* p. 123-171.

220 Ambas as instituições também se dedicaram à lavoura canavieira e tiveram entre o seu quadro de dirigentes homens importantes, como Burlamaque e Dafert. O IIFA chegou a priorizar durante alguns anos os estudos sobre a cultura da cana. Na Fazenda Normal a cana-de-açúcar teve o maior investimento em experimentações de espécies e variedades. Essas experiências eram relatadas na Revista Agrícola e resultaram em ampla distribuição de mudas para as fazendas, sobretudo nas províncias fluminenses e baianas. Ademais, o IIFA atuou junto ao Imperial Instituto Baiano de Agricultura no combate à moléstia que atacou os canaviais baianos entre1867 a 1870. BEDIAGA, Begonha Eliza Hickman. Marcado pela própria natureza: o Imperial Instituto Fluminense de Agricultura e as ciências sociais agrícolas: 1860 a 1891. Tese de doutorado. IG/Unicamp. Campinas, 2011.

221 A Imperial Estação Agronômica de Campinas foi fundada em 1887 pelo Imperador, por iniciativa do Conselheiro Antônio Prado, então Ministro da Agricultura. Na República passaria a se chamar Instituto Agronômico de Campinas, quando passou para a alçada do Governo do Estado de São Paulo. Dafert permaneceria no cargo até 1897, por ter sido nomeado Diretor da Imperial

estada no Brasil que os métodos da lavoura em São Paulo eram pouco aperfeiçoados, pois ainda se empregavam instrumentos que davam pouco resultado se comparados aos que eram empregados na Europa e nos Estados Unidos. Segundo ele, ainda se permanecia nas mesmas condições vistas antes da abolição. Em resposta aos ataques sofridos a sua gestão feita por alguns agricultores que se queixavam da demora de resultados práticos, Dafert alfinetaria impetuosamente esses homens ao dizer que *"muitos se dizem fazendeiros, mas não são"*.[222] A postura adotada por um dos diretores da Esalq Francisco Dias Martins[223] era mais compreensiva, uma vez que levava em consideração a sobrecarga de inovações que eram imputadas aos produtores rurais ante a necessidade de se manter competitivo no mercado externo. Nesse sentido, ele reconhecia que não se retirava de um povo em vinte e quatro horas os instrumentos herdados de seus antepassados.

No entanto, esses primeiros anos não seriam completamente desprovidos de sucessos. Aliás, seria mais que compreensível que as primeiras mudanças se dessem nas proximidades destes institutos e escolas. Frederic Sawyer lembrava ao queixar-se da rotina dos colonos no cultivo da cana[224] que já havia exceções. Havia colonos que empregavam arados e outros instrumentos de agricultura da fazenda modelo anexa à Escola de Agricultura Luiz de Queiroz, assim como do outro lado do rio viam-se canaviais também lavrados com o arado.[225] Em 1881, esta mesma impressão seria explicitada em um relatório da Escola Agrícola do Vale do Piracicaba, em Minas Gerais. O Diretor Domingos Martins Guerra dizia que os lavradores vizinhos mostravam interesse de aprender e adotar os processos de cultura intensiva que viam

---

Estação Agronômica de Viena, considerada o maior centro deste tipo na Europa. MOTOYAMA, SHOZO. *USP 70 Anos: Imagens de Uma História Vivida*. São Paulo, Edusp. 2006.

222 Alguns fazendeiros achavam as pesquisas da Estação agronômica muito apartadas das necessidades imediatas da lavoura paulista. Relatório anual do instituto agronômico do estado de São Paulo (Brasil) Campinas 1894 e 1895. Volume VII e VIII publicado pelo Diretor F. W. Dafert M. A. São Paulo. Tipografia da Companhia Industrial de São Paulo, 1896.

223 O ABC do Agricultor já tinha sido adotado até em 1921 nas escolas de 12 unidades da federação. Francisco Dias Martins foi diretor da Esalq entre 1909 e 1912 e integrou os quadros do MAIC.

224 Sawyer relatou que a cultivação da cana era geralmente feita em São Paulo com um pequeno rego cavado a enxada num terreno duro como pedra, onde se plantavam persuadidos da economia más soqueiras, ligeiramente cobertas de terras, deixando-as à mercê das chuvas, SAWYER, Frederic H. Relatório apresentado à Sociedade Paulista de Agricultura, Comércio e Indústria. São Paulo: Tip. De Carlos Gerke, 1905, p. 146.

225 *Ibidem*, p. 32.

sendo aplicados na Escola, e solicitavam mudas e sementes.[226] Mas, essa influência não quer dizer, em absoluto, uma mudança de grandes proporções na agricultura destes estados. Neste caso, é esclarecedor avaliar que ainda era restrito a poucas fazendas o uso de equipamentos agrícolas. O censo agrícola de 1920 demonstra que mesmo em Campos, o município que mais contava com esses equipamentos no Rio de Janeiro, não os possuía em número significativo.[227]

Fonte: Novos processos de cultura da fazenda modelo da Gamelleira (Belo Horizonte) In: JACOB, Rodolpho. *Minas Gerais no XXº século*. Rio de Janeiro: Impressões Gomes irmãos & Co., 1911.

De qualquer forma, o Ministério da Agricultura tentou colocar em prática o que supunha ser o seu papel na defesa da regeneração agrícola, mesmo que algumas

---

226 MINAS GERAIS. Relatório que à Assembleia Legislativa Provincial de Minas Gerais apresentou o Exmo. Sr. Senador João Florentino Meira de Vasconcellos, por ocasião de ser instalada a mesma Assembleia para a 2ª sessão ordinária de 23ª legislatura em 7 de agosto de 1881. Ouro Preto: Tip. da Atualidade, 1881.

227 Dos 2.965 estabelecimentos, somente 6,68% utilizavam arado e 3,58% trabalhavam com grades, o censo ainda relacionou 19 tratores em 14 estabelecimentos. FARIA, Sheila Siqueira de Castro. Terra e Trabalho em Campos dos Goitacases: 1850-1920. Dissertação de Mestrado, ICHF, Universidade Federal Fluminense, Niterói, 1986, p. 172.

das suas atuações fossem feitas de forma tímida. De qualquer forma, o modelo norte-americano permaneceu como referência. O MAIC, na sua busca de propagar um modelo idealizado de agricultura científica, passaria a distribuir sementes, mudas, implementos, folhetos e livros, substituindo a própria SNA. Mas, o fato é que essa distribuição não alcançou um número representativo. O MAIC também manteve pequenos centros de propagação de tecnologia e assistência ao agricultor, campos de demonstração/cooperação, postos zootécnicos, fazendas-modelo e estações experimentais, encarregadas de transmitir através dos seus técnicos a tão defendida regeneração agrícola. Essa assistência técnica, embora nem sempre obtivesse sucesso, foi com o tempo se aperfeiçoando, como no caso da utilização maior de campos de cooperação ao invés de fazendas-modelo. Como quer que seja, não há como negar que o apoio dado pelo MAIC à produção açucareira, por maior que fosse a pressão dos usineiros, restringiu-se quase que por completo ao incentivo à pesquisas de novas espécies através da criação de estações experimentais, como a Estação Experimental de Campos (1913) e a de Escada, em Pernambuco (1910).[228] No entanto, mesmo que esse apoio não fosse linear, aumentou efetivamente em momentos específicos, como nos anos da Primeira Guerra ou durante a moléstia do mosaico.[229]

Por outro lado, é de lembrar que a maior contribuição neste período viria das secretarias de agricultura organizadas pelos estados após a Constituição Republicana de 1891, que concedia maior autonomia aos estados brasileiros para administrar os seus territórios e orçamentos. As secretárias de agricultura se constituíram nos grandes pilares das políticas idealizadas para a renovação da agricultura nestes anos. Eram objeto de suas preocupações a organização de estações agronômicas, fazendas-modelo, campos de demonstração, a distribuição de plantas e sementes, a colonização e imigração, o serviço de reflorestamento, de inspeção e defesa agrícola, de propaganda de tudo que pudesse interessar à agricultura, a legislação rural etc. Ora, essas secretarias tratavam justamente de colocar na prática a ideologia dos defensores de uma agricultura científica que marcaram esta época. Nesse sentido,

---

228 As estações experimentais instaladas neste período foram: Estação Experimental de Campos (RJ), em 1913; Estação Experimental de Escada (PE), em 1910; Estação Experimental de Barbacena (MG), em 1912; Bento Gonçalves e a Estação Experimental de Algodão (SE), ambas em 1913. Com a ocorrência do mosaico foram criadas novas estações.

229 Uma vez que se buscava maximizar e diversificar a produção, foi feita uma campanha nacional de expansão produtiva criada pelo Governo Federal em 1917 com o Comitê da Produção Nacional, voltado para o incremento das exportações brasileiras. Mendonça. *op. cit.*, 1997, p. 498-506.

A QUIMERA DA MODERNIZAÇÃO   415

buscavam fomentar o ensino agrícola, o plantio de novas culturas, a expansão das linhas férreas, a difusão de novos métodos produtivos, o aumento da mão de obra por meio da imigração subsidiada etc.

Não se pode também esquecer que essas secretarias tiveram um papel fundamental na diversificação da produção dos estados cafeeiros. Ao estudar esses anos,não há como negar a propaganda realizada por técnicos e pelo próprio Estado, na tentativa de solucionar os problemas da cafeicultura através do incentivo a policultura. Isto não quer dizer, em absoluto, que medidas similares não fossem adotadas anteriormente, mesmo que não fossem de forma tão evidente. O próprio MACOP, desde a sua criação buscou além de melhorar as culturas existentes, estimular a produção de outras. Nesse sentido, fazia a distribuição de mudas de variedades estrangeiras de café e de açúcar, mas também inovaria ao tentar aclimatar no Brasil os eucaliptos da Austrália e trazer sementes de trigo da França para as províncias do Sul, oliveiras para Santa Catarina e Minas Gerais, videiras da Ilha da Madeira para São Paulo, sementes de Alfafa da Argentina etc.[230]

No entanto, agora no século XX, a abordagem dada à monocultura se apresentava de outra maneira. Ela passou a ser vista como um dos reforços para o atraso do país e se acentuaria cada vez mais com a continuidade da crise dos preços dos principais produtos de exportação do Brasil. No limite, tal atitude resultou num total encorajamento a mudança nos princípios que caracterizavam os espaços produtivos do país, marcados até então por uma certa especialização. A policultura seria entendida nestes anos como uma prática estabilizadora, que minimizaria, em parte, as frequentes oscilações dos preços desses produtos no mercado externo.[231] Como não poderia deixar de ser, este pensamento tão representativo da época se refletia sempre sobre o produto mais marcante da realida-

---

230 BRASIL. Relatório apresentado à Assembleia Geral Legislativa pelo Ministro e Secretário de Estado dos Negócios da Agricultura, Comércio e Obras Públicas, José Fernandes da Costa Pereira Júnior. Rio de Janeiro: Tipografia Americana, 1875.

231 Cliff Welch destaca que policultura é uma expressão contemporânea de uma prática antiga, tendo este termo na linguagem no século XX. A palavra, como o seu significado, é uma resposta oposta, um antônimo a uma outra palavra nova: monocultura. Enquanto a monocultura se refere à cultivação de um produto só, quando seria possível cultivar muitos, a policultura significa a cultivação de uma variedade de culturas quando seria possível plantar um só. Então a monocultura é homogeneidade, policultura, heterogeneidade; monocultura é tradição, policultura, modernidade. WELCH, Cliff. "Policultura" in: MOTTA, Márcia (org.). Dicionário da terra. Rio de Janeiro: Civilização Brasileira, p. 355-357

de de cada região ou mesmo de um país, retratando principalmente as crises de superprodução mundiais.

Focalizando apenas o açúcar, é de notar que se tentou induzir a solução da policultura até mesmo nos grandes produtores de açúcar, em momentos em que a situação deficitária com a queda dos preços teria efeito altamente negativo na renda destes produtores, como ocorreu alguns anos depois da Primeira Guerra com a recuperação da indústria açucareira de beterraba. Um exemplo de tal procedimento em relação à policultura, seria um folheto fartamente distribuído em Cuba aconselhando a diminuição do plantio da cana e incentivando a policultura. Este convincente texto seria escrito pelo Ministro da Agricultura cubano José Maria Collantes. O seu texto deixa patente que a grave crise vivenciada em Cuba com a drástica queda dos preços era consequência do perigo do cultivo único que colocou o país à mercê do mercado mundial de açúcar. Dizia ele que não era bom que um povo jogasse a sua fortuna em uma só carta. Também defendia que a riqueza de Cuba era a cana, mas também era o tabaco, o arroz, o feijão, que no fim significavam milhões de dólares que se enviava aos agricultores estrangeiros, sendo que Cuba possuía um solo e um clima que tudo podia produzir, o que lhe propiciaria abastecer a si própria e ser livre economicamente.[232]

Seria muito semelhante a este respeito o pensamento que dominou no Brasil durante este período. A única diferença aqui era o produto, dado que se o açúcar apresentava problemas no Norte, ele era tratado como um dos principais produtos que viriam em auxílio ao café na lista dos defensores da policultura na região Sul do país.[233] Não seria de se estranhar que ao se buscar uma harmonia de interesse, uma das melhorias alternativas que se teve era a cana de açúcar, resultado da longa

---

232 Hermes Júnior. *op. cit.*, p. 119.

233 Mendonça aclara que esses defensores da policultura podem ser separados em três grupos. O primeiro grupo era formado por elementos com formação técnica oriundos de áreas cafeeiras decadentes e que viam na policultura a saída para os problemas regionais. Dentro ou fora do aparelho de Estado, eles serviriam, simultaneamente, de estímulo para a conscientização de seus contemporâneos em torno da questão, e de incentivo para a ampliação da ação estatal em favor de múltiplos produtos. O segundo grupo era formado por políticos profissionais que buscavam a recuperação da prosperidade destas áreas onde tinham as suas bases de poder, tratavam de definir instrumentos tarifários e fiscais que junto com a atuação do governo federal dessem suporte à diversificação. O terceiro grupo era formado por membros da fração dominante ligada às áreas cafeeiras prósperas, porém preocupados em estabelecer alternativas que pudessem servir de anteparo contra futuras flutuações e distúrbios de mercado, como era o caso de alguns fazendeiros paulistas. Mendonça. *op. cit.* 1997, p. 77.

A QUIMERA DA MODERNIZAÇÃO   417

duração da sua cultura nestes estados. Em 1902, o chefe de estudos econômicos da Secretaria de Agricultura de São Paulo, Júlio Brandão Sobrinho, já destacava que pelo desenvolvimento da cultura da cana no estado, ela provavelmente se tornaria um arrimo do café que se encontrava depreciado no mercado externo. Nesse caso, para ele, a indústria açucareira se sobressaia como alternativa por ser o produto que depois do café mais vantagem trazia aos agricultores.[234] Como se viu, essa cana era utilizada em grande quantidade na fabricação de diversos produtos com ótima aceitação no mercado interno, como a aguardente, a rapadura e os açucares baixos.

Em 1912, esse assunto era trazido à baila novamente em um relatório apresentado ao Secretário da Agricultura. Brandão Sobrinho denunciava que a lavoura de cana ainda não tinha tido o desenvolvimento que se esperava em São Paulo devido ao pensamento constante de que o café dava para tudo. A sua crítica dirigia-se tanto aos agricultores que nem sequer cogitavam em investir em novas culturas como ao Governo, que não buscava estimular alternativas, posto que a receita do café alimentava fartamente o orçamento do estado. O engenheiro chamaria a atenção para a impressão tida pelo viajante John James Aubertin, impressas no seu trabalho *"Eleven day's journey in the province of San Paulo"*, publicado em 1865, no qual afirmava que uma província que dependesse quase que exclusivamente da produção de um só gênero, teria uma existência muito precária.[235]

Em verdade, o receio de que os antigos padrões de lucratividade existentes à época com o café não se manteriam pelo desajuste entre o aumento das plantações e o consumo, estimulou a insegurança em uma economia calcada em um gênero único. No entanto, o slogan *"o café dá para tudo"*, cunhado ainda no tempo da escravidão, não seria tão facilmente abandonado, mesmo com a permanência dos preços baixos. Segundo Love, esse lema estava tão arraigado na mentalidade paulista que ainda era ouvido nas ruas da capital durante a década de 1930, quando os preços e as quantidades vendidas atingiram níveis catastróficos.[236] Em 1900, essa reverência ao café chegaria a figurar como o tema principal de uma crônica de Monteiro Lobato intitulada "Café! Café!". Lobato refere-se de forma bastante irônica à mania de um fazendeiro de café, o major Minbuia, de

---

234 Boletim da Agricultura. São Paulo: Tip da Indústria de São Paulo, 1903.

235 Brandão Sobrinho. *op. cit.*, p. 106.

236 LOVE, Joseph LeRoy. *A locomotiva: São Paulo na Federação Brasileira, 1889-1937*. São Paulo: Paz e Terra, 1982, p. 64.

dizer que o café dava para tudo, recusando-se a aceitar, mesmo na ruína, que os preços não voltariam a subir.

> Ficou naquilo o major Mimbuia, uma pedra, um verdadeiro monólito que só cuidava de colher café, de secar café, de beber café, de adorar o café. Se algum atrevido ousava insinuar-lhe a necessidadezinha de plantar outras coisinhas, um mantimentozinho humilde que fosse, Mimbuia fulminava-o com apóstrofes. – O café dá para tudo. Isso de plantar mantimentos é estupidez. Café. Só Café.[237]

Mas, nesta época já não seriam todos que pensavam desta maneira. Aliás, a proposição inversa do lema seria utilizada como um verdadeiro material de guerra pelos defensores da policultura. A monocultura seria vista por alguns como uma debilidade, já que se ficava sujeito a importar produtos que poderiam ser facilmente produzidos nos férteis solos do país. Em 1903, Modestino Moreira, no Congresso Agrícola, Industrial e Comercial de Belo Horizonte, chamava a atenção para o fato de que o lema "o *café dá para tudo*" deveria ser substituído pelo "*o café já não dá para nada*".[238] Este também foi o caso, por exemplo, de um artigo publicado na *Revista Agrícola do IIFA* ainda em 1890. Este trabalho asseverava que só os indiferentes que viviam nas trevas da ignorância em matéria de agronomia e economia agrícola poderiam defender que o café dava para tudo.[239]

Mas, não seria plausível supor que havia uma postura contrária ao café quando em boa parte dos séculos XIX e XX o café foi o produto principal na pauta de exportações brasileiras.[240] Importa buscar aqui a compreensão do papel da policultura como peça articuladora dentro de um contexto mais amplo, no qual o café continuaria a ser a peça-chave. O sentido aqui é de complementaridade, e não de marginalidade deste produto. Algumas dessas falas buscavam deixar claro que a adoção da policultura não implicava em abandonar o café, ao contrário,

---

237 LOBATO, Monteiro. *Cidades mortas*. São Paulo: Globo, 2007, p. 170-175.

238 Revista Agrícola: órgão da Sociedade Pastoril e Agrícola São Paulo, maio 1903, p. 213.

239 Revista Agrícola do Imperial Instituto Fluminense de Agricultura. Rio de Janeiro: Tipografia literária, 1890.

240 Mesmo tendo amplas variações na porcentagem produzida ao longo desses anos, o produto foi o sustentáculo da economia nacional entre 1840 e 1960.

esse produto deveria continuar a receber todos os cuidados e auxílios. Ademais, considerava-se que a policultura seria uma saída para aliviar os fazendeiros de café dos pesados impostos que o sobrecarregavam. Como defendia o engenheiro Cypriano José de Carvalho em um relatório apresentado ao Presidente da Província do Rio de Janeiro, Joaquim Mauricio de Abreu, em 1897, a policultura iria aparecer quanto menor fosse a cotação do café no mercado.[241] Para tentar deixar mais atraente a policultura para os agricultores, o Instituto Agronômico de Campinas procurou explicar que esse era simplesmente o sistema de se aplicar a cada lavoura alguns agricultores e não todos a todas as lavouras, ou seja, não se defendia fazendas mistas, mas sim que São Paulo contasse com fazendas que cultivassem café, outras que tratassem da cana de açúcar etc.[242]

No mesmo ano, o engenheiro agrônomo mineiro Antônio Jacintho Gomes Carmo também frisaria que em primeiro lugar não se deveria abandonar o café, pois essa *"valiosa rubiácea"* constituía um patrimônio que os agricultores brasileiros deveriam se orgulhar. No entanto, se deveria evitar a monocultura, pois o café brasileiro já possuía concorrentes na África, na Austrália, na Ásia, na Malásia e na América Tropical.[243] Pretendia-se deixar claro que era necessário fomentar outras culturas e até mesmo a indústria para servir de amparo nos momentos de baixa do café. Esse quadro de diversificação pode ser facilmente observado nos mapas 1, 2 e 3, extraido de um Álbum Comemorativo feito para ser distribuido na Exposição Nacional de 1908, que foi encomendado pela Sociedade Nacional da Agricultura.

---

241 Relatório apresentado ao Dr. Joaquim Mauricio de Abreu presidente do Estado do Rio de Janeiro pelo secretário de Estado das obras públicas e industriais engenheiro civil Cypriano José de Carvalho. Rio de Janeiro: Tip a Vapor Jeronymo Silva & C, 1897.

242 Boletim do Instituto Agronômico do Estado de São Paulo em Campinas. São Paulo: Tip. do Diario Official, 1898.

243 A. Gomes Carmo foi redator proprietário da revista agrícola da Sociedade Pastoril e Agrícola e que em 1908 seria adquirida por Augusto Ramos e prosseguiu com o nome de O Fazendeiro. Revista Agrícola, outubro de 1898.

Mapa 1 - Mapa agrícola de Minas Gerais

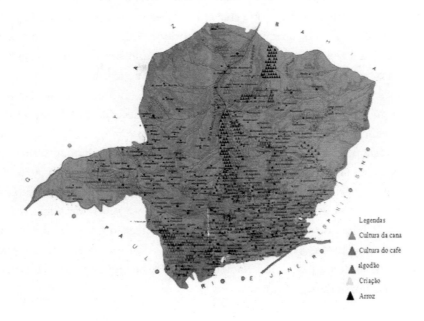

Fonte: SNA. Mapas. São Paulo: Weisflog, s.d.

A QUIMERA DA MODERNIZAÇÃO   421

Mapa 2 - Mapa agrícola de São Paulo

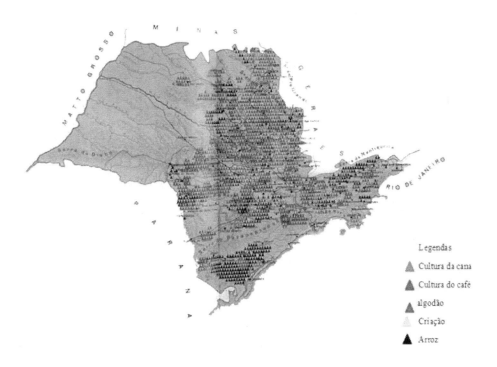

Fonte: SNA. Mapas. São Paulo: Weisflog, s.d.

Mapa 3 - Mapa agrícola do Rio de Janeiro

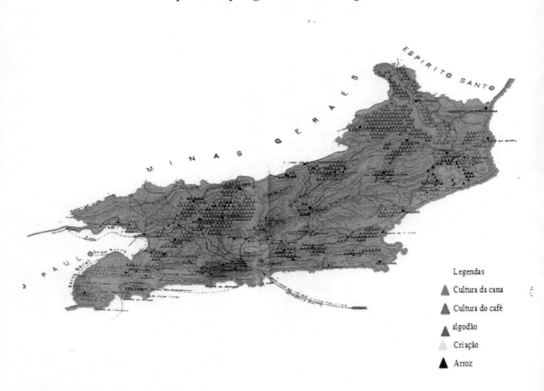

Fonte: SNA. Mapas. São Paulo: Weisflog, s.d.

A QUIMERA DA MODERNIZAÇÃO 423

Como pode ser visto no mapa 1, a visão da complexidade da produção açucareira mineira, disforme às vezes da composição dos outros estados por suas milhares de pequenas unidades açucareiras, ainda escapava as tentativas de reconstrução da produção sacarina do Brasil. Pensa-se aqui que o mapa agrícola desenhado pela SNA para Minas Gerais reduziu-se a apontar as poucas usinas mineiras. Percebe-se facilmente que o mapa mostra informações baseadas apenas na existência de algumas importantes usinas no já conhecido trecho da zona da mata mineira, que abarcava principalmente os municípios de Ponte Nova, Visconde do Rio Branco, Cataguases etc. Quando se considera o desenvolvimento da indústria açucareira em Minas Gerais é preciso não esquecer que a realidade técnica dos engenhos mineiros continuava a ser, na sua grande maioria, a da miríade de pequenas unidades, o que contribuía para que se escapasse em muitas fontes da época a real produção do estado.

Em relação ao Rio de Janeiro, como se pode perceber no mapa 2, o município de Campos e alguns municípios vizinhos continuavam a concentrar boa parte da produção, promovendo uma inevitável concentração da indústria açucareira no estado. No entanto, a tendência de diversificação iria propiciar o surgimento de novos centros de produção ou o crescimento de áreas produtoras anteriormente existentes, como nas áreas costeiras. É particularmente significativo que a produção cafeeira teve um importante papel na agricultura do estado, embora se deva considerar que as condições de cada um desses municípios acabaram por produzir um conjunto bastante variado na produção agrícola fluminense. Mesmo que as condições existentes apontem uma imagem que já se diferenciava daquela verificada no auge dos barões de café, a presença da lavoura cafeeira nas áreas tradicionais ainda permanecia forte. Não obstante, a cana não deixou de exercer um papel de destaque na economia, na medida em que se consolidou como atividade produtiva de importância de vários municípios fluminenses.

Como é sabido, os novos lucros crescentes da comercialização do açúcar em São Paulo criaram condições para a expansão da indústria sacarina mesmo nos municípios cafeicultores do estado, como pode ser observado no mapa 3. Mas, vê-se facilmente que os antigos municípios produtores de açúcar, como Porto Feliz, Piracicaba, dentre outros, continuaram a constituir uma área de vital importância para o desenvolvimento da indústria açucareira paulista. É de destacar que com o passar dos anos, São Paulo continuaria a figurar como um modelo a ser seguido, muito em razão da própria política de diversificação da produção adotada pelo Governo estadual, encabeçada primeiramente pelo Secretário da Agricultura, Carlos Botelho.[244]

De fato, já se pode observar os frutos dessas medidas na década de 1910, apontada como o marco inicial da transferência do eixo açucareiro e algodoeiro da região Norte para a região Sul do Brasil, e quase que principalmente para São Paulo. Esse quadro acarretou os atritos que marcaram esse período entre essas duas regiões pela disputa do mercado interno.[245] A própria SNA, que desempenhou dentre as suas várias funções a de defensora da policultura – fazendo circular artigos em sua defesa desde os primeiros números da revista *A Lavoura* –, reconhecia São Paulo como o estado pioneiro da prática da policultura e um exemplo dos notáveis proventos auferíveis com ela.[246]

Até aqui, quis se deixar claro a importância do incentivo à policultura nos estados em análise. Nesse caso, bem cedo se aliaram o Governo federal ou estadual, os próprios fazendeiros e os técnicos. Os braços e os capitais se podiam arranjar da lavoura cafeeira. Naturalmente o bom mercado que se formou para os produtos voltados para o abastecimento interno, como o açúcar, muito contribuiu para essa postura. Não se pode esquecer que a expansão dessa produção teve seu lugar natural onde a cana se fez presente desde muito. Pode-se imaginar que a sua expansão seria quase que natural com os embaraços que passou a sofrer o café. De qualquer forma, o avanço da cana ainda ficou facilitado nestes três estados pela presença da doença do mosaico. Mas, como pode ver Dé Carli, a glória da transformação da região Sul em uma grande produtora de açúcar não se deve somente as POJs. Para ele, não se poderia ignorar que foi o café com as suas crises que estimularam a produção do açúcar, ou mesmo o transbordamento dos seus lucros quando ele se valorizava que impulsionaram a lavoura canavieira na região.[247] *"De uma maneira ou de outra, ao café deve quase tudo o açúcar"*.[248]

---

244 No Rio de Janeiro se destacariam neste período as figuras de Nilo Peçanha, e em Minas Gerais de João Pinheiro.

245 GNACCARINI, J.C. A. "A economia do açúcar: processo de trabalho e processo de acumulação" in: FAUSTO Boris. (org) *História Geral da Civilização Brasileira*. Rio de Janeiro: Bertrand Brasil, v.8, 1997.

246 Revista A Lavoura. Rio de Janeiro: Imprensa Nacional, janeiro a fevereiro de 1920.

247 Gnaccarini aponta que a expansão açucareira se fez precisamente nos anos que se seguem às crises do café, logo depois das grandes crises de 1913 e 1921. Muitos dos fazendeiros e sitiantes de café substituíram-no pela cana, fazendo dobrar a produção. Gnaccarini. *op. cit.*

248 Dé Carlí. *op. cit.*, 1943, p. 83-84.

A QUIMERA DA MODERNIZAÇÃO   425

Mas, não é menos certo que o mosaico propiciou a mudança que até então praticamente só insinuava-se no modo como eram tratados os canaviais nestas regiões. Naturalmente, o mosaico não foi a primeira doença a afetar esses canaviais. Em 1926, Vizioli verificava a existências mais ou menos generalizadas nos canaviais paulistas de moléstias graves da cana, como o sereh, o iliau, a gummose, além das pragas, como a broca e a cochonilha da cana. Somava-se a isso, o fato frequentemente apontado por alguns técnicos de que as variedades de cana comumente cultivadas no país estavam em franca degenerescência.[249]

Embora já se perceba uma preocupação explícita em resolver esses males que prejudicavam o desenvolvimento da cana, não se conseguiu uma ação mais efetiva com linhas mais marcantes como foi feito por Vizioli. Naturalmente, uma série de motivos contribuiu para isso, sendo que mesmo quando se tocava na questão da degeneração das canas nem sempre se pensava de forma semelhante neste particular. No início da República, alguns desses técnicos acreditavam que esses problemas eram uma decorrência da falta de instrução do lavrador e, consequentemente, dos métodos de cultivo atrasados.[250] Muitos técnicos importantes como Sawyer aconselhavam a conservação das canas existentes e não a sua substituição. Segundo ele, a degeneração das canas em Villa Raffard e em outras plantações em São Paulo era uma consequência de empregar no plantio estacas de cana enfraquecidas, abandonadas em capoeiras, socas mal desenvolvidas etc. Além das estacas raquíticas, devia-se levar em contar que essas canas eram plantadas em rego pouco profundo, abertas em terras duras, nunca removidas por arado. Para ele, nada mais se podia esperar de tão bárbaro procedimento que não a degeneração progressiva que se atribuía a qualquer motivo, sendo que a verdadeira causa seria: *"a sordidez, a ignorância e a negligência do colono, a incúria dos administradores de fazenda, e ao menosprezo dos gerentes e proprietários, os quais fazem a consideração errônea que pouco lhe importa, pois só pagaram a cana por peso!"*[251]

---

249 VIZIOLI, José. "A presente situação da indústria açucareira no Estado de São Paulo". In: Boletim da Agricultura, 1926.

250 Oliver defende que foi por isso que se deu grande ênfase ao ensino agrícola, criando escolas de nível superior, cursos itinerantes, campos de experimentação e de ensino do que hoje se entende por ensino técnico de nível médio. Oliver. *op. cit.*, 2001, p. 50.

251 SAWYER, Frederic H. Relátorio apresentado à Sociedade Paulista de Agricultura, Comércio e Indústria. São Paulo: Tip. De Carlos Gerke, 1905, p. 7.

426 ROBERTA BARROS MEIRA

Embora esse pensamento fosse comum à maioria dos técnicos, alguns deles já tinham uma ótica diferenciada para lidar com esse problema. Sobre este aspecto a divergência é evidente quando se lê o trabalho de Júlio Brandão Sobrinho, - na época inspetor da Secretaria da Agricultura de São Paulo. Ele enfatizava que a cultura moderna já dispunha de meios de pesquisa e hibridação, sendo que a criação de novas variedades de cana tinha se tornado um dos fatores mais importantes para o progresso da produção açucareira.[252] É certo que o medo de importar algumas doenças, acabaria por fazer o pensamento de Sawyer vitorioso por alguns anos, sendo que na maioria dos institutos agrícolas a atuação se restringiu a distribuição de mudas de canas usadas para reformar os canaviais antigos ou o aumento da área cultivada, - mas essas eram feitas com variedades já conhecidas. Ou seja, antes do mosaico quase não se investiu na seleção de espécies resistentes ou se aplicou recursos em pesquisas de cruzamento.[253]

Em alguns casos extremos, como no caso da atuação de Carlos Botelho, chegou-se até mesmo a proibir a recomendação por parte do Instituto Agronômico de Campinas da importação de variedades de Barbados. A explicação para tal medida controversa era a tentativa de resguardar o Brasil das doenças presentes nos canaviais de outros países. Seja como for, seria difícil isolar os canaviais brasileiros das doenças estrangeiras por muito tempo. Como aponta Oliver, a forte

---

252 Boletim da Agricultura. São Paulo: Tip da Indústria de São Paulo dezembro de 1904, p. 577-578.

253 Oliver destaca que entre 1900 a 1925, o Instituto Agronômico foi o único órgão responsável pela distribuição de mudas de canas nobres forrageiras e industriais. *"Tinha organizado uma vasta coleção de variedades de canas nobres, embora carecesse durante todo esse período de um especialista reconhecido em cana e de um fitopatologista. Essa coleção foi iniciada em fins do século XIX por dois grandes pesquisadores que passaram por aquela instituição: W. Dafert (químico) e F. Noack (Fitopatologista). Após a saída desses pesquisadores, a coleção foi ampliada por Gustavo D'Utra, diretor do Instituto Agronômico, que dobrou o número de espécies das mesmas. Entretanto, em 1904, Gustavo D'Utra foi expressamente proibido por Carlos Botelho, Secretário da Agricultura, de aconselhar a importação das variedades de Barbados para o Estado de São Paulo, devido ao temor de se importar também algumas doenças que pusessem fim a prospera cultura da cana de açúcar no Estado. As variedades às quais se referia Carlos Botelho eram representantes do segundo estágio de difusão de tecnologia provenientes do cruzamento entre canas nobres. Decisão acertada, mas ao deixar de importar novas variedades, o Instituto Agronômico condenou ao esquecimento os conhecimentos gerais sobre cana-de-açúcar e as novas técnicas de criação de variedades. Ficava decidido que a obtenção de mudas melhoradas somente seria feita através da seleção e pelos pesquisadores pertencentes ao Instituto agronômico. Segundo Sawyer, até 1904, os canaviais paulistas não haviam sofrido nenhuma das doenças que já haviam afetado os canaviais de Java e Mauricio".* Oliver. *op. cit.*, 2001, p. 43.

geada que atingiu os canaviais paulistas em 1917[254] fez com que alguns usineiros importassem da Argentina uma pequena quantidade de variedades javanesas contaminadas com o mosaico. Os primeiros relatos da doença foram feitos em 1921 e, em 1924, o mosaico seria oficialmente documentado por Vizioli.[255] Dessa vez, os canaviais de São Paulo seriam rapidamente infectados, atingindo em pouco tempo os estados do Rio de Janeiro e Minas Gerais.

Segundo um relatório enviado por Vizioli à Secretaria da Agricultura de São Paulo, datado de 26 de junho de 1924, o mosaico era a moléstia mais difundida nos canaviais nos municípios de Campinas e Piracicaba. A doença era caracterizada por manchas amarelas, lineares, longitudinais nas folhas e, mais raramente, nos gomos das canas atacadas. Depois da infecção dos canaviais, percebia-se a redução da tonelagem de cana produzida nos unidade de terras cultivadas, a redução de sacarose por unidade de peso das canas e o enfraquecimento das plantas, predispondo-as aos ataques de outros parasitas.[256] Segundo o engenheiro Jean Michel, da Diretoria de Fomento Agrícola da Secretaria de Agricultura de São Paulo, os prejuízos podiam variar de 6 a 47% dos rendimentos, pois o desenvolvimento da cana era bastante afetado. O engenheiro apresenta em um dos folhetos de propaganda,[257] feito pela Diretoria de Publicidade da Secretaria da Agricultura, a comparação entre duas touceiras de canas Ubá, com procedência, idade e tratos culturais idênticos, sendo que a da direita foi atacada pelo mosaico e a da esquerda era indene.

---

254 Em alguns canaviais, como os da usina Esther, as perdas foram de até 50% do que se poderia esperar em uma safra normal. Boletim da Agricultura de São Paulo. São Paulo: Tip da Indústria de São Paulo, abril de 1918.

255 Vizioli observou a ocorrência do mosaico em São Paulo em 1923. Ele tinha acabado de voltar de sua especialização nos Estados Unidos, onde chegou a estudar o mosaico. Em um primeiro momento, tornou-se professor assistente na Esalq; em 1924 levantaria a hipótese da ocorrência do mosaico e seria incumbido pelo Secretário da Agricultura de inspecionar as plantações de algumas zonas canavieiras do Estado, com o fim de apresentar um relatório sobre a nova moléstia e as medidas práticas para combatê-la. Oliver. *op. cit.*, 2001, p. 43.

256 Boletim da Agricultura de São Paulo, São Paulo: Tip da Indústria de São Paulo, outubro de 1924.

257 Esses folhetos eram distribuídos gratuitamente entre os usineiros e os donos de pequenos engenhos, incentivando a adoção de variedades resistentes ao mosaico. Oliver. *op. cit.*, 2001, p. 57.

Fonte: MITCHEL, Jean. *Irrigação dos canaviais: Campos de demonstração de Piracicaba*. São Paulo: Diretoria de Publicidade, 1929.

Como se podia esperar, a queda da produção nestes estados foi avultada. O Diretor de Indústria e Comércio de São Paulo, Paulo R. Pestana, relatava que a produção açucareira do estado no ano de 1924-25, devido à seca e aos estragos do mosaico, era uma das piores dos últimos 10 anos, rendendo apenas um terço do normal.[258] Assim como se deu em São Paulo, o aparecimento do mosaico no Rio de Janeiro somado a um período de seca, também resultaria um desnível de produção altamente significativo.

---

258 Boletim da Agricultura de São Paulo. São Paulo: Tip da Indústria de São Paulo, fevereiro a março de 1927.

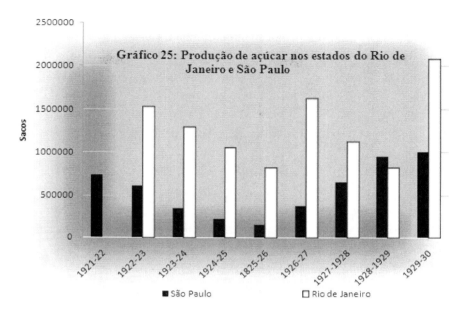

Fonte: DÉ CARLI, Gileno. *Gênese e evolução da indústria açucareira de São Paulo*. Rio de Janeiro: Editores Irmãos PONGETTI, 1943, p. 82-84; DÉ CARLI, Gileno. *A Evolução do Problema Canavieiro Fluminense*. Rio de Janeiro: Irmãos Pongetti, 1942, p. 79-83.

Embora não se tenha conseguido dados tão precisos para a influência do mosaico em Minas Gerais, sabe-se segundo as notações de Gileno Dé Carlí que dentre os atingidos pelo mal do mosaico, nenhum seria tão fortemente atacado como este estado. Segundo os relatos do engenheiro José C. Pedro Grande, - em uma monografia impressa pela Secretaria de Agricultura de Minas Gerais -, a lavoura da cana de açúcar sofreu sério revés com a invasão do mosaico nos canaviais. Seria tão desastrosa e rápida a propagação desta moléstia que em alguns municípios mineiros pode-se verificar o decréscimo da produção de 3 a 100%.[259] Segundo as pesquisas da Secretaria da Agricultura de Minas Gerais, mais de 80% dos canaviais estavam infectados, sendo que a produção total do estado baixou da sua média de 38,7t a de 20,6t por hectare, como também o teor sacarino desceu de 16% a 8%.[260]

[259] Embora os relatos afirmem que a doença do mosaico afetou fortemente os canaviais mineiros, a porcentagem do decréscimo da produção apresentada pelo engenheiro José Pedro Grande parece um pouco exagerada, tendendo para dois extremos.
[260] DÉ CARLÍ, Gileno. *Aspectos da economia açucareira*. Rio de Janeiro: Editores Irmãos PONGETTI, 1942, p. 36 e GRANDE, José C. Pedro. *O açúcar*. Belo Horizonte: Oficinas Gráficas da Estatística, 1933, 56-58.

430 ROBERTA BARROS MEIRA

Embora ainda não se soubesse que o agente patológico era um vírus, as medidas adotadas por Vizioli, - como a escolha cuidadosa das canas que forneceriam as sementes, a necessidade de arrancar as plantas suspeitas de estarem contaminadas e enterrá-las ou queimá-las e a escolha de variedades resistentes ao mosaico -, eliminaram rapidamente a doença dos canaviais paulistas. Essas medidas não seriam seguidas somente no Brasil.[261] Da mesma forma que Vizioli, R. Mendes Ramos, Diretor da Estação Experimental Insular de Porto Rico, defendia que nenhuma estaca de cana apresentando infecção do mosaico deveria ser utilizada para plantio. Os pés de cana com infecções secundárias também deveriam ser arrancados e destruídos. Neste caso, não deve passar desapercebido que o próprio Vizioli já tinha estudado o mosaico na sua especialização nos Estados Unidos, - que também sofreu uma drástica queda da produção na Louisiana poucos anos antes de São Paulo.[262]

É manifesto que a principal etapa na luta contra a doença seria a renovação dos canaviais dos estados atingidos por variedades resistentes, como as canas provenientes de Java. As POJs ficariam caracterizadas como as principais armas contra a doença.[263] Adrião Caminha Filho, Diretor da Estação Geral de Experimentação de Campos, deixa muito nítido este pensamento ao afirmar que essa era *"incontestavelmente a maior conquista mundial da experimentação agrícola com a cana de açúcar e aos cientistas holandeses coube mais uma vez a vitória na agricultura científica"*.[264] O processo de substituição das antigas variedades pelas novas seria bem rápido. Segundo Dé Carlí, esse processo de renovação teve origem em um pequeno canavial de cana javanesa da Usina Companhia Guatapará. Em 1923, o Estado

---

261 Oliver. *op. cit.*, 2001, p. 43 e DÉ CARLÍ, Gileno *O drama do açúcar*. Rio de Janeiro: Irmãos Pongetti Editores, s/d, p. 171.

262 MITCHEL, Jean. *Irrigação dos canaviais: Campos de demonstração de Piracicaba*. São Paulo: Diretoria de Publicidade, 1929.

263 Logo depois, na década de 1910, a "Proefstation Oost Java" passou a fazer cruzamentos inter-especies entre canas nobres (Saccharum Officinarum) e canas selvagens (Saccharum Spontaneum), obtendo, por exemplo, a variedade POJ 2878, com a finalidade de criar canas resistentes às doenças e com altos rendimentos. E dez anos após aqueles primeiros cruzamentos, deu-se a disseminação dessas variedades POJ, representando um terceiro estágio do processo de difusão de tecnologia. Oliver. *op. cit.*, 2001, p. 39.

264 CAMINHA FILHO, Adrião. A experimentação agrícola nas Índias Neerlandesas e a cultura da cana-de-açúcar e a indústria açucareira na Ilha de Java. Relatório apresentado ao Ministro Geminiano Lyra Castro por Adrião Caminha Filho: diretor da Estação Geral de Experimentação do Estado do Rio de Janeiro. Rio de Janeiro: Tip. do Serviço de Informações do MAIC, 1930

A QUIMERA DA MODERNIZAÇÃO   431

praticamente não adotara o plantio dessas canas; em 1924, o avanço seria diminuto, apenas 1%; passando em 1926 a 12%; em 1928 a 75%; e em 1935 a 99%; Dessa feita, não havia como barrar a importação dessas mudas. As primeiras variedades seriam a POJ 36, POJ213, POJ 228 e a POJ 234. Em 1926, a Usina Raffard já possuía também os espécimes das variedades POJ 210 e 181. Em 1928, a Estação Experimental de Piracicaba recebeu diretamente da República Dominicana a POJ 2725. Em 1929, recebeu de Campos a POJ 2878[265] e diretamente de Java as POJ 2878, 2883 e as Co. 213, 290, 312 e 313.[266]

A atuação da Secretaria de Agricultura de São Paulo, através da criação da Diretoria do Fomento Agrícola e da Estação Experimental de Piracicaba, foi fundamental para que o mosaico desaparecesse rapidamente dos canaviais do estado. Um ponto crucial da ação da Estação seria a distribuição de mudas. Em 1927, Vizioli relatava que a Estação distribuía mudas de canas das variedades resistentes ao mosaico e a outras moléstias aos proprietários de usinas, de engenhos e aos lavradores em geral. Segundo ele, já tinham sido distribuídas até aquela data mais de 15 t de mudas, todas pertencentes a variedades novas. Aliás, não se deve esquecer que havia um estímulo indireto pelo fato das novas variedades terem um teor de sacarose mais elevado e serem mais resistentes às geadas. Antônio Correa Meyer,[267] que foi o braço direito de Vizioli, destacava que em 1925, quando a área cultivada com essas variedades era de 1%, o seu rendimento era de 14.200kg por hectare. Ao passo que em 1929 quando essas variedades já representavam 85%, o rendimento médio já apresentava o valor de 38.600kg por hectare, podendo-se calcular que a produção por hectare subiu de 14 sacas para 54 sacas.[268]

No Rio de Janeiro, a distribuição das variedades de canas imunes foi feita principalmente pela Estação Experimental Geral de Campos, criada pelo MAIC. É de destacar que as medidas preconizadas seriam as mesmas das tomadas em São Paulo, isto é, destruir as canas infectadas e renovar os canaviais com variedades resistentes ao mosaico. Embora a Estação já estudasse as variedades de canas procedentes de Barbados, Cuba e Java, em um primeiro momento essas mudas vieram

---

265 Em 1828, a Estação Experimental de Campos recebeu do enviado extraordinário da Holanda no Brasil, Rappard, três pequenas estacas da POJ 2878.

266 Dé Carlí. *op. cit.*,1943, p. 81-82.

267 Ademais, atuaria junto a Secretaria e a Associação de Usineiros Paulistas.

268 Boletim da Agricultura de São Paulo. São Paulo: Tip da Indústria de São Paulo, fevereiro a março de 1927; Revista de Agricultura. Piracicaba, Esalq, setembro a outubro de 1930.

de São Paulo. Em 1828, o engenheiro Ricardo Azzi relatava que foram introduzidas no Rio de Janeiro, pelo Governo e por particulares, canas das variedades javanesas POJ importadas de São Paulo numa quantidade próxima de 1000 t até aquela data. Segundo os dados coletados nas usinas dos Outeiros e Victor Sance, as POJ 228 e 213 obtiveram um desempenho muito bom.[269]

Assim, não há como negar o papel de destaque que a Estação Experimental de Piracicaba teria na vitória sobre o mosaico em outros estados, principalmente ao relacionar-se com os outros centros de pesquisa e fornecer mudas. Também no estado de Minas Gerais, a Secretaria da Agricultura adquiriu mudas das POJs em São Paulo, fundando os campos de cana de Cataguases, Passos, Ponte Nova e Rio Branco. Em Minas, a renovação também seria feita rapidamente. Em três anos, somente o campos de Ponte Nova forneceu mais de duas mil toneladas de mudas de canas. Além disso, somava-se a distribuição das mudas, a propaganda enfática feita por estas secretarias em relação à substituição das antigas variedades sujeitas a doença. Em um comunicado do Serviço de Publicidade da Diretoria de Estatística de Minas Gerais, ficava clara a tentativa de convencer os produtores de açúcar o mais rápido possível das vantagens das canas javanesas.

> Não só resistente ao mosaico e demais moléstias, como ainda de cultura mais econômica, pela sua menor exigência, quanto à qualidade das terras; grande duração das socas, ciclo vegetativo curto, dando cortes anuais, ao passo que entre nós quase todas as variedades são somente aproveitadas dos 17 aos 18 meses; resistência ao frio e relativa resistência às geadas; grande tonelagem de área cultivada; pouca olhadura para plantio de um hectare (2 ½ toneladas bastam); vegetação inicial precoce, reduzindo o número de capinas, pois o canavial fecha depressa; grande capacidade de germinação, formando canaviais sem falhas e finalmente a perfilhação abundante.[270]

A ação rápida levada a cabo pela atuação conjunta do Estado e dos produtores de açúcar não somente significaram o soerguimento da indústria sacarina nestes

---

269 Boletim da Agricultura de São Paulo. São Paulo: Tip da Indústria de São Paulo, julho a agosto de 1928, p. 459.

270 Grande. *op. cit.*, p. 58.

estados, como também propiciaram em parte a transformação de Minas Gerais, Rio de Janeiro e São Paulo em grandes estados açucareiros. Mas, justamente como consequência dessas mudanças, ocorreu na década de 1930 uma grave crise de superprodução, sentida de forma mais exacerbadas, nos estados do Norte. Não sem coincidência, essa região que não seria tão fortemente atingida pelo mosaico intensificaria a sua produção com o intuito de abastecer a fatia do mercado interno alargada com o avanço da doença no Sul.[271] Como seria de se esperar, essa situação resultou em um aumento do preço do açúcar. Gnnacarini destaca que os produtores pernambucanos construíram novas instalações açucareiras e alargaram os seus canaviais. Segundo ele, como uma febre, vendiam-se e compravam-se engenhos e usinas açucareiras no Norte do país.[272] Mas, como se viu, estes estados se recuperariam, deixando os produtores do Norte novamente em uma posição incômoda, temendo que ora a mais hora a menos o centro da gravidade da produção açucareira pendesse para a antiga região consumidora.[273]

Em suma, o que nem sempre salta à vista no confronto que se deu entre as duas regiões produtoras de açúcar do Brasil é que, de certa forma, os avanços na parte agrícola não ficaram à margem. O mais significativo é que não se percebe de imediato essa importância. O açúcar se faz por tantos modos diferentes que há quase como um encantamento em relação a sua parte fabril. Há uma energia poderosíssima naquelas moendas, nas caldeiras, ou melhor, no processo de transformação do caldo da cana em açúcar. Fascinação esta que gera o esquecimento da existência de uma lavoura de cana que também passou por um processo de modernização, como a indústria de que ela é base.

---

271 Dé Carlí relata que foi a Usina Tiúma uma das poucas fábricas de Pernambuco que combateu o mosaico em suas propriedades, com a mudança da semente de cana, se bem que tenha plantado novas variedades, nem sempre imunes ao mal. Afora ela, porém o combate com a mudança da variedade quase que escapou à solução do problema profilático. Realmente por condições excepcionais, o mosaico não produziu em Pernambuco tão profundos distúrbios como os ocorridos em diversos centros produtores do mundo, bem como em alguns estados do Brasil. Tem-se a impressão que a relativa e superficial resistência ao mosaico, das variedades de cana-de-açúcar em Pernambuco e em Alagoas, determinou uma parada, uma estagnação de um decênio, à renovação da semente de cana, no nordeste açucareiro. Dé Carlí. *op. cit.*, 1985, p. 105-107.

272 Gnnacarini. *op. cit.*

273 Dé Carlí afirma que Pernambuco sem a renovação dos seus canaviais, sofreria com uma fraca produção por hectare, com canas pobres em sacarose, com fretes marítimos e ferroviários muito caros para viver. Já se percebe nestes anos o receio do deslocamento do centro de gravidade da produção. Dé Carlí. *op. cit.*, 1985

CONCLUSÃO

Alguém já teria meditado qual o trabalho para fazer um quilo de açúcar e um quilo de manteiga? Não sei, mas o açúcar carrega consigo uma fatalidade atroz: Não é compreendido. Quase todos desconhecem-lhe o sofrimento e as canseiras. Para que ter vindo ao mundo para ser tão mal julgado?

Gileno Dé Carlí

Ao longo deste trabalho tentou-se conjugar aquilo que se pensou serem os aspectos importantes que caracterizaram a indústria açucareira no final do Império e durante a Primeira República. Buscou-se demonstrar que o processo de modernização da indústria açucareira do Brasil, mais especificamente em Minas Gerais, São Paulo e Rio de Janeiro, foi se constituindo e se consolidando aos poucos. Ele não surgiu acabado, embora uma característica deste período fosse a aquisição no estrangeiro de todo o material que se necessitava para a construção dos engenhos centrais e depois das usinas, até as próprias peças de reposição. Tal atitude poderia parecer pouco importante, mas foi a adaptação destas máquinas e do sistema de produção provenientes da Europa que deram o tom no surgimento das novas unidades açucareiras que iriam aos poucos consolidar o novo padrão produtivo do país.

Não se pode negar que a repercussão das histórias particulares foi importante na tentativa de diminuir as disparidades técnicas da indústria açucareira brasileira em relação às suas similares na Europa e frente aos grandes produtores de açúcar de cana, como Java e Cuba. Não resta dúvida que alguns dos representantes da indústria açucareira se viam como reformadores. Mas, em geral, pode-se constatar que embora os seus pensamentos nem sempre fossem absorvidos de forma rápida ou uniforme, acabaram por se tornar parte essencial na construção do próprio devir da indústria açucareira do Brasil. Dessa feita, as trajetórias pessoais não tiveram interesse em si, mas não se pode ignorá-las completamente pelos problemas que colocaram.

Foram grandes advogados do açúcar na região Sul do Brasil homens como o Barão de Barcellos, o Barão de Monte Cedro, Augusto Ramos, Mannoel Couret, dentre outros. A sua lição vale no aspecto que representa um pensamento encontrado espargido entre os vários grupos de agricultores que se preocupavam particularmente com a modernização da indústria açucareira do país. A sua importância foi firmar como base deste processo de mudanças o pensamento de que era necessário aperfeiçoar essa produção. Nesse sentido, o debate fundamental se deslocou para outro lado, aí onde se pode discutir o valor destes propósitos, a aplicabilidade desses projetos, a reconstituição do papel do Estado, a visão às vezes disforme não só de um mercado interno, que era inerente ao avanço econômico da área em análise, mas também as questões ligadas à produção do açúcar em si e dos seus canaviais, que não era algo tão decisivo como passou a ser. Mudavam-se os tempos, e o que foi perfeito tinha deixado de sê-lo mesmo para aqueles que se dedicavam a atender o consumo interno. Foi, pois, o propósito desta tese saber como se daria o processo de modernização em uma região secundária da produção açucareira que já dispunha de um importante mercado consumidor. Que motivos reais levaram os produtores de açúcar de uma região que não tinha bases sólidas para concorrer no mercado externo e que sempre direcionou a sua produção para o consumo interno a ansiar tanto em modernizar as suas unidades açucareiras, já que o açodamento pela progressiva perda de posição do Brasil no mercado mundial de açúcar não deveria ser tão sentida por eles.

Evidentemente é bem verdade que há momento para tudo, e neste caso não se pode em absoluto falar em acaso ou em uma modernização acelerada. Embora no final das contas, não há como negar a posição de Gileno Dé Carli de que realmente houvesse muito de fantasia. Não obstante, deve-se evitar imaginar uma conquista completada de um golpe. Os antigos procedimentos de fabricar açúcar asseguraram uma longa e frutuosa carreira nestes anos. Em realidade, o incremento da produção açucareira na região Sul do país manteve como característica a convivência entre unidades açucareiras bem rudimentares e outras bem mais evoluídas. Repetiu-se no Brasil, com uma notável constância nas suas distintas regiões produtoras, - mesmo que com suas variantes -, o que foi chamado pelo Barão de Monte Cedro de um sistema de produção misto ou de transição.

Embora se reconheça que a percepção da realidade da época não se resumiu ao sonhar com uma produção açucareira como aquela que distinguia a Europa. Sem dúvida alguma, uma estrutura mais moderna, - na forma de engenhos centrais e usinas-, realmente se ergueu. Seja como for, ao analisar essas características sobre vários aspectos surpreende afinal o avançar tecnológico do açúcar em estados que priorizavam o café. Mas, afinal, o trabalho de germinação nem sempre se vê facilmente, pois se ergue devagar e continuamente, apresentando um inter-relacionamento entre aquelas medidas pensadas, - aplicadas ou não -, durante as últimas décadas do Império e durante a Primeira República.

Nesse sentido, teve-se em mente contribuir para a melhor compreensão da influência do desenvolvimento da produção de açúcar, especialmente em países anteriormente apenas consumidores, na necessidade de promover melhorias em uma região secundária da produção açucareira brasileira. Se procura-se apresentar essa visão foi porque levou-se em consideração não apenas a crise mundial dos preços do açúcar, mas também a necessidade de traçar uma moldura da crise ou oscilação dos preços no mercado interno do país. Problema este que no correr dum elo da cadeia comercial, ou seja, a reorganização do açúcar brasileiro para suprir o próprio consumo do país ao invés de ser direcionado para o estrangeiro como até então se dava, não ocorreu sem complicações.

Este passar do facho seria obstado não só pelos excessos da produção, causadora em parte das constantes oscilações dos preços do açúcar nas praças comerciais brasileiras, mas também pela ânsia de modernização que, sem exagero, pode-se dizer que existiu nas províncias cafeeiras. As novas unidades açucareiras da região Sul que podiam sustentar a designação de engenhos centrais e, posteriormente, de usinas, produziam não só um produto considerado de maior qualidade, mas também iria propiciar o aumento desta produção com o intuito de que em alguns anos talvez se estivesse em estado de dispensar a importação do açúcar nortista. Com isso, de um lado havia então os elementos comuns ao processo modernizador próprio dos países produtores de açúcar e aos quais os senhores de engenho do Norte e do Sul do Brasil se agarraram, tentando transformá-lo de forma que se eliminasse o atraso do país frente os seus rivais. De outro, havia uma concorrência destas novas fábricas com uma produção que também crescia, mas sem se moldar às modernas formas de produzir açúcar, composta pelos produtores de açúcar bruto, rapadura e aguardente.

Numa época de inovações de intensidade não observada até então na indústria açucareira, não se pode afirmar que as agruras do mercado internacional ou do comércio interno foram o fator decisivo das mudanças. Como os produtores da principal região açucareira, os produtores de açúcar do Sul tinham mastigado as ideias que vinham da Europa, viram os sucessos dos engenhos centrais e das ideias associativistas. Neste particular, parece que a esplendorosa vitalidade naquele novo sistema de produção e o sentimento de esperança também impulsionou os senhores de engenhos mineiros, paulistas e fluminenses. A maioria dos grandes produtores de açúcar desses estados conseguiu colocar em prática o projeto de aplicar, nos seus novos ou velhos engenhos, as inovações tecnologicas mais recentes. Certo é que esse movimento resultou em um verdadeiro processo de construção de unidades açucareiras muito maiores e complexas do que anterirmente se encontravam no país.

Já se teve ocasião de notar que estes avanços não significaram a inexistência de percalços. Quando o sistema dos engenhos centrais começou a apresentar problemas, muitos dos seus defensores alegaram a novidade e que era preciso a experiência de alguns anos mais para se mostrar a sua superioridade. Tomando de empréstimo a bela frase do engenheiro fiscal Luiz Monteiro Caminhoá, torna-se mais fácil entender essa questão. Assim, ainda em 1886, dizia ele que não existia reforma alguma que não tenha encontrado uma certa oposição e só há muito custo as novas ideias se faziam vencer ao final.[1] Não seria menos certo afirmar que quando se investia no mais moderno, nas ideias mais grandiosas, como se daria no Brasil, o principal obstáculo era fazer a ponte, ou melhor, não era tão fácil transladar o desempenho das máquinas ou de um sistema de produção sem levar em conta que a realidade seria diversa daquela do país de origem. Para obter-se êxito, não raro foi necessário mudar de tal forma o objeto idealizado que se acabava por adotar algo distinto da proposta original. Nesse sentido, pode-se mesmo considerar a substituição dos engenhos centrais pelas usinas como uma adaptação, um aplainar dos defeitos.

Mas afinal, o que se quis foi mostrar que essa realidade traduziu na verdade um sucesso, na medida em que houve uma profunda transformação nas duas regiões produtoras de açúcar do Brasil. No quadro que se formou, pode até mesmo infundir uma certa surpresa: a construção de engenhos centrais e depois de usinas

---

1 Caminhoá, *op. cit.*

tão importantes em uma área que até então não se destacara na produção de açúcar. Afortunadamente, a produção açúcareira do Sul contou com um aliado. Pode-se perceber, como se chamou a atenção, a importancia crucial do papel desempenhado pelo crescimento econômico propiciado pelo café quando comparado com a realidade econômica do Norte. A naturalidade desta relação pode ser observada no modo como os planos de valorização do açúcar foram desenvolvidos, a periodização em que se tentou colocá-los em prática e até mesmo o nome dos seus idealizadores na região Sul. Também é particularmente significativo o papel desempenhado pelo café no sentido da resolução da crise da mão de obra, o aproveitamento de uma infraestrutura que passava desde sistema de transporte até a maior facilidade de obter capitais e, certamente, a expansão do mercado consumidor.

Se a luta era uma luta de material, de máquinas, de unidades mecanizadas, com o tempo seria impossível subestimar a produção açucareira destes estados cafeeiros. Não que o açúcar do Norte tenha desaparecido, ou como se poderia dizer de uma maneira mais razoável, tenha perdido a sua posição de principal produtor de açúcar do país. Não obstante, alguma coisa nova parece ter sido encetada. Os produtores de açúcar fluminenses, mineiros e paulistas aproveitaram a oportunidade que lhes veio bater às portas, valendo-se da realidade negativa que enfraquecia o açúcar de outros estados. Em geral, foram criativos o bastante para perceber que podiam se aproveitar das políticas de auxílio, que refletiam muito mais um esforço de tentar recuperar a indústria sacarina do Norte. Como não poderia deixar de ser, receberam com os braços abertos as vantagens obtidas com a situação econômica propiciada pelo café e bem se valeram deste contexto para dominar o mercado interno em benefício da sua produção e, por vezes, até mesmo as expensas dos produtores de açúcar nortistas. Nesse sentido, é lícito dizer que em um período em que o Norte participava de forma dominante da produção açucareira de todo país, os três estados aqui em análise foram capazes de responder mais rapidamente à situação vivida, até mesmo pela sua posição privilegiada, pois se dizia respeito aqui à expansão do seu próprio mercado.

Enfim, numa tentativa de compreender os traços originais da indústria açucareira fluminense, mineira e paulista não se deparou com a figura mitológica da palavra quimera, ou seja, o ser que vomitava chamas e tinha a cabeça de um leão, o corpo de uma cabra e a cauda de uma serpente, mas quase que se pode dizer que sim. De todas as situações que se encontrou no final desta busca, teve-se plena percepção do seu significado como uma combinação heterogênea ou incongruente de elemento diversos. Certo é que um dos aspectos mais referidos na documentação da época era a convivência de grandes fábricas, modernas técnicas com um sistema precário de produção de açúcar e seus derivados, - ou como melhor foi dito por Pedro Ramos, a gestação do novo dentro do velho.[2]

O que chamou mais a atenção, no entanto, foi o fato do universo que se revelou ter também a significação de utopia, de fantasia quando se remete a impossibilidade de realizar-se o sonho de uma modernização aos moldes dos rivais brasileiros, afinal caracterizadora não só do Norte, mas também do Sul. Nesta região também não ficaram ausentes as tentativas de alcançar o desenvolvimento quase mítico da produção açucareira europeia ou da cubana. Simbolicamente ou não, a construção do primeiro engenho central em uma área secundária da produção açucareira foi o primeiro passo para quebrar a percepção da imposição que se tem do açúcar como um produto voltado para a exportação, ou seja, de que a busca do tão aclamado progresso técnico deveria estar ligado peremptoriamente à exportação. Eis aí uma diferença substancial entre a produção açucareira destas duas regiões. Havia muito ainda a dizer a respeito, mas bastam estes traços para criar um esboço da situação da indústria sucroalcooleira nestas décadas em São Paulo, Rio de Janeiro e em Minas Gerais.

---

2   Ramos, *op. cit.*, p. 65.

BIBLIOGRAFIA

Fontes manuscritas

BRASIL, Ministério da Agricultura, Comércio e Obras Públicas, Concessão das estradas de ferro de São Paulo, Arquivo Nacional, DC SDH, Caixa 828 A.

Engenhos Centrais. Arquivo do Estado de São Paulo, n.º de ordem CO5674.

Núcleo colonial de canas. Arquivo do Estado de São Paulo, Caixa nº 56.

Fundo Secretária do Governo. Pastas SG 29;31;36-40 e SG 1287, 1883- 1890. Arquivo Público Mineiro.

Fundo Secretária da Agricultura. Caixas 187 e 398, 1883-1887. Arquivo Público do Estado de São Paulo.

Fundo Engenhos Centrais, IA83 e IA84, 1882-1904. Arquivo Nacional

MINAS GERAIS. Relatório com que o Exmo. Sr. Barão de Camargo, Primeiro Vice-Presidente da Província de Minas Gerais entregou a administração da mesma ao Exmo. Sr. Antônio Gonçalves Ferreira no dia 4 de dezembro de 1888.

Hemerográficas

A Lavoura

Boletim da Agricultura

Boletim do Ministério da Agricultura, Indústria e Comércio

Brasil Agrícola

Jornal do Agricultor

Jornal dos Agricultores

Jornal dos Economistas

O Auxiliador da Indústria Nacional

O Fazendeiro

O Lavrador Progressista

Revista Agrícola, Industrial e Comercial Mineira

Revista Agrícola do Imperial Instituto Fluminense de Agricultura

Revista Agrícola

Retrospecto Comercial do Jornal do Commércio do Rio de Janeiro

Fontes impressas

ALMEIDA, Miguel Calmon Du Pin e. *O açúcar e o álcool na Bahia.* Rio de Janeiro: Companhia Tipográfica do Brazil, 1903.

_____. *Fatos econômicos por Miguel Calmon Du Pin e Almeida.* Rio de Janeiro: Livraria Francisco Alves, 1913.

ANDRADE, Pedro Pereira. *Pequeno tratado da fabricação do açúcar.* Rio de Janeiro: Tip. do Diário de A & L. Navarro, 1854.

BAHIA. Fala que recitou o presidente da província da Bahia, o desembargador conselheiro Francisco Gonçalves Martins. Bahia: Tip. Const. de Vicente Ribeiro Moreira, 1852.

BARCELLOS, Domingues Alves (Barão de). *A crise do açúcar: ligeiras considerações pelo Barão de Barcellos.* Campos: Lit. e Tip. de Carlos Hamberger, 1887.

BELTRÃO, Antonio Carlos de Arruda. "A lavoura da cana e a indústria açucareira no Brasil." Conferência realizada na Sociedade Nacional da Agricultura. Rio de Janeiro: Tipografia do Jornal do Commercio, 1918.

BERNACCHI, Augusto. "Meios para debelar, mais facilmente, as crises no Brasil." Estudo de propaganda dedicado a SNA. Rio de Janeiro: Imprensa Nacional, 1904.

BOCAYUVA, Q. *A crise da lavoura: Sucinta exposição por Q. Bocayuva.* Rio de Janeiro: Tipografia Perseverança, 1869.

BRANDÃO SOBRINHO, Júlio. "A Indústria Açucareira no 3º Distrito Agronômico". Boletim da Agricultura. São Paulo: Tip. Oficial, 1902.

_____. "Lavora de Cana e de algodão e indústrias de açúcar e de tecidos no Estado de São Paulo". Boletim da Agricultura. São Paulo: Tip. do Diário Oficial, 1903.

_____. "A lavoura da cana e a indústria açucareira dos estados paulista e fluminense: Campos e Macaé em confronto com São Paulo." Relatório apresentado ao Ilustríssimo e Exm. Sr. Dr. Antônio de Pádua Salles DD. Secretário da Agricultura, Comércio e Obras Públicas por Júlio Brandão Sobrinho chefe dos Estudos Econômicos. São Paulo: Tip. Brazil de Rothchild & Co, 1912.

_____. Memorial sobre a Quarta Conferência Açucareira realizada em Campos apresentada ao Sr. Diretor Geral da Secretária da Agricultura pelo representante do Governo do Estado Júlio Brandão Sobrinho chefe da sessão de estudos econômicos. São Paulo: Tipografia Brazil de Rothchild, 1912.

BRASIL. *Informações sobre o Estado da lavoura.* Rio de Janeiro: Tipografia Nacional, 1874.

_____. Relatório da comissão encarregada de estudar a difusão aplicada à cana de açúcar apresentado ao Exm. Senhor Conselheiro Rodrigo Augusto da Silva – Ministro e secretário de estado dos negócios da Agricultura. Rio de janeiro: Imprensa Nacional, 1887.

_____. *Engenhos Centrais: Bases para a sua fundação na Província de São Paulo.* Rio de Janeiro: Tip. e Lit. de Moreira, Maximino & C., 1884.

_____. Comissão do estudo da Moléstia da cana na Província de Pernambuco. Relatório apresentado ao Ex. Sr. Conselheiro André Augusto de Pádua Fleury. Ministro e secretário do Estado dos Negócios da Agricultura, Comércio e obras Públicas por Daniel Henninger. Rio de Janeiro: Tipografia Nacional, 1883.

_____. Comissão de Inquérito sobre a indústria do açúcar no Brasil. Indústria açucareira: produção e consumo mundial do açúcar. Apreciação geral e resumos estatísticos sobre o seu grau de desenvolvimento no fim do século XIX. Rio de Janeiro: Imprensa Nacional, 1907.

_____. *Coleção das Leis do Império do Brasil*. Rio de Janeiro: Imprensa Nacional, 1875/1888. Biblioteca do Arquivo Nacional.

_____. *Coleção das leis da República do Brasil*. Rio de Janeiro: Imprensa Nacional, 1889/1926. Biblioteca do Arquivo Nacional.

_____. Fala do Sr. Felício dos Santos na Sessão de 30 de janeiro de 1879. In: Anais do Parlamento Brasileiro. Câmara dos Srs. Deputados. Sessão de 1879. Rio de Janeiro: Tipografia Nacional, 1879.

_____. Congresso, Câmara dos deputados, Comissões de fazenda e especial. Parecer e projeto sobre a criação de bancos de crédito territorial e fábricas centrais de açúcar apresentados a Câmara dos Srs. Deputados na sessão de 20 de julho de 1875 pelas comissões de fazenda e especial nomeada em 16 de abril de 1875. Rio de Janeiro: Tip. Nacional, 1875.

_____. Ministério da Agricultura, Comércio e Obras Públicas. Relatórios, 1975/1891. Imprensa Nacional. Rio de Janeiro. Biblioteca do Arquivo Nacional.

_____. Ministério da Indústria, Viação e Obras Públicas, Relatórios, 1892-1909. Imprensa Nacional. Rio de Janeiro. Biblioteca do Arquivo Nacional.

_____. Ministério da Agricultura, Indústria e Comércio, Relatórios, 1910-1926. Imprensa Nacional. Rio de Janeiro. Biblioteca do Arquivo Nacional.

_____. Ministério da Agricultura, Comércio e Obras Públicas, Relatórios apresentados pelos engenheiros fiscais 1880/1891. Rio de Janeiro: Imprensa Nacional, Biblioteca do Arquivo Nacional.

_____. Ministério da Indústria, Viação e Obras Públicas, Relatórios apresentados pelos engenheiros fiscais. Rio de Janeiro: Imprensa Nacional, Biblioteca do Arquivo Nacional.

_____. Parecer da Comissão da Fazenda do Senado sobre a proposição n° 319 de 1873 que tem por fim reduzir o resgate das notas dos bancos de circulação e alterar a legislação hipotecaria. Rio de Janeiro: Tipografia Nacional, 1873. Biblioteca Nacional.

_____. Projeto e parecer sobre a criação do Ministério da Agricultura, Indústria e Comércio apresentado ao Congresso Nacional pelo deputado Dr. Joaquim Ignácio Tosta. Rio de Janeiro: Imprensa Nacional, 1906.

_____. Anuário estatístico do Brasil, 1908-1930. Rio de Janeiro: Tipografia da Estatística.

_____. *Aspectos da Economia Rural Brasileira*. Rio de Janeiro: Oficinas Gráficas Villas Boas & C., 1922.

_____. *O açúcar como fator importante da riqueza pública no Brasil*. Rio de Janeiro: Tip. do Jornal do Commercio, de Rodrigues & C., 1922.

_____. *O açúcar: apreciações sobre a situação industrial e comercial*. Rio de Janeiro: Tip. do Jornal do Commercio, Rodrigues & C., 1913.

_____. *Balanço da receita e despesa da República no exercício de 1889-1914*. Rio de Janeiro: Imprensa Nacional.

_____. *Cifras e notas: Economia e finanças do Brasil*. Rio de Janeiro: Tip. da Revista do Supremo Tribunal, 1925.

_____. Notas estatísticas sobre a produção agrícola e carestia dos gêneros alimentícios no Império do Brasil. Rio de Janeiro: Tip. Imp. e Const. de J. Villeneuve e Comp., 1860.

_____. Questionários sobre as condições da agricultura dos municípios (1913-1915). Rio de Janeiro: Tip. do Serviço de Estatística.

_____. Relatório da Comissão Encarregada de Estudar a Difusão Aplicada a Cana de Açúcar: apresentado ao Exm. Sr. Conselheiro Rodrigo Augusto da Silva, Ministro e Secretário de Estado dos Negócios da Agricultura. Rio de Janeiro: Imprensa Nacional, 1887.

_____. Relatório do Engenheiro Fiscal e Parecer do Consultor Técnico. Rio de Janeiro: Imprensa Nacional, 1892.

_____. Resumo de várias estatísticas econômico-financeiras. Rio de Janeiro: Tipografia da Estatística, 1924.

BURLAMAQUE, F. L. C. *Monografia da cana de açúcar*. Rio de Janeiro: Tip. de N. L. Vianna e Filhos, 1862.

CALÓGERAS, J. Pandiá. *A política monetária no Brasil*. São Paulo: Companhia Editora Nacional, 1960.

_____. *Problemas do Governo*. São Paulo: Empresa Gráfica Rossetti, 1928.

CÂMARA DOS DEPUTADOS. Discurso do Barão Homem de Mello na sessão da Câmara dos Senhores Deputados de 22 de agosto de 1879. Discurso do projeto apresentado pelo orador sobre auxílio à lavoura. Rio de Janeiro: Tip. de G. Leusinger & Filhos, 1879.

CAMINHA FILHO, Adrião. *A experimentação agrícola nas índias neerlandesas e a cultura da cana de açúcar e a indústria açucareira na ilha de Java.* Rio de Janeiro: Tip. do Serviço de Informações do Ministério da Agricultura, 1930.

CAMINHOÁ, Luiz Monteiro. "Cana de açúcar e café": Relatório apresentado ao Governo Imperial. Rio de Janeiro: Tipografia Nacional, 1880.

CARMO, A. Gomes. *O Estado moderno e a agricultura.* Rio de Janeiro: Imprensa Nacional, 1908.

CARNEIRO DA SILVA, João José (Barão de Monte Cedro). *Estudos agrícolas.* Rio de Janeiro: Tip. Acadêmica, 1872.

CARVALHO, Ernesto Ferreira. Memorial acerca da lavoura na Ilha de Cuba, redigido e apresentado à Presidência da Província do Maranhão pelo cidadão Ernesto Ferreira de Carvalho, membro de várias Sociedades Agrícolas. São Luiz do Maranhão, 1867.

_____. Notícia sobre os mais recentes melhoramentos adotados na lavoura de Cana e fabrico do açúcar. São Luiz do Maranhão, 1879.

_____. Cana e fabrico do açúcar, s/e, 1869.

_____. Notícia sobre os mais recentes melhoramentos adotados na lavoura de Cana e no fabrico do açúcar. São Luiz do Maranhão, s/e., 1869.

CASTILHO, Luiz de. *Estudo da fabricação pelo processo de difusão na Usina Duquerry em Guadalupe e apontamentos sobre o processo de repressão em algumas fábricas nas pequenas Antilhas e em Demerara.* Rio de Janeiro: Imprensa Nacional, 1889.

_____. *Notas e fórmulas para uso dos fabricantes de açúcar, destiladores e refinadores e destiladores.* Rio de Janeiro: Imprensa Nacional, 1893.

CAVALCANTI, Amaro. *Resenha Financeira do Ex-Império do Brasil.* Rio de Janeiro: Imprensa Nacional, 1890.

CICA. "Crise do açúcar": Representação e memorial apresentados ao corpo legislativo da nação brasileira pelo Centro da Indústria e Comércio de açúcar do Rio de Janeiro. Rio de Janeiro: Imprensa Nacional, 1877.

_____. *O Centro da Indústria e Comércio de açúcar do Rio de Janeiro*. Rio de Janeiro: Companhia Tipográfica do Brasil, 1892.

_____. "Exposição de açúcar e vinhos". Secção estrangeira da Exposição de açúcar. Realizada no Rio de Janeiro. 1888-1889. Rio de Janeiro: Imprensa Nacional, 1889.

CORREIA, Inocêncio Serzedelo. *O problema econômico do Brasil*. Rio de Janeiro: Imprensa Nacional, 1903.

COSTA, Affonso. "Comércio de exportação do Brasil para a França, Inglaterra e Alemanha". Estudo apresentado ao Dr. Miguel Calmon Du Pin e Almeida, digno Ministro da Agricultura, Indústria e Comércio. Rio de Janeiro: Imprensa Nacional, 1925.

_____. "Questões econômicas: fatores da nossa riqueza e entraves à produção e ao comércio exterior". Serviço de informações: Rio de Janeiro, 1918.

COUTINHO, José Joaquim da Cunha de Azeredo. *Memória sobre o preço do açúcar*. Rio de Janeiro: IAA, 1946.

CRALEY. J. T. *El cultivo de la cana de azúcar en Cuba*. Habana: Imprenta y papeleria de Bambla, Souza y Cº, 1917.

DAFERT, Phil F. W. "A falta de trabalhadores agrícolas em São Paulo" in: Instituto agronômico do Estado de São Paulo em Campinas. Coleção dos trabalhos agrícolas extraídos dos relatórios anuais de 1888-1893 e publicados por ordem do cidadão Dr. Jorge Tibiriçá. Dign. Secretário dos Negócios da Agricultura do Estado de São Paulo pelo dirigente Dr. Phil F. W. Dafert. São Paulo: Tip. da Companhia Industrial de São Paulo, 1895.

DELANEY, LT. & LLOYD, Reginald. *Impressões do Brasil no Século XX*. Londres: Lloyds Greater Britain Publishing Company Ltd., 1913.

DIAMANTI, Henri. Nota sobre a indústria açucareira no Brasil. In: PERRUCI, Gadiel. *A República das Usinas*. Rio de Janeiro: Paz e Terra, 1978.

DIRETÓRIA GERAL DE ESTATÍSTICA. "Indústria Açucareira, usinas e engenhos centrais". Rio de Janeiro: Oficinas da Diretória Geral de Estatística, 1910.

_____. *Indústria Açucareira no Brasil*. Rio de Janeiro: Tip. da Estatística, 1919.

DUCHEMIN, René. *La dénaturation de l'alcool en France*. Paris: H. Dunod et E. Pinat Éditeurs, 1907.

D'UTRA, Gustavo. "Breves considerações sobre a anatomia do colmo e as moléstias da cana de açúcar", apresentada a Imperial Escola Agrícola da Bahia para ser sustentada perante a mesma escola a fim de obter o diploma de engenheiro agrônomo. Bahia: Lit. e Tipografia de João Gonçalves Tourinho, 1888.

GAMA, Ayres de Albuquerque. *Noções de agricultura*. Recife: Tipografia do Jornal do Recife, 1870.

GODOY, Joaquim Floriano de. "A província de São Paulo": trabalho estatístico, histórico e noticioso destinado a Exposição Industrial da Filadélfia (Estados Unidos) oferecido a S. M. Imperial o Sr. D. Pedro II pelo senador do Império Dr. Joaquim Francisco de Godoy. Rio de Janeiro: Tip. do diário do Rio de Janeiro, 1875.

GOMES, José Caetano de Almeida. *Indústria açucareira: Esboço e fundamento de um plano para a sua organização em Barra Longa*. Município de Mariana. Rio de Janeiro: Imprensa Júlio Serpa & C., 1896.

GOVERNO DOS ESTADOS UNIDOS DA AMÉRICA. Comissão de inquérito sobre a indústria açucareira no Brasil. Atas da comissão permanente de Bruxelas, estabelecida pelo artigo VII da convenção açucareira de 3 de março de 1902 e relatório do delegado da Grã-Bretanha. Rio de Janeiro: Imprensa Nacional, 1906.

GRANDE, José C. Pedro. *O açúcar*. Belo Horizonte: Oficinas Gráficas da Estatística, 1933.

GUYOT, Ives. *The Sugar Question in 1901*. London: Hugh Press, 1901.

_____. *La question de l'alcool: allégations et réalités*. Paris: librairie Féliz Alcan, 1917.

HERMES JÚNIOR, João Severino. *O açúcar como fator importante da riqueza pública no Brasil*. Rio de Janeiro: Tip. do Jornal do Commercio, 1922.

HUNNICUTT, Benjammin H. *A produção agrícola do Brasil: trabalho baseado no censo de 1920*. Rio de Janeiro: SNA, 1925.

JACOB, Rodolpho. *Minas Gerais no XX° século*. Rio de Janeiro: Impressões Gomes irmãos & Co., 1911.

LEME, Pedro Dias Gordilho Paes. *Engenhos Centrais na Província do Rio de Janeiro*. Rio de Janeiro: Tip. G. Leuzinger & Filhos, 1874.

_____. *Relatório sobre a cultura da cana e fabricação do açúcar*. Rio de Janeiro: Tipografia Nacional, 1878.

LEME, Pedro Dias Gordinho Paes. *Engenhos Centrais na Província do Rio de Janeiro: Observações práticas oferecidas aos Srs. Capitalistas destas praças*. Rio de Janeiro: Tip. G. Leuzinger & Filhos, 1871.

LÉON, Arturo de. "Producción de café e industria azucarera en el Brasil": informe presentado a S. Ex. El Sr. enviado extraordinario y ministro plenipotenciario de la Republica Argentina Dr. D. Enrique B. Moreno por Arturo de León primer secretario de la legacion de la Republica Argentina. Rio de Janeiro: Tip. de G. Leuzinger & Filhos, 1890.

LIMA BARRETO, Afonso Henrique de. "Triste fim de Policarpo Quaresma". In: LIMA BARRETO: *Prosa Seleta*. Rio de Janeiro: Nova Aguilar, 2001.

_____. *Toda Crônica*. Valença: Agir, 2004

LIMA, Pereira. *O açúcar: apreciações sobre sua situação industrial*. Rio de Janeiro: Tip. do Jornal do Commercio, 1913.

LOBATO, Monteiro. *Cidades mortas*. São Paulo: Globo, 2007.

LUZ FILHO, Fábio. *Rumo à terra*. Curitiba: Editora Guaíra, 1942.

MAIC. Diretória Geral de Estatística. Relatório apresentado ao Dr. João Pandiá Calogeras Ministro da Agricultura, Indústria e Comércio pelo Dr. José Luiz S. de Bulhões Carvalho, diretor geral de estatística. Rio de janeiro: Tipografia da Estatística, 1915.

_____. Diretória Geral de Estatística. Relatório apresentado ao Dr. Geminiano Lyra Castro Ministro da Agricultura, Indústria e Comércio pelo Dr. José Luiz S. de Bulhões, Carvalho diretor geral de estatística. Rio de janeiro: Tipografia da Estatística, 1916. _____. Diretória Geral de Estatística. Indústria açucareira no Brasil. Rio de Janeiro: Tip. da Estatística, 1919.

_____. Diretória Geral de Estatística. Relatório apresentado ao Dr. Miguel Calmon Du Pin e Almeida. Ministro da Agricultura, Indústria e Comércio pelo Dr. José

Luiz S. de Bulhões Carvalho, diretor geral de estatística. Rio de Janeiro: Tipografia da Estatística, 1927.

_____. Diretória Geral de Estatística. Relatório apresentado ao Dr. Geminiano Lyra Castro Ministro da Agricultura, Indústria e Commercio pelo Dr. José Luiz S. de Bulhões Carvalho. Diretor Geral de Estatística. Rio de Janeiro: Tip. de Estatística, 1928.

_____. Relatório apresentado ao Ministro da Agricultura, Indústria e Comércio por Arthur Torres Filho – Diretor do serviço de inspeção e fomento agrícola, ano de 1921. Rio de Janeiro: Imprensa Nacional, 1923.

_____. Relatório apresentado ao Dr. Miguel Calmon Du Pin e Almeida Ministro da Agricultura, Indústria e Comércio por Arthur Torres Filho – Diretor do serviço de inspeção e fomento agrícola, ano de 1922. Rio de Janeiro: Imprensa Nacional, 1924.

_____. Relatório apresentado ao Dr. Miguel Calmon Du Pin e Almeida Ministro da Agricultura, Indústria e Comércio por Arthur Torres Filho – Diretor do serviço de inspeção e fomento agrícola, ano de 1923. Rio de Janeiro: Imprensa Nacional, 1926.

_____. Relatório apresentado ao Dr. Geminiano de Lyra Castro Ministro da Agricultura, Indústria e Comércio por Arthur Torres Filho – Diretor do serviço de inspeção e fomento agrícola, ano de 1927-28. Rio de Janeiro: Imprensa Nacional, 1929.

MARTINS, Dionísio Gonçalves. "A Agricultura em 1867". In: VILLENEUVE, Constance. *Relatório sobre a exposição universal de 1867*. Paris: Tipografia de Júlio Claye, 1868.

MARTINS, Francisco Dias. *ABC do Agricultor*. Edição especial para o Estado de Minas Gerais. São Paulo: Tip. Cardoso Filho, 1914.

MATTOS, Antônio Gomes de. *Esboço de um manual para os fazendeiros de açúcar*. Rio de Janeiro: Tipografia Perseverança, 1882.

MÉLINE, Jules. *Le retour à la terre et la surproduction industrielle*. Paris: Librairie Hachette et Cie, 1905.

MELLO, José Alexandre Teixeira de. *Campos dos Goytacases em 1881*. Rio de Janeiro: Tip. Laemmert & C., 1886.

MILET, Henrique Augusto. *A lavoura de cana de açúcar*. Pernambuco: Editora Massangana, 1989.

_____. *Auxílio à lavoura e crédito rural*. Recife: Tip. do Jornal do Recife, 1876.

_____. *Os quebra-kilos e a crise da lavoura*. Recife: Tip. do Jornal do Recife, 1876.

_____. *Miscelânea econômica*. Recife: Tip. do Jornal do Recife, 1879.

MINAS GERAIS. Relatório apresentado à Assembleia Legislativa Provincial de Minas Gerais, por ocasião de sua instalação em 9 de setembro de 1875, pelo Ilmo. e Exm. Sr. Dr. Pedro Vicente de Azevedo, presidente da província. Ouro Preto: Tip. de J.F. de Paula Castro, 1875.

_____. Relatório com que ao Ilmo. e Exm. Sr. Senador Barão de Camargos passou a administração da Província ao Ilmo. e Exm. Sr. Barão da Villa da Barra. Ouro Preto: Tip. de J.F. de Paula Castro, 1876.

_____. Relatório apresentado à Assembleia Legislativa Provincial de Minas Gerais na sessão ordinária de 1876 pelo presidente da mesma província, Barão da Villa da Barra. Ouro Preto:Tip. de J.F. de Paula Castro, 1876.

_____. Fala que à Assembleia Legislativa Provincial de Minas Gerais, por ocasião da instalação da 1ª sessão da 22ª legislatura, dirigiu o Ilmo. e Exm. Sr. Conselheiro Senador Francisco de Paula da Silveira Lobo, presidente da mesma província, em 10 de agosto de 1878. Ouro Preto: Tip. da Atualidade, 1878.

_____. Relatório à Assembleia Legislativa Provincial de Minas Gerais, na abertura da 2ª sessão da 22ª legislatura a 15 de outubro de 1879 pelo Ilmo. e Exm. Sr. Dr. Manoel José Gomes Rebello Horta, presidente da mesma província. Ouro Preto: Tip. da Atualidade, 1879.

_____. Fala à Assembleia Legislativa Provincial de Minas Gerais que dirigiu em 25 de setembro de 1880 o Exm. Sr. Cônego Joaquim José de Sant'Anna, 2º vice--presidente da mesma província, por ocasião da abertura da 1ª sessão ordinária da 23ª legislatura. Ouro Preto: Tip. da Atualidade, 1880.

_____. Relatório que à Assembleia Legislativa Provincial de Minas Gerais apresentou ao Exm. Sr. Senador João Florentino Meira de Vasconcellos, por ocasião de ser instalada a mesma Assembleia para a 2ª sessão ordinária de 23ª legislatura em 7 de agosto de 1881. Ouro Preto: Tip. da Atualidade, 1881.

_____. Relatório que ao Ilmo. Exm. Sr. Cônego Joaquim José de Sant'Anna, 2º vice-presidente apresentou ao Ilmo. Exm. Sr Senador João Florentino Meira de

Vasconcellos no ato de passar-lhe a administração da Província em 12 de dezembro de 1881. Ouro Preto: Tip. da Atualidade, 1881.

_____. Fala que o Exm. Sr. Dr. Theophilo Ottoni dirigiu à Assembleia Provincial de Minas Gerais, ao instalar-se a 1ª sessão da 24ª legislatura em 1º de agosto de 1882. Ouro Preto: Tip. de Carlos Andrade, 1882.

_____. Fala que o Exm. Sr. Dr. Antonio Gonçalves Chaves dirigiu à Assembleia Legislativa Provincial de Minas Gerais na 2ª sessão da 24ª legislatura em 2 de agosto de 1883. Ouro Preto: Tip. do Liberal Mineiro, 1883.

_____. Fala que o Exm. Sr. Dr. Antônio Gonçalves Chaves dirigiu à Assembleia Legislativa Provincial de Minas Gerais na 1ª sessão da 25ª legislatura em 1º de agosto de 1884. Ouro Preto: Tip. do Liberal Mineiro, 1884.

_____. Fala que o Exm. Sr. Desembargador José Antonio Alves de Brito dirigiu à Assembleia Legislativa Provincial de Minas Gerais na 2ª sessão da 25ª legislatura em o 1º de agosto de 1885. Ouro Preto: Tip. do Liberal Mineiro, 1885.

_____. Relatório com que o Exm. Sr. Dr. Olegario Herculano D`Aquino e passou a administração da Província de Minas Gerais ao Primeiro Vice-Presidente Exm. Sr. Desembargador José Antonio Alves de Brito no dia 13 de abril de 1885. Ouro Preto: Tip. da Liberal Mineiro, 1885.

_____. Relatório apresentado pelo presidente da província Machado Portella em 13 de abril de 1886. Ouro Preto: Tip. da Liberal Mineiro, 1886.

_____. Relatório com que o Exm. Sr. Dr. Antônio Teixeira de Souza Magalhães Primeiro Vice-Presidente da Província passou a administração ao Exm. Sr. Desembargador Francisco de Faria Lemos presidente da mesma província no dia 1º de maio de 1886. Ouro Preto: Tip. do Vinte de Agosto, 1886.

_____. Fala que o Exm. Sr. Dr. Carlos Augusto de Oliveira Figueiredo dirigiu à Assembleia Provincial de Minas Gerais na segunda sessão da vigésima sexta legislatura em 5 de julho de 1887. Ouro Preto: Tip. de J.F. de Paula Castro, 1887.

_____. Relatório com que o Exm. Sr. Dr. Antônio Teixeira de Souza Magalhães Primeiro Vice-Presidente da Província de Minas Gerais apresentou o Exm. Sr. Desembargador Francisco de Faria Lemos ao passar-lhe a administração da mesma Província em 1º de janeiro de 1887. Ouro Preto: Tip. de J.F. de Paula Castro, 1887.

_____. Relatório que ao Ilmo. Exm. Sr. Dr. Luiz Heugenio Horta Barbosa apresentou o Primeiro Vice-Presidente o Dr. Antônio Teixeira de Souza Magalhães ao passar-lhe a administração da Província em 20 de agosto de 1887. Ouro Preto: Tip. de J.F. de Paula Castro, 1887.

_____. Fala que à Assembleia Provincial de Minas Gerais dirigiu o Exm. Sr. Dr. Luiz Eugenio Horta Barbosa, presidente da província, ao instalar-se a primeira sessão da vigésima sétima legislatura em 1º de junho de 1888. Ouro Preto: Tip. de J.F. de Paula Castro, 1888.

_____. Fala que à Assembleia Legislativa Provincial de Minas Gerais dirigiu por ocasião da instalação da 2ª sessão da 27ª legislatura em 4 de junho de 1889 o 1º vice-presidente da província, Dr. Barão de Camargos. Ouro Preto: Tip. de J.F. de Paula Castro, 1889.

_____. Relatório apresentado ao Exm. Sr. Dromos Cesário de Faria Alvim presidente do estado de Minas Gerais em 15 de junho de 1891 pelo Dr. Antônio Augusto de Lima, ex-Governador do mesmo estado. Ouro Preto: Tip. de J. F. de Paula Castro, 1892.

_____. Mensagem apresentada ao Congresso Mineiro pelo Vice-Presidente Dr. Eduardo Ernesto da Gama Cerqueira. Ouro Preto: Imprensa do Estado de Minas Gerais, 1892.

_____. Mensagem dirigida pelo presidente do Estado de Minas Gerais Dr. Affonso Augusto Moreira Penna ao Congresso Mineiro. Ouro Preto: Imprensa do Estado de Minas Gerais, 1893.

_____. Mensagem dirigida pelo presidente do Estado de Minas Gerais Dr. Affonso Augusto Moreira Penna ao Congresso Mineiro em sua quarta sessão ordinária da Primeira Legislatura. Ouro Preto: Imprensa do Estado de Minas Gerais, 1894.

_____. Mensagem dirigida pelo presidente do Estado de Minas Gerais Dr. Chrispim Jacques Bias Fortes ao Congresso Mineiro em sua primeira sessão ordinária da segunda legislatura. Ouro Preto: Imprensa do Estado de Minas Gerais, 1895.

_____. Mensagem dirigida pelo presidente do Estado de Minas Gerais Dr. Chrispim Jacques Bias Fortes ao Congresso Mineiro em sua segunda sessão ordinária da segunda legislatura. Ouro Preto: Imprensa do Estado de Minas Gerais, 1896.

_____. Mensagem dirigida pelo presidente do Estado de Minas Gerais Dr. Chrispim Jacques Bias Fortes ao Congresso Mineiro em sua terceira sessão ordinária da segunda legislatura. Ouro Preto: Imprensa do Estado de Minas Gerais, 1897.

_____. Mensagem dirigida pelo presidente do Estado de Minas Gerais Dr. Chrispim Jacques Bias Fortes ao Congresso Mineiro em sua quarta sessão ordinária da segunda legislatura. Cidade de Minas: Imprensa do Estado de Minas Gerais, 1898.

_____. Mensagem dirigida pelo presidente do Estado de Minas Gerais Dr. Francisco Silviano de Almeida Brandão ao Congresso Mineiro em sua primeira sessão ordinária da terceira legislatura. Cidade de Minas: Imprensa do Estado de Minas Gerais, 1899.

_____. Mensagem dirigida pelo presidente do Estado de Minas Gerais Dr. Francisco Silviano de Almeida Brandão ao Congresso Mineiro em sua segunda sessão ordinária da terceira legislatura. Cidade de Minas: Imprensa do Estado de Minas Gerais, 1900.

_____. Mensagem dirigida pelo presidente do Estado de Minas Gerais Dr. Francisco Silviano de Almeida Brandão ao Congresso Mineiro em sua terceira sessão ordinária da terceira legislatura. Cidade de Minas: Imprensa do Estado de Minas Gerais, 1901.

_____. Mensagem dirigida pelo Vice-Presidente do Estado Dr. Joaquim Candido da Costa Sena ao Congresso Mineiro em sua quarta sessão ordinária da terceira legislatura. Belo Horizonte: Imprensa Oficial do Estado de Minas Gerais, 1902.

_____. Mensagem dirigida pelo Presidente do Estado Dr. Francisco Antônio de Salles ao Congresso Mineiro em sua 1ª sessão ordinária da 4ª legislatura. Belo Horizonte: Imprensa Oficial do Estado de Minas Gerais, 1903.

_____. Mensagem dirigida pelo Presidente do Estado Dr. Francisco Antônio de Salles ao Congresso Mineiro em sua 2ª sessão ordinária da 4ª legislatura. Belo Horizonte: Imprensa Oficial do Estado de Minas Gerais, 1904.

_____. Mensagem dirigida pelo Presidente do Estado Dr. Francisco Antônio de Salles ao Congresso Mineiro em sua 3ª sessão ordinária da 4ª legislatura. Belo Horizonte: Imprensa Oficial do Estado de Minas Gerais, 1905.

_____. Mensagem dirigida pelo Presidente do Estado Dr. Francisco Antônio de Salles ao Congresso Mineiro em sua 4ª sessão ordinária da 4ª legislatura. Belo Horizonte: Imprensa Oficial do Estado de Minas Gerais, 1906.

_____. Mensagem dirigida pelo Presidente do Estado Dr. João Pinheiro da Silva ao Congresso Mineiro em sua 1ª sessão ordinária da 5ª legislatura. Belo Horizonte: Imprensa Oficial do Estado de Minas Gerais, 1907.

_____. Mensagem dirigida pelo Presidente do Estado Dr. João Pinheiro da Silva ao Congresso Mineiro em sua 2ª sessão ordinária da 5ª legislatura. Belo Horizonte: Imprensa Oficial do Estado de Minas Gerais, 1908.

_____. Mensagem dirigida pelo Presidente do Estado Dr. Wenceslau Braz Pereira Gomes ao Congresso Mineiro em sua 3ª sessão ordinária da 5ª legislatura. Belo Horizonte: Imprensa Oficial do Estado de Minas Gerais, 1909.

_____. Mensagem dirigida pelo Presidente do Estado Dr. Wenceslau Braz Pereira Gomes ao Congresso Mineiro em sua 4ª sessão ordinária da 5ª legislatura. Belo Horizonte: Imprensa Oficial do Estado de Minas Gerais, 1910.

_____. Mensagem dirigida pelo Presidente do Estado Dr. Julio Bueno Brandão ao Congresso Mineiro em sua 1ª sessão ordinária da 6ª legislatura. Belo Horizonte: Imprensa Oficial do Estado de Minas Gerais, 1911.

_____. Mensagem dirigida pelo Presidente do Estado Dr. Júlio Bueno Brandão ao Congresso Mineiro em sua 2ª sessão ordinária da 6ª legislatura. Belo Horizonte: Imprensa Oficial do Estado de Minas Gerais, 1912.

_____. Mensagem dirigida pelo Presidente do Estado Dr. Júlio Bueno Brandão ao Congresso Mineiro em sua 3ª sessão ordinária da 6ª legislatura. Belo Horizonte: Imprensa Oficial do Estado de Minas Gerais, 1913.

_____. Mensagem dirigida pelo Presidente do Estado Dr. Júlio Bueno Brandão ao Congresso Mineiro em sua 4ª sessão ordinária da 6ª legislatura. Belo Horizonte: Imprensa Oficial do Estado de Minas Gerais, 1914.

_____. Mensagem dirigida pelo Presidente do Estado Dr. Delfim Moreira da Costa Ribeiro ao Congresso Mineiro em sua 1ª sessão ordinária da 7ª legislatura. Belo Horizonte: Imprensa Oficial do Estado de Minas Gerais, 1915.

_____. Mensagem dirigida pelo Presidente do Estado Dr. Delfim Moreira da Costa Ribeiro ao Congresso Mineiro em sua 2ª sessão ordinária da 7ª legislatura. Belo Horizonte: Imprensa Oficial do Estado de Minas Gerais, 1916.

_____. Mensagem dirigida pelo Presidente do Estado Dr. Delfim Moreira da Costa Ribeiro ao Congresso Mineiro em sua 3ª sessão ordinária da 7ª legislatura. Belo Horizonte: Imprensa Oficial do Estado de Minas Gerais, 1917.

_____. Mensagem dirigida pelo Presidente do Estado Dr. Delfim Moreira da Costa Ribeiro ao Congresso Mineiro em sua 4ª sessão ordinária da 7ª legislatura. Belo Horizonte: Imprensa Oficial do Estado de Minas Gerais, 1918.

_____. Mensagem dirigida pelo Presidente do Estado Dr. Arthur da Silva Bernardes ao Congresso Mineiro em sua 1ª sessão ordinária da 8ª legislatura. Belo Horizonte: Imprensa Oficial do Estado de Minas Gerais, 1919.

_____. Mensagem dirigida pelo Presidente do Estado Dr. Arthur da Silva Bernardes ao Congresso Mineiro em sua 2ª sessão ordinária da 8ª legislatura. Belo Horizonte: Imprensa Oficial do Estado de Minas Gerais, 1920.

_____. Mensagem dirigida pelo Presidente do Estado Dr. Arthur da Silva Bernardes ao Congresso Mineiro em sua 3ª sessão ordinária da 8ª legislatura. Belo Horizonte: Imprensa Oficial do Estado de Minas Gerais, 1921.

_____. Mensagem dirigida pelo Presidente do Estado Dr. Arthur da Silva Bernardes ao Congresso Mineiro em sua 4ª sessão ordinária da 8ª legislatura. Belo Horizonte: Imprensa Oficial do Estado de Minas Gerais, 1922.

_____. Mensagem dirigida pelo Presidente do Estado Dr. Raul Soares de Moura ao Congresso Mineiro em sua 1ª sessão ordinária da 9ª legislatura. Belo Horizonte: Imprensa Oficial, 1923.

_____. Mensagem dirigida pelo Presidente do Estado Dr. Raul Soares de Moura ao Congresso Mineiro em sua 2ª sessão ordinária da 9ª legislatura. Belo Horizonte: Imprensa Oficial, 1924.

_____. Mensagem dirigida pelo Presidente do Estado Dr. Fernando de Mello Vianna ao Congresso Mineiro em sua 3ª sessão ordinária da 9ª legislatura. Belo Horizonte: Imprensa Oficial, 1925.

_____. Mensagem dirigida pelo Presidente do Estado Dr. Fernando de Mello Vianna ao Congresso Mineiro em sua 4ª sessão ordinária da 9ª legislatura. Belo Horizonte: Imprensa Oficial, 1926.

_____. Economia e finanças do Brasil (1914-1924), cartas dos Srs. Deputado Antonio Carlos, ex-ministros da Fazenda, Dr. Mario Brant. Secretário das Finanças do Estado de Minas: orçamento e equilíbrio. Inflação e deflação. A receita do Brasil. A carestia da vida a quota-ouro. Rio de Janeiro: Imprensa Nacional, 1924.

_____. Elementos de contabilidade agrícola. Belo Horizonte: Imprensa Oficial do Estado de Minas Gerais, 1917.

MINISTERIO DA FAZENDA. *Auxílios à lavoura*. Rio de Janeiro: Imprensa Nacional, 1889.

_____. *Auxílios à lavoura*. Rio de Janeiro: Imprensa Nacional, 1889.

MOREIRA, Nicoláo Joaquim. *Notícias sobre a agricultura do Brasil*. Rio de Janeiro: tip. Nacional, 1873.

MITCHEL, Jean. *Irrigação dos canaviais: Campos de demonstração de Piracicaba*. São Paulo: Diretória de Publicidade, 1929.

MOREAU, J. *Indústria sacarina no Brasil*. Rio de Janeiro: Tip. do Globo, 1877.

MORELLI, Bernardo. *Álcool desnaturado e suas aplicações industriais*. São Paulo: Tipografia Brasil de Rothschild & Cia, 1920.

NEVES, Arthur Getúlio das. *O estado da agricultura e da zootecnia no Brasil*. Rio de Janeiro: Tip. de G. Leuzinger & Filhos, 1888.

OLIVEIRA, Ernesto Luiz de. *Duas palavras sobre a indústria açucareira*. Rio de Janeiro: s/e, 1911.

ORTIGÃO, Ramalho. *O ano comercial econômico e financeiro de 1918*. Rio de Janeiro: Tip. Bernard Frères, 1919.

PAES LEME, Pedro Dias Gordilho. *Relatório sobre a cultura da cana e fabricação do açúcar na Luisiana*. Rio de Janeiro: Tip. Nacional, 1878.

_____. *Engenhos centrais na Província do Rio de Janeiro. Observações práticas oferecidas aos senhores capitalistas desta praça*. Rio de Janeiro: Tip. G. Leuzinger & Filhos, 1874.

PEIXOTO, Rodrigues. *A crise do açúcar: os pequenos engenhos centrais, a colonização e o problema servil.* Rio de Janeiro: Imprensa Nacional, 1885.

PERES, Gaspar e Peres; Apollonio. *A indústria açucareira em Pernambuco.* Pernambuco: Fundarpe, 1991.

PESTANA, Antônio Carlos. *A indústria açucareira campista em 1922 e o decreto 4567, de 24 de agosto do mesmo ano.* Rio de Janeiro: Papelaria Americana, 1922.

PIZARRO E ARAÚJO, José de Souza Azevedo. *Memórias históricas do Rio de Janeiro e das províncias anexas.* Rio de Janeiro: Imprensa Nacional, 1945.

QUESNAY, François. Quadro econômico dos fisiocratas. In: *Os economistas.* São Paulo: Nova Cultura, 1996.

RABELLO, Francisco de Paula Fernandes. *Estudos hipotecários seguidos de todos os julgados relativos à matéria pelos nossos tribunais dos atos do poder legislativo e executivo e das respectivas instruções da Diretoria Geral do Contencioso.* Rio de Janeiro: B. C. Ganier, 1879.

RAFFARD, Henri. *The sugar industry in Brazil.* Londom: W. H. and C. Collingridge, 1882.

_____. Crise do açúcar e o açúcar no Brasil. Artigos publicados na revista de engenharia e transcritos no jornal do agricultor. Rio de Janeiro: Tip. Carioca, 1888.

_____. Relatório do Júri de Secção de Açucares da Primeira Exposição Brasileira de Açucares e Vinhos, organizada pelo Centro de Indústria e Commercio de Açúcar. Rio de Janeiro: Imprensa Nacional, 1890.

RAMOS, Augusto Ferreira. *A indústria do açúcar em São Paulo.* São Paulo: Tip. Brazil de Carlos Gerke, 1902.

REIS, Fidelis. *A Política da Gleba: falando, escrevendo, agindo*: Rio de Janeiro, Oficinas da Casa Leuzinger, 1919.

REBOUÇAS, André. *Garantia de juros: Estudo para sua aplicação às empresas de utilidade pública no Brasil.* Rio de Janeiro: Tip. Nacional, 1874.

_____. *Agricultura Nacional: Estudos econômicos: propaganda abolicionista e democrática.* Rio de Janeiro: A. J. Lamoureux & co, 1883.

REYNOSO, Álvaro. *Tratado da cultura da cana de Açúcar.* Rio de Janeiro: Tip. do Imperial Instituto Artístico, 1866.

RIBEIRO, Joaquim Fernandes. *Publicação demonstrando aos lavradores e mais interessados as vantagens das fábricas centrais de açúcar.* Bahia: Tip. do Diário, 1874.

RIO DE JANEIRO. Relatório apresentado à Assembleia Legislativa Provincial do Rio de Janeiro na segunda sessão da vigésima legislatura no dia 8 de setembro de 1875 pelo vice-presidente, conselheiro Bernardo Augusto Nascentes de Azambuja. Rio de Janeiro: Tip. do Apostolo, 1875.

_____. Relatório apresentado à Assembleia Legislativa Provincial do Rio de Janeiro na primeira sessão da vigésima primeira legislatura no dia 22 de outubro de 1876 pelo presidente, conselheiro Francisco Xavier Pinto Lima. Rio de Janeiro: Tip. do Apostolo, 1876.

_____. Relatório apresentado à Assembleia Legislativa Provincial do Rio de Janeiro na segunda sessão da vigésima primeira legislatura no dia 8 de setembro de 1877 pelo vice-presidente, Dr. Francisco Antonio de Souza. Rio de Janeiro: Tip. Montenegro, 1877.

_____. Relatório apresentado à Assembleia Legislativa Provincial do Rio de Janeiro na primeira sessão da vigésima segunda legislatura no dia 8 de setembro de 1878 pelo presidente, visconde de Prados. Rio de Janeiro: Tip. da Reforma, 1878.

_____. Relatório apresentado à Assembleia Legislativa Provincial do Rio de Janeiro na segunda sessão da vigésima segunda legislatura no dia 8 de setembro de 1879 pelo presidente, Dr. Américo de Moura Marcondes de Andrade. Rio de Janeiro: Tip. Montenegro, 1879.

_____. Relatório apresentado à Assembleia Legislativa Provincial do Rio de Janeiro na primeira sessão da vigésima terceira legislatura no dia 8 de setembro de 1880 pelo presidente, Dr. João Marcellino de Souza Gonzaga. Rio de Janeiro, Tip: Montenegro, 1880.

_____. Relatório apresentado à Assembleia Legislativa Provincial do Rio de Janeiro na abertura da segunda sessão da vigésima terceira legislatura em 8 de agosto de 1881 pelo presidente, Dr. Martinho Álvares da Silva Campos. Rio de Janeiro: Imprensa Industrial de João Paulo Ferreira Dias, 1881.

_____. Relatório apresentado à Assembleia Legislativa Provincial do Rio de Janeiro na abertura da primeira sessão da vigésima quarta legislatura em 8 de agosto de 1882 pelo presidente, desembargador Bernardo Avelino Gavião Peixoto. Rio de Janeiro: Tip. Montenegro, 1882.

_____. Fala apresentada à Assembleia Legislativa Provincial do Rio de Janeiro na sessão extraordinária no dia 10 de julho de 1883 pelo presidente, conselheiro Bernardo Avelino Gavião Peixoto. Rio de Janeiro: Tip. Montenegro, 1883.

_____. Relatório apresentado à Assembleia Legislativa Provincial do Rio de Janeiro na abertura da segunda sessão da vigésima quarta legislatura em 8 de agosto de 1883 pelo presidente, conselheiro Bernardo Avelino Gavião Peixoto. Rio de Janeiro: Tip. Montenegro, 1883.

_____. Relatório apresentado à Assembleia Legislativa Provincial do Rio de Janeiro na abertura da primeira sessão da vigésima quarta legislatura em 8 de agosto de 1884 pelo presidente, José Leandro de Godoy e Vasconcellos. Rio de Janeiro: Tip. Montenegro, 1884.

_____. Fala apresentada à Assembleia Legislativa Provincial do Rio de Janeiro na sessão extraordinária no dia 9 de março de 1885 pelo presidente, José Cesario de Faria Aloim. Rio de Janeiro: Tip. Montenegro, 1885.

_____. Relatório apresentado à Assembleia Legislativa Provincial do Rio de Janeiro na abertura da segunda sessão da vigésima quinta legislatura em 8 de agosto de 1885 pelo presidente, José Cesário de Faria Aloim. Rio de Janeiro: Tip. Montenegro, 1885.

_____. Relatório apresentado à Assembleia Legislativa Provincial do Rio de Janeiro na abertura da primeira sessão da vigésima sexta legislatura em 8 de agosto de 1886 pelo presidente, Dr. Antonio da Rocha Fernandes Leão. Rio de Janeiro: Tip. Montenegro, 1886.

_____. Relatório apresentado à Assembleia Legislativa Provincial do Rio de Janeiro na abertura da segunda sessão da vigésima sexta legislatura em 12 de setembro de 1887 pelo presidente, Dr. Antonio da Rocha Fernandes Leão. Rio de Janeiro: Tip. Montenegro, 1887.

_____. Relatório apresentado à Assembleia Legislativa Provincial do Rio de Janeiro na abertura da primeira sessão da vigésima sétima legislatura em 8 de agosto de 1888 pelo presidente Dr. José Bento de Araújo. Rio de Janeiro: Tip. Montenegro, 1888.

_____. Relatório apresentado à Assembleia Legislativa Provincial do Rio de Janeiro na abertura da segunda sessão da vigésima sétima legislatura em 15 de outubro de 1889 pelo presidente, conselheiro Carlos Affonso de Assis Figueiredo. Rio de Janeiro: Tip. Montenegro, 1889.

_____. Mensagem enviada à Assembleia Legislativa do Estado do Rio de Janeiro pelo presidente Doutor José Thomaz na Primeira sessão anual de 1 de agosto de 1892. Rio de Janeiro: Tip. a vapor Jeronimo Silva, 1892.

_____. Mensagem enviada à Assembleia Legislativa do Estado do Rio de Janeiro pelo presidente Doutor José Thomaz da Porciúncula na terceira sessão anual de 1 de agosto de 1894. Rio de Janeiro: Tip. Werneck, 1894.

_____. Mensagem enviada à Assembleia Legislativa do Estado do Rio de Janeiro pelo presidente Doutor Joaquim Maurício de Abreu na primeira sessão anual em 15 de setembro de 1895. Rio de Janeiro: Tip. Carlos Gaspar da Silva, 1895.

_____. Mensagem enviada à Assembleia Legislativa do Estado do Rio de Janeiro pelo presidente Doutor Joaquim Maurício de Abreu na segundo sessão anual em 15 de setembro de 1896. Petrópolis: Pap. e Tip. Dupin & C., 1896.

_____. Mensagem enviada à Assembleia Legislativa do Estado do Rio de Janeiro pelo presidente Doutor Joaquim Maurício de Abreu na terceiro sessão anual. Rio de Janeiro: Tip. do Jornal do Commercio, 1897.

_____. Mensagem enviada à Assembleia Legislativa do Estado do Rio de Janeiro pelo presidente Alberto de Seixas Martins Torres na primeira sessão anual em 15 de setembro de 1898. Rio de Janeiro: Papelaria Jeronymo Silva, 1898.

_____. Mensagem enviada à Assembleia Legislativa do Estado do Rio de Janeiro pelo presidente Alberto de Seixas Martins Torres na primeira sessão anual em 15 de setembro de 1899. Rio de Janeiro: Papelaria Jeronymo Silva, 1899.

_____. Mensagem enviada à Assembleia Legislativa do Estado do Rio de Janeiro pelo presidente Alberto de Seixas Martins Torres na primeira sessão anual em 15 de setembro de 1900. Rio de Janeiro: Papelaria Jeronymo Silva, 1900.

_____. Mensagem enviada à Assembleia Legislativa do Estado do Rio de Janeiro sessão anual em 15 de julho de 1902. Rio de Janeiro: Tip. do Jornal do Commercio, 1902.

_____. Mensagem enviada à Assembleia Legislativa do Estado do Rio de Janeiro pelo presidente Q. Bocayuva em 10 de agosto de 1903. Rio de Janeiro: Tip. do Jornal do Commercio, 1903.

_____. Mensagem apresentada à Assembleia Legislativa do Estado do Rio de Janeiro pelo presidente Dr. Nilo Peçanha em 1 de agosto de 1904. Rio de Janeiro: Tip. do Jornal do Commercio, 1904.

_____. Mensagem apresentada à Assembleia Legislativa do Estado do Rio de Janeiro pelo presidente Dr. Nilo Peçanha em 1 de agosto de 1905. Rio de Janeiro: Tip. do Jornal do Commercio, 1905.

_____. Mensagem apresentada à Assembleia Legislativa do Estado do Rio de Janeiro pelo presidente Dr. Nilo Peçanha em 1 de agosto de 1906. Rio de Janeiro: Tip. do Jornal do Commercio, 1906.

_____. Mensagem apresentada à Assembleia Legislativa do Estado do Rio de Janeiro pelo presidente Dr. Alfredo Backer em 1 de agosto de 1907. Rio de Janeiro: Tip. do Jornal do Commercio, 1907.

_____. Mensagem apresentada à Assembleia Legislativa do Estado do Rio de Janeiro pelo presidente Dr. Alfredo Backer em 1 de agosto de 1908. Rio de Janeiro: Tip. do Jornal do Commercio, 1908.

_____. Mensagem apresentada à Assembleia Legislativa do Estado do Rio de Janeiro pelo presidente Dr. Alfredo Backer em 1 de agosto de 1909. Rio de Janeiro: Tip. do Jornal do Commercio, 1909.

_____. Mensagem apresentada à Assembleia Legislativa do Estado do Rio de Janeiro pelo presidente Dr. Alfredo Backer em 1 de agosto de 1910. Rio de Janeiro: Tip. do Jornal do Commercio, 1910.

_____. Mensagem apresentada à Assembleia Legislativa do Estado do Rio de Janeiro pelo presidente Dr. Francisco Chaves de Oliveira Botelho em 1 de agosto de 1911. Rio de Janeiro: Tip. do Jornal do Commercio, 1911.

_____. Mensagem apresentada à Assembleia Legislativa do Estado do Rio de Janeiro pelo presidente Dr. Francisco Chaves de Oliveira Botelho em 1 de agosto de 1912. Rio de Janeiro: Tip. do Jornal do Commercio, 1912.

_____. Mensagem apresentada à Assembleia Legislativa do Estado do Rio de Janeiro pelo presidente Dr. Francisco Chaves de Oliveira Botelho em 1 de agosto de 1914. Rio de Janeiro: Tip. do Jornal do Commercio, 1914.

_____. Mensagem apresentada à Assembleia Legislativa do Estado do Rio de Janeiro pelo presidente Dr. Nilo Peçanha em 1 de agosto de 1915. Rio de Janeiro: Tip. do Jornal do Commercio, 1915.

_____. Mensagem apresentada à Assembleia Legislativa do Estado do Rio de Janeiro pelo presidente Dr. Nilo Peçanha em 1 de agosto de 1916. Rio de Janeiro: Tip. do Jornal do Commercio, 1916.

_____. Mensagem apresentada à Assembleia Legislativa do Estado do Rio de Janeiro pelo presidente Dr. Agnello Geraque Collet em 1 de agosto de 1917. Rio de Janeiro: Tip. do Jornal do Commercio, 1917.

_____. Mensagem apresentada à Assembleia Legislativa do Estado do Rio de Janeiro pelo presidente Dr. Agnello Geraque Collet em 1 de agosto de 1918. Rio de Janeiro: s/e, 1918.

_____. Mensagem apresentada à Assembleia Legislativa do Estado do Rio de Janeiro pelo presidente Dr. Raul de Moraes Veiga em 1 de agosto de 1919. Rio de Janeiro: s/e, 1919.

_____. Mensagem apresentada à Assembleia Legislativa do Estado do Rio de Janeiro pelo presidente Dr. Raul de Moraes Veiga em 1 de agosto de 1920. Rio de Janeiro: s/e, 1920.

_____. Mensagem apresentada à Assembleia Legislativa do Estado do Rio de Janeiro pelo presidente Dr. Raul de Moraes Veiga em 1 de agosto de 1921. Rio de Janeiro: s/e, 1921.

_____. Mensagem apresentada à Assembleia Legislativa do Estado do Rio de Janeiro pelo presidente Dr. Raul de Moraes Veiga em 1 de agosto de 1922. Rio de Janeiro: s/e, 1922.

_____. Mensagem apresentada à Assembleia Legislativa do Estado do Rio de Janeiro pelo presidente Dr. Aurelino de Araújo Leal em 1 de agosto de 1924. Rio de Janeiro: Tip. do Jornal do Commercio, 1924.

_____. Mensagem apresentada à Assembleia Legislativa do Estado do Rio de Janeiro pelo presidente Dr. Feliciano Pires de Abreu Sodré em 1 de agosto de 1925. Rio de Janeiro: Tip. do Jornal do Commercio, 1925.

_____. Mensagem apresentada à Assembleia Legislativa do Estado do Rio de Janeiro pelo presidente Dr. Feliciano Pires de Abreu Sodré em 1 de agosto de 1926. Rio de Janeiro: Tip. do Jornal do Commercio, 1926.

_____. Relatório da Diretória de Obras Públicas e Indústrias do Estado do Rio de Janeiro apresentado em 15 de julho de 1893 ao Exm. Sr. Dr. Joaquim Guedes de Moraes Sarmento, Secretário de Obras Públicas e Industriais pelo engenheiro civil bacharel Emydio Adolpho Victorio da Costa, Diretor da mesma repartição Rio de Janeiro: Tip. Montenegro, 1893.

_____. Relatório apresentado ao Dr. Joaquim Mauricio de Abreu presidente do Estado do Rio de janeiro pelo secretário do Estado das Obras Públicas Augusto de Abreu Lacerda. Rio de Janeiro: Tip. Jenonymo & Comp, 1895.

_____. Relatório apresentado ao Dr. Joaquim Mauricio de Abreu, presidente do Estado do Rio de Janeiro pelo secretário d'estado das Obras Públicas e Indústrias engenheiro civil Cipriano José de Carvalho. Rio de Janeiro: Tip. a Vapor Jeronymo Silva & Cª., 1897.

_____. Secretária de Agricultura e Obras Públicas. Relatório apresentado ao Exmo. Snr. Dr. Feliciano Pires de Abreu Sodré. Presidente do Estado do Rio de Janeiro por José Pio Borges de Castro secretário de agricultura e obras públicas. Rio de Janeiro: Tip. do Jornal do Commercio, 1926.

_____. Secretária de Agricultura e Obras Públicas. Relatório apresentado ao Exm. Dr. Feliciano Pires de Abreu Sodré Presidente do Estado do Rio de Janeiro por José Pio Borges de Castro secretário de Agricultura e Obras Públicas. Rio de Janeiro: Tip. do Jornal do Commercio, 1928.

ROHAN, Henrique. *O futuro da grande propriedade no Brasil*: memorial apresentado ao Ministério da Agricultura, Comércio e Obras Públicas. Rio de Janeiro: Tip. Nacional, 1878.

SAAP. "Trabalhos do congresso agrícola do Recife: em outubro de 1878". Compreendendo os documentos relativos aos fatos que o precederam pela Sociedade Auxiliadora da Agricultura de Pernambuco. Recife: Tip. de Manoel Figueiroa de Faria & Filhos, 1879.

SAGRA, Ramón de la. *História física, económica-política, intelectual y moral de la Isla de Cuba, Relación del último viaje del autor*. Paris: Librería de L. Hachette y Cª, 1861.

SAIN. Informações sobre o Estado da indústria nacional pela secção d'indústria fabril da Sociedade Auxiliadora da Indústria nacional. Rio de Janeiro: Tip. de G. Leuzinger & Filhos, 1877.

SAINT-HILAIRE, Augusto. *Viagem pelas Províncias do Rio de Janeiro e Minas Gerais.* Rio de Janeiro: Companhia Nacional, 1938.

SÃO PAULO. "Relatório Anual do Instituto Agronômico do Estado de São Paulo em Campinas", 1888-1893, publicado por ordem do Dr. Jorge Tibiriçá, Secretário dos Negócios da Agricultura do Estado de São Paulo, pelo Diretor Fhil W. Dafert. São Paulo: Tip. da Companhia Industrial de São Paulo, 1895.

_____. "Relatório Anual do Instituto Agronômico do Estado de São Paulo em Campinas", 1894-1895, publicado pelo Diretor. F. W. Dafert. São Paulo: Tip. da Companhia Industrial de São Paulo, 1896.

_____. Relatório apresentado ao Exm. Sr. Presidente da Província de São Paulo pela Comissão Central de Estatística. São Paulo: Leroy King Bookwalter, 1888.

_____. Relatório apresentado à Assembleia legislativa provincial de São Paulo pelo Presidente de Província Laurindo Abelardo de Brito no dia 13 de janeiro de 1881. Santos: Tipografia a Vapor do Diário de Santos, 1881.

_____. Fala dirigida à Assembleia Legislativa de São Paulo na abertura da 2º sessão da 24ª legislatura em 10 de janeiro de 1883 pelo Presidente Conselheiro Francisco de Carvalho Soares Brandão. São Paulo: Tip. do Ypiranga, 1883.

_____. Fala dirigida à Assembleia Legislativa Provincial de São Paulo na abertura da 1ª sessão da 25ª legislatura em 10 de janeiro de 1884 pelo Presidente Barão de Guajará. São Paulo: Tip. da Gazeta Liberal, 1884.

_____. Fala dirigida à Assembleia Legislativa Provincial de São Paulo na abertura da 2ª sessão da 26ª legislatura em 10 de janeiro de 1885 pelo Presidente Doutor José Luiz de Almeida Couto. São Paulo: Tip. da Gazeta Liberal, 1885.

_____. Relatório apresentado à Assembleia legislativa provincial de São Paulo pelo Presidente de Província João Alfredo Correa de Oliveira, no dia 15 de fevereiro de 1886. São Paulo: Tip. a Vapor de Jorge Seckler & Cia,1886.

_____. Relatório com que o Exmo. Sr. Dr. José Luiz de Almeida Couto Presidente da Província de São Paulo passou a administração ao 1º Vice-Presidente Exmo.

Sr. Dr. Francisco Antonio de Souza Queiroz Filho. São Paulo: Tip. do Correio Paulistano, 1996.

_____. Relatório apresentado à Assembleia Legislativa Provincial de São Paulo pelo Presidente da Província Barão de Parnahyba no dia 17 de janeiro de 1887. São Paulo: Tip. a Vapor de Jorge Seckler & Comp, 1887.

_____. Relatório com que o Exm. Sr. Dr. Francisco de Paula Rodrigues Alves passou a administração da Província de São Paulo ao Exmo. Sr. Dr. Francisco Antonio Dutra Rodrigues 1º Vice-Presidente no dia 27 de abril de 1888. São Paulo: Tip. a Vapor de Jorge Seckler & Comp., 1888.

_____. Exposição com que Excelentíssimo Senhor Visconde de Parnahyba passou a administração da província de São Paulo ao Excelentíssimo Senhor Doutor Francisco de Paula Rodrigues Alves Presidente desta Província no dia 19 de novembro de 1887. São Paulo: Tip. a vapor de Jorge Seckler & Cia, 1888.

_____. Relatório apresentado à Assembleia Legislativa Provincial de São Paulo pelo presidente da Província Doutor Pedro Vicente de Azevedo no dia 11 de janeiro de 1888. São Paulo: Tip. a Vapor de Jorge Seckler & Cia., 1889.

_____. Mensagem apresentada ao Congresso legislativo a 14 de julho de 1910 por Fernando Prestes Vice-Presidente do Estado de São Paulo. São Paulo: Duprat & Comp, 1910.

_____. Mensagem enviada ao Congresso do Estado, a 14 de julho de 1914 pelo Dr. Carlos Augusto Pereira Guimarães Vice-Presidente do Estado de São Paulo. São Paulo: Duprat & Comp, 1914.

_____. Mensagem enviada ao Congresso do Estado, a 14 de julho de 1915 pelo Dr. Francisco Rodrigues Alves, Presidente do Estado de São Paulo. São Paulo: Duprat & Comp, 1915.

_____. Mensagem apresentada ao Congresso do Estado, a 14 de julho de 1917, pelo Dr. Altino Arantes, Presidente do Estado de São Paulo. São Paulo: Duprat & Comp, 1917.

_____. Mensagem apresentada ao Congresso do Estado, a 14 de julho de 1918, pelo Dr. Altino Arantes, Presidente do Estado de São Paulo. São Paulo: Duprat & Comp, 1918.

_____. Mensagem apresentada ao Congresso do Estado, a 14 de julho de 1919, pelo Dr. Altino Arantes, Presidente do Estado de São Paulo. São Paulo: Duprat & Comp, 1919.

_____. Mensagem apresentada ao Congresso do Estado, a 14 de julho de 1920, pelo Dr. Washington Luís Pereira de Souza, Presidente do Estado de São Paulo. São Paulo: Duprat & Comp, 1920.

_____. Mensagem apresentada ao Congresso do Estado, a 14 de julho de 1921, pelo Dr. Washington Luís Pereira de Souza, Presidente do Estado de São Paulo. São Paulo: Duprat & Comp, 1921.

_____. Mensagem apresentada ao Congresso do Estado, a 14 de julho de 1925, pelo Dr. Carlos de Campos, Presidente do Estado de São Paulo. São Paulo: Duprat & Comp, 1925.

_____. Mensagem apresentada ao Congresso do Estado, a 14 de julho de 1927, pelo Dr. Antonio da Costa Bueno, Presidente do Estado de São Paulo. São Paulo: Duprat & Comp, 1927.

_____. Mensagem apresentada ao Congresso Legislativo, em 14 de Julho de 1928, pelo Doutor Julio Prestes de Albuquerque, Presidente do Estado de São Paulo. São Paulo: Duprat & Comp, 1928.

_____. Mensagem apresentada ao Congresso legislativo na 2ª sessão da 14ª legislatura, em 14 de julho de 1929 pelo Dr. Julio Prestes de Albuquerque, Presidente do Estado de São Paulo. São Paulo: Duprat & Comp, 1929.

_____. Mensagem apresentada ao congresso Legislativo, em 14 de julho de 1930, pelo Dr. Heitor Teixeira Penteado, Vice-Presidente em exercício do Estado de São Paulo. São Paulo: Duprat & Comp, 1930.

_____. "Anuário estatístico de São Paulo [1901-1920]". São Paulo: Tip. do Diário Oficial.

SAWYER, Frederic H. Relatório apresentado à Sociedade Paulista de Agricultura, Comércio e Indústria. São Paulo: Tip. De Carlos Gerke, 1905.

_____. "Estudo sobre a indústria açucareira no Estado de São Paulo, comparada com a dos demais países". Apresentada ao Dr. Carlos Botelho M. D. da Secretária da Agricultura pelo engenheiro Frederic Sawyer. São Paulo: Tip. Brazil de Carlos Gerke & Rothschild, 1905.

SNA. "Anais do Primeiro Congresso Nacional da Agricultura". Rio de Janeiro: Imprensa Nacional, 1907, v. 1 e 2.

_____. "Conclusões do Segundo Congresso Nacional da Agricultura". Rio de Janeiro: Tip. da Revista dos Tribunais, 1909.

_____. "Legislação agrícola do Brasil". Rio de Janeiro: Imprensa Nacional, 1911.

_____. "Trabalhos da Conferência Açucareira do Recife". Recife: Tip. do Diário de Pernambuco, 1905.

_____. Projeto e parecer sobre a criação do Ministério da Agricultura, Indústria e comércio apresentado ao congresso nacional pelo deputado Dr. Joaquim Ignácio Tosta. Rio de janeiro: Imprensa Nacional, 1906.

_____. "Mapas". São Paulo: Weisflog, s.d.

SOARES, Sebastião Ferreira. *Notas estatísticas sobre a produção agrícola e carestia dos gêneros alimentícios no Império do Brasil.* Rio de Janeiro: Tip. Imp. e Const. de J. Villeneuve e comp., 1860.

SOUZA, Francisco Belizário Soares de. *Discursos proferidos na Câmara dos Deputados e no Senado.* Rio de Janeiro: s/e, 1887.

TOLENTINO, A. E. *Auxílio à lavoura: projeto de solução oferecido aos lavradores do Brasil.* Rio de Janeiro: Tip. de G. Leuzinger & Filhos, 1874.

VEIGA FILHO. João Pedro. *Estudo econômico e financeiro sobre o Estado de São Paulo.* São Paulo: Tipografia do Diário oficial, 1896.

VIZIOLI, J. "Medidas aconselháveis aos lavradores contra o mosaico da cana". revista *Progresso*, Catanduva, abr. 1926.

_____. "A presente situação da Indústria açucareira no Estado de São Paulo". *Boletim da Agricultura*: São Paulo, 1926.

_____. "O álcool industrial e a defesa da indústria açucareira". São Paulo, Secretária da Agricultura, Indústria e Comércio do Estado de São Paulo, 1930.

_____. "A importação de mudas de cana e um novo processo para a sua rápida multiplicação por José Vizioli". São Paulo, Secretária da Agricultura, Indústria e Comércio do Estado de São Paulo, 1928.

WRAY, Leonardo. *O lavrador prático da cana de açúcar*. Bahia: Tip. de Camillo de Lellis Masson, 1862.

Bibliografia geral

ALMEIDA, JR de. Caracterização da função álcool. In: *Álcool e destilaria*. Piracicaba: ESALQ, 1940.

AMARAL, Luís. *História Geral da Agricultura Brasileira*. São Paulo: Companhia Editora Nacional, 1939.

ANDRADE. Manuel Correia de. *A terra e o homem no Nordeste*. São Paulo: Brasiliense, 1973.

_____. *Nordeste: alternativas da agricultura*. Campinas: Papirus Editora, 1988.

_____. *Modernização e pobreza: A expansão da agroindústria açucareira e seu impacto ecológico e social*. São Paulo: Editora da Unesp, 1994.

_____. *História das Usinas de Açúcar de Pernambuco*. Recife: Massangana, 1989.

ARAUJO, Nilton de Almeida. "Da cadeira de agricultura ao anel de engenheiro agrônomo: ciência, civilização e estado imperial no coração da produção açucareira baiana". Associação Nacional de História. Anais do XXIV SIMPÓSIO NACIONAL DE HISTÓRIA: ANPUH, 2007.

ARAÚJO, Tatiana Brito de. *Os engenhos centrais e a produção açucareira no Recôncavo Baiano: 1875-1909*. Salvador: FIEB, 2002.

AZEVEDO, Fernando. *Canaviais e engenhos na vida política do Brasil: Ensaio sociológico sobre o elemento político na civilização do açúcar*. Rio de Janeiro: Instituto do Açúcar e do Álcool, 1948.

BACELLAR, Carlos de Almeida Prado; BRIOCHI, Lucila Reis (orgs.). *Na Estrada do Anhanguera: Uma visão regional da história paulista*. São Paulo: Humanitas FFLCH/ USP, 1999.

470 ROBERTA BARROS MEIRA

BARRETO, Patrícia Regina Corrêa. *Sociedade Auxiliadora da Indústria Nacional: O templo carioca de Palas Atenas*. Tese de doutorado, PHCTE/UFRJ, Rio de Janeiro, 2009.

BARROS, Henrique Lins. *Santos Dumont e a invenção do voo*. Rio de Janeiro: Zahar, 2003.

BASTOS, Humberto. *"Açúcar e algodão": Ensaio Histórico-Econômico*. Maceió: Casa Ramalho, 1938.

BEIGUELMAN, Paula. *Formação política do Brasil*. São Paulo: Pioneira, 1977.

_____. *A crise da lavoura e a grande imaginação*. São Paulo: Brasiliense, 1978.

BELO LISBOA, J.C. "álcool-motor". *Brasil açucareiro*, ano X, junho 1942.

BERMAN, Marshall. *Tudo que é sólido desmancha no ar: a aventura da modernidade*. São Paulo: Companhia das letras, 1986.

BERNARDES, Lysia Maria Cavalcanti. *Planície litorânea e zona canavieira do Estado do Rio de Janeiro*. Rio de Janeiro: Conselho Nacional de Geografia, 1957.

BEDIAGA, Begonha Eliza Hickman. *Marcado pela própria natureza: O Imperial Instituto Fluminense se Agricultura e as ciências agronômicas: 1860 a 1891*. Tese de Doutorado. Universidade Estadual de Campinas, Instituto de Geociências, Campinas, 2011.

BICALHO, Maria Fernanda. *A cidade e o Império: O Rio de Janeiro no século XVIII*. Rio de Janeiro: Civilização Brasileira, 2003.

BLAKE, Augusto Victorino Alves Sacramento. *Dicionário bibliográfico brasileiro*. Rio de Janeiro: Imprensa Nacional, 1983.

BLOCH, Marc. "Advento e conquista do moinho d'água". In: GAMA, Ruy (Org.). *História da Técnica e da Tecnologia*. São Paulo: Edusp, 1985.

BOUÇAS, Valentim F. *História da dívida externa*. Rio de Janeiro: Edições financeiras, 1950.

BOUVIER, Jean. *Histoire Économique et Histoire Sociale*. Geneve: Librairie Droz, 1968.

BRANT, Antônio. *Ponte Nova 1770-1920: 150 anos de história*. Viçosa: Editora Folha de Viçosa, 1993.

BRAY, Silvio Carlos. *A formação do capital na agroindústria açucareira de São Paulo: Revisão dos paradigmas tradicionais*. Tese de Livre Docência, Instituto de Geociências e Ciência exatas, UNESP, 1989.

CÂMARA CASCUDO, Luís da. *Prelúdio da Cachaça: Etnografia, História e Sociologia da aguardente no Brasil*. Rio de Janeiro: IAA, 1968.

CAMPOS, Zóia Vilar. *Doce amargo: produtores de açúcar no processo de mudança - Pernambuco (1874-1941)*. São Paulo: Annablume, 2001.

CANABRAVA, Alice P. "A grande lavoura" in: HOLANDA, Sérgio Buarque de (Ed.) *História Geral da Civilização Brasileira. O Brasil Monárquico – Declínio e queda do Império*. Rio de Janeiro: Bertrand Brasil, v.6, 1997.

_____."A região de Piracicaba". *Revista do Arquivo Nacional*, Departamento de Cultura, São Paulo, 1938.

CANO, Wilson. *Raízes da concentração industrial em São Paulo*. São Paulo: Difel, 1976.

CANTERO, Justo Germán. *Los ingenios de la islã de Cuba*. Ministério de Fomento, Centro de Publicaciones, 2005.

CARDOSO, Ciro Flamarion S. *Agricultura, escravidão e capitalismo*. Petrópolis: Editora Vozes, 1979.

CARDOSO, Fernando Henrique. *O Modelo político brasileiro e outros ensaios*. São Paulo: Difusão Europeia do Livro, 1972.

CARON, Dálcio. *Heterogeneidade e diferenciação dos fornecedores de cana de São Paulo*. Tese de doutorado, FFLCH/USP, São Paulo, 1986.

CARONE, Edgar. *A República Velha: Instituições e classes sociais*. São Paulo: Difel, 1970.

CARRARA, Angelo Alves. *Minas e currais: produção rural e mercado interno em Minas Gerais, 1674-1807*. Juiz de Fora: Editora da UFJF, 2007.

_____. *Contribuição para a História Agrária de Minas Gerais*. Ouro Preto: Editora da UFOP, 1999.

_____. *Estruturas agrárias e capitalismo; ocupação do solo e transformação do trabalho na zona da Mata central de Minas Gerais (séculos XVIII e XIX)*. Ouro Preto: Editora da UFOP, 1999.

_____. "A Capitania de Minas Gerais (1674-1835): modelo de interpretação de uma sociedade agrária". *História Econômica História de Empresas*, São Paulo, v. 3, n. 2, 2001, p. 47-63.

_____. *A Zona da Mata Mineira: Diversidade econômica e continuísmo: 1839-1909*. Dissertação de Mestrado, ICHF/ UFF, Niterói, 1993.

CARVALHO, Jarbas Sertório de. *Aspectos da indústria açucareira no município de Ponte Nova*. Ponte Nova: Instituto Pontenovense de História, 1954.

CARVALHO, José Cândido. *Olha para o Céu, Frederico*. Rio de Janeiro: José Olympio, 1974.

CARVALHO, José Murilo. *Teatro de Sombras: a política imperial*. São Paulo: Vértice, Editora Revista dos Tribunais; Rio de Janeiro: Instituto Universitário de Pesquisa do Rio de Janeiro, 1999.

_____. *A construção da ordem: a elite política imperial*. Rio de Janeiro: Civilização Brasileira, 2007.

_____. *Paulino José Soares de Souza*. *Visconde do Uruguai*. São Paulo: Editora 34, 2002.

CASCUDO, Luís da Câmara. *Sociologia do açúcar*. Coleção Canavieira, n. 5. Rio de Janeiro: Divisão Administrativa Serviço de Documentação. IAA, 1971.

CONDE, José. *A cana-de-açúcar na vida brasileira*. Coleção Canavieira. Rio de Janeiro: Divisão Administrativa Serviço de Documentação. IAA, 1971/ 1972.

COSTA, Emília Viotti. *Da senzala à colônia*. São Paulo: Editora da Unesp, 1997.

COSTA FILHO, Miguel. "Engenhos centrais e usinas". *Revista do Livro*, Rio de Janeiro, MEC/INC, v. V, 1960, p. 83-91.

_____. *A cana-de-açúcar em Minas Gerais*. Rio de Janeiro: IAA, 1963.

CRIBELLI, Teresa. "'Civilizar' e 'Aperfeiçoar': Debates e projetos para a modernização da nação". In: Associação Nacional de Historia. Anais do XXIV Simpósio Nacional de História, Porto Alegre, 2007.

DANTES, M. A. M. (Org.). *Espaços da ciência no Brasil. 1800-1930*. Rio de Janeiro: Editora Fiocruz, 2001.

DEAN, Warren. *A industrialização em São Paulo*. São Paulo: Difel, 1971.

DÉ CARLI, Gileno. *Gênese e evolução da indústria Açucareira de São Paulo*. Rio de Janeiro: Editores Irmãos Pongetti, 1943.

_____. *Aspectos de economia açucareira*. Rio de Janeiro: Editores Irmãos Pongetti, 1942.

_____. *A Evolução do Problema Canavieiro Fluminense*. Rio de Janeiro: Irmãos Pongetti, 1942.

_____. "Geografia econômica e social da cana de açúcar no Brasil" *Brasil Açucareiro*, ano V, v. X, out. 1937, n. 2.

_____. *O processo histórico da usina em Pernambuco*. Rio de Janeiro: Irmãos Pongetti, 1942.

_____. *História Contemporânea do Açúcar no Brasil*. Rio de Janeiro: Edição do IAA, 1940.

_____. *O drama do açúcar*. Rio de Janeiro: Irmãos Pongetti Editores, s/d

_____. *História de uma fotografia*. Recife: Cia. Editora Pernambuco, 1985.

_____. *Os caminhos da energia*. Rio de Janeiro: IAA, 1979.

DEAN, Warren. *A industrialização de São Paulo (1880-1945)*. São Paulo: Difel, 1981.

DEMARTINI, Zeila de Brito Fabri. "Crianças como agentes do processo de alfabetização no final do século XIX e início do XX". In: MONARCHA, Carlos. *Educação da infância brasileira: 1875-1893*. Campinas: Autores Associados, 2001.

DENSLOW, David. *Sugar Production in northastern Brazil and Cuba: 1858-1908*. New York & London: Garland Publishing, 1987.

DIÉGUES JÚNIOR, Manuel. *O engenho de açúcar no Nordeste*. Maceió: DUFAL, 2006.

DOMINGUES, H. M. B. *Ciência, um Caso de Política: as relações entre as ciências naturais e a agricultura no Brasil Império*. Tese de doutorado, FFLCH/USP, São Paulo, 1995.

EISENBERG, Peter L. *Modernização sem mudança: a indústria açucareira em Pernambuco: 1840-1910*. Rio de Janeiro: Paz e Terra; Campinas, Editora da Universidade Estadual de Campinas, 1977.

FARIA, Sheila Siqueira de Castro. *Terra e Trabalho em Campos dos Goitacazes: 1850-1920*. Dissertação de Mestrado, ICHF, Universidade Federal Fluminense, Niterói, 1986.

474 ROBERTA BARROS MEIRA

FIGUEIRÔA, Silvia Fernandes de Mendonça. "Ciência e Tecnologia no Brasil Imperial". *Vária História*, Belo Horizonte, v. 21, julho de 2005.

FRAGINALS, Manuel Moreno. *O engenho*. São Paulo: Hucitec: Editora Universidade Estadual Paulista, 1989.

_____. *Cuba; Espanha; Cuba: Uma história Comum*. São Paulo: Edusc, 2005.

FRAGOSO, João Luís. "O Império escravista e a República dos plantadores". In: LINHARES, Maria Yedda (org.). *História Geral do Brasil*. Rio de Janeiro: Campus, 1990.

FERLINI, Vera. *Terra, trabalho e poder: o mundo dos engenhos no Nordeste Colonial*. Bauru, São Paulo: Edusc, 2003.

FERNANDES, Florestan. *A revolução burguesa no Brasil. Ensaio de Interpretação Sociológica*. Rio de Janeiro: Zahar,1976.

FIGUEIRÔA, Silvia Fernandes de Mendonça. "Ciência e Tecnologia no Brasil Imperial". *Vária História*, Belo Horizonte, v. 21, n°. 34, p. 437-455, julho de 2005.

FREIRE, Gilberto. *A presença do açúcar na formação brasileira*. Coleção Canavieira n. 16. Rio de Janeiro: Divisão Administrativa Serviço de Documentação. IAA, 1975.

_____. *Sobrados e Mucambos*. Rio de Janeiro: José Olympio, 1981.

_____. *Ordem e Progresso*. Rio de Janeiro: José Olympio Editora, 1962.

FREITAS, Ana Maria Ribeiro. *Diversidade Econômica e interesses regionais: as políticas públicas do Governo Provincial Mineiro (1870-1889)*. Dissertação de mestrado. FFLCH/USP, São Paulo, 2009.

FURTADO, Celso. *Formação econômica do Brasil*. São Paulo: Companhia Editora Nacional, 1997.

_____. *Les Etats-Unis et le sous dévéloppement de l' Amérique Latine*. Paris: Celman-Lévy, 1870.

GAMA, Ruy. *Engenho e tecnologia*. São Paulo: Livraria Duas Cidades, 1979.

GAMA, Ruy. *História da técnica e da tecnologia*. São Paulo: Edusp, 1985.

GNACCARINI, J.C. A. "A economia do açúcar: processo de trabalho e processo de acumulação" In: FAUSTO Boris. (org.) *História Geral da Civilização Brasileira*.

O Brasil Republicano: estrutura de poder e economia (1889-1930). Rio de Janeiro: Bertrand Brasil, v.8, 1997.

_____. *Estado, ideologia e ação empresarial na agroindústria açucareira do Estado de São Paulo*. Tese de doutorado, FFLCH/ USP, São Paulo, 1972.

GODOY, Marcelo Magalhães. "Os Engenheiros Entre a Norma e a Clandestinidade – as relações entre o Estado e a agroindústria canavieira de Minas Gerais no século XIX". Anais do IX Seminário sobre a economia mineira. Belo Horizonte: CEDEPLAR - UFMG, 2000.

_____. *"Espaços canavieiros regionais e mercados internos subsídios para o estudo da distribuição espacial da produção e comércio de derivados da cana-de-açúcar da Província de Minas Gerais"*. Anais do X Seminário sobre a economia mineira. Belo Horizonte: CEDEPLAR - UFMG, 2002.

_____. *No país das minas de ouro a paisagem vertia engenhos de cana e casas de negócios: um estudo das atividades açucareiras tradicionais mineiras, entre o setecentos e o novecentos, e do complexo mercantil da Província de Minas Gerais*. Tese de doutorado, FFLCH/ USP, São Paulo, 2004.

GOLDMANN, Lucien. *Ciências Humanas e filosofia*. O que é a sociologia. Rio de Janeiro: Bertrand Brasil, 1993.

GOMES, Ângela de Castro (org.) *Minas e os fundamentos do Brasil moderno*. Belo Horizonte: Editora da UFMG, 2005.

_____. *A invenção do trabalhismo*. Rio de Janeiro: Relume Dumará, 1994.

GOUVÊA, Maria de Fátima Silva. *O Império das Províncias: Rio de Janeiro, 1922-1889*. Rio de Janeiro: Civilização Brasileira, 2008.

GRAHAN, Richard. *Grã-Bretanha e o início da Modernização no Brasil*. São Paulo: Brasiliense, 1973.

GRANDE, José C. Pedro. *O açúcar*. Belo Horizonte: Oficinas Gráficas da Estatística, 1932.

GUIMARÃES, Carlos Gabriel. *A indústria álcool-motora no Primeiro Governo Vargas (1920-1945)*. Dissertação de Mestrado, ICHF/UFF, Niterói, 1991.

_____. "O Banco Mauá & Cia. (1854-1875): um banco no Brasil do século XIX". In: SZMRECSÁNYI, T.; MARANHÃO, R. (Org.). História de Empresas e *Desenvolvimento Econômico*. São Paulo: HUCITEC, 1996, p. 297-307.

HAMBURGER, Amélia Império *et al.* (orgs). *A ciência nas relações Brasil-França (1850-1950)*. São Paulo: Edusp, 1996.

HEROLD, Marc, Herold. "The import of European sugar machinery to offset the sugar crisis in Bahia, 1875-1914". *Revista Ciência Administração*, Fortaleza, v. 15, n. 1, jan./jun. 2009, p. 11-37

HOBSBAWN, Eric. *Da revolução industrial inglesa ao imperialismo*. Rio de Janeiro: Forense, 1986.

HOLANDA, Sérgio Buarque. "As monções". In: *História geral da civilização brasileira: a época colonial: do descobrimento à expansão territorial*. São Paulo: Difel, 1976.

HOUAISS. *Dicionário Eletrônico da Língua Portuguesa*. Rio de Janeiro: Objetiva, 2001.

IAA. *Brasil/ Açúcar* (coleção canavieira n°. 8). Rio de janeiro: IAA, 1972.

_____. *A política do álcool motor no Brasil*. Rio de Janeiro, IAA: 1941.

_____. *Congressos Açucareiros do Brasil*. Rio de Janeiro. IAA: 1949.

_____. *Economia Açucareira no Brasil do século XIX: Cartas de Felisberto Brant Pontes – Marquês de Barbacena*. Coleção Canavieira n. 21. Rio de Janeiro: Divisão Administrativa Serviço de Documentação do IAA, 1976.

_____. *História social da agroindústria canavieira*. Recife: IAA, 1974.

IANNI, Octavio. *A classe operária vai ao campo*. São Paulo: Cadernos CEBRAP, n.24, 1976.

_____. *Origens agrárias do Estado brasileiro*. São Paulo: Brasiliense, 2004.

IBGE. *Bulhões Carvalho, um médico cuidando da estatística brasileira*. Rio de Janeiro: IBGE, 2007.

IGLÉSIAS, Francisco. *Política econômica do governo provincial mineiro (1835-1889)*. Rio de Janeiro: Instituto Nacional do Livro, 1958.

A QUIMERA DA MODERNIZAÇÃO   477

INT. Instituto Nacional de Tecnologia desde 1921 gerando tecnologia para o Brasil 1921-2001. Ministério da Ciência e Tecnologia, s/d.

JACOB, Margaret C. "French Education in Science and the Puzzle of Retardation, 1790-1840". *Revista História e Economia*, v 8, 2011, p. 13-38.

JOSÉ, Oiliam. *Visconde do Rio Branco: Terra. Povo. História*. Belo Horizonte: Imprensa Oficial de Minas Gerais, 1982.

_____. *Fatos e Figuras de Visconde do Rio Branco*. Leopoldina: Tipografia Diocesana São José, 1956.

LAPA, José Roberto do Amaral. *Os excluídos: Contribuição à história da pobreza no Brasil (1850-1930)*. Campinas: Editora da Unicamp, 2008.

LAMOUNIER, Maria Lúcia. *Formas de transição da escravidão ao trabalho livre: A lei de locação de serviços de 1879*. Dissertação de mestrado, IFCH/Unicamp, Campinas, 1986.

LANNA, Ana Lúcia Duarte. "O café e o trabalho 'livre' em Minas Gerais – 1870/1920". *Revista Brasileira de História*, mar./ago. 1986.

LE GOFF, Jacques. "Progresso e Reação" e "Antigo e moderno". In: *Enciclopédia Einaldi*. Lisboa, Imprensa Nacional, Casa da Moeda.

_____. História e Memória, Campinas: Ed. da UNICAMP, 1992.

LIMA SOBRINHO, Barbosa. *Dos engenhos centrais às usinas de açúcar de Pernambuco*. Rio de Janeiro: Separata de Jurídica, 1971.

_____. *Problemas econômicos e sociais da lavoura canavieira*. Rio de Janeiro: IAA, 1941.

LIMA SOBRINHO, Alexandre José Barbosa. Barbosa Lima Sobrinho (depoimento, 1987). Rio de Janeiro, CPDOC/Centro da memória da eletricidade no Brasil, 2002.

LIMA, Fernando Sgarbi. *Organização e administração do Ministério da Agricultura no Império*. Brasília: Funcep, 1988.

LINHARES, Maria Yedda (org.). *História Geral do Brasil*. Rio de Janeiro: Campus, 1990.

LOBO, Eulália Maria Lahmeyer. *História Político-Administrativa da agricultura brasileira: 1808-1889*. Brasília: Ministério da Agricultura, s.d.

478 ROBERTA BARROS MEIRA

LOPES, M. Margaret. *O Brasil descobre a pesquisa científica: os museus e as Ciências naturais no século XIX*. São Paulo: Hucitec, 1997.

LOUREIRO, Osman. *Açúcar e álcool*. Recife: Pool, 1976.

LOVE, Joseph. "Autonomia e interdependência: São Paulo e a federação brasileira: 1889-1937". In: FAUSTO, Boris (org.) *HGCB*. Rio de Janeiro: Bertrand Brasil, 1997.

_____. *A locomotiva: São Paulo na Federação Brasileira, 1889-1937*. São Paulo: Paz e Terra, 1982.

LUZ, Nícia Vilela. *A luta pela industrialização no Brasil*. São Paulo: Alfa-ômega, 1972.

MARCHIORI, Maria Emilia Prado. "Engenhos Centrais e Usinas no Norte Fluminense – 1875-1909: algumas considerações". In: Mensário do Arquivo Nacional. Rio de Janeiro, ano XI, n. 8, 1980.

_____. *O mundo das usinas: Problemas da Agroindústria açucareira no Município de Campos: 1922-1933*. Dissertação de mestrado, ICHF/UFF, Niterói, 1979.

MARQUESE, Rafael de Bivar. Administração e Escravidão: *Um estudo das ideias sobre a gestão da agricultura escravista brasileira*. Dissertação de Mestrado, FFLCH, USP, São Paulo, 1997.

_____. *Feitores do corpo, missionários da mente: senhores, letrados e controle dos escravos na América: 1660-1860*. São Paulo: Companhia das Letras, 2004.

_____. "Notas do organizador" In: TAUNAY, Carlos Augusto. *Manual do agricultor brasileiro*. São Paulo: Companhia das Letras, 2001.

MARTIN, Olivier. Da estatística política à sociologia estatística. Desenvolvimento e transformações da análise estatística da sociedade (séculos XVII-XIX). In: Revista Brasileira de História. v. 21, n. 4, São Paulo, 2001.

MARTINS FILHO, Amilcar. *A economia política do café com leite*. Belo Horizonte: Universidade Federal de Minas Gerais, 1981.

MARTINS, Ana Luiza. *Revistas em revista: Imprensa e práticas culturais em tempo de República: 1890-1922*. São Paulo: Edusp, 2001.

MARTINS. Ismenia de Lima. *Problemas da extinção do tráfico africano na Província do Rio de Janeiro: Uma tentativa de análise das dificuldades de reposição de mão de obra na grande lavoura fluminense.* Tese de doutorado. FFLCH, USP, São Paulo, 1972.

MARTINS, José de Souza. *O cativeiro da terra.* São Paulo: Ciências Sociais, 1971.

MARTINS, Maria Fernanda Vieira. *O Imperial Instituto Fluminense de Agricultura: Elites, Política e Reforma Agrícola.* Dissertação de Mestrado, UFF, Niterói, 1995.

MATOS, Anibal R. *Açúcar e álcool no Brasil.* São Paulo: Companhia Editora Nacional, 1942.

MATOS, Odilon Ferreira. "Vias de Comunicação". In: HOLANDA, Sérgio Buarque de (org) *História Geral da Civilização Brasileira,* v. 6, Rio de Janeiro: Bertrand Brasil, 1997.

MAKINO, MIYOCO. "Contribuição ao estudo de legislação sobre núcleos coloniais do período imperial". In: Anais do Museu Paulista, tomo XXV, 1971-1974, p. 79-129.

MELLO, Evaldo Cabral. *O Norte Agrário e o Império (1871-1889).* Rio de Janeiro: Topbooks, 1999.

MELLO, João Manuel Cardoso de. *O capitalismo tardio.* São Paulo: Brasiliense, 1982.

MELO, Jose Evandro Vieira de. *O engenho central de Lorena modernização açucareira e colonização (1881-1901).* Dissertação de Mestrado, USP, São Paulo, 2003.

_____. *O açúcar no café: agromanufatura açucareira e modernização em São Paulo (1850-1910).* Tese de doutorado, FFLCH, USP, São Paulo, 2009.

MELONI, Reginaldo Alberto. *Ciência e produção agrícola. A Imperial Estação Agronômica de Campinas 1887/1897.* São Paulo. Dissertação de Mestrado, FFLCH, USP, 1999.

MENDONÇA, Sonia Regina. *O ruralismo brasileiro (1888 - 1931).* São Paulo: Hucitec, 1997.

_____. *Ruralismo: Agricultura, Poder e Estado na Primeira República.* Tese de Doutorado, FFLCH, USP, São Paulo, 1990.

_____. "Conflitos Interburocráticos na Determinação de Políticas Agrícolas no Brasil: O caso do Ministério da Agricultura (1909-1945)". Anais do II Congresso Brasileiro de História Econômica. ABPHE. Niterói, 13 a 16 de outubro de 1906.

480 ROBERTA BARROS MEIRA

_____. *Agronomia e Poder no Brasil.* Rio de Janeiro: Vício de Leitura, 1998.

_____. *A primeira política de valorização do café e a sua vinculação com a economia agrícola do Estado do Rio de Janeiro.* Dissertação de mestrado, ICHF, UFF, Rio de Janeiro, 1977.

_____. *A primeira política de valorização do café e sua vinculação com a economia agrícola do Estado do Rio de Janeiro.* Dissertação de mestrado, ICHF, UFF, 1977.

_____. O Convênio de Taubaté e a agricultura fluminense. *Revista Brasileira de Gestão e Desenvolvimento Regional,* v. 4, n.3, ago. 2008.

_____. Mundo rural, intelectuais e organização da cultura no Brasil: o caso da Sociedade Nacional da Agricultura. Mundo Agrario: revista de estudios rurales, n. 1, 2000.

MINTZ, Sidney. *Dulzura Y poder: el lugar del azúcar em la historia moderna.* Madrid: Siglo XXI, 1996.

MONZOTE, Reinaldo Funes. "Tierras cansadas y quemadores de bagazo verde. La interacción com el médio natural y los câmbios em la industria azucarera cubana desde mediados del XIX". In: PIQUERAS, José A. (org.) *Azúcar y esclavitud em el final del trabajo forzado.* México: Fondo de Cultura Económica, 2002.

_____. "El espejo de las 'Sugar Islands': El problema del combustible em los ingenius azucareros cubanos hasta mediados del XIX y sus repercusiones paisajísticas". In: ALCUTÉN, Alberto Sabio e GOÑI, Iñaki Iriarte (Eds.) *La construcción histórica del paisaje agrário em España y Cuba.* Madrid: Catarata, 2003

MOORE JR, Barrington. *As origens sociais da ditadura e da democracia: Senhores e camponeses na construção do mundo moderno.* São Paulo: Editora Martins Fontes: 1983.

MOTOYAMA, SHOZO. *USP 70 Anos: Imagens de Uma História Vivida.* São Paulo: Edusp. 2006.

MOTTA, Márcia Maria. *Nas fronteiras do poder: Conflitos e direitos à terra no Brasil do século XIX.* Rio de Janeiro: Vício de Leitura: Arquivo Público do Estado do Rio de Janeiro,1998.

MOURA FILHO, Heitor Pinto de. "Pioneering multilateralism: the sugar agreements 1864-1914". In: Anais do XIV International Economic History Congress, Helsinki, 2006.

_____. "120 anos de produção mundial de açúcar: Comentários sobre séries estatísticas tradicionais (1820-1940)". *História Econômica e História das Empresas*, v. VII, jan. / jun. 2004, p. 137-165.

_____. "Regulamentação Açucareira na França: uma longa história de proteção." In: Estudos Infosucro n. 2, Nuca-IE-UFRJ, set. 2001.

NEGRI, Barjas. *Um estudo de caso da Indústria Nacional de equipamentos: Análise do grupo Dedini (1920-1975)*. Dissertação de mestrado, Campinas, ICCH, UNICAMP, 1977.

OLIVEIRA, Geraldo Beauclair de. *A construção inacabada: A economia brasileira, 1828 -1860*. Rio de Janeiro: Editora Vicio de Leitura, 2001.

OLIVER, Graciela. *José Vizioli e o início da modernização tecnológica da indústria canavieira paulista, 1919-1949*. Dissertação de mestrado, Instituto de Geociências, Unicamp, Campinas, 2001.

_____. *O papel das Escolas Superiores de Agricultura na institucionalização das ciências agrícolas no Brasil, 1930-1950: práticas acadêmicas, currículos e formação profissional*. Tese de Doutorado, IG, Unicamp, Campinas, 2005.

_____. SZMECSÁNYI, Tamás. "A crise do mosaico e a modernização tecnológica da agroindústria canavieira paulista, 1920-1950". Comunicação apresentada nas XVII Jornadas de História Econômica, Tucuman, 20,21 y 22 de setembro, 2000.

_____. "A estação Experimental de Piracicaba e a modernização tecnológica da agroindústria canavieira (1920 a 1940)". *Revista Brasileira de História*, v. 23, n. 46S, São Paulo, 2003.

ORTIZ, Fernando. *Contrapunteo cubano del tabaco y el azúcar*. Caracas: Biblioteca Ayacucho, 1987.

OSCAR, João. *Escravidão e engenho: Campos, São João da Barra, Macaé e São Fidelis*. Rio de Janeiro: Achiamé, 1985.

PANG, Eul Soo. *O Engenho Central de Bom Jardim na economia baiana: alguns aspectos de sua história: 1875-1891*. Rio de Janeiro: Ministério da Justiça, Arquivo Nacional, IHGB, 1979.

PARADA, Antonio Alvarez. "O Barão de Monte de Cedro". *Revista do Instituto Histórico e Geográfico Brasileiro - IHGB*. Rio de Janeiro, n. 337, out./dez., 1982.

PELAEZ, Carlos Manuel. *A História da industrialização brasileira.* São Paulo: APEC, 1972.

PERECIN, Marly Therezinha Germano. *Os passos do saber: A escola agrícola prática Luiz de Queiroz.* São Paulo: Edusp, 2004.

PEREIRA, Luiz. *Trabalho e desenvolvimento no Brasil.* São Paulo: Difusão Europeia do Livro, 1965.

PERRUCI, Gadiel. *A República das Usinas.* Rio de Janeiro: Editora Paz e Terra, 1978.

PETRONE, Thereza Schorer. *A lavoura canavieira em São Paulo: expansão e declínio (1765 1851).* São Paulo: Difusão Europeia do Livro, 1968.

PINA, Hélio. *A agroindústria açucareira e sua legislação.* São Paulo: Editora APEC, 1954.

PINASSI, Maria Orlando. *Do engenho central à agroindústria: o regime de fornecimento de canas.* Coleção Cadernos do CEDEC, n. 9, 1987.

PIÑEIRO, Théo Lobarinhas. "As classes sociais na construção do Império do Brasil" in: MENDONÇA, Sônia Regina de (org.). *Estado e historiografia no Brasil.* Niterói: EDUFF, 2006.

_____. "A carteira hipotecária do Banco do Brasil: Os conflitos em torno do crédito agrícola no II Reinado". In: GUIMARÃES, Elione Silva; MOTTA, Márcia Maria Menendes (org). *Campos em Disputa: História agrária e companhia.* São Paulo: Annablume/Núcleo de Referências Agrárias.

_____. "Estado e Mercado Financeiro: O Banco do Brasil no Segundo Reinado". In: Anais do II Congresso Brasileiro de História Econômica e 3ª Conferência Internacional de História de Empresas. Niterói: Associação Brasileira de Pesquisadores em História Econômica/UFF, 1997, v. III, p. 171-184.

PIRES, Murilo José de Souza; RAMOS, Pedro. "O termo modernização conservadora: Sua origem e utilização no Brasil." *Revista Econômica do Nordeste*, v. 40, n. 3, jul./ set. 2009, p. 411- 424.

PLUM, Werner. *Exposições mundiais no século XIX: espetáculos da transformação sócio-cultural.* São Paulo: Fundação Friedrich-Ebert, 1979.

POLANYI, Karl. *A grande transformação: As origens da nossa época.* Rio de Janeiro: Campus, 2000, p. 171.

POLAZ, Karen Teresa Marcolino. "Porto Feliz: evolução demográfica, imigração e propriedade de terra nos séculos XIX e XX". Anais do XV Encontro Nacional de Estudos Populacionais, ABEP, Caxambu, 2006.

POLIANO, L. Marques. *A Sociedade Nacional da Agricultura*. Rio de Janeiro: IAA, 1945.

PRADO, Caio. *Formação do Brasil Contemporâneo*. São Paulo: Editora Brasiliense, 1997.

_____. *História econômica do Brasil*. São Paulo: editora Brasiliense, 1994.

PRADO, Maria Emilia. *Em busca do progresso: os engenhos centrais e a modernização das unidades açucareiras no Brasil*. Rio de Janeiro: Editora Papel Virtual, 2000.

QUEDA, Oriowaldo. A intervenção do Estado e a agroindústria açucareira paulista. Tese de Doutorado, FFLCH, USP, São Paulo, 1972.

RAMOS, Pedro. *Agroindústria canavieira e propriedade fundiária no Brasil*. São Paulo: Hucitec, 1999.

RODRIGUES, Hervé Salgado. *Campos: Na taba dos Goytacazes*. Niterói: Imprensa Oficial, 1988.

RODRIGUES, Lincoln Gonçalves. "A economia canavieira na Zona da Mata Mineira e a construção do Engenho Central Rio Branco no final do séc. XIX". In: Anais do I Seminário de História do Açúcar: História e Cultura Material. Canaviais, Engenho e Açúcar: História e Cultura Material. 2005.

SAMPAIO, Mateus de Almeida Prado. *Aceleração do tempo e encurtamento das distâncias – O histórico papel das técnicas no processo de interiorização e modernização na canavicultura paulista: séculos XVI a XXI*. Dissertação de mestrado, FFLCH, USP, São Paulo, 2010.

SAMPAIO, Sellingardi S. *Geografia Industrial de Piracicaba. Um exemplo de interação industrial Agricultura*. Tese de Doutorado, FFCL de Rio Claro, Rio Claro, São Paulo.

SANTOS FILHO, Gildo Magalhães dos. Ciência e Ideologia: Conflitos e alianças em torno da ideia do progresso. Tese de Livre Docência, FFLCH/USP, São Paulo, 2004.

SANTOS, Magda Carmo dos. *O álcool-motor no Brasil e a sua relação com a produção açucareira (1903-1954)*. Dissertação de Mestrado, FFLCH, USP, São Paulo, 1997.

SANTOS, Lenalda Andrade. *A Oligarquia açucareira e a crise: Sergipe 1855-1890*. Dissertação de mestrado, ICHF, UFF, Niterói, 1979.

484 ROBERTA BARROS MEIRA

SCHULZ, John. *A crise financeira da abolição (1875-1901)*. São Paulo: EDUSP, 1996.

SCHWARTZ, Stuart B. *Segredos internos: engenhos e escravos na sociedade colonial*. São Paulo: Companhia das Letras, 1988.

SCOTT, Rebecca J. *Emancipação escrava em Cuba: a transição para o trabalho livre: 1860-1899*. Rio de Janeiro: Paz e Terra; Campinas: Editora da Universidade Estadual de Campinas, 1991.

SILVA, J. G. *Progresso Técnico e Relações de Trabalho na Agricultura Brasileira*. São Paulo: Hucitec, 1980.

SILVA, Sergio. *Expansão cafeeira e origens da Indústria no Brasil*. São Paulo: Editora Alfa-Omega, 1986.

SIMONSEN, Roberto C. *História econômica do Brasil (1500-1820)*. São Paulo: Editora Nacional, 1977.

SINGER, Paul. "O Brasil no contexto do capitalismo internacional: 1889-1930" In: FAUSTO, Boris. (org). *História Geral da Civilização Brasileira. O Brasil Republicano: estrutura de poder e economia (1889-1930)*. Rio de Janeiro: Bertrand Brasil, v. 1, 1997, p. 347-390.

_____. *Desenvolvimento econômico e evolução urbana*. São Paulo: Edusp, 1968.

SOARES, Alcides Ribeiro. *Um século de economia açucareira: Evolução da moderna agroindústria do açúcar em São Paulo, de 1877 a 1970*. São Paulo: Editora Cliper, 2000.

SOUZA, Jonas Soares de. *Uma empresa pioneira em São Paulo: O engenho central de Porto Feliz*. Edição comemorativa do centenário do engenho central de Porto Feliz (1878-1978). Coleção Museus paulistas. Volume 7, 1978.

_____. *Legislação sobre engenhos centrais no Brasil, 1975-1910*. Itu, 1999.

_____. "O Engenho Central de Porto Feliz: subsídios para o estudo dos engenhos centrais do Brasil no século XIX". In: Anais do Museu Paulista, tomo XXV. São Paulo, 1971-1974, p. 25-43.

_____. *Imigração e colonização em um município açucareiro: o problema da mão de obra em Porto Feliz (1875-1905)*. Dissertação de Mestrado. FFLCH, USP, São Paulo, 1975.

STANLEY, Myrian Susana. *A Companhia Agrícola Usina Santa Maria. Estudo de um caso*. Dissertação de mestrado. ICHF/UFF, Niterói, 1983.

STEIN, Stanley J. *Grandeza e decadência do café no Vale do Paraíba*. São Paulo: Brasiliense, 1981.

SUZIGAN, Wilson. *Indústria brasileira: origem e desenvolvimento*. Rio de Janeiro: Brasiliense, 1986.

SZMRECSÁNYI, Tamás. *Pequena História da agricultura no Brasil*. São Paulo: Contexto, 1990.

_____. "A free-standing company in Brazil's Sugar Industry: a case study of the Société de Sucreries Brésiliennes, 1907-1922". In: WILKINS, M. & SCHÖTER, H. (Eds.) *The free-standing company in the World economy, 1830-1996*. Oxford University Press, 1998, p. 279-290.

_____. 1914-1939: "Crescimento e crise da agroindústria açucareira no Brasil". *Revista Brasileira de Ciências Sociais*, jun. 1988.

SZMRECSÁNYI, Tamás e SUZIGAN, Wilson. (orgs.) *História econômica do Brasil contemporâneo*. São Paulo: Hucitec e Edusp, 2002.

TAUNAY, Affonso de E. *Pequena História do café no Brasil*. Rio de Janeiro: Edição do Departamento Nacional do café, 1945.

TERCI, Eliana. *Agroindústria canavieira de Piracicaba: relações de trabalho e controle social, 1880-1930*. Dissertação de mestrado, PUC/SP, São Paulo, 1991.

TOPIK, Steven. *A presença do Estado na Economia Política do Brasil de 1889 a 1930*. Rio de Janeiro: Record, 1987.

TRUDA, Leonardo. *A defesa da produção açucareira*. Rio de Janeiro: IAA. Divisão Administrativa/ Serviço de Documentação, 1971.

TRINDADE, Alexandre Dantas. *André Rebouças: da engenharia civil a engenharia social*. Tese de Doutorado, IFCH/UNICAMP, Campinas, 2004.

VAINFAS, Ronaldo (org.) *Dicionário do Brasil Imperial*. Rio de Janeiro: Objetiva, 2002.

VEIGA, José Eli da. *O desenvolvimento agrícola: Uma visão histórica*. São Paulo: Edusp, 2007.

486 ROBERTA BARROS MEIRA

VIANA, Sônia Bayão Rodrigues. *O Engenho Central de Quissaman (1877/78-1904)*. Tese de Doutorado, FFLCH/USP, São Paulo, 1981.

VIEIRA, Alberto. "As Ilhas e a expansão da cultura e tecnologia da cana-de-açúcar no Atlântico nos séculos XV a XIX". *Revista Labor & Engenho*, v. 1, n. 1, 2007.

VIVEIROS, Jerônimo de. O açúcar através do periódico "o auxiliador da Indústria Nacional". *Revista Brasil Açucareiro*, Rio de Janeiro: IAA, abril de 1946.

WARKENTIN, Benno Peter. *Footprints in the soil*. Amsterdam: Elsevier, 2006.

WELCH, Cliff. "Policultura". In: MOTTA, Márcia (org.). *Dicionário da terra*. Rio de Janeiro: Civilização Brasileira, 2005.

Agradecimentos

Minha imensa gratidão a quantos comigo colaboraram:

Agradeço primeiramente ao Professor Carlos de Almeida Prado Bacellar, pelo apoio, incentivo e a calma com que lidou com as imperfeições da orientanda desta pesquisa do mestrado.

À Fundação de Amparo à Pesquisa do Estado de São Paulo (FAPESP) pelo apoio e financiamento do projeto de pesquisa.

À Professora Vera Ferlini e ao Professor Carlos Gabriel Guimarães, pelos incentivos e correções desde a época do mestrado.

Ao Professor Geraldo Beauclair, meu orientador da graduação na Universidade Federal Fluminense, que me ajudou a pensar em um projeto talvez por demais extenso, mas que aos poucos está sendo colocado no papel.

Ao Professor Rafael de Bivar Marquese, pelas sugestões oferecidas na banca de qualificação.

Ao Professor John Schulz pelas oportunidades e arguições motivadoras.

Aos outros professores com que pude trocar ideias, os funcionários da USP, os bibliotecários de todas as instituições por que passei e fui tão prontamente ajudada, principalmente os da Biblioteca Nacional, Arquivo Nacional, Biblioteca do Ministério da Fazenda, Arquivo do Estado de São Paulo, Arquivo Público Mineiro, Biblioteca Florestan Fernandes, dentre outros. Também agradeço aos funcionários de Pós-Graduação do Departamento de História e aos da Pós-Graduação da FFLCH, que pacientemente responderam todas as minhas dúvidas e tantos outros que foram fundamentais para a escrita deste trabalho.

Aos meus amigos gostaria de agradecer especialmente ao Rodolfo, à Laura, Karina, Mariana, Ana Paula e a Adriana pelo apoio nestes quatro anos.

Ao José Cassimiro, pela paciência e carinho mesmo nos momentos mais estressantes.

À minha mãe, pelo encorajamento e por ser a leitora mais complacente deste trabalho.

Ao meu avô João, por não me deixar esquecer da relação entre a cana e o café.

Ao meu pai, pela paciência nas aulas sobre implementos agrícolas.

Enfim, agradeço à minha tia Isabel, à tia Ângela e ao pequeno Matheus que nunca se queixou da falta de jeito e de tempo da madrinha.

Esta obra foi impressa pela Impressul
em Porto Alegre no outono de 2016. No
texto foi utilizada a fonte Minion Pro
em corpo 10,5 e entrelinha de 15 pontos.